LETTRES HISPANIQUES

VICTUS

DU MÊME AUTEUR

LA PEAU FROIDE, Actes Sud, 2004 ; Babel n° 781.
PANDORE AU CONGO, Actes Sud, 2007 ; Babel n° 1010.
TREIZE MAUVAIS QUARTS D'HEURE, Actes Sud, 2010.

Ouvrage traduit avec le concours financier
de la région Provence-Alpes-Côte d'Azur

Illustrations intérieures et couverture :
Xavier Piñas (originaux et adaptations)
Joan Solé (traitement des images)
Cartes d'Europe et de Catalogne : GradualMap

Titre original :
Victus
Éditeur original :
La Campana, Barcelone

ISBN 978-2-330-01605-0

ALBERT SÁNCHEZ PIÑOL

Victus

Barcelone 1714

roman traduit de l'espagnol
par Marianne Millon

ACTES SUD

PUGNA MAGNA VICTI SUMUS.
(Nous avons perdu une grande bataille.)

TITE-LIVE

AVERTISSEMENT

Certains lecteurs de la première version m'ont interrogé sur l'authenticité de mon récit. Je répondrai simplement que je me suis basé sur les conventions habituelles du roman historique, qui stipulent de respecter les faits avérés tout en tolérant la fiction dans le domaine privé. Toutes les dates et tous les événements mentionnant des personnages historiques ou des éléments politiques ou militaires sont exacts. Par chance, les chroniques de la guerre de Succession d'Espagne et du siège de Barcelone de 1713-1714 abondent et permettent d'entrer dans les détails. Les débats parlementaires dans la Barcelone de 1713 sont la reproduction fidèle de documents d'époque. En ce qui concerne les personnages secondaires, j'ai également opté pour des sources historiques : le fol engouement pour la pierre philosophale qui s'empare du mari de Jeanne Vauban, l'escarmouche de Beceite au cours de laquelle Zuviría rencontre Ballester, de même que la mort du docteur Bassons et la charge des étudiants en droit lors de la bataille d'août 1714, ou les événements de l'expédition du député militaire, pour ne citer que quelques exemples, ont été dûment consignés. Les entretiens de Berwick, exaspéré par la résistance des Barcelonais, et de son état-major, figurent dans les chroniques et dans sa propre autobiographie. Une bonne partie des insultes que le général Villarroel adresse au protagoniste, Martí Zuviría, est également extraite de divers documents, même si tout ce que nous savons en l'occurrence est qu'elles s'adressaient "à un certain officier". Quant à Zuviría, les chroniques historiques ne le mentionnent que rarement et par allusions, lui attribuant des charges aussi variées que celle d'"assistant général" du général Villarroel, de traducteur, membre de diverses commissions, voire coordonnateur d'activités à l'extérieur de la ville pendant le siège. Toujours est-il qu'il fut l'un des rares officiers supérieurs partisans de la maison d'Autriche (les autrichistes) qui, après avoir participé au siège de 1713-1714, purent gagner Vienne, échappant ainsi à la répression exercée par le régime des Bourbons (les bourboniens).

SOMMAIRE

SITUATION POLITIQUE EN EUROPE EN 1705

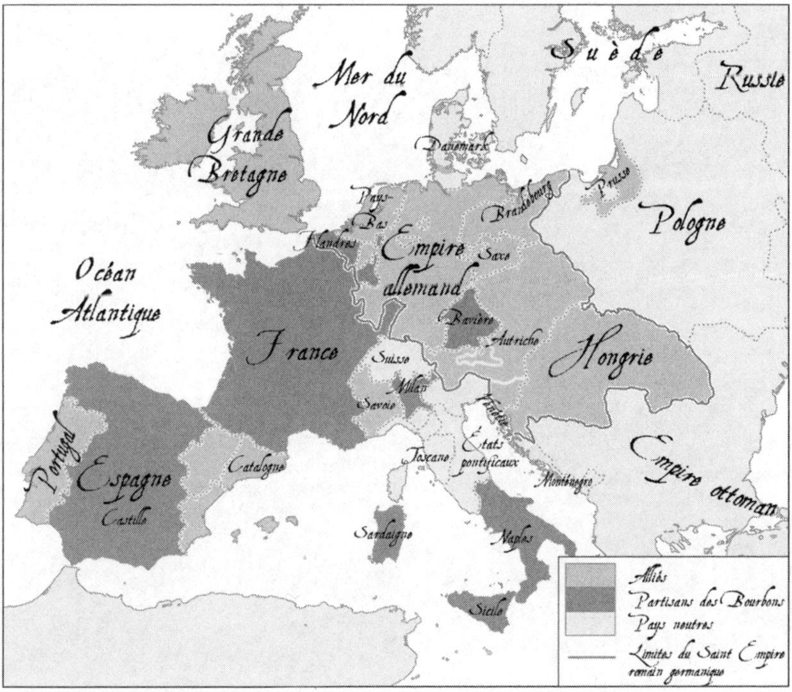

Veni

1

Si l'homme est le seul être à l'esprit géométrique et rationnel, pourquoi les gens sans défense combattent-ils les puissants bien armés ? Pourquoi quelques-uns s'opposent-ils à ceux qui ont le nombre pour eux et les petits résistent-ils aux grands ? Moi, je le sais. Pour un mot.

Les ingénieurs de mon siècle, dont moi, n'ont pas exercé un métier, mais deux. Le premier, sacré, consistant à construire des forteresses ; le second, sacrilège, à les détruire. Et maintenant que je suis devenu une personnalité, laissez-moi vous révéler le mot, ce Mot. Parce que mes amis, mes ennemis, tous des insectes dans le périmètre limité de notre univers : le traître, c'était moi. C'est à cause de moi que la Maison du Père fut prise d'assaut. J'ai procédé à la reddition de la ville que j'avais été chargé de défendre, une ville qui a défié le pouvoir de deux empires coalisés. La mienne. Et le traître qui l'a livrée, c'est moi.

Ce que vous venez de lire est la première version de cette page. Quand je l'ai écrite, je devais être en proie à la mélancolie, ou à l'ivresse. Par la suite, j'ai voulu supprimer le paragraphe en question, car il était affecté et maniéré. Il relève davantage d'un lèche-cul tel que de Voltaire.

Mais vous savez, l'éléphante autrichienne à laquelle je dicte ces Mémoires s'y refuse. Elle aime manifestement ces termes épiques, ce ton éminent, blablabla. *Merda**. Ou, comme ils

* Tous les mots en italique qui ne sont pas suivis d'un astérisque sont en français dans l'original, à l'exception du terme "maganon", qui relève du choix de la traductrice. *(Toutes les notes sont de la traductrice.)*

disent : *Scheisse**. Comment peut-on discuter avec une Teutonne qui brandit une plume ? Elle a les joues plus rouges et bombées que la pomme d'Adam, un cul comme un tambour de régiment, et je ne peux évidemment pas lui demander d'écrire en catalan.

L'idiote qui transcrit mes paroles est une Autrichienne appelée Waltraud Je-ne-sais-quoi ; à Vienne, les femmes ont des noms à coucher dehors. Du moins connaît-elle le français et l'espagnol. D'accord, j'ai dit que je serais sincère et je le serai. La pauvre Waltraud, en sus de rédiger ces lignes, recoud régulièrement les dix-neuf blessures qui sillonnent la géographie de mon corps épuisé, et qui incluent des blessures dues aux balles, à la mitraille et à la baïonnette de quinze nationalités différentes, aux épées turques, aux gourdins maoris, aux flèches et lances des Indiens de la Nouvelle-Espagne, du Nouveau Par-ci et du Nouveau Par-là. Ma chère et repoussante Waltraud essuie les mille cicatrices de mon profil, qui suppurent depuis soixante-dix ans et qui, lors des changements de saison, s'ouvrent comme des fleurs. Et pour couronner le tout, elle s'occupe des trois trous de mon cul. Aïe, aïe, aïe, quelle douleur ! Certains jours, je ne sais même pas par lequel je défèque. Et ce pour huit misérables *Kreuzer*** par mois. C'est tout ce que me permet la pension versée par l'empereur. Ainsi que le loyer d'une mansarde glacée. Mais cela m'est égal. Toujours joyeux et content ! Telle est ma devise.

Le plus difficile est toujours de commencer. Comment tout a-t-il commencé ? Qu'est-ce que j'en sais ? Un demi-siècle s'est presque écoulé. Vous vous rendez compte de l'énormité de ce que je viens de dire ? J'ai tellement tourné autour du Soleil que parfois, je ne me souviens même pas du prénom de ma mère. Autre énormité. Vous me direz que je suis un vieux gâteux. Tu parles.

Je vous épargnerai mon enfance et les pleurnicheries. Si je devais choisir le moment qui a marqué le début, je vous dirais le jour précis : le 5 mars 1705.

Au début, il y eut l'exil. Imaginez un gamin de quatorze ans. Par un matin froid, il va sur le chemin qui mène au château de

* "Merde" en allemand.

** Unité monétaire ayant eu cours dans certains États du Saint Empire romain germanique.

Bazoches, en Bourgogne française. Pour tout bagage, un baluchon sur l'épaule. De longues jambes, le torse svelte. Le nez pointu. Et les cheveux plus lisses, foncés et brillants que les ailes des corbeaux de Bourgogne.

Bon, eh bien ce garçon, c'était moi. Martí Zuviría. Ou "ce bon Zuvi". Ou encore Zuvi "Longues-Jambes". On apercevait déjà les trois tours noires et aiguës du château, aux tuiles d'ardoise noire. Autour de moi, des champs d'orge, l'air si humide qu'on pouvait presque voir voler des grenouilles. Il n'y avait pas plus de quatre jours que les carmélites de Lyon m'avaient renvoyé de leur école. À cause de mon comportement, bien sûr. Mon dernier espoir consistait à me faire admettre à Bazoches en tant qu'élève d'un certain marquis de Vauban.

L'année précédente, mon père m'avait envoyé en France car il ne croyait pas en la stabilité politique des Espagnes. (Et si vous poursuivez ce récit, vous conviendrez qu'il ne se trompait pas.) Il ne s'agissait pas d'une école d'élite, loin de là. C'était un commerce des carmes destiné aux enfants de familles ni riches ni pauvres, des roturiers avec des prétentions mais qui ne pouvaient en aucune façon côtoyer la haute aristocratie. Mon père était le genre d'homme que l'on qualifiait officiellement d'Honnête Citoyen à Barcelone. Étranges titres que les nôtres. Pour être reconnu comme tel, il fallait posséder un certain pécule. Mon père disposait du strict minimum, ce qu'il déplora toujours. Quand il avait bu, il s'arrachait les cheveux et s'exclamait : "Parmi tous les Honnêtes Citoyens, je suis celui qui l'est le moins !" (Il était si sérieux qu'il ne comprit jamais sa propre plaisanterie.)

L'école des Carmes jouissait du moins d'un certain renom. Je ne vais pas vous ennuyer avec la liste de mes incartades. Je ne raconterai que la dernière, car elle fut décisive.

À quatorze ans, j'avais déjà tout d'un homme. Un soir, les élèves les plus âgés, dont je faisais partie, se saoulèrent dans les tavernes de Lyon. Nous avions même oublié de regagner l'internat. C'était la première beuverie de ma vie, et le vin avait fait de moi un barbare euphorique. Le jour se levait déjà lorsque l'un de nous proposa de regagner le *logis*, car c'était une chose d'arriver en retard et une autre de ne pas rentrer. J'avisai une voiture et bondis sur le siège du conducteur :

— Cocher ! À la résidence des Carmes.

J'ignore ce que l'homme répondit, je ne saisis pas et, l'esprit troublé par l'effet conjugué de l'alcool et de mon énergie juvénile, je le fis dégager d'un coup sec :

— Vous ne voulez pas nous emmener ? Très bien, nous irons par nous-mêmes ! criai-je en prenant les rênes. Montez, les gars !

Les dix ou douze boit-sans-soif prirent le véhicule d'assaut comme des pirates à l'abordage, et je fis claquer le fouet. Les chevaux se cabrèrent et partirent au galop. Cela me semblait très drôle, de sorte que je ne comprenais pas les cris derrière moi, soudain effrayés :

— Martí, arrête-toi !

Je tournai la tête : mes chers amis, sans avoir eu le temps de s'installer dans le véhicule, tombaient des deux côtés. À une vitesse d'aérolithe, le fiacre les renversait comme des quilles, et je me dis : “Ils sont saouls au point de ne pas pouvoir se tenir dans un fiacre ?” Mais ce n'était pas tout : une foule en furie nous poursuivait : “Quel mal leur ai-je fait ?”, me demandai-je également.

Les deux questions convergeaient en une seule réponse. Mes amis ne pouvaient pas entrer dans l'habitacle parce que le fiacre n'en était pas un, mais une caisse fermée sur les côtés. Comme tous les corbillards. Je l'avais confondu avec un attelage ordinaire. Nos poursuivants étaient le cortège des proches du mort. À leurs cris, on les devinait très en colère. Je ne trouvai rien de mieux que de m'enfuir. Je n'avais de toute façon guère le choix, car les chevaux s'étaient emballés et je ne savais absolument pas comment les maîtriser. Je tirais sur les rênes en dépit du bon sens, ce qui n'avait pour effet que de les affoler davantage. Je dessaoulai soudain en voyant les étincelles produites par les essieux dans les tournants. Nous arrivâmes à une vitesse terrible sur une place où se trouvait l'une des plus célèbres verreries de Lyon et de tout le pays. Dans la lumière matinale, les chevaux durent prendre la façade, toute de verre, pour un couloir ouvert.

Le choc fut rude. Les chevaux, la voiture, moi, le cercueil et le mort allâmes nous encastrer dans la vitrine et nous tombâmes tous à l'intérieur. Le verre qui se brise produit un son très particulier. Vingt mille verres, lampes, bouteilles, miroirs, coupes et carafes explosant en même temps, aussi. Je ne comprends toujours pas très bien comment je m'en suis sorti vivant et à peu près indemne.

Je me mis à quatre pattes, contemplant une hécatombe de verre. La foule arrivait déjà par la rue, très exaltée. Les portes arrière de la voiture, ouvertes. Le cercueil, par terre, le couvercle relevé. Et vide. Je me demandai où le cadavre avait bien pu passer. Bref, ce n'était pas le moment de s'en occuper. J'étais ivre et sonné, et la seule idée qui me vint à l'esprit fut de me cacher dans le cercueil et de refermer le couvercle.

Ma tête me faisait un mal de chien. Nous avions bu toute la nuit dans les tavernes. Dans l'une, nous en étions venus aux mains avec les élèves de l'internat des dominicains, qui étaient encore plus dévots que ceux des carmes. Ensuite, cette course folle et le coup sur le crâne. Je décidai de tout envoyer au diable. Si je me tenais tranquille, les choses s'arrangeraient d'elles-mêmes. J'appuyai la joue contre le velours du cercueil, et sombrai dans l'inconscience.

J'ignore depuis combien de temps j'étais là, mais un peu plus et j'y restais définitivement. Un mouvement me réveilla. Mon lit clos s'agitait. Il me fallut quelques secondes avant de me rappeler où je me trouvais.

— Eh, eh, ouvrez ça ! me mis-je à crier, en tapant contre le couvercle. Ouvrez la porte, espèces de salauds !

Mon cercueil se balançait parce qu'on le descendait dans la fosse. En m'entendant, ils le remontèrent. (Il me sembla qu'ils allaient très lentement.) Plusieurs mains soulevèrent le couvercle et je sortis comme un chat échaudé d'une marmite. Quelle angoisse.

— Vous alliez m'enterrer vivant ! hurlai-je, indigné à juste titre.

Les faits étaient faciles à reconstituer. Les proches avaient aperçu le cercueil et s'étaient bornés à le réintroduire dans le corbillard sur le chemin du cimetière, sans se soucier de vérifier si c'était leur parent qu'il y avait à l'intérieur ou ce bon Zuvi. Il s'en était fallu d'un cheveu.

Mais le lendemain, je dus assumer les conséquences. Huit de mes condisciples étaient à l'hôpital, les os brisés, plusieurs dames qui assistaient à l'enterrement ne s'étaient pas encore remises de leur syncope. Le propriétaire du magasin menaçait de faire un procès à l'ordre. Et puis, en recensant les dégâts dans son commerce, il avait découvert le cadavre d'un honnête citoyen au plafond, suspendu à un lustre, où il avait atterri après le choc. Cette fois, j'étais allé trop loin. Le prieur me donna le choix : rentrer chez moi muni d'un rapport infamant, ou me rendre au château de Bazoches. Chez moi ! Si je retournais à Barcelone après m'être fait renvoyer, mon père me tuerait. J'optai pour Bazoches. D'après ce que je compris, un certain marquis de Vauban proposait de prendre des élèves sous sa tutelle.

2

Mais assez d'enfantillages. Je disais que ce 5 mars 1705, j'approchais du château de Bazoches, à pied, mon baluchon sur l'épaule.

C'était une construction plus seigneuriale que militaire, plus belle que grandiloquente. Au-dessus des murailles s'élevaient trois tours rondes, couronnées par des capuchons pointus de tuile noire. Oui, Bazoches était un beau château dans sa sobriété désuète. Dans ce paysage plat, il attirait l'œil comme un aimant. À tel point que je n'entendis même pas la voiture qui me dépassa et faillit me renverser.

Le chemin était si étroit que j'eus tout juste le temps de faire un bond de côté tandis que ses roues soulevaient un rideau de boue liquide qui me recouvrit de la tête aux pieds. Cela sembla amuser deux voyous, deux gamins de mon âge qui sortaient la tête par les fenêtres. Tandis qu'ils s'éloignaient en direction du château, ils se moquèrent de mon malheur.

Car c'était un grand malheur. Je parcourais la dernière ligne droite et j'avais jugé opportun de revêtir mon plus beau costume. Je ne possédais pas d'autre tricorne ou casaque décente que ceux que je portais. Comment allais-je me présenter devant un marquis, tout crotté ?

Vous imaginez mon état d'esprit en arrivant à Bazoches. Les portes étaient encore ouvertes, car l'attelage des voyous venait tout juste de les franchir. Un laquais apparut et me tança :

— Combien de fois vais-je devoir vous répéter que le jour des aumônes est le lundi ? Du balai !

Je dois dire que je ne pouvais pas lui reprocher son attitude. Il devait voir en moi un mendiant qui se présentait à un moment inopportun.

— Je viens en qualité d'aspirant ingénieur et j'ai là mes lettres de créance cachetées à la cire ! me défendis-je tout en tentant d'ouvrir mon baluchon.

L'homme ne voulut même pas m'écouter. Il devait avoir l'habitude, car il sortit un gourdin :

— Hors d'ici, truand !

Tu crois aux anges, bufflonne allemande ? Pas moi, mais à Bazoches il y en avait trois. Et le premier apparut au moment où cette matraque allait me briser les côtes. À son apparence, ce devait être une servante, même si, d'après l'autorité qu'elle dégageait, j'imaginai qu'elle devait occuper une charge. Et l'on a beau dire que les anges n'ont pas de sexe, je vous assure que celui-ci était une femme. Oh que oui.

Décrire le charme de cette créature n'a rien de facile. N'étant pas poète, et pour résumer, je dirai que comme femme, elle était tout ton contraire, ma chère et repoussante Waltraud. Ne te fâche pas. Je veux dire que tu es plus fessue qu'une abeille, et qu'elle avait une taille minuscule. Tu marches l'échine courbée comme une mule ; elle se déplaçait avec l'assurance de certaines femmes distinguées, nobles ou non, mais qui se savent capables d'écraser des empires sous leur talon. Tes cheveux semblent toujours avoir été trempés dans un baril de graisse, alors que les siens étaient fins et longs jusqu'à l'épaule, couleur rouge pastèque. Je n'ai pas vu tes seins, Dieu m'en garde, mais ils pendent certainement comme une paire d'aubergines. Les siens tenaient parfaitement dans une coupe. Je ne dis pas qu'elle était irréprochable. Sa mâchoire inférieure, énergique et anguleuse, lui conférait trop de personnalité pour une femme. Mais, tant qu'à pécher, que ce soit par excès : ton menton fuyant fait de toi un parfait modèle de crétinisme facial.

Quoi d'autre ? Ah oui ! Petites oreilles, sourcils couleur brique et aussi fins qu'un pinceau à deux poils. Comme la majorité des rousses, elle était criblée de taches de rousseur. Elle en avait exactement six cent quarante-trois. (Plus tard, quand je parlerai du régime académique de Bazoches, on comprendra pourquoi je les ai comptées.) Si tu avais mille taches de rousseur, tu aurais l'air d'une sorcière lépreuse. Elle, en revanche, ressemblait à un être fantastique. Et, maintenant que j'y pense, l'un des rares héros de ce siècle que je n'aie pas connus est ta chiffe molle de mari, qui supporte chaque nuit un épouvantail tel que toi. Pourquoi pleures-tu ? J'ai dit quelque chose d'inexact ? Allons, reprends la plume.

La jeune fille m'écouta attentivement. Je dus la convaincre car elle me demanda mes lettres de créance. Elle savait lire, ce qui confirmait qu'elle occupait un rang élevé dans la hiérarchie du service. Je lui racontai le mauvais tour qu'on m'avait joué : elle pouvait m'aider ou me renvoyer. Elle m'aida. Elle s'éloigna. Je l'attendis pendant quelques instants qui me semblèrent interminables. Elle revint, chargée de vêtements :

— Prends cette casaque, dit-elle, et dépêche-toi. Ils ont déjà commencé.

Je partis en courant dans la direction qu'elle m'indiquait et ne m'arrêtai que lorsque je parvins à une pièce parfaitement carrée et assez basse de plafond. Le mobilier se réduisait à deux chaises. Dans le mur d'en face, je vis une seconde porte. Et devant, les deux sans-gêne qui m'avaient couvert de boue. Au garde-à-vous, attendant qu'elle s'ouvre.

L'un était petit et robuste, avec un nez si épaté que les orifices se projetaient vers le front plutôt que vers le bas, comme chez les porcs. L'autre, grand, maigrichon, avec des jambes de gitan, sa tenue de gosse de riche ne parvenait pas à dissimuler une allure dégingandée. Au lieu d'avoir suivi une croissance progressive, il semblait avoir été allongé d'un coup avec une paire de tenailles. Je les surnommai Cochonnet et Asperge.

Qu'ils m'adressent un salut banal et vide de contenu, comme s'ils me voyaient pour la première fois, est moins étrange qu'il n'y paraît. Si tu veux un bon conseil, ma chère orang-outang, écoute bien : les gens regardent mal et voient encore moins bien. Cochonnet et Asperge ne m'avaient pas reconnu. Leur premier aperçu de ma personne avait été fugace. Maintenant, revêtu de cette superbe casaque, j'avais l'air de quelqu'un d'autre. Asperge me parla sans dissimuler son esprit de compétition.

— Encore un aspirant ? Je vous souhaite bonne chance, mais sachez que j'étudie depuis des années les principes de l'ingénierie. Ils prennent un seul élève et ce sera moi.

Il avait appuyé sur le dernier terme.

— Mon cher ami, tu oublies que je cours depuis aussi longtemps que toi derrière cette occasion, intervint Cochonnet.

Asperge soupira :

— J'ai du mal à croire que Vauban en personne soit sur le point de franchir cette porte, dit-il. L'homme qui a construit ou restauré les fortifications de trois cents places fortes. Trois cents !

— Certes, acquiesça Cochonnet. Sans parler de ses cent cinquante faits de guerre et plus, tous confondus.

— Et le plus beau et le plus grand, insista Asperge : il est le vainqueur de cinquante-trois villes. Toutes mieux défendues que Troie !

— *Suprême, suprême, suprême…* murmura Cochonnet, renchérissant.

“Nous voilà bien”, pensai-je. Le prieur ne m'avait jamais parlé d'aucune sélection préalable. Et il y avait une seule place. Comment imaginer qu'on allait me préférer à ces deux bûcheurs ?

D'après la description qu'ils avaient faite du marquis de Vauban, je m'attendais à un type endurci lors de multiples batailles, herculéen et couvert de cicatrices. Celui qui entra était un monsieur grenu, de petite taille, l'air d'avoir mauvais caractère. Il portait une perruque onéreuse, bouclée et avec la raie au milieu.

Sébastien le Prestre Marquis de Vauban

Sébastien le Prestre Marqués de Vauban

Malgré son âge avancé, que trahissaient ses joues flasques et anguleuses, il émanait de tout son être une énergie impatiente. Sur la joue gauche, on remarquait une tache violette dont je devais apprendre par la suite qu'elle provenait d'une balle qui l'avait frôlé lors du siège d'Ath.

Nous nous mîmes tous les trois au garde-à-vous, coude à coude. Le marquis nous observa sans ouvrir la bouche. Il s'arrêta devant chacun et nous regarda à peine quelques secondes. Et de quel œil ! Ah, oui, ce regard de Bazoches, je pourrais le reconnaître n'importe où. Quand Vauban vous regardait, c'était comme s'il vous disait : "Tu ne peux rien me cacher, je connais tes défauts mieux que toi." Et en un certain sens, c'était vrai. Mais je ne parle que de l'aspect le plus rude de sa personnalité.

Vauban faisait également preuve d'une attitude paternelle. Même si la rigueur se présentait comme la facette la plus visible de son caractère, tout le monde pouvait se rendre compte que cette sévérité avait un but bienveillant et constructif. Il était de ces types dont personne n'aurait remis la droiture en question.

Il daigna enfin parler. Il commença par la partie agréable : les ingénieurs royaux incarnaient l'élite, une minorité choisie. Et ils étaient si peu nombreux que les rois d'Europe et d'Asie ne lésinaient pas sur les moyens pour les engager. Cela me plaisait déjà un peu plus. Doublons français, livres anglaises, cruzados portugais. J'allais gagner de l'argent et voir du pays !

Puis son exposé prit un autre tour. Il devint encore plus sérieux et dit :

— Sachez, messieurs, qu'un ingénieur risque plus souvent sa vie lors d'un siège qu'un officier d'infanterie pendant toute une campagne. Vous êtes toujours intéressés ?

Ces deux idiots acquiescèrent à l'unisson par un emphatique *"Oui monseigneur"* ! De mon côté, je ne savais même pas où poser les yeux. La milice ? Des fusillades ? Des boulets de canon ?

Mais de quoi pouvait-il bien parler ? Je croyais qu'un ingénieur était un monsieur qui construisait des ponts et des canaux. Cochonnet et Asperge avaient eu beau mentionner des sièges et des batailles, on suppose que les grands patrons sont toujours bien lotis, surtout s'ils se bornent à concevoir des plans, à l'arrière-garde, une prostituée à chaque bras.

Vous savez, je voulais juste repartir avec un titre, ne fût-ce que celui de planificateur de canaux d'irrigation. N'importe quoi, quelque chose pour me justifier devant mon père. Et ce vieux timbré ne cessait de proférer des sottises, de plus en plus énormes.

Car les choses empirèrent. Et grandement. Avant que je m'en aperçoive, il parlait déjà du "Mystère".

Je tente depuis presque un siècle de comprendre les lumières clignotantes du *"Mystère"* (écris-le ainsi) et je me considère encore comme un apprenti. Vous imaginez ce que pouvait bien penser ce gamin de quatorze ans la première fois où il en entendit parler, dans cette petite pièce du château de Bazoches ?

Vauban mentionnait le *Mystère* tous les trois mots, et de façon si majestueuse que je finis par comprendre que c'était un terme à demi crypté pour désigner Dieu. Que dis-je ? À en juger par le ton, Dieu devait être une sorte d'avorton de ce *Mystère*.

À ce stade, j'avais perdu tout espoir d'être admis à Bazoches. Comme je l'ai dit, je n'avais pas la moindre idée de ce dont il s'agissait, tandis que Cochonnet et Asperge semblaient enthousiasmés. Ils savaient ce qu'ils venaient chercher, ils étaient aussi bien préparés que le leur permettaient leur position et leurs études, et leur existence n'avait d'autre objet que de se consacrer à l'étrange cause invoquée par le marquis.

Vauban se tut soudain et quitta la pièce. Ce fut une sortie de scène si imprévue que nous en restâmes bouche bée. Cochonnet et Asperge se regardaient sans comprendre. Une minute plus tard, quelqu'un apparut à la place de Vauban. Elle. La beauté rousse de la cour d'armes. Et elle se présenta comme la fille du marquis.

Je n'avais même pas envisagé une telle possibilité. Quel idiot, aucune servante n'aurait eu cet aplomb. Beaucoup plus élégante qu'auparavant, portant une jupe si longue qu'on ne voyait pas ses pieds. Elle ne m'adressa pas le moindre signe de connivence. Sérieuse comme un pape, elle faisait presque peur. Elle se planta devant nous pour nous annoncer :

— Mon père m'a demandé de vous soumettre à une très courte épreuve pour juger de vos aptitudes. Il souhaite que je m'en charge à sa place, car il s'est aperçu que sa présence intimidait les jeunes candidats.

Elle ouvrit un dossier et en sortit une planche.

— L'épreuve consiste en une seule question. Je vais présenter une reproduction à chacun d'entre vous, et vous me la décrirez. Soyez concis, je vous prie.

Je fus le premier à qui elle s'adressa. Elle me présenta un dessin. J'ai conservé une réplique de l'original. (Toi, insère-la ici, sur cette page, pas une autre. Tu as compris, barbare blonde ? Ici !)

Elle m'aurait montré un poème en araméen que je l'aurais mieux compris. Je haussai les épaules et répondis la première chose qui me passa par la tête :

— Une étoile. Une étoile semblable à une fleur, avec des épines à la place des pétales.

Cochonnet et Asperge, qui avaient déjà aperçu le dessin de biais, partirent d'un grand éclat de rire. Pas elle. Elle resta impassible, fit deux pas et montra la planche à Cochonnet, qui répondit :

— Une forteresse avec neuf bastions et huit ravelins.

Quand ce fut son tour, Asperge se borna à dire :

— Neuf-Brisach.

— C'est vrai ! s'exclama Cochonnet. Comment ai-je pu ne pas le reconnaître ? Le chef-d'œuvre de Vauban !

Asperge ne pouvait masquer une expression d'élu des dieux, sûr de sa victoire. Il consola même Cochonnet avec cette amabilité condescendante des vainqueurs. La planche était la forteresse de Neuf-Brisach, allez savoir où cela pouvait bien se trouver.

La fille de Vauban nous demanda d'attendre pendant qu'elle allait communiquer les réponses à son père.

— La prochaine fois qu'on se verra, il vaut mieux que vous sachiez garder les formes, dis-je quand nous nous retrouvâmes seuls.

Ils me regardèrent, surpris par mon ton offensé :

— Ça alors. Tu es le mendiant, dit Asperge, qui me reconnut enfin, car c'était le plus malin des deux. On peut savoir ce que tu fais là ?

Je voulais juste les asticoter un peu avant de partir, à cause de l'histoire de la boue et parce que je n'ai jamais supporté les blancs-becs présomptueux. Et ils me tombèrent dessus !

Ils étaient deux mais guère impressionnants, je commençai donc à distribuer des coups de pied dans le dos et des coups de poing dans les yeux. Cochonnet se plaça derrière moi, m'agrippa par le cou et nous roulâmes à terre. Je lui mordis l'avant-bras tout en me défendant par des ruades d'Asperge, qui soulevait une chaise, dans l'intention de me briser le crâne. J'ignore ce qui serait arrivé si Vauban et sa fille ne nous avaient interrompus.

— Messieurs ! s'exclama-t-il, scandalisé. Vous êtes au château de Bazoches, pas dans une taverne !

Nous nous relevâmes, au garde-à-vous, les vêtements froissés. Cochonnet se tenait le bras à l'endroit où je l'avais mordu. La sévérité du regard du marquis était tout simplement indescriptible. Il s'établit un silence tel qu'on pouvait entendre les vers à bois ronger les chaises, et cela n'a rien d'une figure rhétorique.

— Vous avez introduit la violence dans ma demeure. Dehors, énonça le marquis.

Il n'y avait rien à ajouter. Sa fille s'adressa aux deux autres :

— Vous deux, venez avec moi.

Pendant qu'elle les raccompagnait, elle tourna lentement la tête pour me dire :

— Vous, attendez ici.

Je me retrouvai seul avec le marquis, qui me fixait de son œil scrutateur. Nous entendîmes les protestations de Cochonnet et Asperge, derrière la porte. Puis le silence se fit et elle nous rejoignit.

Je croyais que la fille de Vauban allait me jeter dehors moi aussi, échelonnant nos sorties, parce que, étant donné que nous nous étions battus, mordus et griffés, il était logique que nous partions séparément afin d'éviter de nous donner une nouvelle fois en spectacle. Mais ce que dit le marquis, malgré son ton inflexible, ne cadrait pas avec un renvoi :

— Notre première conversation a lieu après un acte de violence et dans ma propre maison. Vous trouvez que c'est de bon augure ?

Mieux valait ne pas répondre. L'homme arpenta la pièce. Il revint vers moi et me toucha le plastron avec deux doigts :

— Maintenant, je vais vous poser une question et je veux que vous soyez sincère. Si vous mentez, je le saurai. Que s'est-il passé avec les carmes ?

— Eh bien, c'est difficile à raconter, leur discipline est très stricte, commençai-je.

Je compris que Vauban n'aimait pas les hésitations et les préambules. Je ne pouvais pas savoir ce que contenait la lettre du prieur, je me contentai donc d'enjoliver les faits sans trop les déformer :

— Un jour, je suis monté dans un attelage pour rentrer à l'internat. J'étais si pressé que je ne me suis pas aperçu que c'était bien un attelage, certes, mais funèbre. Les religieux l'ont très mal pris.

— Funèbre ?

— Les proches n'ont pas apprécié que je change de direction, dis-je, omettant comme je pus la partie la plus embarrassante de l'affaire.

J'entendis un rire en cascade, qui devint de plus en plus franc : c'était sa fille, assise derrière moi. La dernière chose que j'avais prévue, c'était que le marquis partagerait son hilarité. Soudain, son visage de pierre se fissura et il éclata de rire. Père et fille se regardaient sans cesser de rire.

— Maintenant je comprends pourquoi le prieur vous a envoyé chez moi, dit le marquis en s'expliquant : J'ai fait mes études chez eux, dans ma jeunesse, j'ai commis la même erreur. Ils doivent encore s'en souvenir !

Il se tourna vers sa fille en riant toujours :

— Je ne te l'ai jamais raconté, ma chère Jeanne ? Je me suis assis à côté du cocher et j'ai dit : "À la résidence des Carmes !"

Elle redoubla de rire, tandis que le marquis précisait :

— Le cocher m'a répondu : "Jeune homme, ne soyez pas si pressé de vous rendre là où conduit ce véhicule." Alors j'ai compris qu'ils allaient au cimetière. Je devais faire une de ces têtes !

Ils étaient morts de rire. Le marquis dut s'essuyer les yeux avec un mouchoir blanc si grand qu'on aurait dit une moitié de drap. Quand il reprit la parole, elle était encore entrecoupée de rires :

— Mon Dieu… et ils se sont fâchés contre vous pour une chose aussi vénielle ? (Rires, ah, ah, ah.) Quand on est dans ce genre de mauvaise passe, on descend de la calèche tout honteux et voilà tout (hi, hi, hi). Mais je dois dire que… que… (oh, oh, oh de Vauban et ouh, ouh, ouh de Jeanne), que parmi les qualités des carmes… (ouh, ouh, ouh !) l'humour n'a jamais eu sa place (oh, oh, oh !).

En privé, l'homme semblait très différent de son image publique. Ce que je ne savais pas encore, c'était que le concept "privé" se réduisait pour Vauban à Jeanne, la plus jeune de ses deux filles, en qui il avait déposé une confiance sans bornes. Le marquis me regarda, son visage était à nouveau de pierre :

— Vous avez encore le temps de faire demi-tour. Si vous décidez de rester à Bazoches, votre vie va changer de façon radicale.

Bon, bon, bon ! Quand Jeanne lui avait communiqué nos réponses à l'examen, elle avait dû raconter à son petit papa que c'était ce bon Zuvi qui avait trouvé la solution, et non Asperge. Elle avait dû voir quelque chose chez Martí Zuviría.

— Dans leur lettre, les pères mentionnent également quelques petits défauts vous concernant. Orgueil, désobéissance, blasphème. Vous voulez savoir ce que j'en pense ? Je crois que le prieur s'est débarrassé d'un élève qui lui posait des problèmes.

Un siècle ou presque s'est écoulé, et je revois Jeanne, face à moi. La tête inclinée, elle porte des mèches de cheveux roux à sa bouche tout en me regardant d'un air qui peut tout dire ou ne rien dire. Si nous avions été seuls, je crois que je lui aurais sauté dessus.

Vauban me donna de petits coups sur la poitrine.

— Vous croyez que vous êtes là pour devenir un simple "ingénieur" ? Vous vous trompez. Bazoches est la source de quelques secrets à la portée de très peu de gens. Sachez que lorsque nous aurons achevé votre éducation, vous ne serez plus un simple être humain. Certes, vous toucherez les portes de la gloire avec des doigts de fer. Mais sans récompense. Et pour faire de vous un ingénieur, Bazoches extraira votre cerveau de votre corps et l'y réintroduira. Vous aurez l'impression d'avaler mille fois votre vomi. Alors seulement vous serez digne du Mystère.

Il fit une pause afin de remplir ses vieux poumons d'air, puis il demanda :

— Vous vous sentez prêt pour une telle entreprise ?

Une partie de moi me conseillait de m'en aller. De partir en courant et de ne pas m'arrêter avant d'avoir franchi les Pyrénées. De planter là le Mystère, l'Immense Ingénieur et le Marquis Taré, pour les laisser baigner dans leur jus et les empêcher de m'entraîner dans leurs folies.

D'autre part, me disais-je, pourquoi pas ? Même si ce n'était pas ce que je m'étais imaginé, je n'avais guère le choix non plus. Pendant que j'hésitais, je détournai un peu le regard vers la fille du grand Vauban. Quelle belle rousse.

Je me mis au garde-à-vous et répondis :

— Je suis prêt et impatient, *monseigneur* !

L'homme acquiesça légèrement. Mais son approbation avait quelque chose d'inquiétant. Car il tourna la tête vers sa fille, et dit :

— Vous ne comprenez pas ce qui vous attend.

Dans le fond, nous ne prenons pas les décisions les plus importantes de notre vie, elles nous sont imposées. À cause de l'odeur invisible du Mystère ? C'est possible. Ou à cause du sexe. C'est possible aussi.

3

Pourquoi le grand Vauban m'adopta-t-il sur le plan académique ? Aujourd'hui encore, je ne peux répondre à la question avec certitude.

Son unique enfant mâle était mort deux mois après sa naissance et il avait dû se contenter de ses deux filles. Avait-il besoin d'éprouver une certaine forme de paternité qu'il n'avait jamais exercée ? Ne m'accordez pas une telle importance. Et, comme je devais le découvrir par la suite, un homme qui avait ses croyances ne se souciait guère du sexe de sa descendance. Il avait eu un certain nombre de bâtards avec deux ou trois paysannes des environs. C'était de notoriété publique, il ne s'en cachait pas et, dans son testament, il leur laissa même un joli pécule. Mais de son vivant, il ne leur témoigna jamais le moindre intérêt.

En ce mois de mars 1705, il lui restait encore deux ans à vivre. Il savait que la fin était proche. Quelques rares privilégiés m'avaient précédé, je serais son dernier élève. Je peux simplement dire que parfois, rarement, il me donna l'impression que j'étais une feuille de papier sur laquelle le naufragé écrit son dernier message avant de l'introduire dans la bouteille.

Naturellement, je ne le voyais pas tous les jours, loin de là. Il était toujours par monts et par vaux, à Paris ou ailleurs. Disons qu'il suivit mes progrès comme la majeure partie de ses ouvrages fortifiés : en qualité de superviseur général.

On m'attribua une chambre en haut d'une tour à laquelle on arrivait par un escalier en colimaçon. Petite mais lumineuse, propre et sentant la lavande. Le lendemain, je pris le petit-déjeuner dans un coin de la cuisine, plus vaste que ma maison de Barcelone tout entière. J'étais seul, les domestiques vaquant à leurs occupations. Ensuite, j'attendis de voir Jeanne, c'était du moins ce que je souhaitais. À sa place, apparut un petit vieux vénérable, souriant, à l'ossature fragile.

— Alors comme ça, vous êtes le nouvel élève ?

Il se présenta, Armand Ducroix.

— Vous vous êtes familiarisé avec Bazoches ? demanda-t-il avant de répondre lui-même : Non, bien sûr que non, suis-je bête, vous êtes arrivé hier. Cela se fera en son temps, bien sûr.

Je ne savais pas encore que c'était caractéristique de la façon de parler d'Armand. Il réfléchissait à voix haute, comme s'il lui avait semblé la chose la plus normale du monde que sa pensée coulât librement, sans s'abriter derrière des silences ou des conventions.

— Vous avez belle allure, poursuivit-il, nerveux et avec une silhouette de lévrier. Oui, vous pouvez aller loin, qui sait ? Mais ne nous faisons pas d'illusions. Tout est entre les mains du *Mystère*. Quoique votre nez pointu indique la vivacité d'esprit, et vos épaules peuvent supporter de lourdes charges. À compter d'aujourd'hui, nous allons fortifier vos muscles et votre esprit.

Nous nous rendîmes à la bibliothèque. En voyant les étagères échelonnées et couvertes de tomes serrés, je fus stupéfait :

— Ouh ! Il y a au moins cinquante livres ! Quelqu'un en a-t-il déjà lu autant ?

Armand se mit à rire en prenant une chaise :

— Cher aspirant, vous en lirez beaucoup plus avant de devenir un *maganon*.

— Un *maganon* ?

— C'est le nom que les anciens Grecs donnaient aux ingénieurs militaires.

Quand il inclina la tête pour écrire, son crâne, magnifique et nu, m'apparut dans toute sa plénitude.

Il avait une tête curieusement sphérique. Chez la majeure partie des chauves, le crâne est marqué de taches de rousseur, parcouru de veines bleues ou rougeâtres ou de plis. Ce n'était pas le cas d'Armand. Sa peau, d'une couleur rosée saine, était tendue comme un tambour. Les cheveux rescapés constituaient un halo blanc qui ceignait la base de sa tête comme une couronne de lauriers et s'unissaient à un petit bouc pointu. Tout en lui était menu, concentré et dense. L'apparente fragilité de son ossature dissimulait en réalité une vivacité d'écureuil. Son corps mince ne reflétait pas les effets de la vieillesse, mais une exceptionnelle vitalité. Je ne le vis jamais de mauvaise humeur et tout était prétexte à rire. Et malgré tout, cette bonhomie ne parvenait pas à dissimuler des yeux gris, de loup, qui vous observaient sans cesse. Même de dos.

Il s'était assis pour écrire un mot. Quand il eut fini, il me demanda de m'approcher :

— Voilà votre programme d'études, annonça-t-il. Lisez-le à haute voix, je vous prie.

Je n'ai pas conservé la feuille, je n'en ai pas besoin. Je m'en souviens parfaitement :

6 h 30 – 7 h : Toilette. Prière à la chapelle. Petit-déjeuner.
7 h – 8 h : Dessin.
8 h – 9 h : Mathématiques. Géométrie. Jus de citron.
9 h – 10 h : Salle sphérique.
10 h – 12 h : Castrométrie. Topographie.
12 h – 12 h 30 : Déjeuner. Jus de citron.
12 h 30 – 14 h : Champ.
14 h – 15 h : Obéir et commander. Tactique et stratégie.
15 h – 16 h : Histoire. Physique.
16 h – 17 h : Arpentage. Balistique. Jus de citron.
17 h – 19 h : Minéralogie. Champ.
19 h : Dîner.
19 h 30 – 21h : Architecture.
21 h – 23 h : Champ. Prière à la chapelle.

C'était là mon emploi du temps, même si, en fait, on ne m'imposa jamais la prière, et je ne mis jamais les pieds à la chapelle.

— Vous serez libre le dimanche. Le programme général vous convient-il ? me demanda-t-il avec son éternel sourire.

Qu'allais-je répondre ? Non ?

— C'est parfait, alors, se félicita-t-il. Commençons. Allez dans la pièce contiguë, s'il vous plaît, et rapportez-moi *La Nouvelle Fortification*, de Nicolaus Goldmann. Et aussi le *De Secretis Secretorum* de Walter de Milmete.

La bibliothèque se poursuivait dans la pièce adjacente. Je ne pouvais croire qu'il existât une personne assez excentrique pour entasser une telle quantité de papier imprimé. Je franchis le seuil dépourvu de porte de la pièce contiguë. Armand s'y trouvait de nouveau ! En haut d'une échelle, rangeant les livres, avec sa splendide calvitie et son petit bouc blanc. Le même pantalon blanc, la même chemise blanche. Il me regarda. Les mêmes yeux gris de loup, le même sourire à la gentillesse astucieuse :

— En quoi puis-je vous aider, jeune homme ?

— Vous le savez déjà, fis-je, sidéré. Je cherche le *De Secretis Secretorum* de Walter de Milmete et *La Nouvelle Fortification* de Nicolaus Goldmann.

Il descendit de l'échelle et me mit les livres dans la main.

— Comment avez-vous fait ? lui demandai-je.

— En cherchant dans le catalogue. Cette bibliothèque fonctionne sur un principe appelé "ordre".

Je n'y comprenais rien. Je fis quatre pas en arrière, les livres à la main, et entrai dans la grande salle. Armand était de retour derrière son bureau !

Le mystère ne s'éclaircit que lorsque mon bibliothécaire vint à notre rencontre. C'étaient des jumeaux, aussi identiques que peuvent l'être deux crabes. Même les rides de leurs joues suivaient des tracés parallèles. Ils se mirent à rire. Je découvris par la suite que leur divertissement préféré consistait à confondre les serviteurs de Bazoches. Ils les rendaient fous avec toutes les facéties que permettait cette sorte de fusion corporelle.

— Mais vous êtes pareils ! dis-je, un peu troublé.

— Je vous assure que vous serez très vite en mesure de nous distinguer.

À ce moment, il me sembla que la seule différence était que l'un s'appelait Armand et l'autre Zénon. Ou l'inverse, car il m'était impossible de faire la différence. Le premier des deux me fit asseoir à une table. Il posa le Goldmann et le Milmete devant mes yeux et ordonna, maintenant très sérieux :

— Lisez. Et si vous comprenez quelque chose, dites-le-moi.

Curieuse directive. Ils me laissèrent lire un bon moment sans m'interrompre. Je m'y consacrai avec la meilleure volonté. Je commençai par l'ouvrage de Milmete, car le titre était prometteur.

Avec tous ces secrets, je m'attendais à des dragons, des sources de vie éternelle, des plantes carnivores qui avalent des bœufs, ce genre de chose. Tu parles, c'était rasoir. La seule chose qui attira mon attention était les planches d'une sorte d'amphore romaine pourvue de quatre pattes et qui vomissait du feu. Quant au Goldmann, le plus intéressant était aussi les dessins. J'eus l'impression de voir les gribouillis de quelqu'un qui s'ennuyait à tel point qu'il n'avait rien de mieux à faire que de couvrir des centaines de pages des figures géométriques de maniaque égaré.

— *Et alors ?* me demandèrent-ils un moment plus tard.

Je relevai la tête. Mieux valait être sincère :

— Je n'y comprends absolument rien.

— Parfait. C'était votre leçon d'aujourd'hui, dit Armand. Maintenant vous savez que vous ne savez rien.

Le lendemain, les Ducroix continuèrent à se montrer indulgents envers moi. Ils se bornèrent à évaluer mes connaissances afin de savoir par où commencer. Moi, je pensais à Jeanne, et j'avais le regard un peu perdu.

— Vous êtes soucieux ? demanda Zénon.

— Non, pas du tout, répondis-je, me réveillant. Simplement, je viens d'arriver, et je ne sais pas encore très bien quelle est ma place à Bazoches.

— Mais comment ? fit Armand. On ne vous a pas présenté les habitants du château ?

Il m'emmena personnellement voir tous les serviteurs. Je dois dire qu'aussi bien Zénon qu'Armand étaient la courtoisie personnifiée. Ils n'adoptaient pas cette attitude distante que l'on imagine entre nobles et roturiers. Ces derniers savaient parfaitement où était leur place, bien sûr, mais les jumeaux agissaient avec une cordialité qui masquait toutes les différences.

J'avais avec moi le bras droit et le bras gauche de Vauban. Ils collaboraient avec lui depuis des décennies, ils connaissaient tous les secrets de son ingénierie, et ils partageaient la même philosophie. Ils l'assistaient dans la conception de la phase préalable de ses projets de fortification, et ils constituaient la charnière entre le maréchal et les affaires du monde. En fait, j'eus beaucoup de chance d'arriver à Bazoches à l'automne du grand Vauban. En d'autres temps, les Ducroix auraient été trop occupés pour me consacrer une attention aussi soutenue.

— Maintenant, la fille du marquis.

En entendant ces mots, je dus tirer sur mon pantalon pour qu'on ne remarque pas mon membre raide. À ma déception, on m'emmena devant une créature totalement différente : Charlotte, la sœur de Jeanne, la fille aînée de Vauban. Teint de pêche, pommettes rouges, une bouche plus petite qu'une queue de tortue, et un nez mal placé : une équerre qui commençait au-dessus des sourcils. Elle riait avec un "clo clo clo" de perroquet, agitant un double menton qui ressemblait à un sac de cornemuse. Et elle passait la moitié de sa vie à rire.

Et si vous croyez que je la décris en de tels termes parce que ce bon Zuvi est le plus braillard des fantoches de ce siècle, vous vous trompez complètement. En fait, cette rencontre m'attrista. Pourquoi la nature doit-elle être aussi injuste ? Elles étaient sœurs, mais toutes les qualités étaient échues à la cadette. Jeanne était intelligente, très belle, vive, Charlotte un être candide, sans aucune malice. Et ce rire puissamment idiot…

— Je crois que vous connaissez déjà Jeanne, dit Armand. En ce moment, elle est au village de Bazoches, occupée à des œuvres charitables.

Eh bien.

— Son mari ne vient presque jamais à Bazoches, précisa Zénon. Quand vous le rencontrerez, faites-moi le plaisir d'agir avec autant d'amabilité que de délicatesse. Il a une personnalité particulière.

— Ce que Zénon veut dire, c'est qu'il est un peu siphonné, expliqua Armand.

Le jour s'acheva et je me retirai dans ma jolie chambre à l'odeur de lavande. Vous croyez que j'allai me mettre au lit ? Bien sûr que non.

Pendant que les frères Ducroix me faisaient visiter les dépendances du château, j'avais repéré la chambre de Jeanne. Je n'attendais qu'une chose, que tout le monde aille se coucher afin de l'aborder. Et de toute façon, je n'aurais pas pu dormir. Au bout d'un moment, je sortis de la pièce, pieds nus, un chandelier à la main. Je frappai doucement à la porte de Jeanne.

Il ne se passa rien. Je ne savais si je devais insister ou me retirer, quand elle ouvrit enfin la porte.

Ce fut peut-être parce que je n'étais qu'un gamin, mais le fait est que je n'avais jamais souffert de ce genre d'impression. Et je dis "souffert" parce que l'amour peut provoquer une douleur physique. Mes poumons se rétrécirent ; ma pensée, habituellement agile, se troubla soudain. La flamme des bougies tremblait moins que moi.

La première fois, je l'avais vue habillée en simple paysanne, la seconde comme une reine, et maintenant en chemise de nuit, ses cheveux roux épars. Et nous nous trouvions seuls dans l'obscurité. La faible lumière de nos deux bougies rendait sa chemise transparente. J'avais répété deux ou trois phrases, mais je restai bouche bée.

— Alors ? dit-elle.

— Je voulais te remercier, réagis-je enfin. Sans toi, je ne serais pas là.

— Tu trouves cela convenable, de frapper chez une dame à cette heure de la nuit ?

— Pourquoi est-ce que tu m'as choisi ? Moi, le moins bien préparé des trois. N'importe qui pouvait le voir.

— J'aime porter des vêtements confortables quand il n'y a pas de visites. Ces deux-là sont passés à côté de moi et ils n'ont même pas vu une servante ; ils n'ont rien vu.

Quelque chose changea sur son visage.

— Toi, tu as demandé de l'aide.

Elle regretta d'avoir parlé avec autant de franchise et voulut changer de sujet. Elle parcourut le couloir du regard, au cas où quelqu'un serait arrivé :

— Quel âge as-tu ?

J'aurais quinze ans dans deux mois.

— Dix-huit ans.

— Tu es si jeune ? s'étonna-t-elle.

Enfant, je faisais toujours dix ans de plus, et quand je devins un homme mûr, vingt de moins. Ma théorie est que le *Mystère* était pressé de me faire grandir car il avait hâte que je meure jeune, en 1714. Puis il y eut des imprévus cosmiques ; pendant plusieurs décennies, le *Mystère* m'oublia et me voici.

— L'ingénierie ne m'intéresse guère. Depuis que je t'ai vue, je ne pense qu'à toi, dis-je.

Elle eut un rire surpris :

— Si tu savais ce qui t'attend, tu inverserais l'ordre de tes priorités.

Je ne comprenais pas.

— Le dernier aspirant a tenu trois semaines. Ce n'était pas mal, le précédent est reparti chez lui au bout de cinq jours, expliqua-t-elle.

— Quand je suis arrivé à Bazoches, je n'étais pas sûr de ce que je venais chercher. Maintenant si, dis-je.

Elle ne marcha pas. Mes sentiments étaient sincères, mais je m'exprimais comme dans une mauvaise pièce de théâtre.

— Va te coucher, dit-elle. Crois-moi, demain, tu devras être en forme.

Et elle me ferma la porte au nez.

4

Je ne tardai pas à comprendre à quel point Jeanne avait raison. Nous commencions par le dessin car les Ducroix estimaient que l'encre et le trait éveillaient les sens. Ensuite, physique et géométrie. Là, je découvris le privilège de disposer d'un tuteur personnel. Et j'en avais deux ! Je ne suis pas pédagogue, je ne saurais juger leur méthode, je peux simplement dire qu'ils combinaient de façon unique l'indulgence, la discipline et la perspicacité.

Puis venait la pause du jus de citron :

— Buvez.

C'était un ordre. Tant que je n'y fus pas habitué, ils durent me surveiller pour que je ne vide pas mon verre dans un pot de fleur. Parce que "jus de citron", c'était une façon de parler. Vauban, en érudit éclectique, avait inventé un breuvage composé d'extraits de racines, de cire d'abeille, de jus variés et de je ne sais quoi d'autre, un mélange écœurant et douceâtre. À l'en croire, il éveillait l'esprit et fortifiait les muscles. Toujours est-il que cela ne me tua pas.

La discipline la plus curieuse de Bazoches était peut-être ce qu'on appelait la "salle sphérique". Le nom était plus adapté à la réalité que celui de "jus de citron", car il s'agissait vraiment d'une pièce dépourvue d'angles et en forme d'œuf, une boule gigantesque aux murs blanchis à la chaux, d'un blanc mat, très pur. Même le sol était concave, de sorte que lorsque la porte se refermait, vous aviez l'impression d'être reclus à l'intérieur d'une sphère immaculée. La pièce sphérique se trouvait en haut du château. La partie centrale du plafond était mansardée, ce qui permettait à la lumière du soleil d'inonder l'espace.

— Vous avez exactement cinq minutes, me dirent les Ducroix la première fois où ils me poussèrent à l'intérieur.

Cette première fois fut saisissante. Non qu'une chose terrifiante m'eût attendu, mais parce que je ne savais pas ce qui m'attendait. Depuis mon arrivée à Bazoches, j'avais le sentiment d'être entouré d'un monde de merveilles : livres étranges, jumeaux savants, belles femmes. Et maintenant cette pièce ronde, lumineuse, et moi à l'intérieur, seul, étourdi par ce silence majestueux.

Je vis quelque chose devant moi. Du plafond pendaient des douzaines de fils blancs, qui devenaient invisibles en se fondant avec les murs du fond. À diverses hauteurs, étaient suspendus les objets les plus divers. Un fer à cheval, un masque de théâtre, un simple clou. Une perruque ! Une plume d'oie qui se camouflait contre le fond aux murs blancs. Une montre dorée, qui tournait au bout de sa chaînette.

Cinq minutes plus tard, on m'ouvrit.

— Parlez, fit Armand : qu'avez-vous vu ?

— Des choses qui pendaient, répondis-je troublé.

Zénon se trouvait derrière moi. Il me donna un soufflet sur la nuque. Je me cabrai et me retournai :

— Vous m'avez frappé !

— Le but n'est pas de vous frapper, mais de vous réveiller, se justifia Zénon.

— Aspirant Zuviría ! s'exclama Armand. Vous êtes aveugle. Un ingénieur qui ne sait pas voir n'est pas un ingénieur. Si vous aviez été attentif, vous auriez pu fournir une réponse plus digne que ce vague, misérable : “des choses qui pendaient”. Quelles choses ? Combien ? Dans quel ordre, à quelle hauteur et profondeur ?

Ils me firent entrer de nouveau, quoiqu'il serait plus exact de dire qu'ils me jetèrent à l'intérieur. Je fixai tout ce que je pus sur ma rétine et dans ma mémoire. En sortant, je dus décrire les objets en détail et selon leur position. Je commençai par celui qui se trouvait le plus près de mes yeux et détaillai les suivants en prenant le premier comme référence. Ils m'écoutèrent attentivement et sans m'interrompre.

— Pathétique, décréta Armand. Il y avait vingt-deux objets. Vous vous êtes borné à en décrire quinze, et mal. Il y avait un fer à cheval, oui. Avec combien de trous ? De quel côté était-il accroché ? À quelle hauteur ?

J'ouvris la bouche sans parler.

— Vous ne comprenez pas ? intervint Zénon. Quand vous attaquerez un bastion, ou qu'on attaquera celui que vous défendez, et que vous n'aurez que quelques secondes pour analyser la situation, comment pourrez-vous prendre en charge les vies dont vous êtes responsable ?

— Vous devez être attentif, dit Armand. Toujours, partout et à toute heure. Sans quoi, vous ne verrez pas, et si vous ne voyez pas, vous ne pourrez pas exercer ce métier. Dorénavant, vous serez toujours attentif, aussi bien en état de veille que dans votre sommeil. Vous avez compris ?

— Je crois.

— Vous en êtes sûr ?

— Oui.

— Vous êtes sûr d'avoir compris ?

— Oui ! criai-je, davantage par frustration que par conviction. Avant que le "oui" ait franchi le seuil de mes lèvres, Zénon me posa une question foudroyante :

— Décrivez les boucles de mes chaussures.

Par instinct, je baissai la tête pour les regarder. Zénon lui-même me souleva le menton d'un doigt :

— Répondez.

J'en fus incapable.

— Depuis que vous êtes avec nous, je porte les mêmes chaussures. Et pendant tout ce temps, vous n'avez pas remarqué qu'elles n'ont pas de boucles.

À Bazoches, je me suis aperçu que les gens étaient incroyablement aveugles. Chez l'être humain moyen, le regard n'est qu'un balayage rapide et focal, dominé par les instincts primaires : j'aime, je n'aime pas, comme chez les enfants. Les frères Ducroix divisaient le genre humain en deux catégories : taupes et *maganons*. Quatre-vingt-dix-neuf humains sur cent étaient des taupes. Un bon *maganon* voyait davantage de choses en un jour qu'un troupeau de taupes en un an. (Toi-même, grosse taupe : combien de doigts ai-je ? Tu vois ? Tout ce temps passé ensemble et tu ne t'étais même pas rendu compte qu'il me manque la phalange d'un petit doigt. Il a été emporté par la mitraille, à Gibraltar. Je considère que ce ne fut pas en vain : le siège a eu raison d'eux et j'ai été ravi de nuire à un Bourbon.)

Ce jour-là, ils placèrent vingt-deux objets. D'autres fois, trente, quarante, cinquante. Parfois un seul : une simple plaisanterie, car ils me demandaient tous les détails. Je dus en décrire cent quatre-vingt-dix-huit, suspendus à quelques cordelettes blanches. Et je devais me souvenir de tout ce qui concernait chaque objet : le nombre de trous de la flûte, de perles du collier ou de dents de la scie. Avez-vous déjà essayé ? Faites-le, et vous découvrirez dans les choses ordinaires l'immense complexité du monde qui nous entoure.

Tout cela n'aurait été qu'un ensemble d'exercices plus ou moins pittoresques et stimulants, dans leur excentricité, sans la discipline appelée "champ". Je m'attendais à une sorte d'exercice tonifiant à l'air libre. Et je fus servi !

Ils m'emmenèrent à environ cinq cents mètres du château. Quand nous parvînmes au milieu d'un champ rectangulaire, en jachère depuis des années, les Ducroix commencèrent à gloser sur la beauté du panorama. C'était très fréquent chez eux. Leurs activités académiques étaient un plaisir qui faisait partie intégrante de leur vie, sans les détourner de leur but principal : jouir de la vision du vol d'un oiseau ou d'un joli coucher de soleil.

— Aspirant Zuviría, dit Armand en revenant enfin à moi. Supposons, et c'est déjà beaucoup, que vous êtes devenu un apprenti ingénieur. Et supposons que vous ayez besoin d'ouvrir une tranchée. Que feriez-vous ?

— Eh bien, je suppose que j'ordonnerais aux sapeurs de se mettre à creuser, dis-je, un peu déconcerté.

— Parfait ! applaudit ironiquement Zénon.

À ce moment, quatre serviteurs arrivèrent du château. Ils portaient des piquets et de petits sacs de chaux qu'ils déposèrent à nos pieds. Et de volumineux paniers en osier de forme cylindrique dont j'appris le nom, "fascines". Un casque en fer qui semblait vieux de deux siècles, une sorte de plastron en cuir et même un fusil. Ils laissèrent ensuite un tas de pelles, de masses et de mille outils destinés à creuser. Ce jour-là, je découvris qu'il existait une plus grande variété de pioches que de papillons.

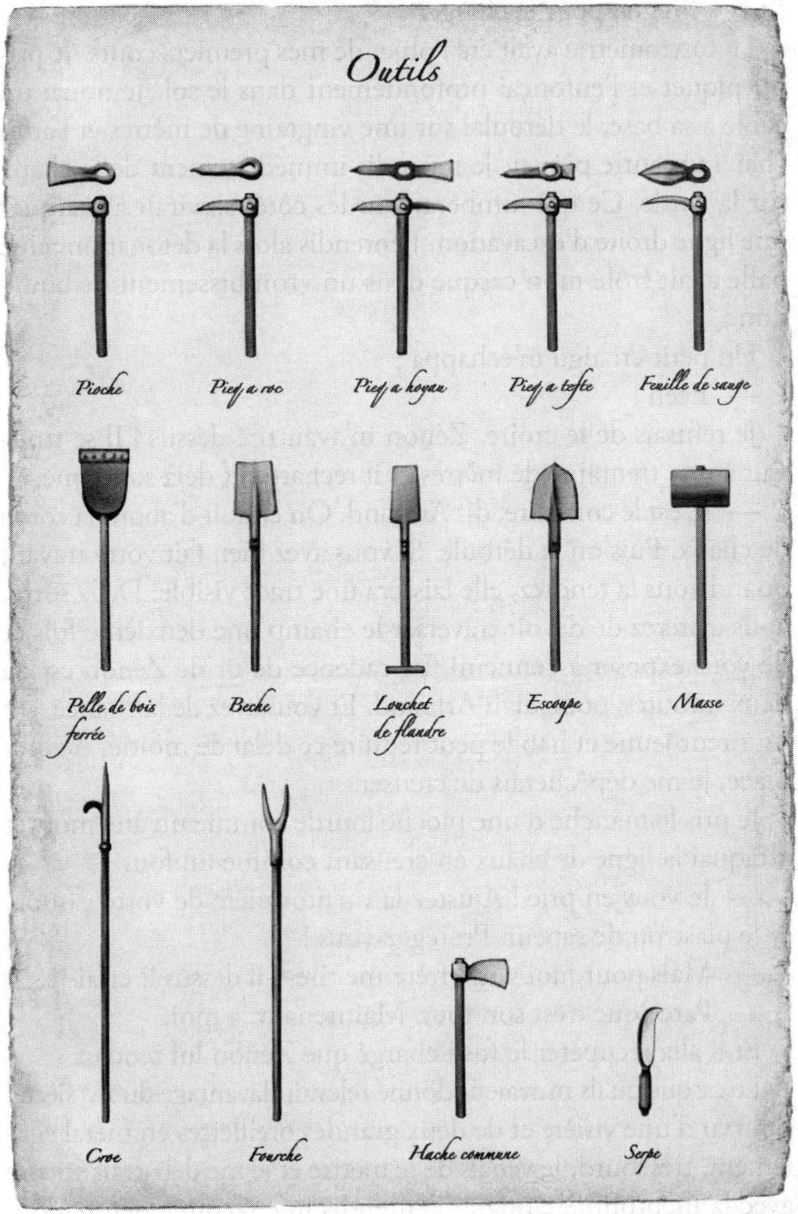
Outils
Pioche
Picq a roc
Picq a hoyau
Picq a teſte
Feuille de sauge
Pelle de bois ferrée
Beche
Louchet de flandre
Escoupe
Masse
Croc
Fourche
Hache commune
Serpe

— Qu'attendez-vous ? me demanda Armand.

— Et ce fusil ? fis-je, un peu inquiet.

— Oh, ne vous inquiétez pas pour ça, dit Zénon qui s'en saisit et s'éloigna pour le charger.

La castrométrie avait été l'objet de mes premiers cours. Je pris un piquet et l'enfonçai profondément dans le sol. Je nouai un câble à sa base, le déroulai sur une vingtaine de mètres et l'attachai à un autre piquet. Je répandis immédiatement de la chaux sur la corde. Ce qui tomberait sur les côtés servirait à marquer une ligne droite d'excavation. J'entendis alors la détonation : une balle avait frôlé mon casque dans un vrombissement de bourdon.

Un petit cri aigu m'échappa :

— Eeeh !

Je refusais de le croire. Zénon m'avait tiré dessus ! Il se trouvait à une trentaine de mètres et il rechargeait déjà son arme.

— C'est le contraire, dit Armand. On enduit d'abord la corde de chaux. Puis on la déroule. Si vous avez bien fait votre travail, quand vous la tendrez, elle laissera une trace visible. De la sorte, vous éviterez de devoir traverser le champ une deuxième fois et de vous exposer à l'ennemi. La cadence de tir de Zénon est de deux minutes, poursuivit Armand. Et vous avez de la chance, car un tireur jeune et habile peut réduire ce délai de moitié. À votre place, je me dépêcherais de creuser.

Je pris le manche d'une pioche lourde comme un âne mort et attaquai la ligne de chaux en creusant comme un fou.

— Je vous en prie ! Ajustez la mentonnière de votre casque, et le plastron de sapeur. Protégez-vous !

— Mais pourquoi votre frère me tire-t-il dessus !? criai-je.

— Parce que c'est son tour. Maintenant, à moi.

Et il alla récupérer le fusil chargé que Zénon lui tendait.

Le casque qu'ils m'avaient donné relevait davantage du XVe siècle, pourvu d'une visière et de deux grandes oreillettes en métal également, très lourd. Je venais de le mettre et je me débattais encore avec la mentonnière quand j'entendis une seconde détonation. Je fis un bond :

— Dites-moi que vous tirez à blanc !

Ils éclatèrent de rire.

— Faisons un marché ! proposai-je, les mains en l'air. Je cesse de creuser, vous de tirer et vous m'instruisez sur ce *Mystère*.

— Et de quoi s'agit-il, à votre avis ? demanda Armand.

Ils me tirèrent encore dessus. J'accélérai le rythme. Si je pouvais creuser un trou suffisamment profond, je serais du moins un peu à l'abri des balles. Quand le sol fut suffisamment perforé, je pris la pelle.

— C'est le contraire, aspirant ! me cria Armand. Les pelletées doivent être envoyées en direction de l'ennemi. Le tas de terre qui se formera contribuera à vous camoufler plus vite.

Je restai immobile un instant à déglutir les instructions. Un nouveau tir. Je creusai encore plus frénétiquement.

On ne sait pas à quel point il est difficile de pratiquer un trou qui contienne tout le corps avant d'essayer. Des racines épaisses comme le bras apparurent.

— Des racines ! criai-je, désespéré. Comment vais-je les couper ?

Chacun de mes commentaires leur semblait des plus hilarants :

— Bien sûr, qu'il y a des racines ! C'est l'étrange sol français, les racines poussent au-dessous, et non au-dessus, dit Armand en continuant dc charger le fusil avec l'écouvillon.

Zénon se joignit à la fête :

— Vous n'avez pas une petite paire de ciseaux ? cria-t-il à distance. Non ? Quel dommage ! Alors vous savez ce qu'il vous reste à faire avant de vous coucher : aiguiser votre pelle pour cet usage sacré.

Je continuais à creuser à genoux, pour ne pas offrir une cible aussi visible. D'autres tirs. L'un passa si près que mon casque se couvrit de terre. J'avais fini par forer un entonnoir dans lequel je tenais tant bien que mal. Je respirais, la bouche grande ouverte, je n'en pouvais plus. Armand s'approcha :

— Changez-vous, aspirant, essuyez-vous le visage et les aisselles et allez en salle d'étude, dit-il.

J'étais épuisé. Et en ce premier jour après le champ, je dus continuer à suivre les cours magistraux.

"Obéir et commander" tournait autour d'une phrase classique d'Ennius, Apianus ou un de ces Romains grecs : "Avant de commander, apprends à obéir." La matière était une extension du champ d'entraînement. L'idée était que, une fois que j'aurais les mains en sang à force de creuser, je saurais ce qu'on peut exiger ou non d'un homme.

Cours d'histoire. Pour les Ducroix, l'histoire "universelle" était l'histoire de France ; de France et quoi d'autre ? Ah oui, de France. Et puis il y avait un petit recoin, au-delà des frontières du roi, une périphérie insignifiante connue comme "le monde". Cette section occupait un dixième de la discipline et ne présentait un intérêt que lorsque les Parthes assiégeaient Palmyre, ou quand Caton disait au sénat romain que pour obtenir une bonne récolte de figues de Barbarie, il faudrait déverser du sel sur Carthage. Au début, je leur manifestai mon scepticisme, mais un jour où Zénon assurait qu'Archimèdex (c'était ainsi qu'ils le prononçaient et l'écrivaient, avec un *x* à la fin) avait des origines françaises, je laissai passer. En général, les Français ont l'esprit plus ouvert qu'on ne croit. Certes, il vaut mieux ne pas essayer de les convaincre que peut-être, simplement peut-être, et d'après l'avis de certains cartographes qui s'y entendent en la matière, Paris n'est pas le centre de la planète Terre. Ils ne discuteront pas, ils se contenteront de penser que vous êtes un pauvre malheureux.

En bons Français, ils commencèrent par le siège d'Alésia. César encercla la ville d'une palissade de trente kilomètres et d'une autre, extérieure, deux fois plus longue, destinée à empêcher l'arrivée des renforts. Qu'est-ce que j'en avais à faire, moi, d'Alésia, de César et de Vercingétorix ? Malgré mes efforts, à ce point de cette journée interminable, mes yeux se fermaient, mes bras étaient deux poids morts. Heureux moment que l'heure du dîner !

— Vous me visiez sérieusement ? leur demandai-je avant de me retirer dans la salle à manger.

— Eh bien, nous tentions d'imaginer qu'il y avait beaucoup de fumée et de confusion, comme sur tout champ de bataille. Nous ne visions pas nécessairement le corps, dit Zénon.

— Mais vous auriez pu me tuer ! À trente mètres de distance, un fusil n'a aucune précision.

Ils haussèrent les épaules et poursuivirent leur conversation. Les Ducroix ! Quel duo.

Je dînais habituellement seul, à la cuisine. Quand je m'asseyais, les domestiques étaient partis se coucher depuis longtemps. Dans mon coin, je trouvais un fruit et une cassolette. Je me servais moi-même. Mes doigts tremblaient encore d'avoir tant manié ces pelles et ces pioches. Les bords du casque m'avaient blessé à la tête, comme une couronne d'épines. Vers minuit, alors que je mordais dans une pomme, Armand apparut :

— Aspirant : au champ.

Je bondis :

— C'est une plaisanterie. Je suis plus mort que vif !

— Il me semble me rappeler que vous avez approuvé le plan d'études, dit Armand. Vous croyez que l'ennemi se soucie vraiment de votre état physique ou mental ?

Il examina ma tête :

— Avant de remettre votre casque, je vous suggère de nouer de la gaze autour de votre crâne. C'est pour cela qu'elle a été inventée. *Allez.*

Et nous repartîmes au champ.

Une fois dans le puits, je dus creuser en suivant la ligne de chaux. Je ne crois pas avoir avancé de plus d'un mètre par heure. La pioche, la pelle, le casque. Les paniers cylindriques en osier, que je devais appeler "fascines" sous peine d'être privé de dîner. Fascine, fascine, encore une. Et le fusil des Ducroix. À chaquc fois qu'une fascine montait, chargée de terre et formant un parapet devant la tranchée, Armand tirait. Et c'était dans ces conditions que je devais les placer ! J'appris très vite à cacher mes mains, soutenant la fascine par la base et par-derrière, afin de ne pas offrir de cible au tireur.

Le lendemain, pareil. Dessin, études, champ, études, champ, repos. Et rebelote. Sachez que j'étais tellement épuisé que, les premières semaines, ce bon Zuvi n'eut même pas la force d'importuner Jeanne. Je tombais comme une masse sur mon lit pour ne me réveiller qu'avec les cloches du château, des plus sonores, car ma chambre était, exprès, à leur portée. Et cela ne faisait que commencer.

Comme tuteurs, les frères Ducroix étaient ce qu'il y avait de mieux ; leurs méthodes, des plus exigeantes. Soyez attentif ! Salle sphérique. Soyez toujours attentif, que vous vous trouviez à l'intérieur ou à l'extérieur de cette salle ! Géométrie. Balistique. Minéralogie. Champ. *Allez !*

Deux semaines plus tard, j'étais au bord de l'insurrection. Il avait plu toute la journée, cela ne les avait pas empêchés de maintenir l'entraînement au champ. La pioche s'enfonçait dans le mur de la tranchée sans soulever de terre, rendue compacte par la pluie. Mon corps était maculé d'une boue épaisse. Chaque mouvement me lestait de plusieurs kilos de glaise. La pluie redoubla, et des cascades torrentielles tombaient sur le bord de mon casque. Au sol, il y avait dix centimètres d'eau qui s'infiltraient dans mes chaussures. Je mis une demi-heure de plus que d'habitude pour terminer l'exercice. Je me rappelle avoir regardé en l'air, vers ces nuages qui pleuraient de façon écœurante. Le ciel français, ah, oui, ce gris si doux et si cruel. Une balle qui alla se ficher dans le cylindre d'une fascine me ramena à la réalité.

À la fin, j'étais si épuisé que je ne pouvais même pas me hisser hors de mon trou, chaque jour plus profond, large et surtout long. Armand ne daigna même pas m'aider à sortir. Seuls dépassaient mes bras et ma tête, pourvue de ce lourd casque sur lequel rebondissaient de grosses gouttes de pluie :

— Et vous voulez que je sois toujours attentif ? protestai-je. Mais enfin ! Vous ne voyez pas que, si je suis mort, ce n'est pas possible ?

Armand s'accroupit au bord de la tranchée, le nez tout près de ma visière de métal. Il n'avait rien du petit homme fragile qu'il m'avait semblé rencontrer le premier jour. Même la pluie le respectait. Elle glissait sur la sphère chauve de sa tête et, une fois sur la joue, elle sillonnait son bouc.

— Tant que vous serez vivant, soyez attentif. Et tant que vous serez attentif, vous resterez vivant. Sortez de la tranchée, dit-il.

— Je ne peux pas. Aidez-moi, je ne peux pas, dis-je en lui tendant une main ouverte.

— Faux. Vous pouvez. Faites-le.

— Je ne peux pas ! protestai-je de façon infantile.

Il haussa les épaules et se leva en mettant son fusil en bandoulière :

— Étant donné que vous persistez dans votre paresse, je suspends mes pouvoirs académiques. Je peux donner des ordres à un cerveau pensant, jamais à un estomac ou à un dos. Puisque votre ventre préfère le jeûne au dîner, et votre dos la boue à un lit décent, je vous souhaite une bonne nuit, mon cher aspirant.

Des éclairs et des coups de tonnerre résonnaient. Il s'en alla et je restai, sous la pluie et somnolent dans mon trou plein de glaise. J'étais tellement abattu que je n'eus même pas la force d'ôter mon casque.

Le lendemain matin, je fus réveillé par une pointe de pied et nous commençâmes une nouvelle journée de travail, exactement comme si j'avais bénéficié d'un sommeil réparateur.

Dessin. Qu'est-ce que c'est que cette petite tache d'encre ? Un soufflet. Soyez attentif, toujours attentif, *ma petite taupe* ! Physique, mathématiques, et ça, et puis ça. Les langues, matière odieuse aux yeux des Ducroix, mais indispensable puisque certains malheureux d'Angleterre, d'Espagne, d'Autriche et en général les péquenauds d'une bonne partie du monde, aussi étrange que cela puisse paraître, ne connaissaient pas encore le français. Comme tout à Bazoches, le nom des disciplines recélait des surprises, car à part l'anglais et allemand, on m'apprit la langue des ingénieurs.

Il existait un code gestuel par lequel les *maganons* pouvaient communiquer secrètement, y compris en public. Ils se parlaient par signes, et c'était un langage si élaboré qu'il n'y avait pas d'aspect technique ou mondain qu'il ne puisse exprimer. Je m'initiai avec paresse pour ne pas dire dégoût, mais j'en reconnus par la suite le sens pratique.

Au milieu du fracas de la bataille, assourdissant, il est très utile de pouvoir communiquer avec les mains. "Reculez", "Munition !", "Penchez-vous, franc-tireur sur votre gauche". Les Ducroix m'expliquèrent que ce qui avait commencé par des signes basiques devenait de plus en plus sophistiqué au point d'atteindre l'hermétisme propre aux *maganons*.

Imaginez maintenant un ingénieur au service d'une armée. Son supérieur le présente au commandant militaire de la forteresse. En public, l'ingénieur en chef proclame au nouveau venu : "Le général untel, à qui même Corbulon* ne ferait pas d'ombre en assiégeant les places fortes d'Arménie !" Mais pendant ce temps il monte et descend les mains en disant : "Celui que tu vois à ma droite est un monsieur-je-sais-tout, ne t'avise pas de l'écouter.

* Gnaeus Domitius Corbulon (7-67 apr. J.-C.), général romain envoyé pacifier l'Arménie en 57 apr. J.-C.

Quand il donnera quelque ordre stupide, acquiesce, mais n'obéis pas ; c'est moi qui te dirai ce qu'il faut faire."

Je devais apprendre les signes de cette langue au rythme de vingt par jour. Au début. Puis ce furent trente, quarante, voire cinquante. Mais comment ? Je n'étais pas encore capable de dicter par signes un message très-dé-ta-illé à la poudrière ? Comment allons-nous approvisionner l'artillerie, juste au moment où les munitions commencent à manquer ? Une claque ! Réveillez-vous ! Au champ ! Salle sphérique.

Je crois qu'il n'existe rien de plus destructeur que cette combinaison systématique, et ininterrompue, d'efforts physiques et mentaux. Et même si mes yeux se fermaient, je devais être pareillement attentif à toute heure. Un soufflet ! "Retournez à la salle sphérique, vous êtes une taupe !" "Aspirant Zuviría, quand apprendrez-vous une chose aussi simple que regarder !" "Au champ, au champ ! *Allez ! Allez !*" Et ainsi tous les jours, tous les jours, tous les jours.

5

Les premiers mois à Bazoches constituèrent une sorte de cauchemar dans lequel je plongeais à chaque réveil, je ne saurais le définir autrement. Peut-être vous demanderez-vous : comment a-t-il pu le supporter ? Ma réponse est que la formule idéale pour supporter l'insupportable est une combinaison à parts égales d'amour et de terreur.

La terreur, inutile de préciser, émanait de mon père. Il se conduisit comme tel, mais je n'eus jamais le sentiment qu'il me traitait comme un fils. Enfant, je n'éprouvais qu'aversion en sa présence. Quand il devait partir pour assurer le suivi d'une commande, en Méditerranée, je m'en réjouissais infiniment. Il est vrai par ailleurs que j'eus par la suite l'occasion de comprendre les raisons d'un caractère si aigri, et le souvenir que j'avais de lui s'adoucit.

Peret (je parlerai de lui plus tard) me raconta qu'il n'avait jamais vu un homme aussi amoureux d'une femme que mon père l'était de ma mère. C'était difficile à croire, car je ne lui avais connu que deux états d'esprit : fâché et très fâché. Toujours ce visage renfrogné, muet et barbu, pensant à des choses étrangères à son entourage, surtout pendant que nous dînions tous les deux seuls à la triste lumière d'une bougie. Il était si avare qu'il économisait même la cire.

Sa vie s'effondra avec ma venue au monde. Pas à cause de moi, mais parce que ma mère mourut en couches. Il ne l'oublia jamais. Chez lui, l'amertume constituait un lest intérieur, une tumeur visible, toujours présente. Pour aller de l'avant, il se réfugia dans les affaires.

Barcelone était un port très actif qui commerçait avec tout l'ouest de la Méditerranée. Mon père, petit actionnaire d'une compagnie maritime qui comprenait entre vingt et trente associés, veuf, et avec moins de charges familiales que ses partenaires, s'embarquait pour finaliser des contrats et établir des liens avec ses homologues des Baléares, des îles italiennes et de l'Italie elle-même. Dans une affaire comme la sienne, où les clients et les fournisseurs se voient peu, il était vital que les relations d'amitié et de commerce se maintiennent et se renouvellent constamment. (On connaît les Italiens, toujours à discutailler entre petits baisers, sourires, embrassades et molles promesses d'amitié éternelle.)

Disons qu'il se chargea de ma personne sur le plan légal, sans s'engager envers l'être humain qui était venu au monde. Ce fut du moins ainsi que je le vécus. Il me battait régulièrement, mais je ne le lui reprochai jamais : je méritais ces coups et bien plus. Curieusement, un enfant ne se plaint jamais autant des corrections qu'on lui a données que des étreintes qu'il n'a pas reçues. Il ne m'embrassait que pour mon anniversaire. Je savais parfaitement que ce n'était pas moi qu'il étreignait, mais ma mère. Ce jour-là, il prenait une cuite magistrale, pleurait et me serrait comme un ours en murmurant son nom, jamais le mien.

À sa décharge, je dirai que dans un monde d'analphabètes, il n'économisa pas une seule livre pour mon éducation. Précisons que les écoles de Barcelone, y compris les meilleures, étaient une calamité. Pour professeurs, nous avions des curés aigris qui nous traitaient, je cite, de "sacs de chair à péché destinée à la putréfaction".

Mon père passait la moitié de son temps sur le port ou en voyage, aussi, pour s'occuper de moi, engagea-t-il Peret. La logique aurait consisté à chercher une servante à la forte poitrine, et, puisqu'il était le maître, à lui donner des consignes de temps en temps. Il choisit Peret parce que c'était le serviteur le moins cher qu'il put trouver.

Même les Italiens ont des dictons sur la ladrerie des Catalans. Mais si mon père était le mètre étalon de l'avarice de mes compatriotes, je vous assure qu'il les surpassait. Un jour, il me rossa parce que j'avais jeté une bougie qui ne mesurait plus que deux centimètres. Ah, et une fois, apprenant qu'en raison de problèmes d'étiage, un bateau était à l'ancre avec un sixième de sa cale vide, il devint bleu comme un œuf de cane.

Peret était un pauvre homme à demi mort de faim. Avant ma naissance, il travaillait comme débardeur sur le port, au service de mon père et de ses associés. Tout son argent passait dans la boisson. Quand il fut trop vieux pour porter des ballots, la compagnie maritime le renvoya avec pertes et fracas, car c'était un inutile et un ivrogne. Il avait un long cou ridé et une tête chauve de vautour. Après son renvoi, il traîna sur les Ramblas en vendant des friandises, le dos si voûté qu'il semblait toujours chercher des champignons. En échange d'une chambre dépourvue de meubles et d'un salaire de misère, mon père le prit avec lui pour s'occuper de moi et de la maison.

Pauvre Peret. Je ne crois pas qu'il ait existé d'être humain plus torturé par un enfant. Quand il allait se coucher, je remplissais ses chaussures de fumier. Il s'en apercevait le lendemain matin, en les enfilant. Ce dont il ne se rendait pas compte avant de sortir était que j'avais également peint son nez crochu en rouge. S'il me menaçait de me frapper, je le menaçais de raconter à mon père qu'il gardait une partie de l'argent destiné à la maison.

Et malgré tout, cet homme fut l'unique succédané de mère que je connus. Il m'était impossible de ne pas éprouver d'affection pour la personne qui me coiffait, boutonnait mes vêtements et me prodiguait plus de caresses que mon père. Peret pleurait très souvent. C'était sa seule défense contre les abus et le chantage auxquels je le soumettais.

Quand j'eus douze ans, mon père se demanda ce qu'il allait faire de moi. Il aurait été normal de m'inscrire dans un collège de carmes de Barcelone, mais les responsables le persuadèrent eux-mêmes de m'envoyer à leur siège en France, qui me donnerait une meilleure instruction. Il accepta parce que c'était vraiment une bonne école pour un fils de commerçant et pour ne plus m'avoir dans les pattes. Je ne le lui reprochai pas. L'éloignement mutuel fut un soulagement pour tous les deux. À douze ans, j'en faisais cinq de plus, et nous aurions fini par nous taper dessus.

J'ai déjà raconté ce qui s'était passé avec les religieux français. Comme notre relation était strictement épistolaire depuis deux ans, lorsque j'entrai à Bazoches, je lui écrivis pour lui raconter ce que je faisais et lui donner ma nouvelle adresse. (J'éludai mon renvoi, il n'aurait plus manqué que ça, je lui dis que cette décision me serait profitable à l'avenir, blablabla.)

Sa réponse ne tarda pas :

"De quel foutu château et de quel petit marquis est-ce que tu parles ? Pourquoi veux-tu être ingénieur ? Les ponts de la mer sont les bateaux, et nous en possédons déjà à la compagnie. Tu étais censé apprendre les chiffres. Si tu me mens, je t'écorcherai vif."

Puis il ajoutait le commentaire le plus agréable de la lettre :

"Tu as toujours été si précoce, ça doit te travailler. Attention. Si on te colle un bâtard sur le dos, je ne lâcherai pas une livre. Tu as compris, *cap de lluç* ?"

L'expression *cap de lluç* est intraduisible. Littéralement, cela veut dire "tête de merlu", mais en catalan, cela signifie quelque chose comme "irrémédiable imbécile".

La partie positive était une certaine bienveillance du ton. Étant donné son caractère, s'il avait été vraiment fâché, il m'aurait ordonné de regagner sur-le-champ Barcelone, où il m'aurait attendu la ceinture à la main pour me flanquer une correction. Au contraire, il joignait de quoi payer mes études pendant plusieurs mois. Je lui avais écrit qu'à Bazoches, ils demandaient le double des carmes, pour le tester, et, curieusement, il lâcha les sous sans ciller.

Enfin, il me soupçonnait de lui mentir, et il ne se trompait pas. Le premier jour, j'avais demandé aux frères Ducroix quel montant on attendait de moi pour payer mes études. Ce fut la seule fois où je les vis s'offusquer :

— Aspirant ! Vous croyez que le marquis a besoin de votre argent ? C'est lui qui vous rétribuera pendant toute la durée de votre séjour. Ainsi, votre comportement aux yeux du monde sera méprisable si, une fois sorti de cette maison, vous la critiquez.

Je me montrai entièrement d'accord avec si noble posture. Si l'honneur des aristocrates peut être lucratif, pourquoi se plaindre ? Tant que je vécus à Bazoches je touchai de l'argent de Vauban et de mon père, le double de ce qu'il versait à ces abrutis des carmes.

Je pus même économiser un petit coin, comme on dit en catalan. (Pour ce que cela m'a servi, au vu des événements !)

Je gémis sur mon sort, et je vous assure que je ne veux pas passer pour un pleurnichard. Car Bazoches était l'Arche de Noé, avec des lumières rationnelles en guise d'animaux. J'eus l'intelligence de m'en rendre compte.

Sous le soleil de Bourgogne, je me transformai en un beau jeune homme musclé. Mes forces se nourrissaient du son de la pelle et de la pioche. (Et de jus de citron. Beurk !) Au bout de quelques mois, dans ma fosse, j'utilisais les outils de sape comme des cuillères. Et le plus important : un savoir unique s'accumulait dans mon cerveau.

Peut-être y aurait-il cent, deux cents personnes dans le monde capables de me surpasser dans les disciplines particulières de Bazoches. Les Ducroix avaient le mérite d'impliquer l'élève dans sa propre éducation, et très vite ce fut moi qui leur cassai les pieds pour qu'ils me racontent tout, tout. Ma fatigue se transforma en faim. Plus j'étais fatigué, plus j'avais envie d'arriver à la leçon suivante. Une fois que les rudiments de l'ingénierie se furent ancrés en moi, je cherchai moi-même des alternatives pour les améliorer. Je dirai même plus : l'un des mérites peu reconnus de l'amour est qu'il éperonne notre envie d'apprendre.

Car Jeanne était ma deuxième raison de rester en vie, l'esprit éveillé. Pour ce qui est de la valeur instructive du désir, voici un exemple.

Un jour, je me promenais avec Armand dans un petit bois tout proche. À Bazoches, la culture de l'"attention" ne se limitait pas à la vue. Parfois, en marchant dans la campagne, je devais énumérer tous les sons que j'entendais. Tant qu'on ne se concentre pas, on ne se rend pas compte de la quantité de données que peuvent nous fournir les oreilles. L'air, le murmure des fontaines cachées, le vrombissement d'insectes invisibles, le carillonnement d'outils lointains…

Armand me donna une petite tape sur la nuque :

— L'oiseau ! Vous n'en avez pas parlé. Vous êtes sourd ?

— Mais je vous ai énuméré six chants d'oiseaux différents !

— Vous oubliez le septième !

— Où ça ?

— Derrière, sur votre gauche, à environ quarante-quatre mètres.

Parfois, ses exigences me perturbaient :

— Comment pourrais-je entendre un petit bruit derrière moi et à cette distance ?

— En tendant l'oreille. Elles servent à ça.

Armand tourna les oreilles en direction de ce petit oiseau invisible qui se trouvait à "environ quarante-quatre mètres", et il les agita avec la même facilité qu'un chien !

— Apprenez à vous servir de vos muscles, dit-il devant mon air surpris. Qu'ils soient atrophiés ne signifie pas que vous ne puissiez pas en retrouver l'usage. Allons.

Il m'y obligea. Nous restâmes un bon moment dans cette clairière, silencieux. J'essayais de faire bouger mes oreilles, Armand m'observait. Cela n'avait rien de facile. Essayez, si vous ne me croyez pas ! Ce que je bougeais, c'étaient les joues, ou alors je plissais le front. Rien. Juste des grimaces ridicules. Je capitulai.

Je m'assis au pied d'un arbre, les mains sur la tête. À vingt centimètres de mon pied droit, je vis un champignon. Ce fut la seule fois où je manquai d'abandonner. Cet exercice enfantin faillit réussir là où les exercices de discipline les plus rigoureux avaient échoué.

Que faisais-je là, dans un coin de France, sous les ordres de deux vieux lunatiques ? Je me cassais les reins dans une tranchée inutile, j'avais le cerveau plein d'angles et de géométrie d'encre. Et tout cela pourquoi ? Pour faire le perroquet au milieu d'un bois, m'appliquant à l'art sublime de remuer les oreilles comme un chiot.

— Je ne serai jamais ingénieur, jamais, pensai-je à voix haute, comme les Ducroix.

— Martí, mon garçon. Tu as fait de gros progrès, dit Armand.

Il s'accroupit à côté de moi. Cela avait quelque chose d'insolite qu'il m'appelle par mon prénom au lieu de l'habituel et désincarné "aspirant" ou "petite taupe". Les Ducroix savaient quand je frôlais la limite et, juste à ce moment, ils pouvaient se montrer très affectueux.

— Ce n'est pas vrai, protestai-je comme un enfant. Je ne vois pas et je n'entends pas. Comment pourrais-je construire ou défendre des forteresses ?

— Je te dis que tu as progressé. Et sur un ton militaire, il m'ordonna soudain : Debout, aspirant !

Je respectais suffisamment les Ducroix pour rebondir, aussi ravagé que je puisse être.

— Qu'y a-t-il derrière vous, juste derrière l'arbre sous lequel vous étiez assis ?

Je décrivis la végétation, avec toutes ses branches. Celles qui étaient brisées ou non, avec le nombre de feuilles de chacune et sa couleur. Cela ne me sembla pas très difficile.

— Très bien, dit Armand. À deux cent cinquante mètres en ligne droite, derrière vous. Qu'y a-t-il d'autre ?

Ma réponse fusa :

— Une femme. Elle se promène, cueille des fleurs. Elle tient à la main un bouquet de boutons rouges et jaunes. Quarante-trois fleurs, je crois. D'après le rythme auquel elle se penchait, il doit y en avoir quarante-cinq, maintenant, soupirai-je tout bas. Elle est rousse.

On parvenait à la clairière dans laquelle nous nous trouvions par un couloir naturel de la forêt. Deux cent cinquante mètres derrière, il débouchait sur une prairie verte où, une demi-minute plus tôt, je venais de voir Jeanne se promener.

— Vous vous rendez compte ? fit Armand. Quand nous le voulons, nous sommes attentifs. Votre problème est que si au lieu d'être une très belle femme, elle avait été bossue, boiteuse, vieille et édentée, vous ne l'auriez jamais remarquée. Mais vous conviendrez qu'elle serait aussi visible que celle-ci. Et pour porter des messages entre les lignes, l'ennemi préfère les bossues aux beautés. Personne ne les remarque.

Les frères Ducroix s'étaient aperçus de mes sentiments pour Jeanne dès le premier jour, bien sûr. Armand soupira et me donna deux tapes sur la joue, je ne compris pas très bien si c'était pour me consoler ou me gronder :

— Si tu veux être ingénieur, tu dois toujours être attentif, et pour ça, tomber amoureux de la réalité, dit-il.

Cette nuit-là, je descendis vers la chambre de Jeanne. Je frappai doucement à deux reprises du bout des doigts. Elle ne m'ouvrit pas. Je revins le lendemain soir. Je frappai trois coups. Elle ne m'ouvrit pas. Un soir de plus : je frappai trois coups, puis, plus espacé, un quatrième. Elle ne m'ouvrit pas. La nuit suivante, je n'y allai pas. Mais celle d'après, je donnai cinq petits coups.

Le moment est venu de raconter que Jeanne et moi tombâmes dans les bras l'un de l'autre. Comment je l'ai séduite, ou comment elle m'a séduit, ou comment j'ai cru la séduire quand c'était en fait elle qui me séduisait, ou l'inverse, ou en même temps. Vous savez, l'amour et tout ça. Le lyrisme n'a jamais été mon fort, et je ne sais absolument pas raconter cela de belle façon.

Bon, entre le champ d'entraînement et le château, il y avait une grange à foin. Imaginez Zuvi et Jeanne dans la partie du haut, sur une couche de paille sèche, nus, l'un sur l'autre et réciproquement.

Voilà.

Les membres de la famille Vauban ne se réunissaient que rarement au complet à Bazoches. Curieusement, c'était ces jours-là que je profitais le plus de la compagnie du marquis. Parce que, sous le prétexte de m'instruire, il pouvait se libérer un instant de tous ces casse-pieds. Le seul qu'il supportait était son cousin, Dupuy-Vauban. Ils me permettaient parfois de les accompagner dans de longues promenades à travers la campagne.

Dupuy-Vauban fut l'un des cinq meilleurs ingénieurs du siècle. S'il y a une raison à l'oubli, injuste, dans lequel il est tombé c'est sa parenté avec le marquis, qui l'éclipsait forcément. C'était un homme exceptionnel, fidèle, modeste et honnête, vertus qui ne sont pas utiles pour accéder à la gloire terrestre. Il acheva sa carrière militaire avec seize blessures dans le corps.

Je me réjouissais toujours de le voir. Pour moi, Dupuy-Vauban était un exemple, une source d'inspiration et un maillon intermédiaire entre le grand marquis et Martí l'élève. Il était beaucoup plus jeune que son cousin, mais ce dernier le traitait en égal. En leur compagnie, je me sentais comme un enfant, un enfant qui grandit au milieu des génies. De même que les nouveau-nés ne comprennent rien aux conversations de leurs géniteurs, au début, leur langage d'ingénieurs ressemblait pour moi à un véritable galimatias. Mais quand j'eus avancé dans mes études, je participai à leurs débats. L'une des plus grandes satisfactions de Bazoches me fut donnée par Dupuy-Vauban, lors d'une de ces promenades. Il s'arrêta et dit au marquis :

— Mon Dieu, Sébastien ! J'espère que la clause figure sur le contrat d'études de ce gamin.

— La clause ? demandai-je. Quelle clause ?

— Une qui t'interdise de participer à tout siège où Dupuy serve dans l'autre parti.

Ils se mirent à rire. Je les imitai. Comment aurais-je pu tirer sur ce genre d'hommes ?

Un jour, Dupuy ne put se rendre à l'une de ces réunions familiales. Il prenait part à un siège, en Allemagne. Vauban devait me juger apte à l'accompagner, car nous effectuâmes la promenade tous les deux.

— Alors ? me dit-il. Vos études progressent comme vous le souhaitez, aspirant Zuviría ?

— De façon fabuleuse, *monseigneur*, répondis-je, et j'étais sincère. Les frères Ducroix sont des professeurs exceptionnels. En quelques mois, j'en ai appris plus que pendant toute ma vie.

— Je sens venir le "mais", fit Vauban.

— Ce n'est pas une critique, répliquai-je, et j'étais une nouvelle fois sincère. Il se trouve que je ne vois pas à quoi servent tous mes cours de latin, d'allemand ou d'anglais. Et même la physique et l'arpentage me semblent étrangers au génie. *Monseigneur !* Pendant des heures, les yeux bandés, je dois deviner le genre de sable et de pierres qu'on me met dans les mains, rien qu'à la texture. Bien qu'il m'ait pratiquement poussé des yeux sur les doigts, il m'est impossible de trouver une utilité à l'ensemble de mes apprentissages…

— L'ensemble, c'est vous, m'interrompit-il. Allons nous promener.

D'après Sébastien Le Prestre de Vauban, toute l'histoire de l'art militaire pouvait se résumer à une éternelle rivalité entre attaquant et défenseur. L'invention du gourdin fut suivie de celle du plastron. Celle de l'épée, du bouclier ; et la lance, de la cuirasse. Plus les projectiles devenaient puissants, plus les armures devenaient épaisses.

S'il est une chose que les hommes ont toujours cherché à protéger plus âprement que leurs corps, ce sont leurs maisons. À bien y regarder, les grandes batailles n'étaient rien d'autre qu'une tentative d'éloigner le combat du foyer. Caïn fracassa le crâne d'Abel avec une grosse pierre, oui. Ce que la Bible ne dit pas est que le lendemain, il attaqua la maison de son frère, vola ses porcs, viola sa femme et réduisit ses enfants en esclavage.

Feu contre cavernes. Échelles contre palissades de bois. Tours d'assaut contre murs de pierre. Malgré tout, un jour, cet équilibre instable se défit.

La défense finit par supplanter l'attaque. Les techniques de fortification avaient avancé plus vite que celles de l'assaut. En dépit de la taille des pierres lancées par les catapultes, onagres et balistes, une ville dont les ingénieurs auraient de quoi ériger des murs suffisamment puissants serait invulnérable. Cette ville exista : elle s'appelait Constantinople et ce fut le dernier, splendide bastion de l'Empire romain d'Orient. Pendant des siècles, chaque empereur léguait au suivant une portion supplémentaire de muraille.

Du point de vue d'un ingénieur militaire tel que Vauban, la Constantinople antique représentait le sommet de la civilisation classique. Ses murs de pierre mégalithique s'élevaient à cent mètres, et des tours et des dépôts occupaient la partie intérieure.

L'Empire byzantin décadent avait beau subir des invasions, personne n'était capable de franchir ces murs cyclopéens. Tous les peuples d'Orient et d'Occident avaient essayé, en vain. Au fil des siècles, la ville avait résisté à vingt-cinq sièges ! Germains, Huns, Avares, Russes. Même les Catalans du Moyen Âge, pour n'oublier personne. Mais en 1453 survint un événement qui changea la face de l'ingénierie, des guerres, de l'histoire et, cela va sans dire, de l'humanité tout entière.

En Turquie ou par là, un cheik mustapha se mit en tête de conquérir Constantinople. Vauban avait un portrait de ce type accroché sur un mur de Bazoches. Il disait que c'était pour ne pas oublier qu'il faut toujours respecter l'ennemi même s'il ne le mérite pas, et toujours l'admirer quand il le mérite. Sur le portrait, le Suleiman en question portait un turban et respirait le parfum d'une fleur. Et avec un regard sadique renversant.

Il parait qu'il était tombé très jeune amoureux d'une prisonnière grecque. Pendant trois jours et trois nuits, il ne sortit pas de sa tente. Les soldats commencèrent à murmurer que c'était une chiffe molle, ce genre de choses. Quand il fut bien rassasié, le mustapha apprit ce qui se disait. Il fit sortir la pauvre Byzantine de la tente et pan ! : il lui trancha la tête d'un coup de cimeterre. Puis il cria devant l'armée en formation : "Qui d'entre vous suivra mon épée, si puissante qu'elle sectionne même les liens d'amour ?"

Au début, les assauts du mustapha donnèrent les mêmes résultats que d'habitude : des milliers de janissaires transpercés de flèches, ébouillantés avec du goudron et plus ou moins dépecés au pied des murailles.

Ce fut alors qu'un petit groupe d'ingénieurs hongrois et surtout italiens proposèrent leurs services au roi maure (ces Italiens n'en ratent pas une !). Et le mustapha leur commanda de concevoir le plus grand canon que l'on eût jamais imaginé.

À l'époque, la poudre était déjà utilisée dans l'artillerie, même si sur le champ de bataille elle ne dépassait pas le stade des feux d'artifice. Elle terrifiait les soldats les moins aguerris et donnait le moral aux vétérans. Rien que ça. Mais ce Turc prit les canons très, très au sérieux. Le résultat fut la Grande Bombarde, un canon de dix mètres de long. Une fois fondu, pour le transporter à Constantinople, il fallut un attelage composé de trois cents bœufs. Il était si lourd qu'en un jour de marche, il ne parcourait pas plus de deux kilomètres. Mais il arriva à destination.

La Grande Bombarde tirait des boulets de pierre de cinq cents kilos. Les Byzantins avaient beau essayer de combler les brèches, que pouvait-on faire contre ça ? Après une décharge, une autre arrivait, puis une autre, une autre. Et aussi peu précise fût-elle, contre des murailles aussi hautes et verticales, impossible de rater le tir.

Le reste est archi-connu. Les Turcs entrèrent en masse par les brèches, l'empereur byzantin mourut en se battant en première ligne. Les ingénieurs de toute l'Europe frémirent. Car dès lors, à quoi servaient les murailles ? Fortifier une grande ville était une affaire des plus onéreuses, et les rois n'étaient pas disposés à dépenser une fortune en travaux inutiles. La grande question était : et maintenant, comment allons-nous protéger nos villes ? (Et en privé : et maintenant, comment allons-nous conserver notre salaire d'ingénieurs royaux ?)

Il y eut des formules, des propositions, erronées pour la plupart, confuses, hésitantes. La seule tête qui résolut le problème dans toute sa dimension était celle du monsieur qui se promenait à côté de moi : Sébastien Le Prestre de Vauban.

La pyrobalistique étant devenue le principal ennemi des murailles, il fallait tout réinventer pour protéger les villes de son pouvoir. Vauban m'adressa un regard inquisiteur :

— Eh bien ? Que feriez-vous, aspirant Zuviría ?

Quelle question, je n'en avais pas la moindre idée.

— Ma foi, je ne sais pas, *monseigneur*, répondis-je en réfléchissant à voix haute. Comment éviter une attaque d'artillerie ? Il ne me vient à l'esprit que deux formules : en attaquant les canons ou en se cachant de leur pouvoir. L'attaque ressemble à un suicide. Si les canons peuvent détruire les murailles les plus solides, que ne feront-ils pas à la chair d'hommes à découvert ? Quant à partir en courant, cela sauverait la garnison mais condamnerait la ville. Et les murailles ne peuvent être dissimulées.

Vauban claqua deux doigts :

— Votre dernière option. Elle n'était pas erronée.

Je dus réprimer un petit rire :

— Mais *monseigneur*, comment une ville va-t-elle dissimuler tout son périmètre de murailles ?

— En l'enterrant.

6

Les murailles du Moyen Âge étaient hautes et verticales. Plus les murs étaient épais, plus hauts étaient les créneaux, plus les défenses étaient considérées comme solides. Et afin de les renforcer davantage, il y avait les grandes tours ajoutées au périmètre.

Toute la puissance des murailles médiévales était visible, et elles ont conservé une telle force d'évocation que si on demande aujourd'hui à un enfant d'en dessiner une, il en choisira une à l'ancienne, même s'il ne l'a jamais vue, plutôt que les murailles modernes sous lesquelles il joue tous les jours.

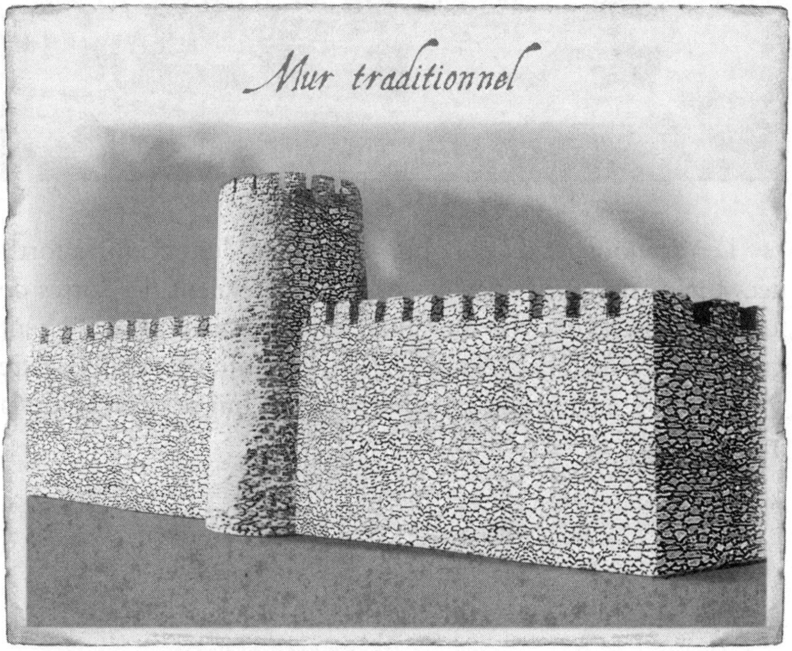

Vauban inversa les principes traditionnels de la muraille, l'inclinant de plus en plus, suivant un escarpement qui atteignait parfois soixante degrés. Grâce à l'angle des murs, les projectiles des canons rebondissaient dessus au lieu de les pénétrer. Et étant donné que les canons ont tendance à tirer à l'oblique, il était extrêmement difficile de les toucher avec un minimum de précision. De surcroît, la hauteur médiévale des murailles était devenue un inconvénient, de sorte que la technique de Vauban consista à les construire derrière un fossé très profond, en les dissimulant. Dans certains projets, les fortifications épousaient un profil même plus bas que les bâtiments de la place. Cela produisait un effet curieux : une armée qui se serait dirigée vers la ville n'aurait pratiquement pas aperçu les défenses, en revanche les bâtiments civils qui se trouvaient derrière seraient apparus nettement.

Je joins un graphique pour vous faire mieux comprendre. (Cette planche, Allemande étourdie. Ici ! Ni avant ni après. Ici !)

Les donjons médiévaux qui jalonnaient les enceintes fortifiées furent remplacés par des bastions. C'étaient des sortes de fortins encastrés dans les murailles, qui adoptaient généralement une forme pentagonale. Sur la planche suivante : vous voyez cette construction en forme de pointe saillante qui se détache de la muraille ? Il s'agit d'un bastion.

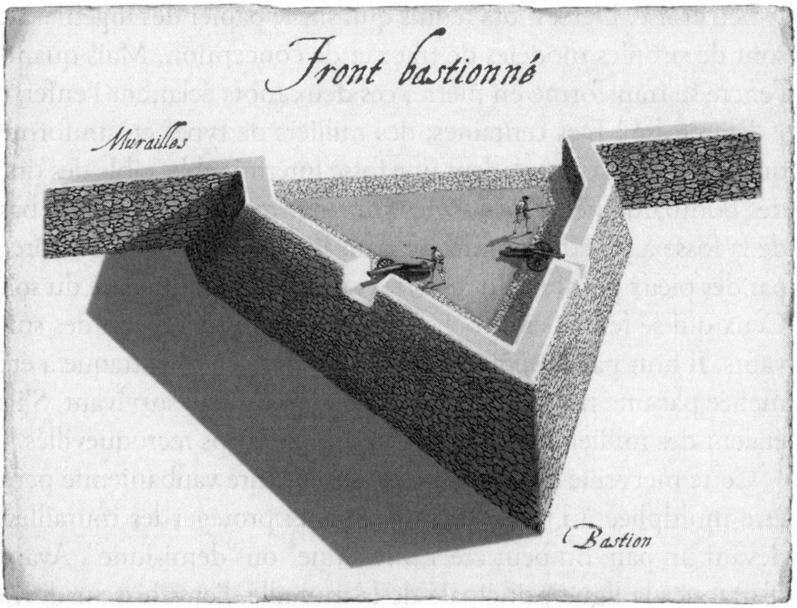

Ce que vous venez de voir est un bastion élémentaire, de dimensions plus que modestes, en fait. Les grandes forteresses disposaient de gigantesques bastions, d'immenses masses qui contenaient une garnison allant jusqu'à mille hommes, des douzaines de canons et des dépôts de munitions. Dans les fortifications conçues par les *maganons* modernes, les murailles sont protégées par des bastions qui s'appuient à leur tour les uns sur les autres.

Supposons qu'une troupe d'envahisseurs décide de passer à l'assaut. La forme pentagonale n'a pas été choisie au hasard. Les attaquants devront nécessairement se décider à escalader l'un des côtés saillants du bastion. En toutes circonstances, les bastions adjacents protégeront leurs compagnons sous un feu soutenu. Pendant que les assaillants avancent, on leur tirera dessus et on les bombardera depuis les murailles et les bastions, et on les arrosera de milliers de litres de liquides inflammables.

Si au lieu d'un bastion, on attaque un pan de muraille, c'est encore pire. Las pauvres idiots qui descendent dans le fossé ne remontent plus jamais. On leur tire dessus de trois côtés : depuis la muraille et depuis les bastions qui la couvrent, à gauche et à droite.

Feu croisé. Deux mots réunis qui, sur le papier des ingénieurs, sont de simples modèles de tracé et de conception. Mais quand l'encre se transforme en pierre, ces deux mots éclairent l'enfer.

Feu croisé ! Des centaines, des milliers de types en uniforme qui descendent et escaladent une fosse interminable, cible des tirs, des bombardements, assassinés par une troupe invisible. Le bas de la fosse a pu être inondé, ou dans le meilleur des cas renforcé par des pieux pointus qui ressortent d'un mètre cinquante du sol. Ceux qui se feront embrocher freineront la progression des suivants. Il finit par devenir impossible d'avancer. Si l'attaque a été menée par une troupe réduite, il n'y a pas un seul survivant. S'ils étaient des milliers, le fossé se remplira de corps recroquevillés.

Cette merveille cruelle appelée architecture vaubanienne peut être multipliée à l'infini. Afin de mieux protéger les murailles, devant un pan, on peut créer une "lune" ou "demi-lune". Avant d'attaquer la ligne principale de la muraille, l'envahisseur devra utiliser des milliers de projectiles afin de démolir la demi-lune. Et dans le cas improbable où elle serait reconquise, les défenseurs se retireront vers la muraille suivante en faisant sauter les passerelles derrière eux. Et le jeu recommence. La défense reste intacte. Les assaillants n'ont conquis qu'un îlot au prix de centaines de pertes. Avec quelle énergie peut-on reprendre l'attaque ? Lunes, demi-lunes, ravelins, tenailles. Une infinité d'architectures qu'il est inutile de détailler aux non-initiés. Dans tous les cas de figure, vous pouvez consulter les détails techniques d'une armature complète.

Vous conviendrez que l'architecture fortifiée de notre siècle a son charme. Notre art rend l'utile beau. Tracé géométrique, net, précis. Formes ascétiques, car elles ne dissimulent rien. Elles sont ce qu'elles sont : des défenses. Et tous les êtres de notre petit univers cherchent la sécurité devant les hostilités du monde. En temps de paix, les habitants peuvent se promener à ses pieds, heureux et à l'abri, avec la sensation de sécurité qu'offrent ces bastions à la chute angulaire, ces colosses tapis telles des sentinelles immuables. Non que les fortifications de Vauban visent la beauté ; c'est plutôt la beauté qui approche de ses formes, en se soumettant. Car lorsque nos yeux la contemplent, se déploie devant eux ce principe douteux, cette foi sans base réelle selon laquelle il existe dans le monde l'ordre, un bon ordre.

Front bastionné

Le corps de place

A La courtine

B Le bastion

1. capitale du bastion
2. gorge
3. flanc droit
4. flanc retiré courbe
5. ourillon
6. épaule
7. face
24. échauguette ou guérite

Les dehors

D la demi-lune

11. face
12. fossé de la demi-lune
13. fossé du réduit
14. réduit de la demi-lune

G la tenaille

Les avancées

E le glacis

F le chemin couvert

15. place d'armes saillant
16. place d'armes rentrante
17. traverses
18. sorties

Les communications

19. poterne
20. double-capponnière
21. rampe
22. escalier "pas de souris"
23. rue de rempart

H Cavalier sur le bastion

C Fossé du corps de place

8. cunette 9. escarpe 10. contrescarpe

Et sur la planche ci-dessous, si cette perruche négligente sait la placer correctement, permettez-moi d'ajouter une touche poétique.

Vous voyez cette petite guérite dans l'angle supérieur d'un bastion, telle une figure de proue ? C'est l'*échauguette*. On l'utilise pour y placer une sentinelle à l'abri des intempéries. Au-delà de la pure fonctionnalité, les ingénieurs militaires n'ignorent pas la valeur esthétique de leurs œuvres. Et l'*échauguette* est en quelque sorte la cerise sur le gâteau. Le seul détail où le concepteur peut se permettre de se faire plaisir. Parfois des plafonds à la forme conique délicate en ardoise noire ou rouge ; d'autres fois, des murs décorés par de fines sculptures dans la pierre. Un grand nombre, d'une valeur artistique tout à fait digne d'intérêt, me plurent. Je rencontrai un ingénieur hongrois, très bon dessinateur, qui se plaisait à collectionner les esquisses des *échauguettes* qu'il avait fait tomber. Et il avait raison.

Quelle était la première mesure défensive à l'approche de l'ennemi ? Faire sauter l'*échauguette* avec une charge de poudre, afin que ce point vertical ne serve pas de référence à l'artillerie.

Cet acte a toujours suscité en moi une douleur unique, inexprimable et ambivalente. Une ville s'apprête à défendre ses foyers ; quel est le prolégomène ? Le sacrifice de la beauté la plus exposée.

Une ville sur le point d'être assiégée ressemble à une fourmilière piétinée. "Hannibal est aux portes !" Les clochers des églises sonnent le glas. Les paysans des environs viennent chercher secours derrière les murailles, avec leurs familles, en pressant le bétail. À pas vif, la garnison occupe ses positions. On distribue les munitions, on découvre la gueule des canons et on protège les dépôts de poudre.

Mais même au milieu de ce tumulte frénétique, quand l'officier de garde crie à ceux qui se trouvent sur place de s'écarter, que l'*échauguette* est sur le point de voler en éclats, il se passe toujours, et je dis bien toujours, la même chose : les gens s'arrêtent net. Ils regardent l'*échauguette*, l'œil vitreux. Le silence est tel qu'on peut entendre la mèche se consumer. Et alors, "boum" ! On passe instantanément de l'état de paix à celui de guerre. Ce "boum" est à un siège ce que la Genèse est à la Bible. Nous les Ponctués (grâce à cette enquiquineuse de Waltraud, vous n'allez pas tarder à savoir ce que j'entends par là), nous ne pouvions pas être des personnes normales. Je détestais l'explosion des *échauguettes*, et en même temps je ressentais le bonheur, la jouissance de la douleur à venir.

La grande erreur de Bazoches consista à croire qu'elle pouvait dignifier la tâche des *maganons* guerriers, voire l'élever à la sainteté d'un art civil. Vauban crut qu'en dotant la guerre de technique, il épargnerait des vies. Maintenant, après si longtemps, après tant de massacres, cette idée si puérile nous semble sordide. Mais le marquis y croyait vraiment. Je l'exempte de tout.

À la fin de cette promenade où il me raconta l'histoire de Byzance, il me posa une question. Nous parcourions les prés verts, solitaires et gorgés d'eau de pluie aux environs de Bazoches. Les corbeaux croassaient au-dessus de nos têtes. Vauban s'arrêta :

— Et vous ? me demanda-t-il. Dans cette guerre sans fin, de quel côté êtes-vous ? De celui du canon, ou du bastion ?

— Je ne sais pas, *monseigneur*, répondis-je, surpris. Du côté de celui qui a la justice pour lui, je suppose, ajoutai-je après une brève hésitation.

Il prit ma main droite et la retourna, afin de la regarder comme s'il allait lire dans ma paume, et il remonta ma manche :

— Dites aux Ducroix de vous tatouer votre premier Point.

J'ai résumé une bonne partie des enseignements de Vauban, mais ne croyez pas qu'ils se soient limités à une promenade. En fait, ils consistèrent en une somme de rencontres, de visites à la salle d'études et de convocations dans son bureau quand j'avais un moment libre ou quand il souhaitait prolonger la discussion sur tel ou tel sujet. Toujours est-il que le poids de mon apprentissage resta à la charge des frères Ducroix. Ils composaient le texte ; Vauban polissait le brouillon.

Revenons en arrière. Les Points méritent une explication. (Effectivement, mon mastodonte allemand insiste, m'interrompt comme un cacatoès bavard et me demande de revenir à la scène où j'ai mentionné le premier Point.)

Les jumeaux m'annonçaient que j'avais obtenu un Point quand j'avais fait un progrès substantiel. J'allongeais le bras droit sur une table, la paume ouverte, et ils me tatouaient avec des fers qui tenaient du bistouri et de l'instrument de torture. Ils m'inscrivirent le premier Point sur le poignet, juste à la jonction entre la main et l'avant-bras. "Point" est une définition très sommaire. Le premier en fut un, simple cercle à l'encre indélébile, de couleur violet foncé, très douloureux. Le second, plus sophistiqué, suivait le premier en remontant sur l'avant-bras et distant de quelques centimètres. Il ressemblait au symbole de l'addition, +, les pointes unies par des lignes, toutefois, comme un petit voilier. Le troisième, un pentagone. Chaque Point était plus sophistiqué que le précédent. À partir du cinquième, la silhouette d'une forteresse bastionnée se dessinait. L'ingénieur parfait est censé posséder dix Points, lui parcourant l'avant-bras tout entier jusqu'au pli du coude.

Je vais anticiper la curiosité du lecteur : personne en ce monde ne possède dix Points tatoués. C'est-à-dire que personne n'est un Dix Points. Du moins personne que je connaisse. Et je ne suis pas en train de dire que personne ne le mérite. Il se trouve simplement que le cercle des *maganons* était si réduit, car il était spécialisé et exclusif, que ceux qui pouvaient concéder des attributs il y a quelques décennies cueillent aujourd'hui les pissenlits par la racine. Enfin, il reste moi, un Neuf Points. Et alors ? Je suis maintenant trop vieux pour avoir des élèves. Et comme si ça ne suffisait pas, ces révolutionnaires de Paris que mon insupportable et repoussante Waltraud admire tant dénaturent jusqu'à la façon traditionnelle de faire la guerre. Ici, on utilise des mots.

Au début de mon siècle, les armées étaient constituées de soldats de métier (ou mercenaires, peu importe le terme utilisé). Étant donné qu'aucun roi ne possédait des richesses infinies, le nombre d'hommes était relativement réduit. D'où l'importance des forteresses pourvues de bastions, car elles bloquaient les voies d'invasion. Si, au lieu de les prendre d'assaut, l'armée d'attaquants les contournait, les dépassait, elle pouvait se retrouver privée de communications et prise entre deux feux : l'armée ennemie et la garnison de la forteresse, qui l'attaquerait par-derrière.

Aujourd'hui, les fantoches robespierriens de Paris ont inventé la *levée en masse,* que nous devrions qualifier d'assassinat en masse. Actuellement, les armées sont dix, cent fois supérieures en nombre à celles de mon époque. Elles peuvent laisser quelques régiments pour bloquer une forteresse et pousser le reste des troupes en avant, sans se soucier de la prendre. Aussi, à mon époque, comptait-on vingt sièges pour une bataille rangée, et la majorité avait pour objet de lever un siège ou de l'empêcher. Aujourd'hui, les batailles se bornent à pousser des files entières d'hommes devant les fusils et canons ennemis, comme du bois consumé par le feu. Celui qui a le plus de bois gagne. C'est à cela que se réduit la science moderne de la guerre. Vive le progrès !

Quant à la mystique des Points, pour le monde de Bazoches, ceux-ci devenaient un protocole de reconnaissance.

À un moment où le salut courtois se basait encore sur l'inclinaison de la tête, les ingénieurs furent parmi les premiers à revenir à la poignée de mains romaine. Ce faisant, ils tournaient imperceptiblement le poignet. Chacun observait les Points de l'autre, il s'établissait de la sorte des hiérarchies naturelles permettant de faire l'économie d'une foule de circonlocutions, disputes et malentendus. Et croyez-moi si je vous dis que, lors d'un siège, ou de la défense d'une ville assiégée, c'était très important. L'armée avait beau attribuer des grades militaires, un Trois Points serait toujours subordonné à un Quatre Points. Et ainsi de suite. Les officiers de métier remarquaient quelque chose d'étrange, mais les Ponctués étaient généralement si habiles et hermétiques, et les militaires si idiots, qu'ils ne se rendaient compte de rien. Ou bien ils ne s'en souciaient pas.

Dans la hiérarchie des Ponctués, il y avait un noyau de fraternité universelle. Quelle belle expérience, galvanisant tellement l'esprit, de se trouver avec un parfait inconnu à Berlin ou à Paris, dans les grandes vallées hongroises ou sur un sommet des Andes, fouetté par des tempêtes de neige, et soudain, aussi éloignées nos origines soient-elles, par le simple fait de tourner les poignets, ces distances se liquéfiaient comme par enchantement : nous étions deux hommes unis par la reconnaissance mutuelle. Rien ne peut en ce monde suppléer à ce regard unique de complicité.

Tu vois de quoi je parle, ma chère et repoussante Waltraud ? Non, bien sûr que non. Et pourtant, c'est très facile. Derrière toi, mon chat, lové près du feu. Tu vois comme il me regarde ? C'est ça.

Et pourtant je n'avais pas conscience de la valeur de mes tatouages. Les frères Ducroix m'accordèrent mon second Point pour avoir compté des pois chiches. Ne riez pas. J'étais las de la salle sphérique. Extrêmement las ! À tel point que je ne m'étais même pas rendu compte de mes progrès.

Vous ne parviendrez à être une personne attentive que lorsque vous resterez attentif même en étant distrait. Vous comprenez ? Bien sûr que non. Moi non plus, à l'époque. Il faut intérioriser la chose. Parvenus à un certain point, vous croyez que votre esprit erre, mais les mécanismes d'alerte restent actifs et poursuivent leur quête de la réalité.

Lors d'un repas, ils posèrent devant moi une assiette de pois chiches. Ce jour-là, les Ducroix déjeunaient avec moi et ils s'aperçurent tout de suite que j'avais la tête ailleurs. (Ils ne se trompaient pas : je pensais que les poils du con de Jeanne avaient exactement la couleur des pois chiches.)

Armand me donna un coup sur le front avec la louche :

— Aspirant Zuviría ! Combien de pois chiches y a-t-il dans votre assiette ? Répondez sans tarder !

J'avalai rapidement une cuillérée pleine avant de répondre :

— Il y en avait quatre-vingt-onze. Maintenant, il en reste quatre-vingt-un.

Ils furent ravis. Et je ne mentais pas. Je ne sus moi-même que je connaissais la réponse que lorsqu'ils me posèrent la question.

Si j'avalai la cuillérée, c'était pour les ennuyer, et pour leur prouver que je contrôlais l'observation non comme un instant, mais comme un processus.

Quand je sortais de la salle sphérique, la question de rigueur était toujours la même :

— Aspirant Zuviría, qu'y avait-il dans la salle ?

J'avais beau décrire avec un luxe de détails les objets suspendus, à quelle distance ils se trouvaient du sol et les uns des autres, leur conclusion était toujours la même :

— Suffisant, quoique imparfait.

Un jour, enfin, après mon rapport, je fis une pause avant d'ajouter :

— Et moi.

Ils m'avaient répété des milliers de fois que l'observateur faisait partie de ce qu'il observe. Et à ma grande honte, il m'avait fallu des mois pour intégrer que je me trouvais moi aussi à l'intérieur de la salle. Vous y verrez peut-être une simple leçon d'humilité, ou même un jeu de mots peu subtil. Il n'en est rien.

Quand l'ennemi se préparait à assaillir mon bastion, il devait tout voir, tout énumérer. Nos fusils, les siens. L'état des défenses, le nombre de canons, la distance et la largeur de ses parallèles. Ma peur, aussi. Il n'existe rien au monde qui dénature autant la réalité que la terreur. Si je n'étais pas conscient de ma peur, la peur verrait pour moi. Ou, comme auraient dit les Ducroix : "La peur montera jusqu'à vos yeux et verra pour vous." Le monde s'entretue, les hommes meurent en assaillant ou en défendant des murailles. Mais en fait, l'ensemble n'est qu'une sphère blanche, perdue dans un coin de l'univers, indifférent à nos angoisses et à nos douleurs. Tel est le Mystère.

Je devins un Trois Points après avoir achevé ma longue tranchée.

— Félicitations, aspirant Zuviría, m'annonça Armand. Vous avez gagné votre troisième Point. Permettez-moi cependant de relativiser la valeur de votre exercice. Une fois parvenu à la limite de notre champ en friches, vous avez continué avec la pioche, la pelle et les fascines. Vous avez bien fait, même si vous avez détruit le sapin situé en bordure de la propriété. Nous ne vous avions pas dit de vous arrêter, et un ingénieur est censé faire preuve d'obéissance et de constance. Malgré tout, vous ne vous êtes pas aperçu que le terrain adjacent était un champ de blé ?

— Si.

— Exact, on ne vous reproche pas d'avoir sillonné une propriété privée qui n'appartient pas à la seigneurie. En temps de guerre, toute terre est bonne à prendre. Mais quand votre tranchée est tombée sur l'âne qui poussait la charrue et sur le brave homme qui se trouvait derrière, qui protestait énergiquement contre l'invasion, n'avez-vous pas songé que l'exercice dépassait les objectifs pédagogiques ?

— Non.

— Exact. Votre tâche n'est pas de juger les ordres. Toutefois, quand le noble laboureur vous a insulté, vous croyez qu'il était approprié de lui donner un coup de pelle et de le traîner dans la tranchée ?

— Oui. Le coup de pelle l'a laissé inconscient. J'ai pensé que ce serait une perte de temps de discuter. Je l'ai fait pour le mettre à l'abri des balles. Le seul sens du travail d'un ingénieur consiste *a priori* à protéger les sujets du roi.

Je soupirai :

— Avec l'âne, je n'ai pas osé. J'aurais pu le renverser d'un bon coup de pioche sur la tête, bien sûr. Mais, je me serais ainsi exposé au feu. Et puis, je n'étais pas sûr de pouvoir l'introduire dans la tranchée, car il était très volumineux et la tranchée étroite. J'ai estimé que la vie d'un ingénieur était plus précieuse que celle d'un âne, aussi l'ai-je abandonné à son sort.

Armand et Zénon se regardèrent comme s'ils avaient hésité.

— L'âne n'avait rien à voir là-dedans, ajoutai-je.

Le quatrième Point arriva après une séance au grenier, l'un des meilleurs moments de ma longue vie d'étalon opportuniste.

Un dimanche après-midi, je me trouvais au grenier avec Jeanne après avoir fait l'amour, nus tous les deux, pendant qu'il tombait une pluie languide et persistante. Jeanne somnolait, les yeux clos. Elle incarnait la beauté. Sa chair rosée, ses cheveux roux, allongée sur un matelas de paille jaune. Et cette vision sous la faible lumière, douce et grise, de Bourgogne. De mes vêtements en tas, je sortis un dossier.

— Je t'ai écrit des poèmes, dis-je, et je lui mis sous les yeux un ensemble de planches.

Elle ouvrit les yeux, et son visage s'éclaira. Peu importe que les femmes soient de haute lignée ou des paysannes malodorantes comme ma chère et repoussante Waltraud. Lorsque quelqu'un dit qu'il leur a écrit un poème, elles sont ravies.

Elle prit les planches :

— Qu'est-ce que c'est ? demanda-t-elle, aussi amusée que surprise.

— Un recueil de poèmes. Mais un seul compte, celui que j'ai fini hier et qui m'a valu mon quatrième Point.

— Des poèmes ? Mais ce sont des dessins.

— Bon, qu'est-ce que ça peut faire ? m'insurgeai-je. Les Ducroix me donnent des cours de dessin, pas de versification. Mais ce sont des poèmes.

Je m'approchai encore plus près :

— Ce sont des dessins de forteresses. Ils te plaisent ?

Elle n'osait pas manifester son incompréhension, pourtant évidente. J'étalai les planches sur la paille et poursuivis :

— Le dernier plan que j'ai dessiné est le meilleur. Tu devines lequel ? Si tu regardes bien, tu verras qu'il est différent des autres.

Ses yeux dansaient sur les planches.

— Regarde attentivement ! Tu es la fille de Vauban. Si tu ne peux pas comprendre, qui le fera ?

Elle tint une planche pendant quelques instants. Elle la repoussa. Une autre, puis une autre. Il pleuvait toujours. Pendant qu'elle choisissait, mon esprit regardait la pluie. Je pensai que dans des pays humides, on pourrait utiliser la pluie comme une arme contre les assaillants.

— Celle-ci, dit-elle enfin. Oui, celle-là, c'est la bonne.

Elle avait bien choisi. Son visage ressemblait à celui d'un enfant qui vient d'apprendre à lire :

— Elle est différente des autres. On a l'impression que les dessins sont pareils, mais ce n'est pas le cas. Il y a autre chose, dit-elle en me regardant : Pourquoi est-elle si différente ?

— Parce que sur celle-ci, j'ai créé une forteresse en pensant que tu dormais au centre de la ville, dis-je en posant un doigt sur le papier. Et je te défendais.

Parmi la grande famille Vauban, celui qui venait le moins souvent en visite au château était le mari de Jeanne. Je crois que c'était un mariage de raison, et je dois dire que sa présence ne me dérangeait pas outre mesure.

S'il se tenait loin de Bazoches, ce n'était pas par mauvaise volonté. Simplement, il vivait à l'écart de sa femme, qu'il ignorait, quoique sans lui témoigner de l'antipathie ou la maltraiter. Quand ils mangeaient à la grande table, le protocole voulait qu'ils soient assis l'un à côté de l'autre. L'homme prêtait beaucoup plus attention à la salière qu'à elle. (Il avait toujours peur de manquer de sel, c'était l'une de ses multiples obsessions.) Quand il passait à côté de moi, je pouvais presque voir ses idées se répandre comme de la sciure.

Il ne se lavait que sous la pression familiale. Quand il restait trop longtemps à Paris hors de ce contrôle, il laissait pousser ses ongles aussi longs que les griffes d'un loup. Et ses vêtements, très onéreux, étaient toujours en lambeaux. Dès son arrivée à Bazoches, il fallait le cacher, le laver et l'habiller, car si le marquis l'avait vu dans cet état, il aurait été capable de l'expulser. On peut dire qu'il était très heureux, voire l'être humain le plus heureux que j'aie jamais rencontré. Son délire particulier était la pierre philosophale. Il était toujours sur le point de découvrir l'ultime secret. Y a-t-il plus heureux qu'un génie à la veille de révolutionner la science ? Il échouait, bien sûr, et tombait pendant deux jours dans des puits de mélancolie. Mais le troisième, il était si à l'aise, bondissant et satisfait d'avoir trouvé une autre formule secrète dans un livre mangé par les mites.

Comme cela arrive fréquemment, le cocu devint très ami avec l'amant (malgré moi, mais qu'y faire). Je crois qu'il n'apprit jamais ma relation avec Jeanne, et si ce fut le cas, il ne s'en souciait aucunement. J'avais beau tenter de l'éviter, tôt ou tard, il me coinçait dans un coin.

— Mon cher Zuviría ! dit-il en me prenant un beau jour dans ses bras.

Cette fois, il était au château depuis une semaine entière, laps de temps incroyablement long compte tenu de ses arrivées et de ses départs soudains. La cause en était une vieille femme qui, disait-on, communiquait avec les esprits désincarnés ; elle vivait au village de Bazoches et il lui rendait visite chaque jour.

— Je crois que j'ai enfin trouvé la piste définitive qui nous mènera à la pierre philosophale, poursuivit-il. Elle ne se trouvait pas dans ce monde, mais dans l'autre ! Grâce à cette vieille sorcière, je peux parler à des âmes supérieures, qui vont me guider. Hier, j'ai conversé avec Michel de Nostradamus et Charlemagne en personne.

Il n'y avait rien d'illogique à ce qu'il appréciât ma compagnie. Sa famille, connaissant le personnage, l'envoyait promener sans ménagement, tandis que les serviteurs n'étaient pas à son niveau. Moi, en revanche, il pouvait me casser les pieds en ma qualité d'élève unique, à mi-chemin entre ces deux couches sociales si distantes. Il aurait été fort irrévérencieux de ma part d'envoyer balader un membre de la famille Vauban. De sorte que je devais supporter ses enthousiasmes et ses gesticulations verbales sur la pierre philosophale. Pour être indulgent, ce n'était pas non plus une lourde charge. Mes obligations se bornaient à ouvrir de grands yeux, et à lâcher de temps en temps un : "Vraiment ?", ou : "Très intéressant !", voire : "Le monde va en trembler de contentement !", alors que je pensais : "Finis-en, pauvre taré, je veux aller au grenier pour baiser avec ta femme."

L'authentique pierre philosophale était Bazoches. Ah, oui, Bazoches, le Bazoches plaisant. Ce furent les plus beaux jours de ma vie ; les plus tendres et remplis d'espoir. Heureux. Et comprenez que c'est une vie de quatre-vingt-dix-huit ans qui vous parle, quatre-vingt-dix-huit révolutions du soleil. Même si ce fut à cette époque qu'un événement quelque peu abominable survint.

Jeanne et moi nous adonnions toujours à l'amour secret. Parfois, un capitaine d'infanterie, le chevalier Antoine Bardonenche, venait nous rendre visite. Je ne me rappelle pas en quelle estime le tenait le marquis, mais il avait ses entrées à Bazoches. Un homme jeune et corpulent, spadassin magnifique. La mâchoire en enclume, d'une naïveté incroyable. Son idéal était les chevaliers errants, quoique Bardonenche remplaçât la partie tragique par un rire joyeux. C'était l'un des hommes les plus fringants que j'aie connus, avec un port viril parfait. Charlotte, la sœur aînée de Jeanne, était follement amoureuse de lui. Le dimanche, nous allions parfois tous les quatre, Jeanne et moi, Bardonenche et Charlotte, piqueniquer dans l'un des prés qui entouraient Bazoches. Ils se livraient à un simulacre d'escrime, armés de pelles, se roulant innocemment dans l'herbe, sans fin. J'examinais Bardonenche avec les yeux de Bazoches afin de savoir ce qui se cachait sous cette peau guerrière et en même temps d'une volupté puérile. Rien, il n'y avait rien. Sa vie se limitait à sa passion pour les armes et au service de Louis XIV de France, que ses laquais appelaient le "Roi-Soleil" et ses ennemis le "Monstre d'Europe", ou plus simplement le "Monstre".

Un jour où le marquis n'était pas là et, ô nouveauté, les frères Ducroix non plus, nos deux couples firent du château une fête. Nous étions encore des enfants, malgré mes études, bien que Jeanne fût mariée, malgré l'uniforme de capitaine d'infanterie de Bardonenche. Nous jouions à colin-maillard. Quand ils me bandèrent les yeux, je les poursuivis sans mal. Grâce à la salle sphérique, il m'était si facile de les retrouver que je n'avais presque pas besoin d'yeux. Je respirais leurs rires, j'entendais leurs odeurs. Je le cachai, leur permettant de m'échapper un moment. Soudain, mes mains poussèrent une porte dérobée derrière un rideau. J'ignorais les motifs d'un tel camouflage, mais avec les yeux bandés il semblait moins anormal d'entrer.

Derrière la porte, un couloir étroit m'apparut. Mes mains détectèrent des piliers qui parcouraient les murs. Et au-dessus d'eux de curieuses figures. J'ôtai mon bandeau : c'étaient des reproductions à l'échelle des fortifications de toutes les villes et citadelles d'Europe.

Mon Dieu, soudain je sus où je me trouvais. À Versailles, le Monstre thésaurisait des dessins en miniature des forteresses du continent, *toutes en relief*. Si un jour ses généraux avaient besoin de leur donner l'assaut, il y avait là une réplique pour aider les ingénieurs à planifier l'attaque. À l'insu du Monstre, Vauban avait construit une salle similaire. Naturellement, le marquis n'allait pas révéler un tel secret à un simple aspirant ingénieur tel que moi, mais bien que ma loyauté envers lui me poussât à sortir, quelque chose me retint dans cette salle.

J'observai la maquette la plus proche, une silhouette étoilée de douze bastions. Les artisans avaient réalisé un travail exceptionnel. Avec du plâtre, de petites poutres et de la porcelaine, étaient reproduites les forteresses édifiées dans tous les confins de l'Europe. Les échelles étaient exactes, de même que l'angle d'inclinaison des bastions, la profondeur des fossés… Rivières, côtes et marais étaient indiqués en bleu clair ou plus foncé, d'après la profondeur et la distance des murailles. Surélévations et creux figuraient en marron plus ou moins foncé selon la hauteur. Des tableaux numériques dans les marges complétaient les informations destinées aux techniciens.

Je fermai les yeux comme si j'avais joué à colin-maillard. Les reproductions étaient si bonnes que je pouvais les identifier du bout des doigts. Ath, Namur. Dunkerque. Lille. Perpignan. La majeure partie des forteresses construites par Vauban ou reconstruites par lui. Besançon, Tournay. Et aussi Bourtange, Copertino, places fortes ennemies étudiées par les espions du Monstre. Chaque forteresse adoptait une forme d'étoile, dont mes doigts suivaient les contours, l'un après l'autre, comme une Voie lactée contenue dans cette pièce magique. J'entendis des voix. À l'extérieur, Jeanne et Bardonenche m'appelaient. Une dernière *maquette*, me dis-je, encore une avant de les rejoindre.

Les yeux clos de nouveau, donc, je parcourus les murailles médiévales, les bastions centenaires. Tout indiquait qu'il s'agissait d'une cité ancienne, vieille de mille ans. Intéressant. Autres détails : c'était un port, car les murailles ne couvraient pas la mer. Je m'arrêtai net. Un frisson. J'avalai ma salive : je connaissais ces contours.

Pour la première fois depuis mon arrivée à Bazoches, j'eus un pressentiment funeste. Parce que, à Bazoches, tout était régi par l'utilité, et si ces dessins étaient là, c'était parce que, un jour peut-être, ils pourraient servir à préparer un siège. J'ouvris les yeux, regardai cette dernière *maquette*. C'était Barcelone.

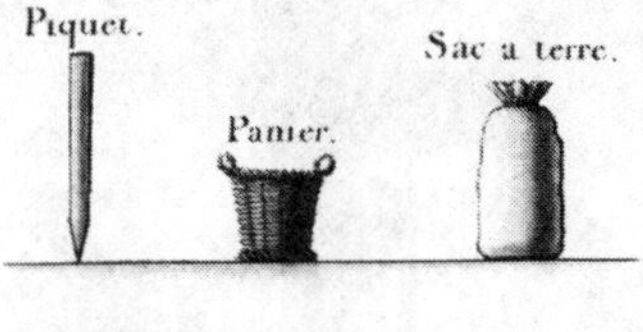

7

Avez-vous haï quelqu'un au premier regard ? Tout au long de ma vie, j'ai rencontré tant de canailles, de truands et d'êtres vils que si le diable les rassemblait dans une réunion maléfique, ils rempliraient la Méditerranée. Mais un seul a mérité ma haine éternelle : Joris Prosperus Van Verboom. Voyez donc une copie de son portrait officiel. Séduisant jeune homme, n'est-ce pas ?

Lorsque je fis sa connaissance, Verboom devait avoir un peu moins de quarante ans. En voyant sa face grossière et ses bajoues canines, on pensait à un boucher équarrisseur. Je n'exagère pas. Un rictus intolérant lui tenait lieu de face, les traits contractés comme s'il ne s'était pas purgé depuis des années. Le regard sévère du marquis de Vauban reflétait l'ordre et la justice. Stricte, mais en fin de compte la justice. Celui de Verboom, l'antipathie envers ses inférieurs.

Au vu des événements, le monde serait meilleur si cet homme s'était contenté de vivre comme ce qu'il était dans le fond : un charcutier d'Anvers qui n'aurait jamais dû partir de chez lui. Mais il l'avait fait, car ce qui définissait essentiellement Verboom, c'était son ambition servile, un instinct qui s'ajustait à sa conduite comme une clé à une serrure. C'était pour cette raison que les puissants l'aimaient tant et qu'il avait obtenu ses prébendes, car les rois savaient que les vautours volent haut, mais toujours au-dessous des aigles.

On avait oublié de lui apprendre à rire. Trait qui lui fut très utile dans ses rapports avec ses subordonnés, car il les intimidait, mais qui devenait catastrophique avec les femmes. Le voir jouer les jeunes premiers était un spectacle pénible, pour ne pas dire grotesque. Son déphasage par rapport à la gent féminine, cette sphère du monde qui ne se dirige pas par l'obéissance ou le commandement basique, générait en lui une insécurité monstrueuse. Le résultat en était des âneries déplorables, bouffonnes et très drôles pour le commun des spectateurs. Nuançons. C'était un clown drôle tant qu'il ne courtisait pas la même femme que le spectateur. Car Verboom se trouvait là, précisément au centre de la cour d'armes de Bazoches, tentant de séduire ma Jeanne avec sa vilaine tête de boucher.

Je revenais du champ dans un état pitoyable, chargé de pelles et de pioches, quand je les croisai. Les techniques d'observation de Bazoches peuvent toucher de très nombreux autres domaines que l'ingénierie pure. J'étais un Quatre Points et il me suffit d'un regard, d'un demi-regard, pour deviner ce que voulait cet individu. Ou plutôt qui.

Des années plus tôt, Verboom, le Charcutier d'Anvers, avait servi sous les ordres de Vauban lors de plusieurs sièges. Cela justifiait une visite, apparemment de pure courtoisie. Bonne excuse pour se pavaner dans son uniforme d'ingénieur royal. Ah ! En réalité, il visait haut. Jeanne était belle, riche, fille de Vauban et mariée à un type qu'on enfermerait un jour dans le grenier d'une institution pieuse. Quand je m'approchai, ce charcutier demandait à voir son père.

— C'est dommage, j'avais fait un détour pour lui présenter mes respects, déplora-t-il quand elle l'informa de son absence.

Sale menteur ! La France tout entière savait que Vauban était à Paris, en conférence avec les ministres du monstrueux Roi-Soleil. Si Verboom s'était rendu à Bazoches, c'était précisément parce que le marquis ne s'y trouvait pas et qu'il pouvait ainsi courtiser Jeanne plus à son aise.

Je m'arrêtai à quelques centimètres seulement du couple, regardant Verboom avec l'insolence caractéristique des fous. Ce dernier s'étonna qu'un serviteur crasseux fût aussi impertinent mais, en visite et devant une dame, il préféra ignorer le rustre. Jeanne comprit tout de suite ce qui pouvait arriver.

— Martí, va te laver, dit-elle en proposant sur-le-champ un rafraîchissement à Verboom.

Je continuais à observer l'homme sans ciller.

— Ne lui donne rien. Il veut tout, dis-je alors.

À ma décharge, je dirai que je parlais ainsi sous l'influence des Ducroix. À l'exception de Jeanne et de brèves conversations avec les domestiques, je passais mes journées soumis à leur influence directe. Ils m'avaient transmis leur façon de penser tout haut. Comme les Ducroix ne se lassaient pas de le répéter : “Les enfants ne parlent pas parce qu'ils savent penser ; ils savent penser parce qu'ils parlent.” Lorsque quelqu'un est entraîné à la conquête de la réalité, il ne craint pas de parler franchement. Mais ce que j'oubliais, c'est que la vie de la haute société est régie par le mensonge et la censure.

Le visage de Verboom s'enflamma. Je veux parler d'un phénomène physique aussi certain que remarquable. La colère affecte certaines personnes de telle sorte que leurs muscles faciaux se dilatent dans des proportions inouïes. Les épaisses couches de chair de son visage gonflèrent comme des bulles rouges. J'aurais dû avoir peur. Au lieu de ça, je devais faire des efforts pour me retenir. Jeanne comprit que nous frôlions le désastre :

— Martí !

Je portais la pelle et la pioche sur l'épaule droite, mon avant-bras était dénudé, les manches sales remontées jusqu'au coude. Verboom compta les quatre Points, et l'incrédulité le fit redoubler de fureur. Il me saisit le poignet de l'une de ses grosses mains, l'approcha de ses yeux et dit :

— Il doit s'agir d'une erreur.

La pelle et la pioche tombèrent à terre. Le bois et le fer résonnèrent dans le choc contre la pierre. À mon tour, je fis un mouvement reptilien et, de la main gauche, je soulevai sa manche de chemise : Verboom n'avait que trois Points. Je claquai moqueusement de la langue :

— Dans votre cas, certainement pas.

— Comment oses-tu me toucher, cultivateur de fumier ! Lâche-moi, cria-t-il.

— Avec plaisir. Quand vous me lâcherez.

Son orgueil l'empêchait de renoncer. Au lieu de me lâcher, il voulut me faire plier. Il possédait une force minérale, caractéristique des hommes qui sont nés avec un corps naturellement lourd et robuste. Mes muscles étaient travaillés et félins, sans une once de graisse. De la façon la plus absurde, nous nous retrouvâmes pris dans une bataille au corps à corps qui rappelait la lutte turque. Ou pas si absurde, car en réalité les hommes se battent beaucoup plus souvent pour les femmes que pour l'argent, la gloire ou toute autre raison.

Ce dut être la fois où j'ai approché de plus près le Charcutier d'Anvers. Nos nez se touchaient presque. Si proches, les traits de son visage étaient une carte de la cupidité gloutonne. Les pores dilatés et profonds, la sueur épaisse comme de la bave d'escargot.

Lutter contre une personne telle que Verboom revient à escalader une montagne. On croit qu'on n'arrivera jamais en haut, que l'ascension n'a pas de fin. On est sur le point de se rendre, mais on insiste. Jusqu'au moment où, soudain, on y est : on foule le sommet.

Verboom émit un petit cri sourd avant de s'effondrer. Il posa un genou à terre et lut sur mon visage avec horreur. Je m'apprêtais à piétiner sa tête d'entêté de mes grosses bottes de sapeur lorsqu'une troupe de domestiques m'écarta de lui. Verboom ouvrait la bouche, humilié. Jeanne tenta d'arranger les choses comme elle put. Elle lui présenta ses excuses, en jurant que je n'étais qu'un gardien trop zélé. Et un peu fou, dut-elle ajouter, car même maintenu par quatre hommes, je ne cessais de crier et de me débattre.

— Martí ! Demande pardon à M. Joris Van Verboom. Maintenant !

L'exigence de Jeanne eut pour résultat de faire relâcher un peu la pression aux domestiques, ce que je mis à profit pour me jeter sur lui de nouveau. Cette fois, Verboom ne faisait plus autant le fier. Il se retourna, avec tant de malchance qu'il tomba face contre terre sur les pavés. Je le saisis par une cheville et rampai, car les domestiques tentaient de me retenir par les jambes. Avant qu'ils ne m'emmènent, je parvins à lui planter les dents dans la fesse gauche. Vous auriez dû entendre le hurlement qu'il poussa.

Cela fait partie de l'élan de la jeunesse de ne pas prévoir les conséquences de ses actes. Mais si on est un élève entretenu par la grâce du seigneur de Bazoches, sous sa tutelle et rétribué, et qu'on déchire le pantalon d'un invité à coup de dents, eh bien, mon garçon, il est logique que le maître de maison en soit irrité.

Au cas où cela n'aurait pas suffi, j'avais choisi le pire moment pour ma querelle avec Verboom. Après ces réunions avec les ministres de Louis XIV, le Monstre de l'Europe, Vauban vit très nettement qu'on l'avait condamné à l'ostracisme. On l'avait appelé pour la forme, mais on avait repoussé toutes ses suggestions sur la façon de mener la guerre ou de faire la paix. Il rentra à Bazoches d'une humeur de chien, et la première nouvelle qu'on lui donna fut que sa renommée d'hôte avait été pulvérisée.

Les Ducroix m'annoncèrent sur un ton funèbre :

— Martí, le marquis veut te voir.

Avant moi, c'était le tour de Jeanne. En l'absence du marquis, c'était elle qui dirigeait le château, et son père la rendait responsable de ce qui était arrivé. Quand j'entrai dans le bureau, ils étaient en pleine dispute. Je saisis au vol une phrase de Jeanne :

— … Et tu m'as toi-même donné mille fois ton avis sur Verboom.

— Nous ne parlons pas de lui ! criait le marquis. Il avait franchi mes portes, je lui devais le pain et le sel ! Et au lieu de ça, nous l'avons attaqué à coup de dents !

En me voyant, il s'exclama :

— Ah, voici la bête féroce !

Il vint directement vers moi. L'espace d'un instant, je crus qu'il allait me gifler.

— Votre imagination malade peut-elle inventer une excuse ? m'interpella-t-il. Répondez ! Pourquoi avoir agressé un invité dans ma propre maison ?

— Parce que c'est un homme mauvais, répondis-je.

La vérité est si puissante qu'elle fait vaciller le plus élevé des hommes. Le marquis baissa légèrement le ton :

— Et on ne vous a pas appris qu'entre la bonté et la méchanceté il existe des tampons appelés manières ? Vous avez mis en pièces le pantalon d'un ingénieur du roi, à coup de dents !

Je voulus parler, mais il ne m'en laissa pas l'occasion, il était de nouveau très excité :

— Silence ! Je ne veux plus jamais vous revoir ! *Jamais !!!* brama-t-il. Vous vous enfermerez dans votre chambre, et vous n'en ressortirez que demain matin, à l'arrivée de la diligence qui vous conduira chez vous, ou à l'endroit qu'il vous plaira. De toute façon, très loin de Bazoches. Hors de ma vue !

Une fois là-haut, je me tapai la tête contre le mur. À la maison ! Sans titre, sans lettres de créance. Mon père allait me tuer. Et ce qui était encore pire : je savais désormais que j'étais un privilégié. La vie m'avait offert une chose qu'aucune fortune ne pourrait acheter : être l'élève, le seul, du plus grand génie en poliorcétique qui eût jamais existé. Et en même temps, je me rendais compte que je n'avais pas encore achevé mes études, en fait, ni appris la moitié de ce que Bazoches pouvait m'offrir. Et malgré tout, le plus insupportable était qu'on me sépare de Jeanne.

Je m'étais comporté comme un idiot, un fieffé idiot. Dans le fond, j'avais commis une erreur de mauvais élève. Car si j'avais été attentif, si la passion ne m'avait pas aveuglé, comme les Ducroix avaient tenté de me l'enseigner, j'aurais compris que Verboom ne serait jamais aimé de Jeanne. Mais non, le mauvais caractère des Zuviría était là pour tout gâcher.

Le fait est qu'à compter de ce jour, je détestai Verboom pour le restant de son existence. Plus tard, à cause du Charcutier d'Anvers, je dus supporter des fers, la torture, l'exil, voire pire. Mais cela ne me fit jamais aussi mal que cette première fois ! Je lui vouai une haine sans limites, immaculée et pure comme le cristal. Une haine qui, s'il faut le dire, fut réciproque et ne s'acheva que lorsque ce porc eut la fin qu'il méritait. Dommage que l'épisode n'appartienne pas à cette histoire, car je meurs d'envie de raconter comment je m'arrangeai pour lui faire casser sa pipe. Et dans des souffrances si épouvantables que, lorsqu'il y arriva, l'enfer dut lui paraître une station balnéaire turque.

Bon, si tu es sage, j'en parlerai bientôt, ma chère et repoussante Waltraud, entre deux chapitres. Mais si tu vomis d'horreur, écarte ta tête de mule ! Je sais qu'à Vienne, vous avez un vieux proverbe qui dit à peu près : "Après un bon ami, la meilleure chose que l'on puisse avoir dans la vie est un bon ennemi." Tu parles ! S'ils le sont vraiment, il n'y a pas de bons ennemis ; il y a juste des ennemis vivants et des ennemis morts, et tant qu'ils seront vivants, ils ne cesseront pas de nous emmerder.

Des biscuits, apporte-moi des biscuits.

Le bon côté des anges, c'est qu'ils ne dorment jamais. Pendant que j'étais enfermé, les jumeaux présentèrent à Vauban les plans d'un projet destiné à fortifier Arras. Ils lui passaient les planches et les commentaient pendant que le marquis les examinait attentivement, courbé sur le papier car il n'y voyait déjà plus très clair. Il utilisait une sorte de loupe sans manche, un immense verre concave cerclé de fer et appuyé sur trois roulettes qui glissait sur le papier à la recherche de la moindre erreur. À ce moment, on aurait dit un simple bijoutier.

Arras était un projet très apprécié du *maréchal*. Pour une raison ou une autre, il avait toujours dû le différer, il avait toutefois ordonné aux Ducroix de dessiner les bases de la forteresse la plus complète, puissante et la mieux pourvue qu'ils sauraient concevoir. Lorsque Vauban étudiait des plans, il ne parlait jamais. Il pouvait être entouré de dix, quinze, jusqu'à vingt experts glosant sans trêve sur ses merveilleux projets. Mais, comme je l'ai dit, Vauban était avare de commentaires. On n'entendait que le bruit de sa respiration car, comme beaucoup d'hommes qui ont la respiration bruyante lorsqu'ils réfléchissent, son nez malade se soulevait et s'imposait au murmure général.

Toujours est-il que ceux qui le connaissaient pouvaient deviner sa pensée aux sons qui lui échappaient. Le silence était mauvais, très mauvais signe. En revanche, s'il se passionnait pour une idée, il laissait tomber quelques paroles gutturales : "hung !", "hang !", voire quelques "heeeenggggg !" des plus insolites, qui semblaient exprimer la contrariété pour les personnes étrangères à son cercle, alors que c'était tout le contraire.

Pendant que les Ducroix lui passaient les planches, les "hang, hung !" redoublaient. À un moment donné, sa loupe s'arrêta sur un bastion :

— *Et ça ?* demanda-t-il sans lever la tête. Que signifient ces trois petites bosses dans chaque angle ?

— Des coupoles, *monseigneur*, des coupoles fortifiées, répondirent-ils.

— Je ne comprends pas.

— Comme le mortier est le pire ennemi du bastion, l'idée consiste à combattre l'artillerie ennemie avec ses propres armes, dit Zénon.

— Il s'agit de détruire les mortiers situés hors de la place forte avec leurs propres mortiers. L'avantage étant que les mortiers du bastion seront protégés par une solide carcasse de pierre.

— L'ennemi aura besoin d'installer les siens à découvert, moment où ils seront vulnérables au bombardement. Et pendant ce temps, ceux de la place ne souffriront aucun dommage grâce à leur cuirasse de fer.

— Heeeennnnngg…

— Comme vous pouvez le voir, les coupoles ne disposent que d'une petite ouverture supérieure en forme de demi-lune. Mais la base est pourvue d'un engrenage giratoire, une plateforme qui leur offre un angle de tir de cent quatre-vingts degrés, les trois mortiers peuvent donc se concentrer sur tout objectif extérieur.

— Heennnnnnnnnnnnng !

Il était peu enclin aux compliments, mais cette fois, il dut reconnaître à contrecœur que les Ducroix avaient fait du bon travail. Armand approcha alors le nez de la dernière planche, il se raidit soudain et hurla à son frère :

— *Mais tu es idiot !* Qu'as-tu apporté sur la table du marquis ?

Vauban ne comprit que lorsque Zénon s'excusa humblement :

— Mille excuses, monsieur le marquis. Je me suis trompé : ces planches ne sont qu'un exercice de l'exécrable aspirant ingénieur Martí Zuviría.

Et ils changèrent de sujet, comme s'il ne s'était rien passé, laissant Vauban soufflé tout autant que furieux, car il était suffisamment intelligent pour comprendre que tout cela n'avait été qu'une ruse pour le faire changer d'avis.

Le même soir, au dessert, Jeanne l'aborda. Elle renvoya les domestiques et même Charlotte, sa sœur, et ils restèrent seuls à la longue table, chacun à une extrémité.

— Je sais très bien ce que tu veux ! s'exclama Vauban en la désignant d'un long couteau. Et la réponse est non ! Je suis maréchal de France, je me suis vu dans la triste obligation de décider de la vie et de la mort de milliers d'hommes. Et maintenant tout mon entourage conspire contre moi parce que je renvoie un jeune homme violent chez lui. Je n'ai jamais rencontré une telle opposition parmi les généraux, même en campagne !

— Je ne m'opposerais jamais à ce que mon père peut décider dans une affaire aussi insignifiante. Je voulais te parler d'autre chose, dit Jeanne.

— Je ne te crois pas. Vous utilisez des ruses. Tous ! Je t'informe que j'ai le droit de l'envoyer aux galères, selon mon bon plaisir. Sans discipline, il n'y a pas d'armée, d'honneur ou de civilisation. Comment pourrais-je perdre mon temps avec un individu qui mord mes invités au postérieur ? dit-il en abaissant enfin sa fourchette. Je n'aurais jamais dû l'admettre !

— Et moi je te dis que je veux te parler d'autre chose, poursuivit Jeanne, imperturbable.

Elle se leva, aussi séduisante qu'elle pouvait l'être, et alla s'asseoir sur les genoux du marquis.

— Papa, c'est une bonne idée, dit-elle en le prenant par le cou.

— De quoi est-ce que tu parles ?

— D'épouser Prosperus Van Verboom.

— Par tous les démons…

Jeanne ne le laissa pas poursuivre. Elle posa un doigt sur ses lèvres et dit avec son plus beau sourire :

— Il me courtise, et tu le sais. Ce n'est pas la première fois qu'il passe à Bazoches. Tu veux que je te montre ses lettres ? soupira-t-elle. Mon mariage est une farce. Au début, nous n'étions pas malheureux, mais il est devenu fou. Cette épreuve me permet du moins de demander la nullité du mariage. Avec ton influence, le Vatican acceptera en moins d'un an. Oh, papa ! Pense à cette opportunité. Verboom est l'un des ingénieurs les plus doués. S'il m'épousait, j'irais à la cour. Et je serais la femme la plus heureuse du monde !

Vauban prit sa fille par les hanches et la posa par terre. Puis il se leva subitement comme si le démon lui avait piqué les fesses de son trident. Il se mit à arpenter la salle à manger, une main dans le dos et l'autre décrivant des moulinets en l'air :

— Verboom a l'âme plus noire que celle d'un chien ! Tu m'entends ? Il est rongé par la lèpre du pouvoir, de l'argent et de la gloriole. Bien sûr, qu'il veut épouser une fille de Vauban ! Le lendemain de ma mort, il m'arrachera mon nom, ma fortune, mon mérite et ma gloire. Et ma propre fille ! Lui, un sans-gêne, un mercenaire sans principes qui consacre sa vile existence à servir tous les démons !

Jeanne se montra indignée, le menton redressé et des yeux colériques à demi-clos :

— Un serviteur du démon, as-tu dit ?

— Oui ! C'est ça.

— Un mercenaire sans scrupule, un traître à toute cause digne…

— Exact ! Tu as très bien compris.

— Un homme qui se sert des femmes comme de sacs de fumier, et qui, lorsqu'il les a vidés, les jette n'importe où sur le chemin.

Vauban applaudit avec aigreur :

— Très bien ! Je crois que tu comprends de quoi je veux parler.

— Une créature à l'âme plus noire que celle d'un chien, si les chiens en avaient une.

— Bravo ! s'exclama le marquis, et il lui consacra encore deux applaudissements sarcastiques et las.

Jeanne prit une inspiration et affirma sur un ton soudain neutre :

— Il t'admire follement.

— Peu me chaut l'admiration de cet avorton ! Je lui ai simplement consacré la politesse habituelle entre gentilshommes. Je ne lui ai jamais accordé une once de confiance supplémentaire, car il ne la mérite pas, et il ne l'obtiendra jamais.

Jeanne interrompit le marquis, telle une faux :

— Je veux parler de Martí.

Le marquis, le maréchal, l'homme, se turent. Il s'était soudain rendu compte du piège dans lequel il était entré de lui-même.

— Il t'adore, et je t'assure que sa déférence n'a rien à voir avec les titres que tu arbores, mais avec ce que tu as construit.

Elle s'approcha de son père, relevant encore le menton, et ajouta très calmement :

— Et toi, tu vas te débarrasser de lui parce qu'il a mordu les fesses d'un opportuniste à l'âme plus noire que celle d'un chien.

Elle fit demi-tour et quitta la salle à manger.

Tout cela se déroulait pendant que je sanglotais, jetais des imprécations, donnais des coups contre les murs de ma chambre, je n'avais donc aucune idée de ce qui se passait trois étages plus bas. Je ne pus fermer l'œil de la nuit.

On comprendra que le lendemain matin j'aie descendu l'escalier le moral en berne. Mes bagages avaient été vite faits, car je ne possédais pratiquement rien. Et effectivement, un carrosse attendait dans la cour d'armes. Je ne me rappelle pas s'il s'agissait d'Armand ou de Zénon, mais l'un des deux me dit :

— Avant votre départ, le marquis veut vous adresser quelques mots.

Quand j'entrai dans son bureau, il m'ignora. Il tenait un livre entre les mains et murmurait avec les lèvres, comme s'il n'avait jamais appris à lire bouche close. Derrière lui, la lumière du jour entrait par des vitres qui occupaient pratiquement tout le mur. Une tactique facile, mais efficace : à contre-jour, le visiteur était ébloui et se sentait subitement inférieur devant cette présence lumineuse, auguste.

Il leva les yeux et dit de mauvaise grâce :

— Asseyez-vous !

J'obéis, bien sûr.

— Alors ? Quels sont vos projets d'avenir ?

— Je n'en ai pas encore, Excellence, fut tout ce qui me vint à l'esprit.

— Ah, mais en avez-vous jamais eu ? demanda-t-il avec une acrimonie qui me semblait inutile.

Ce ton, ainsi que ma situation critique, me poussèrent à cracher :

— Eh bien oui, Excellence ! Ces derniers temps, mes espoirs se concentraient sur le fait de devenir ingénieur. Bien que je suppose que cela n'intéresse pas *monseigneur*.

— Impertinent ! brama-t-il. Ce que vous venez de dire n'est-il pas une définition parfaite du terme "impertinence" ? Répondez !

Je me mis à pleurer. J'avais quinze ans, vous savez. J'étais en présence de Sébastien Le Prestre de Vauban, marquis de Vauban, maréchal de France et je ne sais quoi encore. Un mythe vivant, qui avait procédé au siège de soixante-huit forteresses, le génie de la fortification. Rien de moins. Et moi, je n'étais qu'un gamin à deux doigts de ne plus en être un.

— Vous pleurez !

Je me levai. Je penchai la tête :

— Étant donné que, malgré mon insubordination, votre Excellence a été assez aimable pour me recevoir, je vous prie d'exaucer un dernier désir.

Il ne répondit pas et j'interprétai son silence comme une permission de poursuivre :

— Permettez-moi de prendre congé de Jeanne.

Il mit une éternité à répondre. Je ne savais que faire, cloué au sol comme un épouvantail.

— Nous allons prendre une résolution, dit-il enfin. Puisque vous rentrez chez vous entaché d'ignominie, je vous propose une alternative : vous poursuivrez vos études d'ingénieur à l'École royale de Dijon. Sous ma recommandation, naturellement. En échange, je vous demande simplement de ne jamais vous approcher de Bazoches ni de ma maison, et encore moins de ma fille, dans un rayon de cinquante kilomètres. Jusqu'à la fin de vos études, je prendrai en charge tous vos frais scolaires et d'entretien, il ne manquerait plus que ça. Acceptez.

— Je peux voir Jeanne ? Juste deux minutes.

Il se leva comme un fauve :

— Vous n'avez même pas cherché à dissimuler que vous étiez catalan, et du Sud ! Je connais très bien les vôtres, car j'ai travaillé plus de dix ans sur cette frontière, à fortifier les emplacements contre le penchant des natifs pour l'insurrection. Ma position me confère le droit de vous poser une question, par ailleurs élémentaire : votre cœur, à quel roi doit-il obéissance ? À celui d'Espagne, ou à celui de France ?

— *Monseigneur*, il y a deux jours encore, je ne servais que le royaume du génie.

— Si vous prétendez me flatter, sachez que je suis tout autant immunisé contre l'excès de servilité que contre celui du vin, et les personnes mesurées ne succombent jamais à une indigestion.

Je ne savais pas quoi ajouter, si tant est que le marquis attendait que je dise quelque chose. Tout cela était plutôt superflu. Je ne risquais rien à insister, ce que je fis :

— Demander à lui dire au revoir vous semble si insolite et dangereux ?

— Prenez congé de moi, et hormis votre admission à Dijon, et votre entretien, vous serez gratifié de la somme de mille livres à dépenser à votre discrétion, insista-t-il avec une curieuse expression d'intrigue.

Mes yeux se remplirent de nouveau de larmes, mais avant de perdre contenance, j'eus encore le temps de dire :

— *Je l'aime.*

Quelque chose céda à l'intérieur du marquis. Aujourd'hui, je me rends compte qu'il m'avait donné rendez-vous pour juger si j'étais si différent de Verboom. Le Charcutier d'Anvers avait toujours été un reptile ambitieux qui voyait dans le mariage un passeport pour les sommets. Et celui qui parlait maintenant renonçait à tout pour un adieu.

Je me levai. Si tout était perdu, je voulais voir Jeanne une dernière fois. Même si le marquis de Vauban en personne s'y opposait. Mais alors l'homme se détendit, et d'une voix aussi pacifique que résignée, il me dit :

— Asseyez-vous, sot.

Pendant quelques secondes, il joua avec une statuette de bronze. Il la remuait entre ses doigts. C'était une étoile à vingt-quatre pointes qui imitait, à échelle réduite, les fortifications de Neuf-Brisach qu'il avait bâties. Il regardait par la fenêtre la cour de Bazoches, les champs plus lointains. Toujours sans me regarder, il précisa :

— Il n'en reste pas moins vrai que vous avez mordu Verboom.

— Oui monsieur.

— Au cul.

— À la fesse gauche.

— J'ai eu de ses nouvelles : vos canines l'ont blessé si profondément qu'il ne peut pas encore monter à cheval.

— Je suis désolé.

— Menteur.

— Je voulais parler des problèmes que je vous ai causés, à vous et à tout Bazoches, *monseigneur.*

Il fit une longue pause avant de reprendre la parole :

— Dites-moi : vous me prenez pour un insensé ?

— Non ! dis-je en me jetant en avant. Monsieur, non !

— Souvent, poursuivit-il comme s'il ne m'avait pas entendu, je vous ai vu arriver au dîner le dos couvert de brins de paille. Des brins de paille qui, comme par hasard, étaient aussi collés dans le dos de la robe de Jeanne.

Je m'attendais à une accusation en règle, mais ce qui s'ensuivit fut un soupir :

— Le mariage… oui… cette citadelle assiégée où ceux qui sont à l'extérieur veulent entrer, et dont ceux qui sont à l'intérieur veulent sortir… Il me regarda dans les yeux : Mais sachez, aspirant Zuviría, que, de toutes les forteresses créées par l'homme, le saint mariage est la plus inexpugnable de toutes. Vous avez compris ?

— Je peux la voir ?

— Vous allez vous diriger vers la salle et suivre une double séance de stratégie. Les derniers événements ont démontré que vous étiez très léger en tactique : si vous attaquez par-derrière, que ce soit à la gorge, et non au cul.

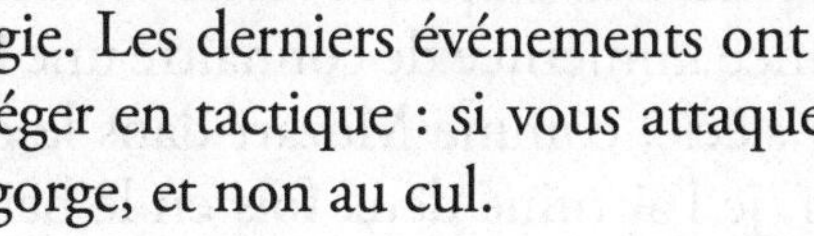

8

Des frères Ducroix, on peut dire que c'étaient deux maîtres extraordinaires. De Vauban, qu'il était unique. Le lendemain matin qui suivit mon retour en grâce, il me prit par le coude et nous allâmes nous promener aux alentours du château.

Il marchait en s'appuyant sur sa canne, mais l'allure toujours hautaine. De temps en temps, il s'arrêtait devant un pommier, ou il cueillait un fruit de sa main libre, et il mordait dedans à deux ou trois reprises avant de le rejeter. (Il pouvait se le permettre ; après tout, les arbres lui appartenaient.) Il devait encore plus souvent s'arrêter pour tousser, cracher et s'essuyer les lèvres avec l'un des immenses mouchoirs blancs à bords dorés dont les poches de ses casaques étaient toujours pleines.

— Jusqu'à présent, vous avez appris à fortifier des villes, dit-il. Avec un certain profit, d'après les frères Ducroix. Vous allez désormais vous consacrer à devenir un expert dans l'art de les prendre d'assaut.

— Mais *monseigneur*, dis-je en souriant, ce que j'ai appris, justement, c'est que, grâce à votre méthode de fortification, il est tout à fait impossible de briser des défenses bien conçues.

Il s'arrêta et m'adressa un petit sourire condescendant.

J'ai eu la chance imméritée de connaître une bonne partie des génies de mon siècle, comme Mozart dans le domaine de l'art (pauvre garçon, je l'ai ruiné deux fois en le battant au billard), Washington dans celui de la droiture (mais plus raide que la justice), et surtout Rousseau. Pas Voltaire !!! C'était un pauvre type infâme et un parvenu. Même Franklin et Danton méritent d'entrer dans la galerie des génies universels. Mais si on réfléchit bien, tous ces individus se distinguent parce qu'ils ont apporté une idée au genre humain, une grande idée, mais une seule. Vauban eut l'immense mérite de lui en donner deux. D'abord, il conçut un système parfait pour cuirasser les villes. Et immédiatement, se surpassant lui-même, niant en quelque sorte son propre travail, une méthode pour les assaillir.

Je portais mon dossier sous le bras et Vauban agita quatre doigts impatients :

— Un de vos dessins. Allons, sortez-le !

Je lui tins une planche, il l'observa quelques instants et dit :

— Heeeennnggg, oui, quatorze… quinze jours. Quinze, au maximum.

— Pardon ?

Il regarda mon visage :

— Elle résisterait à quinze jours de siège. Pas un de plus.

— Mais Excellence, c'est impossible, protestai-je en souriant.

Il leva l'index devant mon nez et dit :

— Ne mentionnez jamais ce mot en ma présence.

Alors il me demanda à moi, le concepteur de ce projet, comment je m'y prendrais pour renverser cette quantité fabuleuse de bastions, lunes, demi-lunes et contreforts superposés. Je hochai la tête d'un signe de dénégation :

— Je ne sais pas, *monseigneur*, répondis-je. Tout ce qui me vient à l'idée est de concentrer une quantité importante d'artillerie, cinq cents pièces de gros calibre dirigées sur un point unique, qui sera bombardé pendant des mois. Mais quel royaume pourrait-il se permettre le luxe d'entretenir un tel parc d'artillerie ? Et tout cela sans compter le cauchemar logistique du transport et de l'entretien, de même que les dépenses, astronomiques, en poudre, munitions et autres.

Comme nous étions seuls, il se permit une marque d'intimité qu'il ne pratiquait qu'en solitaire ou devant Jeanne : il ôta sa perruque. Je savais par sa fille qu'il avait perdu ses cheveux de façon très précoce, dans sa jeunesse, mais j'étais tellement habitué à ces boucles artificielles que j'eus du mal à contenir ma surprise quand je vis un homme plus chauve qu'une grenouille.

— Logistique ? Coûts astronomiques ? soupira-t-il avant d'ajouter : Tout ce dont vous avez besoin, c'est de pelles et de pioches. Et d'hommes fiables.

Et effectivement, *la méthode* de siège de Vauban se basait sur une chose aussi ordinaire et commune que la pelle et la pioche.

Une fois le siège de la place établi, les ingénieurs décidaient du point d'attaque. Les ouvrages commençaient à une distance prudente, hors de portée des armes des défenseurs. On appelait cette opération à juste titre "ouvrir une tranchée", et elle marquait le début des travaux de la tranchée d'attaque.

Comme les pièces d'un puzzle qui commençaient à se mettre en place, les évanouissements par lesquels m'avaient fait passer les Ducroix prenaient maintenant un sens. Parce que la méthode Vauban n'était qu'un travail de sape parfaitement coordonné. Voyez ici, dans toute sa splendeur, sa *méthode* d'assaut.

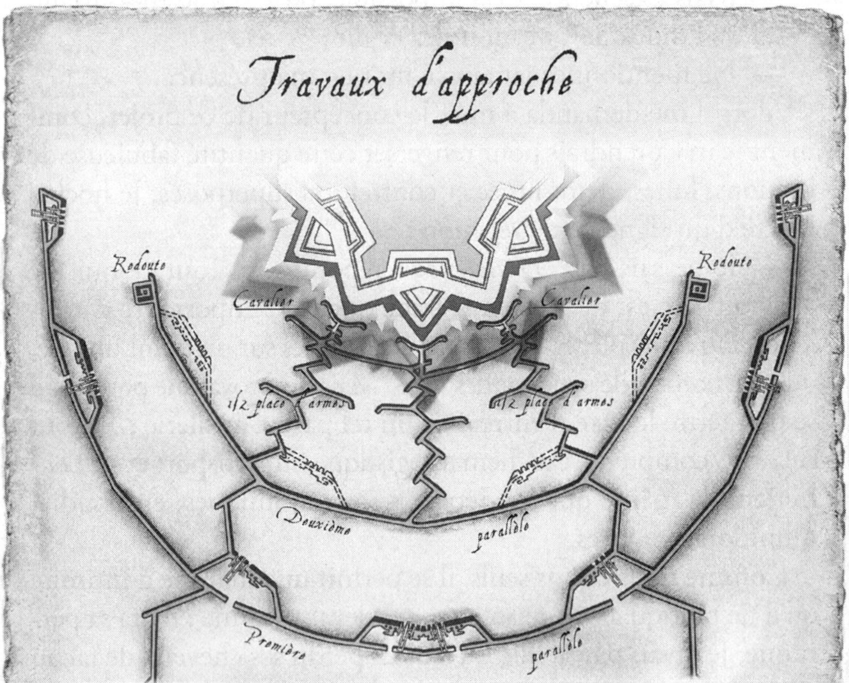

L'objectif consistait à creuser un ouvrage immense, la "tranchée d'attaque", qui s'approcherait des bastions. Si l'on voulait protéger les sapeurs du feu ennemi, les tranchées devaient être assez profondes pour les dissimuler. Et afin d'éviter que le feu ne se propage en enfilade, elles devaient s'étendre parallèlement aux murailles. Pour cette raison, les tranchées principales recevaient le nom de "parallèles", trois grandes d'entre elles reliées par des conduits de liaison en zigzag suffisant à atteindre les murailles. Les ouvrages suivaient un dessin très caractéristique. À forteresse parfaite, tranchée parfaite.

Jamais ouvrages immortels n'ont été aussi éphémères. Une grande tranchée peut atteindre des dimensions titanesques. Et une fois terminée, elle disparaît, simplement, tombant en désuétude. En l'espace de quelques mois, pluies, boue et abandon l'enfouissent sous la boue de l'oubli. Lors d'un siège de Vauban, Racine en personne fut envoyé comme chroniqueur. "Dans notre grande tranchée d'attaque, il y avait davantage de recoins que dans tout Paris", écrivit-il avec admiration. Et à l'instant même où la ville capitulait, la tranchée mourait.

On aura compris qu'une tranchée d'attaque exigeait une maîtrise parfaite de toutes les sciences que j'avais apprises à Bazoches. Elle impliquait dans son ensemble le travail coordonné de milliers d'hommes. La tranchée devait être suffisamment vaste pour qu'on y fasse circuler une armée entière, ce qui impliquait de retourner des millions de mètres cubes de terre, selon un ordre et une précision millimétriques. Le sol et les murs étaient tapissés de madriers afin d'empêcher les glissements de terrain et les effondrements dus aux pluies. Chaque siège impliquait de déboiser une forêt entière ! Dans les ramifications secondaires, on stockait les munitions. Dans certaines sections, on pratiquait de vastes extensions à seule fin de construire des refuges où l'on installait des canons et des mortiers qui pilonnaient le point d'attaque et les canons de défense. Et le moment venu, la troisième parallèle se transformait en tremplin d'assaut.

Maintenant, imaginez qu'une tranchée n'avançait pas selon l'axe exact et se détournait de quelques degrés. Qu'arrivait-il dans ce cas ? Rien de grave, si ce n'est que les sapeurs, étant donné qu'ils ne creusaient pas parallèlement aux murailles, se retrouvaient à découvert, c'est-à-dire que les hommes de la forteresse pouvaient

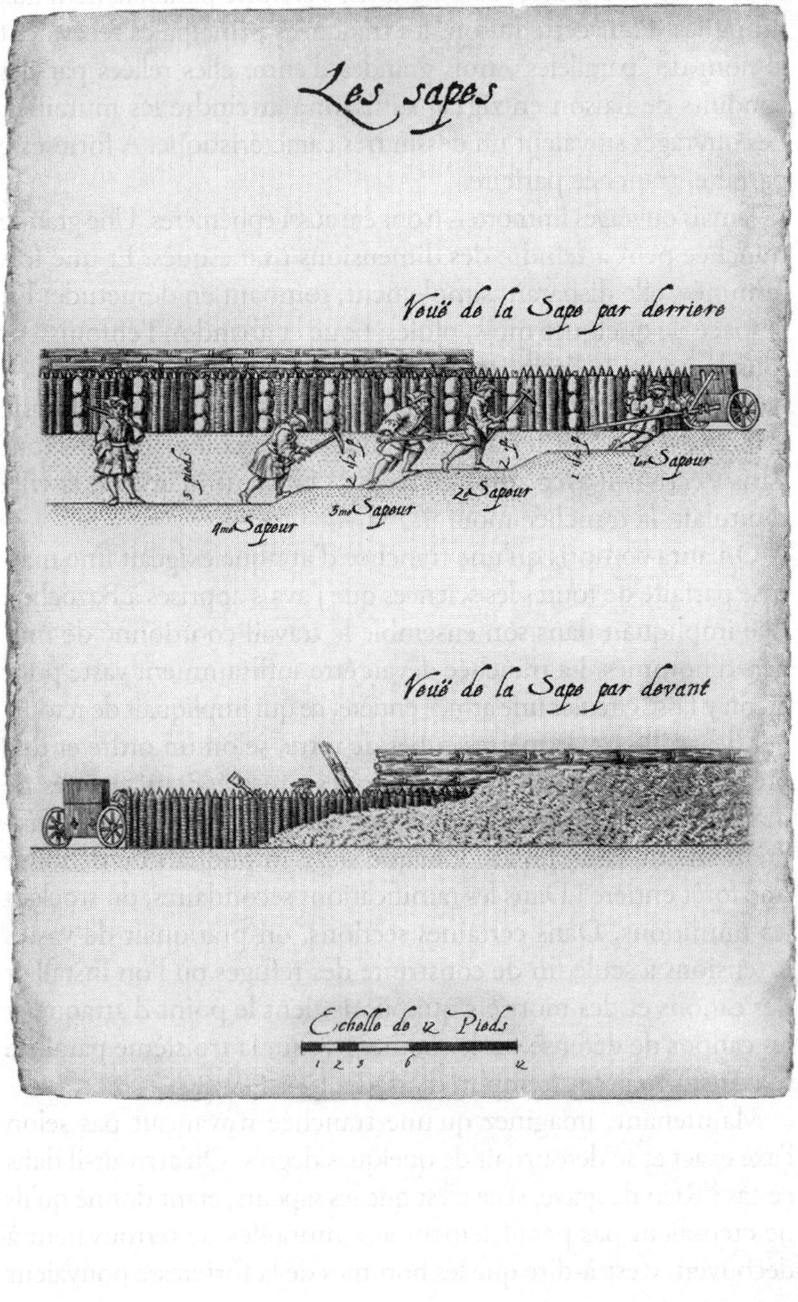
Les sapes
Veuë de la Sape par derriere
5 pieds
4me Sapeour
3me Sapeour
2e Sapeour
1er Sapeour
Veuë de la Sape par devant
Echelle de 12 Pieds
1 2 3 6 12

Profil d'une Sape achevée
Profil représentant l'excavation des quatre Sapeurs
Plan d'une tête de Sape
4me Sapeur
3me Sapeur
2e Sapeur
1er Sapeur
Echelle de 12 Pieds
1 2 3 6 12

voir les sapeurs de l'avant-garde qui grillaient bien sûr sous le feu de la défense.

Cela pouvait devenir désagréable, vous savez ? J'ai dû me tenir des deux côtés en de très nombreuses occasions, et si les défenseurs disposent d'un officier compétent dans le bastion, ils mettront à profit la moindre erreur dans la progression des ouvrages. Il est normal qu'un franc-tireur réduise en bouillie le cerveau du pauvre imprudent qui utilise la pioche à découvert. Mais, comme vous le savez, un officier observateur, attentif et malin (comme je l'étais) attendra toute une journée sans agir, retenant le feu, pendant que la tranchée mal creusée s'en approche avec imprudence, et que de plus en plus d'hommes s'exposent dans le sillon ouvert.

Les sapeurs de l'avant-garde ont pu s'apercevoir que la parallèle avançait dans la mauvaise direction. Elle s'est transformée en perpendiculaire, on peut donc en voir un pan entier depuis le bastion, et toutes ces petites fourmis sales transportant de la terre dans des paniers en osier. Mais malgré les avis qu'il reçoit, l'ingénieur de service, tranquille dans sa cabane à l'avant-garde, refusera de l'admettre. Les plans sont les plans, et après tout, même si les Français viennent de trancher le cou du roi, nous vivons dans une société de classes, n'est-ce pas ?

Excepté ceux qui avaient été instruits par un bon *maganon*, les ingénieurs étaient de petits messieurs fort peu disposés à admettre des suggestions de la plèbe. Bien, vous devez comprendre que j'ai été instruit par le meilleur d'entre les meilleurs, il est donc naturel que je juge l'immense majorité des ingénieurs militaires pour ce qu'ils sont : une bande de rustres si inutiles qu'ils ne sauraient pas trouver leur cul même à deux mains.

Quand, depuis notre bastion, la longue-vue nous permet de voir les ouvriers maniant la pelle et la pioche dans cette tranchée déviée, le moment d'agir est arrivé. Une fusillade ? Bien sûr que non. Pendant que l'ennemi commet l'erreur de s'entêter, vous transportez trois canons de gros calibre vers la position adéquate, sur la muraille du bastion.

Dans la gueule du premier, on introduit un boulet de cinq kilos ; dans les deux autres, de la mitraille. Et on règle le tir. D'abord il tombe une bombe à cinq mètres sur la gauche du sillon, puis à cinq mètres sur la droite.

Tout est prêt. Mais les sapeurs ne se rendent compte de rien. D'abord parce qu'ils essaient de garder la tête baissée derrière le parapet de fascines, ensuite parce que dans le harcèlement général, les tirs des croisés, l'échange continu de fusées et de grenades, les braillements des agonisants et l'écran de fumée qui s'installe dans la zone inoccupée, les pauvres idiots ne songent pas que ces deux explosions les concernent. Eh bien, quand il y a beaucoup de gens tapis là, dans cette perpendiculaire qui n'aurait jamais dû en être une, vous ordonnez de faire tirer les trois canons en même temps.

Le résultat en est que les dix sapeurs se désintègrent en dix mille morceaux. La tranchée est encaissée, et le souffle si puissant que les restes humains ne s'incrustent pas dans la paroi du fond, mais ils tournent et continuent à parcourir la tranchée. Avec un peu de chance, les morceaux d'os, de chair et de viscères se répandront sur une portion de plus de cent mètres de long.

C'est très rentable, car maintenant imaginez le moral des survivants quand l'ingénieur incompétent de la guérite leur dit : “mon Dieu, quelle poisse”, et leur ordonne de poursuivre, car ils ont trois jours de retard sur le programme. Il y aura peut-être des désertions, voire des mutineries ; toujours est-il que le siège s'éternisera. Et en tant que défenseur, vous avez un seul objectif : gagner du temps.

Pendant ce temps, les pauvres malheureux qui sapent doivent retourner au travail, avançant à quatre pattes, rectifiant le mauvais tracé de la tranchée parallèle. Et le joli spectacle qui les accompagne est celui de murs tapissés de morceaux de leurs amis morts, de fragments de crânes, de côtes et de fémurs brisés comme des roseaux. Au fait, les intestins humains ont tendance à se coller aux madriers latéraux des tranchées telles des pâtes bouillies à un mur.

Et toi, cesse de pleurnicher et écris ! Tu ne disais pas que tu aimais le ton épique, blablabla ? Eh bien tu es servie.

Mais l'exemple que je viens de vous exposer n'est pas digne du génie de Vauban. Si sa méthode était suivie avec rigueur, les défenseurs n'avaient jamais ce genre d'opportunités. Il ne commit jamais d'erreur. Sous son commandement, les parallèles avançaient, implacables, à un rythme démesuré, comme s'il dirigeait une armée de termites. En une semaine, deux tout au plus, il pouvait s'approcher à vingt mètres de n'importe quelle muraille. Et à cette distance minime, la tranchée d'assaut si proche, toutes les options étaient en faveur de l'assaillant.

L'une de ces options consistait à creuser un tunnel qui se glissait sous le bastion. Une fois là, on le remplissait d'une charge effrayante d'explosifs. "Boum !" Le bastion s'effondrait sur les défenseurs, les propres ruines du bastion obturaient le fossé et créaient une forme pyramidale permettant aux assaillants de l'escalader. Les défenseurs, bien sûr, pouvaient toujours répliquer avec des contre-mines, mais avec l'ennemi à vingt mètres seulement, qui les assurait que deux, trois voire quatre galeries souterraines différentes n'avaient pas été ouvertes ? Malgré tout, l'habitude voulait qu'un siège se termine par une attaque de grenadiers.

Des grenadiers ! Mon Dieu, la seule pensée de ce mot me donne des sueurs froides. Les meilleurs étaient les Français, des automates assassins.

Pour eux, vingt mètres ne représentaient rien. Il s'agissait d'hommes d'élite, choisis parmi les plus robustes, et surtout les plus grands du royaume. Dans certaines armées, au lieu d'un tricorne normal, on portait le chapeau typique en pointe. Leur uniforme était d'un blanc immaculé. La guerre de tranchées transforme les soldats en une armée de gueux, mais eux ne s'autorisaient jamais une seule tache sur cet uniforme couleur blanc bourbon.

Maintenant, songez à l'effet qu'ils produisaient. Les deux factions s'étaient transformées en une bande d'épouvantails sans aucune trace d'allure militaire, le visage noirci par la fumée et la suie. Et vous, qui êtes en haut du bastion, les mains en sang d'avoir tant chargé votre arme et tiré, et las de devoir uriner sur le canon du fusil pour le refroidir, mourant de faim parce que tout ce qu'on vous donne à manger est une soupe au chou nauséabonde, les yeux rougis par la fatigue et la poudre, rendu à demi sourd par les détonations, vous, dis-je, vous voyez soudain une centaine de géants vêtus d'un blanc immaculé, émerger de la tranchée ennemie avec un sang-froid stupéfiant et disposés en rangs serrés. Il est possible que, même si votre officier s'égosille, au lieu de presser sur la détente, vous ouvriez la bouche. Au moins pendant une demi-minute vitale, cette demi-minute nécessaire aux grenadiers pour former les rangs dans la tranchée.

Naturellement, il en tombait un ou deux, cinq ou six, voire vingt ou trente sous le feu concentré et désespéré des soldats du bastion. Mais ces drôles d'oiseaux se tenaient immobiles comme des statues, et ne réagissaient qu'à la voix de leur *capitaine*. Ce dernier donnait les ordres :

Un : *Attention !* Et ils se raidissaient encore, bien que les balles leur sifflent aux oreilles. *Sss, sss, sss !*

Deux : *Grenade !* Ils mettaient la main sur l'une des grenades contenues dans leur gibecière, une sorte de boule de fer et de bronze étonnamment lourde par rapport à sa taille et pourvue d'une courte mèche.

Trois : *Feu !* Ils allumaient la mèche et plaçaient le bras qui tenait la grenade derrière la tête, prêts à la lancer.

Cette vision était particulièrement terrible, surtout si on la contemplait du sommet d'un bastion à moitié démoli. Toutes ces petites étincelles scintillantes, suspendues en l'air, si inoffensives en apparence… On éprouve la tentation de rester à regarder comme le lapin observe le serpent, pour voir ce qui va se passer. Mais parvenus à ce point, croyez-moi, oubliez l'honneur, la patrie, le roi et toutes ces âneries, et courez comme un poulet égorgé !

Quatrième et dernier ordre : *Lancez !* Et on voyait cent, peut-être davantage, petites boules noires décrire une parabole en l'air et tomber juste sur la tête des défenseurs.

Eh bien, il s'ensuivait un joli festival de cris et de membres humains volants. Et une charge à la baïonnette qui balayait les blessés et ceux qui imploraient grâce. Vous croyez peut-être qu'une troupe qui a servi de cible va pardonner aux types qui lui tiraient dessus il y a un instant, seulement parce qu'ils lèvent la main ? Non. Ils leur transpercent le foie de leur baïonnette, leur brisent les os du visage d'un coup de crosse, et poursuivent leur chemin. Étant donné qu'ils sont les premiers à entrer dans une ville maintenant sans défense, qui a eu l'occasion de se rendre et s'y est refusée obstinément, ils ont parfaitement le droit de piller maisons, églises et magasins, d'égorger les civils et de s'amuser avec ce qu'il y a sous toutes les jupes.

Voici le grand problème de tout périmètre défensif : une chaîne de fortifications sera toujours aussi forte que son chaînon le plus faible. Une force assaillante n'a pas besoin de conquérir tout le périmètre de la muraille. Il lui suffit de mettre le pied dans un bastion, un seul. Si elle s'en empare, elle aura la ville à ses pieds. Celle-ci est perdue. Aussi, parvenus à la troisième parallèle, les défenseurs capitulaient-ils généralement. Une estafette venait s'enquérir des conditions et la reddition était négociée. Avec une muraille détruite, et la tranchée ennemie à deux pas, toute garnison sensée optait pour négocier une issue honorable. J'ai vu des redditions à la mise en scène majestueuse.

L'estafette des assiégés demande une trêve. Les armes se taisent. Le tumulte de la guerre se transforme en un silence d'expectative. Quelques minutes plus tard, le commandant de la garnison se présente, revêtu de son plus bel uniforme et, l'épée à la ceinture, au centre exact de la brèche que les canons ont transformée en théâtre. Il ne court aucun risque : lui tirer dessus constituerait une impolitesse suprême. Les deux armées observent. L'assiégeant dans la tranchée et l'autre dans ce qu'il reste des fortifications. Si c'est un homme doué pour l'art déclamatoire, il se redressera fièrement avant de proclamer d'un geste digne de la main :

— *Monseigneur l'ennemi ! Parlons.*

Et l'on négocie les conditions de la reddition.

Il ne s'agit pas d'un manuel militaire, je ne vais donc pas rapporter ici tous les aspects techniques (dont on m'avait gavé à Bazoches), mesures, contre-mesures, recours, stratagèmes ou impondérables qui pouvaient survenir au cours d'un siège. Mais en résumé, c'étaient là les règles du jeu.

Vauban ne fut pas le seul à concevoir une méthode générale d'assaut. Son grand rival de jeunesse avait été Menno Van Coehoorn, un Hollandais au visage plus long qu'un concombre.

Vauban et Coehoorn avaient commencé leurs discussions bien des années avant la naissance de Zuvi Longues-Jambes. En fait, à mon arrivée à Bazoches, c'était déjà de l'histoire ancienne, deux vies consumées. Mais leurs noms devinrent deux écoles différentes, deux façons totalement opposées de concevoir un siège militaire.

On peut affirmer que Coehoorn concevait son système comme l'inverse de celui de Vauban. Pour ce dernier, l'assaut était une chose rationnelle dans laquelle intervenaient presque toutes les disciplines avec lesquelles le genre humain modèle le monde. Pour Coehoorn, un acte fulgurant d'une violence extrême.

On dit que Coehoorn comparait un assaut au processus d'arrachage d'une dent : douloureux mais bref, le plus tôt possible étant le mieux. D'après le Hollandais, l'assiégeant devait se concentrer sur le point le plus fragile ou le moins bien défendu des fortifications. Et une fois localisé, se lancer à l'assaut de toutes ses forces et le briser dans une attaque sauvage. Si possible de nuit, par surprise ou en mettant à profit toute faiblesse éventuelle de l'assiégé. Le reste n'était que fariboles.

Les théoriciens de toute l'Europe se divisèrent en deux factions, qui soutinrent des débats passionnés : les partisans de l'attaque "à la Vauban" et ceux qui préféraient le style "à la Coehoorn". Inutile de préciser que j'étais un partisan de Vauban. Par le fait, inévitable, que nous devenons les fils spirituels de nos maîtres. Et j'ai toujours pensé qu'il n'y avait dans le fond pas grand-chose à apprendre de l'école de Coehoorn. Qu'il faille donner à l'ennemi un bon coup sur la tête est un principe à la portée de n'importe quel ferrailleur. Pour leur défense, les irréductibles de Coehoorn alléguaient que la guerre était un phénomène radicalement simple. Je répliquerais en disant que cela revenait à nier deux mille ans du développement de la science de la guerre. Sur les épaules de Vauban se bâtissait un édifice humaniste ; Coehoorn n'était éperonné que par les urgences.

Les coehoorniens avaient un autre argument, plus scientifique et donc plus déterminant. Ils alléguaient, avec leurs raisons dépourvues de raison, que la méthode de Vauban prolongeait nécessairement le siège. "D'accord, une ville assiégée selon la méthode de Vauban tombera inexorablement en dix, vingt ou trente jours. Mais pendant ce temps, il peut survenir beaucoup de choses : des épidémies dans l'enceinte cernée ou dans le campement des assiégeants ; l'apparition d'une armée ennemie de renfort, que l'adversaire assiège l'une de nos cités, la partie devient alors un échange de reines, ou tout impondérable diplomatique qui nous oblige à interrompre le siège", disaient-ils.

Les détracteurs de Coehoorn soutenaient à leur tour que ce coup prématuré ressemblait à un pari à pile ou face. S'il était couronné de succès, le siège prenait fin avant même de s'installer, effectivement. Mais en cas d'échec ? Le résultat était un monceau de cadavres, une ville intacte et le moral des défenseurs au plus haut.

Le débat, on le voit, portait sur des principes inconciliables qui alimentaient la polémique de façon exponentielle et à l'infini. Vaubaniens et coehoorniens, deux écoles qui s'opposeraient jusqu'à la fin des temps. Si un *maganon* était coehoornien, il le serait toujours, et inversement. Le débat ne fut jamais résolu. Parce que les théories rationnelles se confrontaient aux intérêts personnels.

Les généraux jeunes et ambitieux, par exemple, tendaient à être coehoorniens. Que leur importait de sacrifier la vie de cinq cents, mille, deux mille soldats lors d'une attaque audacieuse ? Ils recherchaient la gloire, et après tout ce n'étaient pas eux qui devaient traverser ces labyrinthes de pierre, leurs cruels fossés et leurs murs escarpés. Par contraste, et aussi peu doctes qu'ils soient en la matière, les soldats ordinaires étaient des vaubaniens radicaux. Par intérêt personnel ! Il faut dire que Vauban, en fait, n'était pas un militaire. Il n'en fut jamais un. L'ingénieur a toujours commandé au soldat. Lors du premier siège qu'il put diriger, il écarta les généraux afin de s'adresser à la troupe en ces termes : " Donnez-moi votre sueur et j'épargnerai votre sang." De la sueur en échange de sang. C'était ça.

Coehoorn accusait Vauban d'être timoré. Vauban traitait Coehoorn de brute. En privé, et à cause des références du Hollandais à la dent arrachée, il l'appelait "le dentiste". Et quand je dis qu'ils étaient rivaux, je veux parler d'autre chose que d'une simple dispute d'intellectuels puissants. Vauban dirigea un siège contre une forteresse défendue par Coehoorn lui-même ! C'était en 1692, à Namur.

Ce qui rendit ce duel particulièrement célèbre fut qu'il se déroula sous les yeux du Monstre en personne. Louis XIV était là, et en tant que roi, il était le général en chef de son armée. Il assista au spectacle, ses royales fesses installées commodément sur un canapé portable, sous une bâche et à boire des rafraîchissements, puisqu'il avait délégué le commandement à Vauban. De la sorte, si les choses tournaient mal, ce serait la faute de son subordonné. (Tous les rois sont des porcs égoïstes et sans cœur. Aujourd'hui et toujours !)

Bon, bien que Coehoorn disposât d'une garnison nombreuse et aguerrie, la ville tomba exactement en vingt-deux jours. Pas un de plus. Afin de renforcer son triomphe, Vauban avait souffert vingt fois moins de pertes parmi ses hommes que Coehoorn. Un jour, Vauban parvint à prendre une ville en n'essuyant que vingt-sept pertes entre les morts et les blessés ! La troupe l'adorait. Lors de la reddition de Namur, le Monstre fit la grimace lorsque la chair à canon, qui était toujours en vie grâce à Vauban, acclama beaucoup plus l'ingénieur que le roi lui-même. (Les soldats sont simples, pas sots.)

Namurcum captum. Peut-il exister victoire plus totale, défaite plus humiliante ? Eh bien oui. Vauban s'acharna contre Coehoorn de la seule façon que connaissent les gens à l'esprit droit : en exerçant une indulgence sans limites qui élevait l'homme généreux et rabaissait celui qui l'avait obtenue. Les clés de la ville lui furent remises des mains mêmes de Coehoorn, dont la tête de concombre semblait plus longue et cireuse que jamais. Vauban s'abstint d'humiliations inutiles, la garnison quitta Namur avec tous les honneurs. Le Français poussa la politesse jusqu'à rebaptiser la citadelle où son ennemi avait tenté la dernière résistance du nom de "fort Coehoorn". Un sommet de l'esprit chevaleresque. (Bien sûr, si nous voulons être insidieux, il faudrait également convenir qu'il en faisait de la sorte un symbole de la défaite infligée à son grand rival, vous ne croyez pas ?)

Vétilles mises à part, n'avez-vous pas remarqué un détail des plus curieux ? Vauban n'avait pas renommé ce bastion intérieur "fort Louis XIV". Et cela malgré la présence de son roi au sommet d'une colline, présidant le siège.

Ils étaient très amis. Je veux parler de Vauban et Coehoorn. Ils partageaient les mêmes principes, quoique selon des angles différents. Leur querelle avait quelque chose d'une compétition intellectuelle. Lutte absurde, si l'on pense au sang versé. Mais comme ils croyaient tous deux sincèrement, avec des idées techniques divergentes, que leurs principes servaient à économiser le sang, il est difficile d'émettre un jugement moral.

Par-dessus drapeaux, rois et patries, la dévotion au Mystère les unissait dans une fraternité secrète qui dépassait tous les conflits et hiérarchies. Cela fut clair à la sortie de la garnison. Les protocoles habituels d'une ville rendue parvinrent à des extrémités absurdes. Deux rangées de soldats français présentèrent les armes à la sortie de Namur.

Le Hollandais à tête de concombre défila le premier. Derrière, tous ses hommes, bannière au vent. En se croisant, Vauban et

Coehoorn se saluèrent, le sabre à hauteur du nez, divisant leur visage en deux moitiés symétriques. Deux jours plus tôt, ils les auraient utilisés pour s'ouvrir le ventre.

— *À la prochaine !* se risqua Coehoorn.

— *On verra*, répondit calmement Vauban.

Splendide. Et la joute ne s'arrêta pas là. Car si nous devons être impartiaux, je ne peux pas taire que l'avis de la face de concombre s'avéra prophétique. Comme tous les combats éternels, la balance pencha une fois de plus.

Des années plus tard, une armée aux ordres de Coehoorn attaqua Namur elle-même ! Elle l'assaillit selon sa propre *méthode*. C'est-à-dire, comme une brute ; et elle fut victorieuse. Par malheur pour lui, en cette occasion ce n'était pas Vauban qui se trouvait sur le front de la défense, le verdict final du duel entre ces deux titans restera donc en suspens jusqu'à la fin des temps.

Le fait irréfutable est toutefois que, par malheur, ceux qui dirigeaient les assauts n'étaient pas toujours des vaubaniens rationnels. Il s'agissait très souvent de généraux coehoorniens, durs et sans scrupule. L'un d'eux, un jeune ambitieux, eut l'audace d'envoyer au marquis une lettre des plus blessantes.

Il s'appelait James Stuart Fitz-James, duc de Berwick. (Retenez ce nom, je vous en prie. Il réapparaîtra malheureusement dans notre récit. Et souvent ! Sans lui, la tragédie de Barcelone et la mienne n'auraient jamais été consommées.)

En 1705, je n'avais pas encore entendu parler de Berwick. Cette année-là, ce dernier dirigeait, comme général en chef des troupes françaises, l'attaque de la forteresse de Nice. D'après ce que je pus apprendre, il nourrissait certains désaccords avec Vauban sur l'attaque de la ville, que le marquis considérait comme une perte de temps, d'argent et, surtout, d'hommes forts. Pendant que Berwick, le plus ambitieux des coehoorniens, poursuivait le siège de la ville, Vauban lui écrivit inlassablement pour lui demander de cesser de s'acharner.

Berwick dut très mal le prendre car, un jour, une lettre de lui envoyée du front arriva à Bazoches, insidieuse et présomptueuse :

“Comme vous voyez, monsieur, Nice a été prise. Par l'angle que vous considériez comme inattaquable et en fort peu de jours.

J'espère que vous en conclurez que ceux qui dirigent les opérations sur le terrain doivent être crus de préférence à ceux qui se permettent de donner leur avis à deux cents lieues de distance."

De vrais reproches imprégnés de dédain victorieux. Je me rappelle que le marquis grimpait aux rideaux de Bazoches :

— Mais pour qui se prend-il ? M'écrire sur ce ton, à moi ! Un freluquet, bâtard et insolent, dont le plus grand mérite consiste à se laver les mains dans des cuvettes remplies de sang.

On ne put l'aborder pendant deux jours ; il était de si mauvaise humeur qu'il ne se montrait même pas dans la salle à manger.

Il y avait en Vauban un paradoxe impossible. Parce que si j'ai parlé précédemment, avec dégoût, de ceux qui nient l'art de la guerre, il faut le comprendre en termes vaubaniens. Qu'est-ce que la guerre ? Tripes à l'air, pillage et destruction. Le paradoxe étant que, dans la conception de Bazoches, l'art de la guerre poussé à sa dernière extrémité annihilait la guerre. Une discipline dont la finalité tendait vers sa propre désintégration !

À la différence du monstre qu'il servait, Vauban détestait toute velléité expansionniste. Par lésinerie, un concept ridiculement élevé du terrain, si vous le voulez. Pour Vauban, la France n'était pas un pays bon, mais parfait. Ainsi donc, pourquoi nourrir quelque ambition que ce fût ? Toute son énergie se consacra à conserver le legs géographique des ancêtres. À fortifier les frontières jusqu'à un degré tellement extrême que toute attaque fût avortée même avant de cesser d'être un projet. L'idée du *pré carré* était de lui, c'est le nom que les mangeurs de grenouilles donnent à leur foutu pays : la France comme un monolithe parfaitement défini, éternel, compact et en paix. Sous le constructeur, le génie, dominait la mentalité d'un bourgeois conformiste et, si je puis me permettre, à la vue un peu courte. Vauban perfectionnait Végèce : *Si vis pacem para castrum.* (Si tu veux la paix, bâtis des forteresses.) Si la dissuasion était exercée à un niveau optimum, qui allait attaquer qui ? Fin des conflits.

Vauban finit mal. Sur bien des points, c'était un conservateur à outrance dans un pays régi par le délire moderne du pouvoir universel. Sur d'autres, un réformateur trop audacieux. Dans ses écrits, il soutenait la liberté de croyance et de pensée, cela dans une tyrannie qui voulait réduire l'individu à une dimension plane : le dévouement total à l'autocrate. Il voulut remplacer l'aristocratie héréditaire par une moderne, basée sur les mérites de l'individu. Et ce, sous la monarchie la plus absolue que l'on ait connue depuis l'époque de Darius le Perse ! Les ministres du Monstre le considéraient comme inoffensif. Il ne critiquait pas le roi, mais la cour. Il n'était pas guidé par la révolution, mais par la raison : d'après ses calculs, sur vingt-quatre Français, un seul cultivait la terre ; par conséquent, les vingt-trois autres mangeaient grâce à ses efforts.

On le traqua comme un vieux dingue, et si on ne le poursuivit pas, ce fut parce qu'il était trop âgé et parce qu'il incarnait un archaïsme éteint. Sa conception rance de la fidélité l'empêchait de lever une main contre son roi. Au contraire. Il souffrirait mille morts pour lui, même s'il détestait ses méthodes, erreurs et prétentions. C'était un homme si ingénu qu'il croyait que la politique est ce qu'elle semble être. Sa logique était géométrique, et par là même trop simpliste. Il ne comprit pas du tout que dans la réalité humaine opère une cohorte de vecteurs juxtaposés, imprévisibles, cachés et, presque toujours, malins.

La fin des guerres ! Quelle ironie. Platon le disait déjà : les seuls à voir la fin de la guerre sont ceux qui tombent au combat.

9

Si notre vie se divise en étapes, la mienne était sur le point d'arriver à la fin de la plus profitable et de la plus belle. Et de la façon la plus abrupte et désespérante. Même s'il serait inexact de dire que tout s'effondra en une seule journée. La débâcle commença sa gestation le jour où le mari de Jeanne guérit miraculeusement de sa maladie mentale.

Quand une personne succombe à la folie, son entourage réagit avec un mélange d'incrédulité et d'indignation, comme si le mal dont souffre l'autre devenait une offense personnelle. D'une certaine façon, nous associons le dément à la figure du déserteur. De même que les bataillons, nous affrontons les rigueurs de la vie en serrant les rangs, et nous ne supportons pas les démissions. Curieusement, lorsque quelqu'un recouvre la raison, cette incrédulité est encore plus grande. Parce qu'un fou guéri est chose aussi insolite qu'un déserteur réincorporé.

Des nouvelles de cette guérison m'étaient parvenues. Mais Paris était très loin de Bazoches, et moi plongé jusqu'au cou dans mes progrès académiques. Quand il nous rendit visite, je ne pouvais y croire. Il était soigné, la démarche ferme et le regard, qui se perdait auparavant pendant des heures dans le vol de bourdons invisibles, maintenant normal. Avec moi, il se montrait toujours aussi affectueux :

— Mon bon ami Zuviría ! s'exclama-t-il quand il me vit, me prenant par les épaules. Nous ne nous sommes pas vus depuis si longtemps, et vous avez tellement changé. Vous avez pris dix centimètres alors que vous sembliez avoir touché le plafond de tous les âges. Et quel caractère révèlent vos traits ! ajouta-t-il en me donnant une tape douce et affectueuse sur la mâchoire. Vous avez encore plus grandi à l'intérieur qu'à l'extérieur.

— Permettez-moi de me réjouir, car je ne suis pas le seul chez qui l'on remarque des changements notables, répondis-je à mon tour.

Il eut un regard vitreux, comme contrit de penser à son passé récent :

— Vous avez parfaitement raison, *mon ami*.

Je ne pus m'empêcher de demander quel médicament, ou traitement, lui avait valu une récupération aussi extraordinaire.

— Traitement ? Absolument aucun. Simplement, un jour, j'étais dans mon coin, à me brûler les ongles en me prenant pour Paracelse, quand je me suis posé une question si élémentaire qu'elle ne m'était jamais venue à l'esprit.

Il se rapprocha, comme s'il craignait que quelqu'un pût nous entendre, et dit, les yeux grands ouverts :

— Je suis millionnaire, marié à une millionnaire, pourquoi diable dois-je perdre mon temps à tenter de transformer le sel en or ?

Je remarquai que Jeanne s'éloignait de moi. Je n'y accordai guère d'importance jusqu'au dimanche suivant, quand nous nous retrouvâmes au grenier, comme toujours. Nous nous y rendions séparément et normalement elle m'attendait, nue, étendue dans l'entrée. Cette fois, elle était habillée et debout.

Même ma Waltraud, qui est plus sotte qu'un sac de pommes de terre, a deviné ce que Jeanne avait à me dire, je me dispenserai donc de le raconter, car c'est encore douloureux.

— Que ton mari ne soit plus cinglé ne signifie pas que nos sentiments aient changé, dis-je.

— Mes sentiments envers toi, non ; mes obligations envers lui, si.

Je suis convaincu que les grands amants, les vrais, n'ont jamais de ces petites scènes qu'on voit au théâtre. Vous savez pourquoi ? Eh bien, parce que, quoi qu'en disent les dramaturges, la chose la plus rationnelle en ce monde est l'amour.

J'aurais pu dire beaucoup de choses, mais je connaissais déjà la réponse. C'était une femme riche, maintenant heureusement mariée (ou moins malheureusement) et la fille d'un marquis. Elle n'allait pas tout quitter pour un gamin sans références, un simple aspirant de province. Elle changea de sujet :

— Les Ducroix disent qu'il suffit de te limer les canines pour que tu deviennes un grand ingénieur. En fait, tu les as conquis.

Je me tus ; je la regardai. Elle vit mon découragement, ma récrimination muette, ma douleur sans paroles.

— Dis-moi une chose, Martí, me demanda-t-elle alors : si tu devais choisir entre devenir ingénieur royal et rester à mes côtés pour toujours, que ferais-tu ?

J'ouvris la bouche à deux ou trois reprises, mais je ne répondis pas. J'étais entré à Bazoches parce que je désirais une femme, et j'en repartirais amoureux de l'ingénierie.

Ce fut le début de la fin. La débâcle, ma grande débâcle de mars 1707. "Le mariage, cette forteresse où les assiégeants veulent entrer et dont les assiégés veulent sortir", avait dit Vauban. Même les Ducroix, si raides, me donnèrent quelques petites tapes dans le dos. Je n'eus pas à leur raconter quoi que ce fût.

— Contre cette douleur, l'ingénierie ne peut rien. Respirez profondément, c'est tout, me dirent-ils un jour.

Je crois qu'ils ne me tatouèrent mon cinquième Point que pour me réconforter. Et aussi parce qu'il se passait autre chose, que je ne savais pas encore et qui était encore plus important pour moi, pour Bazoches et pour la moitié du monde : Sébastien Le Prestre de Vauban était en train de mourir.

Ses poumons n'en pouvaient plus. L'ultime étape de la maladie l'avait surpris à Paris. Les Ducroix me la cachèrent jusqu'au dernier moment. Quand ils se décidèrent à parler, Armand le fit avec son style d'un stoïcisme inimitable :

— Aspirant, le marquis de Vauban se meurt.

Il ne reviendrait plus à Bazoches. Cela semblait plus définitif que la mort elle-même. J'en fus glacé. Pour moi, Vauban était devenu une figure située au-delà des contingences humaines. C'était comme si on m'avait annoncé qu'il ne serait plus possible de faire du feu, ou que la lune allait choir d'un moment à l'autre.

Zénon se trouvait déjà auprès du marquis, l'assistant dans ce dernier acte. Armand et moi montâmes dans une calèche et partîmes pour la capitale. Le voyage fut étrange. Je n'étais jamais allé à Paris, la tête de cette religion qui adore la guerre et porte le nom de France. Je tentais de rester attentif, sans pouvoir pour autant m'ôter Jeanne de la tête. Oui, c'était comme si une conjonction astrale avait prévu ces deux ruptures en un laps de temps si bref. J'étais également taraudé par un doute auquel, par humanité, je n'osais faire face. Armand répondit à ma question sans que j'aie eu besoin de la formuler :

— Le marquis ne mourra pas avant d'avoir pris congé de chacun de ses proches.

L'un des inconvénients d'être un patricien de premier ordre, c'est que toutes sortes d'individus viennent vous voir sur votre lit de mort. La coutume exige qu'en pleine agonie untel et untel, premier et deuxième secrétaire du commandeur de l'Hellespont, ou le cousin du beau-père de votre gendre alcoolique viennent vous casser les pieds. Que l'agonisant doive supporter une multitude bavarde m'a toujours semblé être une cruauté inutile. Mais pouvais-je émettre une critique ? J'allais moi-même grossir cette troupe d'indésirables. Dans mon cas, pour une question vitale.

Parce que Vauban allait valider, ou non, mon cinquième Point. D'après Armand, le marquis avait manifesté son intérêt à me faire passer personnellement l'examen. Un grand honneur, d'autant plus si l'on tenait compte de la singularité des circonstances. Si entre *maganons* la perfection se quantifiait en base de dix, on peut comprendre l'autorité morale qui émanait d'un Cinq Points.

La maison de Vauban à Paris était un hôtel particulier tranquille. Dans son antichambre, il devait y avoir cinquante ou soixante individus attendant une audience avec le moribond. Le protocole exigeait que l'on y accède selon une hiérarchie rigoureuse, et pour peu que le visiteur le plus modeste feignît d'être le propriétaire de cinq usines de canons, il ferait déjà nuit.

— Si j'étais le marquis, je me hâterais de mourir pour ne plus avoir à supporter tous ces baisemains, dis-je à Armand en soupirant tristement. *Merde !*

— Taisez-vous et suivez-moi, dit Armand.

Et il avança parmi les gens. En arrivant à la porte, et comme c'était prévisible, nous fûmes arrêtés par un domestique tout pomponné :

— Eh, dites ! Attendez votre tour.

— Monsieur ! s'indigna Armand. Je suis le secrétaire personnel du marquis et ma place est à son chevet. Vous ne me reconnaissez donc pas ?

— Ah, si, mille excuses, fit l'homme, qui ignorait bien sûr que Zénon avait un frère jumeau. Mais vous n'étiez pas à l'intérieur ? Excusez-moi, je ne vous avais pas vu sortir.

Je franchis le seuil avec un Armand qui bougonnait :

— Des taupes… un monde de taupes… tous des taupes…

Le grand Vauban reposait sur un lit flanqué aux quatre coins de colonnes qui montaient au plafond. La partie supérieure de son corps se trouvait à demi relevée grâce à un coussin volumineux. Il se mourait, effectivement. Mais même en cette dernière heure, sa présence en imposait. Sa respiration, entrecoupée, produisait le ronflement d'un lion. Jeanne était présente elle aussi.

D'après le protocole, j'aurais dû me rendre aux pieds du lit et saluer le grand homme d'un signe de tête. Je n'y parvins pas. Je lui devais les deux années les plus fructueuses de ma vie, la formation de mon caractère et mon destin. Je vous ai dit que j'avais la larme facile : je me jetai sur sa main et la portai à ma joue, pleurant comme un nourrisson. À porter au crédit de la famille Vauban, je dirai que personne ne m'en empêcha ni ne me le reprocha. Qui plus est, quand je levai la tête, le marquis m'observait, et si le regard d'un père à son fils lui dit : "c'est moi qui t'ai fait", ce fut le regard le plus paternel qu'on m'eût jamais adressé.

— Vous êtes entré dans cette pièce comme aspirant. Je souhaite que vous en ressortiez comme ingénieur royal, dit-il.

Il demanda à ses filles et à ses secrétaires de nous laisser seuls. Il ordonna à Armand et à Zénon de se poster devant la porte. J'aurais aimé voir la tête du type qui nous avait barré le passage : le secrétaire réapparaissait devant lui, maintenant en double.

— Pour des raisons évidentes, l'examen devra être bref, siffla le marquis. Je vous poserai une seule question.

Pendant quelques instants, il contempla le plafond, bouche bée, songeur. Il parla sans le quitter des yeux :

— Résumez le sujet suivant : bases de défense optimale d'une place forte assiégée.

Je ne pouvais imaginer question plus simple. Ainsi donc, il s'agissait d'une pure formalité. Avant de mourir, Vauban voulait envoyer dans le monde son dernier ingénieur, c'était ça. Il avait beau le dissimuler, je savais qu'il était très fier de cet élève indocile et insolent et en même temps doué pour le métier. Je commençai à ébaucher les colonnes vertébrales sur lesquelles s'appuyait une bonne forteresse bastionnée. Le glacis, le chemin couvert, la bonne distance entre les bastions pour que les aires battues n'offrent pas d'angles aveugles. Jusqu'à ce que je me permette une analyse de la cimaise, c'est-à-dire de l'entrée des bastions, qui, à mon avis, était en général trop étroite. Mais il survint alors un élément imprévu.

Vauban m'interrompit, il avait encore la force d'élever la voix :

— Résumez, je vous en prie !

Et je pris peur quand il ajouta :

— Non, ce n'est pas ça.

Ainsi donc, j'étais mal inspiré ? Je devins nerveux. Je parlai de l'épaisseur des murs, des degrés de la pente. De la mise à profit du terrain pour ériger des défenses. Du fossé et des diverses façons d'obturer des brèches ouvertes. Son regard contrarié me disait que non, ce n'était pas ce qu'il voulait entendre. Il se passa même une main sur le visage, signe caractéristique de contrariété chez le marquis. Je parlai des garnisons, du nombre d'hommes adéquat d'après la taille de la fortification, des armes, munitions et provisions nécessaires. Je citai Héron de Constantinople et ses sages conseils à un général qui défendait une place forte. À cet instant, une douleur aiguë s'empara du marquis. Il entrouvrit les yeux, la bouche crispée. Il jeta un regard au plafond, comme pour implorer un délai, et dit :

— Non, non et non ! Allez à l'essentiel, le temps nous est compté. Il vous suffirait de mentionner un mot, un seul qui résume la défense parfaite, ajouta-t-il en soupirant.

Les agonisants n'ont pas le temps pour les discours imprécis, et Vauban me traitait comme si j'étais dépourvu de substance. Mon esprit chancela. Je doutai de tout ce que j'avais appris. Mon résumé était exact, dégraissé ! Quel était le point qui m'échappait ? J'insistai encore un peu. Peut-être Vauban voulait-il connaître la partie compatissante de l'art de la défense, aussi rapportai-je toutes les mesures prises pour maintenir les civils à l'abri pendant la durée du siège. Non. Je partais dans la mauvaise direction. Je m'arrêtai. Je n'avais aucune idée de la réponse qu'il souhaitait. Je me tus.

Il leva l'index et dit une chose que j'emporterai dans la tombe :

— Un mot. Il vous suffit de prononcer un mot.

Je fis un pas vers son lit et je me penchai même en appuyant les poings sur le matelas :

— Mais *monseigneur*, je viens de vous expliquer tout ce j'avais appris à Bazoches, dis-je sur le ton le plus doux et respectueux que j'aie jamais utilisé.

Ce fut comme si Vauban se rendait. Il porta une main à ses yeux :

— Non, vous ne l'avez pas fait. Vous ne l'avez pas compris. Il suffit.

Il haleta sans me regarder.

— En conscience, je ne peux pas vous donner mon approbation. Croyez bien que je le regrette, vous allez devoir chercher un autre maître plus efficace que moi. J'ai échoué. Vous n'êtes pas apte, décréta-t-il.

J'eus l'impression que c'était moi, et non lui, qui mourais. Il eut un geste las de la main, qui retomba sur le lit :

— Maintenant, j'ai une audience à laquelle je ne peux me soustraire. Partez.

Je sortis de la chambre blanc comme un linge. Les Ducroix comprirent immédiatement ce qui était arrivé et ils m'emmenèrent à l'écart, me cachant à la foule de rapaces. J'avais beaucoup de mal à parler. Je découvris mon avant-bras, désespéré :

— Le cinquième Point ! Il est gravé dans ma peau, mais il n'est pas à moi. Qui le validera maintenant ? Qui ?

Pendant qu'ils m'entraînaient, je gémis comme un chiot qui vient de se faire rosser sans raison :

— Mais quel mot le marquis me demandait-il, quel mot ? fis-je en sanglotant. Quel mot !

J'étais venu à Paris pour passer un examen, le plus important de ma vie. Je repartirais en ayant appris une leçon aussi amère qu'inutile : quand savons-nous que tout est perdu ? Quand même ceux qui vous aiment se taisent. Parce que les Ducroix soupiraient, affligés, et la seule consolation qu'ils purent m'offrir fut de me soustraire aux regards étrangers, m'emmenant dans la pièce la plus éloignée de cette maison visitée par la mort.

Sébastien Le Prestre de Vauban mourut le 5 mars 1707. Des obsèques et de la cérémonie, il ne me reste qu'une sensation de vertige flou. "Vous n'êtes pas apte."

J'étais la dernière création de Bazoches et, si vous me permettez l'audace, la plus élaborée. Une machine perfectionnée pendant deux ans de rigueur et de discipline. Lors de mes derniers jours d'entraînement, je me sentais capable de tout. Constantinople a connu vingt-cinq sièges. J'étais sûr de pouvoir la défendre des vingt-cinq armées à la fois. Ou de l'assaillir, si je servais un autre maître. Je ne demanderais que quinze jours de siège pour créer trois tranchées parallèles. Et maintenant je n'étais rien. Ce refus me condamnait vivant aux limbes. "Un mot, un seul." Mais lequel ? Cette sentence faisait de moi un monstre, un fœtus avorté de licorne.

L'une des innombrables personnalités qui vinrent pour le dernier adieu fut le chevalier Antoine Bardonenche, ce capitaine d'infanterie avec lequel nous nous amusions parfois, Jeanne, sa sœur et moi, à jouer à colin-maillard au bord d'un ruisseau ou dans les couloirs de Bazoches. J'étais encore assis sur un banc dans un couloir, les coudes appuyés sur les genoux et les doigts croisés, effondré, l'esprit vide de pensées et plein de douleur, lorsque Bardonenche s'approcha, svelte et arborant son uniforme blanc.

— Vous êtes mélancolique, mon bon ami, me dit-il, toujours aussi jovial, bien que nous nous trouvions en pleine préparation des funérailles. On me dit que vous êtes à la recherche d'un avenir fructueux.

Je n'avais pas la force de répondre.

— Puisque vous étudiez l'ingénierie, vous devriez mettre en pratique les connaissances que vous avez acquises, poursuivit Bardonenche. Aimeriez-vous intégrer une brigade d'ingénieurs en tant qu'assistant ? Cela vous donnera une expérience pratique. Avec le temps, vous serez reçu comme membre du corps royal, j'en suis sûr.

Avec la mort du marquis, il était évident que Bazoches allait devenir quelque chose de très différent, et que Jeanne en prendrait les rênes. Je ne pouvais pas rester. J'acquiesçai vaguement de la tête. Bardonenche, souriant, se frappa la paume droite du poing gauche :

— *Rejoignez l'armée du roi !*

Jeanne avait été l'enclume et Vauban le marteau. Et moi, un morceau de laiton écrasé entre les deux. Tout m'était égal. Si on m'avait offert une place en Anatolie, comme constructeur de clôtures pour des troupeaux turcs, j'aurais tout aussi bien accepté. Quant à Jeanne, notre dernière conversation ne servit qu'à me détruire davantage.

— C'est toi qui m'as fait accepter à Bazoches, rappelai-je. Tu as menti à ton père. Tu lui as dit que c'était moi qui connaissais le mieux son œuvre, et ce n'était pas vrai. Ce fut peut-être une erreur, je n'aurais peut-être jamais dû vous rencontrer. Et aujourd'hui, nous serions tous plus heureux.

— Mais, Martí, je ne lui ai pas menti, répliqua-t-elle. Je lui ai répété exactement les réponses des trois aspirants, y compris la tienne. "Une fleur de pierre", c'est ainsi que tu as décrit sa plus belle forteresse. Et mon père a dit : "Il sera mon élève, celui-ci a peut-être un cœur d'ingénieur."

Vauban mourut à Paris mais il fut enterré à Bazoches. Le cœur extrait de son corps, placé dans une urne. C'était un homme qui respectait l'ordre, il ne voulut pas s'opposer aux conventions de son temps. Mais pour qui savait voir, tout était là : le corps pour les curés, son cœur pour le Mystère. Si vous êtes croyants, sachez que parmi tous les êtres humains qui ont existé depuis que le monde est monde, Vauban est le seul dont j'oserais jurer qu'il est là-haut. Je parie ce que vous voulez qu'en le voyant venir, on lui a ouvert les portes du ciel, en grand et sans rechigner. C'était ça, ou saint Pierre risquait de le voir revenir avec un régiment de sapeurs. Je crois qu'il aurait pris le ciel en sept jours. Enfin, soyons compatissants ; ne serait-ce que pour ne pas offenser celui qui, à en croire les naïfs, a créé ce foutoir, laissons-lui-en huit.

10

Du voyage de France jusqu'au fin fond de l'Espagne, je ne me rappelle que mes pieds ; je fis tout le trajet la tête basse. Plus rien ne m'importait. Mon corps était une pièce de cuir distendu, il ne souffrait même plus des soubresauts infâmes des chariots. Le *Mystère* m'avait abandonné. La veille de la mort de Vauban, je me sentais plein de lui. Le lendemain, il s'était évaporé. Quel que soit le nombre de pages que je dicterais, je ne pourrais jamais expliquer l'horreur et, en même temps, l'abattement qu'impliquait ce vide.

Je suis un désert humain, je le sais. Chaque jour de ma vie, un grain de sable qui a créé ses dunes. Il s'est écoulé tellement, tellement de temps, que je vois ce gamin appelé Martí Zuviría comme un étranger. Et je ne suis pas indulgent avec lui, je vous l'assure. Mais je peux éprouver une certaine compassion à son endroit. Son avenir, son amour, ses espoirs, ses maîtres. Tout a disparu, subitement et à l'unisson. Qui serait sorti indemne de ce genre d'expérience ? Et tout cela pour un mot, le Mot.

Aujourd'hui, j'ai quatre-vingt-dix-huit ans, en 1707, je devais donc avoir… aide-moi, chère truie… c'est ça, seize ans. Le régiment de Bardonenche passa la frontière avec la Navarre en une longue colonne d'infanterie, et une fois en Espagne, nous conservâmes chaque jour une marche rigoureuse vers le sud. Ils me permirent d'aller à bord de l'un des nombreux chariots qui fermaient le convoi, et non à pied comme les malheureux fantassins. Une fois que nous serions réunis avec le gros de l'armée, je rejoindrais la brigade des ingénieurs.

Si vous deviez accomplir ces innombrables marches, jour après jour, vous comprendriez ma chance. Les soldats avançaient en colonne par deux et du lever au coucher du soleil, les chariots tout au bout. L'armée française suit l'un des rythmes de marche les plus rapides d'Europe, un pas à la seconde : un, deux, un, deux, un, deux… *En route, mauvaise troupe !* Une semaine après avoir passé la frontière, les hommes commencèrent à tomber sur le bas-côté, épuisés. Les voitures-balais les récupéraient. En contrepartie, à la fin de la journée, ils devaient effectuer les tâches du campement. Comme ces dernières étaient tout aussi lourdes, et beaucoup plus humiliantes, seuls ceux qui étaient vraiment éreintés se laissaient tomber.

Bardonenche montait un cheval splendide, parcourant martialement la colonne d'infanterie, dans les deux sens. J'ai déjà dit que c'était un type des plus sympathiques. Il reculait souvent jusqu'à mon chariot, et comme je m'asseyais souvent à côté du conducteur, il m'adressait des mots d'encouragement. La Navarre était une latitude humide, et même, au nord de la Castille, le vert prédominait. Mais à mesure que nous pénétrions dans le Sud, les steppes desséchées et la chaleur asphyxiante, même au printemps, s'imposèrent.

Auparavant, je ne me suis pas étendu sur le chevalier Bardonenche. Ce fut le spadassin le plus formidable de mon siècle. En fait, Bardonenche était un puits sans fond où ne surnageait que son délire pour l'escrime. Quant à la philosophie de l'épée, il affirmait :

— De quoi s'agit-il, bon sang ? De porter l'estocade avant qu'on ne te la porte.

Il éprouvait un profond mépris envers toute arme qui tirait avec de la poudre, des étincelles et des pierres :

— Les balles vont n'importe où, la pointe de mon épée à un seul endroit : le cœur de l'ennemi.

Dans certains livres de Bazoches, il m'avait semblé voir des similitudes entre escrime et ingénierie. Certains *maganons* aspiraient à l'idéal de la forteresse parfaite. Je demandai à Bardonenche s'il avait envisagé l'existence de l'épée, de l'estocade ou du spadassin parfaits. Il me regarda comme un perroquet que l'on aurait interrogé sur le mystère de la Sainte Trinité.

— Tous mes combats ont été parfaits, comme le prouve le fait que je peux compter les dix-neuf duels auxquels j'ai participé, chose dont aucun de mes adversaires ne peut se vanter, répondit-il avec indignation.

Bref, ma seule consolation provenait de ce que nous étions du même côté et que je n'aurais jamais à affronter la colère du fil de son épée.

Nous apprîmes que nous nous trouvions tout près de l'armée hispano-française grâce aux restes qui jalonnaient la route. La quantité de déchets que laisse une troupe nombreuse sur son passage est incroyable. Ustensiles inutilisables, madriers, essieux brisés, gibecières trouées, mules mortes, vêtements en lambeaux, cordes effilochées, fers à cheval en plein soleil. De tout.

Nous traversâmes la Manche en direction de l'ouest. Nous nous arrêtâmes quelques jours à Albacete, un endroit aussi laid que froid, et poursuivîmes notre chemin. Une nuit, nous bivouaquâmes dans un village perdu, cent mille puces par habitant. Je me saoulai avec un vin si infect que le cul de la bouteille était devenu un cimetière à mouches. Je les avalai aussi. Le lendemain matin, je cuvais, dans mon chariot, quand Bardonenche me réveilla.

Avant de reprendre la route, il voulait que je serve d'interprète auprès d'un villageois. Où l'armée franco-espagnole des Deux Couronnes se trouvait-elle précisément ? Je le lui demandai, en me frottant les yeux et sans le moindre intérêt.

— Ils sont sur le point de filer à l'anglaise, dit l'homme. Le maréchal Berwick poursuit les alliés, ou les alliés Berwick.

Il tendit un bras en direction de l'ouest. Au loin, on apercevait une colline, et à ses pieds, un village.

— Comment cet endroit s'appelle-t-il ? demandai-je en frottant mes yeux tout collés.

— Almansa.

Et ce fut ainsi que cet insouciant de Martí Zuviría se retrouva entraîné dans le plus grand imbroglio du siècle, appelé guerre de Succession d'Espagne. La plus grande guerre que le monde ait connue. Elle impliqua des douzaines de nations, qui livrèrent bataille sur divers continents pendant un quart de siècle. Je n'ai pas l'autorité de l'historien pour pontifier sur ses causes mais, s'agissant d'un phénomène aussi vaste, et qui me toucha de façon aussi décisive, je n'ai pas d'autre solution que d'en ébaucher les grandes lignes. Ne vous inquiétez pas, je serai bref.

En l'an 1700 mourait l'empereur Charles II d'Espagne, un avorton, un paquet de bave qui, s'il n'avait été roi, aurait passé sa vie enfermé dans un monastère. Ses sujets espagnols l'appelaient "L'Envoûté". Je ne serai pas aussi compatissant, alors appelons-le "Le Taré". Il n'eut pas d'enfants. Comment aurait-il fait ? Il était tellement siphonné qu'il dut mourir sans savoir que la nouille qui lui pendait entre les jambes servait à autre chose qu'à faire pipi.

Tous les rois sont, par définition, tarés ou finissent par le devenir. La seule question est de savoir si pour leurs sujets il vaut mieux être gouvernés par un abruti ou par un salopard. Dans ma jeunesse, j'étais favorable aux sots car eux au moins se contentent de manger du faisan et laissent les gens tranquilles. Le Taré, par exemple, fut très décrié en Castille, mais très populaire en Catalogne. Pourquoi ? Eh bien parce qu'il ne fit jamais rien. Son atrophie cérébrale était un reflet de la Castille et de son empire coagulé. Cela convenait aux Catalans. Moins un roi gouverne et plus loin il se trouve, mieux cela vaut.

Bien avant sa mort, il était déjà évident que ce débris humain de Taré passerait l'arme à gauche sans avoir d'enfants. La logique voulait que tous les charognards d'Europe fussent aux aguets. Bien plus tard, je rencontrai un noble français qui, au tournant du siècle, avait servi à l'ambassade de Madrid. Il y avait tant d'espions à la cour… qu'ils se procurèrent même les caleçons du roi ! L'examen ne laissait aucun doute : Charles n'éjaculait pas. Et d'après les lois naturelles de la nature, pas d'enfants sans sperme.

Pour les Français, c'était une occasion en or. Si, à la mort du Taré, ils parvenaient à donner la couronne d'Espagne à un prétendant choisi par eux, ils liquideraient d'un coup deux objectifs historiques : s'allier à leur ennemi éternel au sud des Pyrénées, et par ricochet le gros lot, unir sous leur égide l'Empire espagnol pourrissant disséminé entre l'Italie, les Amériques et mille recoins du monde. Ce monstre de Louis XIV se frottait les mains.

Mais comme dit le proverbe, jamais deux sans trois. Le Taré appartenait à la dynastie d'Autriche, et les Autrichiens d'Autriche se trouvaient également là, entourant le moribond avec les mêmes intentions que les vautours français.

Quand Charles le Taré passa l'arme à gauche dans un gargouillis sinistre, c'était déjà réglé. Le Monstre proposa son petit-fils Philippe d'Anjou pour le trône, et l'empereur Léopold d'Autriche son fils, l'archiduc Karl, comme futur Charles III d'Espagne.

L'Anjou tracassait grandement les Anglais et les Hollandais. Si l'Espagne et la France s'unissaient (car il était évident que Felipito ne serait qu'une marionnette soumise entre les mains du Monstre), l'équilibre des puissances s'effondrerait. L'Empire espagnol était comme un vieux moribond et couvert de pustules, et la France le bravache du quartier. Le Monstre avait fait de la France une tyrannie autocrate et surarmée, inédite dans le monde moderne, et il ne cherchait même pas à dissimuler qu'il prétendait à la domination universelle. Ainsi, l'Angleterre, la Hollande et, bien sûr, l'Empire germanique, déclarèrent la guerre à la France. Le Monstre faisait peur, c'était avéré, car même le Portugal et la Savoie rejoignirent l'alliance, et si les régiments chinois ne s'en mêlèrent pas, ce fut à cause de la distance et du coût de la location d'un navire.

Comme je vous le disais, le plus grand sac de nœuds du siècle, et tout cela à cause de caleçons propres. Comment personne ne songea-t-il à glisser un jeune homme bien pourvu dans la chambre de la reine pour qu'il mette celle-ci enceinte et qu'elle jure ensuite que c'était l'enfant du Taré ? Ce qu'on aurait pu s'éviter, nom de nom !

Enfin, je disais que les armées de toute l'Europe se cognaient dessus. Aux frontières allemandes, françaises et hollandaises, ça bardait. Et en Espagne, quel était le motif de la dispute, en fin de compte ?

Avant de poursuivre, je dois faire une digression pour que l'on comprenne un peu le galimatias espagnol, avec une nuance un peu difficile à saisir pour les étrangers comme toi, ma chère et repoussante Waltraud. Et cette nuance est, simplement, que l'Espagne n'existe pas.

Si César disait de la Gaule qu'on pouvait la diviser en trois parties, de l'Hispanie qui suivit la chute du Saint Empire romain germanique, il aurait pu assurer qu'elle s'était divisée en trois franges, du nord au sud.

L'une de ces franges verticales dont je vous parlais est le Portugal. Si vous regardez la carte, vous verrez qu'il occupe le tiers atlantique de la péninsule. La frange la plus large de la Castille, au centre. Puis il y a une autre frange de terrain, invisible sur les cartes actuelles, qui parcourt la côte méditerranéenne. C'est plus ou moins la couronne catalane. (Ou plutôt c'était, aujourd'hui nous ne sommes plus rien.)

Même si ces royaumes étaient chrétiens, ils avaient leur propre dynastie, leur langue, leur culture et leur histoire. Ils se méfiaient tellement les uns des autres qu'ils se crêpaient en permanence le chignon. Et cela n'a rien d'étrange. La Catalogne et la Castille possédaient des mentalités opposées. Hormis le calendrier des saints, elles n'avaient rien en commun. La Castille était un banc de sable ; la Catalogne, méditerranéenne. La Castille, aristocratique et rurale ; la Catalogne, bourgeoise et armatrice. Les paysages castillans avaient engendré des royaumes tyranniques. Il y a une anecdote médiévale que je me rappelle vaguement, peut-être apocryphe, mais très éclairante.

Une jeune princesse de Castille épouse un prince catalan. Elle vient vivre à Barcelone et le deuxième jour un domestique la laisse poireauter. La jeune fille lui demande un verre d'eau, ou le pot de chambre, que sais-je, et le domestique lui dit qu'elle aille le chercher elle-même. La princesse castillane s'en plaint bien évidemment à son mari, lui demandant de faire fouetter l'effronté. Le prince hausse les épaules : "Je suis désolé, ma dame, je ne peux vous satisfaire", lui répond-il. Elle lui en demande la raison, au bord de la syncope. "Eh bien parce que ici, contrairement à la Castille, les gens sont libres", lui répond le mari affligé.

Vers 1450, les deux royaumes s'unirent par un mariage royal. Tous pouvaient voir que ce mariage finirait mal, très mal. Je compare cette union de couronnes à un mariage mal assorti, car les divergences à venir ressemblent beaucoup à ça, à un couple qui se marie avec des objectifs divergents. Pour les Catalans, c'était une union entre semblables. La Castille, au fil du temps, oublia ce principe fondateur.

Au cours des premiers siècles, tout alla bien, car les deux royaumes continuèrent à vivre comme toujours, dos à dos, chacun s'occupant de ses affaires. La Catalogne, gouvernée par la Généralité (c'était le nom du gouvernement catalan), rendant un tribut essentiellement symbolique à la couronne commune. Ensuite, la monarchie hispanique, qui, au Moyen Âge, était itinérante, s'installa à Madrid. Le siège du pouvoir s'était déplacé en Castille.

D'après une de nos constitutions les plus anciennes, les Catalans étaient juste obligés de se battre pour le roi "en cas d'attaque pour défendre la Catalogne". En d'autres termes, Madrid n'avait pas le droit de recruter de la chair à canon pour ses guerres en Flandres, les plaines des Patagons ou un recoin puant de Floride. Quant aux capitaux collectés, les sommes que les Catalans apportaient à la couronne devaient être approuvées par leur propre parlement. Habitués au régime despotique de Castille, les rois installés à Madrid trouvaient intolérable, honteux, que la partie la plus riche de la péninsule ne mette pas la main à la poche quand ils étaient en guerre contre la moitié du monde.

Quelle niaiserie ! Au XVe siècle, les couronnes avaient été unifiées, pas les royaumes ; un roi pour tous, jamais un même gouvernement ; et jamais sous le joug de la Castille. Tel était l'accord. En Castille, cette indépendance a toujours été considérée comme un désagrément, puis comme une trahison. (Vous vous rappelez ce que je vous disais sur le mariage mal assorti ?) L'une des parties avait oublié son engagement, l'autre se sentait de plus en plus opprimée.

En 1640, les Catalans se lassèrent, et le pays tout entier se rebella. Des hordes de paysans exaltés entrèrent dans Barcelone. Elles rattrapèrent le vice-roi espagnol au moment où il tentait de fuir. On ne peut pas dire qu'elles l'aient bien traité. Le plus gros morceau qu'il resta du malheureux aurait tenu dans un vase.

Ce qui suivit le soulèvement de 1640 fut une guerre entre la Castille et la Catalogne avec la France au milieu. Une guerre longue, cruelle et sans pitié. Elle s'acheva sur un pacte indécis qui ne changea pas grand-chose, la Catalogne gouvernée par ses Constitutions et ses Libertés et la Castille tombant à pic dans l'abîme de la décadence.

Ce qui succéda à la guerre de 1640 fut davantage un long entracte plus que la paix. Les regards croisés entre la Catalogne et la Castille étaient déjà franchement hostiles. La méfiance castillane s'était transformée en une rancœur ouverte. Lisez, sinon, ce que Quevedo lui-même pensait de nous :

"Les Catalans sont un avortement monstrueux de la politique. Ils sont les pustules de leurs rois et en souffrent tous. Cette nation s'arme avec des délits qui ne méritent pas le pardon."

Dans ce passage, il se contentait d'exprimer l'opinion qu'il avait de nous. Plus loin, il ne prenait pas tant de précautions et précisait le traitement adéquat pour cette race traîtresse :

"Tant qu'il restera un seul Catalan en Catalogne et des pierres dans les champs, nous aurons un ennemi et une guerre."

Sympathique ! "Avortements monstrueux, pustules de leurs rois." Il aurait mieux valu se demander pourquoi personne ne les aimait.

La Castille connut son âge d'or avec la conquête des Amériques. Ensuite, elle tomba dans un assoupissement languide et inerte. C'était écrit dans ses racines. Le personnage castillan par excellence est l'hidalgo, invention médiévale qui a survécu jusqu'à nos jours. Orgueilleux jusqu'au bout de la folie, se dépensant pour l'honneur, capable de se battre à mort si on lui marche sur le pied, mais incapable du moindre esprit d'entreprise. Ce qui constitue pour lui des gestes héroïques n'est, au regard des Catalans, qu'un entêtement dans la plus risible des erreurs. Il ne voit que l'immédiat, comme les libellules, avec des aspirations aussi lumineuses sur les ailes qu'erratiques dans leur direction, un vol bas et sans tracé ferme. Ses mains ne peuvent empoigner que des armes, tout autre contact les salirait. Il ne comprend pas et tolère encore moins d'autres façons de vivre l'expérience humaine : ce qui est laborieux le dégoûte. S'il veut prospérer, sa conception même de la dignité le pousse paradoxalement au saccage de continents sans défense ou au misérable office de courtisan.

La noblesse espagnole… la noblesse espagnole… Je me fous de la noblesse ! Qu'avions-nous à voir avec cette racaille ? Pour un Castillan d'un certain rang, travailler était un déshonneur. J'entends encore mon père, me montrant ses grosses pattes aux dix doigts écartés : “Ne te fie à personne qui n’ait pas les mains calleuses.” (Bon, je n’ai rien fait des miennes, mais ce n’est pas le sujet.)

Son empire sordide s’enfonçait dans les limons les plus bas et les plus sales de l’histoire. Des millions d’esclaves indiens s’échinaient dans les mines américaines sous les coups de fouet, mais la Castille était incapable de construire une économie libre ou du moins assainie. Toute initiative sortant de son ventre était avortée par une monarchie au teint bilieux, nécessiteuse et apathique.

En cet an 1700, enfin, après la mort du Taré, l’ampleur du désaccord entre la Catalogne et la Castille fut mise en évidence. Pour les Catalans, un roi français était une aberration politique, la fin de toutes ses libertés, de son essence même en tant que nation. Son régime autocrate, qu’il appliquerait tôt ou tard aux Espagnes, annulerait n’importe quel pouvoir autochtone. La Castille s’étant décidée pour Felipito, le conflit ne pouvait revenir en arrière. En réaction, la Catalogne opta pour l’archiduc Karlangas d’Autriche comme aspirant au trône espagnol. (Ou pour le maharajah du Cachemire, s’il avait présenté ses lettres de crédit, tout plutôt qu’un Bourbon français.)

Il suffit. Mais peut-être comprend-on mieux maintenant le panorama péninsulaire de 1700. Pour les Catalans, l’Espagne n’était que le nom que l’on attribuait à une confédération libre des nations ; les Castillans, en revanche, voyaient dans le terme “Espagne” une prolongation impériale du bras de Castille. Autrement dit : pour les Castillans, l’Espagne était le poulailler, et la Castille son coq ; pour les Catalans, l’Espagne désignait simplement le poteau du poulailler. Voilà la tragédie. En fait, quand un Catalan et un Castillan utilisaient le terme “Espagne”, ils se référaient à deux idées opposées, d’où le fait que les étrangers n’y comprenaient rien. Vous voyez ce que je vous disais ? En fait, l’Espagne n’existe pas ; ce n’est pas un lieu, c’est un désaccord.

Mais avant de finir, permettez-moi de dire juste quelques mots sur mon pays, la Catalogne. Parce que, avec les portraits précédents, je peux ressembler à un Vauban amoureux d’un côté des Pyrénées au lieu de l’autre, et je n’en suis pas un.

Même dans l’enfance, je me rendais compte que la Catalogne était un bout d’épave politique qui flottait entre les eaux de l’histoire quand il aurait dû avoir coulé depuis des siècles. Le problème était que personne ne voulait reconnaître cette faiblesse congénitale, et encore moins y remédier. Les défilés publics de nos conseillers, les ministres du gouvernement catalan de la Généralité, étaient des plus pénibles. Des pantins en astrakan qui se croyaient très importants car ils n'avaient pas l'obligation de se découvrir devant le roi et portaient un bonnet et une tenue de velours rouge. Pour le peuple, c'étaient les "paillassons rouges". Nous aimions trop la pantomime.

C'est là notre pire défaut. Ne pas savoir ce que nous voulions, hormis nous distraire sur un petit pied. Pas ça, ni ça. Ni la France, ni l'Espagne, mais nous étions incapables de construire notre propre édifice politique. Ni résignés à notre destin ni disposés à le changer. Pris entre les mâchoires lentes de la France et de l'Espagne, nous nous contentions de contourner la tempête. Aussi flottions-nous comme un madrier à la dérive. Nos classes dirigeantes, en particulier, étaient le comble de l'indécision chronique, toujours à mi-chemin entre la servilité et la résistance. Sénèque l'a déjà dit : si un marin ne sait pas vers quel port il se dirige, aucun vent ne lui sera favorable. Et quand je pense à notre histoire, ce qui me vient à l'esprit est la plus angoissante des questions : qu'est-ce qui cause le plus de mélancolie ? Le "on aurait pu être" ou le "on n'aurait pas dû essayer" ? Nous avons connu les deux amertumes. Le problème des Catalans est qu'ils n'ont jamais su ce qu'ils voulaient, et en même temps, ils le voulaient intensément.

En 1705, un petit groupe de dirigeants catalans se ligua pour réclamer l'aide des alliés en vue d'un soulèvement contre le Bourbon. Ce fut ce que l'on appela le pacte de Gênes entre la Catalogne et l'Angleterre. L'idée était de faire débarquer une armée alliée à Barcelone. L'Angleterre s'engageait à financer les opérations. De leur côté, les Catalans lèveraient une armée catalane de volontaires pour appuyer les troupes régulières. Ils s'ouvriraient un passage jusqu'à Madrid, et ils mettraient sur le trône ce macaque autrichien de Karlangas sous le titre de Charles III d'Espagne.

En bons lettrés, ils exigèrent toutes les garanties. Le contrat détaillait jusqu'au fourrage pour les bêtes de somme que devraient fournir les alliés. Oui, très catalan. Ah, et si par caprice du hasard, comme le texte l'expliquait littéralement, "il survenait des événements contraires et imprévisibles dans les Armes (qu'à Dieu ne plaise)", la couronne anglaise s'engageait à ce que la principauté de Catalogne demeurât "en toute sécurité, garantie et protection de la couronne d'Angleterre, sans qu'elle pût subir la moindre altération ni détriment dans ses Personnes, Biens, Lois, ou Privilèges".

Et maintenant, laissez-moi exploser.

Mais pour qui se prenaient ces petits messieurs, pour parler au nom de tout un pays et sans même demander l'opinion de la Généralité ? D'accord, à l'époque, Barcelone était aux mains des militaires bourboniens. Mais malgré tout, quelle autorité avaient-ils pour nous engager dans une guerre mondiale comme on va se promener à la campagne ? Personne n'a-t-il eu l'idée de penser que nous ne vendions pas un sac de haricots ou un kilo de sel, mais le sang et l'avenir du pays tout entier, le tout en échange d'un morceau de papier ? Les choses ne se sont pas mal passées, elles se sont passées de la pire façon que l'on puisse imaginer, pour nous. Nous perdîmes la guerre. En 1713, nos dernières forces se regroupèrent derrière les murs de Barcelone. Toutes les troupes étrangères avaient réembarqué et nous avaient laissé les fesses à l'air. Devinez ce que fit alors l'Angleterre. Elle n'eut même pas la délicatesse de nous faire un pieux mensonge. Lorsque quelqu'un leur montra le fameux petit papier, ses lords débitèrent aux quatre vents : *It is not for the interest of England to preserve the Catalan liberties.*

Fabuleux ! Et aussi incroyable que cela semble, quand l'ambassadeur catalan s'inclina aux pieds de sa Gracieuse Majesté, implorant du secours pour une Barcelone qui, encore réduite à des décombres, résistait au délire Bourbon, que lui dit-elle ? Eh bien, tout simplement que nous devrions lui être reconnaissants des constantes insomnies que nous lui causions !

À Utrecht, en 1713, juste au début du siège de Barcelone, toutes les puissances impliquées négocièrent la paix générale. Pour que les diplomates anglais n'insistent pas sur l'affaire catalane, les Espagnols et les Français leur offrirent Terre-Neuve. C'était, aux yeux de l'Angleterre, le prix de la liberté qu'avait conservée notre peuple pendant mille ans ; voilà la valeur de ce foutu petit papier : vingt tonnes annuelles de morue.

La dernière année de la guerre, cette malheureuse année 1714, les défenseurs de Barcelone ne combattaient que pour leurs vies, leurs maisons, leur ville. Pour les libertés catalanes, qui étaient une chose parfaitement tangible, un régime opposé à l'horreur qui leur tombait dessus. Ils luttaient sous les ordres de Villarroel, don Antonio Villarroel. Attendez quelques chapitres, et vous verrez comment cet homme est entré dans ma vie, comment il m'a arraché à la mesquinerie de la même façon que l'on sort une botte de la boue, et si vous m'obligez à poser la plus cruelle des questions, à quel maître je dois le plus, Vauban ou Villarroel, je vous dirai que je préfère mourir plutôt que répondre.

Des quelque cinq cents hommes qui commencèrent la charge de ce 11 septembre 1714, je ne crois pas qu'il en ait survécu plus de vingt ou trente. Ils firent descendre Villarroel de cheval en lui tirant dessus. L'animal tomba sur lui tomba, ruant de douleur, la mitraille volant de tous les côtés, il fut très difficile de le dégager. Il avait la jambe écrasée, un os sortait de son pantalon, au-dessus du genou. Malgré tout, il se débarrassa de ceux qui l'aidaient à se relever et se mit à crier comme un possédé : "Continuez la charge ! Allons, allons ! Que personne ne se retire devant moi !"

Nous continuâmes et un canon chargé de mitraille m'emporta la moitié du visage. Je tombai à terre, entre des montagnes de cadavres et de blessés. Je posai cinq doigts tremblants sur ma joue gauche et ne pus la retrouver. À sa place, il y avait un trou qui allait jusqu'à l'autre côté de la bouche, un puits humide de sang, d'os en miettes et la mâchoire gauche cassée. J'avais perdu la moitié du visage. Mon propre sang m'aveuglait, je ne suis donc pas le meilleur témoin des dernières heures de la liberté catalane.

Ces soixante-dix dernières années, j'ai utilisé une vingtaine de masques. Le premier fut plutôt improvisé, couleur chair, les yeux fendus comme sur un heaume. Il me recouvrait le visage tout entier. En Amérique, un artisan m'en fit un autre bien meilleur. Il me coûta une fortune, mais ce fut un bon investissement. Il me couvrait juste la joue et l'œil gauches, et la moitié de la bouche. La partie droite du visage était exposée au soleil, aux regards, et il n'y avait aucune raison de la dissimuler, car elle était intacte. Elle s'ajustait à la nuque grâce à un dispositif ingénieux d'élastiques et de dentelles invisibles. Mon nez pointu sortait librement. Ce fut une chance qu'on ne me le fît pas voler en éclats. Les femmes recommencèrent à me regarder avec intérêt et je me sentis à nouveau un être humain.

Puis il y eut d'autres masques, beaucoup, certains à la conception exquise. Je les vendis, les perdis sous les tropiques, au jeu, on me les réquisitionna, on me les vola, ils se brisèrent dans des chutes, quand je descendais de cheval ou sous des coups de crosse. Le sixième fut déchiré par le dernier souffle d'une balle perdue. Je dois la vie à la solide porcelaine de ce masque.

Pourquoi est-ce que je raconte l'histoire de mes masques ? Quelle importance ? Tu ne me fais taire que lorsque cela te convient, non quand cela convient au livre.

11

Je viens de vous résumer l'opinion des Catalans sur leur dernière guerre, celle qui finirait par les détruire en tant que nation. Mais en ce mois d'avril 1707, Zuvi Longues-Jambes n'était qu'un gamin qui ne se souciait pas de la politique et de l'histoire, et qui se dirigeait vers le cœur de cette guerre à bord de l'armée française. Et tout cela pour trouver un mot.

Quand nous rejoignîmes le gros de l'armée franco-espagnole à Almansa, nous pûmes constater à quel point les choses allaient mal. Les quinze derniers jours, les alliés et les Deux Couronnes s'étaient cherchés, et ils fuyaient en même temps dans une succession de marches et de contremarches, d'escarmouches indécises et de forteresses mineures.

L'armée alliée était commandée par le comte de Galway, qui, malgré son titre nobiliaire, était d'origine française : il s'appelait Henri Massue de Ruvigny, un vétéran qui, l'année précédente, avait perdu un bras lors de la campagne du Portugal. C'est la raison pour laquelle les historiens adorent répéter qu'Almansa fut une bataille où une armée anglaise dirigée par un Français affronta une armée française commandée par un Anglais, le général Berwick. La réalité était beaucoup plus complexe.

Berwick devait être le bâtard le plus prisé de toute l'Europe. Fils illégitime de Jacques II, le souverain renversé, dernier roi catholique d'Angleterre, Berwick grandit dans l'exil français et fut toujours au service du Monstre. (Vous vous souvenez de la petite lettre insultante qu'il adressa à Vauban en 1705 sur la prise de Nice ?) Comme son nom pompeux l'indiquait, l'armée des Deux Couronnes était composée de Français et d'Espagnols, oui, mais aussi d'Irlandais (la garde personnelle de Berwick), de mercenaires wallons, napolitains (ils sont toujours partout !) et même d'un bataillon suisse. Quant aux alliés, hormis les Anglais, les Portugais et les Hollandais, il y avait aussi un corps réduit de fanatiques catalans et un autre de huguenots français, dont j'ignore encore aujourd'hui comment ils avaient atterri dans ces tristes parages, un coin à l'ouest d'Albacete.

On ne pouvait pas dirc qu'au campement des Deux Couronnes le moral soit précisément au beau fixe. Ces derniers jours, il n'y avait eu que des retraites. En fait, nous apprîmes que Galway désignait désormais narquoisement Berwick comme "mon aubergiste", car il occupait chaque jour les appartements que celui-ci avait occupés la veille. Et si Berwick s'arrêta à Almansa, ce fut simplement parce qu'il s'était retrouvé sans approvisionnement.

Avec cet affrontement différé, Berwick parvint au moins à regrouper les forces qui lui arrivaient de toutes parts. Certains, comme la section du régiment "Couronne" de Bardonenche dans lequel je voyageais, étaient de toute première catégorie. Mais l'immense majorité était constituée de levées forcées des Espagnols, des recrues qui ne valaient rien.

Ils faisaient peine à voir. Le jour de notre arrivée, on leur dispensait un entraînement sommaire. Mais un régiment est comme un chêne, il lui faut vingt ans pour se former. Lors des manœuvres, les rangs français avançaient en ligne droite, tandis que les Espagnols étaient tordus comme des sarments. Je ne voulais même pas les imaginer sous le feu ennemi. On leur avait fait revêtir les uniformes gris et blanc de la France des Bourbons. Un autre cadeau pour le Monstre : l'armée espagnole était ravitaillée, par décret, par des fournisseurs français. C'est-à-dire qu'on offre le trône à un prince français et de surcroît, le pays tout entier doit lui payer un loyer. Une bonne affaire. (Les Catalans réussirent du moins à faire lâcher jusqu'à la dernière livre aux Anglais.) La majorité des recrues étaient très jeunes. Pauvres garçons. Ils iraient directement à l'abattoir car les entrepreneurs du textile de Lyon avaient besoin d'habiller des cadavres avant de se faire payer. Le campement était une mer infinie de tentes. Ces toiles de bâche venaient certainement de France elles aussi, achetées au prix fixé par le Monstre.

Quand ils arrivaient, les officiers allaient se présenter à Berwick, et Bardonenche voulut que je le suive. Berwick logeait chez le maire, chez qui nous nous rendîmes avec d'autres chefs qui venaient d'arriver.

Il avait les coudes posés sur une table sur laquelle était dépliée une grande carte. Autour de lui, une douzaine d'officiers de haut rang réunis en conseil de guerre. Je fus étonné qu'il porte une armure pour un simple conseil. Il devait être très inconfortable de discuter et de débattre avec ce lourd plastron, ces épaules et ces bras de fer. C'était peut-être pour souligner que c'était lui qui commandait, ou pour que tous comprennent la gravité de la situation. En nous voyant, il leva la tête.

Ce qui se détachait de Berwick au premier abord était son visage enfantin, fort peu militaire. En le voyant, je pensai : "Mon Dieu, comment cet enfant peut-il se faire respecter de toute une armée ?" À l'époque d'Almansa, il avait trente-sept ans, et le teint aussi lisse et délicat que celui d'un bébé. Son visage était un ovale parfait. Le nez, ferme et mince, le partageait en deux ; les lèvres,

quoique fines, étaient d'une sensualité débridée. Cet effet provenait peut-être de commissures qui tendaient à s'élever aimablement. Les sourcils étaient deux arcs étroits résultant de l'épilation. J'ai rarement vu des yeux aussi noirs. Le droit un peu plus fermé. J'attribuai cette caractéristique à la tension écrasante à laquelle il était soumis.

Étant donné que James Fitz-James Berwick, Jimmy pour les amis, fut l'un des personnages dont on fit le plus de portraits dans ce siècle (il était d'une grande vanité) au lieu d'une planche, je vais vous en offrir deux. Jugez-en par vous-mêmes. (Ah ! Il te plaît, n'est-ce pas, ma repoussante Waltraud ? Eh bien détrompetoi. Il ne t'aurait jamais adressé la moitié d'un regard, car tu es aussi laide qu'un baril sur pattes et bon, pour une autre raison également.)

James Fitz-James Duque de Berwick

Au campement, le bruit courut que Berwick reculait parce que ses origines anglaises le poussaient à la trahison. Sottises. Mais à Madrid, ils prirent les rumeurs tellement au sérieux que ce fou de Philippe V avait déjà envoyé le duc d'Orléans pour le remplacer au commandement ! Son adversaire dans l'armée alliée, Galway, était un rude général de cinquante-neuf ans, et son bras droit, le Portugais Das Minas, un vieux de soixante-trois ans. Ils étaient sûrs de ne faire qu'une bouchée du petit bâtard. Et le moins flatteur était que l'armée aux ordres de Berwick partageait cette opinion. J'ai déjà parlé de la qualité des nouvelles recrues. Peu de généraux ont affronté la veille d'une grande bataille avec des perspectives aussi sombres.

Je ne pus m'empêcher d'observer Berwick avec les yeux de Bazoches. Il faisait des efforts surhumains pour contrôler le destin. Le dilemme était très simple : s'il affrontait la bataille, le plus probable était que son armée serait détruite. S'il la fuyait, le duc d'Orléans, qui était déjà en chemin, lui arracherait le commandement. Du point de vue de ses intérêts privés, les deux alternatives étaient également fatales.

Berwick s'approcha des officiers qui venaient d'entrer. Il les salua un par un. Il connaissait Bardonenche personnellement. Il s'arrêta devant lui. Ils devisèrent comme de vieux amis, et à un moment Berwick me remarqua, derrière. Il me désigna d'un doigt, vivement intéressé.

— Et ce jeune homme si fringant et si triste ?

— Ah, oui, dit Bardonenche. Martí Zuviría, l'aspirant ingénieur le plus prometteur de France, excellence.

Il me demanda si j'avais fait mes études à l'académie de Dijon.

— Non, monsieur, répondis-je. J'ai reçu une formation particulière d'un ingénieur.

Il voulut savoir son nom. Je ne voulais pas penser à Bazoches :

— Quelqu'un à qui vous avez envoyé un jour une missive où vous lui appreniez l'heureuse conquête de Nice, dis-je dans un sarcasme diplomatique.

Son regard s'aiguisa, et il dit :

— Je regrette de ne pas avoir pu assister aux obsèques. Comme vous pouvez le voir, dernièrement, j'ai été un peu occupé.

Son entourage éclata de rire.

— J'ai dit quelque chose d'amusant ? aboya-t-il en anglais.

Il avait des changements d'humeur radicaux. Et, comme je le découvris par la suite, prévisibles. C'était sa façon de prendre ses subordonnés en faute, et de leur rappeler ainsi qui était le maître du poulailler. Il fit un geste offensé de la main et tous se retirèrent :

— Pas vous, m'ordonna-t-il. Je veux que vous me racontiez les derniers moments du grand Vauban.

Ah ! Une petite discussion en tête-à-tête allez ! Je le voyais venir depuis qu'il m'avait désigné comme "ce jeune homme si fringant et si triste". Deviser sur Vauban ! Si cela avait été le cas, c'était Bardonenche, aristocrate, vieil ami, et qui assista également à l'agonie du marquis, qui aurait dû rester. Il exigea que je l'accompagne dans ses appartements privés. Comment refuser ? Parfois, ce qui est prévisible est inévitable.

Il m'emmena en haut de l'escalier.

— Aide-moi à ôter mon armure, me dit-il quand nous entrâmes dans sa chambre.

Les mots étaient aimables, le ton autoritaire. Il se plaça de dos, les bras parallèles en croix, et je dégrafai le décolleté de la cuirasse. Je ne pus éviter que l'armure tombe par terre avec un bruit sec. Plutôt que demander, il ordonna :

— Tu vas m'appeler Jimmy.

La violence de l'exigence me révolta. Je le regardai avec une contrariété féroce. Hors du champ de bataille, il n'était pas habitué à ce qu'on le contrarie, et mon hostilité dut le désarmer, car il ajouta d'un air curieusement soumis pour quelqu'un de sa condition :

— *D'accord ?*

Je réfléchissais à la façon de sortir de ce mauvais pas quand il se passa quelque chose.

Libéré de l'acier qui le soutenait et le tenaillait, il chancela. Ses genoux ployèrent. Et dans sa chute, ses ongles griffèrent la chaux du mur.

Son corps tout entier était une limace tremblante. Les convulsions le secouaient avec tant de force que je faillis appeler à l'aide :

— Tout va bien, Excellence ?

Il tourna lentement la tête, encore à genoux. Quelque chose avait changé dans ses yeux. C'était le Berwick privé, libre du besoin d'ostentation. Un organisme porté à des limites inhumaines, une créature manquant d'affection.

Le pouvoir repose sur une énorme composante de représentation publique, ce n'est un secret pour personne. Et Jimmy était obligé d'en forcer l'exercice au-delà de toute limite. Un battement de paupière à contretemps pouvait révéler des faiblesses. Un geste inapproprié et son autorité s'évanouirait. Une mauvaise décision et il perdrait une armée. Cette nuit avant Almansa, il n'était qu'un chiffon.

J'éprouvai de la peine pour lui. Je n'aurais peut-être pas dû, je l'ignore. Je le soulevai en le prenant par les aisselles. Il se dégagea furieusement.

— Je vais bien ! cria-t-il.

— Non, ce n'est pas vrai, dis-je. Vauban m'a parlé de la maladie des puissants et de son traitement.

Il me jeta un regard haineux.

— Des infusions de thym, et renoncer au monde, ajoutai-je.

Ce jour-là, je constatai que les enseignements de Bazoches me porteraient vers l'amour plus souvent que je ne l'aurais souhaité ; mes yeux, mon tact, tous mes sens étaient trop aiguisés pour ne pas voir l'homme souffrant sous l'uniforme triomphant. Et que cet homme soit à la fois aussi puissant et déshérité, et qu'il se voie contraint à masquer ses carences au monde, m'émouvait jusqu'à la frontière de l'étreinte. Jimmy, pauvre Jimmy, il ne sut jamais que je l'aimais, non parce qu'il était le plus fort, mais, ô paradoxe, à cause de ses faiblesses, qui l'humanisaient, même lui, le démon qui nous anéantirait un jour.

Le lendemain, il ne me laissa pas l'accompagner et je vécus donc la bataille d'Almansa sans quitter le village. Je dois dire que je ne m'en plaignis pas ; Zuvi n'a jamais été particulièrement courageux. Et puis on m'avait préparé à livrer des assauts, non des batailles à l'air libre. Je vis le combat à travers une fenêtre, ce qui est une façon de parler, car entre le brouillard, la fumée et la poudre, il s'éleva un rideau si opaque que tout se réduisit au fracas des armes.

Contre tout pronostic, Jimmy anéantit l'armée alliée. Cette nuit-là, il revint sale, éreinté, la cuirasse abîmée. Et pourtant, dans ce retour, la partie démoniaque qui le soutenait fut visible. Car la bataille avait soigné toutes ses maladies : la victoire est le plus merveilleux des élixirs. Il semblait être un autre homme ; plus que guéri, Jimmy était enivré de vigueur, pléthorique, plein de vie.

Il me regarda et dit :

— Tu es toujours là. Bien.

Ce fut là le début de notre complexe amitié, pour lui donner un nom. James Fitz-James, duc de Fitz-James, duc de Berwick, de Liria et de Jérica, pair et maréchal de France grâce à la victoire d'Almansa, se vit octroyer la Toison d'or, etc., etc., etc. Tout ce que vous voudrez. Et cependant, il ne cessa jamais d'être un bâtard, fils de Jacques II d'Angleterre certes, mais un bâtard.

La vie le poussa à une course qu'il ne pourrait jamais gagner. Malgré toutes les armées qu'il pourrait détruire, les forteresses qu'il pourrait prendre d'assaut, les services qu'il rendait, il resterait toujours ce qu'il était : de vile naissance, castré socialement. Un aristocrate de pure souche qui aurait réussi la moitié de ce qu'il avait fait dans sa courte vie aurait été placé plus haut que l'Olympe. Pas lui. Il était le fils d'un roi perdant, illégitime de surcroît. Aussi ne cessa-t-il de chercher la légitimité et la royauté.

Le plus curieux était qu'il était lucide. Il savait que la seule chose qu'il cherchait ne lui serait jamais donnée. Il obtint des honneurs et des hommages, des duchés, des fortunes sans limite, toutes ces fariboles que les rois concèdent entourés de curés et de cantiques de chœurs enfantins. En privé, il se gaussait de ces cérémonies. Je le sais. L'un de ses commentateurs a souligné qu'il avait su mettre à profit le temps terrestre, car il eut dix enfants avec sa seconde femme. Oh ! Allons, ne me faites pas rire. Où voulez-vous que quelqu'un comme Jimmy prenne le temps de baiser avec sa petite femme ? (Au fait, elle était plus laide qu'un macaque bleu.) Rien qu'en 1708, il participa à trois campagnes différentes au service de ce monstre horripilant de Louis XIV : en Espagne, en France et en Allemagne. Et vous voulez me convaincre que Jimmy était avec elle tous les quatre matins ? Qu'il courait chez lui "me voilà, ma chérie", tirait un coup et repartait au combat ? Je vous assure qu'il devait avoir quelqu'un qui s'occupait de ces questions. Et puis, j'étais avec lui.

Bon, d'accord. J'ai juré d'être sincère, et je le serai.

Nous passâmes la nuit à baiser comme des lapins. Le lendemain, nous ne sortîmes pas de sa chambre. Pourquoi ? Où aurions-nous été mieux que là ? Et puis, il pouvait se le permettre. On frappait à la porte toutes les trois minutes : "Excellence, le maire d'Almansa vous attend !" ou "Excellence, une dépêche urgente de Madrid !" ou "Le colonel untel demande des instructions sur le logement des prisonniers". Au début, je sursautais au bruit de la poignée de porte, mais mes bottes posées sur le pot de chambre ne suscitaient chez lui qu'une hilarité puérile. C'était Jimmy, il tenait les rênes du monde. Pourquoi aurait-il dû se soucier de répondre ? Il avait gagné le droit de n'être dérangé par aucune poignée de porte. Le pouvoir, c'est ça, exactement ça : le monde te demande audience, et tu te gausses de lui derrière la porte.

Et maintenant, pourquoi fais-tu cette tête ?

Je n'avais pas besoin de raconter tout cela, mais tu me réclamais une scène d'amour.

Elle ne t'a pas plu ?

Je vois que non.

Pendant un bon moment, je frôlai presque la félicité. J'étais convaincu que le Mystère m'avait jeté dans les bras d'un maître qui remplacerait Vauban. Jimmy avait tout. C'était un *maganon* tellement élevé que, deux ans auparavant, il avait osé contredire Vauban, par lettre, rien de moins, rien de plus, sur un siège, celui de Nice. Qui plus est : dans sa critique du marquis, Jimmy affirmait qu'il était très facile de pontifier depuis l'arrière-garde et en jugeant ceux qui combattent en première ligne. Et moi, ce qu'il me fallait c'était juste ça, une expérience des assauts, de la réalité du combat, de la vie, qui me permettrait de découvrir la Parole.

Au début, tout alla bien, même s'il n'arriva rien de remarquable. Jimmy et l'armée avaient besoin de se remettre d'Almansa. Je le compris. Puis vint l'hiver, et il était logique que la campagne soit paralysée car depuis le début des temps, les armées ne combattent pas en hiver.

Jimmy fut l'un des grands caractères de son époque. De bon ton et de bon goût. Audacieux et sensible à la fois. En lui, confluait un mélange incongru d'égotiste à outrance et d'indulgent détaché. Il fut l'une des rares lumières vraiment importantes qui habitèrent notre XVIIIe siècle, ce siècle tourmenté et tourmenteur, en le remplissant d'épopées aussi savoureuses que vaines. Mais au printemps 1708, nous étions ensemble depuis presque un an, et je n'avais pas humé l'action. Songez que dans notre guerre, la grande bataille rangée d'Almansa fut, de fait, exceptionnelle. Pour chaque affrontement à ciel ouvert, il y avait dix sièges de places importantes ou non, et il se trouvait que je les manquais tous. Attaquant, ou défenseur, quelle importance ? Si je participais enfin à un siège *selon les règles*, au-delà de la théorie, je pourrais peut-être dévoiler le Mot, ce Mot qui renfermait le noyau de la connaissance. Valider mon cinquième Point. J'insistai.

— Oh, ne t'inquiète pas pour ça, dit-il. Tu fais beaucoup plus : me rendre la guerre plaisante.

Notre complicité mourut là, tous les liens qui auraient pu m'unir à l'homme et, surtout, au *maganon*. Mon jugement avait été erroné : la dignité de grand maître requiert de la générosité, et Jimmy était le maréchal le plus égoïste de la terre. Il utilisait de la même façon les soldats que les ingénieurs et les amants.

Il tenta de me retenir. Je m'évadai. Il vaut mieux fuir les puissants, car ils sont comme de grands arbres : s'ils montent, ils nous font de l'ombre ; s'ils tombent, ils nous écrasent. Et devant Jimmy, de plus, je tus qu'une force insondable m'éloignait de lui : le Mystère. On ne renvoyait pas un "non" à la figure d'un maréchal de France, je me bornai donc à m'esquiver.

Au printemps, l'armée franco-espagnole se divisa en deux, une partie resterait sous le commandement de Jimmy, tandis que l'autre serait sous les ordres du duc d'Orléans. Je demandai à être inscrit dans l'aile que commandait le duc d'Orléans. Chez les aristocrates, l'envie est considérée comme une qualité, vous pouvez donc imaginer la satisfaction d'Orléans quand je m'offris à le servir. Le nom de Vauban faisait des miracles et les hommes d'Orléans n'hésitèrent pas à me recruter. Et bon, je ne nierai pas que la rivalité entre grands manitous influa grandement : voler un petit jeune à Berwick serait toujours pour Orléans un motif de goguenardise et de triomphe.

Le dernier jour, je reçus l'ordre de me présenter à la tente de campagne de Jimmy. Que j'aie déserté pour partir avec son rival du haut commandement bourbon était sans doute un affront. Je le savais, aussi m'y rendis-je sans enthousiasme.

Il m'attendait assis, en train d'écrire. La tente était rectangulaire, très longue. Son bureau se trouvait au fond, comme un nid d'araignée. En me voyant, il congédia ses assistants. Quand ils furent sortis, il ficha sa plume dans l'encrier comme s'il s'était agi d'un couteau.

— Tu n'as même pas dit au revoir.

Pour une fois, je pus me servir de la hiérarchie comme d'un refuge. Je restai au garde-à-vous, regardant devant moi. Je pris un ton cérémonieux et distant :

— Le maréchal ne me l'avait pas ordonné.

— Arrête tes sottises ! aboya-t-il. Maintenant nous sommes seuls. Et change de posture ! On dirait un piquet.

Il me tendit des papiers :

— Lis. Tu m'en remercieras toute ta vie, et il ajouta, comme s'il m'accordait une grande faveur : Tu viens avec moi. C'est décidé.

Il s'agissait de ma nomination en tant qu'ingénieur royal. Du moins d'une demande au Monstre signée de sa main.

Ainsi se comportent les puissants. Ils donnent les faits pour acquis et vont de l'avant. Ce que je pouvais penser, mes intérêts, désirs et besoins, ne comptait pas. Mais j'avais été éduqué à Bazoches, un mur que même le duc de Berwick ne pouvait franchir.

— Tu ne peux pas me nommer ingénieur.

Il hésita sur la façon d'affronter cette résistance, menacer ou séduire. Il était trop intelligent pour faire l'un ou l'autre :

— Ce sera le roi de France qui le fera, biaisa-t-il.

— Même lui ne possède pas ce type d'autorité – je découvris mon avant-bras et lui montrai mes Cinq Points. Le roi peut signer les décrets qu'il voudra, mais jamais mes tatouages. Tu le sais parfaitement.

— Tu ne veux pas qu'on s'entende. Dis-moi pourquoi.

Je me tus. J'aurais pu lui reprocher de ne pas avoir exercé sur moi d'autre empire que celui de la chair, lui dire que son dépit était le fruit d'une vanité offensée. Jimmy était comme ça : il croyait avoir droit à l'amour sans devoir aimer personne. Non, je ne dis rien. À quoi bon ? Et en fait, j'eus raison de me taire : il prit plus mal mon silence qu'une accusation. Jimmy s'aperçut qu'il se heurtait à une force qui n'était pas moi, qui ne faisait qu'être représentée en moi. Il réfléchit à la façon de la faire plier, mais il était assez intelligent pour comprendre que cela dépassait ses compétences. Il soupira trois fois avant d'aboyer :

— J'ai au moins le droit de te demander pourquoi tu ne veux pas venir avec moi. Pour toi, je ne suis pas maréchal. C'est la raison pour laquelle je te veux à mes côtés.

Je l'interrompis pour la deuxième fois avec une boutade aussi soudaine que discourtoise :

— Bien sûr, que tu es maréchal, dis-je en le regardant dans les yeux. Toujours et partout. Même si tu le souhaitais, tu ne pourrais pas être autre chose.

Je sortis sans qu'il me l'ordonnât ou m'en empêchât.

Jimmy et la moitié de l'armée devaient se rendre au nord et Orléans à l'est pour y assiéger une ville appelée Játiva. Par malchance, je ne pus rejoindre les troupes d'Orléans. En guise d'adieu, Jimmy m'offrit un cadeau empoisonné. Une véritable pagaille de documents entre ses secrétaires et ceux d'Orléans retarda mon transfert chez son rival. Il le fit dans le seul but de me compliquer la vie, aussi dus-je rester à Almansa dans l'attente de mon nouveau passeport. Très joli. Le siège de Játiva promettait d'être un vrai spectacle, et moi, j'avais le cul assis dans cette saleté d'endroit, un petit village d'Albacete où l'odeur de mort allait flotter mille ans, entre blessés, religieuses, contingents et montagnes d'approvisionnement qu'il fallait distribuer sur les nouveaux fronts de combat. Songez que, entre les deux on dénombrait dix mille cadavres de malheureux. Dix mille, quand lors d'un siège bien mené, le marquis montrait qu'on pouvait prendre des villes en n'essuyant que dix pertes ! Le massacre était d'une telle ampleur que les habitants d'Almansa se virent obligés à utiliser les puits de neige comme des fosses. Ils y jetaient les corps nus, comme des sacs. Et je dis nus, parce que ces gens étaient si pauvres qu'ils avaient récupéré jusqu'aux caleçons sales de ceux qui étaient tombés au combat.

Le Mot. Mon échec reposait sur le fait que je n'avais pas su appréhender un Mot. Sur quoi portait la question du marquis ?

“Sur la défense parfaite.” Les jours passaient, j’étais retenu sous une tente de campagne plantée dans la poussière, et mon impatience croissait. J’éprouvais davantage le besoin que le désir de mettre en pratique tout ce à quoi on m’avait entraîné à Bazoches.

Quand on me remit enfin mon nouveau passeport, Játiva était déjà tombée entre les mains des bourboniens. Mais le siège de Tortosa allait commencer. Je ne le pris pas mal, je me dis que le Mot pouvait se cacher derrière n’importe quel siège. Et Tortosa était aussi une place forte des plus intéressantes. Un convoi de ravitaillement devait s’y rendre et je fus admis comme passager.

En cours de route, il survint un incident qui allait interrompre mes réflexions, jusqu’alors strictement poliorcétiques. Le convoi dut s’arrêter sur le bord du chemin afin de permettre le passage d’une foule qui allait dans la direction contraire, des centaines de femmes, d’enfants et de vieux aussi déguenillés qu’abattus. Le désespoir collectif leur injectait la même couleur ; leurs vêtements, leurs visages, tous ces pieds en mouvement acquéraient une même nuance grise et éteinte. Un troupeau souffrant qui, malgré le nombre, avançait en silence. Seuls les enfants les plus jeunes osaient pleurer. En passant près de nous, ils ne tendirent même pas la main pour demander de l’aide. Ils étaient escortés par quelques cavaliers qui les cravachaient pour leur faire garder l’allure. Une vieille femme tomba juste à mes pieds et, dans un élan naturel, je me penchai pour la relever. Un cavalier précipita son cheval sur nous :

— Écartez-vous des rebelles.

— Des rebelles ? m’étonnai-je. Depuis quand les grands-mères se rebellent-elles ?

Le type interposa l’animal entre ma personne et la vieille. Les sabots d’un cheval peuvent être très intimidants et je reculai de deux pas :

— Tu veux changer de direction ? On a des places ! brailla le type, sur un ton très sérieux.

Il n’est pas prudent de se disputer avec quelqu’un qui est juché sur un cheval et armé quand on est à pied et désarmé. Je lui dis pourtant qu’il abusait de la situation. Il me regarda avec de petits yeux de rat.

Le cocher de mon chariot était un homme d’âge mûr avec qui j’avais échangé quelques mots, car nous partagions la banquette. Il s’approcha de moi, me tira par le coude et murmura.

— Ne fais pas l'imbécile.

— Mais quel mal ont pu faire ces enfants et ces vieux ? criai-je. Et où les emmènent-ils ?

— Que veux-tu être ? me demanda-t-il à l'oreille. Un bon ingénieur, ou un bon samaritain ?

Et pour calmer les esprits, il demanda au cavalier avec un sourire :

— Eh, l'ami ! Comment les choses se sont-elles passées pour Játiva ?

— Játiva n'existe plus, répondit le rustre, et il éperonna son cheval.

Nous apprîmes par la suite que ces gens étaient pour la plupart des habitants de Játiva, déportés en Castille par la volonté de Felipito. Après avoir fait capituler la ville, ils réduisirent en esclavage des milliers d'habitants, y compris ceux des villages voisins. Ils allèrent jusqu'à supprimer le nom de Játiva, qu'ils baptisèrent "Colonia de San Felipe". Si je n'avais pas vu cette affligeante colonne de mes propres yeux, j'aurais refusé d'y croire.

Les jours suivants je parlai très peu. On m'avait formé dans l'idée, élémentaire, qu'un roi lutte pour défendre ou gagner des positions, jamais pour les détruire. Une absurdité de ce genre ne pourrait sortir que du cerveau d'un fou. Quel profit pouvait-on tirer d'une ville ravagée ? Játiva, la cité aux mille fontaines effacée du monde parce qu'un roi avait appuyé le pouce sur la carte.

Dès que je passai la frontière de ma Catalogne natale, les arbres se couvrirent de pendus. Le convoi avançait lentement face à la présence constante de ces corps chancelants. Sur les arbres les plus épais, il pouvait y avoir cinq, six, sept cadavres répartis sur les branches, certains plus haut, d'autres plus bas, les pieds agités par le vent. C'étaient pour la plupart des hommes, jeunes, mûrs, vieux, mais sur un chêne solitaire, je vis une femme pendue. On ne s'était même pas donné la peine de lui attacher les mains dans le dos. À ses pieds, une fillette et un chien au museau levé. L'animal lançait des hurlements déchirants et pendant qu'il reniflait, ses narines se contractaient et se dilataient comme un soufflet. Ce qui me toucha fut que le chien savait que la femme était morte, pas la petite.

Les historiens officiels se bornent à raconter l'histoire des armées officielles. Mais en cette année 1708, la guerre était arrivée en Catalogne, et des milliers d'irréguliers catalans rejoignirent la lutte. On peut les appeler "volontaires", "milices", "fusiliers de montagne", mais nous les appelions "miquelets". Si je ne parle pas d'eux, on ne comprendra pas ce qui arrivait.

Le terme "miquelet" provient directement du catalan. L'origine en est peut-être la Saint-Michel *(sant Miquel)* qui marque traditionnellement le début du contrat des moissonneurs. Ceux qui ne trouvaient pas de travail dans les moissons cherchaient une alternative, comme s'enrôler dans l'armée française ou espagnole. Si les Français livraient une petite guerre contre leurs protestants du sud, par exemple, leurs officiers payeurs couraient recruter des miquelets. Ceux-ci repoussaient avec véhémence les uniformes et les chaussures de l'armée qui les engageait, et ils combattaient même avec leurs propres armes. Les chefs français et espagnols les tenaient pour des brutes sans discipline, à demi sauvages, aussi imprévisibles qu'individualistes, ce qui ne les empêchait pas d'apprécier leurs vertus guerrières. En matière d'infanterie légère, ils n'avaient pas leur égal. Ils excellaient à la lutte dans les bois et comme francs-tireurs, toujours audacieux à l'avant-garde des armées et ravageant les terres de l'ennemi. *"Les miquelets ont fait des merveilles"*, témoignaient les officiers français. Aussi n'hésitaient-ils pas à en engager autant qu'ils pouvaient : ils coûtaient moitié moins cher qu'une unité professionnelle et ils étaient deux fois plus efficaces.

Le problème était que certains prenaient goût à cette vie de saccage et de tueries. Une fois leur engagement terminé ils erraient par monts et par vaux, dans l'attente d'un nouveau contrat, et pendant ce temps, ils se livraient au banditisme. La population civile catalane les détestait, du moins dans les villes, car l'image du miquelet était associée à celle du hors-la-loi.

En 1708, les armées bourboniennes foulèrent le sol catalan pour la première fois. Et, comme il fallait s'y attendre, les miquelets partirent à l'assaut des envahisseurs. Jusqu'alors ils ne se souciaient absolument pas de la guerre, mais, voyant leur terre en danger, ils se lancèrent contre l'envahisseur. Sur le papier, ils étaient subordonnés aux généraux alliés, mais en fait, ils agissaient pour leur compte. Toujours est-il qu'ils ne portaient pas d'uniforme, les Bourbons ne leur reconnaissaient pas le rang légal de combattants, et la guerre atteignit pour cette raison des sommets de férocité inédits.

Les miquelets capturés étaient généralement pendus au premier arbre. De leur côté, ils n'étaient pas moins cruels. Ils brûlaient les pieds des soldats prisonniers, espagnols ou français, et avant de les tuer, ils les obligeaient à danser un moment comme des ours dressés. Parfois, ils les emmenaient au bord d'un ravin en vue de l'ennemi. Une fois en haut, ils faisaient sonner la corne, pour attirer l'attention des soldats bourboniens. Puis ils attachaient les prisonniers par les chevilles, en file indienne et avec une corde très longue. Et ils en jetaient un dans le vide. Puis deux, puis trois, jusqu'à ce que le poids de ceux qui étaient tombés entraîne inexorablement le reste. J'ai été témoin de l'une de ces représailles sauvages. Dix ou douze types aux mains attachées dans le dos et aux chevilles entravées à la même corde. Plus il en tombait, moins de forces avaient ceux d'en haut pour retenir le poids. Mon Dieu comme ils hurlaient. Et quelle vision, de contempler ces chapelets d'uniformes blancs tombant sans rémission. Je vous assure que l'effet était des plus déprimants.

Je vais vous raconter un épisode typique des miquelets, qui les dépeint parfaitement. Un cas que pour mon malheur, j'ai vécu dans ma chair.

À cette époque, environ quatre-vingts miquelets firent une incursion dans une localité située à la frontière catalane, Beceite. C'était typique de leur façon de faire. Ils liquidaient de petits détachements bourboniens puis ils passaient quelques jours dans le village libéré, installés plus commodément que dans la montagne. Mais ce jour-là, ils avaient le hasard contre eux : l'unité avec laquelle je me rendais à Tortosa passait tout près de Beceite. Quelques soldats espagnols morts de peur qui avaient échappé de justesse à l'assaut de Beceite croisèrent notre colonne et lui racontèrent tout.

Ce jour-là, les Espagnols surprirent les miquelets de Beceite le pantalon sur les chevilles. Ils se trouvaient encore sur la place du village, en train de fêter leur petite victoire, à demi ivres, quand deux escadrons de chevalerie leur tombèrent dessus. Les miquelets fuirent à la débandade et laissèrent derrière eux plus de trente morts et un prisonnier.

Quand tout fut terminé, la colonne s'empara du village, et je vous assure que le spectacle n'avait rien d'agréable. Dans un coin, tel un tas de vieux fers à cheval, les soldats morts au cours de la première attaque. Répartie sur toute la place, la trentaine de miquelets renversés et poignardés par la cavalerie. Le jour était assez avancé, et la colonne décida de passer la nuit à Beceite, alors on commença à "organiser l'hébergement", comme disaient les officiers.

Les soldats enfonçaient les portes à coups de crosse et regroupaient les civils sur la grand-place. L'escarmouche était terminée, mais pas les cris. Quand tout le monde fut réuni, les officiers, selon leur grade, choisirent les plus jolies filles pour qu'elles les conduisent chez elles, où ils exerceraient le droit d'"hébergement". En d'autres termes : ils les violeraient sous le nez de toute la famille, vierges ou mariées.

Le maire était à genoux, l'épée d'un capitaine posée sur le cou. L'homme proclamait qu'ils avaient toujours été fidèles à Philippe V.

— Menteur, affirma le conducteur de mon chariot.

— Comment pouvez-vous en être aussi sûr ? lui demandai-je.

En guise de réponse, il désigna le clocher, vide.

— Les villages dépourvus de cloche sont partisans de l'archiduc, expliqua-t-il. Ils les lui offrent pour fondre des canons.

Il fit un clin d'œil sournois :

— Enfin, comme ce sont des Catalans, ils la lui ont sûrement vendue. Mais ça revient au même.

Un lieutenant qui nous avait entendus s'approcha de moi et m'interpella :

— Eh, dites. Vous parlez catalan ? On a besoin d'un traducteur.

Je descendis du chariot et les laissai m'emmener vers le seul prisonnier. C'était un petit meneur dénommé Ballester. Avant de le pendre, ils voulaient en tirer tout ce qu'ils pourraient. Ils lui avaient ouvert une arcade sourcilière et il saignait abondamment. Mais son front ouvert présentait une beauté incongrue qui semblait mépriser la douleur. Les cordes qui lui entravaient les poignets étaient teintes de rouge grenat. Ils ne l'avaient capturé que depuis un moment, et le sang était déjà sec, comme s'il était né avec de vieilles veines.

Ce qui me stupéfia fut sa jeunesse. Il dirigeait une brigade d'irréguliers et il ne devait guère être plus âgé que moi, un gamin de seize ou dix-sept ans. Il devait avoir un fort caractère pour être respecté comme chef. Sur ses traits, la noblesse se mêlait à la tristesse. Ce n'était pas étonnant, étant donné sa situation. Mais quelque chose me disait que même dans ses meilleurs moments, il avait toujours été un être renfermé. Et le regard de Ballester ? C'était comme les vagues sur le rocher : on pouvait être sûr qu'il vous attraperait, tôt ou tard. Nos mondes étaient si opposés que l'obligation de l'aborder m'incommodait.

Je lui racontai que ses ravisseurs avaient l'intention de l'interroger. Il me fit peu de cas. Il pencha la tête pour cracher un caillot de sang et dit pour toute réponse :

— Je vais mourir, c'est tout.

Il ne regrettait même pas de quitter le monde, comme si sa mort représentait davantage un martyre que les risques du métier. L'instinct naturel de l'être humain est de sympathiser avec le captif plutôt qu'avec le ravisseur et, même si peu m'importait le sort de Ballester, je lui dis :

— Sois intelligent. Si tu leur promets des informations, ils te garderont en vie. Mais dis-leur quelque chose qu'ils ne puissent pas vérifier avant un certain temps. D'ici là, tout peut arriver. Qui sait ? La paix, peut-être.

Ce paquet de nerfs humain leva ses mains liées et me regarda droit dans les yeux. Les mots sortirent de sa bouche en lui arrachant les dents :

— Si je n'étais pas attaché, je t'arracherais la langue, botiflero de merde.

Ici je dois préciser que "botiflero" est la pire insulte que l'on puisse adresser à un Catalan. Un botiflero est un Catalan partisan de Philippe V, de la Castille et de la dynastie des Bourbons. C'est-à-dire un traître à la patrie. J'imagine que cela provient du fait que l'immense majorité des partisans du roi des Autrichiens, le Karlangas, appartenaient aux classes populaires, tandis que les rares Catalans qui prirent le parti de Felipito étaient généralement les aristocrates et le haut clergé. Les riches ont tendance à devenir de gros bonshommes, c'est-à-dire des types qui semblent "boudinés" dans leurs beaux atours. Et bon, dans le fond, peu importe l'origine du terme. Toujours est-il que le dénommé Ballester m'avait insulté, et je me comportai en homme offensé :

— J'essaie de vous défendre et, en échange, vous m'insultez ! criai-je. Dites-moi le rapport entre mon digne métier d'ingénieur et la guerre larvée que vous pratiquez.

Nous échangeâmes encore quelques insultes. Le seul point marquant de cette conversation fut de constater la distance irrémédiable qui nous séparait. Pour moi, la guerre restait ce qu'on m'avait appris à Bazoches : un exercice technique et sans animosité, tempéré par la noblesse des esprits qui s'affrontent. D'après Bazoches, la guerre pouvait et, de fait, devait être pratiquée sans émotions, ces nuages qui assombrissent le paysage rationnel de l'ingénierie. Le combat était le domaine du rationnel, davantage lié aux échecs qu'au plomb. Si un soldat avait dit à Vauban qu'il détestait l'ennemi, Vauban lui aurait répondu à n'en pas douter : "Mon Dieu, quel mal l'ennemi a-t-il pu vous faire ?" En revanche, pour des individus tels que Ballester, la guerre était une question de vie ou de mort. Non. Elle était plus, beaucoup plus, car d'après lui, cette guerre mettait fin à des principes autrement plus importants que notre bref passage sur terre. De mon point de vue, bien sûr, cette conception était le propre de gens hallucinés : un ingénieur militaire était aussi éloigné de la mystique qu'un horloger.

C'est vrai, j'avais déjà vu les centaines de pendus dont les pieds se balançaient sur des branches de pins, l'hécatombe de Játiva, le chien et la fillette aux pieds de sa mère. Mais les murs de mon éducation étaient trop solides pour se laisser abattre par quelques images tristes. Quant à Ballester, je capitulai. Ce n'était pas la peine de discuter avec lui. Je le considérai comme un parfait mélange de bandit et de fanatique :

— Très bien, alors, ne parlez pas ! dis-je. Vous êtes la première personne que je rencontre qui préfère écourter sa vie plutôt que l'allonger.

Le capitaine espagnol qui avait fait quérir un traducteur ne supportait pas de ne pas comprendre les insultes que j'échangeais avec Ballester. Il exigea grossièrement que je lui résume notre conversation.

— Les miquelets d'ici suivent les directives du général Jones, le commandant anglais de Tortosa, mentis-je. Ils avaient pour mission de prendre ce misérable village et d'attendre de nouveaux ordres. Il dit qu'ils arriveront demain à la première heure. Un courrier doit les leur remettre. À cet oiseau, en personne.

Comme je l'avais imaginé, au lieu de le pendre immédiatement, ils décidèrent de l'utiliser comme appât pour le courrier.

— Tu as une nuit de vie supplémentaire, l'informai-je. Mets tes affaires en ordre.

J'avais tout inventé. Le lendemain, personne ne viendrait, mais je n'encourais aucun risque. Les militaires penseraient que les miquelets avaient renoncé à s'approcher, ou qu'ils avaient découvert le piège. Pourquoi avais-je agi ainsi ? Je ne sais pas, Jimmy m'avait peut-être communiqué quelque chose de l'exercice de l'indulgence royale, qui n'a rien à voir avec la générosité. Ou peut-être cela venait-il du fait que j'avais été élève de Vauban, qui punissait l'ennemi vaincu avec bienveillance. Je ne crois pas que cela ait été par pure bonté, car je m'encanaillais, comme je le prouvai en me dirigeant sur le champ vers une de nos beautés méditerranéennes. Une fille aussi jeune que Ballester ou moi, éblouissante même de loin. Et pourtant, elle avait la tête recouverte d'un vilain foulard. Je l'aperçus en passant devant un bâtiment rectangulaire, une étable sans portes maintenant remplie de vingt ou trente chevaux militaires. Elle se trouvait à l'intérieur, retournant le foin. En me voyant, elle baissa la tête.

Écoutez, j'ai partagé la position horizontale avec des femmes de nombreuses latitudes, certaines de couleur très étrange. Et lors de l'éternelle discussion portant sur les plus belles, je choisis les Françaises. Ce doit être l'un des rares poncifs qui correspondent à la réalité. Il s'agit toutefois d'une vérité générale. Individuellement, quand elle est belle, la femme méditerranéenne est sans pareille. Cette jeune fille était un enchantement. Ses cheveux, bouclés, s'échappaient de son foulard et lui tombaient sur les épaules. Des cheveux très noirs.

Un sergent qui passait par là m'avertit :

— Ne t'approche pas, elle est malade. C'est pour ça qu'on lui a donné ce travail, même les voleurs de bétail ne s'y risqueraient pas.

Ce doit être une question de caractère ; la première chose que font certaines personnes quand on leur ordonne : "n'y va pas", c'est d'y aller. J'entrai dans cette grande étable. Je me tins à quelques mètres, le coude appuyé sur l'échine d'un cheval, l'observant fixement tout en mâchant un brin de paille. Elle m'ignora. Elle poursuivait son travail, entassant le foin dans les râteliers, faisant comme si elle ne me voyait pas.

— Approche, lui ordonnai-je.

Quand elle fut devant moi, je pus l'observer plus attentivement. Elle était effectivement très jeune. Son nez suivait une courbe aussi prononcée que gracieuse. J'approchai très lentement un doigt de sa joue. Elle recula le visage, mais mon doigt l'accula contre le mur. La pointe de ce même doigt frôla sa joue, l'un de ces vilains boutons noirâtres. Eh bien, c'était peut-être une malade contagieuse, mais pas pour un étudiant de Bazoches, toujours attentif au moindre détail. Je touchai l'éruption, puis j'approchai le doigt de mes lèvres et le suçai.

De la framboise pilée. La rusée ! Non seulement elle obtenait du travail en feignant la maladie, mais de plus elle profitait d'un magnifique bouclier contre le viol. En se sentant découverte, sa pâleur vira au rouge irrité.

Bon, n'allez pas croire maintenant que je vais vous faire un petit discours sur les abus de la soldatesque. J'ai fréquenté trop de soldats dans une partie du monde pour ne pas les comprendre. Le soldat ordinaire naît et meurt pauvre. Et un homme armé a à sa portée des biens qui ne seraient jamais à lui sans le fusil qu'il porte à l'épaule. Le butin et la victime deviennent des objets sans défense, que seule protège la morale du pilleur en puissance. D'accord, violer des femmes sans défense est très laid. Je constate simplement que condamner les pillards est aussi facile qu'il est difficile de résister au pillage.

Non, je ne la violai pas. Peut-être parce que si vous avez été éduqué à Bazoches, vous finissez par traiter les femmes comme Vauban et non comme Coehoorn. Mais si j'en parle, c'est parce que mon cas est un exemple de ce qui arrivait dans toute la Catalogne occupée : en ces instants, des milliers de soldats entraient dans des granges comme celle-ci, avec une épée dans une main et une femme dans l'autre.

Le pays était trop petit pour loger tant de soldats dans les maisons. Des années plus tard, je rencontrai un type qui avait été le maire d'un village de huit cents âmes seulement, Banyoles. Presque toutes les vierges avaient été déflorées, et soixante-treize étaient enceintes. Quand le maire alla protester devant les autorités d'occupation, celles-ci eurent une réaction typique des bourboniens : elles arrêtèrent le maire. Même les Hollandais du XIe siècle ne souffrirent pas tant d'ignominie de la part des troupes du duc d'Albe.

Je l'interrogeai. Elle s'appelait Amelis. Elle n'était pas originaire de ce village de Beceite où nous nous trouvions. Alors, que faisait-elle là ? D'après ce qu'elle me raconta, elle suivait les armées en mouvement, exerçant mille métiers. J'allais insister, pour lui en soutirer davantage, lorsque tout commença.

Ce n'étaient pas des décharges concentrées, comme l'aurait fait une troupe régulière, mais plutôt une fusillade diffuse, ponctuée par des hurlements barbares. Si j'ai eu quelque chose en abondance, cela a toujours été la prudence des scarabées, aussi, au lieu de sortir, me rendis-je au fond de cette étable rectangulaire, avec Amelis en otage. Nous nous cachâmes dans un tas de paille, je lui recouvris la bouche de ma main et restai bien tranquille. Quoi qu'il arrive, je finirais par l'apprendre sans avoir besoin de jouer les héros. Et je ne tardai pas à savoir ce qui arrivait et qui venait. Soudain, un soldat en uniforme blanc entra, cherchant refuge. Il n'eut pas le temps de se cacher. Quelques miquelets apparurent immédiatement. Ils le tuèrent comme un chien, en lui tapant sur la tête, et ils s'en allèrent. Pendant qu'ils l'exécutaient, ma main, qui recouvrait la bouche d'Amelis, monta pour lui fermer les yeux. Elle fut assez aimable, et prudente, pour ne pas crier.

Ce fut le cas dont je vous disais que je l'avais vécu dans ma chair. Le côté imprévisible, irrationnel sur le plan militaire des miquelets, était plus évident que jamais dans des assauts comme ceux de Beceite. On leur avait donné une bonne raclée, ils avaient fui en laissant trente morts derrière eux et leur petit chef, Ballester, aux mains de l'ennemi. Qui pouvait s'attendre à ce que, moins d'une heure plus tard, ils contre-attaquent, contre des forces supérieures et sans un leader pour les diriger ? Ils revinrent, simplement, parce que Ballester était un chef très estimé et qu'ils voulaient le récupérer.

Les miquelets révélaient un principe fréquemment ignoré, mais envers lequel j'ai toujours eu beaucoup de respect : à la guerre, la folie bénéficie toujours du facteur surprise. Et ce jour-là, ils remportèrent la victoire ! Les officiers espagnols étaient dispersés, chacun dans une maison différente et le pantalon sur les chevilles. La troupe, distraite et sans direction. Je passai la tête par une fenêtre, avec toutes les précautions du monde. Au fond, sur la place du village, je vis Ballester en personne. Libre à nouveau, entouré des siens et égorgeant le capitaine qui l'interrogeait un moment plus tôt. Le capitaine, à genoux ; Ballester, derrière lui. D'une main, il lui souleva le menton, de l'autre il lui enfonça un couteau sur un côté du cou, le lui traversa de sa lame et lui trancha le cou d'une oreille à l'autre.

Inutile de dire à quel point cette jolie image me rendit nerveux. Pour Ballester, j'étais un maudit botiflero. S'il me coinçait, mieux valait ne pas penser à ce qu'il me ferait. La mort du capitaine me semblerait certainement des plus paisibles, car mourir proprement en se vidant de son sang était d'une douceur infinie comparé à l'ingéniosité des miquelets pour imaginer des tortures.

Tout ce que je pouvais faire était de me cacher et d'attendre la nuit. Alors je ficherais le camp de l'écurie. Nous restâmes allongés là pendant un bon moment, par terre, sous un tas de paille. Moi, collé dans le dos d'Amelis, tous deux emboîtés comme des cuillères. Ma joue contre la sienne, ma main de nouveau sur sa bouche, dans une intimité aussi absurde que forcée. Son cou sentait très bon et la paille m'apporta le souvenir de Jeanne. Tel est l'être humain : dehors, les gens se tuaient à coups de feu et à coups de couteau, je serais peut-être le prochain, et je ne pouvais malgré tout éviter que la silhouette habillée de ladite Amelis m'évoque celle de Jeanne nue.

La nuit tomba enfin. Allongé, je murmurai à l'oreille de ma beauté brune :

— Si je te lâche maintenant, tu vas me dénoncer et je les aurai tout de suite sur les talons. Tu vas venir un moment avec moi. Je veux juste sortir vivant d'ici. Sois sage, ensuite je te laisserai partir. Tu as compris ?

Elle fit signe que oui de la tête. J'ôtai ma main de ses lèvres. Au cas où, avant de la relâcher, je lui adressai la phrase la plus amoureuse du siècle :

— Si tu cries, je t'étrangle.

La porte donnait sur la rue, où je serais inévitablement découvert par un de ces assassins sans uniforme. La partie arrière de l'écurie, en revanche, était toute proche de la forêt. Je comptais sortir par une petite fenêtre donnant sur l'arrière. Le problème était de savoir comment. Elle était trop étroite pour que nous passions tous les deux en même temps. Si elle y allait la première, quand elle tomberait de l'autre côté, elle se mettrait à courir et à crier. Si je traversais le premier, elle ferait demi-tour pendant que je m'y introduisais. C'était une fille intelligente, et elle comprit mon problème sans que j'eusse besoin de l'expliquer :

— Va-t'en une bonne fois pour toutes, murmura-t-elle, plus excédée qu'hostile. Pourquoi me soucierais-je de te faire tuer ? Je ne dirai rien à personne.

— Je ne te crois pas.

Je la pris par les hanches, la poussai par la petite fenêtre et passai avec elle, coude à coude. Il s'agissait d'un mur en pisé beaucoup plus épais que la normale, peut-être pour maintenir la fraîcheur. Le problème était que cette fenêtre se transforma en un tube de pisé de presque un mètre de long. Nos corps restèrent coincés bras en avant, têtes en dehors, ventres écrasés dans le tube en pisé et les quatre pieds en l'air, derrière.

— Ne t'inquiète pas, j'ai étudié dans un endroit où l'on apprenait à résoudre ce genre de cas, dis-je.

— Ah, oui ? protesta-t-elle. Tu parles d'un étudiant !

— Écoute, d'après la théorie anatomique, si les épaules passent par le trou d'une tranchée ou d'une mine, tout le corps passe. Si la cavité est trop étroite, il faut juste se déboîter une épaule. Une fois sorti, on la remet en place et voilà.

Ses yeux immenses se dilatèrent encore :

— Tu vas te déboîter une épaule ?

— Non, bien sûr que non, mais la tienne, répondis-je. Après, je te la remettrai. Ce sera facile, parce que j'aurai les mains libres et je sais comment faire.

Elle commença à me donner des coups de poing sur la tête.

— Tu me tripotes depuis des heures et maintenant tu veux me casser le dos. Tu ne vas plus me toucher, ni l'épaule ni rien !

Je lui masquai la bouche :

— Tais-toi !

Je ne sais pas comment nous y parvînmes. Je crois me rappeler avoir arraché les montants en bois de la fenêtre, ce qui agrandit un peu l'espace, et nous nous faufilâmes comme des lézards dépourvus d'os. Nous tombâmes de l'autre côté, je la relevai en la tirant par une main et nous nous enfonçâmes dans la forêt.

Beceite était corsetée par des montagnes d'une beauté labyrinthique qui servaient de refuge aux groupes de miquelets. L'armée des Deux Couronnes se trouvait au sud-est. Je suivis cette direction.

C'était une forêt de pins pas très épaisse, et la pleine lune la baignait d'une lumière ambrée. Pour les grillons, il n'y a jamais de guerre, et la fraîcheur de la nuit nous libérait de l'été. Si ce groupe d'égorgeurs insensés n'avait pas été si près cela aurait même pu constituer une promenade nocturne des plus agréables. Quand nous nous trouvâmes à une distance prudente, j'osai parler à voix haute.

— Tu as de ces petits amis ! remarquai-je. Tu as vu le pauvre soldat qui est entré dans l'écurie ? Ils l'ont tué à coups de bâton pour économiser une foutue balle.

Elle marchait encore à mes côtés mais sans dissimuler qu'elle désirait me perdre de vue le plus tôt possible.

— Je n'ai pas d'amis, dit-elle. Et même si c'était le cas, qu'est-ce que tu leur reproches ? De faire la guerre des pauvres ?

— Un pauvre n'est pas obligé d'être barbare, répliquai-je.

— Au moins, ils ne violent pas les femmes de l'ennemi.

— Moi non plus ! me défendis-je. Et sache que je suis ingénieur. Les professionnels, ingénieurs ou militaires, se doivent à celui qui les a engagés, quelque roi que ce soit et pendant toute la durée du contrat, c'est tout. Le berceau ne nous attache pas à tel ou tel souverain, c'est là notre privilège. Aujourd'hui, je peux servir le roi de France, et demain, celui de Suède ou de Prusse, sans que personne ne puisse me qualifier de traître ni de déserteur, de la même façon que cela ne surprend personne que la grenouille traverse la rivière en sautant de pierre en pierre.

— Pour les miquelets, tu es un bourbonien. Et si les bourboniens pendent leurs parents et leurs enfants, cela t'étonne qu'ils veuillent te tuer ?

— On me paie pour créer des ouvrages d'ingénierie, dis-je. Pour être sincère, je me fiche des bourboniens et des autrichistes, de ce parti ou d'un autre.

Elle s'arrêta soudain. Elle regarda autour d'elle avec un sourire et demanda :

— Tu n'entends pas ?

Un changement de sujet aussi abrupt me surprit, mais je répondis :

— Tu as raison, marcher dans une forêt de pins, c'est très ennuyeux, je suppose qu'il serait inutile de te demander de cesser de marcher sur des pommes de pin sèches, qui craquent comme l'enfer et s'entendent de l'autre côté de la colline.

— Non, ingénieur, je veux parler de la musique, m'interrompit-elle, attentive à la forêt.

De la musique ? Là-bas, bien sûr, on n'entendait pas d'autres sons que ceux de la nuit. Était-elle folle ? Son teint blanc acquérait un ton irréel sous la lumière de cette lune d'été. Je pensai qu'elle voulait peut-être parler de nous. Nous avions mal commencé, mais cette forêt nocturne adoucissait tout. Ou peut-être pas tout : je passai un bras autour de sa taille, elle s'esquiva tout de suite et se retourna.

En partant, elle m'adressa un sourire presque triste :

— Non, tu ne l'entends pas. Adieu, grand ingénieur.

Quand elle eut disparu, son odeur flotta encore un moment à travers l'épaisseur de la forêt. Et vous voulez savoir ? Même à ce moment, je ne fus même pas sûr qu'elle se fût moquée de moi ou qu'il y eût autre chose.

Je marchai toute la nuit afin de m'éloigner le plus rapidement possible de Beceite, cette tanière de miquelets. Aux premières lumières, je me postai sur l'un des gros rochers qui mouchetaient la région. D'où j'étais allongé, je pouvais voir le chemin sans être vu. Je passai un bon moment à réfléchir à ce qui s'était passé. Dans ces moments-là, on constate l'infinie supériorité de l'amour sur l'horreur car ma tête fuyait les visions de mort pour revenir régulièrement vers cette fille, Amelis.

Après Jeanne, aucune beauté ne m'avait autant ému. Et vous conviendrez avec moi qu'Amelis partait avec un handicap, car Jeanne s'était toujours mue dans un environnement de cosmétiques aristocratiques, alors que j'avais connu Amelis sous un grossier foulard et déguisée en pestiférée. Où avait-elle pu aller ? À ses derniers mots, tout était envisageable, y compris qu'elle fût une espionne, peut-être pour les deux camps. Ils finiraient certainement par la pendre.

Vers le milieu de la matinée, je vis un petit nuage de poussière à l'horizon. Je crois que ce fut la première et la dernière fois de ma vie que je me réjouis de voir un détachement de cavalerie bourbonienne. Ceux-là au moins n'allaient pas me traiter comme l'auraient fait les miquelets ! Du haut du rocher, je leur fis des signes avec mon chapeau et je descendis de mon rocher.

Ils étaient sous le commandement d'un capitaine à l'uniforme si poussiéreux que le blanc avait viré au gris.

— Espagnol ou français ? me demanda-t-il du haut de son cheval.

— Homme en vie, par miracle ! criai-je en m'approchant à toute vitesse. Sortez-moi de là, merde !

12

L'armée qui attaquerait Tortosa était sous le commandement du duc d'Orléans, neveu du Monstre en personne. Il disposait de vingt-cinq mille hommes et d'un prodigieux train d'artillerie.

Ainsi, après tant d'aventures, j'allais enfin participer à un siège en bonne et due forme. Je ne nierai pas que mon esprit s'agita. J'allais peut-être surmonter l'échec de Bazoches, me racheter, devenir ingénieur. Deux ans s'étaient écoulés, les plus intenses de ma courte vie, à m'efforcer d'être un *maganon*, d'en acquérir le savoir et la hauteur morale. Songez que pour un gamin de seize ans, vingt-quatre mois représentent une tranche de vie considérable. Ainsi, quand j'avais des doutes, je remontais ma manche droite. Je méditais en contemplant mes cinq Points sous différentes lumières, celle du soleil levant et celle de la pleine lune, sous le soleil ardent de midi et sous la douce lueur violette du crépuscule. Et Dieu que mes tatouages étaient beaux, ces cinq Points sacrés. Je ne pouvais pas abandonner. Tortosa impliquait la possibilité de découvrir un Mot qui m'éclairerait.

L'armée bourbonienne avait établi son campement le 12 juin devant Tortosa et j'arrivai le lendemain. Je rejoignis la brigade d'ingénieurs comme auxiliaire. J'avais de surcroît une utilité supplémentaire parce que je parlais espagnol et français, je pouvais donc servir d'agent de liaison entre les deux armées.

Dans l'armée française, les relations familiales s'avèrent encore plus décisives que dans celles du reste de l'Europe, et la brigade d'ingénieurs était sous les ordres d'un cousin du duc d'Orléans. Plus flegmatique que languide, homme inoffensif, mince, aussi heureux qu'absent, aux goûts, au port et à la beauté maniérés, sans que cela indiquât ses préférences charnelles, il passait ses journées sous sa splendide tente de campagne, digne de Darius le Grand. La toile était ornée de grands dessins en cachemire, et le toit épousait la forme d'un bulbe d'oignon, comme les églises orthodoxes. Cette tente était aussi spacieuse que fastueuse ; il y tenait ses innombrables bombances nocturnes dont la seule limite était les remontrances de son cousin. Il exagérait parfois dans son amour pour tous les plaisirs, qui passaient par le recrutement *en masse* de prostituées dans les villages que traversait l'armée, parmi lesquelles d'ex-nonnes. Les curés espagnols se plaignaient à Orléans, qui s'empressait de le rappeler à l'ordre afin d'éviter le scandale. Les perruques et les parfums constituaient sa grande faiblesse. Il adorait essayer des douzaines de perruques devant un grand miroir. Quant aux parfums, ils lui arrivaient par courrier spécial. Toujours très capiteux. De puissantes odeurs asiatiques annonçaient son arrivée.

Il avait la tête à Versailles et supportait cette promenade dans le sud avec une sorte de résignation ironique. Il se contentait de faire passer le temps, afin de revenir à Paris avec le mérite d'avoir servi *dans l'armée royale*. Quant à ses rapports avec l'ingénierie, disons que c'étaient les mêmes que ceux d'un poisson de jardin avec son environnement : vivre dans un étang n'implique pas de comprendre l'eau. Le fait même que je ne me souvienne pas de son nom illustre parfaitement son importance. Appelons-le l'Oublié.

Je reconnais qu'une des qualités de l'Oublié était que l'on pouvait se montrer sincère et lui dire en face toutes les vérités, ce qui était peu fréquent chez les aristocrates français. Le motif de cette tolérance envers la franchise n'était certes guère élevé. Pourquoi supporta-t-il toutes mes critiques, suggestions et récriminations ? Eh bien parce que j'étais un moins que rien. Il me traitait exactement comme les mouches qui, en cet été infâme, pullulaient.

Et maintenant, mon avis vaut ce qu'il vaut, mais depuis le premier jour, ce siège me sembla être un désastre complet.

Je suis le premier à admettre que la guerre a toujours été et sera toujours l'art de gérer carences et imperfections. Aucun commandant n'a pu diriger une campagne, ou un siège, dans des conditions optimales. Au contraire. Il manquera toujours telle ou telle chose. L'homme d'armes, ou l'ingénieur qui conçoit les sièges, doit savoir improviser, se contenter de ce qui est à sa portée et en tirer le meilleur parti (et escompter que l'ennemi est comme lui ou pire). Vauban le savait, aussi les Ducroix m'instruisirent-ils dans toutes les techniques, oui, mais toujours en m'inculquant qu'elles étaient subordonnées à une maxime : le *débrouillez-vous* !

Mais même en attaquant les hasards et les limites de la guerre, Tortosa fut la pure négation de tout ce que j'avais appris à Bazoches. Comme exemple, elle aurait même une valeur pédagogique, car Tortosa apprenait à un ingénieur tout ce qu'on ne devait pas faire lors d'un siège. Et dans un siège, l'ineptie se paie avec du sang.

Un exemple. Le premier jour, le tout premier jour de mes études de poliorcétique, les Ducroix gravèrent dans ma mémoire les *Trente maximes générales* de Vauban qui dirigeaient toute attaque d'une forteresse. Vous voulez connaître la première de toutes ? Je vais vous le dire.

Être toujours bien informé de la force des garnisons avant que de déterminer les attaques.

Eh bien, les calculs sur les forces qui défendaient Tortosa se révélèrent inutiles. Orléans savait que quatre mille cinq cents soldats, parmi lesquels des Anglais, des Hollandais et des Portugais, en protégeaient les murs. Il s'agissait de lambeaux de troupes alliées survivantes d'Almansa. Mais quand le combat commença, nous nous rendîmes compte que les forces alliées se multipliaient : la population les appuyait avec un enthousiasme dont même les soldats ne témoignaient pas. Mille cinq cents civils de la milice locale avaient rejoint les troupes régulières, et la population les assistait en tous points. Les femmes bandaient leurs blessures et les enfants apportaient des cruches d'eau dans les bastions. J'en étais le plus surpris. Pourquoi ne restaient-ils pas chez eux en attendant que tout fût terminé ? Pourquoi de simples paysans, qui ne s'intéressaient pas aux affaires dynastiques, assumaient-ils tous les risques du combat et les futures représailles en cas de défaite ? Quelle taupe, je ne comprenais toujours pas que cela allait être la guerre de la fin du monde. Du moins pour les Catalans.

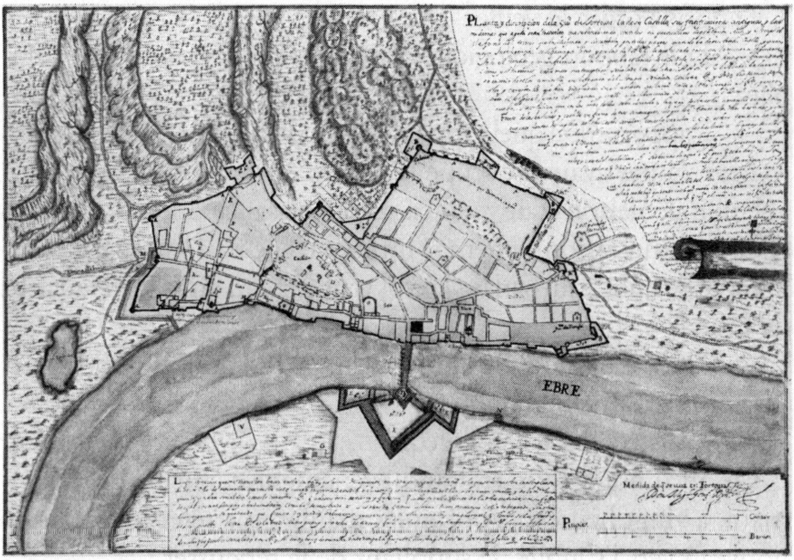

Au regard de l'ingénieur, Tortosa était une ville très particulière. Elle avait toujours constitué un point stratégique et une frontière militaire, on y observait donc les formes superposées de tous les styles de fortification, depuis la muraille arabe jusqu'aux bastions nouveau modèle. La ville s'était établie de part et d'autre de l'Èbre, près de son embouchure. On comprendra ainsi sa valeur stratégique. Effectivement, elle était construite sur la rive ouest, un bastion protégeant la côte est. Et elle était fichtrement bien fortifiée. Les meilleurs ingénieurs autrichistes avaient travaillé à ses défenses, les préparant pour un siège qu'ils jugèrent à raison inévitable après Almansa. La majeure partie de ses murailles étaient modernes, avec un angle très aigu. Dans certains secteurs, elles étaient fermées par des églises, que ses ingénieurs n'avaient eu aucun scrupule à transformer en bastions improvisés.

Il n'est pas étonnant qu'Orléans soit tombé sur des défenses si bien préparées. Qui dominerait Tortosa contrôlerait le cours fluvial le plus important de Catalogne, et toutes les routes au sud du pays.

Nous ouvrîmes une tranchée le 20 juillet. Comme je l'ai expliqué au cours des premiers chapitres, "ouvrir une tranchée" est l'acte fondateur de l'attaque d'une place forte. Une fois le point d'attaque déterminé, on ne peut plus reculer. Défaite totale pour l'assiégé ou infamie militaire pour l'assiégeant.

J'appris l'ordre la veille.

— Et le rapport géologique, *monseigneur* ? demandai-je à l'Oublié.

— Rapport ? De quel rapport parlez-vous, mon cher assistant ?

Les troupes avaient occupé le terrain entourant la place, mais aucun ingénieur n'était venu en reconnaissance. En fait, leur brigade avait un raisonnement si limité qu'elle avait du mal à comprendre de quoi je lui parlais. Je crus tout d'abord qu'ils se moquaient de moi :

— Nous allons ouvrir une tranchée sans données géologiques du périmètre ? demandai-je.

— Vous êtes fort méticuleux.

On m'annonça que le grand événement aurait lieu le lendemain, à vingt heures. Je portai les mains à ma tête. Je courus de nouveau vers l'Oublié, le suppliant de le repousser :

— Monsieur, j'ai entendu que nous allions ouvrir une tranchée demain, à vingt heures.

L'homme était sous sa tente, comme toujours, assis devant un miroir, et en train d'essayer une perruque blonde.

— Et vous avez bien entendu, mon cher assistant. Nous aurons ainsi toute la nuit pour la creuser, à l'abri de l'obscurité, répliqua-t-il sans m'adresser un regard.

— Mais ce n'est guère recommandable, monsieur.

— Je vous écoute.

— Nous n'attaquons pas une forteresse au septentrion hollandais. Il s'agit de la Méditerranée, et nous sommes au mois de juin : à vingt heures, il fait encore jour.

— Vous appartenez à l'espèce des pessimistes, pour ne pas dire des alarmistes.

Et l'Oublié appartenait à l'espèce des esprits flous, pour ne pas dire des opportunistes ! Vous allez comprendre tout de suite pourquoi.

Ouvrir une tranchée était toujours une opération des plus délicates. On mobilisait des milliers de soldats, reconvertis en manœuvres, qui, à l'abri de l'obscurité, s'alignaient rigoureusement sur des points prédéterminés : rangées de pieux reliés par une traînée de chaux. (J'avais moi-même participé à l'opération consistant à ficher les pieux, à quatre pattes et mort de peur.) Plus la tranchée était près de la place, plus l'on économisait de journées d'excavation. Mais en contrepartie, plus l'ouvrage commencerait près des murailles, plus il serait découvert facilement. La troupe ne pouvait pas encore se réfugier sous terre pour la simple raison qu'elle commençait à creuser, et normalement la tranchée s'ouvrait à la limite de la portée du canon.

Chaque homme transportait une pelle ou une pioche, et des milliers de ces énormes paniers en osier appelés fascines étaient déjà prêts. À un signal donné, cette longue file commençait à creuser aussi silencieusement que possible. L'homme se plaçait derrière la fascine, qui se remplissait aux premiers coups de pelle. De la sorte, il obtenait un premier parapet en quelques minutes, aussi précaire fût-il.

Mais seule une troupe très disciplinée, ou qui aurait commencé les travaux à une bonne distance de sécurité, pouvait se déplacer sans être détectée ou sans risques. Comme c'était à prévoir, les sentinelles de l'ennemi nous virent, nous entendirent, et je crois qu'elles nous sentirent à cause du patchouli de l'Oublié. Et arriva ce qui devait arriver.

Le crépuscule du ponant catalan possède une intensité propre et écrasante ; l'agonie du jour explose dans un ciel revêtu de nuances de bleu océan et d'un ambre rougeoyant. Il restait une frange de lumière grenat à l'horizon lorsque nous commençâmes à recevoir les coups de canon.

À Tortosa, les alliés comptaient une cinquantaine de pièces de tous les calibres, qui se mirent immédiatement à nous bombarder. Les deux mille deux cents sapeurs se transformèrent en deux mille cent, puis en deux mille. Dans une chronique du siège, j'ai lu que cette nuit de terreur était résumée par cette jolie phrase : "Le canon des assiégés joua avec bonheur." Eh bien les historiens pourraient réserver le terme "bonheur" pour décrire des nuits de noces royales !

Cela n'aurait pas pu être pire. Et tout ce qui pouvait mal tourner dans un siège, d'après les prédictions de Vauban, tourna mal. Autre exemple :

En règle générale, les commandants d'artillerie sont des fanatiques des explosions. À la première occasion, ils sortent leurs canons et se mettent à tirer avec une joie enfantine. Voilà ce qui arriva à Tortosa. Nous n'avions pas encore terminé de creuser la première parallèle que le chef de l'artillerie était là, ordonnant d'installer cette même nuit quinze canons et six mortiers dans des positions que nous n'avions même pas commencé à creuser. Le problème est que la première parallèle se construit à environ mille ou mille deux cents mètres de l'enceinte fortifiée, et à cette distance, les canons ne l'égratignent même pas. Pour peu que les pièces soient assez précises pour atteindre un pan de muraille ou un bastion. Nous utilisâmes des quintaux de poudre et de munitions pour rien. J'élevai une plainte ; l'Oublié ne m'écouta même pas. Quelle importance, pour lui ? Le commandant d'artillerie était un excellent noceur, et aucun des deux ne payait de sa poche la facture de poudre.

Quand l'excavation avança, nous découvrîmes d'énormes pierres souterraines. Certains rochers semblaient avoir été placés là par l'ennemi afin de faire obstacle à l'avancée de la tranchée. Pour les plus gros, nous dûmes recourir à des charges d'explosifs. Mais celles-ci faisaient disparaître une section entière de la tranchée, y compris les parapets de fascines qui nous protégeaient du feu ennemi, puis qu'il fallait reconstruire. Et mes supérieurs s'étaient moqués du rapport géologique !

Ce fut aussi à Tortosa que je pus constater un point sur lequel Vauban avait attiré mon attention : les sapeurs boivent comme des cosaques, se saoulent et se font tuer. La tête d'une sape avance grâce à des escouades de huit, dix hommes au maximum. Dans l'étroitesse d'une tranchée, aussi grandiloquent soit l'ouvrage, il n'en tient pas plus. L'ennemi le sait et y concentre une bonne partie de son feu.

Les sapeurs sont le corps qui subit le plus grand nombre de pertes. Aussi bien payés soient-ils, ou même si les escouades sont relevées toutes les trois ou quatre heures, la tension finit par avoir raison de leurs nerfs. Afin de résister, ils boivent tant et plus.

Pour un jeune ingénieur tel que moi, Tortosa mit en évidence l'écart entre les leçons et la réalité. Le mantelet, par exemple. Si vous observez des images d'un siège, il y a toujours une brouette à la tête d'une sape, un engin à deux roues pourvu d'un panneau en bois. Le sapeur le plus avancé l'utilise comme bouclier. Bien, oubliez donc le mantelet. Je vous assure que le niais qui les dessine n'a jamais vu un siège. Je me rappelle un seul siège où il a été utilisé, et ce fut parce qu'un petit malin tout juste sorti de l'académie l'avait imposé à ses sapeurs. Les escouades de vétérans détestent les mantelets. Pourquoi ? Eh bien, parce que les assiégés deviennent fous quand ils en voient un, il représente la tête du dragon ennemi et ils tirent dessus jusqu'à épuisement.

Mais de toutes les contradictions entre les études et la pratique, le plus surprenant était peut-être quelque chose à quoi personne n'avait fait allusion pendant ma formation : l'humanité qui s'interposait volontairement dans la bataille.

Dans le monde de Vauban, le civil et le militaire étaient des domaines aussi compacts que séparés. La dernière chose à laquelle je m'attendais était que la Tranchée d'Attaque, à mesure qu'elle se transformait en une complexe toile d'araignée faite de passages et de catacombes à ras de terre, fût envahie par l'élément civil. Prostituées, vendeurs ambulants, de tout. Circulant comme si les parallèles avaient été les grandes avenues d'une ville et les embranchements de communication, des rues et des ruelles.

Naturellement, à mesure que la tranchée s'approchait des murailles et que le feu des assiégés s'intensifiait, le personnel étranger à la troupe diminuait. Mais même à l'avant-garde la plus exposée, pullulaient des douzaines de types dont je ne savais jamais très bien ce qu'ils faisaient là. Surtout les curés. Tout le monde avait quelque chose à offrir. Les putains, du sexe rapide, appuyées dans un coin, les jambes écartées, le con à l'air et soulevant leur jupe à chaque fois qu'il passait quelqu'un ; les vendeurs, un casse-croûte qui améliorait la gamelle, toujours si ennuyeuse. En réalité, les corps de métiers qui descendaient dans la tranchée étaient presque infinis. Cordonniers, joueurs professionnels, barbiers, épouilleurs, tailleurs raccommodeurs, prostitués masculins, gitanes, ce que vous voudrez. Vauban n'aurait jamais toléré ce pitoyable spectacle. Mais il possédait une autorité hors du commun. Et Orléans était un coehoornien qui ne croyait pas à l'infrastructure d'un siège. Je crois qu'il n'ouvrit une tranchée que pour permettre à son cousin l'Oublié de s'en attribuer le mérite à Versailles.

Pour moi ce fut une véritable leçon de constater la façon dont l'humain parasite et s'empare de la dimension plutonienne. Ce fut là, dans la tranchée de Tortosa, que je connus deux créatures effrayantes, le plus semblables possible à des êtres d'un autre monde.

L'enfant devait avoir tout au plus six ou sept ans. Même un animal aurait été habillé plus décemment. Pieds nus, le pantalon déchiré, en lambeaux, qui découvrait ses jambes des genoux aux pieds, et une chemise qui avait peut-être été blanche un jour, maintenant grise de cendres et d'aventures. Et les cheveux, mon Dieu, ces cheveux. Ils étaient si crasseux que ses mèches blondes constituaient des paquets rêches et en forme de queues de rat. Collé à lui, un autre être de légende : un nain vêtu de vieux habits de foire ambulante. Il avait les traits contractés dans une sorte de constipation mentale, comme tous ses semblables. Mais ses grimaces compulsives indiquaient de surcroît une perturbation. Malgré tout, le plus extraordinaire était l'entonnoir qui le couronnait. Une pièce de métal de grande taille et ventrue, son extrémité pointue se dressant fièrement sur sa tête. On ne savait pas très bien si l'entonnoir s'emboîtait dans le nain ou si c'était l'inverse. Enfant et nain avaient la même taille.

Je me rappellerai toujours les premiers mots que j'adressai au garçon. Je le pris par le col de sa chemise et lui demandai :

— Eh, toi ! Où est ton père ?

Père ? Il me regarda comme si je lui avais parlé en chinois. Son catalan était émaillé d'un peu de castillan et de beaucoup de français. Quant au nain, il préférait les grognements. L'enfant s'appelait Anfán ; le nain, Nan. Leurs noms étaient le reflet de leur biographie. Anfán n'était autre que la transcription du terme français *enfant*. On pouvait supposer que ses premières années avaient dû se dérouler dans un campement militaire français où les hommes appelaient cette créature errante simplement *enfant*. De son côté, Nan venait du terme catalan *nan* pour "nain". Il ne faisait aucun doute qu'Anfán était un orphelin perdu. Depuis des décennies, la Catalogne vivait un état de guerre quasi permanent. Ses parents ayant succombé à la nature ou à un assassin, Anfán devint l'un des nombreux déchets à la dérive. Quant au nain, son nom constituait son résumé et son mystère. Comment était-il arrivé là et d'où venait-il ? On ne le saurait jamais. Ni son intelligence ni son langage, également limités, ne permettaient de le déduire. La seule chose certaine était que l'enfant lui vouait un amour inouï, tenace, sans faille. Dans leurs escapades à travers la tranchée, Anfán le protégeait et l'aidait, et une fois où il avait perdu le nain dans ce labyrinthe, on le vit au bord du désespoir. Il le chercha frénétiquement et, à l'instant où il le trouva et qu'ils se fondirent dans une étreinte, ils éclatèrent tous deux en larmes.

Une nuit, je les surpris pendant qu'ils dormaient sans défense dans leur tanière, un trou perpendiculaire à la première parallèle semblable à l'entrée d'une catacombe, où l'on stockait des centaines de caisses de munitions vides, de la taille d'un cercueil. Je vis des ombres, j'entrai. Ils étaient là. Leur lit, une vieille natte, se cachait au fond de la cavité, parmi les déchets. Ils dormaient dans les bras l'un de l'autre, étrangers au fracas de l'artillerie à l'extérieur.

Anfán émettait un doux ronronnement, un bras protecteur passé en travers de la poitrine du nain. Je m'apprêtais à leur faire la peur de leur vie. Mais au dernier moment, quelque chose me retint : les pieds nus d'Anfán. Je pris un de ses petits pieds entre mes mains. Je l'examinai avec l'attention de la salle sphérique. La plante était une zone tellement couverte de cicatrices que l'on pouvait y suivre les rudes trajets de sa courte vie. Je me laissai dominer par mes sentiments, ce qui est toujours une erreur chez un ingénieur. Je ne voulais pas me prendre d'affection pour eux et je fus incapable de les déranger.

Il y a quelque chose d'infiniment sacré dans la respiration d'un enfant qui dort, comme si à travers elle, la nature avait voulu m'avertir qu'il n'y aurait pas de pardon pour ceux qui la troublaient. Je me contentai de les recouvrir de cette toile douce des sacs de munitions, et je m'en allai.

Dans cette phase du siège, nous n'étions pas encore parvenus à la troisième parallèle. La majeure partie des civils intrus ne dépassaient pas la première. Il était normal que même le commerçant le plus avaricieux ne parvînt pas à la deuxième, où les projectiles atteignaient plus souvent leur but, et qui se trouvait déjà à la portée des armes légères.

Un jour, à l'avant-garde de la sape, je faisais des calculs avec les tables de logarithmes et le périscope. Ah, oui, le périscope. Ce tube avec des verres épais et en forme de⅃, si utile pour observer les murailles depuis la tranchée, et qui avait pour cette raison toujours attiré le feu ennemi. Le plus discret consiste à le laisser dépasser d'un trou dans la terre qui unit deux fascines. Malheureusement, entre les murs de Tortosa, il y avait un salopard parmi les alliés, Hollandais ou Portugais, qui suivait la discrète ligne de progression de la tranchée avec une longue-vue, et avec un flair spécial pour les périscopes. Longue-vue contre périscope. Voilà la guerre de tranchée. J'ai passé la moitié de ma vie à lutter dans le parti du périscope, et l'autre dans celui de la longue-vue. Un officier ennemi ordonna de me tirer dessus avec une pièce de vingt. *Boum !* Elle éclata juste entre deux grands paniers d'osier au-dessus de moi, faisant tout exploser dans un éclair orange. Je ne fus sauvé que parce que je m'étais baissé à ce moment-là, notant des distances sur la table, le cou incliné. Des sapeurs qui passaient par là me dégagèrent de l'avalanche de terre, de poutres et de décombres.

Je me débarrassai de mes sauveteurs de la façon la plus injuste et la plus ingrate, en criant et en donnant des bourrades. Le périscope, cette pièce de si grande valeur, était brisé. Cela me contraria encore plus. Seul un vieux sapeur parvint à me faire retrouver la raison. Il arrêta net ma saute d'humeur :

— Calme-toi, petit. C'est un miracle que tu sois encore en vie. Va à l'arrière-garde, bois quelque chose de fort et fais-toi recoudre.

L'homme avait raison, ce qui ne m'empêcha pas de partir d'une humeur de chien. Dans cet état d'esprit, et le visage plus noir qu'un tisonnier, je me dirigeai vers l'arrière-garde. J'aperçus alors ce duo, Anfán et Nan, qui faisait des siennes.

Le circuit d'une tranchée d'attaque inclut de multiples ouvertures latérales : dépôts pour les munitions ou le matériel de construction, mauvaises entrées abandonnées, drainages, faux embranchements afin de désorienter les observateurs ennemis, zones de repos et de stockage, ou ramifications qui conduisent aux plateformes pour les pièces d'artillerie. Dans l'un de ces orifices se trouvait Anfán : à genoux, suçant un soldat.

Pourquoi cet acte si mineur m'indigna-t-il autant ? Je sais juste que je poussai des cris d'orfraie :

— Je vais t'envoyer aux galères, sale porc !

Le soldat prit peur. Un type très exalté l'injuriait, les yeux blancs et exorbités, au milieu d'un visage entièrement noir et couvert de terre rougeâtre. Alors je me rendis compte que le nain se trouvait derrière le soldat. En m'entendant, il s'enfuit, suivi de l'enfant. Et les mains pleines.

— Imbécile ! dis-je au soldat. Ils viennent de te voler ta bourse. C'est bien fait pour toi !

Je partis en courant derrière Nan et Anfán. Sans aucun succès, bien entendu.

Après l'ouverture de la deuxième parallèle, les mortiers et canons des assiégeants et des assiégés se bombardaient mutuellement vingt-quatre heures sur vingt-quatre. Les défenseurs de Tortosa tentaient d'empêcher les progrès de la sape et de détruire nos pièces ; depuis la tranchée, nous tentions de détruire les leurs et d'ouvrir des brèches dans la muraille. La fusillade de la place était si intense qu'elle rebondissait sur le parapet de fascines dans un bruit de grêle. Certaines balles tombaient juste au bord et rebondissaient sur nous avec force.

Pour une raison incompréhensible, au sud de la Catalogne, l'été peut être plus suffocant que dans le sud de l'Andalousie. Si nous ajoutons à cela une des douzaines de cadavres imprudents à l'extérieur de la tranchée, que personne n'osait ensevelir même la nuit, vous pouvez imaginer les nuages d'insectes pernicieux qui nous survolaient. Quelle grande invention que le langage des signes ! Entre ingénieurs, nous ne communiquions pas autrement. Et pourquoi ? Eh bien, parce que si on disait un mot plus long que *oui*, vingt mouches s'engouffraient dans notre bouche.

Quant à Nan et Anfán, je les poursuivis jour et nuit, en vain. Impossible de les rattraper. Ils couraient comme des lézards à six pattes, et ils savaient toujours où se trouvait la meilleure bifurcation pour se perdre.

J'optai pour une tentative de pacte. Une fois, nous nous retrouvâmes par hasard sur un tronçon particulièrement long et rectiligne de la tranchée, eux à une extrémité et moi à l'autre, et, avant qu'ils s'enfuient, je leur fis savoir que je ne voulais pas les attraper. Je déposai un papier plié en triangle, par terre. À distance, je leur dis que c'était un passeport pour leur permettre de venir sous ma tente. S'ils le faisaient, je les récompenserais par des barres de chocolat. Puis je me retirai pour qu'ils puissent ramasser le papier.

Cela ne servit à rien. Peut-être ne me faisaient-ils pas confiance, mais le plus probable est qu'ils aient été vaincus par leur tendance naturelle. Ils étaient nés pour être des rats de tranchée, voler et fuir.

Quelques jours plus tard, ils tombèrent enfin entre mes mains. Par chance, je les croisai juste avant d'emprunter un angle très aigu, et ils n'eurent pas le temps de s'échapper. Le nain s'esquiva, mais je tenais solidement Anfán. Je le pris sous le bras, tandis qu'il criait et donnait des coups de pied.

— Tais-toi ! Je vais m'arranger pour qu'on ne te voie plus jamais par ici, dis-je.

Il parvint quand même à se libérer. Il se mit à courir, Zuvi Longues-Jambes à ses trousses. Je bondis et le saisis à la cheville. Nous roulâmes sur le sol de la deuxième parallèle.

Nous étions ainsi, emmêlés dans cette lutte puérile, quand apparut un grand type. J'étais en train de neutraliser Anfán qui m'avait pris au collet et ne lui prêtai guère attention.

— Vous ! m'apostropha-t-il d'une voix de dogue. On ne salue plus les généraux, dans cette armée ?

Et il me désigna d'un doigt le ruban qui lui ceignait la taille pour indiquer son grade. Il devait frôler la cinquantaine. Il avait un visage aux joues fortes, épaisses. J'étais par terre et, depuis ma perspective de ver de terre, son corps éclipsait le soleil. Je me relevai. Et si j'avais su alors l'importance que cet homme allait avoir dans ma vie, je vous assure que je ne lui aurais pas répondu de façon aussi inconsistante.

— Excusez-moi, mon général, je ne vous avais pas vu. Maintenant, avec votre permission, je tente de mettre de l'ordre dans la tranchée.

Je n'avais pratiquement de rapports qu'avec le personnel français, et je dois reconnaître que j'avais acquis une bonne partie de ses préjugés. Ils méprisaient leurs alliés espagnols. Ils les considéraient comme une armée de mendiants mal organisés et dirigés de la pire manière. Et ils avaient raison. Ce militaire n'apprécia pas mon mépris. Inutile de préciser qu'avec un général français, mon attitude aurait été très différente, et il s'en aperçut.

Je m'apprêtais déjà à poursuivre mon chemin en tenant Anfán par le col, quand le gros général m'arrêta en me posant une main sur la poitrine. Il m'avait découvert en train de lutter contre un enfant qui gémissait, résistait et tentait de s'enfuir. Que pouvait-il penser ? Je le regardai dans les yeux et je sus. Il me saisit par la chemise et me colla contre un mur ! Et il cria, le visage tout près du mien :

— Je connais parfaitement ceux de ton espèce ! Tu aimes abuser des orphelins de tranchée, n'est-ce pas ?

— Moi ??? fis-je, pris dans ses grosses pattes. Mais je dois être le seul de toute l'armée à essayer d'empêcher les abus dont vous parlez !

Pour finir d'arranger les choses, Anfán se mit à pleurer comme une madeleine. Et je dois dire qu'il faisait tellement bien semblant que, en d'autres circonstances, je me serais moi aussi laissé attendrir. Il parla dans son mélange de catalan, de français et d'un peu de castillan, même s'il n'était guère nécessaire de connaître de nombreuses langues pour comprendre ce qu'il disait : que j'étais un satyre des profondeurs terrestres, que je l'avais obligé à me sucer, tout ça. Il se mit à genoux, et dans un finale mémorable, il leva les yeux au ciel pendant que deux larmes dessinaient un sillon sur ses joues sales, demandant au Tout-Puissant de le délivrer de cette vie de malheurs. Même ses mèches blondes faisaient peine à voir. À six ans, même Martí Zuviría n'était pas un aussi fieffé coquin ! Je protestai, il ne manquait plus que ça, mais le général espagnol me serrait le cou avec une force taurine :

— Taisez-vous, porc répugnant ! Comment peut-il exister un être aussi vil qu'il jouisse d'offenser la sainte enfance ? me criait-il, et d'un geste il dicta sa sentence : À quoi bon parler ? Tout est dit.

C'était un type si grand et costaud que sa silhouette, dans l'exiguïté de la tranchée, masquait sa suite d'assistants espagnols. Au bout d'un moment, tout le monde me tomba dessus et on m'arrêta.

— Vous vous balancerez à un arbre d'ici la fin de la journée, grogna-t-il en agitant un doigt sous mon nez.

Il parlait sérieusement, il était inutile de protester ou de supplier. Ma seule chance de salut était que le généralat français intercédât auprès de ses alliés, mais il sautait aux yeux que cet insignifiant général espagnol ne sympathisait guère avec les Français. Anfán avait été ravi de la tournure que prenaient les événements. Trois types m'emmenaient, et il me suivait, bondissant autour de moi et de mes ravisseurs. Il se moquait, les deux mains tendues devant le nez et agitant les doigts.

— Comme c'est amusant ! me dit-il en catalan pour que mes ravisseurs espagnols ne le comprennent pas. Tu ne voulais pas que je sorte d'ici ? Eh bien pour une fois, je vais t'écouter. Je ne voudrais manquer pour rien au monde le spectacle de ta pendaison, pauvre âne !

Bon, ce fut peut-être un miracle, car à ce moment, quelqu'un cria :

— Mon général, mon général !!! Regardez ! Là-haut !

Effectivement, à la verticale de Tortosa, on vit quelque chose : au milieu de la fusillade générale, des fusées de détresse qui éclataient très haut en des feux d'artifice éblouissants. Elles n'avaient rien à voir avec la fusillade et la mitraille habituelles. De petits nuages croissant rouges et jaunes qui, ajoutés au bleu d'un ciel estival, et au plan immaculé des nuages, formaient un très beau cadre à quatre couleurs. Dommage que je n'aie pas été en condition d'en jouir.

— Des fusées rouges et jaunes, rouges et jaunes ! crièrent les assistants du général, très excités. Les alliés utilisent le rouge et le jaune !

— Allons, allons ! cria le général. Suivez-moi !

Et il prit lui-même la tête d'une course vers le QG. Il avait une de ces voix de Castille nées pour le commandement, tellement énergiques qu'elles n'admettent pas de nuances. Lorsqu'une personne telle que lui disait "suivez-moi", cela signifiait "suivez-moi", et le reste n'avait plus d'importance. Les types qui me maintenaient n'hésitèrent pas un seul instant à m'oublier. Ils me lâchèrent pour trotter derrière leur commandant.

D'après le code des alliés, un signal rouge et jaune était un appel à l'aide urgent aux troupes amies de l'extérieur. Quel dilemme pour Orléans ! Les fusées de détresse indiquaient que la garnison de Tortosa se trouvait à la dernière extrémité, oui, mais cela signifiait également qu'une armée autrichiste de secours était suffisamment proche pour lire les signaux dans le ciel. De deux choses l'une : soit Orléans levait le siège pour aller à la rencontre de l'ennemi extérieur, soit il assaillait Tortosa comme une brute – à la manière de Coehoorn –, sans que nous ayons achevé la tranchée. Dans les deux cas, les montagnes de terre retournée jusqu'alors n'auraient servi à rien.

Tout cela en ce qui concerne la haute stratégie militaire. Quant à mes intérêts personnels, je bénis ces fusées rouges et jaunes d'un soupir de soulagement plus profond et sonore que celui d'un buffle. Je repliai mes longues jambes, encore tremblantes de peur, et tombai à genoux. Je vis Anfán. Nous étions de nouveau seuls. Je bramai :

— Je vais te briser les os !

Qu'est-ce que tu en penses, ma chère et repoussante Waltraud ? Je l'ai attrapé, oui ou non ?

Bien sûr que non. Il aurait été plus facile d'attraper une souris dans les interstices d'une cathédrale.

13

L'assaut n'était plus l'affaire de la brigade d'ingénieurs, mais de l'infanterie. Nous nous retirâmes de la tranchée pendant que des milliers de soldats bourboniens occupaient les positions d'attaque.

Je ne vis pas l'offensive, je l'entendis. J'étais posté à l'entrée d'une parallèle, à l'arrière-garde. Tout commença par un fracas d'artillerie crépusculaire, car l'attaque débuta exactement à l'heure où nous avions commencé la tranchée : à vingt heures. Nous entendîmes la fusillade et les charges d'infanterie, selon un angle de quarante-cinq degrés. La résistance fut si désespérée que les civils jetaient même des statues de saints du haut des murailles. Il fallut quatre heures aux Espagnols pour prendre un bastion. Le cessez-le-feu ne fut signé qu'à deux heures du matin.

Comme on pouvait s'y attendre, Orléans s'était décidé pour une attaque directe, coûte que coûte. Et l'immense majorité des blessés gémissait en espagnol, pas en français. Je n'y songeai pas à l'époque, mais en considérant les choses avec la distance que donne le temps, il y a de quoi proférer de grossières insultes. Quelle était la raison de cette guerre ? Un prince français veut s'emparer du trône d'Espagne, et l'armée espagnole se met à son service. Quand il y a du grabuge, les généraux français envoient la chair à canon espagnole à l'abattoir. Et celle-ci meurt avec plaisir, pour couronner le tout. Même les Turcs ne seraient pas obtus au point de se fourrer dans un imbroglio pareil.

Sur la requête des alliés, les deux partis décrétèrent une trêve. Orléans soupçonnait qu'il s'agissait d'une ruse pour gagner du temps, mais il était si impatient de prendre Tortosa qu'il toléra ce délai. Il n'avait rien à y perdre. L'armée alliée était encore loin et Orléans tenait un bastion. Bien, mais au cours de cette trêve, il se passa quelque chose qui me donna la chair de poule.

Nous entendîmes des cris, des hurlements de femmes. Il faisait encore nuit noire quand, de l'intérieur des murailles, une lamentation collective monta au ciel, une clameur qui évoquait des passages de l'Ancien Testament. Puis nous apprîmes que les habitants de Tortosa étaient désespérés d'apprendre que les officiers étrangers optaient pour la capitulation.

Cela dépassait mon entendement. Dans les guerres dynastiques, les gens se cachaient, ils ne se risquaient jamais à courir les risques du combat. Je me rappelle m'être dit pour la première fois : "Zuvi, tu n'es pas rentré chez toi depuis trop longtemps ; mais qu'est-ce que tu fous là ?"

Heureusement, je n'eus guère le temps de réfléchir. Un officier français qui faisait la liaison avec le commandement espagnol s'approcha. Il me chargea de me rendre au bastion conquis pour annoncer aux troupes de l'avant-garde qu'elles allaient être relevées. Bon, j'imaginai qu'elles accepteraient de bon gré de se retirer d'un poste aussi exposé. Ce qui m'étonnait, c'était qu'ils choisissent un gamin comme moi pour aller parler à un général.

— Lavez-vous un peu, mettez une casaque décente. Et cirez vos bottes, me dit l'officier en constatant mon aspect lamentable.

— Mais mon colonel, cette heureuse mission ne devrait-elle pas échoir à un officier haut gradé ? demandai-je naïvement.

— Oh ! Considérez cela comme un grand honneur, mon garçon, dit-il en me donnant de petites tapes dans le dos.

Un grand honneur ! Maintenant, je vais vous raconter en quoi consista ce "grand honneur".

On ne m'envoya au bastion conquis que lorsqu'il fit jour et que le soleil commença à chauffer les vivants et à faire pourrir les morts. La montée était jonchée de cadavres en morceaux. En gravissant la pente constituée par les ruines, mes bottes soulevaient des nuées de mouches qui recouvraient les corps, grosses comme des châtaignes ailées.

En arrivant, je trouvai des centaines de soldats aux fusils chargés et à la baïonnette en position, protégés entre les ruines et tenant en joue une ville mortellement silencieuse. Le général destinataire de mon message se tenait à l'abri avec d'autres militaires au milieu des décombres. C'était celui qui voulait me pendre ! Il ne me reconnut pas, grâce à Dieu.

— *Mon général !* dis-je en français. Je vous trouve enfin.

Et je lui communiquai l'ordre de repli. L'homme ne comprit pas un mot de mon français. Il regarda l'un des siens et dit dans un castillan des plus rugueux :

— Et ce petit Français ? Qu'est-ce qu'il peut bien vouloir ?

Je répétai immédiatement, cette fois en castillan, avec une révérence et ce sourire que l'on adresse aux vainqueurs :

— Ordre du commandement, *mon général* : vous avez accompli votre devoir avec gloire et honneur, et maintenant on vous permet de vous replier. Des bataillons français vous remplaceront jusqu'à ce que la fin des hostilités soit décidée.

Le mépris de l'homme se changea en colère. Il me regarda en tordant le cou et en plissant les yeux :

— On nous permet quoi ?

— Laissez-le-nous, mon général ! proposa un soldat, brandissant un fusil, la baïonnette prête.

Je gardai mon sourire diplomatique tout en pensant que je ne comprendrais jamais les militaires.

Que leur arrivait-il ? Ils avaient subi de terribles pertes. Je leur apportais la bonne nouvelle qu'ils pouvaient quitter ce lieu terrible. Et quelle était leur réaction ? Ils menaçaient de me mettre les tripes à l'air à coups de baïonnette.

Le gros général se jeta sur moi. Ses joues épaisses brillaient d'une couleur grenat enflammé. Il m'attrapa par le col, m'obligeant à me retourner face au glacis semé de cadavres :

— Regarde ça ! Regarde ! Tu crois que ces jeunes gens se sont fait tuer pour qu'un Français vienne aujourd'hui s'en attribuer tout le mérite ? Tu crois vraiment que je vais laisser les alliés remettre les clés à un cousin du duc d'Orléans ?

Je résistai avec l'indignation de celui qui se sait innocent. Tout général qu'il était, je lui criai :

— Vous pensez que j'ai quelque chose à voir dans tout ce désastre ? Laissez-moi partir, gros bœuf, je ne suis qu'un messager !

Et effectivement, il s'arrêta ; il me regarda, hésita un moment sur la façon de traiter quelqu'un qui répondait de la sorte à un général :

— Eh bien dis ça à celui qui t'envoie !

Ce qu'il fit ensuite, aucun historien n'a dû le voir, sinon cela aurait été consigné dans les chroniques du siège.

Il me donna un coup de pied si fort dans le derrière que je ne fus pas mis en orbite par miracle. Je volai par-dessus le glacis avant de rebondir sur la pente comme un ballon, entraînant dans ma chute de grosses pierres de toutes les tailles et des cadavres qui, lorsque je les heurtai, s'agitèrent comme s'ils étaient revenus à la vie l'espace d'un instant.

Je regagnai le campement la casaque déchirée, le postérieur encore cuisant à cause de la botte du gros général, dégoûté, offensé et prêt à exploser de colère. Je croisai l'officier de liaison français :

— Alors ? Comment ça s'est passé ? s'intéressa-t-il prudemment.

À ce moment, je compris pourquoi ils m'avaient envoyé ! Personne n'avait le courage de relever ce type, alors pour s'éviter la scène, ils envoyèrent la dernière roue du carrosse de l'armée.

— Comment ça s'est passé ? m'insurgeai-je. On peut savoir d'où vous avez sorti ce gros général espagnol ?

— Oui, bon, s'excusa le Français. Le général Antonio de Villarroel a très mauvais caractère.

Oui messieurs, vous venez de le lire : ce fut là mon premier contact avec don Antonio, l'homme qui, des années plus tard, allait entraîner ce bon Zuvi de l'existence la plus misérable aux plus hauts sommets du détachement ; le même homme d'origine espagnole qui allait pourtant assurer en 1713 la défense de la capitale catalane, Barcelone, et irait au sacrifice pour nous.

Ma chère et repoussante Waltraud, qui est plus lourde qu'une ancre de galion, m'interrompt constamment. Elle ne peut comprendre que si, en cet été de 1708, don Antonio Villarroel était un général au service du roi bourbon, nous le retrouvions en 1713, cette fois dans l'autre camp et au service du roi autrichien.

Voyons, ma très repoussante Waltraud : je sais que tes lumières sont infiniment plus limitées que celle d'un fœtus de ver luisant. Mais malgré tout, tu n'as pas pensé que ceci était un livre et que pour le comprendre il fallait lire tous les chapitres, dans l'ordre et jusqu'à la fin ?

Quelle grande médecine peut devenir un coup de pied dans le derrière ! Dans le fond, j'aurais dû dire merci à ce gros général fou.

Que faisais-je là ? Depuis le jour de ma suspension à Bazoches, je n'avais été entraîné que par une sorte d'inertie vitale. Très bien, maintenant j'avais un siège sur le dos. Et alors ? Avais-je découvert le Mot, ce Mot ? Non.

Ce coup de pied dans le derrière m'envoya directement à la maison. Je demanderais pardon à mon père à genoux si nécessaire. Je lui raconterais tout. Il me pardonnerait car, même si l'homme avait mauvais caractère, j'étais son fils unique. Je me dis que, aussi mauvais soit-il, un père ne serait jamais pire que le meilleur des assauts. Au diable la guerre, les généraux enclins à donner des coups de pied et les Oubliés du monde entier !

Je me dirigeai vers ma tente d'un bon pas. J'étais disposé à trancher dans le vif ; je prendrais l'indispensable et ficherais le camp à Barcelone. Toute l'armée dépendait des négociations de la reddition, ce serait donc le meilleur moment pour mettre les voiles dans la direction contraire.

Par égard pour la spécialité élitiste des ingénieurs, leurs tentes étaient entourées d'une clôture sommaire de pieux qui les séparait de la vulgaire troupe. Au centre de notre enceinte, la tente de l'Oublié, avec son toit en forme de bulbe. Autour, les tentes individuelles des officiers et, enfin, la tente collective, où dormaient les simples assistants comme moi. Normalement, trois paires de soldats montaient la garde autour du périmètre de la clôture, mais ce matin, devant l'imminence de la fin du siège, il n'y avait qu'un soldat très jeune, le fusil à l'épaule, qui faisait des allers-retours. Il m'ignora, je l'ignorai et j'entrai dans ma tente.

Je ne m'attendais pas à ce qu'on ait fouillé dans mes affaires. Et encore moins à ce que mon argent, tout ce que j'avais économisé à Bazoches ainsi que ma solde de l'armée française, ait disparu. On comprendra que je sois ressorti deux fois plus en colère que je n'étais entré, ce qui n'était déjà pas peu dire.

— Soldat ! criai-je à la pauvre sentinelle. Où as-tu les yeux ? On m'a volé !

Le garde n'hésita pas longtemps :

— Je suis désolé, monsieur. Ce sont sûrement ces deux-là.

— Deux ? Qui ça ?

— Un nain avec un entonnoir sur la tête et un enfant avec des couettes sales.

— Et si tu les as vus, comment as-tu pu les laisser entrer ? Il ne t'est pas venu à l'esprit que ces deux-là avaient l'air légèrement suspects ? braillai-je.

— Ils m'ont montré un passeport, monsieur ! s'excusa le soldat. Je ne sais pas lire, mais un officier qui passait par là m'a aidé. Et d'après ce qu'il a dit, cela ne faisait pas de doute. C'était un passeport à leur nom et signé par vous en personne.

Je piétinai de mes bottes de sapeur l'un des poteaux de la clôture. L'enfance ! Cet état d'innocence de l'âme ! Avant d'écrire ses essais pédagogiques, mon bon ami Rousseau aurait dû rencontrer ce monstre en miniature d'Anfán !

Ils avaient agi selon une stratégie parfaitement élaborée. Ils avaient attendu le dernier jour du siège pour utiliser mon passeport, quand tous les regards étaient rivés sur Tortosa et que le campement était pratiquement désert. Cela me fit réfléchir. Je cessai d'attaquer le poteau et demandai à la sentinelle.

— Il y a longtemps qu'ils sont passés ?

— Non, pas du tout. Ils viennent de partir. Il m'a semblé les voir il y a un moment. Par-là, dit-il en désignant l'extérieur du campement.

Je trottai dans cette direction. Je traversai tout le campement jusqu'aux dernières tentes. Plus loin, des champs martyrisés par le soleil, avec juste quelques arbustes pour décorer le paysage. Ils étaient là. À cent mètres environ, courant à travers champs et plus chargés de butin que deux fourmis du Yucatán.

Dans la tranchée, il y avait des milliers de cachettes et de recoins pour m'échapper, mais en terrain dégagé ils ne pouvaient pas rivaliser avec Zuvi Longues-Jambes. Je me mis à courir plus vite, et la distance qui nous séparait fut rapidement écourtée.

En me voyant à leur poursuite, ils pressèrent le pas. Ils étaient pourtant très chargés, chacun avec un sac plus gros que lui. Ils arrivèrent en haut d'une petite butte et ils disparurent par le versant opposé.

Il me fallut encore quelques minutes pour atteindre ce point. Et une fois là, je ne les vis nulle part. Bon sang, où étaient-ils passés ? Je fis une pause pour reprendre mon souffle.

Je regardai autour de moi, peut-être se cachaient-ils dans un trou. Non, par là il n'y avait rien. "Allons, Zuvi, réfléchis, qui t'a appris à regarder si ce n'est le seigneur de Bazoches en personne ?", me dis-je en ratissant le paysage.

À cinquante mètres sur ma droite : une petite construction abandonnée. Un de ces cabanons de pierre où les paysans conservent des outils et du matériel. Ils n'avaient pas pu se cacher ailleurs.

Avant d'entrer, j'en fis le tour complet, cherchant une éventuelle échappatoire. Non, les fenêtres étaient trop petites même pour eux. Alors seulement, je me dirigeai vers la porte et criai :

— Allons, sortez ! Je sais que vous êtes là !

Curieusement, la porte s'ouvrit immédiatement. Mais ce n'étaient pas eux, c'était un soldat français.

Le parfait représentant de la soldatesque abrutie. La buffleterie distendue, un uniforme si sale que le blanc d'origine n'était qu'un souvenir. Il avait le regard d'un ivrogne qu'on vient de réveiller. Appuyé à la porte avec indolence, il me demanda ce que je voulais tout en se nettoyant les dents avec un couteau. Que se passe-t-il ici ? Je l'écartai et fis un pas à l'intérieur. Quand mes yeux se furent habitués à ces ténèbres, je restai bouche bée.

Ils avaient attaché le nain à une poutre, la bouche pleine de paille et bâillonnée avec un chiffon. Anfán était assis sur une vieille chaise, les poignets et les chevilles fermement entravés. Bâillonné lui aussi, une capuche noire lui recouvrant la moitié du corps. Le soldat français avait un complice qui était encore en train d'ajuster les liens d'Anfán. Même les mouches s'étaient enfuies. Nan me parla d'un regard qui exprimait une peur débridée. Le hasard les avait conduits dans un lieu épouvantable, un de ces enfers en modèle réduit que crée la guerre de la même façon que les angles tendent à élever des araignées.

Ma première impulsion fut de récupérer mes affaires et de m'en aller. Les perversions de ces deux maniaques me dégoûtaient, bien sûr. Mais nous vivions une époque de massacres en tout genre. Plus tôt je partirais, mieux ce serait.

Toutefois, un détail, fortuit par ailleurs, m'affecta au-delà de l'indignation ordinaire. Vous voulez savoir ce que fut cette bagatelle ? Une goutte, une goutte de sueur qui parcourait la joue droite de l'un de ces porcs. Cette petite goutte était le résumé et le reflet d'un désir immonde, d'une âme putride. Sa bouche à moitié ouverte, les yeux fixés sur la chaise où Anfán s'agitait désespérément. Comme tous les charognards, il avait les dents écartées, ce qui le rendait encore plus répugnant. Ce sont parfois les bagatelles qui nous poussent à agir. J'avais passé une mauvaise journée et quelqu'un devait payer.

Du plafond pendait une chaîne oxydée d'une certaine épaisseur. Je ramassai une grosse pierre par terre, la coinçai sous mon bras, et de ma main libre, m'emparai des chaînes. Je m'approchai de celui qui m'avait ouvert la porte et lui demandai :

— Vous pourriez me tenir cette pierre un instant ?

— D'accord, dit-il en rangeant son couteau et en tendant les deux mains, mais pourquoi voulez-vous que je la tienne pour vous ?

La réponse était des plus élémentaires : pour qu'il ait les mains occupées pendant que je lui cassais la figure d'un coup de chaîne, si violent qu'il tomba à la renverse. Son comparse n'eut même pas le courage de résister. Voyant que je fonçais sur lui, la chaîne à la main, il se roula en boule et se protégea la tête de ses mains. Je le laissai à moitié mort. Puis je jetai la chaîne, las de Tortosa, de la guerre, du monde, et je sortis de là après avoir détaché les deux prisonniers en cisaillant les cordes avec mon épée et après avoir récupéré ce qui m'appartenait.

Anfán et le nain me suivirent :

— *Monseigneur, monseigneur !*

L'aversion que j'éprouvais à leur endroit s'était estompée. J'avais récupéré mon argent et mes affaires, et quand on vient de sauver quelqu'un, on ne lui donne pas une raclée. Cela ne veut pas dire qu'ils m'aient intéressé le moins du monde. Sans m'arrêter, je leur dis sur un ton sarcastique :

— Regagnez la tranchée. Après tout, vous avez peut-être raison, par les temps qui courent, vous y êtes plus en sécurité que nulle part ailleurs.

Ils tournaient autour de moi comme des papillons.

— Hors d'ici ! insistai-je. Je devrais vous pendre pour vol ! Vous avez de la chance que je sois si pressé de regagner Barcelone.

Mais le mot "Barcelone" ne parvint qu'à les exciter davantage :

— *Monseigneur !* cria Anfán. Il y a longtemps que nous voulons y aller ! C'est pour ça que nous faisions des économies.

Des économies ! Ce que mon père aurait dit sur leur conception du travail ! J'allais leur donner une claque pour les congédier, quand j'entendis souffler des naseaux.

Un peloton de cavalerie, non loin. L'arrière-garde de l'armée qui attaquait Tortosa était protégée par des patrouilles montées. Elles escortaient les pilleurs, prévenaient les attaques des miquelets et arrêtaient les déserteurs. J'aurais pu leur parler, mais j'avais trop bien intégré la condition de fuyard. Ma première réaction fut de courir vers un petit bois proche trop épais pour que les chevaux y entrent.

— Non, *monseigneur* ! dit Anfán. Vous n'aurez pas le temps d'y arriver. Suivez-nous !

Et ils s'engagèrent dans un vignoble abandonné. Anfán me faisait des gestes de la main :

— Courez ! Allez ! Courez !

Les vignes ne m'arrivaient guère au-dessus du genou. Sur un terrain aussi dégagé, la cavalerie n'aurait aucune difficulté à nous attraper. Ils étaient fous. Et vous savez quoi ? Je les suivis.

La patrouille était à nos trousses. Nous courions désespérément, je portais les deux sacs et je transpirais sous l'effort. Je me maudis moi-même. Mais quand les chevaux arrivèrent au bord du vignoble, ils s'arrêtèrent net, comme si une force invisible les avait freinés. Les cavaliers ne tentèrent même pas de les éperonner.

Anfán rit, très fier de lui :

— Les chevaux détestent aller dans les vignes. Les sarments leur brisent les pattes.

Les cavaliers tirèrent quelques coups de feu sans entrain dans notre direction. Le temps qu'ils aient contourné un vignoble aussi étendu, nous nous serions engagés dans la forêt qui se trouvait plus loin, de sorte qu'ils renoncèrent à nous poursuivre.

— Nous vous avons sauvé, *monseigneur*. Maintenant vous nous êtes redevable, dit Anfán lorsque nous pûmes enfin nous reposer dans l'épaisseur de la forêt.

Je me mis à rire :

— Je dirais plutôt que c'est moi, qui vous ai sauvés d'un sort horrible, et vous me devez tout.

— Faisons un marché ! proposa le gamin. Nous vous trouvons un transport, et vous nous emmenez à Barcelone.

— Transport ? Quel transport ? demandai-je sur un ton intéressé.

Mon escapade avait été si improvisée que je n'avais même pas réfléchi à la façon dont j'allais me déplacer.

— Suivez-nous !

Ils me guidèrent vers un chemin secondaire dissimulé, où la forêt et les broussailles s'épaississaient de plus en plus.

— Ici, dit Anfán peu après, et il me fit entrer dans un couloir qui s'ouvrait entre les arbres.

Il y avait là un chariot avec deux chevaux encastré dans un mur végétal, le cocher encore assis sur la banquette. Mort.

Des milliers de miquelets harcelaient l'avant-garde de l'armée bourbonienne qui assiégeait Tortosa. Il avait dû se produire une légère escarmouche pendant laquelle le conducteur s'était enfui à toute vitesse. Au milieu du dos de cet uniforme blanc, s'ouvrait un grand trou provoqué par une balle, aux bords noircis de sang séché. Avec ses dernières forces, il avait voulu se cacher hors du chemin et il y était resté.

Le menton du cocher mort reposait sur sa poitrine et il semblait dormir. Je le saisis par l'épaule et le fis tomber à terre sans trop d'égards. Les chevaux se réjouirent de sentir une présence humaine. Aussi firent-ils preuve d'une grande soumission pendant la manœuvre consistant à faire marche arrière et à conduire le chariot sur le chemin.

— On va à Barcelone ? se réjouit Anfán.

Quels yeux, que ceux de cet enfant, ils avaient plus faim que son estomac. J'examinai les deux chevaux. L'un avait reçu une balle dans la partie droite de la croupe ; l'autre avait la crinière à demi brûlée. Enfin, il me suffisait qu'il résistât aux cinquante kilomètres qui me séparaient de Barcelone. Je montai sur la plateforme. Elle était pleine de sacs, j'en ouvris un, c'étaient des galettes. J'en jetai deux à Nan et Anfán, qui les avalèrent en un clin d'œil, et elles étaient plus grandes qu'un disque d'athlète grec. Mais il y avait un peu de tout. En tentant d'ouvrir un sac cylindrique de cinquante centimètres de hauteur, il me glissa des mains et son contenu tomba par terre.

Des balles, des balles de plomb. Un torrent de petites boules rondes qui se répandirent sur le sol de la plateforme. Nan et Anfán se jetèrent dessus, fous de joie. Comme une balle est petite, sphère menue à l'apparence inoffensive. Et cependant, bien dirigée, elle tue aussi bien soldats et généraux, rois et mendiants. Anfán n'y pensa pas. Le nain et lui se mirent à jouer aux billes avec les balles.

Il restait un enfant, un artiste de la survie, si l'on veut, mais un enfant, tout de même. Debout sur la plateforme de la charrette, je ne pus éviter de les contempler avec une pointe de nostalgie.

C'était la première fois qu'un silence naturel m'entourait après vingt jours de tranchée ouverte. Vingt jours et vingt nuits à supporter le son du canon et celui de la pioche. Et maintenant, autour de moi, il n'y avait que la forêt, l'air dégagé de la fumée des artilleurs et des clairons stridents, les trilles des oiseaux. Et un enfant et un nain avec un entonnoir sur la tête, jouant aux billes avec les instruments préférés de la mort. Oui, l'enfance sera toujours l'état subversif de l'homme.

Pendant qu'ils s'amusaient, j'examinai le reste du contenu du chariot. Dans un angle, je vis deux couvertures superposées qui recouvraient quelque chose. Je les soulevai. Elles cachaient une malle lourde et de dimensions plus que respectables qui comportait trois serrures. Cela me coupa la respiration. Je savais parfaitement ce qu'elles indiquaient.

Lors du siège, un trésorier payeur de l'armée dormait sous notre tente. Un de ces ânes qui se croient très importants car ils côtoient ceux d'en haut. Il n'avait pas le grade pour dormir avec les officiers, mais sa dignité l'empêchait de partager son espace avec la soldatesque. On nous le colla donc. Il ne se taisait jamais. J'arrivais sur mon pieu, lessivé par le combat dans la tranchée, et lui, blablabla. Peu importait que je sois de garde le jour ou la nuit, Trésorier Bavard, comme nous l'avions surnommé, m'attendait. Son problème était qu'il ne travaillait qu'un jour par semaine, de sorte que le reste du temps, il recueillait les potins et tarabustait ses victimes.

Eh bien, le trésorier pénible me montra un jour, très fier, l'un des coffres où étaient conservés les fonds de l'armée. Il me raconta que les coffres contenant l'argent possédaient par sécurité trois serrures et trois clés. Le trésorier en avait une, le capitaine général une autre, et le fournisseur général détenait la dernière. Grâce à sa fonction, le Trésorier Bavard avait pu rencontrer le fournisseur général, pour lui un grand motif d'orgueil. Mais maintenant, dites-moi : quelle autre malle transportée par l'armée pouvait être pourvue de trois serrures ?

Je n'avais pas les trois clés et je n'en avais pas besoin. Dans la charrette, je trouvai un maillet et un piton et j'ouvris les serrures en tapant dessus. Quand je soulevai le couvercle, des douzaines de petits sacs cylindriques, compacts et accumulés sur deux étages apparurent. Chacun portait un sceau à la cire marqué de la fleur de lys des Bourbons. J'en ouvris un, et il vomit des pièces de monnaie. Il devait y avoir au minimum la solde de tout un régiment. Mon Dieu.

Êtes-vous tombé un jour sur un trésor orphelin ? C'est une sensation très semblable au coup de foudre. Le cœur bat plus vite, les doigts se mettent à trembler, une heureuse impatience s'empare de vous. Et vous avez une envie terrible de fuir avec lui.

Je refermai le couvercle d'un coup, effrayé par la découverte. Nan et Anfán continuaient à jouer aux billes.

— Eh, les garçons ! dis-je d'un sourire joyeux, mais plus faux que les lentilles de Judas. Retournez là où se trouve le corps du cocher et faites-lui les poches.

C'était une ruse grossière destinée à détourner leur attention. Quand ils s'en rendirent compte, j'avais déjà pressé les chevaux avec les rênes et je m'éloignais. Nan et Anfán coururent en vain derrière la charrette.

— *Monseigneur, monseigneur !* criait Anfán. Ne nous laissez pas là, s'il vous plaît. Emmenez-nous à Barcelone !

Je tournai la tête et pus encore voir sa petite tête, couettes au vent, qui courait et criait.

Et maintenant, bien malgré moi, je dois arrêter mon récit parce que cette sotte de Waltraud l'interrompt, pleurniche, renifle et me traite de scélérat.

Tu es trop sensible. Tu n'as pas encore compris à qui j'avais affaire ? Anfán était né avec le chromosome du larcin. Comment allais-je partager avec ce gamin un voyage et un trésor ?

D'accord, pour ton soulagement et ta consolation, je vais t'avouer quelque chose.

Je tirai sur les rênes et freinai le chariot. La vérité, c'est que j'éprouvai un léger remords. Après tout, si j'avais obtenu le transport et le butin, c'était grâce à ces deux-là. En me voyant m'arrêter, Nan et Anfán accélérèrent leur course dans un regain d'espoir. Quand ils se trouvèrent à quelques mètres, je leur jetai quelques pièces de monnaie :

— Pour vous ! Achetez du pain et du vin à ma santé.

Et je redémarrai.

Dans le fond, j'ai toujours été un brave type.

Mon chariot m'éloignait de Tortosa aussi vite que me le permettaient les chevaux blessés, et je m'aperçus du risque que je courais. Il y avait de toute part des patrouilles des alliés et des Deux Couronnes, s'affrontant dans des escarmouches quand elles se rencontraient. En fait, les deux armées ennemies étaient le moindre de mes soucis. Le sud de la Catalogne était une contrée dévastée par la guerre, où pullulaient des bandes de pillards, de bandits, de déserteurs de six ou sept nationalités et, pires que tous les autres réunis, mes chers miquelets. J'étais seul, avec pour unique défense un pistolet, et pour compagnie une chose aussi appétissante qu'un coffre rempli de pièces de monnaie. J'ai rarement autant apprécié le coucher du soleil. Sur la droite, j'aperçus un petit chemin qui passait à travers un champ de blé ravagé. Je pourrais peut-être passer la nuit caché là. En l'absence de moisson, les épis atteignaient des hauteurs invraisemblables. Le champ de blé s'achevait devant un vieux canal d'irrigation. Je ne pouvais souhaiter mieux, ces hauts épis me serviraient de paravent nocturne. Et j'aurais de l'eau pour moi et pour les chevaux, que je libérai du tourment des rênes.

Il arriva par le chemin que j'avais emprunté. Sous une grande cape noire. Ainsi, et le tricorne enfoncé jusqu'aux sourcils, il semblait flotter au milieu du blé. Je bondis sur mon arme, que j'avais oubliée dans le chariot. Que faisait là ce type, si loin de l'humanité et si près de la guerre ? Je le mis en joue :

— Montrez vos mains ! Qui êtes-vous ?

Sans cesser d'avancer, il se contenta de dire :

— Pau.

Je ne pus déterminer s'il s'agissait d'une présentation ou d'une déclaration. (En catalan, *pau* signifie "paix" et aussi "Pablo".) Sans baisser la garde, je lui posai une question tout aussi ambiguë que sournoise.

— Vous êtes tombé de cheval ?

L'homme continua à sourire. Sa cape s'ouvrit pour montrer des mains désarmées. Il portait une chemise aux poignets très larges qui retombèrent. Et ce que je vis alors, ma chère et repoussante

Waltraud, je ne l'ai jamais revu : dix Points, l'un derrière l'autre tatoués sur son avant-bras droit. Le dixième Point brillait juste devant le pli du coude.

La peau sur laquelle avait été appliquée cette encre indélébile était beaucoup plus ancienne que l'expression de l'homme, un individu mûr mais en parfaite condition physique et mentale. Dix Points ! L'ingénieur idéal, un *maganon* parfait. Ma méfiance s'était changée en stupeur et en admiration. Il ne se départait pas de ce sourire si inexpressif, et quand il se planta devant moi, il demanda sur un ton neutre :

— Et vous ?

— Je suis à votre service, répondis-je.

Je remontai ma manche droite et lui montrai mes cinq Points.

Il se rapprocha et me demanda :

— D'où venez-vous ?

— De Tortosa.

— Où allez-vous ?

— À Barcelone.

— Pourquoi ?

— Mon père et la maison de mon père s'y trouvent.

— Vous en êtes sûr ?

— Oui.

— Rien n'est sûr.

Cela peut ressembler davantage à un interrogatoire qu'à un dialogue, mais un Ponctué ne pose jamais de questions à un Ponctué supérieur. Et celui-ci a besoin de tout savoir d'un subordonné. S'il a quelque chose à vous demander, il le fera ; mes yeux restaient rivés à son avant-bras, du Point dix. Il s'écarta pour observer mon petit campement : la charrette, le canal d'irrigation, le blé en herbe qui nous entourait comme des murs végétaux.

Bien sûr, que c'était un Dix Points. Davantage que regarder, c'était comme s'il écoutait : les objets, les insectes, l'entourage dans son ensemble et même l'air transparent lui parlaient, heureux de s'ouvrir à lui dans une confession volontaire. Puis il fit un geste : il leva une main, comme pour demander à un orchestre de se taire. Il regarda un instant mon chariot et me demanda :

— Que contient votre convoi ?

— Rien, mentis-je.

— Exact, me dit l'homme.

J'avais beau avoir été éduqué à Bazoches, je frémis.

Il faisait chaud. Il ôta sa cape et remonta ses manches de chemise. Je fixai de nouveau son avant-bras du regard.

Le monde de l'ingénierie, d'un esprit pratique frontalement opposé au symbolique, observait là une légère concession. Car ce glorieux Point numéro dix était de dimensions plus réduites que les précédents. Et ses pointes dentées, si nombreuses que l'abondance même finissait par l'entourer. C'est-à-dire que lorsqu'un ingénieur atteignait la perfection, il était récompensé par un Point très semblable au premier : un simple cercle.

— Qui est votre maître ? me demanda-t-il.

— C'était Sébastien Le Prestre Vauban. Il est mort.

— Un bon ingénieur, oui, très bon, murmura-t-il avec respect. Il vit en vous. Souvenez-vous-en.

— Malheureusement, voulus-je préciser, ce cinquième Point n'est pas à moi. Je n'ai pas trouvé un certain Mot.

— Eh bien continuez à le chercher.

— J'ai renoncé à tout cela, et même en supposant que je persévère, qui validerait mon cinquième Point ? fis-je. Vauban est mort, et je ne connais pas d'autre maître ni ne souhaite d'autre tutelle. Ça suffit.

Il ébaucha un sourire :

— Tout le monde dit ça. Jusqu'au jour où vous toucherez le ciel du bout des doigts. Alors vous vous ferez tuer plutôt que de retirer la main de cette gloire.

Malgré le respect qu'il m'inspirait, je ne pus dissimuler un petit sourire incrédule. Il le remarqua, et son ton devint si impérieux qu'il aurait soumis un roi. Il éleva la voix :

— Si vous avez besoin d'un maître, vous le trouverez, que vous soyez un Ponctué ou non. Vous ne pouvez pas éluder la recherche de ce Mot, et quand vous le trouverez, vous saurez que vous méritez ce cinquième Point.

Je voulus dire quelque chose. Je ne trouvai pas la formule pour m'exprimer avec assez de respect et de toute façon c'était lui qui dictait le début et la fin du dialogue.

— Étalez la couverture.

J'obéis.

— Allongez-vous. Fermez les yeux. Dormez.

Avant d'entendre le *ez* de "dormez", je dormais déjà.

Il serait très intéressant d'ajouter ici le rêve que je fis pendant la nuit. Pour mon malheur, son souvenir me fut refusé. Il ne me resta qu'une trace fugitive en mémoire. La vague image d'une jeune fille nue, à la peau violette, au pubis très noir et dans un paysage aux tons incendiaires. Pendant des semaines, je tentai de me rappeler ce rêve dans les détails. La jeune fille avait le regard le plus triste que j'aie jamais vu. Soudain, elle fut attaquée par des légions de scarabées blancs, ils la cernaient de toute part et grimpaient sur ses chevilles. Elle implorait mon aide. Mais tout se fondit avant que le sens onirique fût complet. Je voulus le vérifier, et je repensai au rêve des centaines de fois.

Malheureusement, ces jours-là, mon état de veille fut trop agité. Le sommeil m'échappait comme un poisson d'un hameçon sans crochet.

Le lendemain je montai dans la charrette, en route pour Barcelone. Je ne vérifiai même pas si la malle était à sa place. Un Dix Points ne se souciait pas de ces vétilles.

Aujourd'hui, dix décennies plus tard et quatre-vingts révolutions du Soleil plus tard, je crois savoir qui était cet homme crépusculaire. Accordez-moi un soupir.

Ce n'était pas un homme. C'était le Mystère même, qui se promenait de par le monde avec l'indifférence d'un apiculteur qui regarde ses rayons de miel renversés. Il vit une abeille curieuse et s'attarda à l'observer.

Il devait s'ennuyer.

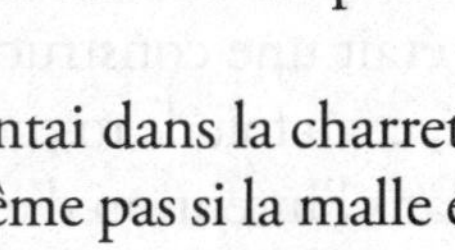

14

Pendant toute la matinée, la charrette et moi avançâmes sur une route flanquée de montagnes couvertes de pins. À midi, je trouvai ce que je cherchais, utile et salutaire.

À ma droite s'ouvrit une plaine. Et au milieu, un relais de poste. Le bâtiment principal était une construction sommaire en pisé, allongée et rectangulaire, et au toit de roseaux de rivière. Devant, un vieil homme creusait dans l'intention d'enterrer le cadavre d'une mule. J'arrêtai la charrette, en descendis et me dirigeai vers lui.

Je me fis passer pour un modeste commerçant qui voulait rejoindre un convoi civil. L'homme était des plus sourds :

— Vous cherchez une protection ? cria-t-il en portant une main à une oreille en guise de cornet. Oui, bon, les garçons sont à l'intérieur. Ceux qui escortent les caravanes. Plus il y aura de voyageurs, moins chacun paiera. Ils sont très bons pour négocier des passeports avec les soldats, quel que soit leur camp !

— Vous pouvez me donner quelque chose à boire ? fis-je en lui tendant quelques pièces de monnaie. J'ai soif.

— Entrez et servez-vous, quoique avec cette chaleur le vin soit tiède, dit le vieil homme en désignant le bâtiment principal. Mais écoutez, si vous m'aidez à enterrer ma mule, je vous donnerai tout le vin que vous voudrez. Ils viennent d'arriver – dit-il au sujet de ses clients – et dès qu'elles commencent à se reposer, leurs montures, éreintées meurent ! Et moi, qu'est-ce que j'en fais ? Vous pouvez me le dire, hein, hein, hein ?

Oui, bien sûr, c'était exactement ce qu'il me fallait à ce moment-là, enterrer des mules mortes. Je ne cherchai même pas à m'excuser et me dirigeai vers la maison en pisé.

À l'intérieur, je vis une table digne de la Cène. Buvant et s'exprimant à grands cris, douze types brusques et complètement ivres. La moitié d'entre eux étaient assis derrière moi et l'orientation de la lumière m'empêchait de voir le visage des autres. Au début, je ne leur prêtai guère attention et réciproquement.

Je me dirigeai vers un comptoir fait de barils sur lesquels avaient été posées d'épaisses poutres. À un poteau, était accroché un pichet retenu par une chaînette. Je bus un peu de ce vin aux herbes, très mauvais, et derrière moi, une voix dit :

— Eh, l'ami, venez par ici ! Notre eau-de-vie est bien meilleure que ce vinaigre.

Il y allait de mon intérêt d'entretenir de bonnes relations avec eux, et je m'assis au centre du banc, avec six types en face de moi et trois de chaque côté. Ce ne fut qu'alors que je remarquai leurs visages.

Cicatrices. Boucles d'oreilles. Barbes avec lesquelles on aurait pu poncer du granit. Boules de chair sous les yeux et regards qui évaluaient le meilleur endroit où vous planter un couteau ; dans la trachée ou juste sous le menton. Était-ce là une escorte organisée par des citoyens décents du village le plus proche ? Le plus innocent avait dû échapper au moins cinq fois à l'échafaud. Et, assis juste en face de moi, lui, mon vieil ami : Ballester.

Je devins sans doute blanc comme un linge. Ballester m'adressa un regard de haine soudaine et compacte. Il ne prononça que quatre mots :

— *Le botifler de Beceit.*

Ma chère et repoussante Waltraud ne se souvient déjà plus de Ballester. Mais il est apparu au chapitre précédent ! J'y parle de ce jeune fanatique, le miquelet capturé par les bourboniens, un type si bestial qu'il aurait aimé se moucher dans mes oreilles.

Les paroles de Ballester mirent un terme à la fête. Ces douze apôtres du primitivisme tournèrent la tête en même temps vers moi. J'étais resté muet. Dans des conditions normales, les sens de Bazoches m'auraient prévenu de la présence de Ballester avant même que j'entre dans la maison en torchis. Mais mon renoncement à l'ingénierie et mon impatience à obtenir une escorte faisaient de moi une vulgaire taupe. Je ressentis autant de peur que de honte.

Ballester sortit une dague énorme et très, très aiguisée, certainement celle qu'il avait utilisée pour égorger le capitaine espagnol à Beceite. Je voulus fuir, mais je n'arrivai même pas à mi-chemin de la porte. Quatre bras m'obligèrent à m'agenouiller et Ballester se plaça derrière moi. Juste au moment où il cherchait ma jugulaire de la pointe de sa dague, je criai :

— Attendez ! J'ai quelque chose pour vous !

Si vous vous trouvez un jour dans une pareille situation, croyez-moi, ne perdez pas votre temps en sottises et utilisez les mots les plus succulents :

— J'ai un trésor ! criai-je à moitié étouffé par la terreur et la lame sur mon cou. Tout près d'ici !

Nous sortîmes tous les treize, moi avec le menton très relevé à cause d'un couteau qui le projetait vers le ciel. Le vieil homme continuait à creuser la fosse pour la mule. Je pleurais.

— Facilite-moi les choses, dit Ballester. Parle vite et tu pourras choisir ta mort.

— Mon chariot ! dis-je en le désignant. Vous y trouverez quelque chose qui vous intéressera. Je vous jure par le Christ que c'est vrai !

Trois hommes de Ballester montèrent sur la plate-forme. Le vieil homme creusait et murmurait des sottises, étranger à tout ce qui ne concernait pas la mule morte. Il était si égaré qu'il ne comprenait absolument rien.

Les hommes de Ballester trouvèrent la malle sous les couvertures.

— Cinq cents fusils ! cria l'un d'eux, jetant une poignée de pièces de monnaie à Ballester. Avec ça, on va pouvoir acheter cinq cents fusils !

— J'ai volé cet argent aux porcs bourboniens ! m'exclamai-je, tentant de profiter de sa joie dans mon soulagement. Je suis un grand patriote qui ne pense qu'à se battre contre Felipito et son grand-père !

Pendant qu'ils se délectaient de cette fortune tombée du ciel, j'inventai une histoire des plus alambiquées. J'étais un espion de la Généralité, saboteur du mal bourbonien et soutien de la maison d'Autriche. En m'attaquant, ils commettaient une erreur et un délit. Ma mission secrète incluait d'arriver avec le chargement à Barcelone, où m'attendaient les ministres de la Généralité. Je leur proposai même de m'escorter. S'ils s'acquittaient bien de leur tâche, il était possible qu'ils obtiennent un généreux paiement de leurs services. Ballester me renversa d'un coup de poing.

— Pendez-le, décréta-t-il.

Je gémis à tue-tête. Je pleurai d'abondance et suppliai ; je me dégageai de mes ravisseurs et m'agenouillai devant Ballester. Toute ma famille est morte, dis-je, j'étais le seul enfant vivant de mon saint père. Un homme pauvre, pacifique, honnête et patriote.

Implorer la compassion de ses exécuteurs semble des plus futiles. Mais dans ce cas, pourquoi l'humanité pratique-t-elle cette soumission humiliante depuis qu'elle existe ? Je vais vous le dire : parce que cela marche.

— Monsieur ! implorai-je. Je vous rappelle que si on ne vous a pas pendu à Beceite, ce fut grâce à mes paroles indulgentes ! Ces heures de grâce supplémentaire ont permis à vos hommes de revenir vous chercher. Et c'est comme ça que vous me remerciez ! En donnant la mort à qui vous a donné la vie !

Ballester cracha devant mon nez, qui touchait le sol.

— D'accord, ta malle a égayé ma journée, dit-il. Débarrasse-moi le plancher. Je ne veux pas me salir.

Il avait une diction sèche, j'entends encore ces mots résonnant comme un jet de pierres :

— *Fot el camp, gos*. (Tire-toi, chien.)

Ils me déshabillèrent, quoique mes vêtements ne vaillent rien. Je crois que pour les miquelets, il y avait quelque chose de symbolique dans l'acte de dévêtir l'ennemi gracié. Ils s'approprièrent même mon caleçon, maculé de terre et d'excréments après vingt jours de tranchée ouverte. Instinctivement, mes mains se portèrent sur mes parties honteuses. Je fis demi-tour et m'enfuis le cul à l'air, poursuivi par leurs éclats de rire.

— Eh, dites ! cria Ballester alors que je m'éloignais, me vouvoyant soudain. Vous savez écrire ?

Je m'arrêtai, les mains couvrant encore mon entrejambe. Je me retournai :

— Oui, bon, bien sûr, balbutiai-je. En plusieurs langues.

Il me fit signe de le rejoindre, lui et ses hommes. J'obéis, que faire d'autre. Il ordonna à ses hommes d'arracher une grosse planche de mon chariot. Il me la mit dans les mains, avec une pointe métallique acérée, et dit :

— Gravez ici : "JE SUIS UN CHIEN DE BOTIFLER." En français et en espagnol.

— Je peux vous demander, murmurai-je en avalant ma salive, pourquoi vous avez besoin de cette inscription ?

— Parce que j'ai changé d'avis, dit-il sur un ton des plus aimables Puisque tu sais écrire, je vais te pendre, et je veux que tout le monde en connaisse la raison. Nous attacherons la pancarte sur ton cadavre, avec une corde passée autour de ton cou.

Le poinçon et la planche me tombèrent des mains. J'implorai, gémis, pleurai abondamment, de nouveau à genoux. Ballester leva les yeux au ciel en soupirant, comme s'il avait réfléchi. Je crus l'avoir attendri, mais il me demanda :

— Tu connais le latin ? Écris-le aussi en latin.

Je gravais sans cesser de sangloter et de supplier pendant que les miquelets étaient morts de rire.

— Courage, mon garçon ! dirent-ils allègrement lorsque je me fus acquitté de ma tâche.

Ils me lièrent les mains dans le dos et me saisirent sous les aisselles. L'arbre le plus grand qui se trouvait à proximité était un figuier. Quelqu'un me passa la pancarte autour du cou. Le vieux lunatique se mit à nous crier dessus depuis la fosse qu'il creusait encore :

— Tant d'hommes solides et pas un seul pour aider un pauvre grand-père !

Un miquelet voulut attacher la corde à une haute branche, mais il était tellement ivre qu'il n'y parvenait pas, il trébuchait et tombait à plat ventre. Les rires redoublèrent.

— Vous savez quelle doit être la profondeur pour y faire tenir une mule ? poursuivait le vieux. Et moi qui travaille au soleil, et par cette chaleur. Quelle mauvaise affaire que la mienne !

On ne peut vous tuer qu'une fois, et comme exécuteurs, il m'était échu des bricoleurs ivres. Ils passèrent enfin la corde sur la branche la plus haute et épaisse du figuier. Ils me mirent la corde au cou, et de l'autre côté, une paire de brutes tira sur l'autre extrémité, sans plus de cérémonies.

— Je sais que vous êtes de bons garçons ! Vous payez très bien, et pour les pauvres qui échouent ici, l'escorte est gratuite. Mais moi aussi, je suis pauvre, vieux et fatigué. Et cette mule morte est énorme !

Je montai de quelques mètres. La secousse me projeta la langue à l'extérieur. On ne sait pas à quel point on a la langue longue avant d'être pendu. La corde comprime le sang dans la tête, faisant rougir le visage. Nu, je me compissai d'un jet qui décrivit une parabole. Le festival de rires en fit rouler certains à terre.

Ils étaient tellement ivres que personne ne songea à la réputation traîtresse des figuiers. Leurs branches tendent à se rompre, et alors que je me trouvais tout en haut, celle à laquelle j'étais suspendu se brisa dans un craquement sec. Je tombai à terre, dans un fracas d'os, de bois et de feuillage rêche.

Leurs éclats de rire durent s'entendre jusqu'à Tortosa. Alors, simplement, ils firent demi-tour et s'en allèrent. Tels étaient les miquelets.

— *Figa tova ! Figa tova !* se moquèrent-ils en s'éloignant à cheval et, bien entendu, avec mon chariot et la malle des paiements.

(*Figa tova* est intraduisible. En catalan, *figa*, qui est un mot féminin, signifie “figue”, et *tova*, “molle”. Mais les deux mots réunis sont une insulte désignant une gamine molle et pédante. Comme toi, par exemple.)

— Eh, fainéant ! cria le vieux sourd et niais. Au lieu de rester allongé, tu pourrais me donner un coup de main.

Vidi

1

D'accord, admettons que mon retour au foyer fut un peu moins glorieux que celui d'Ulysse. La seule tenue que je pus obtenir fut des haillons de mendiant. Et ce fut ainsi que je rentrai à Barcelone après quatre longues années d'absence. Vaincu par la guerre, perplexe dans ma misère. Et le pire de tout : avec un cinquième Point que je ne méritais pas sur l'avant-bras.

Mais oublions un instant la tragédie de Zuvi Longues-Jambes ; je regagnais ma ville natale, la vieille Barcelone. Ses bruits, ses odeurs et ses ruelles. Son port, ses excès. La ville me semblait être une invention de mes souvenirs, plus lointaine que ma mère. Ma tête ne gardait que les souvenirs d'un enfant (rappelez-vous que j'avais quitté la maison tout jeune), et je revenais à Barcelone pourvu de sens qui n'avaient rien d'ordinaire, renforcés par Bazoches. Tout était nouveau, en quelque sorte, puisque mes perceptions et le passage du temps m'offraient le même paysage qu'à un étranger.

Je devrais maintenant me lancer dans un laïus descriptif sur la Barcelone du début du siècle. Ce serait très ennuyeux. Comme j'ai une carte de l'époque, je me contenterai de la joindre.

Sur cette planche, on ne voit pas ses murailles. Fort judicieux, compte tenu de mon état d'esprit du moment, car la dernière chose que je voulais était de penser de nouveau comme un ingénieur. Et à Bazoches, à Jeanne, au "vous n'êtes pas apte" de Vauban. Au Mot.

Comme vous pouvez le voir, la ville était divisée par une grande avenue. Les Ramblas. L'agglomération urbaine était beaucoup plus dense à droite des Ramblas. À gauche, les jardins abondaient, chose très utile en cas de siège.

J'avais quitté Barcelone enfant et je revenais devenu un homme. Qui avait échoué, mais un homme. Et la voix qui vous parle vous assure qu'elle n'a pas connu de port plus frivole ni de ville habitée par plus d'étrangers. Pas même en Amérique ! Ils venaient, ils restaient et leurs origines se fondaient dans la multitude. Le jour où ils décidaient de s'installer, ils catalanisaient leur patronyme, pour se cacher, on ne pouvait donc pas savoir si leur berceau se trouvait en Italie, en France, en Castille ou dans d'autres endroits beaucoup plus exotiques. Pour ce qui est du reste, à la différence de l'obsession castillane du sang pur sans trace de sang maure ou juif, les Catalans ne se souciaient absolument pas de l'origine de leurs voisins. S'ils avaient de l'argent à dépenser, étaient à peu près aimables et n'ennuyaient pas le monde avec des sottises religieuses, personne n'importunait les nouveaux venus. Cette ambiance accueillante, si neutre, métamorphosait les gens en moins d'une génération. Mon père en était un exemple.

Grâce à l'héritage catholique, il y avait un jour férié tous les deux jours. (La papauté doit avoir du bon, pour compter tant d'acolytes de par le monde.) À ces journées-là, il fallait ajouter des douzaines de dates plus ou moins improvisées, comme des jours de grâce parce que le roi avait retrouvé la santé, ou parce que sainte Eulalie était apparue à un ivrogne ou à un aveugle. Mais ne vous y trompez pas. Si les Catalans encourageaient la fête, c'était uniquement parce qu'ils comprenaient que l'oisiveté est un grand commerce.

Les festivités, si nombreuses dans le calendrier, généraient des dépenses énormes. Les fêtes et carnavals de Barcelone étaient universellement connus. Les carnavals ! Les aristocrates castillans, toujours si sages, revenaient scandalisés de leur visite à la ville. Riches et pauvres dans la rue, hommes et femmes mêlés et dansant jusqu'à l'aube. Intolérable. Pour le noble de Castille, les vêtements ne pouvaient être que d'une couleur, le noir strict. Quand je me rendis à Madrid, en 1710, je fus surpris par la tenue si sombre de ses patriciens. À Barcelone, c'était l'inverse. On y importait plus de trois cents sortes de toiles ; plus on avait d'argent, plus on portait de couleurs, et on allait danser.

Le port bruissait toujours du trafic marchand. Rien que pour le gingembre, il existait douze variétés différentes. Dans l'enfance, un jour, mon père me donna une bonne correction parce que j'étais revenu du marché avec un riz différent de celui qu'il m'avait demandé. Il était compréhensible que je me sois trompé : il y en avait jusqu'à quarante-trois variétés à la portée de toutes les bourses.

Il y a peu d'endroits où j'ai vu fumer autant qu'à Barcelone. Dans les échoppes, on pouvait trouver encore plus de sortes de tabac que de riz. Aussi saine fût-elle, cette habitude de la fumée s'étendit à tel point que l'évêque dut édicter un ordre, un arrêté ecclésiastique, pour interdire aux curés de fumer, du moins pendant les offices !

Dans la Barcelone d'avant 1714, on avait toujours l'impression que la ville était régie par une sorte de chaos libertin, tolérant et opulent. Les gens se tuaient au travail, et en même temps ils mouraient d'amusement. La norme voulait que le gouvernement de la Généralité s'abstînt d'interférer dans les excès populaires. Je vais vous donner un exemple : les "jets de pierres".

Les limites entre les fêtes populaires et la violence collective ont toujours été très minces. Lorsque mon père était enfant, les universitaires barcelonais éprouvaient un fort penchant pour les jets de pierres. Cela consistait à la base en un duel entre deux camps, composés chacun par une bonne centaine de participants. Ils se réunissaient dans un endroit dégagé, en face à face, et à un signal donné, ils commençaient à se lancer de grosses pierres. Des milliers de jets de pierres, et si c'était à la tête, encore mieux. Vous vous demanderez peut-être quelles étaient les règles d'un si noble penchant. La réponse est très simple : il n'y en avait pas. Le groupe qui finissait par s'enfuir, terrorisé, était considéré comme vaincu, et celui qui restait sur le terrain, vainqueur. Comme il se doit, le combat s'achevait par des douzaines de blessés, avec des séquelles à la tête, voire des morts.

Les curés les plus geignards protestaient contre la rudesse des jets de pierres. Ne serait-il pas possible, au moins, d'adoucir la compétition en remplaçant les pierres par des oranges ? Devant leur insistance, les universitaires adoptèrent une posture très typique chez les Catalans : acquiescer sans obéir. Au début du combat civique, ils utilisaient des oranges, oui, jusqu'à ce qu'elles s'épuisent. Alors ils continuaient avec des pierres ; L'Église dut ravaler ses sermons car les jets de pierres étaient une diversion extrêmement populaire, ils généraient du public, des paris et des partisans. Nous connaissons le caractère badin des étudiants : très souvent, en présence d'une foule attentive, au lieu de s'attaquer, les deux groupes s'unissaient, bombardant au milieu des éclats de rire les spectateurs imprudents.

Avec l'excuse des jets de pierres, les étudiants choisissaient parfois pour champ d'honneur les abords de l'université. Les deux groupes rivaux s'alliaient, fraternisaient soudain, et laissaient le bâtiment dans un état lamentable, aussi bien dedans que dehors. Les cours étaient annulés jusqu'à ce que le mobilier soit réparé, et, voyez-vous ça, comme par hasard, il y avait toujours des jets de pierres à l'université juste avant les examens. Rien d'étonnant à ce que mon père m'ait envoyé en France ; développé comme je l'étais, et avec mon caractère aventureux, j'aurais été au premier rang des lanceurs, peu importait le groupe, et j'aurais fini le crâne fracassé, cela ne faisait aucun doute pour lui. De toute façon, dans mon enfance, les jets de pierres étaient déjà en nette décadence. Mais je suis sûr d'une chose : si le Christ a pu sauver la sainte prostituée de la lapidation, ce ne fut que parce que, en Judée, il n'y avait pas d'universitaires barcelonais.

En parlant de putains, l'un des défauts de Barcelone, à l'époque, et qui démontrait l'insondable perfidie des paillassons noirs (les évêques, pour le peuple, à cause de la couleur de la soutane), c'est que les bordels étaient strictement interdits. On exerçait aussi une surveillance spéciale dans les auberges et les tavernes pour chercher les femmes suspectes. À mon avis, cette traque des pauvres prostituées était une sorte de concession faite aux paillassons noirs par les paillassons rouges (les gouvernants, dans l'argot populaire, à cause de la couleur grenat traditionnelle des magistrats catalans). Étant donné que les riches et puissants étaient les premiers à ignorer les sermons de la curie contre le jeu et la luxure, le gouvernement donna à l'Église la satisfaction de réprimer, au moins, les pauvres prostituées sans défense.

Bref je vous disais que je traînais dans les rues, rassemblant mon courage pour aller chez moi, lorsque j'entendis des tambours s'approcher. La foule qui se pressait sur les Ramblas s'agenouilla.

Les nouvelles de la chute de Tortosa étaient arrivées en ville avant moi. Dans ce genre d'occasions, les Barcelonais sortaient en procession leur relique la plus sacrée : l'étendard de sainte Eulalie. Ici, autorisez-moi quelques mots, car le sacro-saint drapeau des Barcelonais les vaut bien.

Comme bannière, elle n'avait rien d'extraordinaire. Par contre, elle était très différente des enseignes modernes. Le drapeau tout entier, un grand rectangle de soie, était le portrait d'une jeune fille, au corps violet et au regard triste. Cette image avait quelque chose d'irrémédiablement païen. Le plus réussi était la mélancolie des yeux.

La tradition voulait que les rois catalans la cèdent en mains propres à leur premier né, et successeur. On disait que les troupes qui la brandissaient n'étaient jamais vaincues. (Mensonge, c'est moi qui vous le dis : dans l'histoire catalane, il y a dix raclées pour une victoire.) Toujours est-il que la bannière de sainte Eulalie suscitait une dévotion qui allait bien au-delà de la chose militaire. Sur son passage, les Barcelonais se signaient à genoux et lui demandaient protection et bénédiction. Et si m'autorisez une pensée, je vous dirai que cette révérence n'avait pas grand-chose à voir avec la religion. Car cette enseigne était beaucoup plus qu'une sainte, elle était la représentation de la ville même.

Je ne m'agenouillai pas. Non que je fusse impie, mais parce que cette jeune fille violette me rappelait celle du rêve que m'avait envoyé le Mystère. La bannière avançait, sous la surveillance de tambours qui sonnaient le deuil pour la chute de Tortosa, et quand elle me croisa, ce fut comme si elle m'interrogeait du regard.

Martí Zuviría ne parlait pas aux bannières, bien sûr, mais la sensation de me trouver avec une créature d'un autre monde, pourtant aussi réelle qu'un vieil ami, fut si vive que je restai là, debout et la bouche ouverte. Et bon, je suppose que vous devez maintenant vous poser la même question que ma pénible et repoussante Waltraud : “Et que t'a demandé la fille violette ?” Eh bien, je vais vous le dire : elle n'a pas employé de mots, de la même façon qu'une demoiselle n'en a pas besoin pour demander qu'on la protège.

Étant donné que tous ceux qui m'entouraient étaient à genoux et ma personne debout, j'étais facile à distinguer de loin. Quelqu'un cria mon nom. C'était Peret. Je crois que j'ai déjà parlé du vieux Peret, ce déchet humain qui m'avait soigné à défaut de mère. Il m'avait reconnu, et quand sainte Eulalie se fut éloignée, il se jeta sur moi. C'était toujours un vieux sentimental, et quand je lui demandai de cesser de pleurer, sa réponse me laissa sans voix :

— Je pleure pour toi. Tu n'as pas reçu mes dernières lettres ?

Non, je ne les avais pas reçues. Ma vie avait été si mouvementée que les lettres s'étaient perdues dans les limbes des chemins. Peret ne put retenir la nouvelle :

— Ton saint père est mort.

Et, devant mon incrédulité, mon désespoir, il m'informa que j'étais un autre. Je n'étais pas modérément riche, mais pauvre. Je n'habitais pas chez moi, comme je le croyais, mais nulle part. Car je n'étais pas le fils d'un commerçant barcelonais, j'étais orphelin.

Mon père était mort subitement. Peu avant, il avait épousé une veuve napolitaine, qu'il avait sans doute rencontrée lors d'un de ses voyages commerciaux. À sa mort, elle n'hésita pas à s'installer avec ses enfants chez moi. Chez elle, en fait.

Les jours suivants, ma stupéfaction fit place à l'indignation. Je menaçai les usurpateurs de les poursuivre en justice jusqu'à la fin des temps. Et bon, ce fut à peu près ce qui arriva : les années suivantes, je dépensai tout ce que je pus gagner avec le meilleur avocat de la ville, un certain Rafael Casanova. Oui, un type magnifique pour ce qui était de batailler dans les tribunaux. Quatre-vingts ans ont passé et j'attends encore le jugement.

Si les charges de cavalerie étaient aussi rapides, le monde serait trop peuplé.

2

Peret, le vieux domestique de mon père, m'accueillit dans sa tanière, près du port. Après avoir franchi le seuil, il fallait descendre trois marches, et à cette profondeur, les rats estimaient avoir le droit de nous disputer la possession du terrain. Un entresol dont les seules fenêtres étaient des ouvertures au niveau de la rue, sortes d'embrasures rectangulaires par où nous voyions passer les chaussures des passants. Nous avions deux pièces : l'une servait de chambre et l'autre de salle à manger, cuisine, salle de bain et tout le reste. Les taches d'humidité arrivaient jusqu'à la moitié du mur, recréant des formes grotesques.

Peret s'apitoya donc sur moi. Malgré sa misère, il me donnait quelques pièces de monnaie, juste ce qu'il fallait pour me saouler avec la liqueur la moins chère des bouges les plus repoussants. J'étais l'ingénieur le plus malheureux du monde.

Quand on avait acquis la rationalité de Bazoches, elle vous dominait même en rêve. Très souvent, je voulais me libérer de cette emprise de la réalité. Ne pas entendre jusqu'au dernier accord de la musique, mauvaise, des violonistes qui piétinaient une table en entonnant des chansons vulgaires. Les hurlements des soldats provenant de la moitié du monde. Ces rires qui, sans parole, permettaient de savoir s'ils appartenaient à des Allemands, des Anglais, des Portugais ou des Catalans. Les cris des ivrognes, la fumée des pipes et des cigarettes qui noircissait les plafonds voûtés. J'aurais voulu ne pas voir la lumière des cinq cents bougies de la taverne dégoulinant de clairs obscurs. Des gens riant, buvant et dansant. Le fracas du divertissement humain, qui m'éloignait malgré moi de cette même condition humaine.

Oui, la douleur, cette sorte de douleur. Ma dernière rencontre avec Vauban me torturait. "La réponse est un seul mot", avait dit le marquis. Un mot, ma jeunesse dilapidée à cause de ce Mot. Mais lequel, lequel ? Nuit après nuit, je m'abandonnais au désespoir. Assis à des tables situées à l'écart, et solitaires, je vidais les pichets d'une traite, l'un après l'autre. Le Mot, quel mot ? Je repensai à tous. De "sapeur" à "amour". Non, ce n'était pas ça. Je me saoulais tellement que les volutes des fumeurs, qui montaient au plafond en formant des méandres, me faisaient penser au parcours des tranchées d'attaque. Très souvent, boit-sans-soif, je m'approchais de ces fumeurs et les agressais en donnant des coups de tête dans leurs dents. Je me fis rosser à coups de bâton un nombre infini de fois, toutes parfaitement méritées. Après m'être fait jeter de taudis sans nom, je gisais dans les rues sales et étroites de Barcelone, cette Babylone moderne.

Boire pour s'absenter du monde, boire pour abandonner son corps. Buvons, buvons tous, insectes de la minuscule circonférence de notre univers ! Buvons jusqu'à ce que nos vomissures deviennent fidèles comme des chiens ! Et malgré tout, comment me défaire de mes Points ? À mes pires heures, je découvrais mon bras droit, je voyais ces délicates formes géométriques, et je pleurais. Mon malheur était gravé sur ma peau.

Que pouvait faire Jeanne ? Tout plutôt que penser à Martí Zuviría. Et je ne pouvais pas le lui reprocher. J'aurais dû le lui dire : "Je t'aime plus que l'ingénierie." Je ne le fis pas, et je les perdis tous les deux.

Un jour, j'errais dans les rues, buvant une bouteille au goulot. Je m'étais arrêté pour acheter une feuille de chou farcie à la viande frite à un vendeur ambulant, et pendant que je marchandais, je vis un visage impossible à oublier. C'était le dernier dans une file de femmes, devant une fontaine.

L'une des grandes inventions de la civilisation est les fontaines publiques. Les femmes peuvent y exhiber leurs attraits en faisant la queue, et les jeunes gens les rencontrer sous prétexte de porter l'eau. Et vous devinez qui attendait son tour avant de remplir une cruche de bonne taille ? Eh bien oui, elle, ma vieille amie Amelis.

Elle m'adressa un petit regard de pigeon traqué. Très bref, mais qu'on me tue si elle ne témoignait pas d'intérêt pour Martí Zuviría, bien fait de sa personne. Il valait mieux ne pas mentionner l'épisode de Beceite. Je proposai de porter sa cruche, et elle ne refusa certes pas. Une galanterie et une excuse parfaites pour amorcer la conversation. Ou pour reprendre celle que nous avions eue dans la forêt de pins lorsque je remarquai que quelqu'un soulevait les pans de ma casaque en cherchant ma bourse.

Je pourrais attribuer ma sensibilité à la perception spéciale que l'on m'avait inculquée à Bazoches, mais je dois dire que je n'eus pas besoin d'y recourir. J'avais depuis un moment détecté deux autres vieilles connaissances qui traînaient par là : Nan et Anfán.

Après tout, ils avaient réussi à gagner Barcelone. L'enfant, avec les mêmes tresses d'une saleté indescriptible ; le nain, coiffé de l'entonnoir. Ils étaient tous deux occupés à observer les passants comme des vautours en miniature. Comme j'étais sur mes gardes, je donnai la cruche à Amelis et les saisis soudain par le col. En fait, c'était comme si le temps n'avait pas passé, comme s'ils avaient continué à me fuir par les recoins d'une tranchée.

— C'est fini ! proclamai-je. Cette fois, je vous tiens.

Ils se mirent à gémir et à brailler comme si j'avais été l'agresseur.

— Allez, lâche-les, me demanda Amelis. Ce ne sont que des gamins.

— Ah ! fis-je en riant. Tu ne sais pas de quoi ces deux-là sont capables. Je vais les livrer à la première patrouille que je croiserai.

— Tu ne peux pas faire ça, les défendait ma beauté brune. Ils recevront vingt coups de fouet, et ça va sûrement les tuer, étant donné la finesse de leurs os.

Je haussai les épaules.

— Ce n'est pas moi qui édicte les lois, je les fais respecter – j'avais très présent à l'esprit le litige en cours sur l'appartement de mon père avec les Italiens. Et si un type honnête comme moi en bave, je ne vois pas pourquoi je devrais me montrer indulgent envers des voleurs incorrigibles.

Anfán s'accrocha à mes chevilles, pleurant et suppliant. En voyant que la jeune fille le défendait, il se mit à pleurer encore plus fort. Comme je suis le plus grand comédien du siècle, je reconnais immédiatement mes congénères. Et il faut dire que le gamin avait des manières. Je ne fus pas convaincu.

— Allez, suceur des tranchées !

Amelis me prit par le coude.

— Tu ne peux pas traiter ainsi deux créatures aussi petites !

C'est fort bien que les femmes soient compatissantes, mais celle-ci ressemblait à la Vierge des Désemparés.

— S'il te plaît !

Je me contentai de dire : "Je regrette, *maca**", je me dégageai et avançai, un chapardeur dans chaque main, suspendus comme deux truites. Je ne m'attendais pas à ce qu'elle me barre le chemin. Elle se plaça devant moi, les bras croisés.

— Lâche-les, dit-elle, avant d'ajouter sur un ton strict : D'accord, que veux-tu ?

Je dois dire que je fus un peu déconcerté. Je compris la suggestion, ce qui ne la rendait guère plus compréhensible. Je l'observai encore plus fixement.

Ses traits reflétaient une tristesse incurable. Mais personne n'est aussi généreux. Pourquoi se prêtait-elle à ça ? Cela m'était égal. Elle était trop jolie et moi trop saligaud pour refuser. Je les lâchai.

— La prochaine fois, je me chargerai de vous faire pendre ! criai-je. On vous laissera le cou plus allongé que celui d'une oie. Compris ?

Avant que j'aie eu fini de les houspiller, ils avaient déjà passé trois tournants.

— Où allons-nous ? demandai-je à Amelis.

Elle m'emmena dans le quartier de la Ribera, l'un des plus insalubres et des plus populeux de Barcelone, ce qui n'est pas peu dire. Des bâtiments gris de trois, quatre voire cinq étages, et des ruelles étroites qui empêchaient la lumière du soleil d'arriver au sol. L'endroit était incroyable. Il regorgeait de gens et d'animaux. Chiens errants, poules vivant sur des balcons, chèvres laitières attachées à des anneaux fixés aux murs, *bêêê*. Certains riverains paraissaient relativement satisfaits, ils fumaient et jouaient aux dés sous les porches, avec un tonneau en guise de table. D'autres

* "Ma jolie", en catalan.

étaient des cadavres ambulants. J'en observai un qui ressemblait à saint Siméon le Stylite, à la différence que saint Siméon resta pendant trente ans en haut d'un pilier et celui-ci au moins le double en haut d'une tour, se nourrissant de fiente de moineau. Pour faire pitié aux passants, il ouvrait sa chemise, montrait quelques-unes de ses côtes qui ressemblaient à des pattes de crabe. Il me tendit une main de mendiant.

— *Per l'amor de Déu, per l'amor de Déu.*

La majeure partie des bâtiments devaient être déjà vieux du temps de l'empereur Auguste. Nous entrâmes dans l'un d'eux au hasard, peut-être encore plus sordide que les autres. Nous gravîmes quelques marches menant jusqu'à une porte au deuxième étage.

Nous entrâmes. Je regardai autour de moi. Une pièce unique et exiguë. Une seule fenêtre. La rue était si étroite qu'en tendant la main, je pouvais presque toucher le bâtiment d'en face. Au fond de la pièce, une paillasse sans sommier. À côté, une petite montagne de cire avec des bougies au sommet. J'imaginai qu'au début on posait les bougies par terre, et au fur et à mesure qu'elles s'étaient consumées, la masse de cire accumulée était devenue le support des suivantes. Le reste du mobilier était composé d'un tabouret près de la porte et d'une cuvette avec de l'eau, sur laquelle Amelis s'accroupit pour se laver. Rien d'autre.

— C'est ici que tu habites ? lui demandai-je tandis qu'elle se déshabillait.

— Je n'habite nulle part.

Au milieu de ce dénuement, au fond de la pièce, se détachait d'autant plus un coffret en bois précieux, si petit qu'il aurait à peine contenu des chaussures. Intrigué par cet objet solitaire, je m'approchai de l'objet et, en Zuvi impertinent que j'étais, je soulevai le couvercle. Eh bien, à ce moment, la boîte diffusa une petite musique à la fois joyeuse et mécanique. Je fis un demi-pas en arrière, comme un chat échaudé. Je me sentis comme un de ces sauvages ignorants, puisque c'était la première fois que je voyais un *carillon à musique*.

— Que fais-tu ? protesta-t-elle.

Elle s'était attardée à se déshabiller et, en remarquant mon intrusion, elle s'empara de la boîte à musique. Nue, elle la protégeait de son corps, l'écartant de moi. Je crois qu'elle ne fut pas consciente de la beauté de son image : une femme si belle, protégeant ce dépôt musical.

Lorsqu'elle se refermait, la musique s'évanouissait.

— Je ne connaissais pas cette nouvelle invention, m'excusai-je.

Elle rouvrit le couvercle et, pendant que cette mélodie mécanique se répandait en l'air, elle dit :

— Dépêche-toi. Tu as le temps avant qu'elle s'arrête.

Bon, au fait. J'étais venu pour me l'envoyer et je me l'envoyai. Je l'offensais manifestement beaucoup plus en m'emparant de sa boîte à musique que de son corps. Il y eut un seul moment où elle sembla gentille. Ce fut quand elle dit :

— Attends.

Elle prit le tas de mes vêtements tombés à terre et le posa sur le tabouret, pour qu'ils ne se salissent pas au contact de ce sol crasseux. Nous nous remîmes immédiatement à la tâche et elle commença à pousser des brames de sorcière sur le bûcher.

Avec les femmes, j'ai toujours suivi la stratégie de Vauban avec les villes : les attaquer sans hâte. Et croyez-moi, avec ce butin en vue, il était difficile de contenir l'assaut. Mais alors la chansonnette toucha à sa fin et elle m'écarta de son corps.

— J'ai tenu ma promesse, tu es satisfait et les gamins sont vivants. Dehors, dit-elle en fixant le plafond.

Il n'y avait rien à ajouter. Je pris mes vêtements et mon chapeau sur le tabouret, me rhabillai et descendis l'escalier sans prendre congé. Une fois dans la rue, je croisai de nouveau le prophète à demi mort. Il tendait encore la main avec la même ritournelle.

— *Per l'amor de Déu, per l'amor de Déu...*

Après avoir bien baisé, tout le monde est de bonne humeur, aussi m'arrêtai-je pour lui donner quelques pièces de monnaie. Je fouillai dans mes poches. Et vous savez quoi ? Ma bourse avait disparu.

Quelle sale pute !

Je gravis à nouveau l'escalier, en furie. Comment avais-je pu me laisser embobiner de façon aussi grossière, aussi évidente... ? Moi, mon infâme personne, qui un instant auparavant seulement me sentais coupable de l'avoir emmenée au lit ! J'étais plus indigné par la tromperie dont j'avais fait l'objet que par la perte. Qu'auraient dit de moi les frères Ducroix ? Mais quand j'entrai dans la pièce, je m'arrêtai net.

Sur la fille, sur la paillasse, il y avait une bête, un gros type qui lui donnait des coups de poing des deux mains. Et quelle raclée. Il la tenait entre ses jambes, elle criait sans échappatoire possible. L'homme n'était pas très large d'épaules, mais ses bras de bûcheron ressemblaient à des massues. À ce rythme, il allait la tuer en un clin d'œil. Ce n'était pas un client, comme le prouvait la boîte à musique fermée.

— Eh, dites ! m'exclamai-je spontanément. Que faites-vous ?

Le type, dos à la porte, se retourna pour me regarder. Un ogre, un ogre borgne. Je croyais jusqu'alors que les cyclopes vivaient dans les îles de la mer Égée.

— Et toi, qu'est-ce que tu crois ? aboya-t-il. Je lui envoie des roses, si tu veux ! Tu attends ton tour ? Tire-toi, imbécile !

Allais-je me laisser intimider par cette crapule, un pauvre type, tout grand escogriffe qu'il fût ? Bien sûr que oui. J'oubliai ma bourse et descendis l'escalier en courant. Quel dommage, une si jolie fille, me dis-je.

Ce qui arriva ensuite est plus difficile à comprendre. Je me trouvais sur la dernière volée de marches lorsqu'une petite vieille vénérable entra. Elle portait une cruche très semblable à celle que je m'étais proposé de porter pour Amelis.

— Laissez, ma bonne dame, dis-je avec une amabilité exquise. Je vais vous la monter.

J'entrai dans la pièce avec la cruche, qui pesait une tonne. Ne me demandez pas pourquoi je revins, je l'ignore. Je ne suis pas un chevalier errant, et elle était une catin voleuse.

L'ogre borgne continuait à cogner. Je n'étais pas très compatissant, mais vous auriez dû entendre hurler la fille. Elle avait beau se tortiller entre les draps, tentant d'arracher son œil restant avec les ongles, trois gnons de plus et il la tuait.

J'étais là, avec elle et l'ogre. Et la cruche remplie d'eau était dans mes mains. Détail important : l'ogre me tournait le dos. Je soulevai la cruche au-dessus de ma tête et la projetai de toutes mes forces sur sa nuque.

L'ogre tomba sur le côté, baignant dans des litres d'eau et de sang. Sa grande carcasse fit un bruit de pierres qui se détachent du rocher. Il roula à terre et se retrouva allongé sur le dos. Elle était trempée de sang et d'eau elle aussi. Elle faisait peine à voir, les lèvres fendues et les mains tremblantes. Ce fut alors le début de la plus douce conversation de ma vie.

Moi :

— Tu as un objet lourd ?

Recroquevillée et encore furibonde, comme si elle continuait à se débattre contre le cyclope, elle répliqua :

— J'ai l'air d'un docker ?

Moi, sarcastique :

— Ton petit copain est en train de se réveiller, et si je ne fais rien, il va nous découper en rondelles.

Désignant les bougies :

— Ça, imbécile !

Moi, encore plus indigné :

— Ce n'est qu'un tas de cire ! Je la lui fais avaler pour qu'il en ait une indigestion ?

Toujours recroquevillée, regardant au plafond comme quelqu'un qui n'a d'autre solution que de supporter un fieffé imbécile :

— Nooo… ce n'est pas que de la cire. Prends-la !

La masse fondue dissimulait un boulet de canon. Allez savoir s'il provenait du bombardement de la flotte française de 1691, du siège de 1697, des combats qui suivirent le débarquement des alliés en 1705 ou d'une autre bataille. Un petit malin l'avait monté là et il avait commencé à s'en servir comme d'un support pour les bougies. La cire fondue avait enveloppé le boulet à la manière d'une cascade solide jusqu'à le rendre méconnaissable.

Je saisis le projectile de fer à deux mains et m'approchai de l'ogre borgne.

Moi :

— Tourne-lui le cou ! Tu ne vois pas que je n'ai pas d'angle de tir ?

— Tu n'as pas quoi ?

— Tourne-lui le cou !

Sur le matelas, Amelis saisit l'ogre par les cheveux et tira dessus. Je plaçai les jambes de part et d'autre du corps renversé et soulevai le boulet de canon au-dessus de ma tête. À cet instant, il ouvrit l'œil restant.

— Attends ! cria alors Amelis.

Était-elle devenue compatissante ? Elle désigna la bombe.

— Et si elle explose ?

Encore à moitié paralysé, l'ogre comprit ce qui arrivait. D'une main, il me saisit la cheville, l'œil vivant plus ouvert que jamais.

Bon, sa dernière vision du monde fut celle d'un projectile de calibre vingt-quatre tombant en plein sur son visage. Les stratèges ont beau dire, la meilleure tactique sera toujours un bon coup dans le dos.

Je me frottai les mains afin de me débarrasser de la cire.

— C'est fait. Sa tête a vraiment bien explosé.

Depuis le lit, Amelis regarda l'ogre mort, puis moi :

— Tu n'as pas l'intention de me laisser ça ici, n'est-ce pas ? dit-elle. Si on le trouve, on me tue !

Je lui sauve la vie, et elle me demande de faire le ménage. Ah, les femmes !

— Je ne suis pas revenu pour rencontrer tes amis, dis-je. Ma bourse, ajoutai-je en tendant la main pour qu'elle me rende ce qui m'appartenait.

Elle se mit à rire et me dit qu'il n'y avait pas de bourse. Je pouvais fouiller tant que je voudrais, assura-t-elle en proclamant son innocence, je ne la trouverais pas. En général, je sais lorsque quelqu'un ment. Et elle était tellement sûre d'elle que j'écartai cette possibilité. Et puis, dans cette pièce nue, il n'y avait ni recoins ni cachettes. Si c'était une voleuse, elle était si douée qu'elle méritait même mon respect.

Parfois, il faut savoir perdre. Je m'apprêtai à partir. Mais au moment où j'atteignais la porte, elle dit d'une voix froide :

— Attends.

Elle jeta dans la rue l'eau qu'elle avait utilisée pour se laver le con. Elle essuya le sang qu'elle avait sur le visage avec un chiffon, se rhabilla et nous sortîmes ensemble. Elle me guida sans un mot, toujours aussi farouche. Et sur qui est-ce que nous tombâmes ? Nan et Anfán, assis sur les marches de l'église du Pi.

En me voyant, ils partirent en courant, mais elle siffla comme un berger et ils s'arrêtèrent. Nous nous approchâmes, Amelis fouilla

Anfán jusqu'à ce qu'elle fasse apparaître ma bourse, et elle me la remit en me disant : "Je ne te dois plus rien."

Elle avait préparé son mauvais coup de A à Z. Pendant que les hommes galants portaient les lourdes cruches remplies d'eau, les bras en l'air et éblouis par la vision de cette Hélène de Troie brune, Nan et Anfán leur faisaient les poches. En cas de problème, Amelis intercédait en leur faveur. Tous se rendaient aux suppliques d'un ange de dix-huit ans, à la beauté incomparable ; tous, à part ceux qui se méfiaient comme moi. Ceux-là, elle les emmenait dans sa chambre de la Ribera. Pendant qu'ils baisaient, Nan faisait le guet, Anfán s'introduisait dans la pièce, silencieux comme un lézard, et dérobait les bourses. (Rappelez-vous qu'elle avait posé mes vêtements sur un tabouret placé près de l'entrée, très accessible. Les cris amoureux les plus forts avaient certainement coïncidé avec l'arrivée d'Anfán, pour le couvrir.) Ensuite, elle pouvait proclamer sa sainte innocence, puisque le butin était parti, et il ne restait pas de traces du délit. Joli trio.

L'enfant, le nain et Amelis restèrent dans l'entresol du Raval. Il était préférable qu'on ne les voie pas dans le quartier de la Ribera, au moins jusqu'à ce qu'on oublie la mort de l'ogre borgne. D'après ce que nous apprîmes, ce n'était pas un proxénète ni un criminel des bas-fonds, mais un patricien vicieux qui portait de temps en temps la cruche d'Amelis, fou de passion. Il finit par se lasser de se faire voler sa bourse et alla directement chez elle pour la tuer.

Ils vinrent avec ce qu'ils avaient sur eux, sauf Amelis, qui portait sa seule propriété terrestre : cette étrange boîte d'où sortait une musique et à laquelle elle se sentait si attachée. Il était évident qu'elle utilisait son *carillon à musique* comme bouclier contre les déboires de la vie. Elle arriva accrochée à cette petite boîte sacrée comme s'il s'agissait de l'Enfant Jésus.

Au début, ce fut difficile. Avec Peret, nous étions déjà à l'étroit dans l'entresol, et il fallait soudain y faire tenir trois corps supplémentaires. Amelis et moi partagions l'unique chambre. Peret et le duo s'allongeaient sur des paillasses dans la pièce qui servait de cuisine et de salle à manger. Peret ne les supportait pas. Il me farcissait la tête de ses plaintes, lamentations et récriminations.

Le nain, par exemple, avait une idée très singulière de la vie domestique. Quand on ne satisfaisait pas sa volonté, il exprimait sa frustration par des cris de sanglier blessé d'un coup de lance, si aigus et frénétiques qu'ils auraient même troublé un sourd. Si on l'ignorait malgré tout, il utilisait sa propre tête pour protester : il la tapait contre les portes et les murs, tournant comme une toupie dans la maison.

Si le nain était excentrique, Anfán entrait quant à lui dans la catégorie de l'indescriptible. Le terme "voleur" ne sert pas à définir ce gamin. C'était un obsédé, un maniaque du larcin. À toute heure du jour ou de la nuit, vous sentiez ses doigts dans vos poches. Grâce à ce que j'avais appris dans la salle sphérique, je le voyais venir de loin et je le chassais d'une claque comme pour tuer une mouche, mais il dévalisait le pauvre Peret jusqu'à cinq fois par jour. Un jour, au petit matin, il se réveilla avec une bougie collée sur le nez et entièrement nu. Avant le petit-déjeuner, Anfán et Nan avaient déjà revendu ses vêtements dans la rue.

Je tentai de raisonner l'enfant.

— Tu ne comprends pas que tant que tu es ici, ce qui est à nous t'appartient ?

— Non.

Au moins, il était sincère.

En toute logique, Peret voulait les tuer à coups de bâton. Et comme d'habitude, Amelis les protégeait en criant et en les cachant sous ses jupes. L'avis de Peret était très clair :

— Puisque tu vis avec elle, tu as le droit de la traiter comme ta femme. Remets-la à sa place et donne-lui une raclée de temps en temps !

Notre entresol était un nid de discussions. Pourtant, je n'étais absolument pas pressé de voir Amelis s'en aller. Elle se remit très vite de la raclée. Elle était infiniment plus jolie que le jour où je l'avais vue pour la première fois, dans l'étable d'un village perdu. En résumé, disons que, au lit, elle faisait son travail. Nous dormions ensemble, et ce simple fait se transforma progressivement en une routine qui devint peu à peu, au-delà du plaisir, un étonnement heureux et quotidien. De l'amour ? Je ne sais pas. Personne ne se demande s'il aime l'air qu'il respire et en même temps on ne peut pas vivre sans lui. C'était quelque chose comme ça.

Ce qu'elle en pensait à l'époque est un mystère. Approuvait-elle son nouvel état, ou y consentait-elle pour donner un toit à ces deux-là, avec qui elle entretenait plus une relation de grande sœur que de mère ? Je peux juste dire qu'une nuit, avant de faire l'amour, elle ne souleva plus le couvercle du *carillon à musique*. Et tant que nous restâmes ensemble, elle ne la rouvrit plus.

La question était que les habitudes de vol d'Anfán ne pouvaient continuer. Ou le gamin changeait, ou nous allions tous devenir fous. Je n'envisageai même pas la méthode des raclées, elle était inutile. Pour le peu que je savais de sa biographie, le gamin en avait reçu de tous les côtés. Et on voyait le résultat.

Les grands changements commencent par l'extérieur. Vauban était si fanatique de la propreté qu'ils prenaient un bain par semaine. Je ne suis pas pour les excès, mais Anfán et Nan n'avaient jamais été plus près de l'eau que deux pierres du désert.

Le pire arriva quand nous voulûmes couper les mèches de l'un et ôter l'entonnoir sur la tête de l'autre. Hors de question. En voyant les ciseaux et le carreau de céramique (quoi d'autre pour arracher cet entonnoir ?) ils s'enfuirent et ne reparurent que deux jours plus tard à la maison.

Nous arrivâmes finalement à un compromis avec Anfán. Nous n'avions rien contre ses tresses, mais nous lui laissâmes entendre que ces formes tordues n'étaient qu'un produit de la crasse. S'il les lavait, Amelis s'engageait à lui faire des tresses naturelles, des douzaines dans sa chevelure blonde, nous le lui promîmes. Et beaucoup plus jolies. Propre, décemment vêtu, avec une chemise blanche et des nattes d'un jaune brillant au lieu d'une étoupe grasse, il ressemblait même à un enfant et non au mousse d'un bateau pirate.

Avec le nain, nous nous contentâmes de brûler ses vêtements de cirque et de lui faire enlever l'entonnoir au moins une fois par mois. Nous dûmes lui jurer que pendant que nous lui lavions la tête, il aurait l'entonnoir entre les mains. Je refuse de raconter toutes les bestioles et purulences que nous y trouvâmes la première fois. Pouah !

Amelis, Nan et Anfán formaient un trio compact, indissoluble. On ne savait pas très bien qui avait adopté qui. J'eus beau interroger Anfán sur son passé, c'était comme s'il avait un trou de mémoire. Quand ses parents l'avaient abandonné, ou avaient été tués, il devait être si jeune qu'il ne se souvenait même pas d'eux. En fait, il valait peut-être mieux qu'il ne se souvienne de rien. Il n'avait pas conscience d'autre chose que de sa vie de détritus flottant, toujours à la merci de la marée d'invasions qui se succédaient par ce couloir naturel de la Méditerranée appelé Catalogne. Son nom même, son langage de caserne, mélange de français, de catalan et de castillan, disaient tout.

Un enfant sera toujours un enfant. Même ce petit monstre d'Anfán. Puisque l'amour paternel lui était refusé, il suppléa son absence en le projetant sur le nain. Dans le fond, ce qu'Anfán donnait au nain était ce qu'il réclamait à grands cris pour lui. Je commençai à éprouver une faiblesse pour l'enfant lorsque je le compris.

D'après ce que j'appris, peu après la fin du siège de Tortosa, ces deux-là avaient croisé Amelis (les routes de Beceite et de Tortosa convergeaient vers Barcelone). Nous appelons foyer un toit, quand ce n'est que sa dernière enveloppe. Sous ce toit se trouve le feu commun, et en son absence, la simple étreinte primordiale. Ils étaient eux-mêmes leur foyer. Le fait que Nan et Anfán ne s'habituèrent jamais à dormir loin d'Amelis le prouvait. Ils quittaient leur paillasse à toute heure et entraient dans notre chambre. Ils s'entassaient sur nous et dormaient comme de petits chats. Au début, je protestais :

— Ils ne pourraient pas rester dehors jusqu'à ce qu'on ait fini ?

La réponse d'Amelis était très simple :

— Qu'est-ce que ça peut faire ?

Mes règles civilisées se heurtaient à ces trois-là. Ils trouvaient tout à fait normal de dormir tous ensemble dans un emmêlement de coudes et de genoux, les pieds de l'un sur le visage de l'autre, ou les joues sur le ventre. Un instant d'inattention et la pointe de ce maudit entonnoir se fichait n'importe où. N'importe où !

Écoutez, je sais bien que ce n'est pas très correct de faire l'amour et de dormir avec un enfant, un nain et un entonnoir qui partagent votre lit.

Mais qu'est-ce que vous voulez que je vous dise.

3

À cette période, nous reçûmes la plus inattendue des visites : quatre porteurs et trois escortes armées jusqu'aux dents, qui disaient venir de plus loin que la frontière nord et qui nous remirent une lettre et une malle à mon nom.

La lettre émanait du chevalier Bardonenche, qui s'excusait de ne pas avoir pu me remettre personnellement la malle, comme l'en avait chargé la famille Vauban. Malheureusement, une fois à la frontière, les alliés l'avaient empêché de passer, bien que ce bon Bardonenche eût insisté sur les motifs personnels qui seuls le guidaient pour visiter la belle ville de Barcelone. "Le monde roule vers sa fin, comme le prouve le fait que de nos jours, les hommes se méfient même de l'ennemi", se lamentait-il. Ma chère et repoussante Waltraud s'étonne, mais je vous assure qu'à mon époque, du moins entre militaires de carrière, de telles politesses n'avaient rien de surprenant.

Eh bien, quand nous ouvrîmes la malle, la surprise provoqua, dans cet ordre, des balbutiements, des cris et des évanouissements, car elle contenait rien moins que mille deux cents livres françaises. Le marquis m'avait légué cette somme dans son testament. Je ne vous cacherai pas que je fus ému : Vauban continuait à penser à moi outre-tombe.

Pour fêter ma fortune, je me saoulai si magistralement que la gueule de bois dura trois jours. Le problème vint de ce que la petite bande profita du fait que je ne pouvais pas bouger pour dilapider mon trésor : ils dépensèrent jusqu'au dernier sou en achetant un logement, un quatrième étage dans le quartier populeux de la Ribera. Amelis avait besoin de la signature d'un homme, de sorte que Peret lui donna la sienne. On comprendra encore mieux mon désir de les égorger quand je dirai que le contenu de la malle ne fut pas suffisant, de sorte que pour compléter, ils durent demander un prêt.

Ils s'arrangèrent bien entendu pour le contracter à mon nom. Du reste, comment un homme qui a appris à construire ou à détruire des murailles pouvait-il aimer des cloisons en stuc ? Je ne sais même pas comment je tolérai qu'Amelis me montrât notre nouveau petit nid.

C'était une maison plébéienne avec certaines prétentions : peintures bon marché au plafond, géométries sur les murs enduits, trois pièces et une cuisine. Ça sentait le plâtre neuf. Selon l'habitude, le quatrième étage était le moins cher, puisque pour y parvenir, il fallait monter toute une volée d'escaliers. Au moins, du fait de la hauteur, les pièces étaient-elles baignées de lumière. Nous en avions une pour nous, une autre pour Nan et Anfán, et une autre pour ce pique-assiette de Peret (son salaire pour s'être

prêté à l'escroquerie et m'avoir supplanté devant les créanciers). Le balcon situé sur l'arrière donnait juste sur le bastion de Santa Clara dont le pentagone fortifié s'étendait juste à ses pieds. Nous pouvions voir en bas la cour d'armes, les changements de garde, tout cela. Une fois dans notre chambre, Amelis me montra la lucarne qui s'ouvrait juste au-dessus du lit. À travers la vitre, on pouvait voir un ciel plus bleu que la Méditerranée.

En fait, la maison se transforma en un véritable foyer le jour où Amelis déposa son *carillon à musique* dans notre chambre. Par la lucarne, les rayons du soleil tombaient sur les draps blancs, et elle s'asseyait souvent au centre du lit, nue, brossant ses longs cheveux noirs et accompagnant d'un mouvement des lèvres cette mélodie triste. C'était une vision si belle qu'elle vous pétrifiait, et dans ces moments, il valait mieux ne pas troubler sa nudité absorbée.

Mon Dieu, comme la vie en commun nous avait changés. Avant, Amelis se servait de la boîte à musique pour s'évader pendant les sacrifices auxquels elle se soumettait. Maintenant, elle lui donnait un autre usage, comme si cette musique si insolite, artificielle et douce à la fois, l'avait transportée jusqu'à ses souvenirs les plus reculés. Non, il y avait autre chose, le souvenir était la boîte en soi, de même qu'il n'y a pas de frontières dans un désert : le désert est la frontière.

Ainsi donc, nous étions les tout nouveaux propriétaires d'un logement. Le problème était que la malle de Vauban contenait mille deux cents livres, et l'appartement en avait coûté mille six cent douze. C'est-à-dire que, en moins de temps qu'il n'en faut pour se remettre d'une gueule de bois, nous avions échangé notre état de pauvres heureusement argentés contre celui de propriétaires heureusement pauvres. Et endettés. Nous devions payer notre dette, et en temps de guerre, les affaires passent par la guerre.

Maintenant est venu le moment de raconter ma petite aventure sur ces terres castillanes. Comment je dus affronter de force les batailles de la campagne de 1710, la façon dont je fus témoin de l'ascension et de la chute de Karlangas sur le trône de Madrid. Ah, oui, et comment je rencontrai, de la façon la plus impensable, le maître qui allait remplacer Vauban, le dernier individu du monde que j'aurais jamais cru capable d'exercer la dignité de grand maître.

Pour cette raison, avec votre permission, je vais d'abord faire une digression. (Ma chère et repoussante Waltraud s'y oppose ; elle croit que je devrais aller directement au fait. Eh bien tant pis.)

Pour m'arracher aux tavernes, Amelis insista pour que nous quittions la ville, ne fût-ce qu'un jour, avec l'excuse d'aller prendre un chocolat. On pouvait louer une voiture qui vous emmenait à dix kilomètres de Barcelone pour un prix raisonnable. Là, il y avait de la verdure, des prés et un panorama, et à la fin de la journée, les voitures revenaient chercher les excursionnistes. Maintenant, laissez-moi vous parler d'une partie de chocolat.

Cela n'impliquait pas que la boisson pure. Selon les participants, on y ajoutait les produits les plus pervers, particulièrement des aphrodisiaques. Les curés avaient déclaré la guerre à cette mode et ne cessaient de la stigmatiser dans leurs sermons.

Comme le chocolat est noir, personne ne pouvait être sûr de ce que contenait sa tasse. Le cuisinier pouvait avoir la main lourde, et certains produits toxiques délirants, ingérés en quantité excessive, pouvaient même entraîner la mort. C'était un risque assumé. Souvent, les gens recherchaient davantage l'excitation du danger qu'autre chose. Car l'immense majorité des boissons ne contenait qu'un innocent cacao bouilli avec du sucre. Mais comme tout le monde y participait en soupçonnant, pour ne pas dire en étant convaincu, qu'on y avait versé des filtres d'amour, lorsqu'un homme touchait les fesses de sa belle-fille, il pouvait toujours en rejeter la faute sur le chocolat. (Bien sûr, bien sûr, le chocolat était responsable de tout.)

Fantaisie ou non, après la seconde tasse, les gens avaient une envie folle de danser. Ils se prenaient par la main et faisaient des rondes en riant et en chantant. Et sans bienséance : hommes et femmes mélangés sans distinction d'âge, d'état ou de parenté ! Il y avait toujours deux violons pour agrémenter la fête, et un instant plus tard, des couples de danseurs commençaient à s'éclipser. (Devinez ce qu'ils allaient faire.)

Peu m'importait ce qu'on avait mis dans le chocolat, je souffrais pour mon Amelis. Les voitures nous déposèrent sur une belle butte verte. Dès que nous eûmes mis le pied à terre, je commençai à me sentir mal à l'aise, car dans l'ambiance dissolue d'une partie de chocolat, n'importe quel oiseau pouvait essayer de profiter d'elle. Je me rappelle le moment précis où la jalousie s'empara de moi. Je l'aidai à descendre de la voiture en la prenant par la taille, et juste au moment où je la déposai sur le sol, ce fut comme si j'avais perdu quelque chose. "Oh, *Déu meu*, me dis-je, chagriné. Alors c'est ça, je l'aime."

Nous devions être une trentaine ou une quarantaine de personnes, réparties sur des draps. Cette plaine était dominée par une vieille ferme en ruines, un bâtiment dépourvu de portes et au toit semi-effondré. Les fermes, les maisons traditionnelles de la montagne catalane, étaient des forteresses en miniature qui soignaient l'aspect défensif. Je ne fus pas surpris que les anciens habitants de celle-ci aient choisi pareil emplacement. De là, on pouvait contrôler tout ce qui approchait à trois cent soixante degrés à la ronde, et de très loin. Certes, Bazoches n'avait pas été le premier à étudier l'art ancien de défendre les siens.

Après le petit-déjeuner vint le chocolat, et la fête commença. Les violons commencèrent à jouer très fort. Les gens se regroupèrent en formant des cercles. Amelis me tira par la main pour que nous allions danser. Ce ne fut pas possible. À cet instant, il se passa quelque chose d'insolite : Anfán arriva par-derrière et me passa les bras autour du cou. Il avait mis plus d'un an à s'approcher si près. Et si vous voulez rire, allez-y, mais cela me toucha. Il appuya sa joue d'enfant contre la mienne et me demanda à l'oreille :

— Je peux voler, chef ? Ils sont tous ivres.

— Non, tu ne peux pas. Ils sont ivres, mais ce sont des gens bien.

L'argument ne le toucha pas le moins du monde.

— Avec le butin, je pourrais même acheter un entonnoir neuf à Nan.

— Il t'en a demandé un ? Non. Ce qu'il veut, c'est s'amuser. Alors emmène-le danser. Tu verras comme il aime ça, et sans risquer d'être fouetté. Et sur le ton avec lequel Vauban s'adressait à moi, j'ajoutai : Tu ne peux pas comprendre pourquoi, mais tu es responsable du fait que personne n'emmène Nan derrière des buissons. Et je vociférai : *Allez !*

Les enfants et les soldats, il est toujours préférable de les charger d'une mission plutôt que d'un châtiment.

Et maintenant laissez-moi être ému. Parce que je découvris soudain que c'était ça, le bonheur. L'herbe verte, les violons allègres. Les rondes de gens riant et dansant comme des idiots. Le petit Peret, voûté, donnant la main à une veuve, lui murmurant des paroles salaces à l'oreille. Nan et Anfán qui dansaient ; Nan, toujours aussi imperturbable, mais satisfait intérieurement ; Anfán, suivant mes ordres, écartant à coups de pied toute personne qui se serait approchée du nain. Et Amelis riait, dansait, sa chevelure noire flottant au vent. J'ignore combien de temps cela dura. Très peu, certainement ; le bonheur ne dure jamais. Soudain, Peret et la veuve sortirent des buissons, Peret se tenant les pantalons à mi-mollet et elle courant, décoiffée. Ils avaient dû voir quelque chose pendant qu'ils étaient en pleine action.

— Ballester ! criait Peret, mort de peur. Ballester arrive !

Ballester ! Mon vieil ami, qui était à l'époque devenu l'un des miquelets les plus célèbres et les plus cruels. (Même si j'ai déjà expliqué qu'en Catalogne le terme miquelet pouvait impliquer de multiples variantes.)

La partie de chocolat, comme je l'ai dit, se tenait sur une hauteur. Je montai sur un rocher dominant et pus observer ce qui arrivait vers nous : une troupe de cavalerie légère qui se trouvait encore loin. À la poussière qu'ils soulevaient, ils devaient être une bonne douzaine.

La panique transforme les gens en un troupeau. Tout le monde criait et courait. Les plus aisés, venus avec leur monture personnelle, s'enfuirent au galop, laissant leurs amantes derrière eux (sans grands scrupules, par ailleurs. Ah, l'amour !). Les autres ne surent pas très bien que faire, et par instinct animal ils se réfugièrent dans la ferme abandonnée. Nan et Anfán couraient en tenant Amelis par la main. Ils entrèrent eux aussi dans la ferme, et je les suivis.

À l'intérieur, les gens se pressaient comme du bétail bien que l'espace fût vaste, car les cloisons s'étaient effondrées depuis longtemps. Les femmes pleuraient et s'étreignaient, les hommes s'arrachaient les cheveux. Je poussai quelques cris afin d'obtenir le silence :

— Vous comptez faire quelque chose, ou on attend d'être sacrifiés comme des moutons ? hurlai-je.

Dans un coin, il y avait un jeune premier tout pomponné :

— On peut savoir de quoi tu parles ? fit-il. Tu n'es même pas rasé, et c'est Ballester qui arrive !

— Je me doute que ce n'est pas saint Pierre à cheval ! répliquai-je avant de m'adresser à la cantonade : On va faire quelque chose, ou non ?

— Tu parles d'un capitaine ! se moqua de nouveau le type pomponné. Ces gens sodomisent des gamins comme toi au petit-déjeuner !

Je montai sur une table vermoulue.

— Écoutez-moi : si vous faites tout ce que je vous dis, il est possible qu'on s'en tire.

Le jeune premier haussa la voix :

— Ceux qui viennent sont des assassins professionnels équipés d'un arsenal. Et ici, il n'y a qu'un tas de femmes, d'enfants et de vieillards tremblants. La maison est en ruines et tu prétends la défendre. Il désigna la sortie : Il n'y a même pas de porte !

Un éclair me traversa l'esprit. Si j'avais eu le temps de penser, croyez-moi, j'aurais différé ma réponse. Mais la situation était si urgente, et en même temps si désespérée, que je ne pus. Aussi exhalai-je un soupir.

— La porte, c'est nous, dis-je en martelant chaque mot.

— Ils vont nous trancher le cou et violer les femmes ! insista le jeune premier.

— Eh bien c'est justement pour ça qu'on va se battre, idiot ! criai-je. Quand ils verront qu'ils ne peuvent obtenir ni butin ni rançon, ni voler des chevaux, ils nous couperont le cou pour s'amuser et utiliseront nos femmes comme monture. Je désignai Amelis. C'est ma femme, et je jure que personne ne la touchera. Ils ne le feront pas !

Il y a plusieurs sortes de silence. Celui du désespoir, celui de la réflexion, de la paix : ils sont tous différents, et celui-ci sentait le doute.

— On m'a déjà violée, il y a longtemps, dit alors quelqu'un.

C'était une de ces petites vieilles débordant d'énergie. Elle regarda le jeune homme en me désignant d'un doigt.

— Et ce jour-là, j'aurais aimé avoir un "gamin" comme celui-ci. Puis, me regardant, elle ajouta : Je suis un vieux machin, mais si tu l'ordonnes, je jetterai des pierres à toute personne qui franchira cette porte. Qu'ai-je à perdre ?

Il y eut des murmures. Cette voix humble, mais droite, eut l'avantage de changer la peur en colère. Peret s'approcha de la table. Il me prit par une cheville et me demanda, mort de peur :

— Mais Martí, mon garçon, qu'est-on censés faire, pauvres de nous ?

— D'abord, déposer ici toutes les armes en notre possession.

Je descendis de la table et les hommes qui possédaient des armes les y déposèrent. Comme souvent, le plus armé est toujours le plus couard, car le jeune homme sortit deux gros pistolets et une dague. Nous réunîmes au total six pistolets et quinze couteaux de différentes tailles. Un arsenal des plus pitoyables.

— Magnifique ! m'exclamai-je d'un air souverain. Vous voyez ? Avec ça, on pourrait défendre Sagonte*.

J'ai expliqué que la ferme catalane était conçue comme une forteresse en miniature à même de repousser des assauts dans les quatre directions. Des murs de l'épaisseur de la muraille, des fenêtres étroites comme des embrasures et perpendiculaires au sol, des plafonds de pierre qui ne peuvent brûler ; même au milieu des ruines, elle demeurait une barricade considérable.

Je demandai aux femmes de faire un tas avec des pierres de bonne taille. Le plafond était partiellement détruit. Avec les décombres et les restes de mobilier, les hommes improvisèrent des accès à la partie supérieure. De là, ils pourraient tirer, ou du moins lancer des pierres à tous ceux qui s'approcheraient. Avec les décombres, d'autres élevèrent une barricade, plus symbolique que réelle, devant la porte. J'envoyai les enfants inspecter les recoins. Je m'agenouillai devant Anfán.

— Cherchez sous le sol, vous y trouverez quelque chose.

Et ils trouvèrent. Toutes les fermes disposaient de leur propre magasin d'armes. Dans le sol de ce qui avait dû être la chambre principale, Anfán et Nan découvrirent une trappe poussiéreuse. Ils l'ouvrirent. Elle contenait quatre mousquetons. Oxydés, deux d'entre eux sans culasse, mais des mousquetons, en fin de compte.

* Ville d'Aragon dont le château subit de lourdes attaques au cours de son histoire en raison de sa position militaire stratégique.

— Que voulez-vous que nous fassions de cette ferraille ? demanda quelqu'un.

— Nettoyer les canons.

— Ils sont là !

C'était l'une des vigies ; la seule chose dont nous étions pourvus en grande quantité était les yeux.

Pendant un bon moment, les cavaliers ne s'approchèrent pas. Ils firent le tour de la ferme en reniflant, guère plus. Moi, je courais d'un bout à l'autre, demandant aux embusqués :

— Que font-ils ?

— Rien. Ils traînent et ils regardent.

Pour le défenseur, l'attente d'un assaut est infiniment pire que l'assaut ; il fallait empêcher à tout prix nos têtes d'imaginer les horreurs de l'attaque. Je me décidai à sortir. Amelis tenta de me retenir.

— Qui veux-tu qui parlemente ? fis-je. Le jeune premier ? Peret ? Assure-toi que Nan et Anfán restent à tes côtés.

— Ce sont des bandits ! On ne peut pas les raisonner.

Elle en pleurait de rage. Elle était furieuse contre moi, comme si je venais de lui avouer que j'avais une maîtresse. Elle me frappa à la poitrine des deux poings :

— Ils vont te tuer ! Ils vont te tuer !

Elle se retourna et s'éloigna. (Vous voyez, ce que je vous disais ? Il est plus facile de raisonner des bandits que des femmes. Et toi, ne me regarde pas comme ça et écris.)

Nous écartâmes la fragile barricade de la porte et je sortis.

L'un des brigands à cheval avança et s'arrêta à environ dix mètres de moi, scrutant mon visage. Je ne trouvai rien de mieux que de feindre l'indifférence. Je le saluai d'un sourire forcé, en portant deux doigts à la pointe de mon tricorne. Il partit. Son chef arriva sur-le-champ, escorté de quatre cavaliers de chaque côté : Ballester.

Il avait changé depuis nos rencontres à Beceite et au relais de poste. Il semblait plus mûr, plus rôdé à cette vie d'attaques et de fuites. Ce qui frappait sur son visage était ses yeux enfoncés, comme si les orbites étaient deux fois plus profondes que chez les autres humains. Il n'était pas particulièrement laid, car la férocité peut présenter un attrait. Mais le regard fuyant, les sourcils noirs et épais comme des cordes et une barbe épaisse et très noire, il donnait l'impression que pour lui, l'âge était une chose superflue. Il portait quelques paires de pistolets sur les côtes. En cas d'urgence, il pouvait croiser les bras et dégainer en un clin d'œil.

Je me souviendrai toujours du regard de Ballester. Ses yeux parlaient avec une éloquence propre. Et contradictoire. Ils disaient : "Je vais te tuer" et en même temps : "Pardon." Ceux qui ne savaient pas voir la deuxième phrase prenaient la fuite.

— Bonjour, dis-je.

— Oui, c'est un bon jour, répondit-il. Il avait les mains sur le pommeau de sa selle et regardait le ciel avec des airs de philosophe paysan. Un très bon jour.

— Que puis-je faire pour vous ? m'enquis-je.

Il se formalisa. Il avança avec son cheval et me contourna à plusieurs reprises, une action très intimidante, bien sûr. Je pouvais entendre battre les cœurs de la ferme. Je haussai le ton :

— Il est mal élevé de parler du haut de sa monture avec quelqu'un qui en est descendu, monsieur.

Ballester s'adressa à ses hommes :

— Monsieur ! Vous l'entendez ? Maintenant, je suis un monsieur !

Ses hors-la-loi éclatèrent de rire. Ballester fit un geste de condescendance moqueuse et descendit de cheval.

Il ne sentait pas mauvais. Cela me surprit car, en tant que fils d'un commerçant maritime qui vivait le dos tourné vers l'intérieur, j'avais été élevé dans la conviction que les miquelets étaient un peu comme le soufre de l'enfer. Ballester sentait la cendre propre, le thym, le romarin. Comme ses hommes.

Un an s'était écoulé depuis que nous nous étions croisés, mais il ne posa pas de question, il affirma :

— Nous nous connaissons.

— Je crois que nous avons eu un jour un échange commercial, répondis-je calmement. Je me suis retrouvé sans rien, et vous avec tout.

Il ignora mes paroles, me désignant la ferme.

— Pourquoi vous êtes-vous enfermés là ?

— Votre réputation vous précède.

— Mon Dieu. Et que dit-elle ?

Comme nous avions décidé de nous défendre, je restai ferme :

— Elle dit qu'Esteve Ballester est un assassin monstrueux et un criminel. Sous prétexte de lutter pour la patrie catalane, il assaille les voyageurs sans défense. Il les dépouille ou les séquestre. Si la rançon n'arrive pas à temps, il brûle les pieds de ses victimes. Et ça, c'est quand il est de bonne humeur.

Il préféra ignorer ma provocation :

— Vraiment ? fit-il. Et vous croyez tout ce que disent les gens ?

— Je sais que vous en déshabillez certains, vous les pendez et les abandonnez.

Il lâcha un éclat de rire.

— Que je sache, je ne t'ai rien pris.

Il fit une pause et, sur un ton plus sombre, il ajouta :

— Et toi, un botifler, tu oses me traiter de voleur ?

Si je voulais négocier avec lui, je devais éviter ses sarcasmes. Ballester et moi étions à mi-chemin entre ses hommes et la ferme. J'ôtai mon chapeau. C'était le signal convenu pour que toutes les armes à feu sortent par la porte, les fenêtres et le toit, y compris les canons des mousquetons oxydés, que les femmes avaient fait briller avec des chiffons et de la salive.

— Monsieur, mentis-je, j'ai vingt fusils pointés sur votre tête. Nos cavaliers sont partis à toute vitesse pour prévenir la Garde de la Tranquillité. Ils ne vont pas tarder. Sachez que nous sommes des citoyens pauvres. Ici, il n'y a pas de butin. Si nous devons résoudre cette affaire par une fusillade, vous en serez seul responsable.

J'avais parlé à tue-tête pour être entendu de tous. C'était un simple bilan comptable : si la perspective d'assaillir la maison ne leur semblait pas rentable, ils partiraient. Et s'ils ne croyaient que la moitié de mes mensonges, c'était suffisant pour les faire douter. Par malchance, la proximité de la violence transformait Ballester. Tous les hommes sont comme ça, mais chez lui, c'était comme si quelque chose éclatait intérieurement. Ses yeux profonds s'enfonçaient encore plus dans ses orbites. La veine bleue qui parcourait sa tempe droite enflait et palpitait. Des années plus tard, je connus son intimité d'assassin : quand il s'apprêtait à tuer, on pouvait sentir son odeur de transpiration, extrêmement forte. Sa voix siffla horriblement, la veine bleue de sa tempe droite épaisse comme un ver :

— Si les tiens me tuent, les miens te tueront, imbécile.

— Certes, répliquai-je, moi aussi dans un murmure. À proprement parler, nous sommes à égalité.

À ce moment, nous entendîmes quelque chose : les cris d'un enfant terrorisé.

L'un des cavaliers s'approchait de nous en riant, Anfán sous le bras. Le gamin se débattait. En me voyant, il tendit les mains vers moi, ouvrant les doigts, et il se mit à crier encore plus désespérément.

Ballester dut voir un changement sur mon visage, car il ébaucha une grimace, plus qu'un sourire, et dit :

— Ton égalité vient de foutre le camp.

Dans l'enfance, nous avons tous fait des rêves dans lesquels nous sommes aspirés par un puits au fond duquel apparaissent des tentacules. Pour Anfán, ce n'était pas un cauchemar, c'était la réalité. Il se tenait à dix mètres, dix mètres aussi infranchissables qu'un monde.

Cet enfant était avec moi depuis un an. Je l'avais habillé et nourri. Il dormait avec ma femme et moi. Je l'avais disputé et corrigé un nombre de fois incalculable, et il se tenait maintenant un peu mieux qu'avant. Juste un peu, mais jusqu'alors je ne l'avais vu que feindre les pleurs.

Je sentis un rideau rouge me tomber devant les yeux comme au théâtre. Je ne reconnus même pas ma propre voix en disant :

— Lâchez-le ! Maintenant ! Ou je jure sur ma sainte mère que je vous tuerai. Toi et cet animal qui le retient prisonnier. Et j'ajoutai, d'une voix presque imperceptible : Je le jure.

Pendant un laps de temps interminable, Ballester me regarda fixement dans les yeux. Anfán se tortillait et je devenais fou. Ballester comprit peut-être : on ne peut pas négocier avec un dément. Il fit un signe de tête, comme s'il ne se sentait pas concerné, et le cavalier posa Anfán à terre.

Le gamin se mit à courir si vite qu'il tombait, se relevait et retombait. Mais, même mort de peur, courant avec ses nattes jaune paille au vent, quand il fut suffisamment loin du cavalier, il s'arrêta, lui tira la langue et lui fit un bras d'honneur. Il se remit à gémir et à courir, et ne s'arrêta pas avant de m'avoir passé les bras autour de la taille.

Ballester me laissa de côté. Ce fut un moment étrange, car il était si évident qu'il avait quelque chose à nous dire que même s'il avait été la cible de mille canons, personne ne lui aurait tiré dessus. Il déambulait devant la barricade, le regard emporté.

— Vous menez une vie tranquille et heureuse, commença-t-il. Vous pensez que le monde se réduit à des parties de chocolat et de baise. Imbéciles ! Le ciel nous tombera dessus au moment où vous vous y attendrez le moins.

Afin de prouver son mépris de prophète, il se risqua même à donner une tape sur le canon d'un fusil qui le tenait en joue. Je ne réagis pas. Je fis un signe aux assiégés, minimisant l'audace de Ballester. Mieux valait le laisser débiter son laïus et s'en aller. Après tout, à ce stade, il était évident qu'il cherchait seulement à ne pas démériter aux yeux des siens en fanfaronnant un peu.

— Vous croyez les mensonges de la Généralité juste parce qu'ils sont publiés dans des feuilles de chou officielles. Combien connaissez-vous de pauvres à qui je doive quelque chose ? J'ai payé des centaines de messes, l'entretien d'orphelinats… Les seuls qui doivent me craindre sont les botiflers et les paillassons rouges.

(Il voulait parler des ministres de la Généralité, à cause de leurs toques et de leurs tenues de velours rouge. Je l'ai déjà dit ? Eh bien.)

Une voix anonyme monta de la ferme :

— Tu as violé la cousine de mon gendre, malheureux ! On devrait t'envoyer au diable.

— Calomnies ! répliqua Ballester en se tournant en direction de la voix. Il doit s'agir de gens qui commettent des agressions en disant qu'ils le font en mon nom. Peut-on croire que Ballester a besoin de payer ou de s'imposer par la force pour dormir avec une femme ?

Sur la barricade on vit la vieille femme énergique. La moitié de son corps apparaissait au-dessus de l'entassement d'objets, une grosse pierre à la main, menaçant de le lapider.

— Toi, les autres miquelets… Quelle différence cela fait-il ? Vous vous croyez très virils parce que vous dormez autour d'un feu de camp et que vous mangez du cerf. Tu ne te bats que pour tes intérêts, en attaquant les gens paisibles, et tu veux nous convaincre que tu es un saint de la montagne parce que tu assassines parfois des partisans des Bourbons ivres. Qu'on te pende !

Ballester agita l'index dans sa direction, menaçant, mais en employant un ton plus réservé.

— Ne confonds pas, *mestressa**. Dans cette guerre, j'ai tué plus de Français et de Castillans que tout un régiment du roi.

Ce fut là que j'intervins, Anfán dans les bras, ses jambes autour de mes hanches comme un petit singe, et me tenant si fermement le cou qu'il manquait de m'étouffer.

— Si vous êtes si passionné par la défense du pays, pourquoi ne rejoignez-vous pas l'armée du roi Charles ?

— Parce que les deux armées sont pareilles, même si elles portent des uniformes différents, de la même façon que toutes les flammes brûlent, qu'elles soient rouges ou bleues.

Je crus qu'il partait, mais il revint encore sur ses pas.

— Moi aussi je sais jurer, me dit-il à l'oreille. Maintenant écoute ça : si je te revois, je t'envoie valdinguer. Compris ?

Anfán approcha son visage de celui de Ballester, gonfla les joues, serra les lèvres et émit un bruit de pet à son oreille. Je crois que ce fut la première et dernière fois que je vis Ballester rire sainement.

— Et dis à ton petit singe à nattes que s'il n'apprend pas les bonnes manières, je reviendrai le chercher. Il écarquilla les yeux, regardant Anfán sans ciller, dessina un O avec les lèvres et lâcha un : Bouh !

Anfán s'accrocha encore plus à mon cou, hurlant de peur, tournant le dos à Ballester, gigotant contre mes hanches. Ballester remonta à cheval parmi les éclats de rire de ses hommes, et avant de partir, il voulut encore proclamer, tout en faisant effectuer un tour à son cheval, saluant avec son chapeau :

— Messieurs ! Mesdames ! Bonne fin de journée.

Il adressa une galanterie à la grand-mère qui l'avait accusé :

— *Iaia, t'estimo*. Grand-mère, je t'aime.

Il éperonna sa monture et ils partirent.

Anfán aperçut quelque chose par terre : la cravache de Ballester lui était tombée des mains. Il descendit de mes épaules comme d'un arbre et me remit le trophée.

Le jour où je mourrai, je veux emporter dans la tombe l'air heureux de cet enfant, satisfait de m'offrir la cravache de Ballester. Ce n'était pas un cadeau, mais une chose que l'on ne peut pas

* "Maîtresse", en catalan.

exprimer entièrement par des paroles. Il était né voleur, et le fait même de partager son butin disait tout.

Je lui arrachai la cravache d'une bourrade :

— Je t'avais dit de ne pas quitter les jupes d'Amelis !

Le jour n'était pas encore terminé. Même si cela semble incroyable, la partie vraiment héroïque de la journée n'était pas encore arrivée. Après le dîner, je me confrontai à Anfán.

— Quand tu as trouvé les mousquetons, je t'ai dit de rester auprès d'Amelis, lui assenai-je de l'autre côté de la table. Et tu m'as désobéi.

Il réagit comme un fauve doué de raison. Son instinct et son sens de la justice s'unirent pour proclamer à l'unisson :

— Mais les hors-la-loi étaient des voleurs ! Il se leva sur la chaise, sur la défensive et en même temps indigné. Pourquoi est-ce que je ne peux pas voler des voleurs ? ajouta-t-il en écarquillant les yeux. C'étaient des voleurs !

— Sot ! lui cria Peret. Quand apprendras-tu que c'est la pire insulte qu'on puisse adresser à un homme ? Sans Martí, en ce moment, les miquelets seraient en train de te faire brûler vif. Sot !

Il se passa une chose définitive lorsque Nan, assis sur sa chaise, balançant les jambes et le regard fixé au sol, répéta :

— Sot.

— Je vais te punir, annonçai-je.

J'allai dans ma chambre et en revins avec la cravache de Ballester.

— Approche, lui dis-je en m'asseyant.

Il y a une sorte de regard très particulier, celui de l'être humain découvrant qu'il est trahi. Après un an passé sous le même toit, après tout ce temps à dormir dans le même lit, j'allais maintenant exercer la violence sur lui. Le gamin s'approcha, feignant l'indifférence. Pendant ces quelques mètres, son regard était déjà celui de quelqu'un qui voulait m'oublier.

Je posai la cravache dans sa main et tendis ma paume ouverte.

— Frappe-moi.

Au début, il ne me comprit pas.

— Frappe-moi ! répétai-je.

Il s'exécuta, doucement.

— Plus fort !

Il tourna la tête pour consulter les autres, étourdi, mais je posai un doigt sur son menton et l'obligeai à me regarder.

La cravache claqua dans ma main.

Il me frappa plus fort. Il me fendit la peau. À la vue du sang, il recula d'un pas, effrayé.

— On n'a pas fini. Encore.

Je lui tendis de nouveau ma paume sanglante. Il me frappa. Le coup de cravache avait creusé la blessure et cette fois, je ne pus éviter une grimace de douleur.

— Ça suffit, supplia Amelis.

— Tais-toi ! criai-je et, regardant Anfán, j'insistai : Continue, ou va-t'en pour toujours !

Il leva la cravache. Je lui mis ma main blessée sous les yeux, le sillon ouvert et dégoulinant de sang.

— La cravache. Sers-t'en !

Il se mit à pleurer, déversant une mer de larmes. Il n'avait jamais pleuré de la sorte. Aux mains des miquelets, il avait eu peur, mais avec ce torrent de larmes il vomissait le mal du monde, toute la bile que notre époque lui avait inoculée. Amelis l'étreignit.

— Tu comprends ? lui murmurai-je à l'oreille. Tu comprends, maintenant ?

Cette nuit, Anfán comprit que sa douleur était la nôtre, et la nôtre la sienne. Et comme il apprit cette leçon, j'en appris une autre : que quatre êtres humains peuvent constituer, davantage qu'une somme d'individus, un ensemble amoureux. Cette nuit-là, je regardai d'un autre œil notre lit plein de dormeurs. Je ne voyais plus ce coude, cet entonnoir, cette mèche de cheveux étrangère, gênante, qui nous couvrait les yeux dans notre sommeil. Ils constituaient un tout, de la même façon que la salle sphérique, au-delà des objets qui pouvaient l'habiter. Je les regardai, dis-je, avec l'attention de Bazoches détachée des sentiments qui ne sont que les nuages assombrissant le paysage de la raison. Cependant, je serai toujours surpris que l'observation méthodique débouche sur la tendresse. J'entendis les doux ronflements d'Anfán, j'observai les grimaces de Nan, qui rêvait, et les paupières fermées d'Anfán, et je me dis que ce lit, ce minuscule rectangle, était sans doute l'astre le plus précieux de tout notre univers.

4

Voilà donc l'étrange foyer que je dus quitter pour un bon moment au milieu de l'année 1710. Pourquoi ? Ici, je dois vous parler de la situation militaire du moment.

Malgré la frivolité des Barcelonais, qui continuaient à vivre comme si la guerre ne se livrait que sur les rives du Rhin, celle-ci se rapprochait de plus en plus. On pourrait dire, en fait, qu'en 1710 nous étions déjà encerclés. Tout le territoire que contrôlait Karlangas était le petit triangle que constitue la Catalogne, avec Barcelone en son centre. En 1710, donc, l'Espagne presque tout entière était aux mains de Felipito. Les Deux Couronnes ont toujours suivi une stratégie d'une logique démoniaque. Les alliés, en revanche, fonctionnaient par soubresauts suivis de longues périodes d'indolence.

La situation militaire allait de mal en pis, les gerfauts des puissances militaires se dirent qu'il fallait agir. Et chaque fois que sur la scène espagnole la guerre s'enlisait, les alliés prenaient la même décision : envoyer en Espagne un général pour régler la situation. À cette date, la dernière livraison était l'Anglais James Stanhope. Si seulement nous avions eu un autre Jimmy de notre côté, un autre James Berwick, et non ce blanc-bec de Stanhope, aussi suffisant qu'impulsif, une allégorie du genre : "Je vais arranger ça en un clin d'œil !" Comment un homme qui croit tout savoir peut-il apprendre quoi que ce soit ? Le général En-un-Clin-d'Œil ! C'est sous ce nom qu'il aurait dû passer à la postérité !

Il arriva à Barcelone en ayant bien appris la leçon de son gouvernement. L'Angleterre était lasse de la guerre, sa mission consistait à y mettre un terme définitif. Et c'était là le dernier effort que

Londres était décidée à fournir pour lui donner une conclusion victorieuse. Car Stanhope arriva également avec de nouveaux contingents militaires : infanterie hollandaise et autrichienne, et un puissant corps anglais de cavalerie qu'il dirigeait lui-même. Ces renforts, venant s'ajouter aux troupes amies encore cantonnées en Catalogne, devaient permettre une grande offensive, venger Almansa et couronner Karlangas à Madrid en tant que roi de toutes les Espagnes. Et en un clin d'œil !

À Barcelone, l'offensive généra une attente inhabituelle. Les livres d'histoire oublient généralement l'énorme quantité de gens qui accompagne une armée en campagne. Et puisque le nombre de civils qui suivent la queue d'une armée dépasse souvent le nombre de soldats, on conviendra que l'oubli est de taille. D'un côté, il s'agissait de personnes qui offraient leurs services : des barbiers aux cordonniers, métiers indispensables pour un contingent humain aussi important. Mais l'offensive de 1710 allait de surcroît constituer l'attaque décisive. Des centaines, des milliers d'Espagnols autrichistes exilés en Catalogne rejoignirent les colonnes militaires avec l'enthousiasme de celui qui voit enfin le moment de rentrer victorieux à la maison en caracolant. Et la chose ne s'arrêtait pas là, car des opportunistes s'introduisirent dans le sillage des marchands et des expatriés. Après tout, la Catalogne avait été la terre la plus fidèle à la cause de Karlangas. La logique aurait voulu qu'une fois couronné à Madrid, il en récompensât les habitants en leur accordant des charges et des prébendes. Et devinez qui se cachait parmi les pires opportunistes ? Eh bien oui, messieurs, ce bon Zuvi. Je racontai à Amelis que c'était une occasion unique, qu'avec un peu de chance, je pourrais obtenir un bon pécule qui nous permettrait de solder nos dettes.

Toutefois, la véritable raison qui me poussa à rejoindre la queue de l'armée alliée n'avait rien à voir avec l'argent. Je n'en parlai bien sûr jamais à Amelis. Elle n'aurait pas compris que je joue ma peau pour un Mot.

La malle de Vauban avait représenté un message d'outre-tombe. Comme si le marquis m'avait dit : "C'est pour mener cette vie que nos maîtres t'ont éduqué ?" Je me dis que je ne pouvais accepter la fortune du marquis sans faire une dernière tentative d'appréhension d'un mot, le Mot.

Vauban m'avait interrogé "Sur la défense parfaite". Des armées venues de la moitié de l'Europe allaient attaquer le noyau de l'Empire espagnol. S'ils voulaient couronner Karlangas, ils allaient devoir s'emparer de sa capitale, Madrid. L'Espagne et la France feraient bien sûr l'impossible pour s'y opposer.

Les plus grands chefs allaient s'affronter dans les déserts de Castille, toute la lutte pivoterait sur la défense de Madrid. Le spectacle promettait d'être aussi tragique que grandiose, un choc de forces universelles. Et dans ce théâtre, peut-être trouverais-je un maître qui poursuivrait l'œuvre du marquis. Avec son aide, le Mot me serait peut-être révélé. Je fus heureux des récriminations d'Amelis, car la seule raison qu'elle avait de s'opposer à mon départ était l'amour. Mais j'avais une dette envers un amour tout aussi grand.

Envers Vauban.

Je devais me débrouiller pour suivre l'armée, de sorte que je traitai avec un marchand. L'homme pensait suivre la troupe avec une roulotte tirée par deux chevaux remplie de barils d'eau-de-vie de très mauvaise qualité. Il avait calculé que lorsque l'armée traverserait les contrées sèches et inhabitées de Castille, où il serait impossible de trouver du vin, le prix de l'alcool monterait en flèche.

Nous parvînmes à un accord juteux pour les deux parties. J'avais besoin d'un transport et son chariot était recouvert d'une bâche qui nous servirait de toit la nuit. Le commerçant était accompagné de son fils, un garçon perturbé qui n'avait guère plus de jugement qu'un chien. La nuit, le commerçant et le gamin dormiraient à l'avant, juste derrière la banquette du cocher. Moi, avec un second passager, à l'arrière, pour protéger la portière.

Ce passager dit s'appeler Zuñiga, Diego de Zuñiga. Huit décennies ont passé, et je m'en souviens toujours comme d'un être hors du commun. Que possédait Zuñiga qui le rendait différent du reste du genre humain ? Eh bien, aussi étrange que cela paraisse, il n'y avait en lui rien, absolument rien, de particulier. Il n'était ni bavard ni taciturne, ni avare ni dépensier, ni grand ni petit, ni triste ni joyeux. Toutes les personnes ont un geste caractéristique, par exemple une certaine façon de claquer les doigts, un rire spécial, une manière particulière de pencher la tête en crachant. Zuñiga ne crachait pas, son rire était étouffé par celui des autres, et il avait tendance à cacher ses doigts. À ses côtés, un fantôme aurait été beaucoup plus tangible. Il faisait partie de ces types qu'on a tendance à oublier dès qu'ils sont sortis de notre champ visuel. En fait, je tente de reconstruire le visage de Zuñiga et il se faufile hors de ma mémoire.

D'après ce qu'il me dit, il appartenait à une famille moyennement aisée maltraitée par la guerre. Son père étant l'un des rares Castillans à avoir pris parti pour Karlangas, les Bourboniens confisquèrent les biens familiaux. L'homme était déjà âgé et il mourut de chagrin. Zuñiga était originaire de Madrid.

Nous sympathisâmes, ne fût-ce que parce que nous avions beaucoup de choses en commun. Pour commencer, nos familles étaient du même niveau social, ni riche ni pauvre, et la vie nous avait fait descendre de plusieurs marches. Nous avions sensiblement le même âge, et le hasard avait voulu que nos patronymes se ressemblent relativement. Nous dormions recroquevillés l'un près de l'autre. Dès le premier voyage, nous partageâmes tout naturellement le pain et le vin. Dommage qu'il n'ait guère été disert.

Peu avant d'arriver à Lérida, nous atteignîmes ce serpent gigantesque que constituait l'armée alliée, une troupe bigarrée d'Anglais, de Hollandais, de Portugais et même d'un régiment de Catalans (une bande de tarés fanatiques, c'est moi qui vous le dis), sous un commandement tout aussi hétérogène. Nous abordâmes la colonne principale depuis un petit chemin qui la rejoignait de côté, et nous dûmes attendre pendant des heures le passage de la troupe avec ses bagages, l'artillerie, affûts de canons et provisions. Nos semblables apparurent par la suite : des milliers de personnes qui suivaient l'armée comme des mouettes la poupe d'un bateau de pêche.

Sachant que le voyage serait long, et que mon castillan présentait encore des lacunes, j'avais emporté avec moi le plus gros livre que j'avais pu trouver. Je le lisais avant de me coucher, à la lumière du feu, ou même dans la voiture. Entre deux secousses, j'étais pris de fous rires, car c'était un ouvrage extrêmement ingénieux et une délectation pour l'esprit. Ce qui suit fut un épisode en apparence insignifiant mais que ma mémoire retint pour une raison quelconque.

Nous nous étions arrêtés quelque part sur une de ces plaines qui s'étendent au-delà de Balaguer, annonçant déjà les déserts espagnols, et pour tuer le temps, j'entrepris la lecture de ce livre. Je me mis tout de suite à rire. Chaque page me tirait cinq éclats de rire. Toutes ces effusions attirèrent l'attention de Zuñiga.

— Peut-on savoir ce que tu lis ? Il regarda la couverture et, avec un mélange de contrariété et de désenchantement, il dit : Ah, ça.

Sans comprendre ses objections, je m'exclamai, très amusé :

— Je n'avais pas autant ri depuis longtemps !

— Si l'ironie est divine, le sarcasme est démoniaque. Et tu conviendras avec moi que ce livre déborde de sarcasmes, dit Zuñiga.

— Si un auteur parvient à me faire rire, peu m'importe comment, répondit ce cynique de Zuvi.

— Ce que je critique, c'est que l'auteur ramène les exploits à leurs vicissitudes. Et si nous voulons gagner cette guerre, nous avons besoin d'exalter la geste épique, non de la ridiculiser.

— Je ne comprends pas pourquoi tu rejettes une histoire aussi agréable et divertissante. J'étais justement en train de lire un chapitre dans lequel le protagoniste libère une cordée de prisonniers. Son raisonnement est brillant : l'homme naît en tant que créature libre ; ainsi donc, que des hommes soient enchaînés par d'autres est intolérable, et en conséquence, toute âme noble est dans l'obligation de s'y opposer. Une fois libérés, bien sûr, les condamnés le remercient en lui jetant des pierres. J'éclatai de rire. Triste, drôle, lucide !

Zuñiga ne trouva pas cela drôle du tout.

— Au lieu de réfuter mon raisonnement, tu le nourris. Parce que la raison d'être de l'écrivain est de transmettre des pensées élevées, et de le faire avec un style qui rehausse la langue. Là, tu as l'autre option : des pages pleines de coups de gourdin et de plaisanteries. C'est à cela que doit se consacrer l'art sous forme écrite ?

— La littérature peut, et doit, nous enseigner des leçons qu'elle est la seule à maîtriser. Si quelqu'un disait : “Dans la folie se trouve la lucidité !”, de si sages paroles ne seraient qu'une sentence dépourvue de preuves. Mais quand cette même idée nous est servie orchestrée par une mise en scène dramatique, il ne me reste pas d'autre solution que d'acquiescer. J'agitai le gros volume des deux mains. Oui. Voici la grande vérité que renferme cette histoire : la raison se trouve dans la déraison.

Le lendemain de notre débat littéraire, Stanhope et ses petits chevaux furent les grands protagonistes. Nous nous trouvions aux environs d'un petit village appelé Almenar. La journée était déjà fort avancée et nous nous préparions à passer la nuit aux environs du village, lorsque le bruit courut que l'armée des alliés était entrée en contact avec celle des Deux Couronnes. Je proposai à Zuñiga de nous avancer pour voir ce qui arrivait. Nous dépassâmes la caravane de civils. À l'arrière-garde militaire, nous trouvâmes les soldats malades transportés en carriole. Lorsque nous leur demandâmes des nouvelles, ils désignèrent l'est.

— Ils disent que Stanhope a surpris les bourboniens.

Je suggérai à Zuñiga de gravir une petite colline qui se trouvait à proximité et qui nous faciliterait l'observation.

Cela faisait une bonne promenade. En fait, nous y allâmes parce que nous n'avions rien de mieux à faire. Et parce que le soleil plongeait déjà et qu'à cette heure, l'ascension ne serait pas aussi pénible. C'était un monticule de couleur ocre, moucheté de petites taches de romarin. Cela sentait très bon.

L'altitude de notre sommet était très modeste, mais avec une vue dégagée. À nos pieds s'étendait une plaine rectangulaire, flanquée à gauche par des montagnes et par une rivière à droite. Sur l'un des bords étroits du rectangle, se trouvaient En-un-Clin-d'Œil Stanhope et ses cavaliers. Un seul régiment en ligne de bataille couvrait un espace de soixante mètres carrés, et Stanhope était arrivé avec quatre mille jeunes gens choisis parmi les plus fougueux. Quand ils n'étaient pas en train de boire ou à cheval, ils pissaient leur "bir" (ils l'écrivent *beer*), de sorte que les Catalans finirent par les appeler *pixabirs*, c'est-à-dire "pissebière". Et à l'autre extrémité du rectangle, l'armée bourbonienne. Son infanterie formait une ligne pressée, baïonnette au poing. Mon Dieu, quel spectacle grandiose que celui de milliers d'hommes formés en ordre de bataille. Et pourtant, éduqué comme je l'étais dans les arts de Bazoches, mes sens voyaient autre chose que leur chair ou leurs uniformes. Parmi toute cette masse humaine, ordonnée en bataillons, mes yeux pouvaient apercevoir leurs âmes telles les petites flammes de milliers de bougies qui tremblent sous le souffle de l'ouragan qui se rapproche.

Je me rappelle que Zuñiga laissa échapper une pensée à voix haute :

— Oh, Seigneur, comment cela va-t-il finir ?

À mon époque, les théoriciens de la cavalerie tenaient un débat curieusement similaire à celui de l'ingénierie. Ils étaient eux aussi divisés entre vaubaniens et coehoorniens, pour ainsi dire. Leur Coehoorn s'appelait Marlborough. Oui, oui, celui-là, le cousin de Jimmy : *Malbrough s'en va t'en guerre, mironton, mironton, mirontaine.*

Jusqu'alors, la cavalerie avait toujours suivi des tactiques prudentes. Les cavaliers s'approchaient de l'infanterie ennemie, s'arrêtaient à distance d'un tir de pistolet, et tiraient. Un tir persistant pouvait faire perdre contenance à l'infanterie qui partait en courant. À ce moment, et seulement à ce moment, la cavalerie dégainait le sabre afin de poursuivre la troupe en pleine débandade.

Ces ruses, attendre toujours une occasion qui évitât de courir des risques, furent modifiées par Marlborough. Dans le fond, ce que ce dernier proposa fut une régression de trois cents ans dans l'art de la cavalerie militaire. Le cheval n'était-il pas de lui-même une arme très puissante ? Marlborough fit retourner la cavalerie au Moyen Âge : le cheval conçu non pour le transport, mais pour la bataille.

La cavalerie anglaise fut la première à utiliser cette nouvelle tactique. Quand elle se trouvait à cent mètres de l'ennemi, elle ne s'arrêtait tout simplement pas : elle passait du trot à la charge. Elle renversait tout sur son passage, et le problème était résolu ! En un clin d'œil !

(Voyons, ma petite Allemande, à laquelle des deux théories crois-tu qu'adhérait En-un-Clin-d'Œil Stanhope ? Bravo, tu as deviné ! Comme tu es intelligente !)

Le soleil disparaissait déjà à l'horizon, un demi-cercle orange auréolé d'un halo violet. La grande inconnue est de savoir pourquoi les Espagnols ne firent rien. Lorsque Zuñiga et moi arrivâmes sur la colline, les deux partis étaient face à face. Les Espagnols eurent plusieurs heures pour modifier leur formation, voire pour se retirer. Rien, ils ne firent rien. Ils se bornèrent à attendre, fondant sous un soleil estival. Peut-être la vallée était-elle trop étroite pour leur permettre de manœuvrer, peut-être n'étaient-ils pas au courant des tactiques de la cavalerie anglaise et croyaient-ils que les cavaliers se contenteraient de les harceler avec des pistolets et des carabines. Ou peut-être simplement, et comme d'habitude, étaient-ils dirigés par un tas d'incapables.

Nous vîmes les alliés installer sur un promontoire une batterie de six canons. Ils se mirent à tirer tout de suite, dans l'intention évidente d'appuyer la charge de cavalerie. Stanhope avait divisé ses forces en deux lignes. Sur un ordre de lui, son premier front se lança à la charge, sabre au clair et hurlant comme des loups enroués.

Croyez-moi si je vous dis que dans ce monde, il y a peu de choses plus repoussantes qu'une charge de cavalerie crépusculaire. Des milliers de lourds sabots, piétinant avec une impétuosité de foule animale ; les vibrations étaient si fortes qu'autour de nous, pierres et mottes de terre roulaient au bas de la pente.

À l'époque, l'armée bourbonienne était très mal en point. Au début de l'année, la plus grande partie des troupes françaises était repartie dans son pays pour renforcer le front du Rhin, et les recrues espagnoles laissaient beaucoup à désirer. Toujours est-il qu'il n'était pas nécessaire d'être un général ni de connaître les faiblesses de l'armée des Deux Couronnes. Il suffisait de contempler cette masse de casaques rouges à cheval se dirigeant contre la ligne fragile de petits soldats blancs pour savoir comment l'affaire allait se terminer.

Les rangs espagnols tremblaient comme des chapelets de saucisses, malgré les officiers qui s'égosillaient à exiger de l'ordre. Ils hésitèrent. Pauvres garçons. Recrutés à peine quatre jours plus tôt, ils étaient sur le point de subir la charge de l'élite anglaise. Je fis un rapide calcul : quatre mille chevaux, à trois cents kilos par tête plus les soixante-dix kilos en moyenne de chaque cavalier, cela faisait un total de plus d'un million quatre cent mille kilos, fonçant à trente kilomètres heure contre des gamins morts de peur. Juste avant l'impact, je préférai tourner la tête.

À certains endroits, les baïonnettes dressées opposèrent une résistance surprenante. Dans d'autres, la formation s'effondra comme une vieille clôture. Le bruit faisait penser à des milliers de madriers se cassant en deux. Cependant, malgré la violence décisive du choc, sur le champ de bataille d'Almenar, j'appris une leçon que j'aurais l'occasion de vérifier à de multiples reprises par la suite : que la majorité des retraites commence curieusement par l'arrière-garde.

À compter de cet instant, la bataille se réduisit à une chasse humaine. Pour le soldat de cavalerie, il y a quelque chose de magnétique dans un dos qui s'enfuit. Son instinct le pousse à le poursuivre et à lui ouvrir le crâne d'un coup de sabre. Quant au fugitif, il n'y a pas de mots pour décrire le martyre de sa fuite. Si le sabre ne le rattrape pas, ce seront les pattes du cheval.

Auparavant, j'ai décrit le champ de bataille comme une vallée rectangulaire avec des montagnes sur la gauche et une rivière sur la droite. Pour arriver à la rivière, il fallait descendre par une faille du terrain, abrupte et d'une profondeur considérable. Dans leur fuite, des centaines d'individus étaient poussés vers elle par leurs propres compagnons. Ils rebondissaient sur les rochers de la pente pendant que les survivants tentaient de traverser la rivière à la nage.

Dans la débandade, les bourboniens abandonnaient l'artillerie et tous leurs bagages. Je criai à Zuñiga, désignant les confins de l'horizon :

— Regarde ! Au fond, dans ce petit bois en hauteur, tu ne le vois pas ? C'est Felipito en personne, qui s'enfuit avec son escorte de mercenaires palatins !

Les pissebière de Stanhope étaient très occupés à poursuivre les bourboniens. Et ces derniers avaient abandonné leur équipement, y compris les opulentes roulottes contenant les richesses que Felipito emportait avec lui. Je l'ai déjà dit : les premiers seront toujours les premiers, et au milieu de toute cette confusion, il ne serait pas impossible de nous emparer de ce qui nous ferait envie. Un chariot avec la vaisselle royale, cinquante chaussures de luxe, ce que nous pourrions prendre. Et puis la nuit tombait, elle nous cacherait un peu. Les gémissements des moribonds montaient comme le coassement des grenouilles d'une mare en fin de journée. Des douzaines de pillards étaient déjà là, sautant entre les corps tombés à terre. Je constatai que les hommes fouillaient les cadavres, cherchant des bijoux ou de l'argent, alors que les femmes avaient tendance à s'emparer des bottes et des vêtements.

— On ferait mieux de se séparer, dis-je à Zuñiga. Si on trouve quelque chose, on se prévient en sifflant trois fois.

Chacun partit de son côté, mais je m'arrêtai au bout d'un moment. Il faisait presque nuit. Je m'arrêtai devant le ravin qui descendait vers la rivière. Je songeai qu'un chariot important avait pu tomber par là. Si j'étais un bourbonien qui transportait les crucifix royaux ou les pots de chambre en or du roi, je choisirais de tout jeter à l'eau plutôt que de le laisser à l'ennemi.

La pente était très escarpée et je descendis avec beaucoup de précautions. Je ne trouvai rien d'intéressant. Juste quelques cadavres disséminés sur la rive. Des deux côtés, s'étendaient des zones de vergers, ruinées par le passage des armées. De retour à notre chariot, la lumière de la lune m'éclairait déjà, lorsque je vis Zuñiga par hasard.

Il sortait d'une maisonnette en pierre, un petit entrepôt de laboureurs.

— Ah, Diego, tu es là, le saluai-je.

Il fut très surpris de me voir. Il était entré dans la maison pour fureter un peu, me dit-il, sans aucun résultat. Sans mon flair, j'aurais fait demi-tour et les choses se seraient arrêtées là. À Bazoches, on avait entraîné mes yeux, mes oreilles et aussi mon nez : tous les sens. Au moment où Zuñiga fermait cette porte délabrée, il se passa quelque chose. La porte, en s'ouvrant, poussa une couche d'air de l'intérieur vers mon nez. Une odeur très particulière. Mêlée à d'autres odeurs vulgaires, comme celle du grain sec ou de l'alfa. Et au milieu, cette odeur. Mon odorat s'en souvenait, pas ma mémoire.

— Laisse-moi y jeter un coup d'œil, dis-je.

— Je te dis qu'il n'y a rien, allons-y, s'interposa Zuñiga.

Je l'écartai et avançai. J'entrai dans la maisonnette. Cette odeur, cette odeur, désagréable et à la fois irrésistible. Qu'avait-elle à voir avec moi, que me rappelait-elle ? Il faisait très sombre, seule m'éclairait la lumière de la lune, qui entrait comme des filaments dorés. Les outils de travail étaient couverts de rouille, des épis de maïs oubliés pourrissaient en tas. Au fond, une masse informe recouverte par une vieille toile de sac. Là. Chacun de nous a une odeur particulière, et la peur la rend plus intense. Une étincelle m'éclaira : je me rappelai enfin à qui appartenait cette odeur de pores sales, de matière compacte et grasse.

Je tirai sur la toile. Il était là, caché comme un scorpion sous la pierre : Joris Prosperus Van Verboom. Et, comme on doit le faire avec les scorpions, avant qu'il ait eu le temps de réagir, je lui écrasai la tête d'un coup de talon.

— Je t'ai attrapé, dis-je.

Je retournai son corps lourd et le martelai de coups de poing secs.

— Martí ! Laisse-le, tu vas le tuer !

— Tu ne le connais pas, dis-je en retrouvant mon souffle.

Et je continuai à le frapper au visage. Verboom criait en français, en espagnol et dans une de ces langues hollandaises. Zuñiga m'encercla de ses bras.

— Tu m'as dit mille fois que les gens normaux n'avaient rien à voir avec cette guerre dynastique ! Et maintenant, tu es sur le point de tuer un pauvre malheureux !

— Pauvre malheureux ? J'arrêtai de frapper et regardai Zuñiga en soufflant. Pauvre malheureux, tu dis ? C'est Prosperus Van Verboom !

Verboom fut sauvé par Zuñiga. En apprenant qu'il s'agissait d'un gros poisson, Zuñiga m'implora de ne pas le tuer, de le faire prisonnier pour demander une récompense. Je fus si bête que j'acceptai.

Verboom avait été renversé de son cheval par un boulet de canon. Légèrement blessé, lors de la défaite, il s'était traîné vers ce refuge de fortune. La vérité, c'est qu'on nous félicita et qu'on nous récompensa généreusement pour sa capture. À tel point que même En-un-Clin-d'Œil en personne voulut nous rencontrer.

Mon cœur fit un bond si intense qu'il me remonta dans la gorge. Serait-ce un signe du Mystère ? Avant de se consacrer à la cavalerie, Stanhope avait peut-être servi l'ingénierie. Allait-il devenir mon prochain maître ? Je vais vous répondre de la façon la plus synthétique : non. Il me sembla être la dernière créature à qui demander un refuge moral. Tous les grands cavaliers semblent petits, quand ils ne chevauchent pas. Stanhope le semblait et l'était, aussi court sur pattes que d'esprit, présomptueux et à la fois mielleux. Il nous avait entraînés dans sa tente de campagne pour une seule raison : exalter sa propre figure sous prétexte de vanter la nôtre, mais quand nous sortîmes de là, il était très clair pour l'assistance que si les alliés avaient remporté la bataille et avaient capturé des personnages aussi grenus que Verboom, cela n'était pas dû aux armes réunies, ni à ce petit roi de Karlangas, mais uniquement à la présence en Espagne d'un génie appelé James Stanhope.

Après l'audience, Zuñiga m'interrogea sur Verboom :

— Que t'a-t-il fait pour que tu le détestes à ce point ?

Je ne sus pas trop que répondre. Il s'était écoulé beaucoup de temps depuis notre dispute à Bazoches. Je pensai à Jeanne et sentis un pincement au cœur. Mais je voulais croire que mon antipathie envers le charcutier hollandais obéissait à autre chose qu'à une vengeance personnelle.

Verboom était un homme mauvais. Et si vous relisez la phrase précédente, vous serez d'accord sur le fait que c'est la pire chose que l'on puisse dire d'un être humain. Cela revient à affirmer : "Le monde serait bien meilleur sans toi." Dans un monde juste, Verboom n'aurait pas eu sa place, et un monde imparfait l'aurait expulsé pour éviter qu'il ne le dégradât davantage. Je m'abstins, puis le regrettai amèrement, comme cela nous arrive toujours quand nous plaçons l'intérêt avant la justice.

(Toi, qu'en penses-tu ? Cette fin de chapitre fait-elle trop moraliste ? Ah, d'accord ; elle te plaît. Bien, en ce cas il n'y a pas de doute : supprime-la. Cela va certainement l'améliorer.)

5

Almenar constitua une victoire décisive. Personne ne doutait que les Deux Couronnes se livreraient de nouveau bataille. Mais le nombre de pertes, modéré, ne reflétait pas la commotion subie dans ses rangs.

Sans le contingent français, Felipito ne pouvait compter que sur les recrues espagnoles, des jeunes gens qui avaient prouvé être encore très novices. La seconde rencontre eut lieu à Saragosse, une ville située au bord de l'Èbre. Pour Felipito, ce fut encore pire qu'à Almenar. La journée s'acheva sur la confiscation de quatre-vingts drapeaux, la capture de six cents officiers bourboniens et douze mille pertes d'infanterie.

Après la victoire de Saragosse, les alliés s'arrêtèrent pour décider de la suite des opérations. Cela se passa dans un endroit appelé Calatayud, et le conseil de guerre réunit jusqu'à neuf généraux de toutes les nationalités. Les Portugais, très logiquement, souhaitaient aller de l'avant et poursuivre jusqu'au Portugal. De la sorte, Lisbonne et Barcelone seraient unies par des armées alliées. D'autres généraux voulaient s'emparer du Nord. Une fois la Navarre conquise, argumentaient-ils, on fermerait la frontière française et Philippe V ne pourrait recevoir de renforts de son grand-père ; Karlangas hésitait. Ce fut là qu'En-un-Clin-d'Œil Stanhope intervint. La Navarre, au nord ? Le Portugal, à l'ouest ? Mais de quoi pouvaient-ils bien parler ? Il était arrivé avec pour mandat exprès d'introniser Karlangas en tant que Charles III d'Espagne et de rentrer à la maison. Et telle était son intention. Il semble avoir donné du poing sur la table : ou l'armée prenait la route de Madrid, ou lui et ses pisse-bière s'en retournaient chez eux. Alors à Madrid !

Jamais l'armée autrichiste ne fut une machine militaire aussi précise qu'à la veille de Saragosse. Quant à la troupe, on n'avait pas vu d'armée plus hétérogène depuis Hannibal. Après avoir partagé avec eux des marches et des chemins pendant des mois entiers, je peux dire que je les ai très bien connus.

Les officiers anglais étaient d'authentiques gentlemen, tandis que la soldatesque était le pire tas de fripouilles d'Europe. Dans le corps d'armée portugais, l'ordre s'inversait : les soldats étaient des garçons charmants, toujours timides et obéissants, aux ordres d'officiers qui ressemblaient à des marchands d'esclaves. Chez les Hollandais, il y avait deux sortes de soldats : les buveurs et les mauvais buveurs.

L'attitude de chaque groupe national dans sa relation aux autres pourrait se définir par : "Laissez-les boire une gorgée, mais sans lâcher la bouteille." Les Anglais éprouvaient un mépris infini pour les Portugais. Ils avaient moins de considération pour eux que pour les Espagnols, ce qui n'est pas peu dire. Quant aux Portugais, comme on peut le supposer, leur conception était différente. Puisque les Anglais étaient si rupins et infatués d'eux-mêmes, se demandaient-ils, pourquoi la victoire finale ne venait-elle jamais ?

Eh bien, elle semblait venir enfin, parce que, en cet automne de 1710 l'armée alliée avançait, imparable, vers le cœur de la Castille. Bien, maintenant vous vous demandez peut-être comment sa capitale se défendit. La réponse est très simple : elle ne se défendit pas.

Le 19 septembre, deux dragons anglais arrivèrent aux portes de Madrid. Stupéfaits, ils rapportèrent que rien ne s'opposait entre la ville et eux, pas même un misérable bataillon de miliciens. Je fus aussi ébahi que ces deux dragons. Alors il n'y aurait pas de lutte ? Eh bien non. Pas un seul coup de feu ! C'était pour ça que j'avais traversé la moitié de la Péninsule ? Quand la ville fut en vue, Zuñiga m'apprit que Madrid n'était pas une place fortifiée. Elle n'était entourée que par un mur de maçonnerie, dont la seule finalité était de diriger la circulation vers les douanes qui prélevaient un impôt sur les produits qui entraient dans la ville. Bravo, Zuvi !

Pendant que Karlangas préparait son entrée triomphale, Zuñiga et moi devançâmes les troupes. Ma première impression fut que Madrid était une ville déserte et sans charme, aux rues vides. Je me trompais. Nous ne savions pas encore que Felipito, dans sa retraite de la capitale, avait été suivi par trente mille courtisans et partisans. Il ne leur laissa guère le choix : tout noble ou secrétaire qui ne le suivrait pas dans sa fuite serait considéré comme traître à la sainte cause bourbonienne.

Le meilleur logement que nous trouvâmes fut la mansarde d'une taverne. Le plafond était tellement bas que pour nous déplacer sous la partie la moins haute, nous devions marcher à quatre pattes. Et le mobilier se réduisait à deux paillasses, deux cuvettes et une fenêtre. Eh bien, nous ne pouvions pas nous plaindre non plus. Nous étions entrés dans Madrid avant le gros de l'armée. Pour célébrer le retour dans sa ville, Zuñiga m'emmena dans l'une des tavernes les plus populaires et, pendant que nous vidions des pichets, le patron entendit notre conversation.

— Mais messieurs, vous ne savez pas ? Les alliés sont sur le point d'entrer à Madrid. Il regarda autour de lui, comme s'il avait peur d'être entendu. Il y a dix jours, les sujets français ont reçu l'ordre d'évacuer la ville. Où étiez-vous ? Comment se fait-il que vous l'ignoriez ? Les alliés ne sympathisent guère avec les Français !

Zuñiga et moi échangeâmes un regard. Nous comprîmes que le tavernier avait pris mon accent catalan pour du français. Diego haussa les épaules comme pour dire : à quoi bon le détromper ?

— Bon sang, j'étais convaincu que mon intonation passerait inaperçue, répondis-je.

— Non, non, absolument pas ! dit le tavernier. Et vous pouvez avoir de gros problèmes.

— Le problème, l'interrompis-je, c'est que je ne peux pas quitter Madrid. En fait, on vient de m'y envoyer. Vous comprenez ça ?

Je le laissai en tirer ses propres conclusions. Les gens aiment être considérés comme plus intelligents qu'ils ne le sont. Ses yeux finirent par s'illuminer : "Voici un espion du roi Philippe", dut-il penser. J'attendis ce moment pour ajouter :

— Silence ! La ville va se remplir d'autrichistes en un rien de temps ; et notre arrivée a été si précipitée que nous n'avons pas encore résolu la question du logement.

Et ainsi, grâce au patriotisme du tavernier, nous obtînmes un lit et un toit gratuits dans la mansarde. Lorsque nous nous fûmes installés, il nous mit au courant de la situation. D'après lui, Felipito avait décidé d'incorporer à son arsenal une arme inconnue dans la guerre moderne : les cons.

— Quand on a su que la perte de Madrid était inévitable, le gouvernement a fait venir toutes les prostituées malades de Castille, d'Andalousie et même d'Estrémadure. Des corps soumis aux maux les plus invisibles et contagieux. Ils comptent infliger de la sorte des milliers de pertes aux alliés. Je vous en conjure, n'approchez d'aucune de ces gueuses ! nous expliqua-t-il sur le ton le plus confidentiel du monde.

Madrid n'est pas la plus belle des capitales qui se puisse visiter. Ses rues s'ouvrent au hasard, pour la plus grande horreur de l'ingénieur. Les dénivellations dérobent la perspective aux bâtiments, et les façades sont si laides qu'on a de la peine à y croire. Les ornements publics sont minimes. Madrid ne possède pas de vieilles reliques, faute excusable étant donné son caractère de ville récente. Ce fut seulement après avoir été transformé en Cour (ce qui n'était survenu qu'un siècle avant l'arrivée de Zuvi Longues-Jambes) que ce petit hameau devint une capitale. Mais ce qui est inexcusable, c'est que, en tant que cité nouvelle, elle s'étendit sans plan préalable, improvisant des rues sur des terre-pleins, étroites, sombres et tortueuses. Comme je vous le dis : lors de sa construction, les ingénieurs de Madrid devaient être en train de construire des forteresses aux Caraïbes. Ses rues sont d'une saleté extrême, et les pavés, quand il y en a, mal entretenus, cassés et dessertis. À entendre les Madrilènes eux-mêmes, le pire tourment que peut engendrer l'Inquisition est de faire monter le condamné dans une charrette et de la faire rouler sur les pavés.

Mais je donne de Madrid une image des plus tristes. Mes sens, aiguisés à Bazoches, s'excitaient encore plus devant la nouveauté, et puisque cela concernait une ville tout entière, mes yeux et mon ouïe étaient à la fête. Oui, le fait d'avoir étudié à Bazoches faisait de ma visite madrilène une exploration. Pour le bon étudiant du Mystère, tout resplendit, et l'observation minutieuse éclaire tout. Autochtones et étrangers bénissaient d'un commun accord les cieux madrilènes. L'air y est toujours frais ; sa lumière hivernale est douce et belle, tandis qu'en été, à la différence de la Barcelone méditerranéenne, son soleil ne blesse jamais l'œil. Le Madrilène ordinaire adore les boissons glacées, ce qui oblige à faire transporter de la neige par des milliers de mules. À Barcelone, le commerce de la glace était prospère ; à Madrid, exubérant. Rien n'est plus agréable que de perdre son temps à se promener aux abords de la rivière qui traverse la ville, le Manzanares, une glace à la main et en admirant sa beauté. Il est normal que les jeunes filles à marier se sentent comme des fleurs, escortées par leurs proches et sous une ombrelle, vêtues de la dernière robe à la mode. Les beaux garçons qui passent par là ralentissent le pas et leur adressent des mots galants, auxquels elles répondent par un salut, un mépris ou un signe de tête méprisant en apparence.

La Plaza Mayor de Madrid est une fête continuelle. Toutes les malles-poste qui mènent à la capitale de l'Empire y ont leur terminus, de sorte que les gens s'y rendent pour apprendre et commenter les nouvelles. Sur la place même ont lieu les autodafés, les corridas et les exécutions. Triple et heureuse confluence, car les spectateurs admirent les pénitents, les corridas prennent la relève, et le spectacle se poursuit par une divertissante exécution. Le public commente encore les derniers mots du condamné quand arrivent des messagers de tout l'Empire relatant les massacres perpétrés par les Indiens mapuches dans une colonie ou l'assaut d'un port des Caraïbes.

L'Espagnol n'a pas la passion de ses territoires. Ils se trouvent si loin, et il en retire si peu de bénéfices réels, qu'il reçoit les bonnes nouvelles avec la même indifférence que les mauvaises. Ce caractère paisible exerçait sur moi une grande attirance. Un Barcelonais voyait en Madrid un endroit des plus pacifiques. En Catalogne, on vivait dans un état de guerre, larvée et à la fois perpétuelle, de tous contre tous. Pauvres contre riches, ceux du littoral opulent se méfiant des barbares montagnards de l'intérieur, miquelets contre étrangers et la garde contre les bandits. Par mer, les pirates berbères, dont le commerce particulier consistait à séquestrer des voyageurs et à demander une rançon. Et pour couronner le tout, des hordes d'étudiants qui jetaient des pierres. Le tout sans compter les guerres dynastiques, qui sont les seules que les historiens considèrent comme dignes d'être racontées.

À Madrid, ce n'était pas le cas pour de nombreuses raisons. La présence de la cour réprimait toute violence extérieure au pouvoir ; la ville se trouvait loin des routes d'invasion et le caractère madrilène n'est pas rebelle. Comme toutes les cours, Madrid était un rayon de miel qui attirait une immense population fluctuante. Des gens qui, comme tous les opportunistes, ne cherchaient pas à se battre mais à s'accrocher. Le plus curieux était peut-être qu'à Madrid, l'agressivité populaire était aux mains d'une caste particulière : les masques, de petits hidalgos qui se couvraient le visage et le corps de leur cape et passaient leurs journées à chercher des raisons de se battre en duel.

Au cas où la vie n'aurait pas été assez dangereuse, il ne manquait que les cinglés, curieux mélange de chevalier errant et de chacal nocturne. Une insolence quelconque pouvait vous valoir un duel à mort, les excuses étaient inutiles. La nuit leur appartenait, et pour cela, au coucher du soleil, Madrid devenait une ville beaucoup plus ennuyeuse que Barcelone. J'appris très vite que le mieux est de se faire passer pour pauvre et indigne, car pour un masque, tuer un être ordinaire ne présentait aucun mérite. Et comme ce bon Zuviría a toujours eu moins de dignité qu'un Indien de poils dans la barbe, je me libérai de leurs fantaisies sans trop de problèmes.

Et maintenant le meilleur. Si on demande à ce petit soldat où il s'est le plus souvent mis au garde-à-vous, il répondra sans doute en deux endroits : le Tahiti de Cook et le Madrid de cet automne 1710. La preuve définitive que le monde est mal fait est que les prostituées se font payer pour baiser. (Toi, tais-toi et écris, bigote.) Mais quand la rumeur absurde selon laquelle elles étaient des agents bourboniens se répandit, les pauvres filles de joie de Madrid n'eurent pas d'autre solution que de baisser leurs prix une fois, deux fois. Et, alors qu'elles étaient déjà à terre, une troisième fois. Il s'agissait bien évidemment d'une rumeur infondée propagée pour harceler les alliés. Cependant, la troupe des occupants y crut. Considérant que Felipito était capable de n'importe quelle infamie, elles s'isolèrent dans leurs casernes et, pour se consoler, remplacèrent les prostituées par la bouteille. La mentalité de la soldatesque est imprévisible.

Enfin, je vous disais qu'au moins pour Zuvi Longues-Jambes ce furent des jours très heureux. L'armée était entrée dans Madrid, mais Karlangas était encore à l'extérieur, vaquant à ses occupations et préparant sa grande entrée triomphale. Pendant ce temps, je passais mes journées à baiser avec des beautés bon marché.

Au début, pour tout dire, je commis une erreur digne d'un étranger.

Le premier jour, me promenant au sud de la ville, plus populaire, je m'arrêtai pour observer l'une de ces repoussantes façades dépourvues de fenêtres. Un Madrilène sympathique et oisif m'aborda :

— Que regardez-vous avec tant d'attention ? Souhaitez-vous construire une maison de malice ?

— Ni en construire ni en diriger, je me contenterais d'en profiter. Vous savez s'il est très onéreux de visiter une "maison de malice" ? répondis-je dans ma naïveté.

— Non, pensez-vous, pourquoi cela devrait-il être le cas ? fit le brave homme. À Madrid, nous sommes très accueillants. Entrez, entrez et demandez ce que vous voudrez au patron.

Effectivement, la porte était entrouverte, sans crainte ni précaution, devant les passants. Je gravis quelques marches étroites. Au premier étage, une femme reprisait. C'était si discret ! Pas une fenêtre, sans doute pour masquer les activités auxquelles on se livrait ici.

— Bonjour, la saluai-je. Combien de filles y a-t-il dans la maison ?

La femme me jeta un regard étrange. Peut-être m'avait-elle pris pour un alguazil, et je voulus la rassurer :

— Ne vous inquiétez pas, je ne suis qu'un client.

À ce moment, un homme entra. Je répétai la question, et bien que le type fît mine de ne pas comprendre, la femme lui laissa entendre que j'étais un visiteur relativement illustre.

— Eh bien, il y a ma femme, que vous connaissez déjà, mes trois filles et ma sainte mère, répondit-il, assez déconcerté. Mais qui êtes-vous ? Et pourquoi mes femmes vous intéressent-elles ?

— Vous faites travailler vos propres filles ? C'est normal, à Madrid ? m'indignai-je. Bon, vos habitudes ne me regardent pas. Pouvez-vous me les montrer, s'il vous plaît ? Et combien demandez-vous pour que j'en profite un moment ? Je ne demande rien de spécial, juste à tirer un coup. Comprenez que je viens de loin et que j'ai des besoins.

L'homme blêmit et voulut me jeter dehors.

— Eh, dites, je suis disposé à payer ! protestai-je. J'imagine que votre indignation est du marchandage, mais fixez plutôt un prix. Vous acceptez de la monnaie catalane ? Je n'ai pas eu le temps d'aller voir le cambiste.

À ma surprise, il s'arma d'une hache. Et il la souleva au-dessus de sa tête !

— Écoutez, il n'y a pas de négociateur plus coriace que le fils d'un commerçant catalan, alors calmez-vous, dis-je. Tout ce que je veux, c'est coucher avec vos filles, avec les trois à la fois si vous m'accordez une réduction.

Quand je le vis foncer sur moi en brandissant sa hache, je me dis que le mieux était de partir en courant dans l'escalier.

— Tant pis pour vous, criai-je en m'enfuyant. Et sachez que vous venez de ruiner la réputation universelle d'hospitalité de cette ville !

Quand je racontai mon aventure à Zuñiga, il partit d'un grand éclat de rire. Les "maisons de malice" n'étaient pas des lupanars, mais le nom d'une argutie légale. D'après les lois madrilènes, le roi avait le droit de prélever un impôt sur le premier étage des immeubles. Afin d'éviter de le payer, les gens construisaient leurs maisons avec des techniques visant à en dissimuler une partie, de sorte que le premier étage n'avait pas de fenêtres donnant sur l'extérieur et semblait être le prolongement du toit. Maisons de malice ! Pour l'amour de Dieu, comment aurais-je pu comprendre ? Et qui peut exiger un impôt aussi insensé ? Réellement, loger une cour ne sera jamais une bonne affaire.

Cependant, à l'exception des petits malentendus, inévitables pour un visiteur, je m'habituai rapidement aux douceurs madrilènes. Je butinais d'une fleur à l'autre toute la journée, et quand je regagnais ma mansarde, le tavernier patriote m'y attendait.

— Comme vous revenez fatigué ! Je n'échangerais pas mon métier pour celui d'espion, non monsieur. Vous avez de vilains cernes, l'ami ! On voit que les allées et venues d'un agent du roi consument le corps et l'âme.

Ici, ma chère et repoussante Waltraud s'indigne, proteste et se tortille, me traitant de mauvais mari, vicieux et perdu. Attitude qui, bien sûr, n'apporte rien à la connaissance des hommes, mais à celui des femmes. (Mais que crois-tu, ma cochenille, qu'Amelis m'attendait en faisant de la tapisserie, comme Pénélope ? Et malgré ça, nous nous aimions, chose que ton cerveau de pigeon blond ne comprendra jamais.)

Le 28 septembre, enfin, Karlangas fit son entrée. Il avait été prévu que le roi entendît la messe au sanctuaire d'Atocha et fît par la suite son entrée triomphale dans Madrid. Triomphale ! Ah et re-ah ! Indique ici une longue rigolade, des rires et mille sarcasmes !

Karlangas faisait le trajet, monté sur un cheval blanc et revêtu d'un très élégant costume noir. Et il faisait une de ces têtes. Parce que dans les rues, il n'y avait personne, absolument personne, à part ce bon Zuvi et un boiteux qui n'avait pas eu le temps de se cacher.

Ce n'était pas leur roi. Les Madrilènes détestaient Karlangas autant que les Barcelonais Felipito. La veille, on avait donné l'ordre d'arroser le trajet et de décorer les balcons. Tu parles. Les rues étaient autant voire plus couvertes de fumier que d'habitude. Les balcons le reçurent, vides et fermés. Les cloches semblaient plus sonner que carillonner. Quand il se trouvait encore rue d'Alcala, il fit demi-tour sans arriver au palais et il aurait dit :

— Madrid est un désert !

Je ne peux l'assurer, car à ce stade du défilé j'étais parti avec une prostituée désespérée, et l'on comprendra que les braillements de Karlangas ne m'intéressaient pas. Mais immédiatement derrière lui venait sur son cheval blanc En-un-Clin-d'Œil Stanhope, dont le visage était encore plus éloquent que celui du roi.

C'était toujours la même chose, les généraux étrangers semblaient incapables de comprendre quoi que ce fût. Ils ne voulaient pas comprendre que la Castille et la Catalogne étaient en guerre exactement de la même façon que la France et l'Angleterre ; que l'Espagne était un nom sous lequel se dissimulait une réalité qui s'emparait de la politique, du commerce, et, si vous me le permettez, même du sens commun. Un champ de bataille entre deux formes opposées de compréhension du monde, de la vie, de tout. Je dis que j'observai attentivement le visage de Stanhope ; l'homme comprenait enfin dans quoi il s'était fourré. Jamais un commandant n'a échoué aussi clairement après avoir accompli sa mission aussi parfaitement. Il avait conquis Madrid mais, en le faisant en tant qu'envahisseur, il avait perdu la Castille. Il avait couronné Karlangas, mais son trône était illégitime et, donc, volatile.

Les Anglais pourraient arriver à admettre une dynastie française régnant à Londres, ou les Français une dynastie anglaise à

Paris. Mais les Madrilènes ne toléreraient jamais Karlangas comme roi, jamais, non parce que c'était un roi autrichien, mais parce que c'était le roi des Catalans. Et Stanhope crut pouvoir tout arranger par quelques charges de cavalerie. Je vous en prie ! Oui, ma chère et repoussante Waltraud : comme on dirait chez toi, *schöne Schweinerei*, quel bazar.

Pendant toute la durée de la guerre, les Bourbons firent preuve d'une stratégie supérieure. Les alliés avaient conquis Madrid dans une sorte de cavalcade médiévale échevelée. Les Bourbons ont toujours agi en respectant des pauses méthodiques, comme un piège lent et minutieux. Les alliés étaient à Madrid, mais les Français et les Espagnols restaient fermement accrochés à Tortosa, Lérida et Gerona. Je vais arranger ça en un clin d'œil ! J'en rirais, si la tragédie des alliés n'était devenue la nôtre.

Les jours suivants, Karlangas tenta de s'attirer les bonnes grâces des Madrilènes par milles persuasions et flatteries. Corridas gratis, cadeaux et prébendes pour la ville. Rien n'y fit. Il offrit trois jours de spectacles pyrotechniques auxquels personne ne vint. Je ne savais pas jusqu'alors à quel point un spectacle de feux d'artifice sans spectateurs pouvait être déprimant. Les rois oublient que la dignité d'un peuple ne s'achète pas.

Il en vint même à distribuer de l'argent à l'instar des césars. Divers cavaliers parcouraient la ville avec des sacs remplis de pièces de monnaie qu'ils jetaient en l'air. Les Madrilènes se penchaient pour les ramasser, car ne pas être autrichiste était une chose, être sot en était une autre. Mais ils les ramassaient avec leur humour caustique. Karlangas s'était autoproclamé “Charles III d'Espagne”. Ils embrassaient les pièces de monnaie et proclamaient sournoisement :

— Vive Charles III tant qu'il aura de l'argent !

Ainsi donc, comme vous pouvez le voir, la conquête et l'occupation de Madrid furent tout sauf épiques. Et comme la question de Vauban avait porté sur la meilleure défense, ce n'était pas le meilleur endroit pour trouver un maître ou découvrir le Mot. Pendant ce temps, la révolte contre Karlangas allait croissant. Non pas que les citoyens eussent projeté de se soulever. Ce n'était pas ça. L'immense majorité des Madrilènes avait quelque chose en commun avec l'immense majorité des Barcelonais : tant que leurs vies ne changeraient pas, ils étaient aussi peu disposés à lutter en faveur de Philippe V que contre Charles III. Les soldats alliés restaient reclus dans des casernes et avaient peu de contacts avec le peuple, ils s'épargnaient donc les provocations. Et la Garde de la Tranquillité était composée de Catalans, dont la mauvaise réputation faisait peur. Disons qu'ils se montraient d'une équité parfaite : lorsqu'ils attrapaient un délinquant, ils le rossaient, l'obligeaient à crier "Vive Charles III !" et ils le mettaient au cachot. Et quand ils attrapaient un passant innocent, aussi : si sa tête ne leur revenait pas, ils le rossaient, l'obligeaient à crier "Vive Charles III !" et le faisaient prisonnier.

L'authentique malaise venait des bourboniens embusqués, et des curés fanatiques. À mon avis, ils ne tournaient pas très rond. D'un côté, ils n'avaient pas besoin de suborner la loyauté du peuple de Madrid, qui était déjà en leur faveur. Et d'un autre, même si on les y poussait, les Madrilènes étaient suffisamment prudents, ou responsables, pour ne pas commettre la folie de se dresser contre une armée régulière. (Et puis, pourquoi se soulever alors qu'il pleuvait des sacs d'argent ?) Quant aux curés espagnols, il n'y a pas pire dans la sphère catholique. Leurs intérêts sont toujours liés à ceux de la stupidité humaine, ils invoquent les deux dans chaque sermon et ni le sens du ridicule ni la force de la raison ne les arrêtent.

Un jour, j'étais assis dans une taverne lorsqu'un mendiant entra. Au lieu de demander la charité, il se mit à distribuer des feuillets. Il en déposa deux sur chaque table, y compris la mienne. Je n'avais rien de mieux à faire et j'en lus un. À la troisième ligne, je ne pus m'empêcher de rire.

Un agent philippiste avait dû engager le mendiant pour distribuer ces papiers, définissant parfaitement la mentalité bourbonienne. Le pamphlet ne s'attaquait pas aux Anglais, aux Portugais ou aux autrichistes. Que nenni. Toute sa charge rhétorique était dirigée contre les "rebelles", c'est-à-dire les Catalans. D'après leur auteur, la responsabilité de l'occupation de Madrid par l'ennemi n'incombait pas aux armées alliées ni à l'incompétence bourbonienne, mais aux intrigues catalanes. Je fus moi-même convaincu que, dans leurs moments de liberté, les Catalans avaient inventé les morpions, les cors aux pieds et les hémorroïdes. Qu'ils souffrent de ces maux ne les exemptait pas de perfidie, de la même façon que les juifs étaient un peuple maudit, même si Jésus-Christ était juif lui aussi.

Je ne me rappelle pas très bien tous les points du pamphlet, c'est peut-être mieux ainsi. Je n'ai en tête que les charges principales. Après la guerre, nous allions violer les femmes de Castille et assassiner ou envoyer leurs maris aux galères. Il disait que les Catalans avaient fomenté un complot destiné à s'emparer du commerce avec l'Amérique (duquel la Catalogne avait toujours été rigoureusement exclue car elle constituait un royaume à part). Les impôts sur les Castillans seraient, plus que lourds, d'une rigueur digne d'esclavagistes, et iraient alimenter le trésor de Barcelone au profit des rebelles. Tous les cadres de l'armée, de même que les juges et les jurés de Castille, seraient supplantés par des indigènes de la nation catalane. Afin de s'assurer le contrôle de Madrid, on allait bâtir une forteresse qui emprisonnerait ses habitants jusqu'à la fin des temps.

J'éclatai de rire. Je n'aurais pas dû. Ce que je lisais sur cette feuille, sur ce petit bout de papier, était le pire du genre humain. Non qu'il fût truffé d'allusions perfides à l'ennemi, non. Le temps prouva qu'il renfermait quelque chose de beaucoup plus terrible.

Ce qui se révéla diabolique fut que, quelques années plus tard, ce petit papier se changea en réalité, mais appliqué à la Catalogne et à une échelle biblique. Projetant leurs craintes, les bourboniens furent si parfaits dans la rétribution d'offenses imaginaires qu'ils ne négligèrent aucun point. L'assassinat en masse avait déjà commencé bien avant la fin de la guerre. Après le 11 septembre 1714, tout l'ordre juridique catalan fut renversé et remplacé par celui de Castille. Pendant des décennies, la Catalogne fut considérée comme une terre occupée militairement. Tous les gouvernants qui s'y succédèrent provenaient de Castille. Les impôts ruinèrent le pays, autrefois riche, et réduisirent la plupart des gens à la famine. Et, enfin, pour contrôler Barcelone, on construisit la Citadelle, la forteresse vaubanienne la plus perfide jamais conçue. Et devinez qui en fut l'auteur ? Oui, lui : Joris Van Verboom, le Charcutier d'Anvers. Ce fut sa récompense pour avoir participé au siège de Barcelone. (Je t'ai déjà raconté comment je l'avais tué ?)

Mais qui aurait pensé à ça en 1710, avec l'armée alliée à Madrid et Karlangas brandissant, aussi nominal soit-il, le titre de roi de toutes les Espagnes ? De l'invisibilité du mal, je ne percevais aucune animosité, les gens étaient aimables, voire obséquieux ; la guerre restait une affaire réservée aux hauteurs dynastiques, étrangère aux misères quotidiennes des différents peuples qui habitaient les Espagnes. Je déchirai le pamphlet en morceaux. Ce qui m'avait tout d'abord fait rire me rendit furieux après une lecture plus attentive. J'avais vu les abus de la troupe espagnole à Beceite, les forêts catalanes remplies de cordes et de pendus. Maintenant, on comprenait d'où ses soldats et ses officiers tiraient tant de bile assassine.

Je regagnai mon logement d'humeur ombrageuse. J'aurais aimé casser la tête de quelqu'un, mais qui, qui ? La responsabilité ne retombait pas sur tel ou tel, mais sur une vapeur invisible. Le mal est comme un nuage noir ; il se forme là-haut, au-delà de notre portée et de notre compréhension, et quand il décharge le déluge, nous ne voyons pas les nuages, nous nous contentons de subir l'orage.

Je n'avais pas envie de partager ma table avec qui que ce fût. Furieux, je grimpai à ma mansarde avec un quignon et un morceau de fromage. Zuñiga n'était pas là. Tant mieux. Comme je l'ai dit, ce n'était pas un jour à partager avec qui que ce fût, encore moins avec des amis qu'avec des ennemis. Je m'assis sur ma paillasse. C'était un fromage sec. Comme je n'avais pas de couteau, je commençai à chercher celui que Zuñiga avait toujours dans ses bagages. À côté de sa paillasse, il y avait un sac cylindrique en cuir. À un autre moment, j'aurais été plus circonspect envers les biens d'autrui, mais nous étions amis et j'avais besoin d'un couteau. Je retournai le sac et en laissai choir le contenu sur le sol.

Il ne contenait rien de solide, juste des papiers. Des centaines de pamphlets, des feuilles exactement semblables à celles qu'il m'avait été donné de lire un moment plus tôt à la taverne. J'en tenais une poignée entre les mains quand Zuñiga entra.

J'avais un ami, un ami appelé Diego Zuñiga, et par cette porte entrait un autre homme, un inconnu dont j'ignorais maintenant tout sauf l'objectif : donner sa vie pour Philippe V, l'homme le plus détestable du siècle. Maintenant, son caractère trouble, ce regard qui voyait sans qu'on le voie, son corps aux profils légers comme une plume, devenaient intelligibles. Des images antérieures de Zuñiga défilèrent devant mes yeux. À Almena, je le surpris sortant de la petite maison de travail où se cachait Verboom. Il l'avait sans doute caché lui-même dans ce refuge. Oui, jusqu'à ce moment, je n'avais pas songé que certains naissent espions.

Je lui jetai la poignée de feuillets au visage et m'exclamai :

— Ces saletés t'appartiennent !

Il ne se troubla pas. C'était Zuñiga, l'homme invisible, les passions ne le trahissaient jamais. Il se borna à ramasser les papiers par terre, m'ignorant. Je l'acculai.

— Tu me demandes pourquoi j'ai servi mon roi, c'est ça ? répliqua-t-il enfin. Pourquoi j'ai joué ma vie, caché pendant des années chez l'ennemi ? En raison de deux mots, je suppose : fidélité et sacrifice.

— Le privilège des rois consiste à nous engager pour que nous mourions pour eux, non pour que nous détestions à leur place, dis-je. Seule une âme barbare peut vouloir faire s'affronter des peuples et des nations comme si c'étaient des armées.

Il sourit.

— Quand vos députés ont violé leur serment de fidélité à Philippe, qui a fait s'affronter le peuple de Catalogne à son roi ? Et qu'attendais-tu qu'il se passât alors ? Que la Castille les contemplât, imperturbable, offenser leur souverain qui, en parlant de pureté, est également le vôtre ? Qu'après que vous nous eussiez apporté la guerre en Espagne et poignardés dans le dos, nous restions les bras croisés ? Nous avons un empire à conserver, Martí, et à Barcelone ils ne cherchent qu'à le saigner. Pendant trois cents ans, la Castille l'a soutenu seule, pendant que vous regardiez de l'autre côté, vous cachant sous la robe de vos Libertés et Constitutions.

— L'Empire… l'Empire… Qu'avez-vous gagné à conquérir un monde ? Les Indiens américains vous détestent ; vos voisins européens ne vous envient même pas, mais ils vous méprisent, et soutenir cette myriade de possessions outre-mer a vidé les coffres de la Castille. Et vous vous croyez en droit d'exiger des royaumes étrangers qu'ils participent à vos folies, et ce pour la gloire de la Castille. Je te prenais pour un homme intelligent, Diego.

— Et je me considère comme tel, répliqua-t-il, sur un ton qui n'avait rien de passionné. C'est pour cela que je souffre de ne pas avoir compris l'âme catalane. Explique-moi les motifs d'une telle déraison : pourquoi voulez-vous détruire une union d'armes qui nous rendrait puissants et respectables ? Pourquoi abominez-vous un projet commun, qui aurait dû unifier la Péninsule depuis des siècles ?

— Parce que ce que vous appelez unité est de l'oppression ! Dis-moi : tu déplacerais la cour à Barcelone ? Tu admettrais que la Castille soit régie par des lois catalanes ? Que vos ministres ne soient choisis que parmi les députés catalans ? Cela vous plairait, que vos villes et cités soient occupées par des troupes catalanes, auxquelles vous devriez le gîte et le couvert, quitte à ce que ce soit au détriment de vos femmes ? J'agitai l'un des pamphlets sous son nez. D'après ce que j'ai lu, je crois que non !

— C'est une loi de la vie que les grands dévorent les petits et que les faibles succombent devant les forts. Et malgré tout, ce n'est pas l'attitude de la Castille. Alors que vous pouvez être une partie privilégiée d'un tout, vous choisissez d'être moins que rien. C'est incompréhensible.

— Ce qui est incompréhensible, c'est peut-être de mesurer la honte à l'instinct belliqueux. Ce chemin ne vous a menés qu'aux défaites et à la faillite. Les nations prospèrent grâce à la sueur et à l'argent qui coule à flots, non grâce aux armes et à la poudre. Mais vous persistez dans l'entêtement du héros obtus. Chaque bateau qui se remplit de canons au lieu de barils est un navire marchand perdu ; chaque régiment qui est instruit et armé, une industrie gâchée. C'est du moins la vision de mes concitoyens.

En faveur de Zuñiga, je dirai qu'il savait écouter.

— Maintenant je comprends, dit-il. Vous ne voulez pas être grands, vous voulez être riches. Vous n'aimez pas la gloire, mais l'opulence. Vous détestez Sparte pour la même raison que vous aimez Sybaris. Il avança d'un pas. Mais dis-moi, Martí, quel est le sens d'une vie sans désir d'épopée, sans prouesses à léguer à la génération suivante ? Votre projet vital est celui des vers de terre. Sans lumière ni illusions, toujours sous terre, ne vous élevant jamais au-dessus de votre temps. Il vaut mieux perdre la vie au combat que la gaspiller dans des havres mesquins. Votre mal est la médiocrité de l'âme, conclut-il.

— Et le vôtre, que vous êtes intoxiqués par les livres de chevalerie. Les mauvais ! répliquai-je.

Un petit rire aussi puissant qu'insolent lui échappa. Il m'avait caché sa condition d'espion, il s'était servi de moi pour se camoufler. Qui aurait soupçonné l'accompagnateur d'un libertin aussi inoffensif que Zuvi Longues-Jambes ? Je l'attrapai par le col et le plaquai contre le mur.

— Quelqu'un écrit ces paperasses dans un coin sombre, puis les forêts se remplissent de pendus, dis-je. Je l'ai vu ! Quelqu'un rédige ce tas de mensonges et le lendemain, des gens étrangers à cette encre sont égorgés et jetés dans des ravins. Dis-moi que tu ne crois pas les horreurs écrites sur ces papiers ! Dis-le-moi !

Je le regardai dans les yeux, et à ce même instant je sus une chose terrifiante. Je maudis mon aveuglement, car son sourire me révéla que mon bon ami Diego Zuñiga avait lui-même écrit ou dicté ces papiers.

— La Castille a conquis un monde, dit-il. Et maintenant trois sangsues de Barcelone arrivent, s'abritant chez l'archiduc Charles, et veulent s'emparer de ce pour quoi nos parents sont morts. Jamais. Et crois-moi, Martí : beaucoup vont le payer. La main du roi n'arrivera peut-être pas à Vienne ou à Londres, mais ce qui est sûr, c'est qu'elle arrivera jusqu'au dernier recoin d'Espagne.

Je le lâchai. Ce bon Zuvi n'a jamais aimé les choses définitives, mais ma voix a rarement été aussi ferme que pour dire :

— Diego, nous ne sommes plus amis.

Ce ne fut franchement pas mon meilleur jour à Madrid. Je passai la nuit dans les tavernes, non pour y connaître de nouvelles prostituées, mais pour me saouler. D'accord, je vais être sincère : ce que je cherchais vraiment, c'était à casser la figure à quelqu'un. Je ne suis pas un grand bagarreur, mais je ne nierai jamais les vertus d'une bonne bagarre. Quand tout va mal, le mieux est de distribuer quelques gnons, si possible dans la figure de quelqu'un qui le mérite. Sinon, eh bien alors, au premier qui passe. Tu le cognes et réciproquement. Peu importe qui donne et qui reçoit, la question est de se défouler.

Je me sentais coupable, très coupable. J'avais accompagné l'armée dans l'espoir qu'un mal, la guerre, m'apporterait un bien, un maître, mais comment trouver des *maganons* à Madrid ? Dans ma folle ivresse, je commençai à relever les manches droites à la recherche des Ponctués. Par malheur, les clients des tavernes me fuyaient. Avec mon accent barcelonais et mes malédictions envers Philippe V, ils me prenaient pour un agent qui jouait les ivrognes afin de démasquer les bourboniens. Même le plus sot me soupçonnait d'être un autrichiste provocateur. Je ne pouvais trouver personne pour me consoler ou m'affronter. Je me revois encore, les coudes sur l'avant-dernier comptoir, ivre, seul et criant :

— Ne vais-je pas trouver un seul ami ou ennemi dans tout Madrid ?

J'entrai au petit matin dans un antre rempli de buveurs bruyants. Si je n'y récoltais pas une correction, je ne l'obtiendrais nulle part. J'arrivai tellement imbibé que je tenais à peine debout. Le local était bondé, il ne restait pas une chaise libre. Je vis cinq hommes serrés autour d'une table. Le chef était un quinquagénaire, un grand type au regard autoritaire. À tout autre moment, je l'aurais reconnu à l'instant, mais le vin n'est pas l'ami de la mémoire, que les frères Ducroux me pardonnent.

Je saisis le plus petit des cinq par le col et le soulevai de sa chaise. Je m'assis à sa place, posai les pieds sur la table et demandai à ce quinquagénaire :

— Vous me permettez de m'asseoir ici ?

Il ne se laissa pas provoquer. Au lieu de commencer une bagarre, il fit un geste de la tête, ordonnant aux siens de m'ignorer. Ils débattaient de sujets militaires, et l'un d'eux fit une référence à la défense. Je m'adressai à lui :

— Ce que vous venez de dire, monsieur, est une vraie sottise, l'interrompis-je. Étayer les glacis ne sert qu'à fournir des échelles aux assaillants. Mais bon, il est normal que les sots profèrent des sottises.

Le quinquagénaire devait posséder une grande autorité, car même alors, il parvint à arrêter l'attaque de l'homme que j'avais offensé. Il m'observa avant de dire :

— Plutôt que de faire commerce de coups de poing avec Rodrigo, qui va vous casser la figure, il serait intéressant que vous argumentiez vos insultes.

— Sachez, monsieur, que ce n'est pas moi qui ai parlé, mais le grand Vauban, à travers ma bouche, me défendis-je.

— Eh bien, répondit l'homme robuste sur un ton ironique, vous prenez le petit-déjeuner avec des marquis français ?

— Ça m'arrivait, répondis-je devant son incrédulité, et je nuançai : Parfois.

Le débat se réduisant à sa personne et à la mienne, je pus l'observer plus attentivement et, malgré le vin, je finis par le reconnaître :

— Un moment. Je sais qui vous êtes ! J'y pense depuis que je vous ai vu ; j'ai été dérouté parce que vous ne portiez pas d'uniforme, mais je m'en souviens enfin. J'agitai un doigt en direction de son nez. Tortosa ! Oui, c'est ça, Tortosa. Le général des culs cuisants ! Vous m'avez fait voler par-dessus le glacis ! Je me levai et le défiai en décrivant avec mes poings des cercles devant son visage. Allez, courageux. Osez me botter le train sans votre uniforme de général !

Le quinquagénaire me regardait exactement comme un vieux chien un bourdon.

— On le fait taire une bonne fois pour toutes, don Antonio ? intervinrent ses hommes.

— Essayez ! Je me mis à rire. Au cas où vous ne vous en seriez pas rendu compte, Madrid est occupée par les alliés. Je n'ai qu'à sortir dans la rue et à siffler. La Garde de la Tranquillité sera très contente d'arrêter votre grand général, surtout si l'on tient compte de ce qui est arrivé à Tortosa et que la brigade est composée de Catalans.

Le groupe éclata d'un rire si unanime que toute l'assistance interrompit ses conversations pour nous regarder. Pourquoi riaient-ils ? Je n'y comprenais rien. Déconcerté, je laissai tomber mes poings et me grattai la nuque.

— Je serais ravi de vous rabattre le caquet, dit le général. Mais avant, asseyez-vous à côté de moi et dites-moi ce que vous avez pensé de ce siège.

Je m'exécutai. C'était peut-être une façon de m'épancher aussi utile que les coups. Pendant une longue heure, je bus et dissertai sur les maux et les défauts du siège de Tortosa. Cette tranchée d'attaque, une farce inachevée. Nous creusions à une faible profondeur et trop vite. Sans matériaux adéquats, sans rigueur. Une tranchée d'attaque *en règle* était une œuvre plus sophistiquée qu'une pyramide ! Et cela n'était qu'une somme aberrante de galeries déviées et de murs étayés avec du pin vert au lieu de grosses planches. La terre qu'ils devaient compresser se répandait. Le résultat ? Toutes ces morts inutiles. Des milliers de gamins assassinés par la politique davantage que par l'ennemi, *collons**. Il aurait suffi d'atteindre les murailles par la tranchée. Le commandant anglais, homme sensé, se serait rendu. Mais non, ce porc d'Orléans voulut la gloire rapide. Peu lui importaient des milliers de morts ! Re-*collons* !

J'étais complètement ivre. Quand j'eus vidé ma vessie, je regardai le grand général. Le vin me montait par les yeux.

— Et puis vous m'avez donné un coup de pied au cul !

Je tendis la main vers mon verre. Mon regard ne pouvait plus calculer les distances, et mes doigts le traversèrent comme s'il s'était agi d'un objet fantomatique. Je voyais triple : devant moi, il y avait trois généraux. Mon exposé sur Tortosa l'intéressa en quelque sorte, car il me saisit par le col et, en me secouant, il me demanda :

— D'où tirez-vous ces connaissances ? Et pourquoi mentionniez-vous l'ingénieur français ?

J'étais vaincu par l'alcool. Je le regardai. J'ouvris les yeux, très lentement, pour lui parler de Bazoches. J'abandonnai. Je ne pouvais pas, je ne voulais pas. Et puis, pourquoi l'aurais-je fait ? La bouche pâteuse, je m'approchai de l'oreille du grand général, et je gémis, contrit :

— Dites-moi quelque chose, je vous en prie. Vous connaissez le Mot ?

Il me regarda, fronçant les sourcils et la bouche ouverte :

— Un mot ? Quel mot, qu'est-ce que c'est que cette connerie ?

Il continua à m'interroger. Mais dans mon état, je me trouvais au-delà de toute autorité.

— Tout ça, c'est de la merde, dis-je.

Ma tête pendait comme celle d'un pantin. Mon front tomba sur la table comme un cou sous la hache du bourreau.

On me réveilla des heures plus tard. J'étais seul et le local fermait. Ma joue droite était collée à la table, le vin sec transformé en pâte. Je sortis en zigzaguant. Une patrouille qui passait par là me vit tituber.

— Eh, *nois***, on va s'amuser un peu avec cet ivrogne, dirent-ils en catalan.

* Imprécation signifiant "Putain !" en catalan.

** "Les gars", en catalan.

Ils m'encerclèrent et voulurent me faire dire le traditionnel "Vive Charles III !".

— Vive le pot-au-feu madrilène ! criai-je.

— Eh ! Montrez plus de respect envers votre roi !

— Du respect ? Tous les rois sont pareils ! Des éventreurs égoïstes ! Et maintenant que j'y pense : qu'avez-vous perdu à Madrid ? Rentrez chez vous et cessez d'emmerder les honnêtes buveurs !

Je crois que ce fut la raclée la plus exhaustive que j'aie jamais reçue. Je me retrouvai tellement aplati lorsqu'ils en eurent fini avec moi qu'il n'y avait guère de différence entre ce bon Zuvi et un tapis de Ceuta. Avant de partir, ils me volèrent mes bottes.

Aux premières lueurs du jour, je fus sauvé par le tavernier patriote. Il passait par là pour aller ouvrir sa taverne. Il me vit allongé dans la rue et me porta en passant un de mes bras autour de son épaule :

— Mais enfin, je vous avais prévenu, me réprimanda-t-il. Comment avez-vous pu vous frotter aux Catalans ?

6

J'étais en si piteux état que, deux jours plus tard, je ne parvenais toujours pas à me lever de ma paillasse. Ma seule satisfaction fut de constater que Zuñiga avait quitté la mansarde. Nos chemins se croisèrent de nouveau des années plus tard et, pendant des décennies, il me poursuivit sur trois continents. Il me détestait. Mais ça, c'est une autre histoire.

Je me levai tout endolori et m'habillai. Dans une poche intérieure, je découvris un passeport qu'avaient dû y introduire de sa part les assistants du grand général.

"Veuillez vous rendre à Tolède et vous présenter devant le général don Antonio de Villarroel."

Dès que j'eus fini de lire le document, je compris bien des choses. Bien sûr, ils s'étaient moqués de moi quand j'avais menacé de les dénoncer à la garde ! Malgré les menaces et les pressions de Felipito, quelques Castillans avaient profité de l'occupation de 1710 pour changer de camp. Le général Villarroel était certainement de ceux-là. Et les hommes qui l'entouraient devaient constituer son état-major. Ils fêtaient très probablement dans cette taverne leur incorporation dans l'armée autrichiste selon leur grade et avec la solde correspondante.

Je partis donc à Tolède. Pour être sincère, je ne savais même pas ce qui guidait mes pas. Aller voir ce grand général ? Celui-là même qui m'avait fait rouler en bas du glacis d'un coup de pied au derrière à Tortosa ? D'autre part, n'importe qui pouvait voir que ce type était une tête de mule, et que c'était un de ces soldats éprouvés qui supportent tout stoïquement. Quel genre d'affaires aurait pu traiter ce bon Zuvi avec cette classe d'individu ? Eh bien, vous voulez que je vous dise ? Je filai à Tolède, plus droit que la flèche d'un Indien.

Je trouvai Villarroel à l'Alcazar, dans un bureau d'une extrême sobriété. J'allai droit au but. Effectivement il était maintenant général de l'armée autrichienne, et il voulait avoir dans son état-major un expert en poliorcétique. Il n'avait rien d'un sot, il avait saisi mes commentaires sur Vauban, et compris sur-le-champ que ce gamin était bien plus qu'un irrémédiable ivrogne. Nous commençâmes à marchander les conditions de mon engagement, même si l'argent était ce qui m'importait le moins.

Appelez ça intuition, *Mystère*, comme vous voudrez. En négociant, j'en profitai pour observer cet individu de l'intérieur, en mobilisant tous les sens de Bazoches.

Il y avait quelque chose chez cet homme, même si je serais incapable de définir quoi. “Si vous avez besoin d'un maître, vous le trouverez, que ce soit ou non un Ponctué.” Nonobstant, allait-il être celui qui poursuivrait les enseignements de Vauban ? Pas un ingénieur, mais un militaire, castillan de surcroît, alors que j'étais catalan ? “Bon, pourquoi pas ? Le marquis de Vauban ne m'a-t-il pas admis alors que la France abhorre tout ce qui est catalan ?” me dis-je.

Je résolus le conflit entre ma tête et mon cœur par un compromis : j'allais donner une chance au grand général. S'il se montrait digne de Vauban, je le suivrais. S'il me décevait, je déserterais à la première occasion.

Comme d'habitude, ma chère et si repoussante Waltraud interrompt le récit en intervenant avec son ignorance. En premier lieu, elle me demande si mon intention de déserter à la première occasion n'était pas dangereuse. Je dois répondre que si, mais beaucoup moins qu'il n'y paraît. À mon époque, une proportion si élevée d'hommes désertait, et dans toutes les armées, que la question appropriée aurait dû être au contraire : pourquoi ne le font-ils pas tous ? Certains petits malins adoptèrent même comme mode de vie la technique frauduleuse consistant à s'enrôler dans les armées qui payaient le mieux et à déserter. Le résultat en était une telle hémorragie que les armées récemment constituées arrivaient parfois au front avec un effectif réduit de moitié. Et ce, pour la troupe. Quant aux généraux, ma grosse Waltraud s'étonne de ce que Villarroel ait commencé la guerre dans un camp et que, lorsqu'elle arriva au milieu, il soit passé dans l'autre. Eh bien, précisons qu'il n'y avait rien d'insolite à cela. Les temps changent. Aujourd'hui, l'armée française est composée par des Français, et l'anglaise par des Anglais. De mon temps, c'était différent. Un militaire de carrière était un professionnel qualifié qui ne différait guère d'un spécialiste médical, pour ainsi dire. Un médecin français peut être engagé par un roi anglais, et aucun Français sain d'esprit ne lui reprochera de veiller sur une santé étrangère. Ainsi, tout souverain pouvait engager des militaires de n'importe quelle origine, et ce qui conférait de l'honorabilité au militaire était de respecter les termes du contrat, non que celui qui avait établi le contrat fût untel ou untel. En 1710, Villarroel résilia le contrat qui l'unissait à Felipito, de sorte qu'il fut libre de se mettre au service de tout autre souverain qui lui aurait fait une offre intéressante. C'est clair, otarie blonde ? Alors poursuivons.

Au début, le commandant Villarroel me sembla être un homme épouvantable, un tyran à cheval. Son domaine était la cavalerie, il emmenait les escadrons aux environs de Tolède et, allons-y, les gars ! Chevauchez plus et mieux que la garde royale de Macédoine. En tant qu'ingénieur, je parvins à esquiver la majeure partie des exercices, pas tous. Et hop, hop, hop, hop, on se retrouvait avec le postérieur damé par la selle. Plus qu'un général, on aurait dit un chien de berger. Quand un cavalier tombait, le général était là, *ouah, ouah*, aboyant et poursuivant le niais qui sortait du rang. Et comme le niais en question était généralement ce bon Zuvi, j'essuyais des remontrances homériques.

— J'ai signé un contrat d'ingénieur, non de dragon ! protestai-je un jour, chancelant sur ma selle.

— Que voulez-vous que je vous dise ? me rétorqua-t-il. Abandonnez, Dieu vous a plus destiné à devenir moine que soldat, et remerciez-le de vous dispenser d'une semonce plus importante !

Don Antonio ne buvait qu'un petit verre de vin au déjeuner. Il se contentait d'une assiette de bouillie à moitié cuite, et il n'aimait pas d'autre femme que la sienne. Les nuits où il ne dormit pas dans le lit conjugal, c'est-à-dire environ trois cent soixante-quatre par an, il préférait une table rase à un matelas. Comment ce bon Zuvi se serait-il entendu avec un tel homme ?

Les ingénieurs ne se sont jamais sentis à l'aise dans le cadre militaire. Les saluts martiaux, le respect du supérieur hiérarchique, je n'ai jamais digéré tout cela. Je m'y dérobai autant que je pus. Tolède était si ennuyeuse que je me saoulais non par vice, mais parce que je n'avais rien de mieux à faire. Un jour, je fus convoqué à une réunion de l'état-major du grand général, à laquelle j'arrivai en retard et plus joyeux que la normale. Don Antonio m'adressa l'un de ses regards muets, d'une férocité incroyable.

On débattait sur la situation générale, assombrie par de gros nuages. Pendant que les alliés pourrissaient à Tolède, Felipito recrutait des milliers de soldats dans son armée. Et au cas où cela n'aurait pas été suffisant, le Monstre lui avait envoyé des renforts français sous le commandement du duc de Vendôme. Villarroel exprima ses craintes de voir Tolède se transformer en un énorme piège. Il me demanda mon avis : la ville serait-elle capable de soutenir un siège ? Le vin rit pour moi :

— Ah, ah, ah, quelle question stupide, don Antonio, pardon, général. Eh, eh, eh, si les bourboniens assiègent Tolède, il n'y aura pas de siège. Nous ne sommes plus approvisionnés, la population nous déteste, les murailles sont si pourries que même les pierres nourrissent des vers. Hi, hi, hi, considérant qu'ils doivent être trois fois plus nombreux que nous, le mieux serait de ficher le camp tant qu'on peut encore, oh, oh, oh.

Il m'enferma une semaine au cachot, au pain sec et à l'eau. Non parce que nos avis divergeaient, mais parce que j'avais dit exactement ce qu'il pensait sans y mettre les formes. Je croyais que mon cachot serait si profond qu'il faudrait m'y envoyer la nourriture au lance-pierres. Non. Ce fut en fait un enfermement très peu rigoureux, hormis la diète, qui me purgea.

Pendant mon bref enfermement, se produisit également un événement important : Karlangas s'enfuit de Tolède, puis de Castille, et il regagna discrètement Barcelone. Qu'il devançât l'armée en disait long sur sa confiance en une victoire militaire. Il prit la poudre d'escampette avant tout le monde et d'un air guilleret. Le chemin de Barcelone était couvert de mercenaires castillans disposés à les lui couper, de sorte qu'il dut partir entouré d'une escorte si nourrie qu'elle affaiblit encore l'armée. Héroïque exemple !

Pour les Castillans, il n'eut que des plaintes et des récriminations :

— À Madrid, j'ai rencontré beaucoup de monde pour me réclamer des choses, et personne qui me servît.

Et à quoi s'attendait-il ? La Castille et la Catalogne étaient en guerre, être le roi des Catalans excluait d'être celui des Castillans. Lui précisément aurait dû le savoir. En fait, il le savait.

Tant qu'il fut en Castille, il se contenta de boire du lait de chèvres ramenées de Barcelone. Son pain était fait avec du blé catalan et même le sucre de ses petits gâteaux avait été transporté depuis la Catalogne. Toutes ses provisions étaient surveillées par le régiment de la Garde royale catalane, un corps d'élite constitué de façon intègre par des Catalans fermement autrichistes, tellement fanatiques que lorsqu'ils pétaient on entendait "trois-a-a", pour Charles III. J'exagère à peine.

Lorsqu'il traversa la frontière entre la Castille et la Catalogne, il descendit du carrosse royal et s'exclama :

— J'ai enfin retrouvé mon royaume.

En Castille, il était aimé par aussi peu de monde que Felipe en Catalogne. S'il l'avait reconnu, on aurait pu négocier la fin du conflit. Fin de la guerre. Et si les choses s'étaient déroulées ainsi, maintenant, j'aurais au moins un pays où ensevelir mes os. Mais non, sa majesté Karl, notre Karlangas à face de meringue, avait besoin de diriger un empire, il ne pouvait pas se contenter de moins. Et il finit par y parvenir ! Même si cela n'arriva pas exactement comme prévu, mais plutôt par un caprice du destin et aux dépens de ses sujets méditerranéens. Je vous le raconterai bientôt. Auparavant, laissez-moi vous expliquer le dernier jour de l'occupation alliée de Tolède et la retraite, l'affligeante retraite vers les terres catalanes.

Ce bon Zuvi sortit de son cachot. Et ici, si vous me le permettez, je vais vous faire un aveu : la légèreté même du châtiment me fit réfléchir à l'homme qui me l'avait imposé.

Ma courte expérience auprès de don Antonio me disait que c'était un bon général, strict mais juste. Il avait bien fait de m'enfermer, très bien. Vauban m'aurait traité de la même façon, et à juste titre. Grâce à cette peine, je pris conscience de mon abrutissement depuis ma sortie de Bazoches, et don Antonio était peut-être une sorte de Bazoches ambulant.

Une fois libéré, je me présentai devant lui. Il remarqua le changement qui s'était opéré dans mon esprit et s'adoucit quelque peu. Il faut dire qu'avec Villarroel, on finissait par payer ses fautes, d'une manière ou d'une autre. La dernière, le tout dernier péché de jeunesse que je commis sous ses ordres, faillit me coûter la vie.

Je voulus fêter ma liberté avec des prostituées, et la fête dura si longtemps que je me réveillai tard, en mauvais état et en dehors de la caserne.

— L'armée de l'archiduc ! Ils s'en vont enfin ! criait la prostituée qui me réveilla. Ils sont partis cette nuit afin de se faire moins remarquer. Vive le roi Philippe !

Cette foutue armée rentrait à la maison au grand complet et je ne pouvais pas décoller les paupières ! Bazoches avait eu beau m'apprendre à rester vigilant même quand je dormais, passant la nuit dehors, je n'avais pas été prévenu. Je m'habillai si vite que je commençai à enfiler ma chemise par les pieds.

À Tolède, les alliés n'étaient pas particulièrement appréciés, et une fois dans la rue, je vis l'atmosphère s'échauffer de plus en plus. À mesure que la bonne nouvelle s'étendait et que les gens se réveillaient, leur rancœur se réveillait aussi. On voyait déjà de petits groupes crier : "Vive le roi Philippe, vivat !" et brandir des armes improvisées au-dessus de leur tête. Mon Dieu, il pouvait arriver n'importe quoi.

Je me dirigeai à toute allure vers l'Alcazar. Je pensai qu'il restait peut-être un bataillon de réserve que j'aurais pu rejoindre. Je ne trouvai qu'une petite bande d'ivrognes, tellement saouls que même sous les ordres les plus impérieux ils n'avaient même pas quitté leurs paillasses. Il y avait un peu de tout : Anglais, Portugais, Hollandais… L'alcool n'établit aucune différence entre les origines.

— Que faites-vous encore ici ? Ils sont partis à Barcelone ! criai-je. Nous allons nous faire tuer par la racaille tolédane !

C'était inutile, ils ne réagissaient pas. J'avais l'impression de me retrouver au fond d'un monstrueux tourbillon au cœur de l'Atlantique, et que le seul vaisseau qui pouvait me sauver, l'armée alliée, s'éloignait progressivement. Dès que je sortis de l'Alcazar, j'entendis des coups de feu et des cris. Les gens cherchaient les derniers retardataires, qui étaient nombreux. Au bout de la rue, je vis un Anglais à genoux, piétiné et criblé de coups de couteau par une foule d'hommes et de femmes vociférants. Les Tolédans semblaient avoir perdu la raison.

La ville est relativement petite. Je courus vers l'est. Pour ne pas éveiller de soupçons dans ma course à travers les rues, je poussai quelques cris enthousiastes : "Vive le roi Philippe ! Nous sommes enfin libres ! Vivat ! Vivat !"

Pourquoi fais-tu cette tête ? Que voulais-tu que je crie, "Vive Karlangas ? Je suis un foutu rebelle catalan, je dévore des truffes et des bébés castillans au dîner !" ? Réfléchis un peu, ma petite tête en boulet de canon.

La dernière rue menait à des vergers derrière lesquels s'étendait déjà cette plaine à la végétation misérable. Je m'arrêtai pour jeter un regard en arrière, un instant. Là-haut, l'Alcazar était enveloppé de fumée. Des meurtrières dépassaient quelques fusils désespérés, mais il était évident qu'ils ne pouvaient rien à faire. Pauvres malheureux. Plutôt que d'être écorchés vifs, mieux valait se loger la dernière balle dans la tête.

Ce bon Zuvi a toujours eu la chance de son côté, car le hasard voulut qu'un curé entrât dans la ville. Il montait un cheval rétif en amazone, les deux jambes du même côté à cause de la soutane. Je le jetai à terre d'un coup de poing, grimpai sur la selle comme un singe sur un cocotier et partis au galop si vite que le cheval semblait avoir huit pattes. Tolède ! Je vous le laisse.

7

L'arrière-garde alliée était composée par la cavalerie légère de don Antonio. Ses cavaliers constituaient un écran protecteur pour le gros de l'armée, plus lent, qui fuyait Tolède pour Barcelone. Je les trouvai à un carrefour où ils scrutaient l'horizon. Don Antonio, qui les commandait, mangeait au pied d'un arbre solitaire, entouré de son état-major.

Quand je les rejoignis, le cheval du curé était épuisé. Je transpirais l'angoisse, et plus que descendre de son échine, je me laissai tomber sur une herbe clairsemée et jaune. Et je restai là, ouvrant la bouche comme un poisson moribond.

— Voici le petit ingénieur, dit don Antonio en guise de salut, indifférent. Sachez que nous vous tenions pour disparu.

J'en ai encore le poil hérissé de terreur. Quelqu'un versa le contenu d'une carafe d'eau dans les mains de don Antonio, qui se les lava sommairement avant de dire :

— Bien, allons-y.

— Je viens d'arriver ! protestai-je. Même l'ombre de mon âme me pèse !

Il haussa les épaules.

— Restez, si vous préférez.

— Et les retardataires ? protestai-je à nouveau. À Tolède, on massacre les soldats par douzaines ! Pourquoi les abandonner ?

— Parce que ce sont des voyous.

Et il enfourcha immédiatement son splendide cheval blanc. L'un des assistants de don Antonio répondit pour lui :

— Avec Vendôme qui nous tombe dessus, vous croyez que toute cette foutue armée va attendre quelques ivrognes ? Ils ont eu leur chance. Ces événements sont très utiles pour purger la troupe des indésirables.

Don Antonio Villarroel Peláez, oui. Et cet individu était censé remplacer le magistère d'un Vauban !

Mais, critiques mises à part, vous voulez savoir si un général compte parmi les meilleurs ? Ne pensez pas à des victoires sanglantes. Ordonnez-lui de diriger une retraite, et si vous voulez vous faciliter les choses, de préférence en hiver. Il est beaucoup plus facile de vaincre que de défendre, d'attaquer que de reculer en bon ordre. Une retraite ne distribue jamais ni lauriers ni décorations.

Une armée en fuite frôle la panique et se trouve au bord de la désintégration. Nous avancions en terre ennemie et c'était là le principal argument afin de maintenir les rangs unis. Comme je l'ai dit, les paysans castillans n'aimaient pas les troupes alliées. Si un soldat sortait du rang épuisé et s'endormait au pied d'un arbre, pan ! Il finissait le cou tranché par une faux. Autour de nous rôdaient parfois des bandes de mercenaires assassins et, derrière, le duc de Vendôme, le vieux maréchal que le Monstre avait envoyé en Espagne pour aider son imbécile de petit-fils. Toute l'armée alliée constituait un seul corps, se pressant comme un troupeau effrayé, *bêêêêê*.

Et le froid. Cet hiver de 1710 fut le plus rigoureux du siècle. Conservez cette image : un jour, j'arrêtai mon cheval au pied d'un arbre solitaire, pour observer une branche cristallisée par le gel. Le soleil, faible, s'y reflétait avec les riches couleurs de l'arc-en-ciel. Alors j'entendis des "plop, plop, plop" qui claquaient sur le sol, tout près. C'étaient de petits oiseaux qui tombaient de la branche par douzaines, congelés.

L'armée alliée devint la plus grande collection d'engelures jamais vue. Mes doigts étaient toujours violacés, mes lèvres un enchevêtrement de fissures.

Comme j'avais fui Tolède avec ce que j'avais sur moi, je dus me débrouiller pour trouver de quoi me couvrir : gants, chapeau, couverture. La camaraderie militaire ? Ah ! Le *débrouillez-vous* ! Je volai tout. Et aussi une écharpe, vieille mais si longue qu'elle me faisait trois fois le tour du cou et me couvrait même le nez comme si j'étais un embusqué.

S'ensuivit une marche éternelle dans un pays interminable. Plus que plat, nivelé. Plus que sec, aride. Malgré le froid hivernal, même le brouillard et les pluies ne parvenaient pas à l'humidifier. Dieu que la terre de Castille est dure ; aucune botte d'envahisseur ne la ramollit. Nous traversâmes des immensités sans fin, les villages nous apparaissaient comme de petits atolls sur des horizons océaniques. Qu'est-ce que la Castille ? Prenez une contrée, installez-y une tyrannie, et vous aurez la Castille.

Vendôme était un grand militaire. L'armée bourbonienne nous traqua inlassablement, toujours à la recherche du moment opportun pour détruire l'armée alliée, mais sans se précipiter. À mon avis, la seule chose qui empêcha des surprises désagréables, y compris l'encerclement, fut la cavalerie de don Antonio.

Villarroel n'admettait pas d'exceptions. Malgré mon statut d'ingénieur, je devais monter à cheval, patrouiller et combattre comme les autres. Je tentai d'alléguer ma spécialité.

— Nous n'avons pas assez d'hommes, me répondit-on.

— Et encore moins si nous les abandonnons à Tolède parce qu'ils ont bu un pichet de trop, rétorquai-je.

— Et c'est ce même manque d'hommes qui m'empêche de vous fouetter. Il me mit les rênes en mains. Montez !

Ce fut au cours de cette terrible retraite que ce bon Zuvi devint un cavalier très expert. Non qu'il aimât les chevaux, mais à cause du plus grand cas de force majeure possible : ou j'apprenais, ou ils me tuaient.

Mais je suis injuste avec don Antonio. Cela semble incroyable, mais cette retraite apocalyptique depuis le Madrid hostile jusqu'à Barcelone, la Retraite, comme nous les vétérans apprîmes à la nommer, lui valut mon respect, puis mon admiration et enfin mon affection.

Il rejetait mes façons, jamais mes opinions. Je n'étais qu'un gamin insolent et lui, un général aguerri au fer et à la poudre. Qui étais-je pour lui opposer quoi que ce fût ? À l'époque, je ne sus pas voir les océans de tolérance qu'il m'accordait. À ses yeux, ma jeunesse et mon métier constituaient une excuse. Aucun autre général ne se serait montré aussi indulgent.

Sa maxime était la même qu'on m'apprit à Bazoches : savoir ce qu'il faut faire et être là où il faut être. Il se souciait de la troupe. En fait, c'était le seul intérêt qui le guidait. Vauban épargnait des vies grâce aux nombres, Villarroel grâce à l'exemple. Si vous me permettez de simplifier, je dirais que pour moi, Vauban fut la théorie et Villarroel la pratique. Même dans une guerre de mouvements, un ingénieur peut s'occuper de mille choses : trouver le meilleur gué quand les ponts sont inaccessibles, construire des pontons ou des défenses provisoires. Ce ne fut qu'alors que je pus utiliser, pour le dire ainsi, mes études. Et ici, je gagnai le respect du grand général.

Je suggérai de laisser une petite garnison de dragons derrière nous, dans un hameau qui aurait conservé quatre créneaux debout. Lorsque Vendôme approchait, il se voyait obligé d'arrêter toute l'armée, pendant qu'il se demandait s'il allait assaillir la localité, l'assiéger ou l'encercler. Nos dragons montaient sur leurs chevaux et partaient à toute vitesse sous couvert de la nuit. Le lendemain, les bourboniens découvraient que le village était désert, oui, mais à ce moment l'armée alliée avait déjà gagné un jour de marche.

Le tour suivant sur la liste de Bazoches était déjà un peu scélérat. Nous prenions tous les habitants de Villabajo* pour les envoyer à Villarriba, deux villages situés sur l'axe nord-sud nous séparant de l'armée qui nous poursuivait. Un autre escadron allié forçait simultanément les habitants de Villarriba à se diriger vers Villabajo. Il arrivait souvent que les deux populations, stupéfaites, se croisent sur le chemin, traînant des chèvres, des chariots et des effets. La rancœur de ces pauvres gens illustrait l'ampleur de notre infamie. Le fait est que les explorateurs bourboniens crevaient leurs montures pour aller informer Vendôme :

— Maréchal ! Les voisins de Villabajo ont été déplacés à Villarriba !

Vendôme en déduisait que les alliés se débarrassaient de bouches inutiles afin de faire de la localité un point de résistance. Alors il lui arrivait un autre groupe de guetteurs qui l'informait exactement du contraire :

— Maréchal ! Les voisins de Villarriba ont été déplacés à Villabajo !

Que se passait-il ? Les choses ne s'éclaircissaient que lorsque les bourboniens, après d'infinies précautions, arrivaient sur la grand-place des deux villages, et trouvaient sur la porte de la mairie un gentil mot de ce bon Zuvi, libellé dans un français parfait.

* Villabajo : ville d'en bas ; Villarriba : ville d'en haut.

À bas Villabajo
Le maraud !
À bas Villarriba,
Le gros verrat !
À bas Vendôme,
Ce sale bonhomme !

En résumé, cela donne à peu près :

Ni Villarriba ni Villabajo. Vendôme, que tu es sot !

La retraite de 1710 pourrait, elle, se résumer à un long, interminable cauchemar logistique. La route de Barcelone était longue, très longue. Les géographes diront ce qu'ils voudront, mais, avec mon expérience de la Retraite, je suis d'avis que Barcelone sera toujours plus loin de Tolède que la Terre de Saturne.

Stanhope et ses Anglais insistèrent pour marcher parallèlement au gros de la troupe. Maintenir les communications entre les deux corps compliquait tout. Une armée qui avance, ou se retire, dévaste un immense périmètre pour son entretien. Le pays castillan étant si pauvre, et l'hiver si rude, on comprend que les deux colonnes aient eu besoin de se déplacer très loin l'une de l'autre. "Combat concentré et marche séparée", dit la maxime militaire. Mais pas à ce point, bon sang !

Le 8 décembre, Stanhope, cet âne présomptueux de Stanhope, se laissa encercler dans une petite ville appelée Brihuega. Il ignorait à quelle distance le suivait l'ennemi. Et, aussi incroyable que cela semble, il s'arrêta trois jours à Brihuega pour laisser l'armée s'y reposer et pouvoir prendre une tasse de thé chaud. Il s'aperçut trop tard qu'il avait déjà Vendôme sur le dos et se retrancha à Brihuega. Il envoya au gros de l'armée jusqu'à six courriers désespérés, l'implorant de venir au secours des Anglais.

Comment put-il se laisser attraper aussi facilement ? L'explication en est très simple. Stanhope n'avait pas à son service les yeux de don Antonio. Sa cavalerie lourde ne se déplaçait pas aisément dans cette guerre de ruses et de feintes. Et Stanhope était une brute coehoornienne, dont l'habileté se bornait aux coups de masse frontaux.

Après une réunion de tous les hauts gradés, don Antonio sortit de la tente pour nous dire ce qu'il en était. Quand je lui demandai son avis, il hocha la tête de façon négative.

— Les Anglais sont trop peu nombreux pour supporter un assaut en masse. Vendôme le sait et attaquera avec toutes les forces dont il dispose. Ils ne s'en sortiront pas.

Mais l'armée alliée vint à son aide. Les trompettes sonnèrent, et l'armée tout entière tourna la croupe pour rentrer à Brihuega à marches forcées. Les conséquences politiques et militaires en cas de perte de tout le contingent anglais seraient tout aussi graves. Après tant de manœuvres dilatoires, tant d'efforts pour prendre de la distance, nous fîmes demi-tour et nous dirigeâmes de notre propre gré vers la bataille que nous avions voulu éviter avec tant d'acharnement. Merci beaucoup, lord En-un-Clin-d'Œil !

D'accord, soyons indulgents, la manœuvre n'était peut-être pas aussi insensée. L'armée alliée accourait à la rescousse ; si En-un-Clin-d'Œil tenait un peu, nous parviendrions à prendre les bourboniens entre deux feux. Pendant que nous crevions nos montures, Vendôme encercla Brihuega en exigeant la reddition des Anglais. Stanhope répondit par une note des plus bizarres : "Dites au duc de Vendôme que mes Anglais et moi nous défendrons jusqu'à la dernière extrémité."

On aurait dû expliquer à En-un-Clin-d'Œil que les proclamations héroïques deviennent une raillerie humiliante pour celui qui ne les respecte pas. Au troisième assaut, il réfléchit. Pourquoi mourir dans un triste hameau de Castille, alors que le soir même, il pouvait dîner d'un faisan avec son rival, le général Vendôme ? Quand nous arrivâmes à proximité de Brihuega, le canon ne tonnait plus. On déduisait facilement ce qui s'était passé : le corps de l'armée anglaise s'était rendu au grand complet.

Quatre mille vétérans capturés avec leurs armes et leur équipement ! Et à leur tête, le général Stanhope, celui-là même qui était arrivé en Espagne plein d'orgueil et avec de nombreux chevaux. Je vais arranger ça en un clin d'œil ! Et maintenant ses quatre mille Anglais marchaient vers la captivité, la tête basse et escortés par des baïonnettes.

Bon, nous nous arrêtâmes à proximité de Brihuega en tirant la langue, et qui nous attendait en se frottant les mains de joie ?

Vendôme et toute l'armée des Deux Couronnes, en parfait ordre de bataille.

Les bourboniens étaient deux fois plus nombreux que nous. Nos hommes et nos chevaux étaient épuisés après avoir marché un jour et une nuit à la rescousse d'En-un-Clin-d'Œil. L'ennemi si proche, il était impossible de se retirer. Jamais une bataille n'avait été aussi peu désirée et aussi inéluctable.

Un ingénieur ne sera jamais un militaire. Notre mentalité diffère sur un point fondamental : pourquoi le genre humain affectionne-t-il autant de se tuer en plein air, alors que l'on a inventé ces merveilles protectrices dénommées tranchées et bastions ? Au cas où cela puisse vous servir, je joins ici le *Bref manuel d'instructions Martí Zuviría pour survivre à une bataille rangée*. Voilà ce qu'il dit :

Chapitre un : Inventez une bonne excuse pour vous écarter de votre formation de combat.

Chapitre deux : Allongez-vous sur le ventre en feignant d'être mort, la tête derrière la plus grosse pierre que vous trouverez, et ne bougez pas jusqu'à ce que vos oreilles vous disent que la fusillade est terminée.

Chapitre trois : Fin du *Manuel d'instructions*.

Je vous assure qu'il m'a été très utile, comme le prouve celui qui, à quatre-vingt-dix-huit ans, est toujours là, la moitié du visage en moins, un peu décrépit et avec trois trous au cul, mais dictant ses Mémoires à sa chère et repoussante Waltraud. Le seul défaut du manuel est qu'à certaines occasions, comme à Brihuega, il est impossible de le mettre en pratique. Vous savez pourquoi ? Eh bien, parce que, parmi tous les généraux du monde, j'étais tombé sur le seul qui n'utilisait pas son grade pour se cacher, mais pour s'exposer.

Villarroel était né en uniforme ; pour ce type, mourir lors d'une bataille n'était que l'un des risques du métier. Et cette bataille était perdue d'avance, n'importe qui pouvait le voir. Mon véhicule de guerre était un cheval épuisé par le froid, l'effort et les privations, aux côtes si apparentes que ses flancs ressemblaient à des soufflets. Ma monture se trouvait à côté de celle de don Antonio, qui me réprimanda sans me regarder :

— Plus raide, capitaine Zuviría ! Un soldat qui tourne la tête doit voir ses officiers fiers et prêts à l'attaque. Et vous, vous avez l'air d'une laitue flétrie.

Je ne répondis pas. Il me donna un petit coup dans les reins avec sa badine et ajouta :

— Un officier est l'esprit et le miroir de la troupe. S'il hésite, les hommes s'effondrent.

Je me redressai un peu, guère. Je parlai moi aussi sans le regarder. On aurait dit que nous étions dans un confessionnal à cheval.

— Je ne suis pas officier, vous le savez aussi bien que moi, me lamentai-je. "Merda".

Le mot "merda" le fit sourire.

— Vous ne savez peut-être pas que je suis né à Barcelone.

Je le regardai, stupéfait. Villarroel était le paradigme des vertus castillanes : raide, inflexible et juste, et cette nouvelle me saisit.

— Mon père était militaire lui aussi, et il y avait été affecté, expliqua-t-il. Aussi ma mère me donna-t-elle naissance à Barcelone. Jolie ville.

Pendant que Villarroel égrenait allègrement les beautés de Barcelone vues par les yeux d'un Castillan, le combat s'étendit sur toute la ligne. De notre perspective, seul nous parvenait le fracas des décharges, la circulation des blessés que l'on conduisait à l'arrière-garde, et les cris des sergents qui tentaient de maintenir l'ordre dans les rangs.

— Don Antonio, gémis-je, c'est de la folie. Cette bataille est impossible à gagner, et vous le savez.

En guise de réponse, il me posa la badine sous le menton, en le soulevant, et s'exclama :

— Dites "général" quand vous vous adressez à moi ! Mon état-major se permet cette familiarité car il est composé d'hommes qui ont prouvé leur valeur sous mes ordres. Ce n'est pas votre cas.

À ce moment, un messager à cheval, en sueur malgré le froid, arriva jusqu'à nous.

— Mon général ! L'ennemi déborde l'aile gauche ! Le maréchal Starhemberg vous demande de rendre le front.

Villarroel jeta sa badine, dégaina son épée et cria :

— Il était temps, nom de Dieu !

La moitié de la cavalerie alliée le suivit. J'en fis de même, bien malgré moi. Toute la journée se déroula ainsi : les bourboniens s'infiltraient et la cavalerie de don Antonio arrivait, prête à fermer la brèche. Je chevauchai à côté de cet homme durant toute la bataille.

— Je suis votre fidèle écuyer, don Antonio ! criai-je pour dire quelque chose.

— Alors dites-moi, répliqua-t-il parmi les rires, pourquoi lorsque l'ennemi se trouve à notre droite, vous chevauchez à ma gauche, et quand il se trouve à notre gauche, vous changez de côté et vous placez à ma droite ? Tenteriez-vous de vous servir de mon corps comme d'une fascine mobile ?

Avez-vous jamais vécu un cauchemar qui dure cinq longues heures ? Voilà ce que fut Brihuega. De midi au coucher du soleil, les bourboniens tentèrent de briser les rangs alliés. Nos officiers resserraient les bataillons, les murs de baïonnettes se recomposaient. Les régiments fermes mais décimés, l'épuisement nerveux sur les visages. Vers quinze heures, l'infanterie commença à se former en carrés, tant ils étaient désespérés.

Ma chère et repoussante Waltraud, qui ne sait rien de rien, me demande des explications. C'est pourtant si facile ! Bref, accordons-les-lui.

Lorsqu'un bataillon d'infanterie se trouve acculé, il forme littéralement un carré humain, les soldats pointant les baïonnettes vers l'extérieur et les officiers, tambours et blessés au centre. C'est une mesure de résistance moribonde, principalement contre la cavalerie. Une troupe qui s'y prête admet qu'elle renonce à l'attaque. (Tu comprends enfin, ma petite ourse blonde ?) Les bourboniens revenaient, encore et encore. Et quand une brèche s'ouvrait, don Antonio et sa cavalerie s'y engouffraient, fermant les trous dans une charge de canassons efflanqués, encore.

Si vous vous trouvez dans l'obligation de participer à une charge de cavalerie, procédez de la manière suivante. Le plus important est d'éviter la violence du choc. Au dernier moment, baissez la tête derrière le cou du cheval afin de masquer que vous tirez brusquement sur les rênes pour freiner l'animal. Dans la confusion, personne ne s'en rendra compte. Dirigez toutes les forces de votre corps vers vos mollets, avec lesquels vous prendrez les flancs du cheval en tenailles. Restez entre la première et la deuxième ligne de cavaliers à l'attaque. Si l'ennemi fuit, éperonnez votre monture et suivez-le, en criant comme si vous aviez à vous seul brisé sa ligne de combat (vous pourrez ainsi vous rengorger après la bataille). S'ils résistent, faites de grands moulinets avec votre épée au-dessus de sa tête, en maudissant les cavaliers amis qui s'interposent entre vous et votre adversaire. Mais n'avancez pas ! En cas de retraite, rebroussez chemin et fuyez effrontément. Cette première ligne d'idiots que vous avez laissé vous devancer protégera vos arrières.

La bataille de Brihuega se décida par épuisement. C'est-à-dire qu'elle ne se décida pas. Les bourboniens avaient jeté tout le bois dans le feu, sans parvenir à briser la cohésion de l'armée alliée. Certains régiments subirent jusqu'à douze assauts consécutifs. Et quand ils hésitaient, don Antonio chargeait avec ses cavaliers pour repousser l'ennemi.

Lors de la dernière contre-charge, l'élan nous mena au-delà de l'infanterie alliée. Quand nous nous arrêtâmes, nous étions entourés de cadavres ennemis, un véritable tapis d'uniformes blancs. Je poussai un hurlement enfantin :

— Quel spectacle, don Antonio ! Et quel massacre ! Je sautai de cheval et jetai un regard circulaire ; il y avait tellement de morts que je devais faire de grandes enjambées pour ne pas marcher dessus. Vous aviez raison, en fin de compte. Nous n'avons pas perdu ! Et Vendôme qui nous voyait déjà finis. Ah !

Alors le général mit pied à terre, vint vers moi, m'adressa un regard furibond et me donna une claque sonore. Puis il s'en alla.

Je fus plus étourdi par l'offense que par la douleur. Je ne comprenais pas. Villarroel passait ses journées à me houspiller pour mon manque d'esprit et d'enthousiasme militaire, et quand je témoignais un peu d'ardeur, il me giflait. Non, je n'avais pas encore compris que la guerre, son métier, accroissait la douleur et les contradictions de don Antonio. Une main sur la joue offensée, je protestai :

— Et maintenant, qu'ai-je dit ?

L'un de ses assistants m'expliqua pour lui :

— Imbécile, il n'y a pas un an, don Antonio commandait ces garçons.

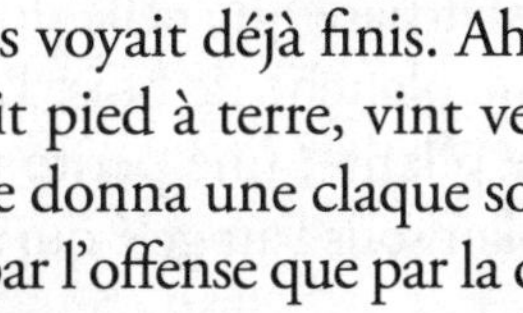

8

Don Antonio me fit quérir à la première pause de l'armée après Brihuega. Il était tard, la retraite avait déjà sonné, et la nuit était si froide que pour traverser le bref espace qui me séparait de sa tente, je dus faire appel à tout mon arsenal afin de me couvrir.

L'état-major était ravi ; dans le rapport officiel sur la bataille, mon grand général fut porté au pinacle. Mais je ne l'avais jamais vu de bonne humeur. Quant à nos rapports, notre dernier épisode avait été une gifle en pleine bataille.

Sa tente était plus spartiate que celle de Léonidas. Son matelas, moins épais qu'une planche de bois. Le reste du mobilier se réduisait à une chaise pliante, une petite table et deux bougies dont la flamme tremblait sous l'air gelé qui s'infiltrait par les mille fissures de la tente.

Il avait mauvaise mine. Il n'était pas assis sur la chaise, mais sur le pieu, buvant directement à la bouteille. On le voyait très rarement boire. Bref, tous les guerriers connaissent cette mélancolie qui surgit après la bataille. Il me regarda avec des yeux aux paupières rougies et tombantes. Dehors, le vent de Castille hululait comme un monstre qui aurait parlé en rêve.

— Je vous ai giflé, dit-il, passant sur les formalités. Je n'aurais pas dû.

Je ne sus trop que répondre.

— Je ne m'excuse pas devant votre sottise, mais devant votre uniforme, aussi provisoire soit-il, poursuivit-il. On ne gifle pas un officier. C'est laid, déshonorant pour le grade.

— Oui, don Antonio.

— Mon général, nom de Dieu ! Adressez-vous à ma personne par mon grade.

Il leva la tête et je me rendis compte qu'il était à moitié ivre.

— Oui, mon général.

— Pour ce qui est du reste, j'ai engagé un être mesquin et égoïste. Toutes les armées ont des furoncles aux fesses, et vous êtes le plus gros et le plus purulent de la coalition alliée.

Tel était le concept d'"excuse" de don Antonio Villarroel : il me donnait rendez-vous pour ça, et il finissait par me traiter de furoncle purulent. Il me désigna avec le goulot de la bouteille et ajouta :

— Je devrais vous pendre.

— Vous avez raison, don Antonio.

— Mais comme ingénieur, vous êtes assez compétent. Je vous ai vu exécuter des manœuvres sans grâce, quoique amusantes. Il laissa échapper un long soupir. C'est ma faute, les ingénieurs sont de mauvais cavaliers. Cela revient à mettre des lézards dans l'eau. Non. Ils ne savent que se cacher entre les pierres.

— Oui, don Antonio, je veux dire, non, don Antonio. Vous avez raison.

Il m'observa une seconde, l'œil rendu vitreux par l'alcool. Il donna deux tapes sur le matelas.

— Asseyez-vous là !

J'obéis, et il me passa un bras autour de l'épaule. Il sentait le vin aigri. Alors, curieusement, il me manifesta une affection que j'ignorais.

— Ne vous en faites pas, mon petit. Vous êtes un lâche, je le sais, mais peu d'hommes naissent courageux. Le courage s'apprend, de la même façon qu'un enfant apprend à parler. Vous comprenez ?

— Je n'en suis pas sûr, don Antonio.

Il me serra plus fort, me secouant comme un fétu de paille. Il me passa un poing sur le nez.

— Le bon Dieu a placé une barrière invisible entre chaque homme et son destin. Notre mission dans cette vie consiste à la repousser, à aller plus loin, à avoir le courage de découvrir ce qu'il y a de l'autre côté – il resta songeur –, quoi que cela puisse être.

— Mais don Antonio, répliquai-je, recroquevillé, cela semble plutôt dangereux.

Je n'aurais pas dû dire ça. Il me regarda fixement, les yeux exorbités par l'alcool, et sa grosse voix castillane émit quelques mots dont je me rappelle chaque postillon :

— Alors, qu'est-ce que cet ingénieur français vous a appris, nom de Dieu ?

— À fortifier, conquérir et défendre des forteresses, don Antonio.

— Et quoi d'autre ?

J'hésitai.

— Quoi d'autre, don Antonio ?

Il me secoua :

— Oui, oui, oui ! Quoi ?

Moi aussi je devais être abattu par la boucherie, par l'éloignement de mon foyer. Par cette nuit, une de plus à camper dans des terres froides. Dehors, le vent hurlait comme une meute sauvage. La mélancolie qui apparaît après la bataille m'avait envahi moi aussi.

— Don Antonio, je vous ai menti, avouai-je. Je ne suis pas ingénieur. Le marquis français ne m'a jamais accordé le cinquième Point qui devait me consacrer.

Il ne m'écouta pas, ou ce que je disais lui était égal.

— Saloperie de bataille, murmura-t-il. Saloperie. Le monde s'est allégé du poids de cinq mille êtres vivants. Et alors ? Rien n'a changé.

Le vin lui était monté à la tête bien plus que je ne l'aurais cru. Il replia les genoux comme un vieil homme, les bras croisés, et s'allongea sur son lit. Je restai là pendant quelques minutes à observer le grand homme endormi après la victoire. À Bazoches, on m'avait appris à regarder des objets suspendus à des fils invisibles, à les décrypter et à les comprendre dans toute leur humilité. Comment n'aurais-je pas consacré mes yeux à observer cette immensité humaine qu'était don Antonio ?

Je sentis une compassion ardente envers sa personne. Cette nuit-là, pendant qu'il ronflait et dormait comme un bébé, j'aurais donné ma vie pour protéger son sommeil. La sienne était consacrée au service, à la discipline, à une juste rigueur. J'observai chacun des pores de ses joues mûres, tout ce que je savais de lui, et je me dis que ce général de cavalerie avait choisi son propre chemin vers le Mystère. Alors je compris son secret le mieux gardé, peut-être mieux que lui : depuis ses débuts, il cherchait à mourir dans une charge de cavalerie héroïque, belle dans son désespoir.

Ce n'était pas un simple désir de mort insensé. Pour quelqu'un d'aussi dévoué, aussi imprégné de l'esprit de chevalerie, tomber devant ses hommes n'impliquerait pas la fin d'une existence, mais son perfectionnement. À Brihuega, il passa toute la bataille à la tête de chacune des charges et contre-charges alliées. Mais la mort l'esquiva obstinément, moqueusement. Je me trouvais à l'autre bout de son arc moral. Cependant, grâce aux sens développés à Bazoches, je comprenais, ou du moins respectais, son code d'une rectitude intransigeante. Pour cette même raison, quelle ironie tragique que sa vie ! En 1705, il avait commencé la guerre dans le camp bourbonien, et en 1710, il était passé dans le camp autrichiste. Un chemin sur lequel la perspective de l'ennemi alternait et se délitait, sans aucun sens. Pour protéger les amis d'aujourd'hui, il tuait ceux d'hier. Triste, triste, triste. Peut-être le Mystère le réservait-il pour ce sommet du drame que fut la Barcelone du 11 septembre 1714. Comme moi.

Ce fut la nuit la plus froide de la Retraite. Un vent sans âme fouettait la fine toile de sa tente Je lui ôtai ses bottes et lui couvris le corps avec le seul manteau qui se trouvait là. Je sortis, volai deux autres couvertures et revins pour mieux l'envelopper. Il ronflait. Avant de partir, je l'embrassai sur une joue. Heureusement qu'il dormait profondément. S'il s'en était rendu compte, il m'aurait tapé sur la tête en me traitant d'homosexuel. Je me saoulai avec ce qui restait de la bouteille.

Don Antonio. Mon grand général trotte batailles, mon bon don Antonio de Villarroel Peláez, le héros le plus anonyme de notre siècle. Il finit mal, très mal. Très peu de grands personnages se tirèrent bien de notre guerre. À propos, ce parasite d'En-un-Clin-d'Œil Stanhope fut bien sûr au nombre des heureux.

En raison de son rang, les bourboniens prirent des gants avec lui, et, quatre jours plus tard, il regagnait Londres comme un blanc-bec de retour d'excursion. Sans gloire, mais sans déshonneur. Au lieu de le pendre, les Anglais le portèrent au pinacle, peut-être pour masquer l'échec de leur stratégie continentale. Il épousa la fille du gouverneur de Madras et fit une belle carrière politique. Il y a des hommes qui naissent couverts d'une patine d'huile morale : l'infortune leur glisse dessus comme l'eau. Mais ces mêmes hommes salissent tout ce qu'ils touchent. Une décennie plus tard, son gouvernement eut la sottise de lui confier les rênes de l'économie anglaise chancelante. Je parie ce que vous voulez qu'en accédant à la charge, il s'exclama : "Je vais arranger ça en un clin d'œil !"

Bien, comme nous le savons, les finances anglaises terminèrent exactement comme leur corps expéditionnaire : détruites en un clin d'œil. Il ne lui fallut que deux ans pour venir à bout du commerce avec l'Amérique, des économies d'un million d'actionnaires, et mener à la faillite les industries maritimes, les banques, commerces et ateliers du pays dans ce que nous connaissons aujourd'hui comme la Bulle des Mers du Sud. De mon exil en Angleterre, je conserve le souvenir de certaines têtes délicieuses, telles que Swift ou Newton, un savant astronome à tête de curé libertin. Newton avait toujours un œil au ciel et un autre dans sa poche. Pendant la crise, il perdit des milliers de livres en actions et, aussi pondéré fût-il, il voulait étrangler Stanhope. Je le vois encore crier : "Il est infiniment plus facile de prédire le mouvement d'un corps céleste que les folies des secrétaires des finances !"

Quant au maréchal Vendôme, notre ennemi à Brihuega, les derniers jours de cette année 1710, Felipito le nomma gouverneur général de Catalogne. Nomination prématurée, conviendra-t-on, car à cette époque, la plus grande part de la Catalogne était toujours aux mains de la Généralité. Il n'eut jamais le loisir de profiter de sa charge. En 1712, passant par une de nos localités côtières du sud, Vinaroz, à l'horreur générale, il s'arrêta pour dîner. Pour le contenter, on lui servit le délice local, des langoustines frites.

— Comme elles sont bonnes ! cria Vendôme.

Les gens de Vinaroz étaient morts de peur, naturellement, ils lui servirent donc force plateaux de langoustines. Personne n'osa lui dire qu'on les sert avec la carapace mais que cette dernière ne se mange pas. Vendôme était un grand aristocrate qui ne concevait pas qu'un domestique le servît sans peler une chose qui se mangeait pelée, et que ses augustes petits doigts se couvrissent de graisse marine.

Il mourut d'indigestion la nuit même.

Les jours qui suivirent Brihuega, nous fûmes pris d'une fausse sensation de sécurité. Depuis que nous avions quitté Tolède, la clameur qui avait unifié l'armée avait été : "Arriver à Barcelone ou mourir !" Après l'échec de la grande tentative bourbonienne de nous anéantir, tout le monde se laissa un peu aller.

Nous étions maintenant en terre aragonaise, aussi stérile que celle de Castille, mais un royaume allié. Don Antonio commandait une troupe hétéroclite composée de centaines de Hollandais, Portugais, Palatins, Hessois, un mélange. (Et aussi des mercenaires italiens ! Ils sont partout.) La majeure partie d'entre eux étaient des malades ou des blessés de Brihuega, que nous transportions dans des chariots pleins d'où s'échappaient des gémissements. Pour ne pas gêner la marche de l'armée, nous suivions une route parallèle.

Cela ne m'amusait guère, mais je suivis don Antonio. Depuis le début, je savais que c'était une mauvaise idée que d'encadrer cette petite troupe d'invalides à l'écart du corps principal. Je chevauchais, angoissé, aux côtés de mon grand général, en me demandant ce que ce bon Zuvi faisait là. La réponse, comme on peut le supposer, est qu'il avait développé envers cet homme un sentiment de fidélité fort semblable à celui qui l'avait uni à Vauban. Le marquis m'avait appris ce que je devais faire ; don Antonio allait plus loin, il conférait à toute chose un sens moral. Ce jour-là, il allait montrer l'exemple.

Loin de l'armée, nous étions une proie facile. Neuf blessés sur dix ne pouvaient tenir un fusil. Si une bande nombreuse nous attaquait, nous étions condamnés au désastre. J'avais un mauvais pressentiment. Je me retournais constamment sur ma selle, scrutant l'horizon, ou je parcourais la brève colonne de chariots d'un bout à l'autre, pressant les cochers. Nous espérions que les bourboniens ne prêteraient pas attention à ces miettes de l'armée et que nous pourrions nous perdre sur les routes secondaires. Nous n'y parvînmes pas.

Les guerriers castillans nous attaquèrent par les deux flancs à la fois. L'escorte montée réduite fit une charge en suivant don Antonio, deux charges, trois charges. Les bourboniens les évitaient comme des loups qui fuient devant le berger, mais ils revenaient aussitôt traquer le troupeau sans défense, de plus en plus nombreux. Sur les chariots, ceux qui le pouvaient s'étaient armés et tiraient depuis les plateformes. Don Antonio nous donna l'ordre de nous réfugier dans le village le plus proche, une petite localité appelée Illueca qui apparaissait à l'horizon. Je désespérai.

— Don Antonio ! Ne faites pas ça, je vous en conjure. Vous savez aussi bien que moi à quoi nous mène cet ordre. Je vous en conjure !

Il ne répondit pas. Nous entrâmes à Illueca comme une souris dans une souricière. La logique de don Antonio était cristalline : les bourboniens nous dépassaient en nombre ; si les cavaliers fuyaient, les blessés des chariots seraient anéantis dans l'excitation du combat.

En tant qu'ingénieur, je savais très bien qu'Illueca était indéfendable. Ni provisions ni bras pour la défendre. De surcroît, nous savions que personne ne viendrait à notre aide. Mais une fois retranchés, quand la fumée se dissiperait et que le siège commencerait, don Antonio pourrait signer des capitulations décentes avec un chef des Deux Couronnes. Au moins préserveraient-ils la vie des blessés. C'était là l'idée du devoir et du sacrifice de don Antonio : perdre le bien le plus sacré du guerrier, la liberté, si cela permettait de sauver la vie de ses hommes.

Mais je ne pouvais pas oublier un détail fondamental pour mes intérêts : que ce bon Zuvi n'était ni malade ni blessé, et que la perspective de la captivité lui était insupportable. Exaspéré, je tentai de raisonner don Antonio. Tandis que les portes se fermaient et que la défense s'improvisait, je lui demandai de reconsidérer sa décision. De fuir tant qu'il en était encore temps, en laissant au commandement un officier boiteux qui négocierait la reddition. Et puis, les raisons tactiques ne me manquaient pas : il était le général, le meilleur commandant aux ordres de Karlangas. Cela valait-il la peine que l'armée se privât de son talent pour une centaine de blessés ?

Il n'y eut pas moyen. Il n'abandonnerait jamais les hommes placés sous son commandement, jamais. Je m'étais libéré de la Tolède soulevée, de la froide Retraite, de la bataille de Brihuega. Et maintenant, pour une stupide question d'honneur, j'allais tomber entre les mains d'un ennemi inflexible. Son exemple était admirable ; plus encore, héroïque. Mais Zuvi Longues-Jambes n'était pas encore préparé à appréhender la Parole, comme en témoigne le fait qu'il crevait de frustration.

— Vous êtes plus têtu qu'une mule sourde ! Vous entendez ? Une foutue mule avec une ceinture de général ! Voilà ce que vous êtes !

Un autre aurait été pendu sur place. Pas moi. Pourquoi ?

Il m'aimait, il n'y a pas d'autre explication. Lui et ses assistants se bornèrent à me laisser seul, piétinant mon tricorne de rage. Au bout d'un moment, ils me firent venir. Je m'étais déjà un peu calmé et je me rendais compte de mon insubordination. J'allai à sa rencontre comme un veau à l'abattoir.

Il se trouvait à l'intérieur du château. Je dus gravir quelques marches en colimaçon afin d'arriver en haut d'une tour solitaire et cinglée par les quatre vents. De là, on dominait tout le paysage jusqu'à l'horizon.

Le voudrais-je que je ne pourrais oublier cette vision. Notre bon général seul, enveloppé dans une longue capote usée couleur gris souris. Il ressemblait à une *échauguette* humaine, impassible sous les rafales de vent qui cinglaient ces hauteurs. Avec la longue-vue, il observait les mouvements des bourboniens. Les guérilleros castillans avaient déjà fait appel aux troupes régulières françaises. Vus de là, on aurait dit de petits cafards blancs. Ils n'allaient pas tarder à encercler Illueca. Notre sacrifice atteindrait bientôt son point d'orgue.

— Que dois-je faire de vous ? fit-il sans cesser de regarder à travers la longue-vue.

Résigné, je suivis du regard la trajectoire de l'instrument et me contentai de répondre :

— Je suppose que ça n'a plus d'importance, don Antonio. Je soupirai. Nous allons tomber entre leurs mains.

— Vous avez de la famille ?

— Je le crois.

Il baissa sa longue-vue.

— Vous le croyez simplement ? cria-t-il de sa grosse voix. On a de la famille ou on n'en a pas !

— J'en ai.

Je n'arrivais pas à comprendre ce qu'il voulait.

— J'ai besoin d'un messager pour aller informer le roi de ce qui s'est passé, dit-il. J'ai servi sous le drapeau bourbonien. On pourrait croire que j'ai profité des circonstances pour commettre une trahison.

— Mais, don Antonio, penser cela serait une imbécilli… Je me tus en comprenant que ce n'était qu'une excuse qu'il avait inventée pour me libérer de la captivité. Excusez-moi, don Antonio.

— Mon général ! Adressez-vous à ma personne selon mon rang.

— Oui, mon général.

— Prenez des sacoches avec des provisions abondantes. Et mon cheval. Il est en meilleur état que le vôtre. Je ne veux pas qu'un petit-maître français se l'approprie.

Je voulus le remercier, fou de joie, mais il m'en empêcha à grands cris :

— Sortez de ma vue avant que j'aie des regrets !

— Don Antonio, sachez que j'ai beaucoup réfléchi à ce que vous m'avez dit cette nuit-là. Je n'ai pas le courage d'assumer cette frontière invisible que Dieu nous a imposée. Et vous, de plus, vous le cherchez avec une persévérance inlassable.

Il me toisa et remarqua mon émotion.

— De quoi me parlez-vous ? Quand avons-nous eu cette conversation ?

— Il y a quelques nuits, don Antonio. Sous votre tente.

Il ne s'en souvenait pas.

— Pour moi, vous êtes un maître qui remplace la personne que j'ai le plus admirée en ce monde, poursuivis-je. Depuis le premier jour, vous m'avez donné votre exemple. Et aujourd'hui, la liberté.

Don Antonio ne s'attendait pas à ce que je tombe à genoux devant lui, ni à ce que, l'épaule appuyée contre un vieux créneau, j'avoue :

— Pour la deuxième fois de ma vie, j'échoue à une épreuve décisive. Lors de la première, je n'ai pas eu le cœur de faire ce qu'on me demandait, et pour cette deuxième, je n'ai pas le courage de l'assumer.

Je ne pus retenir mes larmes. Je pleurai tant que mes mains, qui couvraient mon visage, étaient humides comme deux éponges. Je pleurai tant, étreignant ce froid créneau d'Aragon, que j'oubliai l'espace d'un instant ce que nous faisions là.

Villarroel regarda à nouveau dans sa longue-vue, et il me dit immédiatement, en me réprimandant doucement :

— Ils sont en train d'achever l'encerclement. Debout.

Je me redressai sur mes longues jambes et, au moment où je partais, honteux, ce fut lui qui m'arrêta un instant. Ce jour froid et venteux, sur une terre lointaine, le regard de don Antonio acquit l'éclat de celui de Vauban.

— Ne vous leurrez pas, Zuviría, déclara-t-il. Aujourd'hui, vous pourrez fuir. Cependant, que cela vous plaise ou non, rien ne s'arrête là. Ni la guerre ni les tribulations de votre âme. Maintenant, partez.

Je fuis à une vitesse peu héroïque et très météorique. Le cheval de Villarroel n'avait pas plus envie d'être fait prisonnier que ce bon Zuvi. Et puis, mon corps était plus léger que celui de son maître, et en quelques instants, nous devînmes complices dans notre fuite. Juste à temps ! Une fois hors d'Illueca, nous dûmes nous allonger derrière des arbustes pour passer inaperçus de la troupe ennemie qui finissait de nous encercler. Je m'allongeai sur le corps de l'animal et le bâillonnai de la main. Il se montra très docile.

Par chance, les irréguliers espagnols commençaient à être relevés par des soldats et des officiers français. Et don Antonio qui aimait tant les mangeurs de grenouilles et qui allait devoir négocier la reddition avec eux ! Mais cela valait mieux. Les Français se contenteraient d'emprisonner la garnison, sans l'égorger. Pendant que les bourboniens fixaient les murailles, moi, dans leur dos, j'en profitai pour courir dans la direction contraire.

Libre, en fuite, à cheval. Et cependant la joie du survivant me restait étrangère. À cause de ce que j'avais laissé derrière moi et de ce que j'avais devant moi. Je traversai des contrées où la joie et le contentement n'avaient pas de raison d'être. Ce pauvre Zuvi sur le dos couvert de plaies d'un animal, les vêtements crasseux, le tricorne et l'écharpe en lambeaux. Pour tout promontoire, des cônes de terre naturels, bas comme des tumulus mongols. J'étais fouetté par un vent incessant qui me fendillait les lèvres. Les rares instants où il se taisait, j'avais la sensation que cavalier et monture allaient rester pétrifiés sur place. Et toujours, à toute heure tant qu'il y avait de la lumière, ce vaste ciel qui couvrait ma tête et jusqu'à l'infini. Bleu, d'un bleu limpide, immense, plus grand que l'empire des Espagnes tout entier. Je ne pouvais m'empêcher de penser à don Antonio.

Mes derniers espoirs de trouver le Mot en terre de Castille moururent là. Comment l'aurais-je trouvé dans un pays qui ne tolérait que les espaces vides ? Certes, j'avais trouvé un maître capable de remplacer Vauban, de surcroît d'origine castillane. Mais cette même terre l'avait rendu captif, l'avait enserré, peut-être pour toujours. Je lui devais ma liberté, peut-être la vie. J'aurais pu partager son sort, et je ne le fis pas, tandis qu'il exerçait le sacrifice suprême de l'enseignement : donner sa vie pour celle de son élève. Grâce à don Antonio, je pourrais retourner auprès d'Anfán et d'Amelis. Misérable, mais libre. Je pleurai comme une madeleine, avec de grosses larmes qui coulaient lentement le long de mes joues.

À Illueca, et pour ceux que les niaiseries historiques intéressent, il y avait la tombe d'un pape, le Pape Lune, un comédien qui défia Rome au XIVe siècle. Après la capitulation de don Antonio, la soldatesque profana sa tombe en espérant y trouver de grandes richesses. Dans le cercueil, il n'y avait que des os, et les mangeurs de grenouilles le prirent mal. Ils dépecèrent la momie, jouèrent à la balle avec le crâne et finirent par le jeter par la fenêtre.

9

Sur ce qui arriva entre mon retour de l'offensive alliée de 1710, ma réinstallation à Barcelone, et l'infâme été 1713, inutile de raconter quoi que ce soit.

Nous devions énormément d'argent pour l'achat de la maison dans le quartier de la Ribera. Amelis et moi nous disputions à cause des dettes, de son manque de dons en matière culinaire (les grandes amoureuses sont généralement de piètres cuisinières), pour mille sottises. Quand la dette et ses généreux intérêts de vingt pour cent ressortaient dans la conversation, on aurait dit le tonnerre qui précède la tempête. Peret, Nan et Anfán dévalaient l'escalier. Je lui reprochais alors d'avoir acheté ce quatrième étage de la Ribera. Elle se riait de mes scrupules. Amelis ne savait pas lire, elle ne savait pas compter, elle ne savait qu'une chose : en ce monde, celui qui survit est celui qui apprend à marcher sur du verre brisé. Tout mari qui lira ces lignes, aussi bonasse soit-il, doit se poser une question extrêmement rationnelle : pourquoi ne lui donnais-je pas une bonne correction ? Bon, tout se réduisait à deux points. Si je refusais d'exercer la violence sous contrat et sur des inconnus, comment l'aurais-je exercée contre elle ? Et le deuxième : je l'aimais.

Il me fut très facile de découvrir qu'elle avait recommencé à se prostituer. Après tout, j'avais été élevé à Bazoches. Au moment où la situation était le plus critique, des bourses remplies d'argent apparaissaient. Elle crut pouvoir me le cacher car elle était très habile à doser ce flux. Et puis elle ne consacrait guère de temps à la location de son corps. Je constatai que lorsqu'elle disparaissait, sa robe violette du dimanche n'était plus dans l'armoire. Je n'eus aucun doute : elle était la putain de luxe d'un paillasson rouge, qui la rémunérait très bien pour ses attentions. Je me tus.

C'est assez pour aujourd'hui. Approche-moi le chat et la bouteille. Et va-t'en.

N'ayant rien d'autre à faire, j'étais devenu le professeur de Nan et Anfán à la maison. Curieusement, le nain s'avéra être doué pour les chiffres, même s'il n'aimait guère rester tranquille et assis : au bout d'un moment, il s'agitait comme si sa chaise avait été transpercée de clous. Ici, je dois mentionner une chose qui m'attriste. Mes cours eurent un effet imprévu et déplorable. La fraternité entre Nan et Anfán commença à se briser. Je me rappelle un jour particulièrement pénible.

J'avais offert à Nan une grosse toupie couverte de chiffres. Anfán entra dans la petite pièce qui servait d'atelier et vit Nan avec la toupie qui tournait devant lui. Ils se la disputèrent. Le nain étreignit le jouet, disposé à ne pas la lâcher. Offensé, Anfán lui cria :

— Toi et les chiffres ! Tu as perdu le compte des quignons de pain que je t'apportais quand on dormait dans des taudis de prostituées ? Tu ne t'en souviens pas, *Nan merdós* !

Le fait qu'il insultât Nan était tellement incroyable, tellement impensable, que je ne réagis même pas. Le nain, si. Il suivit l'enfant en pleurant, tout repenti et trépignant de détresse. Pour le consoler, Nan lui donna la grosse toupie. Anfán la soupesa, hésita, et fini par la jeter par la fenêtre. Il faillit tuer un affûteur de couteaux qui se trouvait dans la rue.

D'une certaine façon, Anfán devina que la vie confortable, l'instruction moderne, tout cela détruisait le lien fondamental qui les unissait. Ils se réconcilièrent, mais ce ne fut plus comme avant.

À nous deux, Amelis et moi leur avions donné un toit, des vêtements et même de l'affection. Avec la meilleure volonté du monde, nous nous efforcions de leur offrir quelque chose qui ressemblât à une famille. D'accord, ils n'étaient plus exposés à la mitraille ni à la rigueur des éléments, mais cela donnait la sensation que toute cette douleur ancienne, au lieu de s'éloigner, s'était infiltrée sous leur peau. Lors du siège de Tortosa, je ne les avais jamais vus en proie à la tristesse. Au contraire. Ils se moquaient de la mort autant que moi. Et ils en sortaient toujours triomphants. Maintenant,

Anfán ne volait plus, il ne nous dérangeait plus au lit pour nous passer les bras autour du cou en ronronnant. Mais pendant ses longs goûters, il restait assis sur le balcon arrière, les jambes pendant entre les barreaux de la balustrade, seul, avec le regard languide et abattu d'un sauvage que l'on a arraché à sa jungle. Tandis qu'il mangeait une tranche de pain enduit d'huile, il observait les gens dans la rue et, plus loin, le bastion de Santa Clara, et, plus loin encore, le monde extérieur. La même question nous torturait tous les deux : n'aurait-il pas mieux valu pour eux n'être jamais sortis de la tranchée de Tortosa ?

Pour agrémenter les heures de cours, je multipliai les promenades. Dans le fond, peu importait que je leur donne des leçons à la maison ou en marchant, et Anfán était un petit animal qui avait besoin d'air. Lors d'une de ces promenades, il survint un événement qui démontre qu'un excès de civilisation transforme les peuples droits en ballots.

Comme je l'ai dit, j'avais emmené Nan et Anfán se promener, cette fois aux abords de la ville. Mes aventures militaires intéressaient Anfán au plus haut point. J'étais toujours réticent à raconter cette somme de boucherie, de terre et de baïonnettes, mais ma résistance ne faisait que piquer davantage l'intérêt du gamin. Nous nous trouvions déjà à l'extérieur des murailles, sur un petit chemin flanqué de maisonnettes dispersées et de jardins, quand il m'interrogea sur les généraux que j'avais connus.

— Pour parler à un général français, tu dois te redresser. Comme ça ! dis-je, en me mettant au garde-à-vous, bras le long du corps et menton relevé, comme si tu avais avalé un balai. Et quelle que soit l'insanité qu'il profère, tu dois claquer des talons – comme ça ! – et répondre à tue-tête : *"Mes devoirs, mon général !"* On t'ordonnera alors d'attaquer une position. Tu diras, encore plus fort : *"À vos ordres, mon général !"*, et au milieu du boucan, tu pars en courant dans n'importe quelle autre direction que celle qu'on t'a indiquée.

— Et avec les généraux espagnols, c'est pareil ?

— Oh, non, avec les Espagnols, c'est très différent, m'exclamai-je. Avec eux, il faut crier : "À votre service, mon général !", et partir en courant dans la direction contraire à celle qu'on t'a ordonnée.

Ils avaient dû grandir, car cela les fit rire, alors que je parlais très sérieusement.

— Bon, reconnus-je, j'ai servi sous les ordres de deux grands hommes auxquels j'aurais obéi aveuglément sans me soucier de la folie qu'ils me demanderaient de commettre. Non parce que c'étaient de grands généraux, mais parce que c'étaient de grands maîtres.

— Et de ces deux grands hommes, quel était le plus grand ? s'enquit le nain.

Pour Anfán, c'était celui qui m'avait appris à survivre, car si l'on est mort, on ne peut apprendre aucun secret. Pour le nain, très lucide avec sa petite taille, c'était celui qui m'avait appris les secrets, car qui ne connaît pas les secrets de la vie ne survit pas à cette dernière.

— Celui qui t'a appris les secrets, dit Nan. Car si tu ne connais pas les secrets de la vie, comment vas-tu survivre ?

Nous poursuivîmes la promenade, et Anfán monta sur une clôture qui entourait un verger et une maisonnette. Anfán n'avait d'yeux que pour le cèdre qui se dressait dans un coin de la clôture. Je leur avais parlé des différentes qualités de bois, et expliqué que le cèdre est l'un des plus appréciés par les artisans des différents corps de métiers. Anfán voulait le toucher et il y grimpa comme un singe.

— Un même arbre sert à fabriquer des violons et des crosses de fusil. Curieux, n'est-ce pas ? En ce moment même, à l'intérieur, il y a un violon et un fusil. Si cela dépendait de vous, lequel des deux instrum… ?

Un gamin qui sortait de la maisonnette du jardinier m'interrompit et, très fâché, dit à Anfán :

— Eh, vous, bande de tire-laines, partez, ou je vais vous apprendre ce qui est bon !

— Je n'ai rien volé ! se défendit Anfán avec une véhémence inhabituelle, parce que pour une fois, c'était vrai.

Mais ce gamin, qui brandissait un bâton, franchit la clôture accompagné d'un petit chien qui se jeta sur le nain. Je les laissai se battre un moment tous les quatre avant de les séparer.

— Bon, bon, ça suffit.

Je parlai avec circonspection avec le garçon. J'admirai ses arbres fruitiers et le bel agencement du verger. Il changea d'attitude.

Son père apparut. Nous bavardâmes quelques instants et il finit par nous offrir un chapelet d'ails et quelques tomates mûres.

— Tu te rends compte des bénéfices de l'honnêteté ? demandai-je à Anfán tandis que nous revenions à la maison les bras chargés.

— Des bénéfices ? protesta-t-il, se frottant le visage rougi par les coups. Je ne les vois nulle part ! Pour une fois que je ne vole pas, je suis attaqué par un grand escogriffe. Voilà à quoi ça sert, d'être honnête !

— Eh bien tu te trompes fort, répliquai-je. Quelle est la première chose que tu faisais après avoir volé ?

— À ton avis ? Partir en courant comme un boulet de canon !

— Exact. En revanche, aujourd'hui un gamin de cinq ans de plus que toi t'a attaqué, armé d'un piquet et avec un chien. Et au lieu de fuir, tu t'es défendu.

Ma feinte rhétorique dut le toucher, car il m'écoutait attentivement.

— L'honnêteté lubrifie les muscles de l'âme, poursuivis-je ; l'injustice nous protège et renforce notre volonté de lutter. Tu étais le plus faible et tu étais désarmé ; mais tu avais raison et tu le savais. C'est la raison pour laquelle tu as fait face. D'autre part, les âmes droites sont épaulées par le dialogue pacifique. Observe cet ail et ces tomates que j'ai dans les mains. Gratis et obtenus moyennant de la simple bonne foi, si rare de nos jours. Et tout cela pourquoi ? Je n'ai pas volé, je n'ai même pas menti. Quand j'admirais le jardin de ce brave homme, je lui disais une grande vérité : que son travail intègre transforme le monde et le nourrit. Et lui, en récompense de cette flatterie exacte, a voulu partager sa nourriture avec de parfaits inconnus. À quoi bon échanger des maux quand on peut échanger des biens ? Il nous a donné bien plus que tu n'y serais parvenu en volant !

Beau discours, n'est-ce pas ? Comme pédagogue, je n'ai jamais été Rousseau, mais pour un amateur, ce n'était pas mal du tout.

Nous approchions des portes de la ville quand je vis de curieux passants. Cinq hommes, quatre d'entre eux le fusil à l'épaule. Il était le cinquième. Lui ! Le boucher d'Anvers !

Joris Prosperus Van Verboom. Escorté, se promenant allègrement extra-muros, au pied des murailles. Je savais qu'il était prisonnier du gouvernement (je l'avais capturé moi-même, vous

vous souvenez ?) mais j'ignorais qu'il se trouvât à Barcelone. Je laissai Nan et Anfán derrière moi, allai directement vers lui et tentai de l'étrangler des deux mains. La garde intervint et m'écarta de lui.

— Eh, eh, mon garçon ! dit le chef, très compréhensif. Je vois que tu n'aimes pas les gros poissons bourboniens, mais il faut être civilisé. Nous devons nous comporter noblement avec l'ennemi jusqu'à l'échange.

— L'échange ? hurlai-je. De quoi parlez-vous ? Cette scorie ne peut être échangée ! Et maintenant que vous avez eu la sottise de lui permettre de se promener, il ne peut quitter la ville avant la fin de la guerre ! Laissez-le-moi.

La plupart des hommes meurent sans comprendre que la guerre n'est pas une question de force brute. Que l'issue d'un conflit se décide dans des sphères supérieures, composées d'encre, de volumes et de calculs. Verboom était un Ponctué. Il avait certainement suggéré lui-même cette promenade afin d'examiner nos défenses, nos bastions précaires. Il était évident qu'il enregistrait des données qui valaient vingt régiments. Je ne pouvais faire moins que me soulever contre l'idiotie du gouvernement et de ses bonnes manières.

Il était là, même pas enchaîné, à compter la distance entre les murs, leur épaisseur, leur hauteur et la profondeur du fossé. Le meilleur emplacement pour une gigantesque, abominable Tranchée d'Attaque. Verboom fut l'espion qui courut le moins de risques de tous les temps : on ne pouvait pas l'arrêter car il l'était déjà, hôte de ses ennemis, qui lui montraient avec candeur tout ce qu'il voulait voir. Nous nous trouvions juste au pied du bastion de Santa Clara. À quelques douzaines de mètres seulement de ma maison, le foyer que je partageais avec Amelis et les deux gamins.

Je me jetai à nouveau sur le Charcutier d'Anvers. À cette occasion, on m'arrêta avec moins de subtilités. Ma fureur était telle que j'écrasai quelques nez. Ils finirent par me renverser à coups de crosse, sous les éclats de rire de Verboom qui, afin d'éviter d'être compris de ses gardiens, me parla en français :

— *L'homme avisé est toujours sur ses gardes même quand il se trouve emprisonné.*

C'était une phrase de Tite-Live, je crois, souvent citée à Bazoches, bien sûr, où il avait remplacé "endormi" par "emprisonné". Les miens me frappaient et lui, il pouvait s'offrir le luxe de rire. Toujours la même chose, se répétant en spirale comme un rêve vénitien : quand j'affrontais le charcutier hollandais, un écran de pouvoirs incapables de comprendre la nécessité de l'éradiquer de ce monde s'interposait entre lui et moi.

Je passai la nuit dans une cellule lugubre, à demi souterraine, entouré de prostituées, d'ivrognes et de voleurs de bas étage. Verboom resta prisonnier deux années entières à Barcelone. Et il n'y eut pas un jour, ni une nuit, où il n'ait pas dormi dans des lits plus moelleux que ceux de la majorité des Barcelonais et n'ait pas mieux mangé que nous. Les paillassons rouges lui donnèrent à boire notre sang, le couvrirent d'attentions. Voilà ce que je vous disais : nous avons introduit l'œuf de serpent dans la maison, et nous l'avons couvé jusqu'à ce qu'il devienne vipère.

Pendant qu'ils me battaient et m'arrêtaient, Nan et Anfán regagnèrent tranquillement notre maison de la Ribera. Mon absence n'avait rien d'étrange, car j'aurais pu aller passer un moment à la taverne, ou n'importe où ailleurs. Mais au cours du repas, Amelis demanda où je me trouvais.

— Le chef s'est fait rosser à coups de bâton et il est en prison, répondit Anfán sans cesser d'avaler sa soupe. Il a prononcé un discours sur l'honnêteté, l'effet des bonnes paroles et l'inutilité de la violence sans cause juste. Alors il a vu un monsieur prisonnier et il l'a attaqué à coups de poing. Quand ils l'ont entraîné, il glapissait comme un animal, insultant la Vierge, le gouvernement et cet idiot de roi Karl. Ils vont sûrement le pendre.

La candeur de l'enfance.

La libération de don Antonio était un autre des sujets qui m'occupaient à l'époque. Le sauver des griffes bourboniennes devint pour moi une obsession. Disons qu'obtenir sa liberté était la seule survivance de mon esprit d'ingénieur. Comme je n'avais pas réussi à atteindre le Mot, au moins que le continuateur de Vauban pût être libre. C'était ma pauvre consolation. Les échanges de prisonniers se succédaient, mais un crève-la-faim tel que Martí Zuviría ne pouvait pas faire grand-chose. Je tentai de profiter de mon amitié de taverne avec un agent hollandais qui procédait aux échanges. Il allait et venait sans cesse, franchissant les lignes, et celui qui n'aurait pas su en quoi consistait son occupation n'aurait jamais dit qu'il était impliqué dans de telles manigances.

L'échange de prisonniers tenait de la partie d'échecs et des enchères secrètes. Un colonel valait trois capitaines ; trois colonels un général, et pour arrondir, on pouvait offrir de l'argent comptant. D'autre part, chaque camp avait intérêt à récupérer ses techniciens les plus valeureux (comme ce porc de Verboom, que je n'aurais rendu qu'après lui avoir arraché la langue et les yeux. La seule pensée de notre stupidité me fait encore sortir de mes gonds). Le cours des négociations était tortueux, car personne ne voulait reconnaître la valeur réelle qu'il accordait à ses pièces les plus chères ni ce qu'il était disposé à payer pour elles.

Vers le milieu de l'année 1712, don Antonio était déjà prisonnier depuis un an et demi. Il était scandaleux qu'un militaire de son rang restât aussi longtemps aux mains de l'ennemi. Je payai autant de verres que je pus au Hollandais, pour l'influencer et lui tirer des informations. Mais l'homme était un artiste de la "diplomatie minuscule", comme il l'appelait lui-même. Quand le nom de don Antonio arrivait dans la conversation, il émettait un petit rire. Je ne pus obtenir que des versions contradictoires.

— Le problème avec Villarroel, c'est qu'il est trop bon général, disait-il parfois. Il paraît qu'on lui a fait miroiter un bon poste dans l'armée de Philippe. Mais il résiste. On dit qu'il a un mauvais souvenir des bourboniens et qu'il ne veut plus entendre parler de ces gens. En fait, je ne le comprends pas. Après tout, il a déjà servi aux ordres des Deux Couronnes. Il aurait pu regagner le camp bourbonien sans tache, car son enrôlement dans l'armée du roi Charles était parfaitement légal. De son côté, les bourboniens ne sont pas si sots : ils ne veulent pas le lâcher pour ne pas armer l'adversaire de son talent.

D'autres fois, en revanche, il claquait les lèvres et offrait une version différente.

— Votre pauvre général a l'ennemi à la maison. Pour le gouvernement son échange n'est pas une priorité, et il va donc pourrir en captivité.

Je m'exaltais, mais le Hollandais haussait les épaules.

— Dites-moi, disait-il : sur ce sujet, le roi Charles est très sensible à l'opinion de ses conseillers. Ceux-ci ne décident rien sans l'approbation de la Généralité. Et le gouvernement n'est pas intéressé. Ils disent que Villarroel "n'est pas des nôtres".

De quoi voulaient-ils parler ? Tout le monde a un passé. À Barcelone, la chute de Tortosa avait causé de nombreux dégâts, et rappelez-vous que don Antonio dirigea l'attaque finale qui prit d'assaut la ville pour le compte des armées bourboniennes. Et de plus, il n'était pas catalan.

À cette époque, j'étais de si mauvaise humeur que ma cohabitation avec Amelis s'en ressentit encore plus. Nous ne pouvions manger à la même table sans nous disputer. Ou pire, un silence long et tendu nous affectait tous. J'étais ému qu'Anfán et Nan en souffrent. Ils nous regardaient avec cette attente de celui qui ne désire pas le combat ni ne peut le décider. Jusqu'à cette nuit où Amelis me dit :

— Arrête de grogner, de te plaindre et de renifler l'air comme si tout sentait le pourri. Ton petit général est libre.

J'en restai stupéfait.

— Comment le sais-tu ? lui demandai-je.

— Qu'est-ce que ça peut te faire ?

— Tu as eu quelque chose à voir dans son échange ?

Elle répondit de sa petite voix cruelle et moqueuse, martelant chaque Mot :

— Bien sûr ! C'est ton foutu Mystère qui me l'a demandé.

Je ne pus en tirer davantage.

Quoi qu'il en soit, vers la fin 1712, don Antonio fut enfin échangé. La mauvaise nouvelle est que Verboom retrouva lui aussi sa liberté. Les négociations étaient secrètes, et j'appris que le boucher d'Anvers faisait partie du lot. Il repartait plus gras que lorsqu'il était arrivé, la tête pleine de données. Je n'aime pas jouer les prophètes, mais les faits sont là : la première chose qu'il fit en arrivant à Madrid fut d'écrire un rapport complet sur les défenses de la ville. Laissons. Quant à don Antonio, naturellement, il prit le chemin inverse, de Madrid à Barcelone On lui offrit un poste de général de cavalerie, qu'il finit par accepter.

Cet homme porta toujours la tragédie gravée sur son front. Je crois qu'il assuma ses nouvelles fonctions pour la simple raison qu'il ne pouvait rien faire d'autre. C'était un militaire de carrière qui vivait pour l'armée. Pourquoi dédaigna-t-il la dernière offre généreuse de Philippe V ? Peut-être par orgueil. Don Antonio était très espagnol. Vous savez, cette haute idée de l'orgueil, si castillane, toujours à la croisée des chemins de l'héroïsme absolu et de l'idiotie sublime.

10

Pendant ce temps, bien au-delà de notre horizon, il se passait des choses qui allaient faire capoter la guerre, apporteraient la fatalité dans nos vies, et me placeraient, contre tout pronostic, devant le Mot lui-même.

En 1711, un gamin chétif, un certain Pepito, mourut. Une attaque foudroyante de variole et direct au fond du trou. Cette mort donna un tour dramatique à la guerre et condamna tous les Catalans à l'esclavage éternel. Vous devez vous demander comment un fait aussi banal, un simple décès pour cause de variole, peut être aussi décisif.

Eh bien, il se trouvait que ce gamin chétif, Pepito, était Joseph Ier, le jeune empereur d'Autriche et frère de Karlangas. Pepito mort, le trône d'Autriche atterrit dans les mains de Karlangas, qui aspirait encore à régner sur toutes les Espagnes et se constituait maintenant en empereur du Saint Empire romain germanique. Vous vous souvenez que la guerre avait commencé parce que l'Angleterre était contre l'union dynastique entre la France et l'Empire espagnol. Londres n'admettrait jamais un pouvoir continental aussi fort, les Anglais appuyèrent Karlangas donc en tant que candidat remplaçant de Felipito. Mais cette solution se transformait en un problème : Karlangas, unissant l'Espagne et l'Autriche sous un même sceptre, formerait un royaume tout aussi puissant. C'est-à-dire que l'origine du conflit s'était simplement déplacée.

La mort de Pepito signa notre condamnation. À compter de ce jour, les diplomates anglais commencèrent à chercher une sortie négociée à l'affaire. Et, voyez comment sont les choses, maintenant que cela les intéressait, ils trouvèrent la solution en un clin d'œil : Karlangas devait renoncer au trône espagnol et rester à Vienne pour toujours, Felipito renoncer à la succession au trône français (au cas où le Monstre mourrait) et rester à Madrid pour toujours. Fin de la guerre. Chacun chez soi, il ne s'est rien passé.

La France traîna les pieds, mais elle était épuisée ; Karlangas protesta, mais sans insister. Sans l'appui militaire anglais, et surtout financier, il ne pourrait poursuivre la guerre plus de trois mois. Aussi toutes les parties acceptèrent-elles, de plus ou moins bon gré, la proposition anglaise. Il ne s'agissait plus alors que de marchander et de fixer des détails.

Et les Catalans ? Vous voulez rire ! Ni Karlangas ni les Anglais ne daignèrent en informer les autorités de Barcelone. Comme on peut le supposer, même les paillassons rouges auraient poussé une clameur d'indignation. De sorte que nos miquelets continuèrent à mourir dans les montagnes, nos citoyens à payer des impôts abusifs afin de financer une guerre interminable, et pendant ce temps, notre propre roi creusait notre tombe. Les négociations diplomatiques sont lentes, qui plus est avec une guerre mondiale au milieu, et de 1711 à 1713, les Catalans continuèrent la lutte, comme des pions niais, pour un roi qui les avait déjà vendus au bourreau.

Ici, je ne peux éviter une parenthèse. D'après les chroniques, Pepito mourut de la variole, version qui a toujours senti très mauvais. Il n'y a pas de cas isolé de variole ; soit il y a une épidémie, soit il n'y a pas de variole. Et le hasard voulut que Pepito fût, dans tout Vienne, le seul à contracter la maladie.

Les relations entre les deux frères étaient aigries depuis longtemps. Par solidarité fraternelle, Pepito dépensait des sommes énormes dans une guerre lointaine, et était aussi las du conflit que le reste des chancelleries européennes. D'après ce que me raconta un vieux courtisan viennois, les dernières lettres que Pepito lui envoyaient étaient de cette teneur : “Abandonne cette guerre sans fin, petit frère. Les Catalans t'aiment et les Castillans te détestent ? Eh bien, proposons Philippe comme roi des Castillans, et toi comme celui des Catalans.”

Cette option n'était pas un commentaire entre frères, mais une politique officielle, comme l'attestaient les journaux autrichiens qui publiaient tous cette proposition comme une solution définitive.

L'idée n'amusa pas du tout Karlangas, et la lettre suivante de son frère arriva avec un agent, qui lui mit de l'arsenic sous les ongles. La variole ! Qu'en penses-tu, ma chère et repoussante Waltraud ? Il l'a tué comme Caïn a tué Abel ? Bon, tais-toi, je me fiche de ton avis.

Où en étions-nous ? Ah, oui, Karlangas proclamé nouvel empereur d'Autriche. Il fit ses valises, partit en courant à Vienne pour la cérémonie du couronnement. À Barcelone, il laissa sa petite reine, maintenant aussi impératrice d'Autriche, comme une promesse de fidélité envers les Catalans.

J'insiste : un excès de civilisation transforme les peuples droits en ballots. Car il était évident que Karlangas ne reviendrait pas et que la petite reine, qui était en fin de compte restée comme gage politique, profiterait de la première occasion pour le suivre. Elle passa un an à Barcelone, allant à l'opéra entre deux bâillements. Ensuite, quand elle le jugea bon, adieu. Ce qui me fait encore frissonner et me met hors de moi, est la raison invoquée par cette salope. D'après ses propres termes, elle devait s'en aller à cause de "la grande importance de cette succession si désirée". C'est-à-dire qu'elle était pressée d'écarter les cuisses devant son Karlangas, et c'était beaucoup plus important que le destin de toute une nation.

Et maintenant, devinez ce que firent les paillassons rouges quand la petite reine communiqua ses augustes motifs pour nous laisser tomber.

Ils la relâchèrent sans broncher ! Eux, les paillassons rouges, les petits messieurs de la noblesse qui étaient au gouvernement ! La seule carte que pouvait jouer une nation sans roi, la dernière garantie pour un pays de ne pas être écorché vif. Et ils lui dirent au revoir avec tous les honneurs ! Le gouvernement au grand complet l'accompagna à l'embarcadère, et la seule chose qui leur importait était d'être placés le plus près possible de la reine pour être en vue pendant les adieux.

Je vais vous dire, ce qu'ils auraient dû faire ! Envoyer à Vienne une lettre cachetée jurant que nous mettrions la petite reine dans la pièce des rats, et qu'elle ne changerait pas de culotte avant que Karlangas, sur l'échiquier diplomatique européen, n'eût apporté toutes les garanties politiques, diplomatiques et militaires que la

Catalogne resterait libre et sûre. Mais ce ne fut pas le cas, les paillassons rouges étaient trop civilisés. Le monde allait nous couper le cou, et eux, ils s'occupaient de poudrer leur perruque !

Les mains libres, Karlangas négocia avec les bourboniens l'abominable traité d'Évacuation. D'après ses clauses, les alliés devaient retirer toutes les troupes qu'ils auraient encore sur la Péninsule, c'est-à-dire en Catalogne, le seul territoire qui restait sous leur contrôle. Dès lors, les choses allèrent très vite. Quand la reine s'enfuit à Vienne, le poste de vice-roi de Catalogne fut occupé par un militaire autrichien, le maréchal Starhemberg.

Ce dernier porte sur les épaules le poids de l'exécution collective la plus nauséabonde et monumentale des temps modernes. Au début 1713, le drame était prêt à être consommé, toutes les pièces de l'engrenage réglées pour que le ciel s'effondre. Il fallait juste actionner la manette : Starhemberg.

Le Monstre et les alliés avaient déjà officialisé l'accord en coulisses. Le messager arriva à Barcelone : Starhemberg devait commander et diriger l'évacuation des troupes alliées de Catalogne. Hollandais, Allemands et Portugais embarqueraient sur la flotte anglaise mouillée à Barcelone. Cela ne signifiait-il pas livrer ce pays à la tuerie et à l'égorgement ? Bien sûr que si. Et alors ? *It is not for the interest of England to preserve the Catalan liberties.* Ni leurs vies.

Imaginez la stupéfaction de Barcelone quand la nouvelle fut rendue publique. Au début, personne ne voulait le croire. Une vague de fatalisme fit taire les esprits. Dans les rues et les tavernes, on commentait l'inévitable, et les ivrognes entonnaient des ritournelles des plus macabres :

Anglesos han faltat !
Portuguesos han firmat !
Holandesos firmaran,
*I al fi nos penjaran !**

* Les Anglais ont manqué ! / Les Portugais ont signé ! / Les Hollandais signeront / et à la fin on nous pendra !

Les murs de Barcelone se couvrirent de pasquins, certains d'entre eux témoignant de l'humour le plus noir :

COMÉDIE DE L'ÉVACUATION
Personnages qui la joueront
L'Espagne, le cul du moine ; nos libertés, comme aiguillon,
L'esclavage comme personnage secondaire nécessaire
Et tous les alliés dans le rôle des excréments.

Les charges, titres et prébendes signés par Karlangas perdirent de leur valeur du jour au lendemain. Un petit malin faisait sonner une clochette, tout en jetant des confettis aux passants aux cris de :

— *Es venen senyories a preus d'escombraries !* On vend des titres aux prix des détritus !

Il faut reconnaître que la goguenardise a toujours aidé à dominer la peur. Un jour, je croisai Nan et Anfán tout près de la maison, sur la populaire place du Born, jouant les acteurs ambulants. Le nain était nu, à l'exception de son entonnoir sur sa tête, tel un Adam difforme. Il avait la jambe gauche repliée en arrière, feignant d'être boiteux. Au genou, il s'était attaché un os de jambon qui prolongeait la jambe apparemment mutilée. Vu de face, on aurait dit une créature pourvue d'une patte et d'un sabot de porc. Avec un petit couteau, il grattait l'os pelé, y cherchant les derniers restes de viande. Il feignait une douleur intense et avalait les minuscules morceaux de jambon, se débattant entre le plaisir qu'il en retirait en le dégustant, et la torture qu'il s'imposait. Pendant ce temps, Anfán passait entre les spectateurs avec un petit sac ouvert dans les mains, demandant la charité et chantant des vers rimés très populaires à l'époque :

— *Entre Carlos tres i Felip cinc, m'han deixat ab lo que tinc !* Entre Charles III et Philippe V, ils m'ont laissé ce que j'avais sur moi.

Ah, le rire, cet exutoire de la peur, qui l'enfouit mais ne l'expulse pas. Car la troisième phase est la terreur.

Celle-ci arriva en ville comme la peste, apportée par des voyageurs. Tous les fuyards de Catalogne confluèrent vers Barcelone. Quand ils franchissaient les portes de la ville, ils étaient abordés par les Barcelonais, qui les interrogeaient sur ce qui se passait à l'intérieur des terres. La réponse était toujours la même :

— Tous les horizons brûlent.

Et c'était vrai. Quand une localité ne se rendait pas immédiatement, elle subissait le feu du canon et elle était assaillie par la cavalerie. Les colonnes bourboniennes qui suivaient les alliés dans leur retraite ne se contentaient pas d'entrer dans les villages et les villes. Elles exigeaient que les maires vinssent à leur rencontre pour leur présenter leur soumission.

La terreur peut provoquer deux réactions opposées. Habituellement, c'est la soumission qui est de mise face à la menace. Mais parfois, très rarement, elle suscite un état d'esprit aussi peu fréquent que dangereux : la furie collective.

Les dernières colonnes de soldats alliés qui se retiraient vers la côte ne recevaient plus de suppliques pour rester ; elles étaient lapidées par les civils. On atteignit le summum de l'indignation quand il fut prouvé qu'à la trahison s'ajoutait l'abandon. Non seulement ils s'en allaient, mais dans leur retraite, les alliés remettaient les clés des villes et des places fortes aux commandants bourboniens !

Les derniers jours de juin 1713, Barcelone bouillait d'indignation. Les gens ne sont pas sots, ils savent toujours à qui ils doivent leurs malheurs. Des centaines de personnes, furieuses, se rassemblèrent devant la résidence du vice-roi Starhemberg et en recouvrirent le portail de plumes et de pattes de poulet. Elles se trompaient sur un point : Starhemberg n'était pas timoré, loin de là, de la même façon que les bourreaux ne sont ni lâches ni courageux, juste vils.

Les paillassons rouges allèrent demander pourquoi les alliés se retiraient, pourquoi ils livraient des villes sans défense à un ennemi aussi cruel et, enfin, ce que comptait faire Karlangas afin d'empêcher l'exécution de tout un peuple qui lui avait été fidèle depuis le début de la guerre.

La réponse de Starhemberg mérite de figurer dans les annales du cynisme :

— Mon meilleur sentiment et toute mon affection vous accompagnent, vos excellences.

Et il s'en alla. Le même après-midi, il monta dans sa voiture, par la porte arrière, prétextant une partie de chasse. Il ne revint jamais. En fait, il alla rejoindre les troupes alliées, qui étaient sur le point d'embarquer à l'embouchure du fleuve Besós, au nord de la ville. La flotte anglaise était là pour éviter des complications s'il se produisait des altercations au port de Barcelone. Nos loyaux alliés !

Sachez que Starhemberg ne démissionna même pas de sa charge de vice-roi. Il est difficile d'imaginer plus grande ignominie. Même les condamnés à mort se voient administrer l'extrême-onction.

Et pendant que nos alliés s'en allaient et nous laissaient tomber, et que les colonnes bourboniennes convergeaient, implacables, sur Barcelone, quelles décisions les paillassons rouges prenaient-ils ? Aucune. Starhemberg faisait déjà ses valises et jusqu'au dernier moment, ils lui envoyèrent des dépêches à signer. D'après leur logique, d'un légalisme tordu, le vautour autrichiste restait le vice-roi. La machinerie devait garder les formes. Que Starhemberg fût de mèche avec l'ennemi, qu'il lui livrât nos maisons et nos libertés, oh, eh bien, cela ne semblait pas avoir la moindre importance.

Dans les régiments alliés qui embarquaient, il y avait quelques Catalans qui s'étaient en leur temps enrôlés dans l'armée impériale de Karlangas. Ce n'étaient pas des miquelets à mi-chemin entre la loi et l'enfer, juste des types qui voulaient exercer le métier des armes dans une armée régulière. Eux surent voir ce qui arrivait. Ils n'étaient pas au cœur du gouvernement, ils ne traitaient pas chaque jour avec les exécutants et leur haute politique. Et ils comprirent encore ce qui était en jeu et à qui ils devaient fidélité. Jusqu'au dernier jour, certains abandonnèrent les rangs des forces alliées, qui sautaient même des bateaux par-dessus bord pour se diriger vers Barcelone. Starhemberg passa de la rigueur excessive à la cruauté : il donna l'ordre d'exécuter les déserteurs, alors que pendant toute la durée de la guerre, il n'avait poursuivi que très mollement la désertion. C'est-à-dire que nos jeunes gens les plus généreux pendaient aux arbres, indiquant la route de la retraite, et pendant ce temps, les paillassons rouges continuaient à s'incliner devant leur assassin.

À la fin juin 1713, ils se décidèrent enfin à réunir le parlement catalan. Ils étaient si déconcertés que la séance se résumait en un point unique : que faire devant l'avancée bourbonienne ? Se soumettre, ou se battre ?

Ici, je dois préciser que notre parlement se divisait en trois groupes ou "bras" : l'un était formé par la noblesse ; le deuxième représentait le petit peuple, et le troisième, il ne pouvait en être autrement, était composé des cafards du Vatican.

Toi, ne m'interromps pas, et ne me corrige pas quand j'attaque les curés ! Je sais parfaitement de quoi je parle, et je vais le raconter.

Je ne prétends pas qu'ils se sont tous mal comportés. Ce ne fut pas le cas. Pendant le siège, je pus voir de petits curés plus minces qu'un cyprès, fragiles comme le verre, impassibles devant le feu ennemi. Leur seul bien terrestre était leur soutane, les balles leur sifflaient aux oreilles et ils restaient imperturbablement à genoux, administrant les sacrements aux moribonds du premier rang. Cependant, leurs évêques étaient comme les paillassons rouges, mais noirs. Voyez, sinon, comment se comporta le cardinal et évêque de Barcelone, le misérable Benet Sala.

Lors de la première journée de débat, le secrétaire du parlement demanda son avis au bras ecclésiastique. C'était le groupe le plus compact des trois, et la logique aurait voulu qu'il fût le premier à argumenter. Leurs réponses furent évasives. Ni oui ni non. Ils se contentèrent d'exposer des arguments théologiques, d'après lesquels la guerre était un mal en soi, et lorsqu'elle se livrait entre chrétiens, le Seigneur pleurait des larmes de sang.

Belle brochette de philistins ! Autant que je sache, le Vatican a béni des douzaines de guerres, et ne s'est jamais tellement préoccupé que les gens y meurent. Et puis, jusqu'alors, pendant treize longues années de guerre mondiale, ils n'avaient jamais songé que la guerre était une chose très laide. Alors vint le coup de poignard dans le dos.

Benet Sala avait une bonne excuse pour quitter Barcelone. Il venait d'être appelé à Rome. Et selon une ruse typique du Vatican, il coordonna avec Starhemberg son embarquement en même temps que celui des troupes alliées.

Soudain, les Barcelonais se voyaient abandonnés par l'armée qui protégeait leurs corps et en même temps par le berger qui devait veiller sur leurs âmes. Le dessein de Benet était naturellement de démoraliser le même peuple chrétien auquel il devait un service spirituel pour qu'il se rendît, abdiquât et marchât à l'abattoir comme un doux petit agneau. Quand je mourrai, je serai heureux d'en toucher deux mots à Benet Sala. Parce que nous cuirons ensemble dans le chaudron de Pere Botero, sans doute, mais je vous jure que Sala s'y noiera de surcroît, étranglé dans la soupe par celui qui vous parle.

Pendant ce temps, en ville, les esprits s'agitaient de plus en plus. Et ce qui survint alors est difficile à expliquer.

La religion a toujours été un bon exutoire à l'impuissance. Les rues se remplirent de processions réclamant le salut de la ville. C'était infernal, jour et nuit du boucan sous les fenêtres. Parce que, au début, il s'agissait de foules qui murmuraient, mais leur excitation crût avec celle de la ville. Le défilé qui fit le plus d'effet était composé de douze demoiselles qui partirent en pèlerinage à la montagne sacrée de Montserrat en faveur de l'intervention divine. (Montserrat est une montagne très étrange, au nord-est de Barcelone. On dirait une scie aux pointes émoussées, en haut de laquelle se tient une étrange vierge noire.)

Traitez-moi de mécréant, mais les processions formées par des jeunes filles, jolies et à la taille fine, ont toujours été plus fréquentées que celles des flagellants en capuche. Cette vision fit émerger une idée dans les esprits du public : "Eh bien, en y réfléchissant, pourquoi devrions-nous tolérer que ces si jolies filles aillent au sacrifice ?" Et ainsi, les processions religieuses se transformèrent en proclamations de refus de la reddition de la ville. À la fin, les cris en faveur de la sainte patronne de la ville, sainte Eulalie, devinrent une clameur contre Philippe V.

Et ce bon Zuvi ? Que faisait-il parmi tant de convulsions civiques ?

Eh bien, ce qui m'intéressait à l'époque était de relancer le jugement concernant mon héritage. J'avais du temps libre et je passais souvent au bureau des avocats. La seule chose qui me venait à l'esprit pour accélérer mon affaire était de parler à Casanova, maître absolu du bureau, en personne. Rien. On ne le voyait jamais, et ses employés m'assommaient avec des circonlocutions désespérantes. M. Casanova exerçait maintenant une haute charge politique et ne pouvait être là pour moi, les tribunaux étaient débordés par toute cette agitation, et patati, et patata. D'autres fois, la porte ne s'ouvrait même pas de la journée, tant les choses étaient sens dessus dessous. Ce dernier point me mettait d'une humeur de chien. Quand je me disputais avec un petit avocaillon, je pouvais toujours lui dire ses quatre vérités et me défouler, même si ça ne servait à rien. Mais que faire devant une porte close ? Si on me donnait une bonne brigade de sapeurs, je pourrais conquérir en une vingtaine de jours une forteresse de vingt bastions. Avec la maison d'un avocat, ce n'est même pas la peine d'essayer.

— Eh, Martí, tu veux voir quelque chose d'amusant ? me demanda Peret un jour.

Les débats au parlement avaient commencé et il m'invitait à y assister.

— Et tu prétends entrer ? me moquai-je. Ils ont triplé la garde, la place Sant-Jaume est remplie d'exaltés. Tu ne les entends pas ?

Les hurlements des gens indignés qui s'y pressaient parvenaient jusqu'à nos fenêtres.

— Toi, suis-moi et tais-toi. Et mets tes vêtements du dimanche.

Je n'avais rien de mieux à faire et je le suivis. Nous arrivâmes non sans mal car, effectivement, la place de Sant-Jaume débordait de gens qui criaient. Ce n'étaient pas vraiment des révolutionnaires, les corps ne s'entassaient pas devant les portes et contre les gardiens. Les regards se dirigeaient vers le balcon. Les gens ne voulaient pas renverser le gouvernement, mais être commandés. Ils clamaient :

— La *Crida* ! Annoncez-la ! Annoncez la *Crida* !

Par *Crida*, ils entendaient l'appel légal aux armes. Seule la *Crida* avait le sacro-saint pouvoir de convoquer les Catalans adultes pour la défense de la patrie. Qui se soulevait sans son soutien se voyait réduit à la condition de miquelet, c'est-à-dire de hors-la-loi, aussi patriotiques fussent ses intentions. D'où l'importance que son annonce se fît selon les formes légales. Et la raison d'être des paillassons rouges était naturellement de l'empêcher.

Peret contourna le bâtiment du parlement jusqu'à la porte de la rue Sant-Honorat, beaucoup plus étroite et discrète. Là, il parla à l'oreille de deux soldats qui montaient la garde et nous laissèrent entrer. Leur attitude complice et à la fois méfiante m'avait surpris.

— Un monsieur m'a offert un peu d'argent pour appuyer la cause qu'il défend, m'expliqua Peret tandis que nous montions quelques marches.

Le parlement était divisé en deux bandes antagoniques : ceux qui souhaitaient émettre la *Crida*, créer une armée exclusivement catalane et résister, et ceux qui préféraient se soumettre à l'armée bourbonienne qui approchait. Comme je l'ai dit, les paillassons rouges n'avaient aucun intérêt à défendre les Constitutions, et sans une *Crida* légale, il n'y aurait pas d'appel aux armes. Je suivis Peret, donc, et avant que je m'en sois rendu compte, nous nous trouvions déjà dans le Salon même de Sant Jordi.

Imaginez une longue salle rectangulaire, de hauts plafonds et des murs de pierre. Trois de ces murs étaient couverts de grands sièges tapissés de velours, naturellement de couleur rouge, rigoureusement alignés. Sur la table principale, il n'y avait qu'un livre de droit et une clochette, le tout sur une grande nappe carmin. La clochette servait théoriquement à ouvrir et à clore les tours de parole. Et je dis théoriquement parce que, lorsque les débats se firent plus passionnés, la clochette n'eut plus aucune importance pour les orateurs.

Sur le papier, tout le territoire catalan avait le droit d'envoyer des représentants, chose impossible si l'on tient compte du fait que trois quarts de ce territoire étaient déjà occupés par l'ennemi. Ce jour-là, on était entré dans une autre phase. Le droit de vote réparti et clos, les deux groupes cherchèrent d'autres formes de pression. Vous avez deviné : engager des gorges mercenaires pour bêler leurs consignes et gêner les orateurs adverses. Peret était parfait, car vu son âge, il pouvait passer pour un vieux patricien et il était capable de vendre la tombe de sa mère pour une assiette de calmars frits. Et le Salon de Sant Jordi était de fait aussi bouleversé que le pays. Tous ceux qui auraient dû être là n'y étaient pas, et tous ceux qui étaient là n'auraient pas dû y être. De nombreux délégués ne purent venir (ils avaient une bonne excuse : ils ramaient sur des galères ou étaient pendus à un arbre) ; d'autres avaient simplement fui leurs obligations.

Si je me souviens bien, cette grande journée avait lieu un 4 ou un 5 juillet et il faisait une chaleur du diable. Le porte-parole du parti de la soumission était un certain Nicolau de Sant Joan. Avant qu'il eût commencé à parler, on l'applaudissait déjà. Il réclama le silence. Au moins ne manquait-il pas de solennité.

— Quand la force vient à manquer, il est naturel de considérer l'impossibilité morale de résister au pouvoir. La loi naturelle et la loi chrétienne enseignent et persuadent de ne pas exposer aux dernières rigueurs de la guerre des temples, des personnes d'âge fragile, ou consacrées à Dieu. La fureur de la licence militaire ne respecte pas les églises, ne tient pas compte du jeune âge et ne respecte pas l'aspect sacré de la virginité.

Mais là, un éclat de rire l'interrompit.

— Nous non plus ! Amène-nous une vierge et on te montrera comment on fait !

C'était Peret, bien sûr. Cette impertinence si incongrue déconcerta Sant Joan. Les paillassons rouges n'étaient pas en reste non plus.

— Vauriens ! Mutins ! Silence !

Sant Joan reprit son discours.

— Notre patrie se trouve entre la Castille et la France ; les portes de la mer, fermées par les forces maritimes de France. Nous devons éprouver appréhension et juste méfiance envers les Anglais, qui nous ont livrés. Je demande : où le roi, notre seigneur, possède-t-il un armement maritime supérieur à celui de ces deux puissances pour transporter des secours ? Et même s'ils arrivaient, quelles sommes pourra-t-il consacrer à notre aide, compte tenu de la guerre qui l'attend sur le Rhin ?

— Ce qu'il nous faut, c'est plus de couilles et moins de gants, abruti ! cria Peret. Et plus d'un l'appuya. Ouh, ouh !

— Silence ! Vauriens, vauriens. Hors du consistoire ! Dehors ! disaient les paillassons rouges, piétinant et faisant des simagrées. Pour eux, les gens sans distinction n'étaient guère plus que de la racaille qui ne faisait qu'interférer entre leur charge et les sages décisions qu'ils prenaient. Mais ils oubliaient que leur avis n'était pas partagé par tous ceux de leur classe. Et parmi eux, se détachant comme un phare ancré dans un désert, un certain Ferrer, Emmanuel Ferrer.

Il était de petite noblesse, mais très populaire car il s'était distingué dans l'administration de la ville. Ce rat humain qui vous parle ressemble autant à un héros qu'une serrure, mais cela ne l'empêche pas de savoir les reconnaître, dans toute leur dimension, quand ils apparaissent à l'horizon. Ferrer menait une vie confortable et tranquille, il était riche et heureux. En votant pour la résistance, il n'avait rien à gagner, il perdait tout. Une fois qu'il aurait parlé, il aurait pris parti, et quand les bourboniens entreraient, ils viendraient le chercher avec toute leur bile despotique.

Quand son tour vint, Ferrer se leva et dit :

— Voilà ma question : la Catalogne est-elle différente de ce qu'elle était en d'autres temps ? Nos Lois et Privilèges ne donnent-ils pas la faculté de s'opposer aux Castillans qui veulent injustement nous opprimer ? Quel motif a le Bourbon de nous opprimer avec tant de rigueur, en voulant transformer notre population franche et libre en une nation entièrement assujettie et réduite en esclavage ? Qui pourra donc nous faire consentir à ce que l'on place au-dessus des Catalans la vanité et la violence castillane ? Que la Castille nous assujettisse avec la même ignominie dont elle fait preuve envers les Indiens ?

— Fous, irresponsables ! répliquèrent les partisans des paillassons rouges. Vous allez apporter le malheur sur toute la nation !

Je veux être impartial. Je n'affirmerai jamais que tous les nobles qui ont voté pour la soumission étaient des vendus. Certainement pas. En fait, il y avait des raisons plus que raisonnables pour ne pas opposer de résistance. On nous avait abandonnés, tout le pouvoir des Deux Couronnes nous attaquait, les empires de France et d'Espagne coalisés. Voter pour une solution négociée, si on pouvait l'obtenir à ce stade, n'impliquait pas nécessairement d'être au service de Felipito.

Ferrer invoqua le roi du Portugal, un royaume redoutant de connaître le sort des Catalans et qui nous aiderait certainement ; si nous résistions, l'empereur Karlangas ne pourrait pas s'en laver les mains sans voir terni son prestige international ; l'Angleterre avait signé un pacte ancien ; les ambassadeurs catalans allaient faire le tour de toutes les cours européennes pour exposer la cause d'un peuple qui n'aspirait qu'au droit le plus élémentaire : survivre.

Il fut interrompu à plusieurs reprises. Ferrer resta sourd aux voix amies et ennemies. Il revint sur l'histoire de la Catalogne, de la néfaste union dynastique avec la Castille et poursuivit :

— Pour toutes ces raisons, prenons les armes et hissons les bannières, que les soldats s'enrôlent sans perdre un instant. Que les Très Fidèles Bras Généraux se servent de toute l'autorité que Dieu a déposée entre leurs mains ; qu'ils ordonnent évidemment des manifestes pour montrer à l'Europe tout entière notre conception de la justice et à la postérité notre attitude, et prouver à nos ennemis, à leurs dépens, que l'esprit et l'honneur de la nation catalane sont toujours là.

Mais dans le fond, Ferrer lui-même ne se faisait aucune illusion. La partie était si désespérée qu'elle se confondait presque avec un noble suicide.

— Que la nation en finisse avec gloire, poursuivit-il, car mieux vaut une fin glorieuse que tolérer des exactions et des violences que même les Maures ne nous ont pas fait subir.

Ma chère et repoussante Waltraud m'interrompt, lève la tête comme une vache cherchant un pâturage et me demande encore une fois ce que j'en pensais à l'époque. Cela n'a pas la moindre importance, mais bon, je vais le résumer.

Mon point de vue se voulait le moins passionné possible et c'était le suivant : les deux partis avaient raison. Se soumettre impliquait de perdre les libertés qui avaient eu cours pendant mille ans, devenir une province de la Castille et de son empire, partager le joug de ses habitants, subir une répression impitoyable. Résister, comme le clamaient les paillassons rouges, ruine et massacre. Il s'agissait de choisir entre deux options aussi mauvaises l'une que l'autre.

On procéda au vote. La soumission l'emporta à une large majorité. Ferrer fit un bond, il alla voir le secrétaire responsable de la clochette et exigea qu'il consignât son nom, son vote contre. Cela revenait à signer sa propre exécution. Quand les bourboniens entreraient, cette preuve leur suffirait pour le pendre Et pourtant, d'autres nobles se levèrent et suivirent l'exemple de Ferrer !

J'en fus stupéfait. Pourquoi certains agissaient-ils ainsi ?

Considérez également l'autre face de la pièce de monnaie. Également admirable voire plus, aussi étrange que cela puisse paraître. Car il y eut des nobles tels que Francesc Alemany, Baldiri Battle, Lluís Roger ou Antoni València, qui crurent en conscience devoir voter pour la soumission, ce qu'ils firent. Puis les choses évoluèrent. Et ils luttèrent. Suivant la volonté du plus grand nombre, reléguant leurs opinions personnelles en faveur de l'intérêt général. Waltraud me demande pourquoi j'en ai les larmes aux yeux. Je vais vous le dire : parce que ces hommes, qui n'avaient jamais voulu résister, combattirent sans faiblir pendant une longue année de siège. Ils soutinrent les idées des autres y compris contre eux-mêmes. Et à l'aube de ce 11 septembre 1714, ils sacrifièrent leurs propres vies. Tous. Je revois València, attaquant un mur de baïonnettes en brandissant le sabre, avalé par une armée d'uniformes blancs.

Pour vous faire une idée de l'importance de la résolution, je dirais que le bras des nobles était semblable à celui des lords anglais. Au-delà du nombre de votes, il avait un poids moral intangible, et il était très courant que le bras populaire ne fît que ratifier ses décisions.

— Tu mérites la défaite des tiens, dis-je à Peret pendant qu'on allait à la maison. Tu n'as pas honte d'avoir vendu ton opinion ?

— Non, monsieur, non, répondit-il. Les paillassons rouges m'ont payé pour faire la claque en faveur de la soumission. Mais ils ont eu la sottise de me donner l'argent avant de commencer.

— Quoi qu'il en soit, ça fait déjà deux-zéro, soufflai-je tandis que nous traversions la place Sant-Jaume, bondée. Curés et nobles, pour la soumission. Demain, le bras populaire suivra l'opinion de la noblesse. C'est fini.

Je ne me suis jamais trompé à ce point. Nous étions encore sur la place quand un porte-parole sortit sur un balcon et communiqua effectivement à la foule que le bras noble avait voté la soumission.

Ce fut comme si une averse glacée tombait. Personne ne protesta. Pas un seul cri irrité ne s'échappa de ces milliers de gorges réunies. Mais au lieu de rentrer chez eux, les gens décidèrent de camper là, sur la place !

Je crois que ce fut là le tournant décisif. Non un acte de rébellion, mais un détachement sourd. Ceux d'en bas furent aussi déconcertés par ce qu'ils venaient d'entendre que les nobles, sur le balcon, par le mutisme et le calme général. Que pouvaient-ils faire ? Expulser cette foule était impossible. Personne n'osait s'y risquer, ni n'avait assez de troupes pour le tenter. De plus, un tel acte de violence pourrait occasionner les désordres que les paillassons rouges eux-mêmes s'efforçaient d'éviter.

Personne ne quitta la place bondée à craquer de toute la nuit. Le lendemain, se réunissait le bras populaire. L'ambiance de la rue et le discours de Ferrer les avaient tellement enhardis que le résultat du vote fut en faveur de la résistance, à une majorité écrasante. Et cette fois oui, la place Sant-Jaume explosa de joie :

— Annoncez la *Crida* ! Annoncez-la !

Ils criaient tellement, et avec une telle passion, qu'ils n'exprimaient plus un désir. C'était une menace et un ordre ; ne pas y répondre pouvait déclencher n'importe quoi. Et la majorité des nobles modifièrent leur vote ! Mais la chose ne s'arrêta pas là. Les paillassons rouges les plus intransigeants opposèrent mille obstacles juridiques. Ils alléguèrent que le bras aristocratique n'avait manifesté son revirement que dans les couloirs, non lors d'une séance légale, et ce n'était donc pas une décision ferme. Leur stratégie, comme on le déduira facilement, consistait à faire traîner les formalités pour lasser ceux qui campaient et les obliger à rentrer à la maison. Ils n'y parvinrent pas. Il s'était déjà écoulé deux jours et deux nuits et la place Sant-Jaume était toujours aussi pleine, voire plus qu'au début. La générosité présente toujours ce visage amer ; ceux qui sont le plus disposés à tout donner sont ceux qui ont le moins à gagner dans la victoire et le plus à perdre dans la défaite. Et pendant ces deux jours, les débats furent dans l'impasse.

Le 9 juillet, Peret s'apprêtait à retourner au Salon de Sant Jordi.

— Encore !? m'exclamai-je. Je ne peux pas croire que ceux qui sont en faveur de la soumission soient sots au point de payer une deuxième fois ceux qui les ont trahis au dernier moment.

— Non, bien sûr. Tu sais, l'autre jour, j'ai été si convaincant que ceux de la résistance m'ont offert une belle somme pour crier encore plus fort cette fois-ci.

— Mais ceux du camp de la soumission te connaissent, et ils t'empêcheront de passer !

— Non, parce que je les ai informés de l'offre du camp de la résistance, et ils m'ont promis le double si on fait la claque en faveur de la paix. Je voterai pour la soumission ! Vive la paix ! Tu veux venir ?

Quand nous entrâmes, le Salon de Sant Jordi était une volière. Le saint autel du parlementarisme catalan transformé en un magasin de primeurs ! Assis les uns à côté des autres, hésitants et résistants se hurlaient dessus en projetant des bras et des mains comme des tentacules de poulpe. Les partisans de la lutte criaient depuis leurs sièges :

— Constitutions et liberté ! Rédigeons la *Crida* !

— Paix et courage ! répliquait-on dans l'autre camp.

Ah ! Comme spectateur, même moi, j'étais irrité par les paillassons rouges et leurs flagorneurs balourds. N'avait-on pas voté pour la résistance, malgré leurs ruses ? Bon, eh bien, si c'était le libre désir des gens, il fallait rédiger la *Crida*. (Et en ce qui me concernait, quitter la ville comme une fusée, il ne manquerait plus que ça. Ce n'était pas à moi qu'il fallait raconter ce que signifiait le siège d'une si grande place forte !)

— *Seny !* criaient ceux qui étaient en faveur de la soumission. Vous l'avez perdu ? *Seny !*

Le *seny*, ce *seny* invoqué, mérite une explication. (N'est-ce pas, ma chère et repoussante Waltraud ?)

Les Catalans sont les plus grands experts du monde en matière d'inventions spirituelles inutiles. Disons que le *seny* est une attitude calme, raisonnable et pacifique. On suppose que devant un grave problème, l'homme *assenyat* réagit avec une mesure totalement opposée à la passion chevaleresque des Castillans. Le problème était qu'une armée commandée par les hidalgos de Castille fondait sur nous. Et, pour leur mentalité guerrière, le *seny* était une attitude incompréhensible, une bassesse de juifs et de colporteurs qui prétendaient résoudre les différends par la parole, n'ayant le courage de le faire par l'épée.

Comme je l'ai dit, le Salon de Sant Jordi était plongé dans une cacophonie de rugissements. Les paillassons rouges s'étaient réservé deux coups de théâtre pour cette dernière journée. Le premier fut sorti de la tombe.

Un noble presque aveugle entra dans la salle, une main sur une canne chancelante, et l'autre appuyée sur le bras de son arrière-petit-fils. Vieux ? Très vieux. Il se levait au moins quatre fois par nuit pour pisser, et pensez que moi, je me lève trois fois.

Il s'appelait Carles de Fivaller. Comme ces vieux sénateurs de la république romaine, son ascendant moral ne provenait pas tant de la charge que de l'expérience et du respect acquis au cours d'une longue vie de services publics. Fivaller occupait une chaise honorifique. Pendant les débats, il était si mal en point qu'il ne s'était pas montré. Mais les paillassons rouges allèrent le chercher dans son lit d'où il ne sortait pratiquement jamais, pour qu'il vînt plaider en faveur du *seny*.

C'était un peu plus qu'un vieil homme voûté qui entrait. Avec Fivaller, le parlementarisme catalan se présentait dans la salle. Au lieu d'occuper sa chaise, Fivaller s'arrêta exactement au centre du Salon de Sant Jordi. Il ne faisait aucun doute que ses paroles auraient un grand effet. Les deux partis se turent, respectueux.

— Mes enfants. Les ravages de l'âge m'empêchent d'être utile à la patrie, dit Fivaller en regardant à la façon des aveugles, de tous côtés et personne en particulier, le menton relevé. C'est la raison pour laquelle j'implore cette auguste chambre de m'accorder un dernier désir, j'espère être exaucé.

Il dut s'arrêter pour réaffirmer sa voix. Un silence tel s'était établi que même cet effronté de Zuvi évitait d'avaler sa salive pour ne pas faire de bruit.

Fivaller porta une main tremblante à son visage afin d'essuyer une larme, et dit enfin :

— Puisque mes mains ne peuvent plus soutenir le poids d'un fusil, dans la lutte qui nous est imposée, veuillez utiliser mon corps pour remplacer une fascine de combat.

Quel cri on entendit ! Les joies inattendues sont les plus bruyantes. Même certains paillassons rouges furent vaincus par l'émotion. Après tout, Fivaller n'était peut-être pas si gâteux. Ni si sourd, ni si aveugle. En traversant cette place de Sant-Jaume pleine à craquer, il avait dû comprendre ce qui arrivait.

Une main subversive ouvrit les portes du balcon. La foule crut alors que la décision était prise :

— La *Crida* ! Annoncez une bonne fois pour toutes la *Crida* !

Mais il restait une dernière cartouche aux paillassons rouges les plus acharnés. Conjointement avec leurs copains, les paillassons noirs, ils avaient rédigé une somme d'arguments théologico-légalistes. Devinez vous-mêmes leur orientation.

Leurs éminences vaticanes jouissaient d'un grand respect. Je les estimais fort capables de retourner l'omelette. Les nobles avaient déjà changé d'avis une fois. Personne ne les empêchait de faire marche arrière. Et un petit serment des curés pouvait faire réfléchir de nombreux députés du bras populaire.

Afin de faire meilleure impression, ils décidèrent que le texte serait lu par leur meilleur rhétoricien, une véritable statue de marbre de Démosthène. Il était admiré par les membres de sa corporation, les hommes de loi, et avait décidé peu de temps auparavant d'entrer en politique. Eh bien, ce grand homme n'était autre qu'un certain Rafael Casanova, l'avocat qui s'occupait de mon affaire, et entrait maintenant dans le Salon, revêtu de la longue tunique rouge des magistrats catalans.

— Vous ! criai-je dès que je l'aperçus. Je bondis, et en trois enjambées, je fus à côté de lui et lui touchai l'épaule : Merde, Casanova ! J'en ai marre ! Vous m'entendez ? J'ai mis entre vos mains l'héritage de mon père ! Et je le réclame ! J'y ai droit ! Défendez-le une bonne fois pour toutes !

La majorité des personnes présentes étant cultivées, elles interprétèrent "l'héritage de mon père" comme une allusion à "l'héritage de nos ancêtres", un thème récurrent lors des débats. Ceux qui n'étaient pas encore debout s'y virent poussés par mon attaque.

— Ce jeunot a raison ! Ça suffit ! Cent générations de héros catalans nous contemplent depuis le ciel ! Rédigeons la *Crida* une fois pour toutes !

Malgré les passions, les deux partis s'étaient contentés de s'invectiver depuis leurs sièges. Maintenant, suivant mon exemple, des douzaines de personnes s'agglutinaient autour de Casanova pour le blâmer avec moi ou le protéger. Perdant l'équilibre, celuici tentait de remettre en place sa toque de velours rouge, mais je me débarrassai de Peret ainsi que de tous ceux qui s'interposèrent, et je recommençai à le secouer.

— C'est un acte de violence ! protesta Casanova comme César avant le premier coup de poignard.

— Mais non ! m'indignai-je. Je vous paie pour défendre mes intérêts, et vous vous contentez de me faire attendre !

— Oui ! Assez tergiversé ! Il a raison ! crièrent les opposants à la soumission. Nous devrions avoir honte que ce soit un gamin qui nous montre le chemin ! L'ennemi approche à marches forcées et nous sommes là, à perdre notre temps dans des débats inutiles !

Emmanuel Ferrer prit l'initiative. Une initiative astucieuse et brillante, car il fut le premier à s'apercevoir que la décision tenait à un fil, un fil à la portée des seuls audacieux. Il s'éloigna de la cohue et se dirigea vers le secrétaire à lunettes chargé de la clochette, qui était resté à sa place, la mine déconfite, et lui ordonna d'un air impérieux :

— Écrivez !

L'homme devait choisir entre le chaos et un esprit ferme. Pendant une seconde, le secrétaire pesa le pour et le contre. Puis il trempa sa plume dans l'encrier.

Ferrer lui dicta quelques lignes hâtives. L'encre n'avait pas encore séché que Ferrer en personne apposa le sceau du gouvernement, arracha le papier au secrétaire et, le soulevant, proclama :

— La *Crida* ! La voici !

Fin du débat. Ferrer fut porté en l'air dans la rue, où il reçut une ovation générale à la ferveur extatique. Je pus très bien voir tout cela car, au lieu de les suivre sur la place Sant-Jaume, j'allai sur le balcon.

Je vis Ferrer porté en triomphe, montrant la *Crida* à la foule, qui l'entourait comme une roue son essieu. Pour moi, c'était une chose incompréhensible : ils pleuraient de joie car ils pouvaient aller à une guerre désespérée.

Ils emmenèrent tous Ferrer, ou plutôt la *Crida*, en s'engageant dans les rues adjacentes. La place fut désertée, couverte de déchets après le long campement.

Dans la mentalité du Catalan moyen niche un principe moral unique, aussi imparfait qu'attendrissant : ils sont toujours sûrs d'avoir la raison de leur côté. Ils ne sont pas les seuls. Ce qui est extraordinaire dans le cas de la Catalogne, c'est ce qu'ils en déduisent : étant donné qu'ils ont raison, le monde finira par le reconnaître. Normalement, il n'en va pas ainsi. Le mouvement d'un train d'artillerie n'est pas généré par les vérités, mais par les intérêts, et ceux-ci ne sont pas débattus : ils s'imposent ou s'écrasent.

De la *Crida*, je me rappelle qu'elle ne contenait que deux phrases. La première, à mon avis la plus belle, limpide et belle jamais écrite en langue catalane.

Havent los Braços Generals, lo die 6 del corrent mes aconsellat a est consistori resolgués defensar les Llibertats, Privilegis y Prerogativas dels Catalans que nostres Antecessors à costa de sa sanch gloriosament *alcansaren, lo die 9 del corrent manarem fer la Crida pública per nostra defensa**.

Le maréchal Starhemberg fut surpris par l'appel aux armes sur la plage, au moment même où il était sur le point d'embarquer. Depuis l'embouchure de la rivière Besós, on pouvait apercevoir la muraille ouest de Barcelone. Il demanda la raison de tout ce remue-ménage, ces cris, les tambours et les trompettes.

— Entreprise téméraire, mais courageuse, aurait-il dit.

Il donna deux coups sur le sol avec sa canne et embarqua.

Il aurait dû formuler sa phrase à l'envers : Entreprise courageuse, mais téméraire. Très. Ou plutôt, il aurait dû dire ce qu'il pensait réellement : "Vous restez ici, malheureux."

* Le 6 courant du mois, les Bras Généraux ont conseillé à ce consistoire de défendre les Libertés, Privilèges et Prérogatives des Catalans, que nos prédécesseurs ont glorieusement acquis au prix de leur sang, le 9 courant nous rendrons la *Crida* publique pour notre défense.

11

Les historiens racontent qu'au début de la troisième guerre punique, la ville de Carthage vécut une fièvre martiale. Elle était seule, sans alliés et proche d'une fin assurée ; tout le pouvoir de l'Empire romain fondait sur elle. Et malgré tout, ses citoyens se livrèrent aux travaux de défense avec une ardeur frénétique.

Une chose semblable survint dans la Barcelone de 1713. La passion guerrière inonda la ville. Les forges allaient à un rythme effréné. Des ateliers sortaient fusils, baïonnettes, projectiles de toutes sortes. Et le plus surprenant : les Barcelonais affrontaient le danger avec une joie en parfaite contradiction avec les circonstances. Les enfants galopaient autour des bataillons et, renversant l'ordre des choses, les femmes lançaient des compliments aux soldats.

Il y avait une raison à ce nouvel état d'esprit. Les classes populaires barcelonaises avaient toujours ressenti cette guerre dynastique entre la maison d'Autriche et celle des Bourbons comme une chose qui leur restait étrangère. Maintenant, la guerre arrivait dans leurs murs et menaçait de détruire le régime des libertés qu'ils avaient conservé depuis l'origine en tant que Catalans.

Et j'ajouterais encore autre chose : en attaquant la Barcelone composée de gens tels qu'Amelis, Philippe V avait commis l'erreur la plus impardonnable pour un tyran : attaquer la maison de gens sans maison. Ceux-ci la défendraient bec et ongles, car le foyer est le dernier bastion de celui qui n'a rien d'autre. Mon Amelis avait erré toute sa vie, son sexe pour seul abri, et maintenant qu'elle avait enfin une maison, un despote fou la menaçait de briser son avenir. Et il n'y avait pas qu'elle, Barcelone était le refuge où des démunis de toutes parts étaient venus s'échouer. Le lieu où ils avaient au moins trouvé des murs et un salaire. Combien de héros issus de notre siège étaient étrangers ! Une fois les doutes sur la justice et la nécessité de la lutte évanouis, des Barcelonais de toutes conditions se lancèrent dans la guerre, leur guerre, au milieu d'une fête qu'ils ne faisaient même pas pour le carnaval. Pour une fois, une seule, riches et pauvres, hommes et femmes, avaient une cause commune. Les gens heureux lutteraient pour leur bonheur, tandis que les malheureux rejoindraient cette cause commune dans l'espoir de voir leurs peines s'évanouir dans la lutte.

Soyons impartiaux : l'enthousiasme ne permet de voir que les enthousiastes, et ils ne partageaient pas tous cette euphorie insolite. Indifférents, timorés, irrésolus, réticents, et peut-être même quelques bourboniens, se taisaient ou se cachaient, attendant que les temps changent. Et pourtant, quel air d'unité ! La peur est contagieuse, l'espoir aussi. Parce que quelqu'un comme Zuvi, aux sens si éveillés, ne pouvait que se laisser émouvoir en posant le regard de Bazoches sur les sourires des pauvres, des malheureux, des affamés qui trouvaient enfin une cause qui donne du sens à toute leur vie.

Personne ne pouvait aussi bien qu'un étudiant de Bazoches être conscient du miracle d'une telle transformation. Songez que nous, les professionnels de la guerre, qui finissons par nous lasser de la violence, avons toujours constitué une infime minorité. Dans des conditions normales, personne n'empoigne un fusil. En fait, l'être humain est une créature si lâche qu'elle n'est habituellement pas disposée à risquer sa vie, même pour la sauver.

Le jour où les modérés et les fortunés quittèrent la ville fut un des plus joyeux. Les plus riches, comme il fallait s'y attendre, ne voulaient pas entendre parler de cette folie. Ils préféraient atteindre les lignes bourboniennes et implorer le pardon de Felipito. Il ne le leur refuserait pas. Les riches sont toujours les bienvenus.

Ils se réunirent en une caravane, comme un troupeau qui cherche refuge dans le nombre. Que craignaient-ils exactement ? Le gouvernement des paillassons rouges les avait toujours protégés. Ils abandonnaient leurs obligations civiques, il était de notoriété publique qu'ils comptaient gagner Mataró, refuge connu de botiflers. Et, de façon incompréhensible, au lieu de les exproprier, après leur départ, les paillassons rouges placèrent des gardes devant leurs domiciles vides afin d'empêcher le saccage.

Le jour de la fuite, leurs riches carrosses se regroupèrent dans la rue Comerç. Comme la caravane était annoncée, le peuple se massa le long des rues, conspuant et bombardant les véhicules avec des légumes pourris. Ceux qui se pressaient sur les balcons se gaussaient et se moquaient d'eux. Mais ce fut tout. Aucun acte de violence, au-delà de la goguenardise et des patates noires projetées sur les perruques des pauvres palefreniers. À leur place, les bourboniens n'auraient pas hésité à recourir à des exécutions sommaires.

Je croisai la lente caravane. Les gamins leur consacraient tout leur répertoire de moqueries, qui est vaste. Mais il s'agissait d'un acte social où le festif l'emportait sur le punitif, et pour chaque insulte il pleuvait trois éclats de rire.

J'étais contrit. Ces gens qui fuyaient allaient se libérer d'un siège imminent et atroce, et moi et les miens aurions dû nous trouver à bord de ces chariots, radeaux salvateurs du naufrage. Je vis soudain le dernier carrosse s'arrêter devant moi.

— Martí, m'entendis-je appeler. Mais c'est toi, le fils de Zuviría.

Il s'agissait de Joaquim Nadal, l'investisseur le plus riche de la compagnie de mon père. En me reconnaissant, il avait ordonné qu'on arrête sa voiture. Il ouvrit la portière, passa la moitié du corps à l'extérieur et dit :

— Que fais-tu encore ici ? Allez, monte ! Tu vois, mon carrosse est le dernier. Quelle chance de t'avoir vu, mon garçon !

En me voyant hésiter, il m'adressa un regard déconcerté. Carottes et navets rebondissaient sur le toit du véhicule. *"Botiflers, botiflers !"*, entonnaient enfants et adultes, *"Foteu el camp !"*. Nadal insista :

— Allez, mon garçon ! Qu'est-ce qui t'arrive ? C'est ta dernière chance. Viens, ou tu vas te retrouver à la merci de cette racaille.

Je me découvris et répondis poliment :

— Mais monsieur Nadal, ce n'est pas de la racaille. Ce sont nos voisins depuis toujours.

Il me regarda comme si j'avais été un dément.

— Je comprends, dit-il, songeur, tandis qu'il continuait à pleuvoir des légumes, et au bout d'un moment, il répéta : Je comprends.

Il ferma la portière et donna aux conducteurs l'ordre de poursuivre.

Le soir, à la maison, Peret passa le dîner à faire l'éloge des nouveaux bataillons et de leurs étendards, bénis dans les églises. Certaines unités portaient un uniforme bleu, d'autres un grenat, du plus bel effet. Il y en avait même en jaune citron. Quand il commença à dire des merveilles sur les réformes qui avaient été entreprises entre les murailles, je ne pus me contenir.

Je l'interrompis avec une énergie si brusque qu'il se tut.

— Toute la ville a-t-elle perdu la raison ? m'exclamai-je contre lui et contre Amelis. Les naïfs comme vous n'ont pas la moindre idée de ce qui arrive au nord des Pyrénées. Aucune idée ! Je donnai un coup de poing sur la table. Combien de Catalans y a-t-il dans le monde ? Environ un demi-million. Seul Paris compte plus de gens. Les Français naissent avec une baïonnette sous le bras, c'est le peuple le plus agressif qui existe. L'armée de l'Empire espagnol renforcé par des bataillons de France se dirige vers nous. Et tous nos alliés nous ont abandonnés, tous ! Magnifique ! m'exclamai-je en applaudissant mon propre sarcasme. Et maintenant, dites-moi : si la ville s'arme et ferme les portes, pouvez-vous imaginer ne serait-ce qu'un moment les conséquences de cette folie ? L'Espagne peut raser la ville par voie de terre et la France par mer, mais je ne permettrai pas qu'on détruise ma maison.

Il se produisit un silence embarrassé. Je ne m'attendais pas à ce que Amelis prît la parole. À voix basse, sur un ton d'une soumission insolite chez elle, elle demanda :

— Et si la ville se rend, tout ira bien ?

Je me passai une main sur la nuque avant de répondre :

— Je ne sais pas. Personne ne peut savoir. C'est pour cela que nous allons partir. Tous les cinq. Toi, moi, Nan, Anfán et Peret. Nous reviendrons quand les choses se seront calmées. C'est décidé.

Je m'attendais à une discussion enflammée. Au lieu de ça, ils ne furent ni pour ni contre. Amelis alla s'enfermer dans notre chambre. Peret s'approcha de la cheminée, ranima le feu et se mit à faire griller des piments. Leur docilité faisait naître un vide en moi, j'avais l'impression de donner des coups de poing en l'air. Je suivis Amelis et fermai la porte de la chambre.

— Anfán n'est qu'un enfant, dis-je. Nan est perturbé. Peret n'est sorti de la ville que pour aller à des parties de chocolat. Mais toi, tu sais aussi bien que moi ce que signifie l'avancée d'une armée bourbonienne. Tu as vu les forêts pleines de pendus, les exactions commises dans les villages occupés. Si je m'enrôlais, tu sais quelle serait la différence entre ton destin et le mien ? Et avant qu'elle ait pu répondre, je déclarai : Moi, ils se contenteraient de me tuer.

Si seulement elle avait résisté ou répliqué. Lorsque cette tristesse qui lui était si particulière l'envahissait, elle me laissait sans voix. C'était comme si elle pleurait intérieurement, et je ne pouvais même pas sécher ses larmes. Elle se dirigea vers sa boîte à musique et l'ouvrit.

Elle leva la tête, regardant le ciel à travers notre lucarne en verre, et dit :

— Très bien, c'est toi qui décides. On s'en va. Mais dis-moi, Martí, où ? Tout le pays est en guerre. On s'embarque pour Naples ? Et une fois là-bas, qu'est-ce qu'on fera ? En Italie aussi, il y a la guerre. On ira en Turquie ? Plus loin ?

— Non, répondis-je, ce ne sera pas nécessaire. Il nous suffira d'aller à Mataró. Ce n'est même pas à deux jours de marche.

— Avec les botiflers ?

Il n'y avait aucune récrimination dans ses paroles, ce qui ne m'empêcha pas de me sentir insulté.

— Avec les gens qui ne veulent rien savoir de cette affaire ! répliquai-je.

— Et comment sais-tu que Mataró ne sera pas attaquée ? Les autrichistes, les bourbons, les miquelets. Et si à la fin, pour une raison ou pour une autre, ce sont les autrichistes qui gagnent la guerre, comment revenir à Barcelone ? Tout le monde nous désignera du doigt comme des traîtres. Le regard fixé sur la vitre de la lucarne, Amelis poursuivit : Je t'ai raconté que je vivais en suivant les armées. Je t'ai menti. Ce sont les armées qui m'ont toujours suivie. J'ai été dépucelée par un soldat français, à treize ans. J'ai saigné pendant huit jours. Le neuvième, ce fut un capitaine espagnol. Ceux d'après, je ne m'en souviens pas très bien, je ne veux pas. Beaucoup de miquelets. Ceux-là, au moins, après l'avoir fait, me donnaient à manger. Puis j'ai erré. Elle regarda autour d'elle. Je n'ai jamais eu de maison.

Pour la première fois depuis que j'étais entré dans la chambre, elle m'adressa un regard, très triste.

— Partons, Martí. Mais dis-moi juste : où ? Où ?

Je ne supportais pas qu'elle me donnât raison : quand c'était le cas, elle me désarmait. De mon côté, je me posai une autre question. Quel droit un roi avait-il de gâcher ma vie ? Et de toute façon, qu'est-ce qui m'importait vraiment dans cette vie insignifiante, cette si pauvre miette du Mystère ?

Ce que j'aimais le plus au monde était la vision d'Amelis se levant chaque matin, nue, et s'accroupissant sur la cuvette pour se laver. Ses cheveux noirs lui descendaient sur la poitrine. Elle écartait toujours beaucoup les genoux. Et elle utilisait beaucoup d'eau, peut-être parce que son entrejambe abritait un buisson noir touffu. Du lit, je la regardais, et nous échangions un sourire. Malgré mes misères et ma hardiesse, personne n'avait le droit d'interrompre cette succession d'actes quotidiens qui rendaient le bonheur visible. Personne.

Un soupir. Je levai quatre doigts jusqu'au verre de la lucarne. Qu'avait dit le Dix Points ? “Quand vous toucherez ce ciel, vous ne pourrez plus en ôter les mains.” Il y a des occasions où la vie nous place à ce point de convergence entre la morale et la nécessité. Pourquoi décide-t-on d'affronter une lutte désespérée et mortelle ? Pour la gloire éternelle ? Pour le bien-être perpétuel du genre humain ? Non, mais non. Le Mystère me l'a dit.

Les gens se laissent tuer aux Thermopyles dans un appartement avec une lucarne.

Ayant servi sous les ordres de don Antonio, il ne me fut pas difficile d'obtenir une audience. Car, aussi incroyable que cela puisse sembler, les paillassons rouges l'avaient choisi comme commandant en chef de nos forces. Décision inattendue. Il y avait deux autres candidats de meilleure naissance qui, grâce à Dieu, furent écartés. C'étaient des Catalans, ils ne manquaient pas d'expérience militaire et, bien sûr, leurs titres de noblesse excédaient ceux de don Antonio qui, comme nous le savons, faisait partie de la nation castillane, nos ennemis jurés. Pourquoi avaient-ils donc choisi Villarroel ? Allez savoir. Peut-être, défaitistes consumés comme ils l'étaient, les paillassons rouges ne se faisaient-ils pas d'illusions et voulaient-ils éviter à l'un des leurs d'endurer la honte du désastre. Ou peut-être la raison en était-elle simplement que c'était le meilleur parmi les meilleurs, et qu'ayant à leur portée un général aussi compétent, même eux ne purent lui refuser le commandement.

Toujours est-il que je me rendis dans son bureau en éprouvant des sentiments divers. Ma chère et repoussante Waltraud me demande comment il se peut que je ne lui aie pas encore rendu visite, étant donné qu'il était libre depuis un an déjà. La réponse est fort simple : parce que, à la joie de son retour, s'ajoutait la honte de mon abandon, juste avant sa capture.

Il m'offrit un siège et me traita cordialement, trop. Chez don Antonio, ce n'était pas un bon signe. Pourquoi ? Eh bien parce que jamais, au grand jamais, il n'était aimable avec ceux qui se trouvaient sous ses ordres.

— Je vous remercie infiniment pour votre proposition, mais je vais la décliner, dit-il enfin.

J'en fus glacé. N'avions-nous pas partagé la Retraite de 1710 ? Ne lui avais-je pas témoigné ma bravoure en tant qu'ingénieur ? Derrière les murailles de Barcelone, il n'y avait guère d'autres ingénieurs qualifiés. Ne me considérait-il pas comme compétent alors que je l'avais été trois ans plus tôt, et à découvert ?

— Bien sûr que si, malgré votre jeunesse, vous dominez des techniques inédites et toujours efficaces.

— Alors ?

Il réfléchit un instant avant de répondre de sa voix de stentor :

— Je vous écarte parce que vous n'avez pas ce qu'il faut avoir.

J'eus envie de me cogner la tête contre les murs. Naturellement, je lui demandai ce qu'il voulait dire.

— Notre dernière conversation, à Illueca, répondit-il. Je vous ai proposé de partir, et vous êtes parti.

— Effectivement, don Antonio, mais je vous rappelle que c'est vous-même qui m'avez proposé de fuir, répondis-je, blessé.

— Exact. C'est pour cela que vous avez fui sans déshonneur. Mais pour cette même raison, si vous étiez resté, votre captivité aurait été glorieuse.

Je bondis.

— Pour l'amour du ciel, don Antonio ! À quoi cela aurait-il servi que je sois capturé ? En fait, je continue à penser que c'était une erreur de vous être laissé faire prisonnier, refusant ainsi à l'armée le talent de votre commandement.

Il sourit.

— Allons, Zuviría, soyez sincère avec vous-même. Votre fuite ne vous a pas été dictée par la raison, mais par l'égoïsme. Ce n'est pas l'amour de la vie qui vous l'a dictée, mais la peur de la mort.

— C'était une troupe d'estropiés ! protestai-je. Et vous voulez entendre une triste chose, don Antonio ? En rentrant à Barcelone, je suis allé demander de l'aide. Eh bien, personne n'a voulu m'écouter, personne dans l'armée ne se souvenait des voitures que vous et moi escortions. Et le pire, c'est qu'ils avaient peut-être un peu raison : trois voitures de blessés n'allaient pas gagner la guerre.

— Vous voyez ? m'interrompit-il. Vous avez servi sous mes ordres, mais vous n'avez rien compris.

Je me sentis si blessé que je ne répondis pas. Je me levai et me dirigeai vers la porte.

Aujourd'hui, après tant d'années, je crois que don Antonio avait préparé la scène depuis le début. Car au moment où je posais la main sur la poignée, il me dit :

— Un mot. Si vous aviez dit un seul mot à Illueca, je vous considérerais comme un ingénieur.

Je m'arrêtai. Un mot. Peut-être, pendant une ivresse de mauvais vin, avais-je avoué ma tragédie à don Antonio. Un mot ! Toujours est-il que cette phrase me brûla les entrailles. Je me retournai, furieux, et tapai du poing sur sa table en chêne.

— Ils sont tous devenus fous, dans cette ville ! m'exclamai-je. Tous ! Du consistoire au dernier des mendiants, ils appuient une défense insensée ! J'ai combattu l'opinion de ma famille, de mes amis, de mes voisins. Et quand ils me persuadent enfin de participer à une défense hallucinée, vous arrivez, précisément vous, et vous refusez de m'enrôler. Eh bien non ! Sachez que vous n'avez pas le droit de me faire ça ! C'est ma ville, ma maison est là, et vous allez m'admettre dans votre foutue armée, que cela vous plaise ou non !

Il me laissa me défouler, et quand je n'eus plus de souffle, il me dit :

— Voilà qui est mieux. C'est du moins un progrès. Et il ajouta après une pause : Je vous l'ai dit à Illueca, mon petit. Cette guerre n'est pas encore terminée, et ses tribulations non plus.

Le soir, à la maison, nous fîmes un dîner pour dire adieu à la paix. Du moins à cette fausse paix dans laquelle la ville avait vécu lors de ces dernières années. Au dessert, je réclamai une minute d'attention.

— Après une âpre négociation avec don Antonio, celui-ci m'a accordé le grade de lieutenant-colonel. Vous avez entendu ? Vous parlez à un lieutenant-colonel, aussi, à compter d'aujourd'hui, faites-moi le plaisir de vous adresser à ma personne avec le respect adéquat ! Le plus jeune lieutenant-colonel de l'armée ! Et ce n'est pas tout ! Ma solde va être augmentée de dix pour cent, car il m'a également nommé assistant général à son service. Je ne pus éviter un sourire de triomphe. Qu'en dites-vous ?

— Lieutenant-colonel ! s'exclama Amelis, même si ce fut pour ajouter immédiatement : Qu'est-ce que c'est que ça ?

— Eh bien, ma chérie, expliquai-je entre deux bouffées de cigare, dans une armée, le grade juste avant celui de général est celui de colonel, qui dirige un régiment. Un lieutenant-colonel est un officier qui attend qu'on lui confie son propre régiment. Tu comprends ?

— Alors tu ne l'as pas encore.

— Eh bien non, reconnus-je. Mais qu'est-ce que ça peut faire ?

Anfán était assis à côté de moi. Il me tira par la manche et demanda :

— Chef, combien de soldats est-ce que tu commandes ?

— Aucun en particulier, répondis-je. Je vais m'occuper d'affaires autrement plus importantes. En fait, j'exercerai les fonctions d'ingénieur. Mais don Antonio, qui m'estime fort, a cru devoir me donner un grade conforme à mon autorité, pour m'imposer à la soldatesque.

— Eh bien, tu parles d'une saleté de grade, si tu ne commandes à aucun soldat, chef, fut la conclusion d'Anfán.

— Je gagnerai cent vingt-six livres par mois ! annonçai-je très fièrement. Sans compter les dix pour cent en plus en tant qu'assistant général.

Peret intervint :

— Voyons, Martí, assistant général, qu'est-ce que cela signifie exactement ?

— Je vous l'ai déjà dit, je serai à l'entière disposition de don Antonio pour toute urgence ou éventualité. Il m'estime fort !

— C'est-à-dire que tu seras le "garçon à tout faire" de Villarroel. Il se mit à rire. Tu t'es fait avoir. Ta journée de service sera deux fois plus longue, voire plus.

— Et en échange, tu n'as obtenu que dix pour cent, précisa Amelis. Tu parles d'un négociateur.

Ils parvinrent à assombrir mon humeur.

— Vous avez raison. Je ne suis peut-être pas le meilleur commerçant du monde ! Et à l'instar de tous ceux qui se trouvent à bout d'arguments, j'eus recours au patriotisme : Mais quand l'ennemi approche, nous ne devrions pas nous préoccuper de mesquineries pécuniaires.

— De quelle couleur sera ton uniforme ? demanda Amelis.

— D'aucune couleur, car je n'en porterai pas. Dans la pratique, comme je l'ai dit, j'exercerai les fonctions d'ingénieur. Et le corps des ingénieurs est libre de ne pas porter d'uniforme.

— Libre de ne pas porter d'uniforme ! s'exclama Peret entre les rires. Tu as entendu parler d'un général qui soit libre, comme tu dis, de porter l'uniforme ? Tu n'as même pas réussi à t'en faire payer un !

Ils étaient tous en train de gâcher mon plaisir. Ce n'était pas la marche triomphale que j'avais imaginée.

— Sur la liste de quel régiment t'a-t-on inscrit ? s'enquit Peret.

— Inscrit ?

— Mais oui, lequel ?

Je fis un geste de mépris de la main qui tenait le cigare et dis :

— Eh bien, je n'ai pas à m'occuper de ces broutilles. Don Antonio est l'homme le plus honnête de la ville, il serait inimaginable qu'il ne me fasse pas figurer sur le registre.

— D'accord, mais quel régiment ? insista Peret.

— Je ne sais pas ! capitulai-je, traqué et dans le fond irrité contre moi-même de ne pouvoir fournir d'autre réponse. En France, j'ai appris à construire, à défendre et à assaillir des bastions, non quelles paperasses exigent les secrétaires de l'arrière-garde !

— Fabuleux ! firent-ils en riant aux éclats, y compris le nain. On ne te paie même pas l'uniforme et tu vas passer tes journées à courir partout. Tu es lieutenant-colonel, un grade provisoire ; tu n'as pas de régiment provisoire et tu ignores même duquel il pourrait s'agir.

— Ça suffit ! me défendis-je. Je crois me rappeler que Villarroel a parlé d'un régiment impérial. Il a déjà envoyé des lettres à Vienne pour demander confirmation de son rang, sollicitant au passage qu'on m'inscrive dans une unité de Karlangas. Nous pouvons considérer que c'est chose faite. Vous croyez que l'empereur ne répondra pas à la demande du seul général qu'il lui reste en Espagne ?

Cette fois, l'éclat de rire fut si tonitruant que les voisins protestèrent en tapant contre les murs.

— Que tu es sot, Martí ! Il ne s'agit pas de ça. Si on t'enrôle dans un régiment autrichien, ils mettront des mois à reconnaître ton grade. Pour l'instant, c'est Vienne qui te paie, non Barcelone. Tant que les fonds impériaux ne seront pas arrivés, tu ne toucheras pas ta solde. La flotte française bloque le port, il est donc fort possible que tu ne reçoives rien.

Ils m'avaient gâché le dîner. Et le pire, c'était qu'ils avaient raison.

— Très bien ! dis-je en m'adressant à Peret. Je ne deviendrai peut-être pas riche, mais tu t'es enrôlé comme simple soldat, et la solde des militaires n'a rien de mirobolant.

— Et qui te dit que je suis payé par la Généralité ? fit-il en riant devant mon air déconcerté.

— Martí, tu connais les rupins de Barcelone. Tu crois que ces gens-là sont disposés à former des bataillons, à monter dans un bastion ou à effectuer des gardes jour et nuit, à risquer de se faire tirer dessus et bombarder ? Bien sûr que non. C'est une chose d'être en faveur des Constitutions et des Libertés, et une autre de risquer sa peau pour elles. De sorte que je me suis rendu chez les plus réticents.

— Une visite commerciale, fit Amelis, très compréhensive.

— Exact, releva Peret. Le gouvernement veut des unités complètes, mais peu lui importe l'identité de ceux qui en font partie. Je me suis donc proposé afin de remplacer les plus tire-au-flanc. En échange d'un petit pourboire, bien sûr.

— Tu as pris la place d'un riche qui ne veut pas se battre ! m'exclamai-je, scandalisé.

— Seulement après des enchères rigoureuses ! dit Peret.

Ils passèrent le reste de la nuit à railler ce bon Zuvi et son manque de flair commercial. J'en fus si abattu que je ne parvins même pas à finir mon cigare. De tous les sièges auxquels j'ai participé au cours de ces soixante-dix dernières années, le seul gouvernement dont je n'aie pas touché un sou est celui de mon propre pays. Bref… à l'époque, je l'ignorais encore, mais ce fut la dernière nuit que nous passâmes ensemble et heureux. Pourquoi est-ce si difficile de savoir quand on est heureux ?

Je revois Peret se moquant de mon ingénuité ; je me rappelle ses désirs de lutte, à son âge, et je pense à la chance que nous avons, nous les humains, de ne pas connaître notre destin. Peret fut tué après les événements.

Vers la fin du siège, les seuls Barcelonais en bonne santé étaient les cannibales. On les repérait à leur teint qui présentait une couleur rosée artificielle, leurs pupilles d'un brillant répugnant de poisson frais et au sourire pétrifié posé sur leurs lèvres. Le reste des habitants était une masse de mendiants, de corps poussiéreux, qui semblaient avoir été reclus dans un grenier obscur. Pendant des semaines, des mois, après le siège, les Barcelonais qui sortaient de la ville étaient reconnaissables à leur teint moribond et à leur façon de marcher tête baissée. Un jour, Peret sortit chercher de la nourriture. Peut-être simplement parce qu'il était barcelonais, un soldat rancunier lui tira dessus. Mais le plus probable est qu'on lui ait ordonné de s'arrêter à un contrôle. Il n'entendit pas et on lui tira dessus.

Qu'est-ce qu'une forteresse ? Rassemblez une poignée d'hommes disposés à se battre, un lieu et un étendard Nous avons une forteresse. À l'été 1713, la situation militaire était la suivante. Je vais commencer par la partie positive.

Comme nous le savons, les paillassons rouges avaient proclamé don Antonio commandant en chef de l'armée. Une tache colossale, voire impossible, l'attendait : organiser, entraîner et diriger une armée qui n'existait pas, avec pour mission de défendre une cité indéfendable.

Mis à part l'état-major, ce que nous avions de plus remarquable était l'artillerie, sous le commandement de Costa, Francesc Costa. Quel type. Le meilleur artilleur du siècle. Afin de mesurer son talent, je me contenterai de consigner un élément : quand les bourboniens entrèrent, Costa fut le seul officier supérieur que l'on n'arrêta pas. (Costa et ce bon Zuvi, pour être exacts.) Jimmy, qui était d'une rationalité aussi illustre que dépourvue de scrupules, comprit à qui il avait affaire et lui offrit des prébendes et une charge extrêmement bien rémunérée, quatre doublons par jour, s'il rejoignait l'armée française. Costa n'hésita pas un instant. Il répondit que oui, qu'il se sentirait très honoré de faire carrière dans l'armée de Louis XIV. Il disparut dans la nuit.

La majeure partie des artilleurs de Costa étaient majorquins. Quant à la fuite fulgurante de Costa après le 11 septembre, je parie ce que vous voudrez que ses Majorquins s'arrangèrent pour l'embarquer vers les îles Baléares.

Costa était un type aussi petit que silencieux. Il ne marchait pas, il glissait, tête baissée, cachée entre les épaules, les sourcils très hauts, comme s'il était étonné en permanence ou présentait des excuses. Il ne parlait que si on l'interrogeait. Traiter avec lui fut toujours usant, il faut dire que des personnes aussi timides déconcertent toujours l'interlocuteur. Ses mots favoris étaient "oui" et "non", et si la concision entre techniciens est charmante, Costa passait les bornes de la réserve. Pardonnons-lui. Admirons-le. Si quelqu'un pouvait le comprendre, c'était bien moi. Une symétrie nous unissait : sur le papier, le commandement de l'artillerie revenait au général Basset, comme celui des ingénieurs à Santa Cruz père. Dans la pratique, je bataillais avec l'ingénierie et Costa avec les canons. Cette fonction qui dépassait le rang tissait des complicités. Pour des gens comme Costa, la réalité se limitait à l'angle et à la distance de chute des boulets.

Il dissimulait sa timidité innée en mâchant du persil toute la journée. Vers la fin du siège, tout le monde mastiquait des herbes pour tromper la faim, que faire, mais chez Costa, c'était naturel. Quant à la possibilité d'une conversation avec lui, comme je l'ai dit, il fallait lui arracher les mots. Je me rappelle notre première rencontre. Je l'interrogeai sur le nombre de pièces dont nous disposions :

— Quatre-vingt-douze.

Je m'attendais à une plainte ou à une réclamation. Rien.

— Vous avez distribué les pièces selon les ordres de don Antonio ?

— Oui. Avec certains ajustements.

— Vous croyez que ce sera suffisant ? demandai-je devant sa parcimonie.

— Cela dépend.

Je m'attendais à un commentaire. Il n'en fit pas.

— Et de quoi, d'après vous ?

Il me regarda, les yeux grands ouverts, comme si mon seul jugement lui importait, pas le sien.

— Des pièces dont l'ennemi dispose.

— D'après ce que nous savons jusqu'à présent, et en confrontant les rapports des espions, leur train en comporte cent quinze, dis-je. Il faut prévoir qu'ils vont recevoir des renforts.

— Bien, dit-il.

— Bien ?

— Oui.

Son laconisme me crispait ; il dut s'en rendre compte et ajouta, haussant encore plus les sourcils et mordant du persil :

— Mes Majorquins les tiendront à distance tant qu'ils ne nous dépasseront pas dans une proportion supérieure à trois pour cinq. Ensuite, je ne peux rien garantir.

Et il sortit d'autres brins de persil, qu'il se mit à mâcher entre ses dents comme un lapin ennuyé.

Quant à la situation générale, l'aspect positif, qui n'était pas très important, s'arrêtait là. Et le négatif commençait.

Une forteresse sans troupes pour la défendre était aussi inutile qu'une garnison dans une place forte sans murailles. (Même toi, ma chère et repoussante Waltraud, tu peux comprendre.) Eh bien, nous n'avions ni l'un ni l'autre. Ni armée ni murailles.

La première fois que je vérifiai le registre de l'armée, je faillis tomber à la renverse. Villarroel voulait le décompte précis des ressources et des effectifs dont il pourrait disposer. Un jour, il passa la porte tandis que je discutais avec Costa. Il nous interrompit avec sa brusquerie habituelle. Il voulait savoir pourquoi il n'avait pas encore le compte de toutes les unités.

— Excusez-moi, don Antonio, dis-je, je n'ai pas encore pu faire le calcul à cause d'une erreur. Un rire m'échappa pendant que je lui montrais quelques documents. Un idiot du gouvernement nous a fait parvenir cela. Je leur demande le bordereau de l'armée, et ils nous envoient le projet pour un futur marché.

Pendant que Villarroel lisait les papiers, je me remis à rire.

— Il a dû s'égarer, ajoutai-je. Ce que vous êtes en train de lire doit être la répartition des étals de vendeurs, fournisseurs et négociants. Vous savez, on dit qu'après la guerre, ils veulent rénover le marché de la place du Born. Aujourd'hui même, j'irai en personne à la Généralité et j'exigerai les bons registres.

Mais Villarroel me regarda de son air renfrogné, sans répondre.

— Ce n'est pas possible. J'avalai ma salive. Dites-moi que c'est une plaisanterie.

Jusqu'à ce jour, je pensais que nous allions faire la guerre comme tout autre royaume européen (quoique sans roi). Le gouvernement engagerait des troupes professionnelles là où il les trouverait, ou il les ferait venir avec une offre raisonnable. La milice locale serait limitée à des fonctions d'appui et d'approvisionnement. Que pouvait-on exiger de civils guère plus adroits que Peret.

Les seules troupes professionnelles dont disposait la ville étaient des pans de l'armée alliée, des individus éparpillés qui, pour une raison ou une autre, avaient décidé de ne pas s'embarquer dans l'évacuation. Les meilleurs étaient une centaine d'Allemands. Ils se regroupèrent dans une unité propre, dirigés par onze officiers de la même origine. Et quelles files compactes ! En tant que messager, je dus leur apporter un nombre infini d'ordres, auxquels ils obéissaient avec une précision d'horlogers. Chez un soldat professionnel, il y aura toujours une composante aventurière. Je dis cela parce que Waltraud, qui a moins d'imagination qu'une fourmi, n'arrive pas à comprendre ce que faisaient ses compatriotes dans la Barcelone de 1713 et de 1714. À l'époque, ce n'était pas l'endroit le plus agréable du monde, or un aventurier ne cherche pas ce qui est sûr, mais émouvant. Un grand nombre d'entre eux avaient des raisons de ne pas rentrer chez eux, et la Généralité payait assez bien ; d'autres enfin avaient une bonne raison de rester.

Tu dois savoir, ma chère et repoussante Waltraud, qu'il existe en ce monde un phénomène basé sur l'attraction mutuelle entre les parties génitales masculines et féminines, également connu sous le nom d'amour. Barcelone regorgeait de femmes belles, célibataires ou mariées à des marins qui n'étaient presque jamais à la maison et… bon, pourquoi continuer ? Le reste des étrangers enrôlés était si peu nombreux que cela ne vaut pas la peine de les comptabiliser. Il y avait, certes, un peu de tout, des Hongrois aux Hollandais (et même des Napolitains ! Toujours partout !). J'en connus un qui venait des États pontificaux.

Mais, comme je l'ai dit, le gros de notre armée était composé de simples civils. J'avais quitté ma ville très jeune, et je n'étais que vaguement au courant de la façon traditionnelle de la défendre. Elle s'appuyait sur la Colonelle, une milice locale. Chaque corporation s'était vu attribuer une unité, et même une porte de la ville. C'était très bien pour les critères militaires du XIIIe siècle, mais cinq cents ans plus tard, nous vivions à l'époque de la technique de Vauban.

Pour vous donner une idée de ma peine, je vais vous décrire la composition de tout le cinquième bataillon.

Première compagnie : notaires-défenseurs. (Mais ils ne savaient même pas défendre ma cause ! Comment pouvait-on supposer qu'ils allaient tirer avec un fusil ou garnir un bastion ?)

Deuxième : forgerons et chaudronniers.

Troisième : maraîchers.

Quatrième : potiers, matelassiers et potiers. (Pour les potiers, on comprend mieux : quand la faim commencerait, il y aurait pléthore de pots vides.)

Cinquième : rubaniers.

Sixième : bouchers. (D'autres qui se retrouvèrent vite sans travail.)

Septième : cordonniers ressemeleurs.

Huitième : teinturiers et moulineurs de soie.

Neuvième : étudiants en théologie, médecine et philosophie. (Un joli diplôme les attendait.)

Et voilà avec quoi il nous faudrait affronter les dragons et les grenadiers aguerris par de multiples batailles : des compagnies de tonneliers, de taverniers et de fabricants de velours ; libraires, gantiers, cordiers, palefreniers, officiers tailleurs, déchargeurs, greffiers. Je me rappelle que dans le sixième bataillon, il y avait même une compagnie entière de revendeurs. Vous avez bien lu, ce n'étaient pas des vendeurs, mais des revendeurs. (À quoi pensait-on en les recrutant ? À revendre à l'intendance les balles utilisées par l'ennemi ?

Le total n'arrivait pas à six mille hommes en armes. Moins de six mille contre quarante mille. Une partie de ces quarante mille était fort occupée à contenir nos miquelets de l'intérieur, mais même s'ils n'étaient que trente mille, les mathématiques ne trompaient pas : quant à la troupe, pour chaque défenseur de Barcelone, il y avait cinq bourboniens. Et pour compliquer encore plus les choses, nos problèmes commencèrent avant même le début du siège.

La seule scène où l'exercice de la dictature militaire est admissible, voire exigible, est celle d'une ville assiégée. Il ne s'agit pas de politique, mais de sens commun. Car la pire perspective pour une place forte est de devoir affronter une attaque avec un commandement divisé. Et ce fut exactement notre cas.

Villarroel était censé être le commandant en chef de toutes les troupes autrichistes qui restaient en Espagne. Le problème, comme je viens de l'expliquer, était que l'immense majorité de ces soldats appartenait à la milice barcelonaise, assujettie au contrôle du consistoire. De plus, don Antonio portait le fardeau d'avoir été nommé commandant en chef par le gouvernement catalan, qui le considérait comme un général à ses ordres. Villarroel insista pour que sa nomination fût ratifiée par Vienne, et il finit par y parvenir en novembre 1713. Mais cela ne fit qu'aggraver les choses car, selon les clauses du traité d'Évacuation entre les Deux Couronnes et les alliés, il ne pouvait pas rester de troupes impériales en Espagne. Pour les paillassons rouges, c'était un subordonné étranger ; et pour l'ennemi, un Castillan séditieux.

Les paillassons rouges ont toujours été très jaloux de leurs prérogatives, et don Antonio devait demander leur autorisation même pour transférer la compagnie des *Impedits*, qui regroupait d'anciens soldats mutilés. Faire la guerre avec des gens à qui il manque un bras ou une moitié de jambe peut sembler grotesque, mais je vous assure que c'étaient des types très utiles. Ils avaient de l'expérience, et un moral très fort. Je me souviens de l'un d'entre eux, avec une jambe qui n'arrivait qu'à la hauteur du mollet de l'autre, levant sa béquille sur le passage de don Antonio et s'exclamant :

— Général ! Je peux vous assurer que je ne reculerai pas.

Pendant un siège, les travaux de garnison usent terriblement la troupe. On a beau utiliser dans les bastions un système de rotations, la fatigue, les bombardements et les maladies entraînent une série de pertes que nous ne pouvions nous permettre. Les *Impedits* nous servaient à couvrir les bastions et les pans de muraille peu menacés, ce qui permettait à ceux qui étaient relevés de se reposer.

Il y eut de déplorables petites scènes. Don Antonio en conseil de guerre avec les paillassons rouges, s'égosillant, rouge de colère, exigeant, clamant qu'on lui cédât cent, cinquante hommes. Affligeant. Un commandant en chef auquel on refusait le droit de déplacer trois boiteux. Il ne manquait plus que l'assistant général de Villarroel fût un certain Martí Zuviría, universellement connu pour sa diplomatie. Plus d'une fois, et de deux, je faillis casser ses lunettes à un *conseller*. C'était désespérant car, selon les situations, la stupidité peut être assimilée à une pure trahison.

Rappelons que, lorsque tout avait commencé, en cet abominable été 1713, l'ennemi avançait à marches forcées vers Barcelone. Les garnisons alliées remettaient les clés de nos villes à leurs bourreaux. Trompés, déconcertés, sans aucun pouvoir pour donner des ordres et pris par surprise, les miquelets disséminés dans la campagne n'avaient même pas envisagé la possibilité d'un tel coup de poignard dans le dos. Ils descendaient des montagnes et trouvaient d'un jour à l'autre les places fortes amies occupées par des troupes bourboniennes. Tout ce qu'ils pouvaient faire était de contempler à l'horizon les incendies, pillages et exécutions. Les dernières vociférations.

Dans ces circonstances, des décisions foudroyantes s'imposaient : étendre la *Crida* à tout le pays, proclamer la légitimité du gouvernement de Barcelone et rassembler les combattants dispersés sous un même étendard. Il fallait empêcher d'autres villes ou villages de tomber aux mains des bourboniens. Et pour ce faire, il était inévitable, très urgent, de montrer un symbole rassemblant ceux qui aspiraient à une voix dirigeante. Villarroel ordonna au député militaire de quitter immédiatement la ville avec la masse en argent et le drapeau de sainte Eulalie annonçant que la lutte continuait.

— Faire sortir le drapeau sacré de sainte Eulalie des murailles de Barcelone ? hésitèrent les paillassons rouges. C'est insolite. Auparavant, un débat s'impose.

Ils ne plaisantaient pas ! Ils se réunirent en conseil solennel. Était-il juste et en accord avec les lois et la tradition de faire sortir le saint étendard des murs de Barcelone ? Quelle honorable escorte l'escorterait-elle ? Les rares nobles qui étaient restés possédaient-ils des titres suffisamment dignes pour tenir la hampe et les cordons ? Le débat se prolongea, ils le reprirent le lendemain, puis le surlendemain, et encore, sans parvenir à une conclusion légale définitive. Villarroel fulminait. Quand ils se décidèrent, l'ennemi s'était déjà emparé de toute la Catalogne sauf de Barcelone et de certaines places fortes isolées telles que Cardona, ces lieux où les commandants autochtones les plus décidés avaient refusé d'obéir aux ordres impériaux.

Maintenant, examinons les fortifications de Barcelone, devant lesquelles j'avais autrefois tellement tourné la tête, refusant de les juger pour ne pas revivre mon passé d'étudiant à Bazoches.

Le premier ordre que me donna Villarroel fut de lui remettre un rapport sur l'état général des défenses. Je m'exécutai. Je parcourus l'enceinte tout entière. Je pleurai. Et, à ma honte, je vous dirai qu'il ne s'agit pas d'une figure rhétorique.

En plus de mon statut d'ingénieur, j'étais également barcelonais. Et quand on examine les murailles de sa propre ville, en sachant positivement qu'elles vont être assaillies par des milliers d'hommes armés disposés à mettre le feu à votre maison, à tuer vos enfants et à violer votre femme, on voit les choses sous un angle légèrement différent. D'après le *Mystère*, je ne devais pas m'émouvoir. Un *maganon* qui n'a pas la tête froide n'est ni un *maganon* ni rien. Afin de justifier ma consternation, je dirai que je me trouvais devant un désastre total et absolu.

Les comparaisons sont parfois utiles. Voyez la planche suivante. (Place-la correctement, ou tu peux oublier que tu m'as connu, grosse pie.)

Si par un caprice du destin, ce bon Zuvi avait été chargé de fortifier Barcelone, voilà quel aurait été le résultat des résultats.

Comme vous pouvez le constater, les murailles et les bastions intérieurs auraient été protégés par un ensemble échelonné de demi-lunes ou de ravelins, parfaitement disposés et qui auraient inclus trois périmètres de profondeur. Chacun d'eux aurait dû être pris lors d'assauts indépendants, et sans que cela n'eût affecté la ligne de défense principale. Lorsque Jimmy serait parvenu à se planter devant notre dernier fortin, ses morts auraient formé une montagne si haute que l'on aurait pu enterrer ceux du haut dans la Lune. En fait, et en suivant strictement Vauban, l'existence même de telles fortifications aurait découragé n'importe quel assaut. Jimmy était un malin, et il aurait décliné gracieusement l'honneur de diriger un siège aussi complexe. Et si cc n'était pas Jimmy, qui aurait pu nous faire plier ?

Maintenant, comparez la planche précédente avec la triste réalité, qui était la suivante :

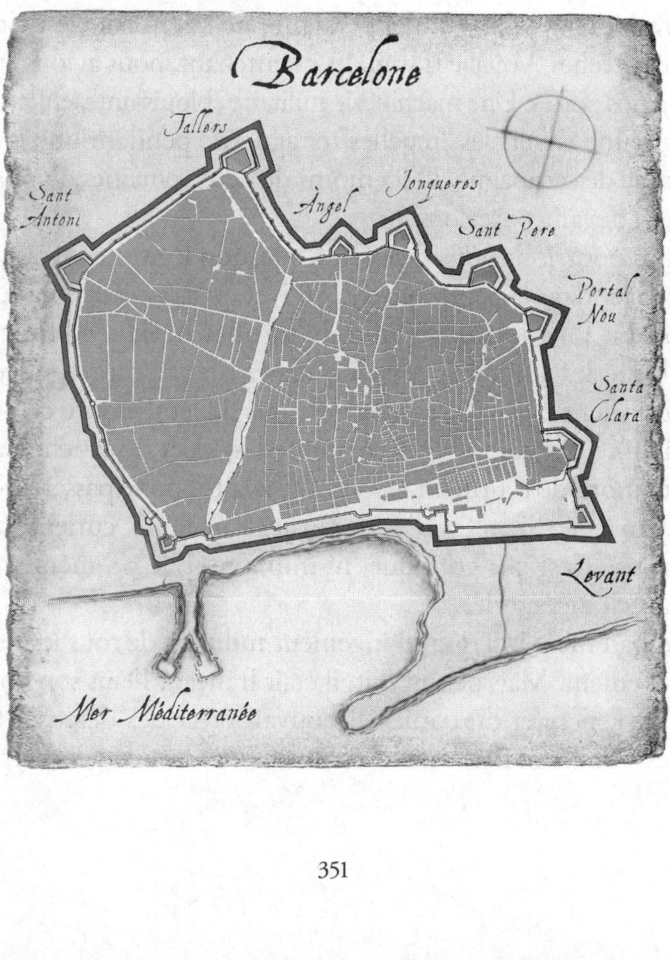

Désolant. Incongru. Des mâchoires fracassées, un ensemble de masses informes. Ou, comme l'aurait défini techniquement Vauban, plus circonspect, une "forteresse composée", c'est-à-dire une enceinte ancienne rapiécée pour les exigences de la guerre moderne.

Aux murailles d'autrefois avaient été ajoutés quelques bastions pentagonaux. Peu nombreux, ils avaient chacun son nom, son histoire ; ils étaient en soi des personnes attendrissantes pour les Barcelonais. Mais tous ces bastions avaient été construits à des époques différentes, sans aucun plan, et ils semblaient rapiécés. Certains pans de muraille étaient si étendus que le feu d'un bastion ne pouvait appuyer son voisin, trop éloigné. Du fossé qui aurait dû s'étendre obligatoirement au pied des fortifications, mieux vaut ne pas parler. Il était si rempli de déchets et de cochonneries, si peu profond, qu'on pouvait voir les oreilles des porcs qui y paissaient. Un gouvernement en faillite pouvait difficilement s'offrir des équipes de nettoyeurs. Les sièges de fin et de début de siècle avaient endommagé des pans entiers du périmètre. Et, aussi incroyable que cela semble, personne ne s'était soucié de combler les brèches. Voilà le travail. Et maintenant, nous avions la barbarie à nos portes. Une machinerie militaire éblouissante, enflammée par la haine envers les "rebelles" et aguerrie pendant une longue décennie de campagne. D'ici moins de deux semaines, ils se planteraient devant Barcelone.

Nous pourrions nous poser une question légitime : si la guerre état arrivée dans la péninsule en 1705, et qu'ils avaient eu jusqu'en 1713 huit longues années afin de fortifier la ville, comment se fait-il que les Catalans, qui possédaient leur propre gouvernement, n'aient pas veillé sur les défenses de leur propre capitale ? Voici l'une de mes tortures personnelles, sujet de cauchemars la nuit et motif de tourment le jour. Qu'avait-il pu se passer ? N'utilisez jamais le "si…" ; ce "et si ?" tue. Parce que, curieusement, la réponse n'est pas politique, ni militaire. Elle n'a même rien à voir avec l'ingénierie.

Vauban fut le plus grand ingénieur militaire de tous les temps, effectivement. Mais de surcroît, il était français. Dans son bureau, avec de l'encre et du papier, il pouvait créer des défenses fascinantes, idéales et parfaites, d'une écrasante beauté géométrique.

La méthode de fortification de Vauban n'avait qu'un inconvénient, son coût élevé.

L'imagination humaine est gratuite jusqu'à ce qu'elle croise les entrepreneurs. Ériger les défenses d'une ville revient très cher. Des tonnes de matériel, des milliers de tailleurs de pierre, charpentiers et ouvriers, des douzaines de spécialistes autochtones ou, plus souvent, étrangers, qui touchent des salaires astronomiques. Les fournisseurs chapardent, escroquent et ponctionnent les finances du gouvernement. Les travaux s'éternisent, le budget est multiplié par trois ou quatre. Et une fois commencés, comment les arrêter ? Une enceinte à demi fortifiée est plus inutile qu'une cathédrale à demi construite. On peut vénérer Dieu dans un champ de pommes de terre, mais on ne peut pas défendre les citoyens avant que la dernière *échauguette* ne se dresse humblement orgueilleuse, à la pointe des bastions. Même le plus empoté des marchands de légumes peut comprendre qu'une muraille doit être fermée. La progression des travaux est à la vue de tous, et cela implique une pression énorme sur les gouvernants, qui se résignent à la corruption. Les agents profiteurs s'entendent avec les techniciens ; les premiers procèdent à des livraisons inappropriées, et les autres signent le reçu en échange d'une "commission" illicite. L'argent, toujours l'argent. Thémistocle le disait déjà : la guerre n'est pas une question d'armes, mais d'argent ; c'est celui qui possède la dernière pièce qui gagne. (Bon, ce n'était peut-être pas Thémistocle, mais Périclès, je ne m'en souviens pas, et après tout, qu'est-ce que ça peut faire ? Attribue la citation à qui tu veux, sauf à Voltaire !)

Il y a encore une autre raison à ce manque de défense majeur. En 1705, tout indiquait que la guerre serait terminée en quelques mois. Après le débarquement de leurs troupes à Barcelone, les alliés avanceraient sur Madrid, déposeraient Felipito, et Karlangas deviendrait le roi de toutes les Espagnes. La Castille comprendrait enfin qu'elle n'était pas le maître de la basse-cour, et les Catalans feraient des deux Espagnes un royaume confédéré, prospère et moderne, avec un parlement anglais, une flotte hollandaise et une bourgeoisie sachant tenir les rênes des finances. Mais ce ne fut pas le cas. La guerre dura. Karlangas, installé à Barcelone, contracta de nombreux emprunts auprès des autorités catalanes afin d'entretenir son armée internationale. Les guerres se gagnent par l'attaque, non par la défense, et le gouvernement céda. Le résultat ultime en fut le drame de 1713 et 1714.

Le soir même, je fis mes calculs. Une tranquillité inhabituelle régnait à la maison. Nan et Anfán jouaient, curieusement paisibles, devant la cheminée, où nous faisions griller des poivrons et des tomates vertes. À côté, dans un fauteuil à bascule, Peret lisait à la lumière du feu. Il n'avait jamais appris à lire en silence et murmurait à voix haute, comme un moine. C'étaient des vers exécrables de Romaguera, et ils le semblaient encore plus étant donné notre situation. C'est peut-être la raison pour laquelle je m'en souviens.

Embídia la mariposa
a ditxa ab que saps servir :
ella ama per a morir,
*ton amor viu del que gosa**,
…

Amelis était plus affectueuse que de coutume. Elle voulut écarter les tables de calcul, le papier et l'encrier afin de m'attirer vers le lit. Je la repoussai, rancunier. Ils ne comprenaient pas ce qui nous arrivait ; ils ne voulaient pas, comme si, en ignorant l'avenir, celui-ci s'évanouirait.

D'après mes calculs les plus optimistes, la ville résisterait exactement à huit jours de siège en règle. Pas un de plus. Après, les ténèbres.

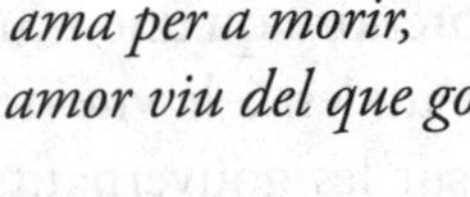

* Le papillon envie / le bonheur avec lequel tu sais servir : / il aime pour mourir, / ton amour vit d'oser.

12

Les semaines qui précédèrent l'arrivée de l'armée bourbonienne ne furent guère profitables. Les compagnies de la Colonelle défilaient sur les Ramblas, essentiellement pour remonter le moral de la population, et s'entraînaient au tir. Les miliciens y voyaient un exercice très amusant, donc très peu militaire. Ils disposèrent deux grands mannequins de forme quasi humaine, remplis de paille, derrière lesquels ils érigèrent un parapet de bois de trois mètres de haut. Ils en baptisèrent un Lluís et l'autre Felipet. Chaque jour, cent fusils les criblaient de balles. Sans grand succès, pour être honnête. Pour vous donner une idée de la précision des tirs, il suffit de dire que toutes les fenêtres alentour furent obstruées par des planches.

En si peu de temps, il était impossible de transformer des compagnies de ferblantiers et de tanneurs en unités professionnelles. Ce n'était pas le but. Les liens qui unissent les hommes sont beaucoup plus importants que leur adresse au tir. Et cette camaraderie, à son tour, a besoin de se souder dans la confiance vis-à-vis des officiers. Sur ce plan, don Antonio était unique.

Aujourd'hui, la France insurgée répand à travers le monde une infinité de généraux révolutionnaires qui, du jour au lendemain, ont changé le tablier des tavernes contre les ceintures de maréchal. Mais à mon époque, les officiers supérieurs étaient très différents. En quatre-vingt-dix-huit ans, j'ai fréquenté des douzaines de colonels et de généraux qui ne connaissaient de leur régiment que la couleur de sa casaque.

Don Antonio était un militaire de tranchées et de batailles. Son amour de l'armée lui venait de sa famille. En fait, il était né à Barcelone par accident, comme je l'ai dit, car à l'époque, son père servait dans la ville. Comme je l'ai dit, il était prédestiné. Car pour les paillassons rouges, il ne cessa jamais d'être un Castillan, donc un intrus, tandis que les bourboniens ne lui reconnurent même pas sa condition de Catalan. Des années plus tard, Jimmy me montra une copie de la liste des principales arrestations après la chute de la ville. (Il le fit pour me convaincre qu'il n'avait joué aucun rôle dans la répression, car on l'avait arrêté après son départ de Barcelone. Mensonge. S'il ne l'avait pas ordonnée, il ne l'avait pas empêchée non plus, conscient de ce qui allait arriver.) Sous le nom de don Antonio, on n'écrivit pas "castillan" mais, de façon très éloquente, "il n'est pas catalan".

En fait, Villarroel comprit très vite que cette armée n'était pas comme les autres. La Colonelle restait un ensemble de voisins en armes, auxquels on ne pouvait pas appliquer les conventions habituelles. Il en obtiendrait bien plus par le courage que par la rigueur disciplinaire.

Je n'ai jamais vu un commandant en chef passer autant de temps parmi la troupe. Il se présentait à l'improviste sur une position des murailles, puis une autre, et une autre. Il appelait généralement les soldats "mes enfants", ce qu'ils adoraient. Un jour où la majeure partie des citoyens en armes qui l'entouraient avait son âge, voire plus, il se reprit au milieu de la phrase :

— Mes enfants… Je veux dire, mes frères.

Les miliciens étaient morts de rire. Et il permettait aux plus vieux de lui taper affectueusement dans le dos ! Dans une autre armée, cela leur aurait valu cinquante coups de fouet.

Tout ceci aurait été très bien si, du fait de mon extrême jeunesse, il ne m'avait appelé en public *fillet*, c'est-à-dire "mon petit". Ce dut être le seul mot de catalan qu'il apprit, à grand-peine. Et puis il le prononçait mal, à dessein je crois, car au lieu de *fillet*, il disait *fiyé*, avec un accent castillan qui amusait fort les soldats.

Des décennies plus tard, je servis sous les ordres de ce Prussien, Federiquín. Et, mon Dieu, quelle différence entre les miliciens de Barcelone et les régiments de Prusse. Pour Frédéric, un soldat valait moins qu'un chien. Beaucoup moins ! Je vous assure, et je n'exagère absolument pas, un soldat allemand aurait sauté de joie si on l'avait traité comme un chien. Juste un détail : quand les régiments prussiens se déplaçaient, afin de prévenir des désertions, la troupe avait interdiction de s'écarter de plus de six mètres de la formation ; celle-ci se trouvait entourée de cavaliers armés de carabines, qui avaient ordre de tirer à vue. Quelqu'un peut-il imaginer le tyran de Prusse s'adressant à un soldat en lui disant "mon frère" ? Mais non ! C'était là la différence, la grande différence entre notre armée et une autre. Don Antonio était un militaire, mais il sut voir la vérité : que la Colonelle était composée d'hommes libres qui défendaient leur liberté, et qu'on ne pouvait diriger ce genre de personnes en altérant les principes qui les animaient.

Bon, assez radoté.

Plus souvent que je ne l'aurais souhaité, don Antonio me convoquait aux réunions de l'état-major. Mon occupation principale était les travaux d'ingénierie, ma présence me semblait donc être une perte de temps. Les bourboniens approchaient, et j'ai décrit l'état des fortifications. Il était avare de mots. Mais un jour, le faible effectif de la troupe surgit dans la conversation. Quelqu'un, je ne sais plus qui, suggéra d'incorporer des groupes de miquelets comme soldats ordinaires. Le gouvernement des paillassons rouges, réticent, était disposé à accorder des autorisations. Le nom de Ballester fut le premier à affleurer dans le débat. Mon supérieur en tant que chef des ingénieurs était un certain Santa Cruz, un pistonné des paillassons rouges que don Antonio était contraint de tolérer, mais qu'il ignorait. Santa Cruz était radicalement opposé au fait d'élever Ballester à l'honorable condition de soldat. Don Antonio me demanda mon avis.

— Non, je ne crois pas que Ballester soit un simple brigand affirmai-je sans hésiter. Fanatique, oui, sanguinaire aussi. Mais dans le fond, c'est un homme noble. Il a pu enlever des paillassons rouges, pardon, des richards du gouvernement, mais il n'est pas mû par la cupidité, sinon par la haine des Bourbons, qu'ils soient français ou espagnols.

— Mon général, intervint Santa Cruz, si nous avons déjà des problèmes de discipline avec les hommes de la Colonelle, qu'arrivera-t-il quand ceux-ci prendront pour exemple des individus à la morale si dissolue ? Et nous savons tous que je suis indulgent en parlant de "morale dissolue".

— Avec ou sans Ballester, alléguai-je, la discipline ne sera jamais le fort de la Colonelle. Et s'il accepte de nous rejoindre, il sera toujours dans sa condition naturelle de membre de la cavalerie légère. Nous pourrons l'utiliser comme agent de liaison avec les miquelets de l'extérieur, pour reconnaître le terrain ou pour harceler les fourrageurs ennemis. Nous ne le verrons guère, car il nous serait aussi peu utile posté dans un bastion qu'un bataillon de la Colonelle à cheval.

Don Antonio fixait le vide sans parler, plongé dans ses réflexions. À ce moment, je me rendis compte à quel point ce bon Zuviría désirait l'incorporation de Ballester. Nos disputes passées perdaient de leur sens ; je le jugeais pour ce qu'il était, un chef astucieux et capable, avec ou sans uniforme. Et nous manquions désespérément de types expérimentés.

Villarroel mit une éternité à se prononcer.

— Nous manquons tellement d'hommes que nous ne perdons rien à lui proposer de venir servir sous les armes, cette fois avec honneur, estima-t-il. Qu'il s'arrange avec sa conscience s'il décline notre offre.

— Bien dit, don Antonio ! m'exclamai-je.

Il me transperça du regard. Il était très difficile d'affronter cet air désapprobateur, plus sévère que n'importe quel mot. Don Antonio devait régler quelques affaires, je fis demi-tour avec le restant des officiers pour sortir. Je revois Santa Cruz secouer la tête, blâmant l'idée.

— Zuviría, m'arrêta don Antonio quand je me trouvais déjà sur le seuil, autre chose : faites parvenir vous-même notre proposition à ce Ballester.

Je crus m'évanouir :

— Moi ? Mais ce n'est pas possible, don Antonio ! J'ai énormément de travail pour renforcer murailles et bastions.

— Eh bien, je crois que c'est possible, m'interrompit-il. Parce que je suis votre supérieur et parce qu'il est clair que vous êtes un grand protecteur de Ballester. Il sera sans doute plus sensible à votre requête qu'à celle de tout autre.

Sensible à ma requête ! Ce que je ne pouvais naturellement pas lui raconter, c'était que Ballester m'avait assiégé dans une ferme, et que quelque temps auparavant, il m'avait volé, déshabillé et pendu à un figuier.

— Allons, *fiyé*, pourquoi faites-vous cette tête ? me consola Villarroel. Vous croyez que je vais risquer de perdre un assistant général quand l'ennemi n'est qu'à six jours de marche ? Je vous fournirai une escorte appropriée.

Eh bien, l'"escorte" consista en deux messieurs, l'un très mince et monté sur un cheval, et l'autre, plus petit, sur une mule. Celui qui était sur un cheval semblait connaître à peu près les rondes des patrouilles avancées des bourboniens, et celui qui était sur la mule les cachettes habituelles de Ballester et de ses scélérats. Ils étaient aussi morts de peur que moi. À l'intendance, on me prêta un uniforme de lieutenant-colonel d'infanterie. Pour me faire respecter, d'après don Antonio. C'était très discutable. Ballester était ravi de trancher la gorge des officiers, et peu lui importait de quel côté ils se trouvaient. De plus, la casaque m'était si juste que je ne pouvais pas en boutonner le plastron. Enfin, ce n'était pas non plus le moment de chercher un tailleur.

Nous sortîmes de Barcelone, traversâmes plusieurs localités, toujours sans nouvelles. Nos compatriotes étaient avec nous et nous informèrent de l'avancée de l'armée de Philippe, commandée à l'époque par un certain duc de Pópuli. (Pópuli ! Un autre nom sur les bûchers de l'histoire. Et quand je vous aurai raconté pourquoi, vous me donnerez certainement raison.) Ils n'avaient vu que quelques troupes bourboniennes à cheval, fugaces, pas encore de colonnes d'infanterie ni de trains d'artillerie. Ils avançaient aussi lentement parce qu'ils voulaient assurer toutes les localités. Et malgré la *Crida*, les bourboniens ne croyaient pas les Barcelonais assez fous pour fermer leurs murailles à une armée aussi imposante.

Quant à Ballester, il fut plus facile à trouver que prévu. Il ne cherchait même pas à se cacher. Avec l'évacuation des troupes alliées, et au-delà des murailles de Barcelone, tout vestige d'autorité avait disparu.

Nous les trouvâmes dans une riche maison de campagne, la résidence abandonnée d'un éminent botifler. Par les fenêtres, parvenaient les échos d'une fête sauvage. Cantiques et cris d'hommes, rires étourdis de femmes et fracas de bouteilles s'écrasant sur le sol ou contre les murs.

— Tu comptes vraiment entrer dans cet antre ? me demanda-t-on.

— Vous n'êtes pas obligés de venir avec moi. Si tout se passe bien, nous ne tarderons pas à nous revoir. Et si cela se passe mal… faites-le savoir à Barcelone, soupirai-je, résigné.

Dès que j'eus passé la porte, je me retrouvai dans un grand salon. Tout y était sens dessus dessous. Et là, comme une bande de singes ivres, les hommes de Ballester. Le plus éméché était un géant. Il portait autour du cou un rideau en guise de cape, et un poulet embroché sur son épée. Je me souviens parfaitement du bec à moitié ouvert et des yeux clos du volatile.

Je comptai cinq femmes et dix hommes. L'un d'eux était habillé en femme et dansait avec le cadavre d'un soldat bourbonien. La tête du mort bougeait comme un pendule, retombant en arrière ou s'appuyant sur l'épaule du travesti, qui l'étreignait et l'embrassait sur les joues. À un grand lustre accroché au plafond, pendait un autre type, poussant des cris. Ce devait être le comique du groupe. Ils riaient tous, le tançant et l'encourageant à la fois. Tous sauf Ballester.

Il était assis dans un coin, sur un canapé éventré à coups de baïonnette. Encadré par des prostituées du village qui le tenaient par le cou. L'une des deux riait comme une folle ; l'autre, ivre, avait la tête penchée sur sa poitrine. Ballester fut le premier à me voir.

À ce moment, le lustre céda sous le poids de celui qui s'y balançait. Homme et lustre tombèrent dans un fracas de verre brisé. Le grand éclat de rire s'interrompit soudain : l'homme-singe avait atterri à mes pieds.

Le géant s'approcha de moi, brandissant le poulet embroché. Il tenta de balbutier une menace, mais il était tellement aviné qu'il trébucha sur les restes du lustre et tomba également à plat ventre.

Ballester émit quelques claquements de bouche ironiques.

— Vous n'avez vraiment pas de chance avec moi ! dit-il sans daigner se lever. Vous êtes venu à la rescousse de vos amis botiflers, et voyez qui est là.

— Je trouve exactement qui j'étais venu chercher, répliquai-je.

L'un de ses hommes vint vers moi, dégainant sa dague pour me liquider sans autre forme de procès. Je soulevai le cylindre qui contenait les rouleaux de documents, portant le sceau de la Généralité sur le couvercle supérieur.

— Il s'agit d'une nomination officielle et dans l'intérêt de tous les présents. Vous voulez que je la lise ? Bien sûr, car si vous me tranchez le cou, je ne crois pas que quelqu'un parmi vous puisse s'en charger.

Ils hésitèrent assez longtemps pour que je puisse insister :

— Le gouvernement a décidé d'accorder le grade de capitaine des volontaires à M. Esteve Ballester. Avec l'uniforme et la rétribution correspondants. De même, le capitaine Ballester aura le droit d'enrôler les hommes qu'il lui semblera bon, qui serviront comme honorables soldats de l'empereur salariés par la Généralité.

Pendant quelques instants, le silence se fit.

— Maintenant ! cria l'un des moins ivres au bout d'un moment. Maintenant ils viennent nous lécher le cul ! Maintenant que les paillassons rouges ont mis le leur à l'air.

Je préférai ne pas répondre. Avant tout parce qu'il avait raison. Ils m'entourèrent tous à l'exception de Ballester, criant à quelques centimètres de mon visage. L'un d'eux me rapportait l'histoire d'une ferme perdue à cause des impôts, un autre me montrait un dos fouetté par les paillassons rouges.

Pour parler à des mutins, il est indispensable de se situer au-dessus d'eux. Et je ne parle pas de la position morale. Je fis le tour d'une table, montai dessus et dis, brandissant le cylindre :

— Les paillassons rouges l'ont peut-être signé. Mais ça, ajoutai-je en saisissant le jabot de mon uniforme, c'est un principe situé au-dessus de tous les paillassons rouges. Une femme de la Ribera l'a cousu pour son mari, un officier du quatrième bataillon. L'homme est charpentier. Qui vous frappait ? Les charpentiers de Barcelone, ou les agents du gouvernement ?

— Allez vous faire foutre, toi et la patrie, dirent-ils en me huant, contournant la table. Qu'avez-vous fait pour nous quand nous avions besoin de vous ? Nous envoyer la garde ! Nous persécuter ! Le chevalet !

— Ingrats ! criai-je, admirant moi-même mon audace. Quel fils, quand sa mère est menacée, au lieu de la défendre, lui reproche une gifle ancienne ? Je secouai la tête, comme si une profonde tristesse s'était emparée de moi, mais je lâchai une plaisanterie. On le dit bien : quand un enfant tombe dans un puits, la mère s'y jette après lui. Quand c'est la mère qui tombe, l'enfant prévient les voisins.

Même si cela semble difficile à croire, ils laissèrent même échapper quelques rires. Je ne les laissai pas s'éteindre, et repris mon ton récriminatoire :

— Eh bien, la mauvaise nouvelle est que nos voisins s'appellent la Castille et la France, et ce sont précisément eux qui tentent de nous noyer dans le puits noir.

— Et on t'envoie nous raconter ça ? C'est nous qui y perdrons le moins quand les Français et les Castillans mangeront les Constitutions avec des navets. Va te faire foutre !

— Va te faire foutre toi-même, bramai-je, hors de moi. Vous savez vous-mêmes que ça ne marche pas comme ça. Si Barcelone tombe, on tombe avec elle. Qu'arrivera-t-il si les bourboniens rasent tout ? Vous avez beau avoir fui vos maisons, il vous reste certainement de la famille et des amis quelque part. Ils ne comptent pas, pour vous ? Fin du scrutin : les nouveaux maires seront désignés du doigt par Felipito, et il s'agira de botiflers reconnus. Tous les jeunes seront obligés de servir sous son drapeau, y compris dans cet horrible endroit appelé Amérique, et pendant des décennies. Notre justice dépendra de ses juges, qui ne seront peut-être pas meilleurs que les nôtres mais, en revanche, ils se trouvent encore plus loin et nous détestent. Et si les contributions vous semblent abusives aujourd'hui, attendez-vous à ce qu'elles soient grevées par la cour de Madrid et par nos ennemis, sans que les bras du parlement aient le droit sacré de s'y opposer. J'étais tellement exalté que je m'arrêtai juste pour reprendre mon souffle. Vous êtes aveugles ? Vous devriez être les premiers à vous rendre compte que les paillassons rouges sont ceux qui ont le moins à perdre en cas de catastrophe. Ils savent nager, quelle que soit la personne qui commande. Et si tout vous est vraiment si indifférent, dites-moi : pourquoi dansez-vous avec des bourboniens morts ?

Ils se calmèrent un peu. Je m'étais laissé emporter par la passion. Curieusement, je ne m'étais pas rendu compte auparavant de la concordance entre mes idées et mon discours. J'étais venu pour les convaincre, et en fait, celui que je persuadais le mieux, c'était moi.

— Quel genre d'homme est ton chef ? demanda quelqu'un.

C'était bien la mentalité des miquelets ; la cause qu'ils défendaient leur importait moins que l'homme qui les dirigeait.

— Devine, répondis-je avec un sourire acide. C'est l'homme qui m'a ordonné d'entrer dans cette tanière et à qui je n'ai pas hésité une seconde à obéir.

Ballester n'avait pas encore dit un mot. Il se leva du canapé défoncé et me dit :

— Et moi, je crois que si on entre à Barcelone, on n'en ressortira jamais. Dites à ces hommes que ce ne sera pas le cas. Dites-le-leur !

— Non, je ne peux pas, répliquai-je après avoir médité mes paroles. Ce sera très certainement le cas. Ils nous tueront tous. Je peux juste vous assurer qu'alors je ne vous survivrai pas, ajoutai-je en baissant le ton.

Ballester désigna du pouce une porte au fond de la pièce.

— Entrez là.

C'était une arrière-cour, entourée de hautes palissades. Pour me rendre le lieu plus agréable, je dus le partager avec deux cadavres en uniforme blanc. Je retournai leurs sacoches, remplies de correspondance entre officiers : c'étaient deux messagers bourboniens. J'imaginai ce qui s'était passé. Ils apportaient les messages à cheval d'une unité à l'autre, avaient vu cette maison si agréable sur le chemin et étaient entrés pour s'y reposer un moment. Ballester passait par là et il avait eu la même idée. Pas de chance.

À travers la porte me parvenaient nettement leurs discussions de miquelets, toujours émaillées de cris. Certains voulaient accepter l'offre du gouvernement, la majeure partie souhaitait m'égorger. Mieux valait ne pas les écouter.

Ma façon de réfléchir de l'époque est curieuse. Tous les ressorts de Bazoches étaient activés. Le siège n'avait même pas commencé, et pourtant, je modulais et dirigeais déjà mon esprit. Martí Zuviría, le Prince des Lâches, s'éclipsait quand l'ingénieur Zuviría se réveillait. Je me rappelle avoir juste pensé : "S'ils décident de me tuer, je dois m'arranger pour faire parvenir ces lettres à Barcelone, coûte que coûte."

La porte s'ouvrit. Je regagnai le grand salon. Les regards des hommes et des femmes se posèrent sur moi. Il valait mieux prendre l'initiative.

— Peut-être ne souhaitez-vous pas participer à la défense de Barcelone, fis-je en tendant les lettres à Ballester, mais je suppose que vous n'êtes pas contre non plus. Apportez ces papiers à l'homme qui m'a conduit ici, s'il vous plaît.

Pendant un laps de temps interminable, Ballester me regarda droit dans les yeux, sans prendre les papiers que je lui tendais. Ses hommes étaient encore plus dans l'expectative que moi, qui avais au moins fait provision de résignation. Malgré Bazoches, il me fallut une année entière pour comprendre toute la signification de ce regard de Ballester.

— Apportez-les vous-même, fut sa réponse, lapidaire, sans le moindre vestige de sympathie malgré ce qu'il annonçait.

Il alla prendre sur la table le cylindre concernant sa nomination en tant que capitaine des volontaires, le regarda et se plaignit :

— Ces types se ramollissent. Davantage qu'une branche de figuier.

Hommes et femmes braillèrent de joie. Comme si le dernier à se décider avait été leur chef et que la décision finale avait dépendu de lui. Aujourd'hui, je suis sûr que ce ne fut pas le cas, que Ballester fut le premier à opter pour l'issue fatidique. Qu'il avait réservé son opinion pour ne pas influencer les autres, sembler tiède ou les pousser au suicide.

Ils allaient à la mort, et ils le faisaient avec allégresse. Ils disparurent en un instant, à cheval avec les femmes accrochées à leurs côtés. Sabots et hennissements s'éloignèrent en un clin d'œil. Ballester alla plus lentement ; un chef ne se dépêche pas. Nous nous retrouvâmes seuls. Lui étrangement absorbé, très loin de moi, de tout. Je remarquai qu'il avait le même regard que ce jour-là, à Beceite, les mains entravées et attendant la mort. Nous sortîmes de la bâtisse. Quand nous remontâmes à cheval, nos montures restèrent parallèles mais en sens contraire, les deux cavaliers se faisant face.

— Autre chose, dis-je. Si vous acceptez de vous subordonner à l'armée impériale, vous vous devez dès maintenant au rang et à la discipline. Je suis lieutenant-colonel et assistant général de notre commandant en chef, et vous devrez obéir à tout ordre que vous recevrez. Sans exception.

Un sourire, toujours macabre sur ce visage à la barbe si épaisse et aux sourcils si noirs et si fournis, lui échappa.

— Dans cette ferme, je vous ai dit que si nous étions amenés à nous revoir, je vous enverrais valdinguer.

Il serra le poing et me frappa de toutes ses forces en pleine poitrine. N'ayant pas encore mis les pieds dans les étriers, je tombai de selle immédiatement. Heureusement, j'atterris sur de hauts buissons de romarin qui firent office de matelas. Malgré tout, quel coup.

Lorsque je relevai la tête, Ballester était déjà parti avec ses hommes. Des broussailles sortirent le monsieur mince et le tout petit, qui m'aidèrent à me relever.

— Mon Dieu ! s'exclamèrent-ils tandis que mes mains massaient mes reins douloureux. Vous êtes vivant. Et Ballester en route pour Barcelone ! Que leur avez-vous proposé ?

— Ce qui a toujours été refusé à ces gens : la vérité, répondis-je.

Leur regard me réclamait davantage de détails, et j'ajoutai :

— Je leur ai donné ma parole que nous nous ferions tous tuer.

Nous arrivâmes ainsi au 25 juillet 1713. L'ennemi pouvait apparaître d'un jour à l'autre. Dire que les travaux et les réparations des murailles étaient loin d'être terminés est un euphémisme. Après en avoir discuté avec don Antonio, nous décidâmes de tout arrêter, sauf ceux de la palissade.

Quand on a le temps de prévoir un siège, la garnison entoure l'enceinte fortifiée d'un paravent de pieux acérés dirigés vers l'assiégeant, juste devant la fosse, s'opposant comme première ligne de défense des murailles et des bastions.

Ici, une nouvelle interruption de cette masse de graisse appelée Waltraud. Elle me dit que d'après ce qu'elle a appris jusqu'à présent, la palissade semble être une mesure inutile. Le feu de l'artillerie détruira nécessairement de simples engins de bois déployés devant les murailles. Pourquoi perdre du temps, donc, à planter des centaines de rangées de pieux ?

La clôture freine l'avancée de l'infanterie et intimide l'ennemi. Une forêt de milliers de pieux constitue un obstacle considérable. Du moins si vous considérez la chose du point de vue de celui qui est obligé de la franchir en essuyant des tirs de tous côtés. Les officiers doivent jouir d'une grande autorité pour stimuler leurs hommes devant une barrière pointue.

D'accord, les bombardiers artilleurs font voler en l'air la majeure partie des pieux. Mais ce n'est pas aussi déterminant qu'on pourrait le croire. Les palissades font deux ou trois mètres de long. On les enfonce très profondément, à angle aigu et avec un contrefort à la base, de sorte qu'ils ressortent à un mètre, un mètre cinquante. La mitraille et les bombes les détruisent, effectivement, mais même s'ils ne ressortent que de quelques centimètres, cela suffit à blesser les pieds et les mollets. Les mêmes explosions contribuent à briser et à aiguiser les pointes. Un bocage dense de piques solides n'est pas du tout négligeable. Quand les assaillants avancent en masse, il brise les formations, blesse des centaines de soldats et ralentit l'assaut. Ensuite, ils doivent encore affronter le fossé, et les murailles. Parfois, les défenses les plus simples sont les plus efficaces.

Ce que je ne nierai pas, c'est la transformation du paysage que suppose la clôture. La ville, notre millénaire et frivole Barcelone, apparaissait soudain entourée d'une couronne d'épines, hostile, lugubre. Le périmètre d'une forteresse peut être immense, et j'ai vu des enceintes composées de quatre-vingt mille pieux. Ce bois statique, travaillé par des mains qui cherchent à provoquer la douleur d'autrui, annonce la mort. Trempé par la pluie, il est encore plus lugubre que lorsqu'il est couvert de neige. Dans des places fortes aussi ensoleillées que Barcelone, leur vocation agressive était mise à nu.

Dans la réserve, il y avait seize mille pieux. D'après mes calculs, nous allions avoir besoin d'un minimum de quarante mille. Nous ne les avions pas. Alors, que pouvais-je faire ? Aller pleurer dans un coin ? *Débrouillez-vous !* Je veillai à protéger les secteurs les plus exposés.

Nous ne manquions du moins pas d'enthousiastes. Le gouvernement ne pouvait payer tous les travailleurs nécessaires, mais grâce à la ferveur civique, six mille volontaires nous rejoignirent. Je passai de longues heures avec eux, à pied d'œuvre. Je leur indiquais qu'il fallait creuser plus profond, bien enfoncer la base du pieu de la clôture en prévision du moment où la partie émergée volerait sous le feu de l'artillerie ; je m'assurais qu'ils s'inclineraient à un angle de quarante-cinq degrés, que la pointe était effilée, tout cela.

Nous manquions de pieux, d'outils, de travailleurs et, surtout, de temps pour transformer Barcelone en un hérisson civil.

Ce 25 juillet, je supervisais les travaux de la clôture lorsque Ballester et les siens passèrent par là. Ils traînaient leurs montures derrière eux, contents et le visage coloré par le vin. Une bonne partie des lupanars les mieux approvisionnés et disposant des boissons les plus fortes se trouvaient extra-muros et accueillaient les voyageurs juste avant qu'ils n'entrent ou ne sortent de la ville. Ils revenaient sans doute d'un de ces lupanars. C'était compréhensible. Dans ces établissements, on vivait une ambiance de fin du monde. L'arrivée des bourboniens marqua la fin de la fête.

Ils étaient là depuis quatre jours et déjà célèbres pour leurs dépenses dans les tavernes et les bordels. Et aussi pour leurs rixes avec la garde. Quand il me parvenait des échos, je secouais la tête, déçu. Leur recrutement n'avait peut-être pas été une bonne idée.

En les voyant, je m'adressai à leur chef.

— Ah, capitaine Ballester, dis-je sans réfléchir, mû par l'urgence. Venez toutes affaires cessantes nous aider à enfoncer des pieux. Nous avons besoin de tous les bras.

J'aurais dû prévoir leur réponse. Ils se mirent à rire aux éclats, alléguant qu'ils étaient venus pour se battre, non pour travailler. Sale affaire, donc, car leur refus me poussait à l'affrontement.

J'avais clairement averti Ballester qu'il s'intégrait à une défense organisée et qu'il devait donc faire preuve de discipline. Si je leur permettais de m'ignorer une seule fois, et devant tout le monde, je n'aurais plus jamais leur respect. Je me trouvais en manches de chemise à cause de la chaleur, ce qui ne constituait pas la tenue idéale pour m'imposer à une bande d'assassins. Oui, c'était mal parti. Pour couronner le tout, en reconnaissant Ballester, les travailleurs les plus proches posèrent leurs outils et restèrent dans l'attente, retenant un soupir de terreur. Toujours est-il que Zuvi Longues-Jambes s'approcha des miquelets en disant :

— C'est un ordre. Ici, tout le monde travaille. Et, les désignant du doigt, je parcourus leurs rangs. Tout le monde.

— Vraiment ? répondit Ballester. Eh bien moi, je ne vois aucun paillasson rouge planter des pieux.

— Nous ne sommes pas à la campagne. Ici, on se bat autrement. Je reculai de quelques pas, pris par le bras une travailleuse, une très jeune fille. Je l'entraînai énergiquement et tendis ses mains ouvertes à Ballester. Regardez le sang qui coule sur ses paumes ! Ces griffures sont aussi précieuses que celles que l'on reçoit pour un fait de guerre.

Ballester approcha son visage du mien et murmura avec une haine mal contenue :

— Si vous vouliez des ouvriers, pourquoi diable nous avez-vous fait venir ?

— Quand allez-vous comprendre que vous n'êtes pas à mon service, mais à celui de tous ? répliquai-je sur le même ton.

— Ce que je commence à comprendre, dit Ballester, est que cette guerre est une bonne excuse pour que les paillassons rouges nous soumettent davantage qu'ils ne l'ont fait jusqu'à présent.

J'allais répliquer lorsque nous entendîmes un grand vacarme : toutes les cloches de Barcelone sonnaient le tocsin. Des douzaines de clochers en furie qui annonçaient la mauvaise nouvelle. Nous levâmes la tête. Les sentinelles postées sur les murailles nous prévenaient depuis un bon moment déjà. Absorbés dans notre dispute, nous ne les avions pas entendus.

— Ils arrivent ! Ils arrivent ! nous criaient-ils du haut du bastion.

Quand une nouvelle attendue depuis longtemps se confirme, elle finit par devenir irréelle. Ils étaient déjà là. Et même si cela faisait des semaines que nous ne pensions qu'à ça, j'en fus étourdi. Ballester, la palissade, tout perdait de son sens devant l'imminence du danger.

— Qu'attendez-vous donc ? criaient les sentinelles. Rendez-vous à la porte la plus proche ! Entrez, ou ils vont fermer les portes.

C'étaient des garçons très jeunes et mal armés, l'un d'eux avec des bésicles. Ce jour-là, dans ce secteur, les étudiants en philosophie étaient de garde. Ils me semblèrent plus fragiles que le papier de leurs livres. Le binoclard désigna l'horizon.

— Courez ! Une armée entière vient droit sur nous !

Victus

1

Toi ! Oui, toi ! Comment oses-tu franchir le seuil de ma maison ? Hier, j'ai relu ce que nous avions écrit jusqu'à maintenant.

Mais qu'est-ce que c'est ? Qu'est-ce que c'est ? Tu as transcrit tout ce que je te dictais ! Mot pour mot !

C'étaient mes désirs et mes ordres ? Bien sûr ! Mais même toi, tu peux comprendre qu'il y a des choses qu'il ne faut pas prendre au pied de la lettre. Quand tu dis à un visiteur : "Faites comme chez vous", tu parles sérieusement ? Bien sûr que non !

Quand j'ai commencé mon récit, j'ai considéré comme sous-entendu que tu allais l'adoucir. Je voulais un joli livre simpliste comme ceux de Voltaire : Candide le Niais, tout ça. Enfin, peut-être pas aussi puéril, mais bien rédigé, pour que même les demoiselles puissent le lire dans les salons. Vois ce désastre ! Toi, oui, toi ! Tu es aux lettres ce qu'Attila est à l'herbe !

Així et surtin cucs pel nas, filla de… !*

Ce que je vais vous dire n'a rien à voir avec le livre, mais vous devez le savoir : Waltraud m'a abandonné.

Vous avez bien entendu. Insolite, n'est-ce pas ? Cette cochenille fallacieuse, fessue et stupide s'est curieusement mutinée et je n'ai pas de nouvelles depuis deux semaines. Enfin, si, un peu. L'autre jour, elle m'a fait passer un mot sous la porte, une petite lettre parfaitement stupide où elle alléguait je ne sais quelles excuses afin de justifier sa désertion. Elle était désolée, et patati, et patata. Elle avait même le culot de m'accuser d'être indélicat !

* Je vais te tirer les vers du nez, fille de… !

Vous, de l'autre côté de la page, vous n'arrivez pas à vous faire une idée exacte de nos relations.

Ne croyez pas qu'elle travaille à ce petit livre par générosité, non, non, bien sûr que non. C'est son excuse ! Dans le fond, elle se considère comme l'auteur. Elle est comme ce chien si habitué à mordre le cul des brebis qu'il finit par se prendre pour le berger. Quoique… eh bien, il ne me coûte rien d'admettre qu'elle recadrait parfois la narration quand celle-ci s'emballait. Maintenant, elle croit que je ne serai pas capable de continuer tout seul, dans la droite ligne des événements et jusqu'à l'amère fin du siège de 1714. Eh bien, elle se trompe fort ! Ce qu'elle veut, c'est me voir ramper et la supplier de revenir. Quelle vanité ! Les femmes ! Quel est l'idiot qui a inventé le deuxième mot alors qu'on avait déjà le premier ? Je ne demanderai jamais à cette pie pisse-copie de revenir !

MOI, MARTÍ Zuviría, ingénieur, Neuf Points par la grâce du Mystère, lieutenant-colonel de Sa Majesté Charles III, ingénieur de l'armée des États rebelles d'Amérique, ingénieur salarié par les couronnes de l'Empire d'Autriche, de Prusse, de l'Empire turc, du tsar de Russie, des nations Creek, Oglala et Ashanti, premier assistant du roi maori Aroaroataru, Comanche, mystériste, poliorcète, aquaphobe, blablabla, blablabla, blablabla, et maintenant, enfin et pour résumer, résidu humain,

SIGNE et AFFIRME, devant Dieu et les Hommes qui voudront m'écouter, les déclarations suivantes :

Un : Mon comportement envers Waltraud Spöring, depuis qu'elle est entrée à mon service jusqu'au jour d'aujourd'hui, n'a pas toujours été des plus approprié, particulièrement pour répondre à ses inquiétudes quant à mon état de santé précaire.

Deux : Je lui fais des excuses publiques et privées, la priant humblement de bien vouloir regagner mon doux territoire.

Trois : Elle ne m'a jamais demandé de partager la gloire littéraire ni la gloriole terrestre, et tous ses efforts dans cet ouvrage sont, autant que possible, au seul bénéfice de la mémoire historique. (C'est-à-dire moins que rien, mais ça, il cst inutile de le noter.)

Quatre : librement ajouté par celui qui capitule : Waltraud Spöring n'est pas laide, mais elle possède une beauté particulière.

Elle déborde de bons sentiments et, aux yeux de Dieu, c'est tout ce qui compte. (Très joli, mais tu n'y crois pas toi-même.)

Satisfaite ? Maintenant que tu as de nouveau la plume en main, je suppose que peu importe ce que je peux dire, car tu écriras ce que tu voudras. Tu vas laisser ce livre plus défiguré que mon visage ! Si tu étais sincère, tu ajouterais que tout cela résulte d'un chantage brutal, d'une humiliation sans pareille.

Non, je ne t'ai jamais insultée ! Que voulais-tu ? Que je te traite de nymphe des forêts ? La seule différence entre toi et une ourse des forêts germaniques est qu'il n'y a pas d'ours blonds.

Non ! Ne t'en va pas ! Attends, s'il te plaît, s'il te plaît, ma chère et repoussante Waltraud. Si tu t'en vas, à qui parlerai-je ?

Assieds-toi. Prends la plume, je t'en prie.

Voilà qui est mieux. Si tu veux, tu peux même prendre un petit café avec du miel. (Rappelle-moi de le décompter de ton salaire.)

Ainsi donc, le 25 juillet 1713, l'armée bourbonienne, dirigée par le duc de Pópuli, se présenta devant Barcelone. Les planteurs de pieux se mirent à l'abri (dirigés par Zuvi Longues-Jambes ; ce qu'il y a de bien quand on dirige une retraite c'est qu'on est toujours celui qui se trouve le plus loin de l'ennemi).

Comme il fallait s'y attendre, l'armée de Pópuli fut reçue à coups de canon. En fait, l'entrée de ceux qui plantaient les pieux coïncida avec la sortie au galop de trois escadrons de cavalerie. Les cavaliers commencèrent une escarmouche avec l'avant-garde bourbonienne, et revinrent avec quelques prisonniers.

Pópuli souffrit de cette défaite comme s'il avait perdu un régiment. Dans la guerre, le moral fait tout, et en ville, les cavaliers victorieux furent applaudis comme des héros. Quant aux prisonniers, ils avaient l'air ahuri de qui vient d'essuyer une défaite foudroyante. Ils ne pouvaient croire qu'en un laps de temps aussi bref, ils soient passés du statut de conquérants à celui de captifs.

— Vous ne vouliez pas entrer dans Barcelone ? se moquaient les gens sur leur passage. Eh bien, vous y êtes.

Le nom complet de Pópuli était quelque chose d'aussi pompeux que Restaino Cantelmo Stuart, prince de Petorano, gentilhomme de Cámara, et je ne sais combien d'autres noms et de titres ronflants. Felipito ne choisit pas au hasard le général qui devait faire capituler les "rebelles" : Pópuli était l'un de ces généraux bourboniens plus philippistes que Philippe lui-même, ce qui lui faisait détester la vieille Barcelone de toute son âme. Après que les alliés eurent évacué la Catalogne, Pópuli fut ravi de diriger l'occupation. Et très vite, il eut l'occasion de prouver son amour de l'atroce.

Avant d'arriver à Barcelone, pendant que son armée avançait en Catalogne, occupait une certaine localité, on lui amena deux autrichistes présumés.

— Vous allez jouer votre vie aux dés, décida-t-il. Qui gagnera vivra.

C'était non seulement un abus, mais un dessein perfide, infâme et arbitraire. De surcroît, il pardonna au perdant : ses amis alléguèrent qu'en réalité c'était un bourbonien qui avait dissimulé sa loyauté à Felipito. (Et ici, quelque chose qui peut sembler risible aujourd'hui. Pour les Barcelonais, si enclins aux paris, l'honnêteté dans le jeu était une chose sacrée. Ce qui les indignait réellement n'était pas la cruauté tyrannique de Pópuli, mais qu'il eût exempté le perdant de la corde.) Mais ce n'était qu'une anecdote macabre. L'événement réellement insupportable fut que, à proximité d'un lieu appelé Torredembarra, il y eut une petite échauffourée, après laquelle les bourboniens firent deux cents prisonniers. Pópuli les pendit. Tous.

En cela, il suivait la logique des ministres de Madrid. Depuis que les alliés avaient évacué l'Espagne, ceux qui s'opposeraient aux armes bourboniennes seraient considérés comme de simples rebelles et devraient être traités comme tels. Depuis Barcelone, bien sûr, la perspective était fort différente. Les troupes étrangères ayant disparu, la Généralité avait entraîné à toute vitesse une armée financée par l'argent de ses coffres. Par conséquent, il s'agissait de troupes régulières, en uniforme et payées par les secrétaires du gouvernement catalan. Nous connaissons la spirale de représailles et de contre-représailles entre bourboniens et miquelets. Mais que Pópuli descende deux cents soldats réguliers d'un coup, en uniforme et rétribués par un gouvernement, était la sauvagerie du siècle. Deux cents soldats réguliers pendus ! Don Antonio envoya une missive à Pópuli, lui demandant s'il avait "perdu l'entendement". Pópuli lui répondit que désormais il agirait de même avec tout soldat qu'il capturerait. Ce qui offensa le plus Villarroel fut que Pópuli le traitât de "chef des mutins". Lui ! Militaire de carrière et homme le plus respectueux des politesses et des conventions de la guerre ! En guise de réponse, don Antonio lui dit que c'était très bien, qu'il l'obligeait alors à traiter de la même façon tout soldat ennemi que nous ferions prisonnier.

En réponse on dressa des gibets sur les murailles, à la vue de quiconque aurait campé devant la ville. Mon Dieu, quel lugubre théâtre de guerre : en bas, les pieux acérés, et un peu plus haut, les gibets.

L'armée de Pópuli en avait déjà eu assez avec cette première escarmouche de cavalerie, aussi prit-elle ses précautions. Les régiments s'installèrent à un kilomètre et demi des murailles de Barcelone, juste à la limite de la portée de l'artillerie. Ils se mirent immédia tement à construire un cordon militaire, un immense circuit de parapets qui devait entourer la ville, la bloquant, de la Llobregat à la Besós, les deux rivières qui flanquent Barcelone, la première au sud et la seconde au nord. Il s'agissait d'isoler la ville jusqu'à ce que les ingénieurs aient conçu leur tranchée d'Attaque.

Un cordon militaire n'a guère de secrets en soi. Il s'agit essentiellement d'un fossé sommaire derrière lequel on dresse des barricades de terre compacte, des poutres, des pierres, des madriers et tout ce qui est à la portée des assaillants. Ils utilisent les irrégularités du terrain, canaux d'irrigation ou monticules, comme des obstacles supplémentaires. Dans la mesure du possible, on construit des bastions pentagonaux en miniature. Inutile de dire que pour ériger les défenses, les assiégeants démolissent toutes les constructions environnantes, aussi petites soient-elles, afin de se procurer des matériaux.

Les travaux du cordon avaient déjà commencé quand trois trompettes arrivèrent avec un ultimatum de Pópuli exigeant la reddition immédiate. Sur l'état d'esprit en ville, il suffit de préciser qu'ils voulaient pendre les pauvres clairons. La foule était compacte, il fallut une garde renforcée, baïonnette au poing, pour les protéger.

Cette même nuit, don Antonio m'ordonna de me présenter devant lui. Dès que j'entrai dans son bureau, il me dit :

— Je veux que vous accompagniez les émissaires avec la réponse.

Cordon de verrouillage
Les Corts
Camps militaires à Sants et Les Corts
(espagnole)
Sants
Can
Safont
Molins
Creu Coberta
Sant Antoni
Santa Madrona
Montjuïc
Château

à Barcelone
ilitaires à Gràcia
espagnole)
Camps militaires à Mas Guinardó
(Française)
Caputxins
Creu de
Sant Francesc
Camps militaires à Sant Martí
(Française)
El Clot
Cité
Des zones humides
"La Granota"

— Moi, don Antonio ?

— Je crois me rappeler que vous êtes mon assistant général. Et les assistants généraux exercent généralement ce genre de fonctions. L'honneur de la ville est en jeu, mais le mien l'est aussi, en ma qualité de commandant de la garnison.

— C'est fort vrai, don Antonio.

— Je sais que vous ne serez jamais un bon soldat, mais juste un ingénieur en uniforme, incapable d'assumer les rudiments les plus élémentaires de l'art martial. Mais faites-moi le plaisir de vous adresser à ma personne en tant que "général".

— Oui, général.

— Je veux être sûr qu'il ne sera commis aucune impolitesse envers l'ennemi. Son armée vient d'arriver et, à la guerre, les présentations sont aussi importantes qu'en amour.

— Vous avez raison, don Antonio.

— Ils proclament sans cesse que nous sommes des séditieux, sans patrie, roi ou honneur. Pour démentir ces affirmations, rien de mieux qu'un spectacle de bonnes manières devant leur troupe. Ne permettez pas à qui que ce soit de le gâcher. Courtoisie, bonnes manières, esprit chevaleresque, prestance et soin. Voilà votre objectif.

Je dois dire que cette mission me semblait être une perte de temps absolue. Les bourboniens étaient plantés là, ils fondaient sur nous, et rien de ce qui serait dit ne pourrait changer le cours des choses. Bref, à mon époque, l'honneur militaire était ainsi : les gens devaient se tuer, mais en y mettant les formes.

— Comme vous voudrez, don Antonio.

L'homme chargé d'apporter la réponse de la ville à l'ultimatum de Pópuli était un petit paillasson rouge très jeune, de bonne famille. Il était tout fier de la mission et avait revêtu ses meilleurs atours. Il m'accueillit avec un grand sourire.

— On m'informe que vous allez être mon assistant principal, dit-il. Vous connaissez le protocole ?

— Eh bien non.

— J'irai devant. Vous à ma droite et un pas en arrière. Ensuite, les clairons bourboniens. Et pour fermer le cortège, deux porte-drapeaux des nôtres : l'un avec la bannière royale, l'autre avec le drapeau du gouvernement. Assurez-vous que les formes et les distances soient maintenues.

— Comme vous voudrez.

— Devant leurs officiers, nous nous inclinerons dans une révérence aimable, jamais soumise. Rappelez-vous que nous sommes en guerre !

Il me sembla que c'était lui qui l'avait oublié.

— Et quand considère-t-on qu'une révérence cesse d'être aimable pour devenir soumise ?

— Peu importe, quand nous serons là-bas, tout ce que vous aurez à faire sera de me remettre la missive. Je la déplierai pour la lire.

Oui, le petit paillasson était très fier de marcher en tête de la délégation, car il ajouta immédiatement avec un grand sourire :

— J'ai passé la nuit à veiller, écrire et mémoriser des mots immortels à ajouter à la note du gouvernement. Aujourd'hui, monsieur, nous allons entrer dans l'histoire.

Les bourboniens ayant établi leur camp juste à la limite de la portée du canon, cela faisait une bonne trotte à travers champs. J'avançais, plongé dans mes pensées peu réjouissantes.

Ils nous ordonnèrent de nous arrêter tout près de leur première ligne. Des milliers de soldats construisaient ce monumental circuit de fosses et de barricades, de Montjuïc à l'embouchure de la Besós. Les hommes étaient déjà plongés dans la tranchée jusqu'à la poitrine, et dans tout le périmètre que je pouvais apercevoir, je distinguais des pelletées de terre projetées en avant.

Les dimensions de la fosse, la vision de tous ces milliers d'hommes travaillant ensemble, avec intelligence, à notre ruine, me désolèrent. À Tortosa, j'étais de l'autre côté, je n'arrivais donc pas à comprendre à quel point cette menace pouvait être angoissante pour qui la subit.

Quelques minutes plus tard, un colonel rondouillard se présenta, secondé par quatre officiers. Ils firent quelques pas au-delà de leur parapet à moitié dressé, et le colonel nous lança un sec et hostile :

— Vous êtes très en retard.

Tant de cérémonial, tant de conneries, et quand nous nous présentons, les bourboniens ne daignent même pas nous saluer.

— Le motif du retard est expliqué dans le premier paragraphe, dis-je, faisant un pas en avant. Lisez.

Je lui tendis la note de la ville, oubliant malgré moi le protocole et le discours immortel du jeune paillasson rouge. Le colonel vit qu'elle était rédigée en catalan et il me la rendit, de mauvaise grâce :

— Traduisez !

Le colonel et les officiers qui le protégeaient semblaient faits dans le même moule : yeux sombres et moustaches intolérantes, une superbc moins naturelle que résultant d'un long apprentissage. Je soupirai. Et puisque j'étais obligé de lire, je le fis sur un ton diaphane, prononçant lentement, sur un ton explicite, comme si l'idiot du village m'avait écouté et que je doutais de ses facultés à comprendre le flegme civique des Barcelonais :

"La nouvelle annoncée dans la lettre de l'ennemi, que cette Ville a reçue par le biais d'un clairon, a mérité tant d'attention que réponse ne lui en a pas été faite immédiatement, le temps nécessaire a été pris afin de fournir la réponse opportune."

Je levai les yeux de la feuille de papier.

— Vous voulez que je poursuive ? fis-je. Ou alors vous imaginez la suite ?

— Lisez !

Des vapeurs chaudes s'échappèrent de mon nez. Il commençait à me les briser, ce petit gros colonel et son ton de grand manitou, je n'étais pas venu là pour recevoir des ordres de l'ennemi. J'hésitai, la question était : lire ou ne pas lire. Je décidai que j'exécutais les ordres de don Antonio.

Je remplis mes poumons afin d'être entendu par les milliers de soldats en uniforme blanc qui brandissaient des pelles et des pioches derrière les parapets en construction. Vaincus par la curiosité, ils avaient cessé de travailler pour observer la scène. Ils me regardaient attentivement, sans animosité. Leurs officiers nous regardaient eux aussi, tellement absorbés qu'ils ne donnèrent pas l'ordre de reprendre le travail. Je me dis : "Lis-le comme le ferait Jimmy s'il s'annonçait lui-même aux portes du ciel", aussi déclamai-je sur un ton de stentor :

"Les portes de cette Ville se sont fermées et la place se défend contre les ennemis qui tentent de l'envahir.

Cette Ville et toute la Principauté continuent la guerre par loyauté innée envers leur souverain, de qui dépend la déclaration de paix ou de guerre.

Les menaces injustes et inhabituelles encouragent, mais n'effraient pas, le cœur de vassaux qui conservent et renouvellent leur serment de fidélité.

Et parce que cette Ville n'a pas pour habitude d'enfreindre les règles de la politesse, elle rend le trompette avec l'assurance qu'il avait quand il s'est présenté, et au vu de cette réponse, monsieur le duc de Pópuli pourra prendre les diligences qu'il souhaitera, car la Ville est résolue à s'opposer à toutes, comme l'avenir le dira.

Barcelone, 29 juillet 1713."

L'espace d'une seconde, une seconde plus longue que son foutu cordon, l'armée des Deux Couronnes resta à nous observer, comme si le *Mystère* nous avait pétrifiés. Je baissai la feuille de papier d'un geste brusque, alors seulement, le gras colonel cria, indigné ou feignant de l'être :

— Quelle est cette farce ? Si je comprends bien, vous avez envie de subir un assaut ?

— Qu'est-ce que vous croyez ? grognai-je. Que les bastions sont destinés à vous recevoir avec des fleurs ?

— Une telle folie ne peut émaner que de criminels qui reconnaissent leur faute et redoutent donc le châtiment royal.

— Eh, dites, un peu de respect, protestai-je.

— Vos murailles ne tiennent pas debout, et l'armée de Sa Majesté dispose de quarante mille soldats aguerris !

Je brandis les poings au-dessus de ma tête.

— Et nous, de cinquante mille ! Tous les habitants de cette ville, plus tous les pauvres qui ont fui votre terreur armée !

— Zuviría, je vous en prie, intervint le jeune paillasson, ouvrant la bouche pour la première fois.

Mais l'homme était parvenu à me mettre en colère, et je poursuivis :

— Et c'est précisément vous qui nous traitez de criminels ! Quand nous avons occupé Madrid en 1710, la pire chose que nous ayons faite a été de distribuer des sacs pleins d'argent. Et maintenant, vous nous remerciez en incendiant villes et villages, en pendant des femmes et des vieux, et en vous plantant devant nos murs, disposés à nous faire griller avec mille quintaux de poudre.

— Je ne tolère pas qu'on élève la voix contre moi, et encore moins un rebelle à son roi ! La seule chose qui m'empêche de vous appliquer une juste leçon, ce sont les lois d'hospitalité de la guerre ! brama le colonel. Vous avez encore le temps de retrouver la raison. Comment comptez-vous résister au très noble duc de Pópuli ? Il a obtenu la gloire immortelle sur le champ de bataille, et son haut lignage descend des familles les plus augustes de Naples.

Napolitain ! Il n'aurait pu choisir meilleur argument pour me calmer. Leur commandant en chef, Pópuli, était napolitain ! Vous voyez qu'ils sont toujours partout !

— Vous avez dit napolitain ? m'enquis-je avec cette retenue trompeuse qui précède une explosion de poudre.

— De Naples, oui, de sa plus haute noblesse.

Je l'interrompis en braillant comme un hippopotame.

— Vous savez pourquoi votre petit général italien n'attaque pas la ville ? Parce qu'il est mort de peur ! Il a le trou du cul si serré qu'il ne laisserait pas passer les antennes d'un scarabée !

— Je vous en prie, lieutenant-colonel ! fit, scandalisé, le petit paillasson, dont le visage, à ce stade, ressemblait parfaitement à une blette, moitié vert, moitié blanc.

— On va donner à Pópuli un coup de pied qui lui fera traverser la Méditerranée en décrivant un vol parabolique, pour regagner sa botte italienne ! ajoutai-je. Et, m'adressant aux officiers qui veillaient sur le colonel grassouillet : Et vous tous, si vous approchez, on vous transformera en passoires, bande d'idiots !

Eh bien, inutile de dire que la galante cérémonie s'acheva sur ces paroles. Le jeune paillasson était si consterné qu'il ne dit pas un mot sur le chemin du retour. De mon côté, devant Villarroel, je me contentai d'un évasif :

— Mission accomplie, don Antonio.

2

Ainsi commença le long, cruel et singulier siège de Barcelone. En quelques jours, les Bourbons fermèrent leur cordon, tant bien que mal, d'un bout à l'autre de la ville. Puis ils furent si occupés à le perfectionner qu'ils ne cherchaient même pas à nous tirer dessus.

L'état d'âme d'une ville est plus fluctuant que la bourse de Londres, les Barcelonais passèrent donc très vite de l'euphorie à la monotonie que génèrent les ballottages sans fin. Barcelone ne comptait pas se rendre, et Pópuli n'attaquait pas ses murailles. Le service dans les bastions se réduisait à quelques duels d'artilleurs plus pittoresques que dangereux, courses de cavaliers sur la terre battue du no man's land, entre déserteurs des deux camps. Cela peut sembler étrange, mais le courant qui coulait vers la ville était beaucoup plus fourni que celui qui en ressortait. Les Espagnols étaient plus nombreux à déserter que les Français, sans doute parce qu'ils mangeaient moins bien. Les transfuges tendaient à exagérer les pénuries pour se faire plaindre, mais leurs chaussures sans semelles parlaient pour eux.

La tension entre Français et Espagnols croissait de jour en jour. Les premiers accusaient leurs alliés d'être inutiles et incapables ne fût-ce que d'assurer l'entretien minimum d'une troupe de siège. Les Espagnols, en revanche, se plaignaient de ce que la flotte française paressât sur les vagues. (C'était vrai. Le blocus maritime était risible, du moins jusqu'à l'arrivée de Jimmy.)

Moi, en ma qualité d'ingénieur, j'étais très heureux de la marche du siège. Je vous rappelle qu'on donnait trente jours de vie à une ville assiégée *selon les règles*, et ce, dans le meilleur des cas pour les assiégés. Un ingénieur qui s'occupe de la défense n'aspire donc qu'à gagner du temps. Ce que le gouvernement ferait de ce temps supplémentaire ne me regardait pas : négocier une paix digne, obtenir des renforts de l'étranger ou faire intervenir la diplomatie mondiale. Peu importait. Si les cris de Barcelone s'entendaient en Europe, quelqu'un agirait tôt ou tard. C'était là mon vague raisonnement. Celui de tous. Pendant ce temps, les mois passaient et Pópuli ne se décidait pas à creuser une tranchée, chaque aube nouvelle pouvait donc être considérée comme une victoire.

Oui, une curieuse *drôle de guerre*. Songez que le soldat ordinaire de la Colonelle servait sur les murailles ou dans les bastions pendant son tour de garde avant d'aller dîner ou prendre le petit-déjeuner à la maison, très souvent à quelques centaines de mètres seulement du poste de combat. Moi-même, après avoir passé cinq minutes dans un bastion et observé les bourboniens à la longue-vue ou supervisé des ouvrages défensifs, je m'asseyais à table avec Anfán sur les genoux, et Amelis me mettait une assiette sous le nez. "Oh, mon chéri ! Comment s'est passée ta journée ? – Très bien, mon amour, une de leurs patrouilles est passée, nous avons baissé nos pantalons et leur avons montré notre cul."

Les gens prenaient toujours l'apéritif sur la promenade maritime. On pouvait parfois assister à d'émouvants combats entre nos vaisseaux, qui déjouaient le blocus, et les Français, qui tentaient de temps en temps de les en empêcher. La foule encourageait et applaudissait comme si elle s'était trouvée dans une sorte de théâtre aquatique davantage que dans une ville assiégée.

Les bateaux apportaient des provisions et des messages. Si l'on en croyait les nouvelles qui nous parvenaient de l'extérieur, toujours rares et fragmentaires, dans le reste de la Catalogne se déroulaient des combats beaucoup plus cruels que dans Barcelone assiégée. Les paillassons rouges se démenaient également pour obtenir des nouvelles. Certains de ces bateaux transportaient des lettres que Karlangas envoyait de Vienne. Je crois que je l'ai déjà dit : ce porc nous avait vendus, mais dans ses lettres royales, il nous disait : "Très bien, bravo mes enfants, continuez à résister à votre bourreau."

Entre les lignes subsistaient des maisons communes, des auberges et, sur les chemins proches de Barcelone, des maisons closes. À mesure que le siège avançait, elles étaient démantelées et détruites. À cause de l'artillerie et, dans une plus grande mesure, parce que les deux camps envoyaient des escadrilles de fourrageurs s'emparer des briques, des tuiles et des planches. Ils prenaient tout ce qui pouvait leur permettre de renforcer les défenses du cordon, et nous, celles des murailles.

Généralement, pendant la journée, une patrouille, des nôtres ou des leurs, occupait un bâtiment abandonné à mi-chemin entre les murailles et le cordon. Elle démontait les structures qui l'intéressaient le plus discrètement possible et, avec le coucher du soleil, les hommes regagnaient leurs lignes, emportant le produit du pillage dans des sacs ou à bout de bras. Quand c'était possible, nous nous retirions, mettant à profit le lit d'un torrent à sec, ou un canal d'irrigation abandonné, afin de nous dissimuler à la vue de l'ennemi. Évidemment, les escarmouches se répétaient. Davantage suite à des équivoques que par esprit de lutte, soit dit en passant.

Le pillage est associé à une explosion de brutalité sauvage, quand il est sûr que démolir méthodiquement un bâtiment est une des opérations des plus compliquées, particulièrement quand il faut diriger un certain Ballester et son escadrille. (Cela me revint, bien sûr, les autres officiers ayant décliné un tel honneur.) Au début, ils provoquaient l'ennemi plus qu'ils ne s'en cachaient. Ils ne voulaient pas comprendre que nous étions allés jusqu'à cette ferme abandonnée, ou à ces écuries, pour faire provision de matériel et le soustraire aux bourboniens. Je m'énervais quand je les voyais perdre leur temps à sortir des vêtements féminins des malles, les passer par-dessus les leurs et plaisanter entre eux. Au lieu de garder le silence, nous étions entourés en permanence d'une fête stridente, de jupons autour de leur cou. Ce bon Zuvi ressemblait à une poule qui donne des ordres à dix loups. Et souvent, ces ordres leur étaient incompréhensibles.

— Les encadrements ! Arrachez les encadrements des fenêtres et des portes-fenêtres.

— Mais pourquoi voulez-vous que nous prenions les encadrements en bois ?

— Faites ce qu'on vous dit !

— Vous, les petits ingénieurs, vous transformez la guerre en une chose très étrange, se plaignaient-ils.

Quand nous nous retirions, il y avait toujours un ou deux hommes portant autour du cou, matelassé par des jupons volés, cinq ou six grands cadres carrés ou rectangulaires dont le poids les obligeait à courir penchés en avant.

Je les astreignis à avancer l'horaire des démolitions. Pour devancer les bourboniens et parce que, sinon, ils sortaient déjà ivres de Barcelone. Je ne pus toutefois pas éviter qu'ils reviennent saouls car, les premiers jours, il était encore possible de trouver du vin et de l'eau-de-vie dans les demeures abandonnées.

Parfois, quand je les voyais un peu abattus, je devenais plus indulgent. Ces habitations, il y avait peu de temps encore, étaient occupées par des gens comme eux. Ou du moins comme eux avant de devenir des miquelets. Je pouvais lire dans leurs pensées : "Si nous sommes venus défendre une ville, pourquoi détruire des maisons, même si elles se trouvent hors les murs ?"

Je leur faisais la leçon.

— Votre vie n'est plus à vous ! Maintenant, elle appartient à la ville, et c'est à elle qu'il convient de décider quel usage lui donner et quand la sacrifier. Tant que durera le siège, nous n'existons pas comme individus. Comprenez-le bien !

Alors Ballester répliquait et nos débats montaient souvent jusqu'au ciel. C'était une forme de commandement très isocratique*, certes, ce qui ne m'empêchait pas d'en sortir essoufflé. Je me sentais pris au piège : la mâchoire d'en bas était Ballester, et celle d'en haut don Antonio.

Je compris enfin l'utilité de la salle sphérique. Servir sous les ordres d'un commandant tel que Villarroel, c'était comme vivre là-bas, et il ne tolérait aucune négligence. Quand les ouvrages de fortification sur ce pan de muraille seront-ils terminés ? Pourquoi y a-t-il un angle émoussé dans le bastion de Sant Pere ? À quoi est dû ce vide dans la clôture ? De combien de briques disposons-nous ? Il me détruisait les muscles et le cerveau. Et pourtant, le siège n'était encore qu'un ensemble de légères escarmouches.

Don Antonio était généralement entouré d'une cohorte d'assistants et d'officiers. Mais par un matin froid, nous nous retrouvâmes

* Isocrate (Athènes, 436-338 av. J.-C.), l'un des dix orateurs attiques, qui fonda une école de rhétorique célèbre.

dans les murailles, seuls. Enveloppé dans une couche humide de rosée et observant avec sa longue-vue le cordon ennemi, il ressemblait à une pierre supplémentaire de nos défenses.

— Don Antonio, je suis rongé par un doute, l'interrompis-je.

Il ne se mit pas à bramer, ce que j'interprétai comme une permission de parler.

— Vous m'avez reproché de ne pas avoir ce qu'il fallait, poursuivis-je. Et malgré tout, vous m'avez accepté à votre service.

— *Fiyé*, vous avez été éduqué par le meilleur ingénieur de notre époque, je ne peux me passer de telles connaissances, dit-il sans détourner l'œil de sa longue-vue.

— Mais il n'a pas validé mes études, dis-je en remontant ma manche. Regardez ces tatouages. Ils parlent de moi, et le cinquième proclame que je suis un imposteur. Il y a une chose que j'ignore, don Antonio, mais je ne sais pas ce que c'est. Vous pourrez peut-être me le dire.

Villarroel ne se troubla pas. Il continuait à parcourir les positions ennemies de sa lentille, et dit :

— Laissez-moi vous poser une question, mon petit. Si l'armée des Bourbons au grand complet assiégeait votre maison, défendriez-vous le dernier recoin jusqu'au bout ? Répondez.

— Oui, monsieur, dis-je, et ce ne fut pas la réponse la moins enthousiaste de ma vie.

— Un général est un individu qui passe sa vie à entendre le traditionnel "Oui, monsieur !". Et vous savez quoi ? Je ne me fierais pas à celui que je viens d'entendre, répliqua-t-il pourtant.

Je me tus. Il baissa sa longue-vue.

— Zuviría, vous ne manquez pas de connaissances. En France, on vous a appris tout ce que vous aviez besoin d'apprendre. Ce qui vous empêche de trouver ce que vous cherchez est autre chose, une chose très simple, en fait.

Il se produisit alors un curieux phénomène. Quelque chose s'empara des yeux de don Antonio, une sorte d'humeur douce, un déchirement compatissant. Je n'avais jusqu'à présent vu ce regard extraordinaire que chez deux personnes, deux seulement : Amelis et Ballester.

— Vous n'avez pas encore assez souffert, me dit-il. Il fit une pause, comme s'il attendait que ce quelque chose quittât son corps, et quand il s'exprima, il était redevenu le grand général. Demain, je notifierai à l'état-major le début d'une manœuvre très importante, décisive. Nous y jouerons une bonne partie de nos atouts dans cette guerre. Il n'y avait aucune ironie dans ses paroles lorsqu'il ajouta : Si vous survivez, ce sera peut-être après avoir résolu le doute niché en votre âme.

J'allais prendre congé quand il vit mon fourreau vide.

— Encore une chose : un officier sans épée n'est pas un officier, dit-il. Procurez-vous-en une.

À l'intendance, ils étaient si rapiats qu'ils voulaient me faire payer six livres pour une épée. Je refusai catégoriquement. La nuit même, pendant que Peret ronflait, je lui volai la sienne. La lame était si ébréchée et usée qu'elle ressemblait plutôt à une scie. Peu importait, la plupart du temps elle serait dans son fourreau. Offensé au plus haut point, Peret exigea que je la lui rende jusqu'à la fin du siège. Je fis la sourde oreille. Six livres ! *Au, vinga**.

La manœuvre dont m'avait parlé don Antonio consistait à envoyer une expédition conséquente en mer, plus de mille hommes accompagnés de la cavalerie, et à la débarquer à l'arrière-garde de l'ennemi. Ils auraient pour mission de soulever le pays dans le dos du cordon. Quand nous aurions recruté suffisamment de volontaires, nous attaquerions le cordon bourbonien par-derrière, coordonnés avec une sortie générale de la Colonelle barcelonaise. Pópuli se trouverait pris entre deux feux.

À Bazoches, on m'avait appris toutes les modalités de sortie praticables par une garnison assiégée, et je devais reconnaître que celle-ci était des plus imaginatives, audacieuse et à la fois bien planifiée. Ou elle l'aurait été s'il n'avait existé en ce monde une race de dilettantes pernicieux et gloutons, connue de tous comme les paillassons rouges !

Waltraud me demande de me calmer et de poursuivre, mais je ne veux pas me calmer, je n'en ai pas envie. Parce que les Espagnols et les Français, il fallait les tuer sans rancœur, ils étaient l'ennemi. Mais les paillassons rouges, les petits messieurs aux joues poudrées, transformèrent tout ce pourquoi nous luttions en une coquille

* Catalan pour : "Et allez donc."

vide. Dans le fond, ils ne croyaient pas aux Libertés et aux Constitutions catalanes. Ils finirent par se retrouver devant une campagne d'extermination si inédite et féroce qu'ils n'eurent finalement d'autre choix que de continuer à se battre. Mais leur devise secrète était : "Plutôt les chaînes que le chaos." Je raconterai tout ! Comment ils baisèrent le général Villarroel, comment ils renversèrent nos victoires. Car jusqu'à présent, je n'ai entendu sur cette guerre que les versions provenant d'en haut ou de l'ennemi : toutes fausses et vides. C'est bien connu, les verres vides font toujours plus de bruit que les verres pleins.

Du *schnaps*, donne-moi du *schnaps*, encore du *schnaps*. Que l'amertume dessèche les gorges, jamais les cœurs ! Martí Zuviría, toujours joyeux, toujours content !

Revenons à nos moutons. Où en étions-nous ? Ah, oui, l'expédition.

Le gouvernement exigea qu'elle fût dirigée par le député militaire, le très noble et paillasson rouge suprême Antoni Berenguer. Ce n'était pas l'homme le plus indiqué pour une aventure aussi complexe et risquée. Malgré sa charge, c'était un homme politique, pas un militaire, et son âge avancé l'obligeait à se déplacer en chaise à porteurs avec un urinoir incorporé au siège, où il pouvait se libérer facilement après que l'on eut tiré un rideau sommaire. Ses paupières inférieures pendaient comme des languettes humides et sanguinolentes. Reconnaissons toutefois que sa barbe et ses moustaches blanches, taillées par un barbier de luxe, lui conféraient un aspect vénérable.

Le député militaire était entouré d'un cortège de dirigeants afin de souligner la solennité de la charge. Ce n'était qu'une bande de lèche-culs et nous commençâmes sur-le-champ à les appeler "les feignants" de Berenguer. Leur existence n'avait de sens qu'à proximité du député ; loin de lui, ils étaient un troupeau vêtu de soie.

Berenguer me causa du souci dès le début. D'accord, le député militaire était l'incarnation institutionnelle de l'esprit de lutte. C'était lui, et lui seulement, qui avait le privilège sacré de promener la masse en argent qui symbolisait le doit des Catalans de s'opposer aux envahisseurs. Il s'agissait d'un long bâton baroque que le peuple appelait affectueusement "la Matraque". Tout Catalan de plus de seize ans qui l'aurait vue exhibée dans sa localité, et empoignée par le député militaire, avait le devoir de tout quitter pour défendre son pays. Mais comprenez mon raisonnement : était-il nécessaire d'embarquer ce petit vieux timoré qui ne pouvait plus retenir ses pets ? Et ce n'est pas une image, ses intestins n'en pouvaient plus.

En ce qui concerne le colonel Dalmau, Sebastià Dalmau, il est impossible de trouver les mots pour décrire les talents de ce petit homme géant. Disons que, de tous les héros anonymes de ce siècle, ce fut l'un des plus grands.

Il descendait de l'une des plus riches familles de Barcelone. Quand la nouvelle de l'évacuation de la Catalogne par les armées alliées se répandit, elle n'hésita pas à se ranger du côté de la Généralité. Ses membres firent partie des rares riches qui suivirent la proclamation de la *Crida*. Ils y investirent toute leur fortune, et la perdirent en finançant la guerre catalane. À tel point que le régiment de Sebastià était intégralement financé par sa famille, y compris la solde, les armes, l'équipement et les uniformes. En fait, l'infanterie de l'expédition serait composée de son régiment, formé d'individus qui n'appartenaient à aucune noble corporation. Piliers de tavernes et de bordels, racaille à laquelle le gouvernement se fiait moins qu'à la foi d'un juif convers. Moi, en tant qu'ingénieur, je ne les jugeais pas à leurs origines ni à leur prestance, mais à leur efficacité militaire, et je dois dire qu'ils me semblaient constituer une unité magnifique. Les paillassons rouges suivaient une autre logique et ils respirèrent, soulagés de perdre de vue la troupe de Dalmau (pourquoi risquer la vie de saints hommes quand la lie se propose ?).

Certains hommes naissent joyeux, comme d'autres naissent boiteux ou avec les yeux bleus. “Tout ira bien”, disait le sourire de Dalmau, et cela résonnait davantage comme une prophétie que comme un souhait. Sebastià Dalmau était né pour le commandement. Il en avait bien sûr une conception très barcelonaise. Dans le fond, il considérait la guerre comme un commerce, la patrie comme son entreprise, et sa famille comme des actionnaires. À bien y réfléchir, dans une armée de civils, c'était le commandant idéal.

Des autres officiers embarqués, seul un colonel allemand vaut la peine d'être mentionné. Et moins nous parlerons de lui, mieux cela vaudra. Les peuples assiégés ont tendances à vivre des histoires sombres.

Ce colonel allemand avait été l'un des rares, très rares qui, lors de l'évacuation, préférèrent quitter l'armée alliée pour se mettre au service de la Généralité. Mais il n'était mû par aucune cause noble. Son dossier militaire était émaillé de divers délits de droit commun, parmi lesquels figurait le détroussement de cadavres. Il dirigeait manifestement une bande de pilleurs qui dévalisaient les cadavres des soldats avant qu'on les enterre dans les fosses communes.

Se voyant dans une situation délicate, et profitant de la *Crida*, l'homme passa dans notre camp en alléguant le grand amour qu'il éprouvait pour la cause catalane. La Généralité manquait d'officiers, de sorte qu'ils le reçurent à leur service sans trop de questions. Il devait malgré tout être une si mauvaise recrue que les volontaires allemands avaient refusé catégoriquement de servir sous les ordres d'une pareille crapule. Don Antonio le prévint très sévèrement, de deux choses l'une : soit il se réhabilitait au plus fort du combat, soit il pouvait faire ses valises pour Vienne, où une corde l'attendait. Il n'avait pas d'autre solution que de faire partie de l'expédition.

Son mot favori était *Scheisse*. Il le répétait si souvent que ses hommes finirent par l'appeler Scheissez. Tu dois savoir, ma chère et repoussante Waltraud, que la terminaison des patronymes d'origine castillane, "ez", signifie "fils de". Ainsi, Pérez signifie "fils de Pedro" ; Fernández, "fils de Fernando", etc. Ce qu'ignoraient les Barcelonais, c'était qu'en allemand, *Scheisse* signifie "merde". Donc, quand ils s'adressaient à leur supérieur, ils le traitaient de Merdez. Cela n'amusait pas du tout Merdez, mais comme don Antonio ne tolérerait aucun abus, il n'eut pas d'autre moyen que d'avaler la couleuvre. Il vous regardait toujours du coin de l'œil. Pendant la traversée, nous n'arrêtâmes pas de nous observer mutuellement. Il était comme un rat de plus parmi les rats qui étaient à bord, à la seule différence que les rats sont les premiers à quitter le navire quand il coule, et Merdez se demandait seulement comment le quitter le plus tôt possible, qu'il flottât ou non.

Quant à moi, je ne pouvais m'ôter de la tête ce regard de don Antonio juste avant qu'il m'ordonne de rejoindre l'expédition. Maintenant, la guerre dépendait du millier d'hommes qui naviguaient avec moi. J'allais peut-être à la rencontre de la leçon définitive. Du Mot.

Ballester et ses dix hommes nous accompagneraient. Ils seraient très utiles comme explorateurs. Quant à la flotte française qui bloquait le port, c'était le cadet de nos soucis. Nos bateaux longeraient la côte, les leurs, qui possédaient un fort tirant d'eau, ne s'en approchaient jamais. Le trajet jusqu'à Arenys était plutôt court, à six heures seulement par vent favorable, et il convenait d'être rapides pour bénéficier du rideau de la nuit. Je vous épargne l'embarquement ; quarante-sept navires de toutes les tailles, mille hommes d'infanterie et plusieurs escadrons de cavalerie montant sur les bateaux. Et je vous épargne aussi le voyage que, étant donné mon grade, je dus faire à côté du député Berenguer, de ses pets et de ses feignants.

Le débarquement fut aussi désagréable que la traversée, et beaucoup plus compliqué. Il y avait peu de barcasses pour transporter toute la troupe à terre. Les hommes durent avancer dans l'eau jusqu'à la taille, poudre et fusils au-dessus de leur tête. Pour les chevaux, ils se contentèrent de les jeter à l'eau. Ils arrivèrent à terre guidés par l'instinct. Je fus parmi les premiers à descendre, après Ballester et les siens. Et non par courage, mais parce que je ne pouvais pas en supporter davantage. Quand je foulai la terre ferme, j'avais l'impression d'avoir une toupie à la place de la tête. (La mer ! Devinette : qu'est-ce qui peut être aussi grand et inutile que la mer ? Réponse : seule ma chère et repoussante Waltraud ! Ça ne te fait pas rire ?)

Pour finir de compliquer le tout, les compatriotes d'Arenys vinrent nous accueillir avec l'enthousiasme propre aux civils libérés par une troupe. C'était très bien, mais si vous voulez un sac d'embrouilles, mélangez un régiment trempé, des chevaux lâchés sur la rive, des barcasses qui débarquent des hommes et du matériel, des officiers aphones à force de crier, et des centaines de vieux, de femmes et d'enfants étreignant des soldats qui ont encore le mal de mer. Le député devait être traité avec tous les égards, et le conduire à terre avec sa chaise à porteurs constitua un véritable spectacle. On ne trouva pas de barque adaptée pour le petit monsieur, de sorte qu'ils eurent la brillante idée de le porter sur leurs épaules, les hommes dans l'eau jusqu'à la taille. Ils firent d'abord descendre la chaise, puis le député. C'était compter sans le poids de cette machine à pets. En s'installant sur le siège, il fit s'enfoncer les pauvres porteurs jusqu'au cou. Un peu plus, et ils se noyaient. Mais Berenguer en fut très satisfait, car avançant au ras de l'eau, il ressemblait à Jésus-Christ sur une chaise.

Je m'étais presque remis du mal de mer, et je m'approchai d'une légère élévation d'où l'on apercevait toute la plage. Ballester s'y trouvait. Ses hommes prenaient le petit-déjeuner assis entre les rochers. Il regardait la mer debout et songeur, les rênes de sa monture dans une main. Pour les gens des montagnes, la mer ne cesserait jamais d'être un mystère grandiloquent. Le débarquement allait prendre un certain temps, et je descendis pour discuter avec lui.

— Ceci est très ennuyeux, dis-je avant de lui lancer un défi : On pourrait aller se promener ? Je parie que j'arrive à Mataró avant vous.

Mataró était occupée par l'ennemi. C'était à peu près comme si je le défiais pour une chevauchée débridée vers l'abîme, où celui qui se montrerait timoré perdrait. Il souffla avec mépris et, sans me regarder, il me répondit :

— L'armée a de l'eau jusqu'au cou, et vous, vous pensez à faire une petite course.

Il était si revêche que je me plaisais à le piquer.

— Ah ! Vous ne voulez pas chevaucher parce que vous avez peur de perdre. Je parie une livre.

Il tourna soudain la tête, la veine bleue de son front à moitié dilatée.

— N'avez-vous pas dit que je devais obéir à tous vos ordres ? ajouta-t-il. Eh bien, ordonnez-moi de monter sur mon cheval !

Nous nous exécutâmes. En un clin d'œil, nous galopions déjà à une vitesse vertigineuse. (Inutile de le dire : c'était parfaitement stupide, un outrage au bon sens. Mais tu sais quoi, ma chère et repoussante Waltraud ? Nous étions jeunes.)

Nous allions sur un chemin étroit qui traversait une forêt. Son cheval était noir, le mien presque blanc. Pendant un bon moment, leurs têtes se maintinrent au même niveau. De temps en temps, je penchais la tête et lui tirais la langue. Ballester n'avait aucun sens de l'humour, il s'emportait et éperonnait sa monture. J'ignore ce qui arriva à mon cheval. Peut-être vit-il un serpent ou trébucha-t-il sur une racine de pin, toujours est-il qu'il s'arrêta net et que j'effectuai un vol plané. Heureusement, il avait plu les jours précédents, le chemin était un peu boueux, ce qui amortit la chute.

Je me relevai, scrutant la végétation avec tous mes sens. Je commençais à réaliser notre témérité. Nous avions parcouru une bonne distance en direction du sud, et d'Arenys à Mataró, il ne devait pas y avoir plus de cinq ou six kilomètres. Il était impossible que dans une localité telle que Mataró, proche de Barcelone, les bourboniens n'aient pas installé une garnison.

— C'est bizarre, il n'y a personne. Ni contrôle en chemin ni patrouilles à cheval. Rien.

— Nous les avons surpris, opina Ballester, s'intéressant maintenant à la question. Ils ne s'attendaient pas à ce que nous débarquions à l'arrière-garde.

Je remontai à cheval et nous poursuivîmes notre chemin pendant un moment encore. Aucune trace de vie humaine. Juste la même forêt épaisse et mortellement silencieuse. Nous arrivâmes à une courbe qui longeait une pente très prononcée.

— Regardez ! criai-je.

Alarmé, Ballester porta la main à son épée. Mais je voulais juste parler des centaines de papillons orangés qui voletaient dans une clairière, juste devant la courbe. Je descendis de cheval et m'introduisis dans ce nuage aux ailes orangées.

Il me vint des souvenirs de Bazoches, de cette facette d'une magie rationnelle que les frères Ducroix montraient parfois. Non, je ne voulais pas de mal aux papillons. Bien au contraire. Dans ce monde en guerre, en ces temps qui dansaient au bord de l'abîme, me plonger entre leurs ailes constituait une sorte de bain de l'esprit. Ils le comprirent et vinrent à ma rencontre. Ils se posèrent par douzaines sur ma main tendue, recouvrant la manche de mon uniforme comme des guirlandes lumineuses.

— Vous voulez les manger ? me demanda Ballester en riant, sur son cheval.

— Ne soyez pas barbare ! Ils se posent sur ma main justement parce qu'ils savent que je ne leur ferai pas de mal. Écoutez-moi : lorsque quelqu'un observe attentivement un paysage, il en fait alors partie. Et les insectes aiment les nouveautés.

— Mon Dieu… ronchonna Ballester les mains sur le pommeau de sa selle. Nous sommes l'avant-garde et vous perdez votre temps à apprivoiser des vers ailés.

— Descendez de cheval, l'incitai-je. Je vais vous montrer un truc.

Il avança un peu plus pour voir s'il y avait quelqu'un derrière le tournant. Puis il descendit de sa monture.

— Tendez le bras, lui dis-je. Allons ! Que vous arrive-t-il ? Le courageux Ballester ne craint pas une armée de bourboniens et il a peur des papillons ?

— C'est moi qui fais peur aux bestioles. Mes hommes peuvent en témoigner : après une nuit chaude, ils se réveillent couverts de piqûres. Les moustiques ne s'approchent pas de moi.

Il finit par tendre un bras, la main ouverte. Des douzaines de papillons tournaient autour de moi mais, comme Ballester l'avait prédit, ils l'ignoraient.

— Vous voyez ? fit-il d'un air triomphal en retirant la main.

— Il ne s'agit pas de leur tendre la main, mais de vous offrir tout entier, répliquai-je. La main doit être le message et le messager.

Il souffla, offensé. Au lieu de répliquer, il tendit à nouveau la main, la paume ouverte, comme on accepte le défi d'un pari fastidieux. À sa grande surprise, un papillon vola vers lui. Il décrivit quelques boucles avant de se poser sur cette main aux doigts rugueux et calleux.

Les traits de Ballester s'adoucirent. Il regardait ce papillon d'un œil d'enfant, chose impensable chez un homme tel que lui. Pour une fois, une créature, ne fût-ce qu'un vers ailé, ne le craignait pas. Nous échangeâmes un regard. Nous nous mîmes à rire. Je ne sais plus très bien pourquoi, mais nous riions.

Un bruit léger et rythmé, comme du laiton, interrompit le sortilège. Encore immobile, Ballester tourna la tête vers le virage. Six soldats apparurent. Le bruit provenait de la buffleterie claquant contre les gourdes. Ils portaient des uniformes blancs. La veine bleue de Ballester gonfla soudain.

Les soldats s'arrêtèrent net. Bien qu'ils portent le fusil au repos, ils furent saisis par la surprise : deux hommes, sur un chemin boisé, jouant avec des papillons. Pendant un long moment, Ballester garda la main tendue. Puis le papillon s'envola.

Ce fut le signal pour qu'il attaque en dégainant son épée. Les six hommes marchaient en colonne par deux, Ballester entra au milieu. Ils donnaient des coups d'épée à la hauteur du cou, à droite et à gauche. Je me rappelle seulement les rugissements animaux de Ballester et les six hommes tombant, blessés à mort. En un battement de cils, les six Français étaient déjà à terre, morts ou gravement blessés.

Ballester avait déchargé tant d'énergie, et en un laps de temps si bref, qu'il dut poser les mains sur ses genoux, haletant. À sa façon de me regarder, je ne savais s'il me demandait pardon ou s'il me reprochait les papillons. Je haletais moi aussi, mais de peur.

Quatre autres soldats apparurent derrière le virage. Ils arrivèrent à toute vitesse en brandissant leurs fusils. Ils n'en croyaient pas leurs yeux : six compagnons morts, deux hommes debout.

— Lâchez votre épée ! dis-je à Ballester.

Il obéit, mais je savais à quoi il pensait : à avoir les mains libres pour dégainer ses pistolets. Mieux valait être faits prisonniers que la mort, et je criai :

— Ballester, je vous en prie, ne sortez pas votre épée ! Ne faites pas ça !

Tout le monde criait, sauf lui. Les Français sur le point de tirer, moi proposant de nous rendre. Ballester les bras croisés, une crosse dans chaque main. *Ne tirez pas, nous nous rendons !* C'est bête à dire, mais je me souviens que l'air s'était vidé de papillons.

En entendant la fusillade, je me jetai à terre roulé en boule, les mains sur mon chapeau. Trois "crac crac crac" de suite, puis trois, puis encore trois "crac crac crac".

Quand je levai la tête, il se trouva que les morts n'étaient ni moi ni Ballester, mais les six Français. De la pente raide et boisée qui se trouvait sur notre droite, sortirent une dizaine de miquelets aux fusils encore fumants.

Ils se méfiaient de nous.

— Aux ordres de qui êtes-vous ? demandèrent-ils.

— De l'empereur Charles, répondis-je, à genoux et en tremblant. Et vous ?

— De Busquets. Mains en l'air. Et bien haut, m'indiqua leur chef en me tenant en joue. Je veux voir tes coudes collés aux oreilles.

J'obéis en protestant :

— Nous sommes l'armée de la Généralité !

Je ne parvins qu'à augmenter leur méfiance. Le canon de leurs armes se dirigea vers mon visage.

— Menteur ! Et si tu parles catalan, tu dois être un botifler.

Pendant que tous me regardaient, Ballester en profita pour achever un Français qui agonisait. La balle lui entra par la nuque et ressortit par la bouche comme s'il l'avait crachée.

Je ne compris jamais la relation de Ballester avec la violence, jamais. Le Français était en train de mourir irrémédiablement, et il était plus humain de lui éviter des souffrances, d'accord. Mais Ballester pouvait tirer sur un homme de la même façon qu'il nouait ses lacets. Un acte trivial, dépourvu de réflexions ou de conséquences. Quant à moi, je devais être pâle, là, encore à genoux et les bras en l'air. Ballester se contenta de rengainer son épée.

— Conduis-moi à ton chef, dit-il au miquelet qui m'interrogeait. Il me doit vingt livres. Il me regarda et ajouta : Busquets est très mauvais aux dés.

On nous emmena dans une clairière où se trouvait un groupe d'hommes. Dans l'air flottait cette tristesse de plomb qui surgit après une défaite. Ceux qui n'étaient pas blessés et plaintifs avaient le moral en berne comme un épouvantail sans échalas. Le ciel était maussade, nuageux et gris.

À la différence des miquelets de Ballester, aguerris lors de mille batailles, les hommes de Busquets étaient des civils qui découvraient la vie en montagne. Ils portaient encore des chaussures au lieu d'espadrilles, n'avaient pas les épaules couvertes par la capote bleue traditionnelle et leur armement semblait improvisé, comme si, dans une fuite précipitée, ils avaient pris des couteaux de cuisine et le vieux fusil accroché au-dessus de la cheminée.

Rien de cela ne semblait intéresser Ballester. Il alla directement vers un type allongé à terre, le dos appuyé contre une selle, barbe blonde et crinière léonine. À ses anneaux en or aux oreilles, je déduisis que c'était le chef, le dénommé Busquets. Il avait une balle logée dans l'épaule gauche. À ses côtés, un autre homme agenouillé fouillait dans la blessure avec des pinces. Tâche difficile, car Busquets hurlait comme un sanglier pris au piège tout en buvant de l'eau-de-vie et en criant quand la douleur devenait insupportable.

Busquets reconnut Ballester et le visa avec la bouteille :

— Toi ! Bon Dieu, mais qu'est-ce que tu fais là ?

Ballester lui tendit une main ouverte.

— Tu me dois vingt livres.

Busquets l'observait avec des envies de meurtre. Ballester restait le bras tendu, la paume ouverte. Je regardai autour de moi en craignant le pire. Mais Busquets éclata alors de rire, serra l'avant-bras de Ballester de sa main saine et le traita cordialement de "salopard". Le chirurgien, qui avait écarté les pinces de la blessure, me regarda comme pour dire : "Vous croyez que ce sont des façons d'opérer ?" Bref, les miquelets étaient comme ça. Quant à ma personne, Busquets la reçut d'un air plutôt sceptique.

— Lieutenant-colonel ? Très bien. Il but une nouvelle gorgée d'eau-de-vie et poussa un hurlement. Tu veux me soigner, ou m'achever ? asséna-t-il au chirurgien qui fouillait dans sa blessure.

Je ne savais pas comment m'adresser à lui, et j'utilisai le terme générique de capitaine.

— S'il vous plaît, capitaine Busquets, faites-nous un rapport sur ce qui est arrivé.

Busquets hésitait à me faire confiance. Ballester inclina la tête.

— Contrairement aux apparences, ce n'est pas un paillasson rouge, dit-il.

Après un soupir, se plaignant toujours du chirurgien, Busquets nous raconta ce qui était arrivé, entre deux grognements de douleur.

— Nous avons attaqué Mataró. Vous savez, tous les botiflers de Catalogne se sont réfugiés dans notre ville. Et par-dessus le marché, les gens sont obligés de les entretenir. Cela nous a fourni de nombreuses recrues. Ils sont si insupportablement présomptueux, si arrogants. Ils délogent les familles de leurs maisons pour y habiter, ou utilisent les occupants comme des domestiques. Ils mangent sur des plateaux d'argent et les gens meurent de faim. Et pour couronner le tout, les habitants sont obligés de leur faire la cuisine et de vider leurs pots de chambre. Ses propres paroles l'indignaient. Mais pour qui se prennent-ils ? Ils s'emparent de nos maisons, nous traitent comme des esclaves et ont le toupet de nous traiter de rebelles.

Le chirurgien continuait à s'affairer sur la plaie et Busquets poussa un nouveau hurlement.

— Il y a eu une fuite, ou le hasard a voulu que la nuit précédente ils aient reçu des renforts, je ne sais pas. Il soupira : Il y avait une troupe de fantassins, et des cavaliers. Nous ne sommes pas très bons contre la cavalerie. Ils nous ont balayés.

— Quand cela est-il arrivé ? demandai-je.

— Hier.

— Leurs patrouilles tentent de t'enfermer ici, signala Ballester.

— Je sais. Mais ils n'ont pas assez de monde pour encercler une forêt aussi vaste. Et j'ai envoyé un groupe à l'arrière-garde afin de contrôler leurs mouvements.

Nous pouvions juste en attester. Busquets continua à s'expliquer.

— J'attends simplement que les derniers nous rejoignent pour m'en aller, dit-il, les lèvres humides d'eau-de-vie, et il se tourna vers le chirurgien. Et que ce médicastre recouse les blessés !

— Taisez-vous, maintenant, dit le chirurgien. Vous ne me facilitez pas la tâche. Vous croyez que je suis expert dans l'art de retirer les balles ?

— N'est-ce pas là la tâche d'un chirurgien ? ironisai-je

— Chirurgien ? se plaignit ironiquement l'homme, poursuivant sa tâche. J'ai quitté Mataró parce que j'avais peur de trancher le cou d'un botiflers si je m'énervais.

Et, en me regardant, il ajouta :

— Je suis barbier.

Je pris Ballester par le coude et l'emmenai quelques mètres plus loin pour discuter en privé.

— Busquets a mal agi, murmurai-je. Si chacun fait la guerre pour son compte, il est impossible de la gagner. Vous le voyez clairement, maintenant ?

— Busquets a bien agi, répliqua Ballester. Il lutte sur sa terre et pour sa maison. Que vouliez-vous ? Qu'il nous attende dans son fauteuil ? La semaine dernière, nous ne savions pas nous-mêmes que nous allions nous planter devant Mataró.

Malgré la distance, Busquets nous avait entendus.

— Nous avons au moins essayé, nom d'un chien. Nous avons essayé ! cria-t-il, appuyé contre la selle. Et maintenant vous arrivez d'on ne sait où et vous nous critiquez.

Je m'approchai.

— Je ne vous reproche pas de tuer des bourboniens. Ce que je critique, c'est qu'il vous soit si facile d'exterminer des patriotes.

Je fis un geste circulaire. Regardez votre troupe, décimée, cachée dans les profondeurs d'une triste forêt. Et Mataró est toujours aux mains des bourboniens. Je me penchai pour me mettre à la hauteur de son visage. Busquets, vous avez de l'ascendant sur ces hommes. Ordonnez-leur de rejoindre l'armée de la Généralité. Je me retournai vers Ballester, quêtant de l'aide. Ballester, dites quelque chose.

Il tendit une main vers Busquets.

— Tu me dois vingt livres.

— Allez vous faire foutre, toi et tes vingt livres ! cria Busquets, agitant sa chevelure blonde et ses longues boucles d'oreilles en or. Il me désigna d'un doigt. Et cessez de me harceler. Le député militaire ! Ces hommes ne font pas confiance aux paillassons rouges, pour eux, ils ressemblent beaucoup aux botiflers. Et ils ne comprennent rien à la haute stratégie, ils aspirent juste à libérer leurs maisons. Il soupira amèrement : Et quel chef serais-je si je leur ordonnais quelque chose qu'ils ne veulent pas faire ?

Son invective fut interrompue par un dernier hurlement. Le barbier avait enfin extrait la balle.

— Tenez, dit-il en lui posant dans la main une sphère rougie par le sang.

Busquets embrassa la balle sanguinolente et, avec toute la délicatesse du monde, il l'introduisit dans une petite bourse en cuir. En tombant à l'intérieur, elle produisit ce son sourd du plomb qui s'entrechoque avec du plomb.

— Busquets collectionne les balles qui sont entrées dans son corps. Saint Pierre en personne lui a dit qu'il ne lui ouvrirait ses portes que lorsque la bourse serait pleine, me murmura Ballester à l'oreille.

— Et toi, j'aimerais savoir ce que tu fais à galoper aux ordres du député militaire, l'un des plus gros paillassons rouges, poursuivit Busquets en regardant Ballester.

Ce dernier lui adressa son regard le plus sarcastique.

— Tu me dois vingt livres, répéta-t-il.

C'était l'éternelle histoire : rassemblez trois Catalans, et vous aurez immédiatement quatre avis opposés.

— C'est inutile, partons, dis-je à Ballester en secouant la tête.

— Très bien, partez ! cria un Busquets coléreux pendant que nous nous éloignions. Je n'en attendais pas moins des paillassons rouges ! Mais nous allons continuer à nous battre ! Vous m'entendez ? Nous continuerons à nous battre jusqu'au dernier !

Je fis un geste de la main, sans me retourner, comme on prend congé d'un fou incurable.

— Et ils veulent encore que nous les suivions ! continua à déblatérer Busquets. Eh bien, je vais vous dire une chose : nous allons libérer Mataró, et nous prendrons leurs entrepôts, et les deux millions d'hectares de blé !

Je m'arrêtai comme si je m'étais heurté à un mur invisible. Je revins sur mes pas à grandes enjambées.

— Qu'avez-vous dit ? Répétez ! Deux millions d'hectares de blé ? demandai-je. Vous en êtes sûr ?

— Les magasins débordent. Il est logique qu'ils aient choisi notre localité comme dépôt de leur armée. Elle est très proche du cordon qui entoure Barcelone, et les patriotes de Mataró ont fui dans les montagnes. Ils ne craignent pas les sabotages.

Je regardai le vide, la bouche ouverte. Deux millions d'hectares de blé ! Toute la nourriture de l'armée qui soutenait le siège de Barcelone se trouvait là, à seulement quelques pas de nous. Les Deux Couronnes n'avaient aucune idée du débarquement du député. Aussi s'étaient-ils contentés de consolider Mataró avec quelques escadrons de cavalerie suffisants pour repousser l'assaut de quelques miquelets étourdis.

— Capitaine Busquets ! criai-je. Vous êtes maintenant aux ordres du député militaire, et vous allez lui obéir. Collaborez avec l'armée, et nous ne tarderons pas à prendre Mataró.

Les traits de Busquets, crispés par la douleur, se contractèrent encore :

— Mais enfin, il y a un instant, vous disiez que c'était nous qui devions vous suivre, et que la prise de Mataró ne présentait aucun intérêt militaire !

Ballester et moi partîmes à pied en tenant les chevaux par les rênes à travers les épaisses broussailles, baissant la tête. En arrivant au chemin, avant de monter, je ne pus m'empêcher d'étreindre Ballester, qui fut surpris de mon enthousiasme.

— Nous allons transformer le siège de Barcelone en une Cannes logistique !

— Qui va porter une canne ? demanda-t-il, offensé. Expliquez-vous un peu, bon sang ! Je n'ai pas lu autant de livres que vous.

— Pensez aux prisonniers et aux déserteurs qui passent dans notre camp. Ils disent tous la même chose ; ils n'ont même pas de chaussures, et la gamelle est réduite à un misérable quignon de pain par jour. Ils connaissent la faim de la renarde gloutonne qui a englouti tout le poulailler.

— Et alors ? Vous ne savez pas ce que c'est que d'avoir faim. Et en cas de besoin, vous vous débrouillez toujours.

— Vous parlez ainsi parce que vous êtes le chef d'un petit parti montagnard. Mais devant Barcelone, il y a quarante mille bouches réunies et immobiles. Et leur estomac est devant nous : les dépôts de Mataró. Ils comptent certainement que Barcelone se rendra avant qu'ils ne soient vides.

— Et ces cannes ?

— Cannes fut la pire défaite de l'Empire romain. Hannibal affrontait une armée de Romains deux fois plus nombreuse que la sienne. Au début de la bataille, son front ploya. Mais pendant ce temps, la cavalerie carthaginoise encercla les ailes jusqu'à enfermer les Romains dans un sac. Notre cavalerie sera le blé qu'ils ont volé. Si nous les privons de leur blé, et que le député militaire est derrière le cordon bourbonien, ils seront perdus. L'assiégeant assiégé.

Une ébauche de sourire sur les lèvres de Ballester m'annonça qu'il comprenait.

— Quarante mille hommes ne peuvent vivre pendant des semaines, peut-être des mois, le ventre vide. Ils n'auront pas d'autre solution que de lever le siège.

Avant de monter à cheval, j'étreignis de nouveau Ballester :

— Organiser un nouvel assaut leur sera impossible. Leur moral est au plus bas ; la caisse militaire de Madrid, vide. L'Europe est lasse de la guerre. Toutes les chancelleries feront pression sur Felipito pour qu'il pactise avec la Généralité.

Nous galopâmes jusqu'à la position du député militaire, crevant les chevaux sous nous. Nous les trouvâmes postés dans une vieille ferme. Le député, Dalmau et d'autres officiers tenaient un conseil de guerre, avec Merdez qui traînait par là, de sorte que nous arrivâmes juste à temps.

J'étais si excité que je m'exprimai par à coups. Le député s'irrita.

— Ce Busquets dont vous nous parlez n'est qu'un caïd sans titre ni uniforme ! Nous ne pouvons pas être sûrs de sa fidélité.

— Mais Excellence, Busquets est blessé, dis-je. Je l'ai vu de mes propres yeux.

— Eh bien, s'il est tombé dans un piège, il ne doit pas être très intelligent. Comment pouvons-nous savoir si ses rapports sont corrects ? répliqua le député.

— Parce que Busquets et ses hommes sont de Mataró, intervint sèchement Ballester.

Dalmau se leva et, avec son sourire habituel, il proposa :

— Laissez-les-moi, Excellence. Nous ne perdons rien à bouger un peu.

Nous conduisîmes la cavalerie et le régiment entier de Dalmau jusqu'à la forêt de Busquets. Quand ses miquelets nous virent, ils éclatèrent de joie. Une armée entière venait à leur secours ! La guerre, ce grand pendule. Quelques heures auparavant, Busquets était blessé et isolé dans une forêt. Et maintenant, une troupe organisée et bien équipée le rejoignait. Les portes de Mataró, des magasins ennemis et, avec un peu de chance, de la victoire finale, s'ouvraient devant nous. Les miquelets de Busquets s'extasiaient. Ils étreignaient les soldats de Dalmau, pleurant de bonheur. Ce fut la première et la dernière fois que je me sentis optimiste dans cette guerre. Nous n'avions pas besoin de la gagner. Il nous suffisait de ne pas la perdre.

Au milieu de l'après-midi, des agents de liaison m'appelèrent pour que je rejoigne l'état-major. Les hauts officiers étaient toujours à la ferme, près de la plage. Ce que j'y trouvai fut une discussion enflammée entre le député militaire et Dalmau. Berenguer se prélassant sur son trône pourvu d'un pot de chambre, Dalmau les poings collés à la table et le torse projeté en avant.

— Notre objectif est de relever le pays et de libérer Barcelone ! criait le député.

— Notre objectif est de gagner la guerre ! lui répondait Dalmau à l'autre bout de la table. Et en me voyant, il dit : Ah, Zuviría. Je crois que vous avez interrogé quelques prisonniers français que Busquets avait en son pouvoir.

— C'est exact, colonel.

— Et vous corroborez les informations sur les dépôts de Mataró ?

— Point par point, monsieur, répondis-je sans très bien comprendre les motifs de la dispute.

Dalmau affronta Berenguer avec une énergie renouvelée.

— Vous entendez ? Si vous ne vous fiez pas à Busquets, fiez-vous au moins à ses ennemis. Quatre millions et demi de kilos de blé ! Toutes leurs réserves alimentaires ! La moisson terminée, et la terre affamée, il leur sera impossible de nourrir leur armée. Et imaginez maintenant comment le moral remontera quand nous nous emparerons de ces magasins. Il sera facile d'emporter une partie du contenu à Barcelone par bateau, comme trophée. Ou mieux encore : transporter tout ce que nous pourrons et le distribuer aux plus nécessiteux. Ils s'enrôleront en masse !

Le député l'écoutait sans dissimuler son irritation.

— Et je le répète, il s'agit d'une décision supérieure, très en marge des circonstances qui se présentent à nous, dit-il. Obéissez aux ordres ! Votre attitude frôle l'insubordination !

Je ne pus éviter d'intervenir.

— Excellence, je peux vous demander à quelle décision supérieure vous vous référez ?

Dalmau s'était laissé tomber sur une chaise, résigné. Il se passait une main lasse sur le visage.

Je sursautai.

— Mataró s'ouvre devant nous, exsangue ! criai-je. En attaquant, nous ne perdons rien et nous gagnons tout. Peut-être la fin même de la guerre !

— Vous obéirez à mes ordres et moi à ceux de mes supérieurs, m'interrompit le député. J'ai des instructions du gouvernement de ne pas entrer à Mataró. Et nous ne le ferons pas.

J'étais resté sans voix, cela dépassait mon entendement. On vainc l'ennemi en l'assaillant jusqu'à la défaite, et notre propre député militaire refusait d'utiliser la force contre l'ennemi.

— Excellence, vous pensez peut-être cela parce que vous n'avez pas vu nos garçons en action dis-je, la bouche sèche. Si nous le leur ordonnons, ils donneront l'assaut à Madrid et à Paris. Faites-leur confiance, je vous en prie.

— Oh, allons, n'essayez pas de m'égarer dit Berenguer sur un ton méprisant. Je suis vieux et mes jambes ne me portent pas. Mais j'y vois encore clair. Il me désigna d'un doigt mais en s'adressant à Dalmau. L'homme qui accompagnait auparavant le lieutenant-colonel Zuviría n'était-il pas l'infâme Ballester ? Ballester ! Un bandit de relais de poste et de grand chemin, la crème des hors-la-loi. Il y a quelques années, j'ai moi-même donné l'ordre de le rechercher, de le capturer, de l'exécuter et de dépecer son cadavre pour l'édification du public. Il soupira. Oui, la guerre inverse et perturbe l'ordre naturel. Et vous, Dalmau, vous savez mieux que moi que la majorité des hommes de votre propre régiment ne sont pas meilleurs. De la plèbe de la pire extraction, et en tant que telle, soumise aux instincts les moins nobles.

— Mes hommes se battent comme des lions ! protesta Dalmau.

— Et je m'en flatte, dit le député. Votre régiment est nouveau et il a démontré en peu de temps être une troupe aguerrie. Mais dites-moi, Dalmau : leur avez-vous déjà ordonné de ne pas exercer la violence ?

— Si vous voulez parler de la discipline, tous les officiers seront d'accord pour dire qu'ils n'ont jamais posé de problème.

— À Barcelone ! précisa le député en dressant un doigt. Soumis à l'œil paternel et vigilant de la Généralité. Mais une fois dans Mataró, pouvez-vous m'assurer que cette discipline se maintiendra ? Il s'adressa de nouveau à moi. Lieutenant-colonel Zuviría, on dit qu'en 1710, vous avez rendu des services d'ingénieur dans l'armée de Sa Majesté.

— Oui, monsieur.

— Expliquez-nous donc : sommes-nous en droit de supposer qu'une localité transformée en dépôt général, et où a été rassemblée cette immense quantité de grain, puisse contenir d'autres biens et équipements ?

— Bien sûr, Excellence, répondis-je, car c'était vrai et parce que j'accumulais ainsi des arguments en faveur de l'attaque. Armes, munitions, certainement du matériel pour les travaux de sape et de tranchées, peut-être les chars et les chevaux nécessaires au transport…

Ce petit vieux aux paupières à demi closes était aussi prudent qu'astucieux, car sans me laisser finir, il me demanda :

— Du vin ? De l'eau-de-vie bon marché ?

— Bon… hésitai-je. C'est possible.

Il éleva la voix.

— Est-ce possible ? Ils stockent de la nourriture pour une armée entière et ils n'ont pas un pichet de mauvais alcool. Lieutenant-colonel ! Avec quoi vos hommes calment-ils leurs nerfs avant un assaut ?

Je me rendis malgré moi.

— Il doit y avoir un peu d'alcool.

— Pas un peu, beaucoup ! me reprit-il. Il respira à deux reprises et dit à Dalmau : La première chose que feront vos hommes sera de se saouler. Et une fois qu'ils se seront transformés en une foule ivre, aucune discipline en ce monde ne sera capable de les retenir. Mataró est pleine de gens de très haute naissance, des lignages qui remontent à l'épouse du roi Jaume I. Mal conseillées, ces pauvres âmes ont commis une trahison envers la patrie. Mais nous ne pouvons pas les massacrer, et encore moins sans jugement préalable ! C'est la situation idéale pour que la lie de la plèbe se livre à la pire des vengeances : poignarder les nobles et offenser leurs femmes. Ai-je besoin de vous dire ce que feraient nos ennemis si nous avions une telle atrocité sur la conscience ? Répandre la nouvelle dans toute l'Europe, dénigrant le saint nom de la patrie catalane ! Et un petit pays tel que le nôtre ne dépend-il pas de l'échiquier international ? Non, messieurs, je ne permettrai pas qu'un succès mineur et éphémère anéantisse nos chances.

Ce discours m'échauffa à tel point que je pris la parole.

— Je ne crois pas que don Antonio approuve cette décision ! Bien au contraire.

— Notre commandant en chef se doit au gouvernement, et il lui est subordonné, et mes ordres proviennent du gouvernement, cria le député qui, en bon paillasson rouge, s'énervait à chaque fois qu'apparaissait le débat sur les compétences entre le gouvernement et Villarroel. Il ne s'agit pas d'une dictature militaire !

— Don Antonio dictateur ? m'exaltai-je. Je n'ai pas entendu pareille sottise de ma vie !

Mon ton obligea Dalmau à intervenir :

— Lieutenant-colonel Zuviría ! Je vous ordonne de vous comporter conformément à votre rang !

Mais je commençais à être pris de frénésie.

— Si don Antonio aimait à ce point le régime des sabres, il serait dans le camp bourbonien, dont il a refusé des offres très supérieures à la solde que lui verse Vienne ! Et si nos garçons arrachent des culottes botiflers à coups de dents, quel mal y a-t-il ? La guerre est ainsi, et ces gens couards et opportunistes ont abandonné leur peuple pour se mettre au service des bouchers. Qu'allons-nous faire d'eux ? Leur donner des honneurs et des médailles ? Nous pourrions les échanger contre des patriotes ! Avec tous ces botiflers en notre pouvoir, nous empêcherions l'exécution de centaines, de milliers de miquelets !

Certains officiers présents menacèrent de m'arrêter. Quand ils portaient la main à leur épée, Dalmau vint vers moi et me poussa vers la porte.

— Calmez-vous, Zuviría, vous n'obtiendrez rien de la sorte, dit-il en m'emmenant.

J'eus encore le temps de crier par-dessus son épaule :

— Mais quelle est cette foutue guerre ? Les horlogers font des horloges, les politiciens de la politique ! Si vous voulez que les militaires fassent la guerre, laissez-les tranquilles !

Je ne pus que m'asseoir au pied d'un arbre, la tête entre les mains.

Oui, le pendule de la guerre. La perdre, la gagner, la perdre à nouveau. Tout changeait en quelques minutes, aussi incompréhensible que cela semblât, et par des actes qui n'avaient pas grand-chose à voir avec les armes. Et comment pouvions-nous la gagner avec ces gens pour la diriger ? Ils se souciaient davantage de ceux de leur ordre, même botiflers, que de leurs propres soldats.

Quand je m'en rendis compte, Ballester était à côté de moi, debout.

— Mes hommes et moi revenons d'une reconnaissance, dit-il. Les murailles de Mataró sont impossibles à défendre, la garnison inoffensive. Vous voulez que j'informe quelqu'un des détails ?

Je ne répondis pas, le visage encore caché dans mes mains. Ballester me tira par l'épaule.

— Les bataillons sont prêts ? demanda-t-il. Nous pouvons entrer par trois endroits. Je ne crois pas que ce soit nécessaire. Ils se rendront dès qu'ils verront le déploiement.

J'avais honte de le regarder.

— Il n'y aura pas d'attaque, dis-je. Nous n'occuperons pas Mataró.

Il mit une éternité à répondre.

— Mais pourquoi ? Pourquoi ?

Ce fut l'une des rares fois où je le vis montrer ses sentiments. Sa vulnérabilité me semblait insupportable, comme si cela avait été de ma faute.

— Ballester, balbutiai-je. Je suis désolé. Vous aviez entièrement raison en ce qui concerne les paillassons rouges. Je n'aurais pas dû vous demander de venir. Je me relevai, l'esquivant. Partez, vous et les vôtres. Ou alors restez avec Busquets. Faites ce que vous voudrez.

Il me prit par le col et me colla contre le tronc d'arbre.

— Mais pour qui vous prenez-vous ? Qui, bon sang ? Vous avez aussi peu le droit de m'expulser que vous l'aviez de m'incorporer ! Et maintenant, dites-moi : pourquoi n'attaquons-nous pas Mataró ?

Je ne résistai même pas à sa charge. Dans ma confusion, je fus aussi sincère que je pus.

— Je ne sais pas.

Des officiers passaient par là.

— Eh ! Qu'y a-t-il ?

— Il y a des gens qui ne veulent jamais savoir ce qu'il y a, dit Ballester qui me lâcha et s'en alla.

3

Il existe peut-être une seule chose plus triste que de voir la Fortune nous échapper : nous en éloigner de notre plein gré. L'expédition avait décidé de poursuivre son chemin sans attaquer Mataró, comme un chercheur de trésors qui, découvrant un diamant de la taille d'un rocher, le rejette parce qu'on lui a ordonné de chercher de l'or. La cavalerie allait à l'avant-garde ; l'infanterie fut la dernière à se mettre en marche. Il tombait une de ces averses si brèves et violentes du mois d'août en Méditerranée.

Les miquelets de Busquets contemplaient l'avancée du corps expéditionnaire d'un œil désespéré, terrible. Leur silence nous accusait. La première fois que je les avais vus, ils venaient de subir une défaite. Cette fois, c'était bien pire. On aurait dit des hommes à qui l'on aurait arraché l'âme du corps. Ils avaient été vaincus après une victoire, et personne ne comprenait pourquoi.

Le seul à s'égosiller était Busquets lui-même. Il parcourait les rangs des uniformes bleus, qui avançaient en formation sous le rideau de pluie, en criant :

— Pourquoi partez-vous, pourquoi ? La victoire est là-bas ! disait-il en pointant le doigt en direction de Mataró. Il suffit de donner un coup de pied dans la porte, et tout l'édifice pourri s'effondrera.

Dans les vastes tiroirs de ma mémoire, cette image est parmi les plus pathétiques que j'aie conservées. Busquets le bras en écharpe, sa chevelure blonde trempée par la pluie, s'époumonant en vain.

Il couvrait l'arrière-garde de la colonne avec ses neuf miquelets qui le contemplaient, impassibles, mais, les connaissant, je savais qu'ils bouillaient intérieurement. J'éperonnai mon cheval pour rejoindre Ballester.

— Si vous voulez vous en aller, faites-le maintenant, lui dis-je. Il ne serait pas bon que les officiers s'en aperçoivent. Ils pourraient légalement vous accuser de désertion.

Il tourna la tête pour cracher aux pieds de mon cheval.

— Les déserteurs, c'est vous ! répliqua-t-il.

Busquets s'approcha de nous, tout crotté, larmoyant :

— Ballester, implora-t-il. En nous unissant, nous pourrons peut-être réessayer.

Ballester refusa.

— Ils sont sur leurs gardes, dit-il. Et leurs renforts ne vont pas tarder. Il sourit, chose rare chez lui. Pourquoi resterais-je ? Tu ne me rembourseras jamais tes dettes parce qu'ils vont te tuer, mon vieux.

— Le temps que nous passons en ce monde, c'est saint Pierre qui en décide, se plaignit Busquets. Et ma cartouchière n'est qu'à moitié vide.

— Ou à moitié pleine, releva Ballester.

Il s'éloigna de la colonne avec ses hommes. Allez savoir où ils comptaient aller. Il ne prit même pas congé de moi.

Pourquoi restai-je aux côtés de ce sale type de député ? Je ne le sais pas très bien moi-même. Don Antonio m'avait ordonné d'accompagner le député et, à ce stade, il était impensable de désobéir à un de ses ordres. Je crois que j'étais mû par cette conviction, latente chez tous, qu'il faut boire le calice jusqu'à la lie.

Il plut toute la journée.

Après Mataró, tout alla de mal en pis. Quand il apprit l'existence de l'expédition, Pópuli, qui avait eu la frousse de sa vie, lâcha sur nous tout ce qu'il avait. Des milliers d'Espagnols et de Français quittèrent leurs positions dans la Catalogne occupée pour partir à notre recherche et nous exterminer. Pópuli alla même jusqu'à soustraire une poignée de bataillons du cordon afin de l'unir à nos poursuivants. Il avait conscience du danger que supposerait un soulèvement en masse dans son dos. C'est fort triste à admettre, mais nos ennemis faisaient plus confiance au patriotisme de la paysannerie catalane que les paillassons rouges.

Affectée d'une telle infériorité numérique, l'expédition devint le renard qui court devant les chiens. Nous entrions dans les localités au son des trompettes, brandissant la masse d'argent. Le député nous avait ordonné de porter nos plus beaux atours, afin de faire bonne impression. Au début, nous obéîmes. Puis nous n'eûmes plus de vêtements de rechange. Nous nous transformâmes progressivement en une armée crasseuse de va-nu-pieds, aux casaques mille fois rapiécées et crottées. Malgré tout, l'orchestre fut toujours nombreux et ses notes joyeuses contrastaient avec notre apparence. "Tatan, tatan !" Sur la grand-place, nous lisions la *Crida* et Berenguer y allait de son petit discours. Et le lendemain, ou le surlendemain, nos patrouilles nous informaient que des régiments entiers de l'ennemi approchaient et que nous devions fuir avec Berenguer sur le dos et pétant de trouille.

Bon, tout cela était plus ou moins prévu. (Pas les pets, je veux parler des tentatives d'encerclement bourboniennes.) Nous étions très habiles à déjouer les embuscades, voyagions léger et disposions de centaines de paires d'yeux qui nous informaient des positions ennemies. Mais l'authentique désastre s'était déjà produit, et il portait pour nom Mataró.

La nouvelle selon laquelle Barcelone avait proclamé la *Crida* se répandit aussi rapidement que le fiasco de Mataró. Les gens ne sont pas sots. Avec ce genre de précédents, comment auraient-ils fait confiance au député militaire ? Ses harangues publiques se basaient sur trois points. Karlangas était extrêmement pieux, extrêêêmement (comme si les gens ne se souciaient pas comme de l'an quarante que le roi, dans un lieu aussi éloigné que Vienne, fût une grenouille de bénitier). Ils devaient faire confiance à Dieu Notre Seigneur, car il porterait secours à la très fidèle principauté de Catalogne (si tout était entre les mains de Dieu, et Dieu de notre côté, pourquoi avait-il permis au pays d'en arriver à une situation aussi déplorable ?). Et enfin, pour ne pas choquer la morale chrétienne, il passait sous silence les violations iniques commises par l'ennemi (mais non ! Raconte-les à grands cris ! Que même les sourds sachent que nous communions avec leur douleur !). Je me rappelle que Dalmau, pendant les tirades de Berenguer sur les grand-places, levait les yeux au ciel en poussant des soupirs de contrariété.

Le pire, dans cette affaire, est que les préjugés de Berenguer envers les classes inférieures s'autoalimentaient. Les patriotes les plus acharnés avaient rejoint depuis longtemps un groupe de miquelets comme celui de Busquets. Notre présence avait pour but d'encourager les maires à résister et à administrer leur ville au nom de la Généralité, et d'avertir les ecclésiastiques de la lâche conduite de leur hiérarchie ; mais, par-dessus tout, elle aspirait à attirer ce groupe d'indécis que l'on retrouve partout : ceux qui ne sont pas disposés à lutter contre la tyrannie comme des hors-la-loi mais à combattre sous le drapeau d'un pouvoir libre et légitime. Avec Berenguer et ses discours, aussi aigus que ses pets, nous ne récoltions que des excuses et des paroles tièdes. Ceux qui nous rejoignaient étaient la lie de la lie. Les fiers-à-bras habituels, ou les hommes si affamés qu'ils nous suivaient pour un quignon de pain. Ainsi, les recrues de Berenguer corroboraient son opinion sur les classes inférieures. Et au cas où un doute aurait subsisté, nous connûmes d'autres exemples de ce que l'on pouvait attendre du député militaire.

Un jour, nous affrontâmes plusieurs bataillons castillans. Nous voulions entrer dans une localité qui nous était très favorable, et les occupants vinrent à notre rencontre. Quand les salves commencèrent, nous vîmes dans le village un groupe de patriotes monter tout en haut du clocher et se mettre à tirer sur les soldats bourboniens. Dans la fusillade, nos soldats agitaient leurs tricornes afin de saluer ceux de l'église, et vice versa. Nos porte-drapeaux faisaient onduler les étendards, fous de joie. Il faut dire que peu de sensations sont plus enthousiasmantes que celle de reconnaître des frères dans des inconnus. Les rangs espagnols chancelaient. C'était le moment de commencer une charge générale et de les balayer. Au lieu de quoi les clairons sonnèrent le repli.

Incrédule, je poussais dans le dos les soldats les plus proches de moi.

— Il doit s'agir d'une erreur, disais-je. Continuez à tirer ! Continuez !

— Merdez en personne dut me rejoindre à cheval pour donner l'ordre de la retraite.

— Vous n'avez pas entendu le clairon ? Nous partons ! hurla-t-il du haut de son cheval. Les guetteurs nous ont prévenus qu'un régiment entier approche pour nous prendre par surprise.

— C'est nous, qui allons les surprendre ! criai-je, hors de moi. Avant que ce régiment n'arrive, nous avons le temps d'aller au Portugal et de revenir.

Merdez avait toujours éprouvé de la rancune envers moi parce que nous étions tous deux lieutenants-colonels. Afin d'arrondir les angles, je lui racontai que ce grade ne signifiait rien, que Villarroel ne me l'avait accordé que pour s'assurer que soldats et capitaines m'obéiraient dans mes tâches d'ingénieur. Ce fut inutile. Tout ce que j'obtins fut que, non content de me considérer comme un opportuniste, il me considérât comme un imposteur. Il avait pour obsession d'obtenir ses galons de colonel. Cela ne serait possible qu'en levant un nouveau régiment ou s'il y avait une place vacante, tout autre lieutenant-colonel représentait donc un rival direct. Il inclina le torse et, de la hauteur de son cheval, il désigna mon nez du doigt.

— Zuviría : vous ne serez jamais un bon militaire, car vous prenez la partie pour le tout.

La partie pour le tout ! Je vais vous raconter en quoi consista "la partie" de ce jour-là.

Quand nous évacuâmes, les bourboniens ne cherchèrent même pas à capturer les francs-tireurs du clocher : ils mirent le feu à l'église et les brûlèrent vifs. Les tactiques dont ils se servirent à notre encontre témoignent de l'esprit simpliste des Bourbons. Quand une localité nous accueillait, le lendemain, ils brûlaient les maisons et fusillaient un habitant sur dix. Oui, très simple.

Peu après, l'expédition se divisa sur la suggestion de Dalmau. Il pensait que nous ne pouvions pas résister à la pression de ces milliers d'ennemis, aussi valait-il mieux nous séparer en plusieurs colonnes. La principale resterait sous le commandement du député militaire. D'autres, plus petites, tenteraient de soulever des contrées lointaines, et une colonne secondaire, mais importante, resterait sous le commandement de Dalmau lui-même.

L'idée n'était pas mauvaise. Si nous nous dispersions, leurs patrouilles mettraient un certain temps à deviner combien nous étions et dans quelle direction nous poursuivions. Les bourboniens devraient également se séparer. Dans cette guerre, reconvertie en petite guerre, nos faibles effectifs jouaient en notre faveur. De plus, la politique de la terreur de Pópuli causait un autre genre de ravages.

Il était fort compréhensible que les localités, sachant que le lendemain de notre départ elles seraient la proie des flammes, éprouvent des réticences à nous ouvrir leurs portes. Quand nous nous serions divisés en une multitude de groupuscules, nous occuperions également une immense quantité de villages, assura Dalmau. Et même les commandants des Deux Couronnes ne pouvaient être assez fous pour incendier toutes les villes et contrées de Catalogne.

Ce jour-là, je compris le degré d'immonde perversité qui niche à l'arrière-plan de toute guerre. Car le député plongea dans ses réflexions et, relevant la tête, ses petits yeux débordants d'espoir, il dit :

— Eh bien, si tel était le cas, la paysannerie orpheline de toit et de parents n'aurait d'autre choix que de nous rejoindre.

L'assistance passa cette observation sous silence. Dalmau parce qu'il était concentré, les coudes sur la carte où il exposait son plan, et Merdez parce qu'il était Merdez.

La politique est mauvaise, la guerre très mauvaise. Une seule chose dépasse ces deux mots, un avorton appelé politique de guerre. J'avais été éduqué dans un monde où les ingénieurs, précisément eux, étaient les gonds qui séparaient la guerre de la politique. Un monde dont l'idéologie était que la politique se contentait d'être l'ombre de l'instrument militaire : toujours derrière lui et définissant ses contours. Dans ce nouveau siècle, cependant, l'haleine toxique de l'ombre s'emparait du corps. Les conséquences étaient là. Notre mission élevée consistait à protéger les vies et les maisons de nos concitoyens. Inversant le principe moral, Berenguer considérait que lorsque l'ennemi brûlait et tuait ce n'était plus mal, mais bien, car la détresse et la vengeance joueraient en notre faveur.

J'éviterai de dire qu'un motif non des moindres de la proposition de Dalmau était qu'il en avait plus qu'assez du député Berenguer, de ses discours séniles et de ses pets en spirale, et qu'il voulait essayer en solitaire. Je l'implorai de me laisser rejoindre sa colonne. Il refusa.

— À notre retour, don Antonio voudra savoir ce qui est arrivé, argumenta-t-il. Et quand je ne serai plus là, vous serez le seul témoin fiable. Parce que nous ne pouvons pas faire confiance à Merdez, n'est-ce pas ?

Je me rappelle les semaines et les mois suivants comme un tourbillon d'images, toujours égales et toujours différentes. L'armée des

Deux Couronnes nous traquait. Nous fuyions, attaquions et contre-attaquions. Marche, contre-marche, nuits à la belle étoile. Pluie. Soleil. Boue. Toujours en alerte. Villages enthousiastes, villages récalcitrants, villages incendiés. Le paysage était déjà un mortier où l'avant et l'après se fondaient, les sens émoussés par la monotonie de la cruauté. Nous revenions sur nos pas et le village enthousiaste de la veille était devenu le champ de ruines d'aujourd'hui. Boue. Soleil. Encore de la pluie. Cinglés par la grêle, nous nous faufilions par des pentes escarpées et des chemins dissimulés pour déboucher ensuite sur des routes sylvestres. Sur notre droite, sept arbres auxquels des hommes avaient été pendus par trois. N'étions-nous pas déjà passés par là ? Non, hier c'étaient trois arbres auxquels pendaient sept hommes. Nouveau changement de direction ; les guetteurs étaient les antennes de notre colonne, qui rampait comme un insecte à mille pattes. Nous étions vaincus par un paradoxe : nous ne pouvions pas recruter parce que nous étions en fuite, et nous étions en fuite parce que nous ne pouvions pas recruter.

Je ne veux pas non plus laisser entendre que nous parcourions un pays monolithique, chacun de ses habitants étant disposé au sacrifice pour les Constitutions et les Libertés, loin de là ! Partout, il se mijote des trahisons, des faiblesses et des opportunismes. Mais c'est que, de plus, la guerre fait affleurer les coutumes les plus ancestrales de l'être humain.

Un jour où je me trouvais à l'avant-garde de l'expédition avec un groupe de cavaliers, depuis une pente rocheuse, on se mit à nous tirer dessus. Nous pouvions entendre nos assaillants échanger des cris d'encouragement en catalan. Je crus qu'il s'agissait d'une de ces erreurs d'identification malheureusement si fréquentes dans la guerre. "C'est la milice d'un village proche qui nous a pris pour des Français ou des Castillans", me dis-je. Je donnai à nos cavaliers l'ordre de ne pas riposter et je les saluai moi-même en agitant mon chapeau. La fusillade redoubla cependant. J'avançai un peu avec mon cheval, et je vis l'un d'eux charger un fusil derrière un rocher :

— Mais que faites-vous ? Bon Dieu, que faites-vous ? criai-je. Nous sommes l'armée de la Généralité !

L'homme ne dit rien. Il agitait le coude de façon frénétique, maniant l'écouvillon, je lus alors dans ses yeux : il priait pour que ma confusion durât suffisamment pour lui laisser le temps de me tirer dessus.

En 1705, avec le débarquement à Barcelone de l'armée alliée, de très nombreuses municipalités se déclarèrent en faveur de Karlangas. Mais ce ne fut pas un acte unanime. Lorsqu'un village se rangeait du côté de Karlangas, il était fréquent que le village voisin choisît Felipito. Et pourquoi ? Parce que leur curé leur avait juré que Dieu était pour Felipito ? Pas du tout ! Ils choisissaient le camp opposé par haine de leurs voisins. Vous savez, dans les villages abondent ces disputes concernant les droits sur un puits, la propriété d'un moulin ou je ne sais quoi encore. Tant que Karlangas gagnait, ils restèrent tranquilles et silencieux. Mais maintenant que les Deux Couronnes occupaient presque toute la Catalogne, ils prenaient les armes, enthousiastes, et n'hésitaient pas, très heureux, à trouer la panse de leurs voisins sous prétexte qu'ils appartenaient au parti contraire.

Ces paysans qui nous tiraient dessus ne se souciaient pas des Constitutions, de la maison d'Autriche ou de celle des Bourbons.

Cette guerre mondiale était une excuse pour institutionnaliser leur guerre locale. L'Apocalypse de l'Europe, pour ces gens, se réduisait à une anecdote avec laquelle manifester leur unique vérité passionnelle : ceux du village voisin étaient un ramassis de fils de pute. La liberté de la patrie catalane, le pain et l'avenir de la terre, la nécessité de secouer le joug et le harnais étrangers, tout restait subordonné à la noble cause de casser la figure du voisin et de son fils.

Comme je vous le dis : la guerre est le feu qui fait bouillir la marmite, pousse la vapeur atavique, et soulève ce léger couvercle incertain appelé civilisation. Rousseau avait raison : la sauvagerie n'est pas dehors, mais dedans ; le sauvage ne se trouve pas sous les latitudes exotiques, mais en notre intérieur le plus secret. Donnez une excuse à ce sauvage, à ce mauvais sauvage, et il sortira à la lumière, renversant le civilisé comme un boulet de canon une cloison.

Mais ce lèche-cul de Voltaire ne le comprit jamais !

Berenguer était de plus en plus prostré. Aussi perfide que lucide, il savait que nous enrôlions très peu, pas assez pour attaquer le cordon bourbonien. Mais, en secrétaire diligent, il écrivait de plus en plus de lettres à Barcelone. Cela me faisait sortir de mes gonds. L'enchevêtrement que les Deux Couronnes tissaient autour de nous était de plus en plus épais. Le transpercer nous obligeait à envoyer des cavaliers à la fidélité diverse qui jouaient leur peau pour gagner la côte. Coordonner leur embarquement avec un navire arrivé incognito de Barcelone multipliait les risques par trois. Pourquoi, en fin de compte ? Pour envoyer des missives dans lesquelles Berenguer racontait qu'il n'y avait rien à raconter.

Nous en étions au point mort, à l'inertie insurmontable. L'insurrection de 1705 avait commencé dans un village appelé Vic, situé à plus de soixante kilomètres au nord de Barcelone. Nous nous y rendîmes, entre obstacles et détours. Une véritable épopée, car le nombre de bourboniens qui nous traquaient croissait de jour en jour, et il fallut une grande habileté de manœuvre pour que l'expédition arrivât intacte à destination. Au moins étions-nous sûrs de recevoir un accueil chaleureux, car ceux de Vic avaient été les premiers à se dresser en faveur de Karlangas, et les plus fervents. Je me moque de ma mémoire !

Ils ne voulaient pas entendre parler de nous. Leurs patriciens allèrent jusqu'à nous presser de quitter les lieux le jour même pour ne pas les compromettre.

— Comprenez que, étant les premiers partisans de l'empereur, c'est sur nous que retombera le châtiment le plus rigoureux.

Le député, toujours indulgent envers les siens, se montra compréhensif. Moi, pas autant.

— Étant donné qu'ils ont été les premiers à prôner l'attaque, ils devraient être les derniers à abandonner la défense, dis-je.

On m'ordonna de me taire. Je m'exécutai. De toute façon, c'était inutile. Nous ne pouvions pas le savoir à l'époque, mais c'était la plus vaine des discussions. Puis nous apprîmes que, pendant que nous nous réunissions, le consistoire de Vic avait déjà envoyé un médicastre, un certain Josep Pou, implorer la clémence et le pardon aux troupes de Felipito. Fabuleux ! Ceux qui avaient allumé la mèche nous accusaient d'être les incendiaires.

Cela finissait par donner l'impression que nos escapades avaient pour seul but d'empêcher la capture de Berenguer par les bourboniens. La coordination avec les autres colonnes et avec Barcelone était d'une difficulté extrême ; nous nous déplacions constamment, les autres aussi. Nombre de nos messagers ne revinrent jamais. À chaque fois que l'un d'eux partait au galop j'avais du mal à retenir mes larmes. S'ils se faisaient prendre, ils seraient torturés à mort. Acte inutile, car les messages étaient écrits dans un code secret dont Berenguer conservait jalousement la clé. (Ce fut la seule bonne chose que fit ce fardeau humain.)

Le code était des plus ingénieux. À chaque nombre correspondait une lettre ou un symbole. Ainsi, A signifiait 11, M 40, et E 30. D'autres nombres possédaient un sens complet. 70 par exemple, pour Barcelone. 100, Bombes ; 81, Philippe V ; 53, Grenades ; 54, Pópuli, et 87, Miquelets.

Parmi la troupe, la rumeur voulait que Berenguer dissimulât les messages très profondément en lui. Les bourboniens ne parviendraient jamais à décrypter le code, car les nombres et les lettres étaient un leurre. Il pétait l'orifice du cylindre dans l'anus. Le récipiendaire, en réalité, ne déchiffrait pas des signes écrits, mais les coups de sifflet qui en ressortaient lorsqu'on ouvrait le couvercle.

Bref, l'humour de la populace n'a jamais été des plus fins.

Un jour, de bon matin, les sentinelles donnèrent l'alerte. Nous nous jetâmes tous sur les armes, sûrs que les bourboniens avaient choisi l'heure du petit-déjeuner pour nous attaquer. Non. Ce fut un soulagement de découvrir qu'ils étaient des nôtres. Et il s'agissait précisément de Ballester et de ses hommes.

Voir Ballester repasser de notre côté fut l'une des rares joies que me procura l'expédition. Je me jetai sur lui et le pris dans mes bras. Aujourd'hui je suis aussi sûr que Ballester appréciait autant mes effusions qu'il était incapable d'y répondre. Je l'étreignais et ses mains restaient inertes. Cela m'était égal. À son air troublé, je flairais des sentiments qu'il lui était impossible de manifester.

Je le regardai, le prenant par les épaules, et dis :

— Je savais que vous ne nous abandonneriez pas, je le savais.

Il m'écarta.

— C'est vous, qui avez abandonné. Vous ne vous souvenez pas ?

Je vis que seuls sept de ses neuf miquelets l'accompagnaient.

— Et Jacint et Indaleci ? demandai-je.

— À votre avis ?

Nous nous tûmes.

— Et vous êtes revenu malgré tout ?

— C'est vous, qui êtes revenu.

Et il désigna un point derrière lui. Il s'avéra que les hommes de Ballester n'étaient que l'avant-garde d'un corps bien plus important ; la troupe de Dalmau au grand complet. Et il arrivait avec plus de trois mille hommes ! Dalmau les avait recrutés de son côté, utilisant un ton très différent de celui de Berenguer. Si l'on réfléchit bien, son succès n'était pas si étrange. Il ne pouvait exister deux pôles plus opposés que l'apathie morale du député et le sain enthousiasme de Dalmau. Pour Berenguer, la patrie représentait du passé et des protocoles. Pour Dalmau, des droits et de l'avenir.

Le même jour, se tint un conseil de guerre. Dalmau voulait nous exposer les idées qu'il avait eues pendant ses aventures en solitaire.

Au total, nous pouvions réunir environ cinq mille hommes. Il restait fidèle au plan d'origine : attaquer le cordon bourbonien qui entourait Barcelone et lever le blocus. Devant la disparité des forces, il était impossible d'obtenir une victoire totale. Pour commencer, nous étions encerclés par des milliers de bourboniens déployés sur tout le territoire. S'ils s'apercevaient que nous marchions sur Barcelone, ils se rassembleraient immédiatement derrière nous.

— Mais dans le cas où nous parviendrions à les éviter, nous pouvons attaquer l'extrémité droite du cordon, proposa Dalmau.

Il étala une carte sur la table. Nous nous penchâmes tous dessus.

— Les bourboniens ont divisé le cordon en trois secteurs, s'expliqua Dalmau. L'extrémité droite est occupée par des troupes espagnoles, dans une zone marécageuse. Attaquer par là nous donnera l'avantage. Les troupes espagnoles sont moins entraînées que les françaises. Et sur ce terrain irrégulier, nos miquelets se déplaceront mieux que des régiments habitués à se battre en formation. Il se frotta les yeux. Il sera difficile de coordonner l'attaque avec les troupes de l'intérieur, qui plus est si nous décidons d'une attaque nocturne, qui augmenterait la surprise et constitue la seule façon qui me vienne à l'esprit de compenser notre infériorité en nombre. Mais si nous faisons notre part, et Villarroel la sienne, ce qui est indubitable, je ne vois pas pourquoi cela ne pourrait pas marcher.

Bref, l'objectif était de libérer Barcelone du siège bourbonien. Et tous s'accordaient pour dire que c'était risqué, mais pas impossible. Restait le député. Un assaut nocturne, avec cinq mille hommes progressant dans les marécages, était plus que le vieux Berenguer n'en pourrait supporter. Et très risqué. Dans la confusion de la bataille, et de nuit, tout pouvait arriver. Que Berenguer fût un être inutile et abject ne diminuait pas la charge que représentait sa personne. Pour les bourboniens, le capturer serait un grand succès, et pour les Catalans un coup très dur. Non, ils ne le tueraient pas. Mais ils seraient capables de le promener sur un âne, un cylindre sur la tête.

Berenguer se couvrit le visage de ses mains et, d'un air théâtral et pénible, il dit qu'il ne voulait pas être un obstacle pour la patrie. (Il s'en rendait enfin compte.) Il fallait essayer, poursuivit-il. Il exigeait juste d'être escorté par quatre soldats de confiance. Si les choses se gâtaient, ces quatre hommes auraient la sainte mission de lui trancher le cou afin de l'empêcher de tomber vivant aux mains de l'ennemi.

Quelle outrecuidance ! Pendant toute l'expédition, il s'était montré pusillanime, et maintenant il voulait passer pour un héros.

C'était le comble de l'imposture, à une époque où l'héroïsme était monnaie courante. Des hommes tels que Villarroel ou Dalmau, des guerriers comme Ballester ou Busquets, ne proclamaient jamais leur disposition au sacrifice : elle était considérée comme acquise et ils l'exerçaient sans hésiter. Et là, nous avions le député Berenguer, mesurant chaque mot avec des équerres épiques pour le faire figurer dans les annales. Je fis un pas en avant et dis :

— Oh, ne vous inquiétez pas pour ces quatre hommes qui devront vous trancher le cou, Excellence. Un seul suffira. Moi-même.

— Zuviría ! s'exclama-t-il. J'en ai assez de votre insolence. Vous vous prenez pour le petit malin de l'armée, n'est-ce pas ? Quand nous reviendrons, la première chose que je ferai sera de vous emprisonner dans les cachots du Pi !

L'un des feignants de Berenguer fit une suggestion : atteindre la côte et évacuer le député militaire avant de nous diriger sur le cordon. Cela fit le bonheur de tous. Dalmau parce qu'il se débarrassait de Berenguer, et Berenguer parce qu'il sauvait ses fesses.

Ballester et sa cavalerie légère furent envoyés à l'avant-garde, comme d'habitude, pour s'assurer que les chemins menant à la localité côtière d'Alella fussent libres de bourboniens et évacuer ainsi le député. Je me joignis à eux. Nous atteignîmes Alella pendant la nuit mais, afin d'éviter des surprises désagréables, nous préférâmes camper sur la plage plutôt que d'aller dans une maison du village.

Pendant toute la chevauchée, Ballester s'était montré encore plus circonspect qu'à l'accoutumée. J'étendis ma couverture à côté de la sienne, le sable pour matelas. Nous nous couchâmes, la mer à quelques mètres de nos pieds. La journée avait été dégagée et les étoiles brillaient dans le ciel. (Tu aimes ce détail poétique, ma chère Waltraud ? Eh bien c'est une sottise, ma chère Waltraud ! S'il faisait nuit et qu'il n'y avait pas de nuages, pourquoi les étoiles n'auraient-elles pas brillé, enfin ? Bon, mets-le quand même, comme ça il sera clair que cette nuit-là, nous étions mélancoliques.) Nous livrions une guerre impitoyable, mais le doux rythme des vagues et le chant des grillons nous berçaient dans un instant de paix. Cela me poussa aux confidences.

— Je veux que vous sachiez quelque chose. Moi aussi, je crois que ce qui s'est passé à Mataró est une honte.

Il ne répondit pas. Offensé par son silence, je protestai :

— J'essaie de m'excuser, bon sang ! Même si ce n'était pas de ma faute.

— Votre Cannes est foutu, dit-il enfin.

— Oui. Ce plan est des plus sanglants. Même si ça marche, il y aura beaucoup de morts. Des milliers, peut-être, me lamentai-je en regardant vers le ciel. Si Vauban levait la tête…

— De quoi vous plaignez-vous ? À la guerre, il y a des morts. Sinon, ce ne serait pas une guerre.

Je préférai changer de sujet.

— Vous êtes marié Ballester ?

— Non, je n'ai que des femmes. Et vous ?

— Il y en a une qui est comme ma femme. Je crois qu'avant, elle était prostituée. Plus ou moins.

— Vous parlez sérieusement ? s'étonna-t-il, et Ballester était rarement étonné.

— Prostituée, coquine, voleuse… quelle importance ? Actuellement, chacun se débrouille comme il peut. Je vis avec elle, un vieillard, un enfant et un nain. Vous connaissez l'enfant.

— Moi ? s'étonna-t-il à nouveau.

— Oui, quand vous nous avez assiégés dans la ferme.

Ballester remonta la couverture avant de dire :

— Je me rappelle juste que je n'avais jamais vu de gamin aussi terrible.

Il bâilla.

— Oui, c'est vrai. Et cette pensée me fit remonter une joie niaise dans le cou. Et ce n'est pas mon fils.

— Mais il vous appelait "père", remarqua Ballester avec un autre bâillement.

— Eh bien, disons que pour lui, je suis le chef de la manade. Rien de plus.

Nous étions fatigués. Ballester ferma les yeux mais je lui secouai un bras.

— Vous avez des enfants, Ballester ?

— Oui, je crois. Un, peut-être deux. Difficile d'en être certain. Elles disent toutes que l'enfant est de moi, même si c'est juste parce que le chef a toujours plus d'argent.

— Mais vous ne les élevez pas.

Une grimace moqueuse lui échappa.

— Comment le pourrais-je ? Leurs mères ne manquent de rien. Je m'en charge.

Je lui tirai de nouveau sur la manche, plus sérieux que jamais.

— Ballester, j'ai une question à vous poser, entre nous.

Il se releva à demi, soupçonnant une boutade. Il m'observait avec sa méfiance d'animal de la forêt, mais je me contentai de lui demander :

— Pour quoi vous battez-vous ?

Il réfléchit un instant, tout en saisissant une poignée de sable qu'il laissait couler entre ses doigts.

— Vous n'avez pas besoin de me faire un discours, soyez concis, dis-je pour l'aider, avant d'ajouter : Un mot, je vous en prie. C'est tout ce que je vous demande.

Mais à ma déception, il se rallongea et, avec un soupir, il fit :

— Si vous ne l'avez pas compris jusqu'à présent, à quoi cela servirait-il de vous le raconter ?

4

J'aurais peut-être dû subodorer la monstruosité à venir. Ni moi ni personne ne pouvait supposer que sur les plages d'Alella allait se manifester tout le légalisme maladif des paillassons rouges, leur patriotisme faux et vide. Ma seule pensée était que nous allions enfin nous débarrasser de Berenguer et de sa suite de feignants.

Tôt le matin, le gros de l'armée arriva sur la plage, rien de nouveau. Pendant ce temps, Ballester et moi étions en train de négocier avec les gens d'Alella la réquisition d'une barcasse de bonnes dimensions, mais légère et rapide. Par souci de discrétion, le député et les siens partiraient au crépuscule.

Pour une fois, le vieux Berenguer se montrait actif. Il ordonna à l'armée d'établir un périmètre de sécurité, répartissant les hommes sur les petits promontoires qui dominaient la plage. Il me parut excessif que cinq mille soldats au complet montent la garde, mais je haussai les épaules. La logique des paillassons tenait le protocole en très haute estime, et je pensai que Berenguer voulait faire étalage de son rang.

Les seuls qui échappèrent à la garde furent Ballester et ses hommes. Pendant que les autres étaient répartis en bataillons, occupant des monticules et barrant des chemins, ils se cachèrent dans la taverne des pêcheurs d'Alella, à la périphérie du village et à une centaine de mètres de la plage. Je compris leurs intentions, mais j'avais moi aussi été convoqué pour les adieux, je me contentai de leur recommander :

— N'oubliez pas de payer. Nous ne sommes pas des bourboniens.

Berenguer était vautré sur sa chaise, entouré de cinq ou six officiers supérieurs, Merdez et Dalmau inclus. Ils avaient commencé sans moi, le gamin de l'expédition. Quand j'arrivai Dalmau adressait des paroles fleuries d'adieu au député militaire.

— Excusez-moi de vous interrompre, mais je dois vous annoncer que vous ainsi que tous les officiers de haut rang, embarquez avec moi, dit alors Berenguer.

J'étais derrière Dalmau, et je fus aussi stupéfait que lui.

— Pardon ? fit celui-ci, comme s'il avait mal entendu. Comment pouvons-nous vous accompagner, le reste des officiers et moi ? Si tel était le cas, qui dirigerait la troupe ?

— Du lieutenant-colonel à ses supérieurs, tout le monde rentre avec moi à Barcelone. C'est un ordre qui n'admet pas de discussion.

Abandonner cinq mille hommes ! Renoncer à l'attaque du cordon ! Toutes les pénuries et les sacrifices de ces derniers mois jetés à la mer ! Nous avions tant de mal à digérer cette injustice, cette folie si monumentale, que ni Dalmau ni personne ne réagit.

— Mais, Votre Excellence, ce n'est pas possible protesta un Dalmau déconcerté au possible. Qui prendra le commandement de l'attaque du cordon ?

— Je crois que nous avons un commandant désireux de faire ses preuves à la guerre, dit Berenguer. La troupe est en de bonnes mains.

Il voulait parler de Merdez ! Cela revenait pratiquement à libérer la troupe. Les nouvelles recrues n'avaient pas eu le temps de s'entraîner au maniement des armes avec leurs chefs. Si ces derniers les abandonnaient, ils renonceraient. Le propre régiment de Dalmau allait se désintégrer. Ce n'était pas une formation de vétérans, et pour eux, la fidélité aux personnes revêtait une très grande importance (comme dans n'importe quelle armée, pour être juste). Que feraient-ils si leur commandant les oubliait sur une plage perdue, sans explications et en les laissant sous les ordres d'une crapule ? Autant les livrer directement aux bourboniens.

Le restant des officiers, quoique pétrifié, obéit aux ordres et commença à monter dans la barcasse avec Berenguer et ses feignants. Pas Dalmau. Il resta en bas de la passerelle, refusant de monter et vociférant, de plus en plus exalté. L'un de ceux qui se trouvaient déjà dans la barcasse lui reprocha son attitude. Les ordres étaient les ordres. Croyait-il être le seul officier offensé dans son honneur ?

— Ça, je ne peux pas en douter, mais je répète qu'il n'est ni juste ni raisonnable de laisser mon régiment et mes officiers si honorables sous les ordres d'un officier qui ne s'est pas comporté comme tel jusqu'à présent.

Tandis que Dalmau et Berenguer discutaient, je courus jusqu'à la taverne. J'ouvris la porte d'un coup de pied. En me voyant dans cet état, Ballester crut que nous essuyions une attaque bourbonienne. Si seulement !

— Ils veulent ficher le camp ! criai-je. Prévenez les garçons !

Au début, il ne me comprenait pas.

— Ils veulent ficher le camp, répétai-je, pas seulement Berenguer et ses feignants. Ils ont ordonné à tous les officiers sauf Merdez de s'embarquer ! Nous devons empêcher ça ! Convoquez les hommes ! Le député renoncera peut-être s'il affronte une opposition.

Pour une fois, Ballester m'obéit promptement. Il sortit de la taverne avec ses hommes et ils chevauchèrent jusqu'au périmètre. Je revins à la barcasse, nouvelle petite course épuisante sur la plage. Là, le ton de la discussion avait monté. Dalmau continuait à refuser d'embarquer. Les autres officiers étaient déjà montés. Je ne l'avais jamais vu aussi furieux, lui, l'homme aux mille sourires. Je me mis à crier moi aussi et, comme vous pouvez l'imaginer, avec un vocabulaire beaucoup moins séant que celui de Dalmau.

Dans les montagnes, la nouvelle commençait à agiter la troupe. Les têtes, qui devaient être attentives devant une attaque possible, se tournaient vers la mer. Des douzaines, des centaines d'hommes commençaient à s'approcher, sans bien comprendre ce qui arrivait. Depuis la couverte, un officier supplia Berenguer :

— Votre Excellence, ordonnez au colonel Dalmau d'embarquer, sans quoi nous sommes tous perdus.

Assis dans sa chaise à porteurs, Berenguer cria que soit il embarquait, soit il serait jugé pour insubordination. L'espace d'un instant, Dalmau regarda les vagues qui caressaient la rive. Puis il se retourna et me dit :

— Allons, Zuviría.

Je refusai encore. Il me prit par le coude et ajouta :

— On ne désobéit pas à un ordre direct du député militaire en personne. Et il nous faudra le raconter, me murmura-t-il à l'oreille.

J'ignore si je devrais m'enorgueillir ou avoir honte de dire que je fus le dernier à monter sur la passerelle en bois et à embarquer. En voyant tous leurs officiers de haut rang monter dans le petit bateau les laissant derrière eux, les hommes descendirent sur la plage à toute vitesse. Il s'agissait de cinq mille hommes armés, courant vers nous dans toutes les directions. Les feignants de Berenguer se faisaient dessus. Berenguer lui-même donna l'ordre d'appareiller : "Allons, allons !" Ce qui arriva par la suite m'a accompagné toute ma vie.

Malgré l'offense, ces cinq milles hommes trahis ne voulaient tuer personne. Ils se rassemblèrent sur le rivage avec des regards qui n'exprimaient pas la haine mais l'incompréhension des chiens abandonnés. Si je ne comprenais pas moi-même que nos chefs fuient leur propre armée, que pouvaient-ils penser ? Sur un monticule, Ballester et ses hommes, à cheval. Lui, il avait compris. Son profil de centaure, dans ce crépuscule méditerranéen, me remplissait d'une honte insoutenable, comme un poids physique.

Nous n'avions pas fait cinquante mètres en mer que je vis un gamin blond entrer dans l'eau jusqu'aux genoux. Je le remarquai parce que, une tresse blonde sur chaque oreille, il me rappelait Anfán. Il agitait quelque chose au-dessus de sa tête. Alors tout ce beau monde se mit à scander en chœur des mots. Entre le bruit de la mer, le vent et la distance, j'avais du mal à les entendre. J'étais le seul à regarder en direction de la côte. Je prêtai l'oreille. En me rendant compte de ce qui arrivait, je donnai du poing sur le bois.

— Faites demi-tour, faites demi-tour ! Virez de bord, merde !

Les feignants vinrent vers moi, m'ordonnant de me taire. Pour une fois, je pus leur crier au visage ce que je pensais d'eux :

— Pauvres imbéciles ! Le député a oublié le maillet d'argent !

C'était ça. Ce que les hommes criaient était : "La massue, la massue !" Dans leur hâte d'échapper à leurs propres gens, Berenguer et ses feignants avaient oublié jusqu'au symbole suprême de la résistance catalane. Comment un peuple peut-il être aussi vaillant et à la fois aussi soumis ? Je vais vous le dire : parce que Alella démontrait que les nôtres croyaient beaucoup plus en leurs institutions que leurs propres dirigeants. Berenguer oublia le maillet d'argent, pas ses odieux hommes en guenilles. Et ils ne voulaient pas le pendre, mais mettre le maillet à l'abri.

La barcasse fit un demi-tour lent et humiliant. À bord, tous étaient si honteux, ou peureux, que personne ne voulait descendre le chercher. Étant donné que c'était moi qui avais donné l'alerte, il leur sembla que j'étais également l'homme indiqué pour m'en charger. Pas question ! Je compris à quel point le député militaire était décomposé quand ses feignants s'approchèrent de nouveau et implorèrent :

— S'il vous plaît.

Je n'eus même pas à descendre de l'embarcation. Elle avait très peu de tirant d'eau, ils l'approchèrent de la plage et ce gamin avança dans la mer jusqu'à la poitrine. Je me penchai par-dessus bord, le bras tendu, et je saisis la massue qu'il me tendait. Dès que je l'eus saisie, la barcasse repartit. J'eus encore le temps de crier au gamin :

— Comment est-ce que tu t'appelles ?

Il me dit son nom, mais le vent changea de direction et je ne parvins pas à l'entendre. Je déplore tellement la présence de ce vent, mais tellement, que j'ai envie de me taire pour toujours. À quoi sert un livre qui contient le nom de Berenguer, l'abominable Antoni Berenguer, et qui ne peut inclure celui de ce petit ?

Je passai le voyage de retour assis dans un coin, entre deux barils, les bras croisés et une couverture sur la tête pour n'avoir à parler à personne. Ma première pensée fut que tout cela était un complot, que Berenguer était secrètement aux ordres des Bourbons. En fait, après la chute de Barcelone, le bruit courut qu'il s'était mis aux ordres du nouveau gouvernement, immédiatement et avec la plus grande servilité. Mais je ne crois guère aux complots. Il n'était qu'un homme faible, et chez les hommes qui exercent de hautes responsabilités, la faiblesse s'apparente à la trahison. Il embarqua peut-être tous les officiers pour leur faire partager la honte de la fuite, ou peut-être craignait-il que dans l'attaque du cordon il ne meure trop d'officiers. Étant des gens de bonne famille, les paillassons rouges auraient pu lui reprocher d'avoir mené tant des leurs à l'abattoir. Allez savoir. L'important n'était pas là.

Pour les Libertés et Constitutions, nous étions disposés à faire la guerre aux Deux Couronnes, une seule ville contre l'immense pouvoir de deux empires coalisés. Mais comment peut-on lutter contre son propre gouvernement ?

Quant aux conséquences de notre désastreuse expédition, mieux vaudrait se taire. À notre retour à Barcelone, don Antonio s'exalta comme jamais. Je me réjouis, et comment, de ne pas être là quand il apprit la nouvelle de la lâcheté de Berenguer, du désastre de Mataró et, enfin, du désastre que cela avait supposé d'abandonner toute une armée sur une plage. On dit qu'il jeta son bâton de commandement à terre, en proclamant :

— Pour Dieu, une offense ! Pour le roi, un mauvais service ! Pour la patrie, une ruine !

Villarroel nous demanda des explications, et aussi bien Dalmau que moi lui fîmes un rapport exact des faits. Il voulait pendre le député sur les remparts. Comme il fallait s'y attendre, les paillassons rouges le protégèrent. Mais son rôle était si néfaste que même eux ne purent l'empêcher d'être jugé. Je n'en parlerai pas. Il était impossible de lui appliquer la moindre justice. Ils ne touchèrent pas à un seul de ses cheveux. Don Antonio n'avait pas la juridiction sur une charge publique, et Berenguer s'en tira avec une assignation à domicile. Compte tenu du fait qu'il ne bougeait même pas de sa chaise, dites-moi de quelle saloperie de châtiment il s'agissait. La justice des paillassons rouges !

Et pendant que le député Berenguer se cloîtrait dans son exil doré, que devenaient les cinq mille hommes abandonnés à leur sort ? Dès son retour à Barcelone, Dalmau affréta une flottille aux frais de la fortune familiale, pour aller à leur secours. Elle arriva trop tard. Comme c'était à prévoir, ils s'étaient dispersés. Certains avaient rejoint le camp de Busquets, ou d'autres. Les bourbons capturèrent des centaines d'entre eux. Devinez vous-mêmes quel traitement leur fut réservé. D'autres, nombreux, rentrèrent simplement chez eux. (Quelqu'un pouvait-il le leur reprocher ?) Le reste continua à harceler les bourboniens de l'extérieur de Barcelone, pour son compte. Mais l'objectif stratégique de l'expédition était déjà anéanti.

Il est extraordinaire que certains aient encore eu la volonté de rentrer à Barcelone et qu'ils y soient parvenus, en forçant le cordon. C'étaient de petits groupes à cheval protégés par l'obscurité, dans des courses folles. Quand la nuit était plus noire, nous voyions une portion du cordon s'illuminer sous les éclairs de la fusillade et les hurlements des cavaliers sauvages. Ils traversaient les zones des marais, moins protégées, et quand ils arrivaient à ciel ouvert, ils chevauchaient comme des météores. Peu après, dix, vingt, trente hommes, entraient comme un éclair…

Nous n'eûmes plus de nouvelles de Merdez. De deux choses l'une : soit les bourboniens le pendirent, soient nos garçons s'en chargèrent. (Et si vous voulez mon avis, connaissant le caractère des hommes de Dalmau, je penche pour la seconde option.) Mais ce ne sont que des suppositions. Si on me l'a raconté, je l'ai oublié. Comme certains oublis sont agréables !

Oh, allez, assez parlé de tourments. Toujours joyeux, toujours content ! Voilà ma devise ! Ou, comme nous disions à Barcelone, *via fora** la tristesse. Je parvins au moins à rentrer entier à la maison, ce qui n'était pas rien. Après avoir étreint mon étrange famille, je me laissai tomber sur une chaise, contemplant les murs comme si la civilisation m'avait été étrangère. Je ne parlai pas beaucoup. Je regardai par le balcon qui donnait sur les remparts. Dans le bastion de Santa Clara, la compagnie de tonneliers montait la garde. Ils avaient déjà allumé plusieurs feux pour préparer le dîner. Il était agréable de les savoir là, et de savoir qu'ils étaient là pour une seule raison : me permettre de dormir cette nuit, chez moi et en sécurité. À ce stade, je me fiais davantage aux tonneliers reconvertis en soldats civiques qu'à une unité régulière.

Nan m'apporta une cuvette avec de l'eau chaude et la déposa à mes pieds. C'était sa façon de fêter mon retour à la maison. Amelis jeta une poignée de sel dedans. Mon Dieu, un bain chaud pour les pieds, entouré des siens. C'était ça, le foyer. Anfán me demanda de lui raconter mes prouesses.

En ôtant mes bottes, je songeai aux marches interminables, jour et nuit, à ces milliers de pieds chaussés d'espadrilles éventrées, ou simplement nus. Je pensai à l'odeur de la poudre brûlée, aux morts laissés derrière soi pour rien. Je respirais encore l'odeur des baïonnettes oxydées et du cuir usé. Et tout cela pour quoi ? Pour que ce porc de Berenguer expie ses fautes dans son petit palais, assisté par une douzaine de ses feignants.

— Raconter ? Tu sais la seule chose que j'ai à te raconter ? fis-je. Que j'y suis allé pour que tu n'aies pas à y aller un jour.

Je ne fus pas complètement heureux avant d'aller me mettre au lit. Amelis y entra peu après. La pièce était dans l'obscurité et je

* "Dehors" en catalan.

ne pus la voir. J'entendis juste la porte se refermer derrière elle. Elle s'allongea sur moi, son corps nu comme le mien. La nourriture commençait à manquer et elle avait maigri. À travers la fenêtre, nous étions éclairés par des éclairs et des fulgurances aussi occasionnels que lointains. C'était l'artillerie bourbonienne mais je savais que nous n'avions pas à la redouter. Ses canons ne tiraient que dans l'éventualité du jour où ils décideraient d'attaquer le couvent des Capucins, extra-muros. Les cheveux d'Amelis me retombaient sur les yeux, à son souffle je sus qu'elle avait bu une infusion à la menthe. Elle me dégagea le visage et me demanda :

— Tu veux dormir ?

Dormir ? Je n'avais rien entendu d'aussi drôle depuis longtemps. Martí Zuviría, toujours joyeux, toujours content ! Il y a peu de choses aussi intenses que l'amour sous le canon qui tonne. Et dans cette vie, je vous le dis, il ne peut exister qu'une chose plus désirable que le premier amour. Le deuxième.

Dans le chapitre précédent, j'ai oublié de vous raconter les dernières séquelles de l'expédition. Eh bien, je vais le faire maintenant, voilà tout. (Arrange les chapitres comme tu pourras, c'est pour ça que je te paie.)

Un matin, je me trouvais précisément dans le bastion de Santa Clara, dans une canonnade, lorsque Francesc de Castellví apparut. C'était un capitaine de la compagnie des soyeux avec des prétentions d'historien. Mais d'aucuns ne savent pas choisir le moment des saluts de politesse.

Il arrivait parfois que nos sentinelles détectent un groupe de fourrageurs dans le no man's land. Dans les bastions, on sonnait l'alarme et nos canons les harcelaient. Depuis le cordon, les bourboniens nous tiraient dessus avec leurs pièces de plus grande portée afin de protéger les leurs, et un duel d'artillerie commençait.

Je voyais là un gaspillage de munition des plus absurdes. À cette distance, il était presque impossible que nos pièces atteignent les leurs, et réciproquement. Mais c'est la loi de la guerre. Costa, notre artilleur, me demanda de tolérer la réplique. Nous possédions encore une grande quantité de poudre en réserves et ses Majorquins profitaient de ces occasions pour entraîner les artilleurs de la ville.

— Je suis ravi que tu sois revenu entier ! fit Castellví, criant pour dominer le bruit des détonations.

— Oui, oui. Merci beaucoup, répondis-je, très occupé et l'ignorant presque.

— Et tu as bonne mine. Un peu amaigri, ça oui.

— Tu ne devrais pas être avec les soyeux ?

— Non, penses-tu. Aujourd'hui, on est de repos. Je rends visite aux amis.

Je me trouvais là, dirigeant les hommes qui transportaient les munitions, vérifiant les dégâts provoqués par la canonnade et les dépenses de poudre. Et Castellví qui s'intéressait à ma santé.

La plupart de leurs tirs étaient trop courts. Certains arrivaient sur les murailles, mais si fatigués qu'ils rebondissaient dans un grondement de pierre arrachée. Paf ! Les boulets tombaient très lentement sur la pente, enveloppés de fumée. Nous utilisions les mêmes calibres, de sorte que la moitié des boulets allaient et venaient des douzaines de fois, de nos lignes aux leurs, et rebelote. Certains étaient devenus des lettres volantes. Les bourboniens écrivaient dessus avec du sang de poulet ou du charbon, par exemple "Va Te FaiRe fouTre rebeLlE". Ce à quoi nos jeunes gens répliquaient, sur une autre partie de la sphère "PouR ton Cul de bourBon". Ce genre de choses, avec de petits croquis de bites, de culs et de bouches.

— Et tu dois être très content du retour de ton cher ami ! s'acharnait Castellví.

— Ami !?

— Ami !? Mais quel ami !?

— Qui d'autre !? Ballester ! Et ses hommes !

— Non ! Tu te trompes ! criai-je. Il est resté à Alella ! Il ne reviendra jamais !

— Je te dis que si ! Cette nuit, ils ont franchi le cordon ! À cheval ! Juste avant l'aube ! Il y a à peine quelques heures ! Il est en ville !

— Et moi je te dis que tu te trompes. Cela ne peut pas être lui ! Ballester ne nous pardonnera jamais cet abandon !

Les Majorquins hurlaient des ordres à la batterie. Entre leur accent diabolique, le bruit des canons et le remue-ménage des serviteurs, il était extrêmement difficile de se comprendre. Nous étions aphones à force de crier. Pourquoi n'y avait-il pas de Vauban pour apprendre le langage des signes aux soyeux ?

— C'était lui ! insista Castellví, qui m'exaspérait. Cette guerre mérite d'être racontée dans les moindres détails. Et je t'assure que je compte le faire !

— Bon, très bien ! Va raconter la guerre ! En ce moment, je suis occupé à la faire ! Et avant qu'il parte, j'ajoutai : Mais tu te trompes ! Ballester nous déteste ! Quelle raison pourrait-il avoir de risquer sa peau en revenant à Barcelone ?

Puis je m'interrompis. Ce sont souvent les mots qui éclairent la pensée, et non l'inverse.

— Qu'est-ce que tu as ? Tu es tout blanc ! dit Castellví. Tu as peur des bombes ?

— Remplace-moi un moment ! lui demandai-je en hurlant. Je te revaudrai ça !

— Mais je suis dans l'infanterie ! protesta-t-il. Je n'ai aucune idée de… !

Maintenant je vais vous laisser deviner vous-mêmes les raisons d'une si grande hâte et le lieu où je me rendais. (Ma chère et repoussante Waltraud a déjà deviné. Comme tu es intelligente, ma petite bufflonne !)

Ballester ne pouvait avoir qu'un motif pour rentrer à Barcelone : assassiner Berenguer. Dans sa logique de miquelet, les outrages ne provenaient pas de décisions politiques, mais d'individus précis, et la solution consistait à trancher des gorges précises.

Je courus au domicile du député militaire. J'arrivai en soufflant et juste à temps. Ballester et ses hommes se trouvaient au coin d'une rue adjacente très étroite, couteau à la ceinture et le visage recouvert de sacs. Je m'interposai entre eux et la maison de Berenguer. L'entrée de la rue était si exiguë que mon corps la bloquait.

— Vous ne saluez pas un supérieur ? fis-je en me dirigeant vers Ballester.

— Écartez-vous.

Bon, la concision fut toujours l'une de ses qualités.

— Si vous renversez cette porte et tuez Berenguer, pensez à ce qui peut arriver, dis-je. Le député mourra, et vous serez pendus. Le député militaire et l'un des héros de la ville éliminés par nos propres forces. Imaginez la baisse de moral. Et comment l'ennemi en profitera. Il dira que nous nous dévorons entre nous comme des rats dans un sac.

Ballester ôta sa capuche d'un geste féroce.

— Vous croyez que je veux tuer Berenguer ? C'est ce que vous croyez ? Non, je ne voulais pas revenir, je ne suis pas de ceux qui risquent leur vie pour écraser un cafard. Il désigna ses hommes d'un pouce. Mais eux, ils voulaient ! Je me suis embarqué avec neuf hommes dans sa foutue expédition, et je suis revenu avec six. Vous voulez qu'ils oublient leurs morts ? Très bien, dites-le-leur !

Les caractères rudes ne savent pas demander des faveurs, l'orgueil les en empêche. Mais en jaugeant ses paroles, je compris que Ballester me demandait d'intercéder.

Je leur rappelai les nuits de veille, les marches et les escarmouches auxquelles j'avais participé, pour la plupart. Je ris du jour où je leur avais demandé d'aller à Barcelone. Il s'était passé beaucoup de choses depuis.

— Berenguer est très vieux, dis-je. Il ne lui reste pas beaucoup de temps. Si vous l'écourtez, vous le paierez de votre vie et vous nuirez à la défense de la ville. C'est ce que vous voulez ?

J'ignore moi-même comment je parvins à les emmener dans l'une des rares tavernes restées ouvertes. L'alcool les réjouit grandement, comme s'ils n'avaient jamais eu d'intentions homicides. Tous rirent, burent et chantèrent jusqu'à l'épuisement ; tous, sauf Ballester et moi. À travers la table, nous échangions un regard qui se trouvait au-delà de la tristesse ou de l'amertume.

“Vous n'avez pas encore assez souffert”, m'avait dit don Antonio. Et je jure que je m'étais embarqué dans l'expédition disposé à tout affronter afin d'extirper la rancœur de mon âme. Ce que j'ignorais, c'était que la douleur nous attaque toujours là où nous nous y attendons le moins. Je crus que l'expédition allait mettre mes connaissances à l'épreuve, alors qu'elle détruisit mon idée du monde. Et le pire est que malgré ça, malgré le malheur de savoir que l'ordre qui nous dirige est aussi apparent que faux, je ne m'étais pas approché d'un iota du Mot. “Vous n'avez pas encore assez souffert.” Dans cette taverne, je vis un autre visage de la peur que ceux que je connaissais. Car si tous les malheurs, toutes les visions horribles de l'expédition ne m'avaient pas suffisamment transformé, quel serait le sacrifice qui me permettrait de voir ma lumière ?

Cette nuit-là, tandis que je buvais tant et plus en parlant aux yeux de Ballester, j'ignorais une chose terrible et à la fois imprévisible : le ciel était sur le point de s'effondrer sur nous.

5

Aujourd'hui, des lustres plus tard, je me rappelle la Noël 1713 sous un jour plus doux qu'il ne dut l'être. Le service à l'intérieur des murailles nous exposait à un froid terrible. À nos pieds, les pieux congelés ; au-delà, le cordon ennemi. Vent, pluie, et là-haut, un ciel de plomb, plus gris que la panse d'un âne. Mais quand nous étions de garde dans l'un de ces vaisseaux terrestres qu'étaient les bastions, il nous restait toujours un recours pour nous encourager : porter le regard sur la ville que nous défendions.

Depuis le début du siège, les paillassons rouges avaient toujours suivi leur obsession, la tranquillité publique. Pour que les rues soient moins sombres, ils avaient ordonné aux Barcelonais de remplir leurs fenêtres et leurs balcons de lampes à pétrole et à huile. On faisait demi-tour, et une Barcelone illuminée apparaissait devant vous. À Noël, cette année, il y avait plus de lampes que jamais. Les verres étaient rouges, jaunes, bleus, de sorte que les rues de Barcelone scintillaient comme un arc-en-ciel nocturne.

1714 arriva et tout était plus ou moins semblable. Il s'écoula trois, quatre, cinq mois ; pareil. Le printemps éclatait, et tout le monde commençait à se lasser du siège, moi y compris. Il ne se passait rien à part l'ennui, les escarmouches et l'épuisement qui, entre les citoyens libres, implique la militarisation. À Bazoches, un siège aussi long était vu comme un échec. Davantage, même, une pure aberration, parfaitement inconcevable.

Bref, ce que j'essaie de dire est qu'au printemps 1714, je commençais à en avoir assez. Nous en avions tous assez, à l'exception d'un homme : don Antonio Villarroel. Parmi mes obligations, il y en avait une particulièrement exténuante, qui consistait à l'accompagner à chaque inspection de cette position, d'une autre, d'une autre encore. Un bastion, un autre, les rideaux de murailles qui couvraient la portion située entre deux bastions ; il n'était jamais content. Ici, il manquait des soldats, là des canons, cette ancienne brèche n'avait pas encore été refermée. Le 19 mai, il était en train de me tancer quand nous fûmes interrompus par un bombardement plus violent que d'habitude.

Depuis les bastions, on pouvait voir la gueule des canons bourboniens s'éclairer dans le cordon sous un éclair muet. Puis on entendait un sifflement aphone et la bombe heurter les murs dans un "boum" sonore. Mais cette fois, ce fut différent. Ils tiraient haut, à tel point que les projectiles traversaient le ciel bien au-dessus de nos têtes. Ils tombaient dans la ville, sur les toits des bâtiments ou sur sa façade ouest.

— Idiots ! criai-je. Nous sommes ici ! Ici ! Vous visez avec vos fesses, ou quoi ?

D'autres décharges d'artillerie, mal orientées, suivirent. Ma fureur grandit. Don Antonio me fit taire. Il avait compris avant moi.

— Ils savent très bien ce qu'ils font, dit-il.

— Mais don Antonio, leurs tirs passent au-dessus de nos têtes, protestai-je.

Il fit demi-tour pour regagner le poste de commandement. Je le suivis. La lumière se fit enfin dans ma tête. Ils bombardaient la ville !

Des années d'études à Bazoches pour apprendre à prendre une forteresse d'assaut en faisant moins de morts que les accidents survenus lors de la construction des défenses, et ce boucher de Pópuli, au lieu d'endommager nos murs, dirigeait ses canons contre les maisons des civils. C'était un fait si insolite, une rupture si flagrante, sordide et brutale des enseignements sacrés de Bazoches, de n'importe quelle lueur de civilisation humaine que je me refusais à le croire. Pendant que nous courions dans les rues, une boule énorme alla se loger contre un bâtiment à quatre étages. La façade s'effondra et entre l'énorme grincement des pierres et des poutres en bois, j'entendis les cris de douleur d'une fillette.

La douleur enfantine suscite une haine irrépressible. Je remontai un instant en haut du bastion. Je me rappelle avoir pris une longue-vue et examiné les positions bourboniennes. Je parcourus les parapets de fascines derrière lesquels se cachaient les canons. Au milieu des détonations et des allées et venues de ses artilleurs, le cercle de ma lentille se posa sur un homme immobile. Il me regardait lui aussi à travers une longue-vue. Nous nous observâmes. Puis il me salua d'un bras. Il se moquait de notre douleur. Je le reconnus immédiatement : c'était Verboom, ce porc de Verboom.

Une réunion d'urgence fut organisée avec Costa et les autres officiers de haut rang. Les esprits étaient agités, quoique Costa ne se laissât pas gagner par la commotion. Il mâchait du persil et sur son ton monotone habituel, tellement dépassionné qu'il semblait apathique, il estima :

— Ils utilisent des canons à longue portée. Mais même ainsi, ils ne peuvent atteindre toute l'enceinte urbaine, uniquement la partie la plus proche des murailles, le quartier de la Ribera. Ce n'est qu'une batterie composée de trois pièces.

Je ne pus éviter un commentaire égoïste :

— Par un hasard malheureux, ma famille vit là-bas.

Quelques officiers exigèrent que deux bataillons attaquent la batterie. D'autres pensaient qu'il s'agissait d'un essai visant à provoquer une sortie générale manquée. Et d'autres voulaient envoyer une missive à Pópuli, menaçant d'exécuter des prisonniers si le bombardement des civils ne cessait pas. Notre mâcheur de persil trouva une solution des plus simples, ce qui ne lui ôte pas le mérite d'avoir été le seul à y songer : puisque nos canons les plus précis n'étaient pas de portée aussi longue, ce que nous devions faire était de les rapprocher de ceux de l'ennemi afin de les détruire. Comment ? En faisant sortir une batterie entière de la ville.

— Mais l'ennemi pourrait envoyer une charge contre elle, objectai-je.

Il me répliqua avec une pensée très caractéristique de son arme :

— Et pourquoi a-t-on inventé l'infanterie, si ce n'est pour protéger l'artillerie ?

Avec Costa, on ne savait jamais s'il se payait votre tête ou non. Il regarda dans sa gibecière ; il ne restait pas de persil et, désolé, il ajouta :

— Laissez à mes Majorquins une marge de dix minutes de canonnade. Il ne nous en faut pas plus.

En fait, il ne leur en fallut que cinq. Don Antonio ordonna à deux bataillons entiers de sortir, ils s'offrirent le luxe d'attaquer le cordon en formation, vingt tambours annonçant le départ. Les bourboniens leur firent face avec deux fois plus de troupes qui avançaient vers le cordon. Ils tombèrent dans le piège car, profitant de la distraction, Costa sortit six canons. Les boulets atterrirent exactement sur la tête des pauvres bourboniens affectés à la batterie. Les Majorquins attelèrent les canons légers aux chariots et regagnèrent la ville. Pópuli en resta pantois et sans ses trois canons assassins.

Dépité, il fit venir la totalité de ses canons. Il avança un peu le cordon ; de là, ils atteignaient toute la ville hormis la ligne côtière. L'attaque du 19 mai n'avait rien été en comparaison avec ce qui nous tombait dessus maintenant. Ainsi commença le bombardement de l'enceinte urbaine de Barcelone. Une attaque constante et systématique qui ne s'arrêta pas avant des mois, ni le jour ni la nuit.

Le terrorisme militaire aime la destruction à grande échelle. Les défilés qu'offraient nos hauts édifices, de même que nos rues étroites, constituaient une tentation trop grande. Ils y envoyèrent une infinité de projectiles, avec un plaisir d'enfant qui écrase des fourmis. Je vois encore les rues bondées de civils fuyant tandis que les murs éclataient comme des boules de pus.

Pour les Barcelonais, l'enfer. Pour Pópuli, un calcul. D'après lui, la population, terrifiée, exigerait d'elle-même que le gouvernement ouvrît les portes de la ville. Passions mises à part, Pópuli n'avait pas tort. Cela valait-il la peine de soutenir une défense qui nous coûterait nos propres maisons et cathédrales, notre propre vie ? Barcelone était défendue par une armée de miliciens qui luttaient pour leurs familles. S'ils couraient le risque de les faire tuer, quel sens cela avait-il de continuer à prendre les armes ? Pópuli fit toutefois une erreur de calcul bilieux. Les gens ne se rangèrent pas à sa logique mais firent précisément le contraire.

Pas même Martí Zuviría, ingénieur entraîné aux calculs neutres. Justement parce que je connaissais la barbarie ennemie, que rien n'arrêterait, j'avais l'obligation de pousser à la négociation. Pourquoi ne le fis-je pas ? Je l'ignore. Nous étions peut-être allés trop loin. En dépit de Bazoches, hors de ses murs, la réalité était tout autre. Le monde changeait, on ne pouvait plus l'affronter avec les lumières rationnelles du marquis.

Et dans le fond, la manœuvre de Pópuli mettait en évidence son impuissance et sa frustration. Le bombardement ne fit pas diminuer, mais grandir, la foi en la défense, car les gens surent comprendre que Pópuli bombardait la ville parce qu'il était incapable d'en vaincre les défenseurs. Qui plus est, nous l'ignorions, mais devant sa négligence, Madrid lui avait déjà fait savoir qu'il serait relevé par un autre commandant. Il n'entrerait jamais dans Barcelone en vainqueur. Humilié, Pópuli se défoula sur les Barcelonais. Les rafales de projectiles tombaient par terribles intervalles réglés, d'un quart d'heure précisément, sans pauses, et ainsi durant des mois. Des rues entières furent si détruites que je ne pouvais les reconnaître que de mémoire.

La vieille Barcelone, toujours frivole, joyeuse et contente, et maintenant martyrisée depuis l'air. Des boulets qui haïssaient l'intelligence et l'imprimerie : l'un d'eux tomba sur la rédaction de la gazette la plus estimée, le *Diario del Sitio**, et en tua propriétaires et rédacteurs. Des boulets athées : un projectile perfora la rosace de la populaire église du Pi en plein office et provoqua une boucherie parmi les fidèles. Des boulets, enfin, nocturnes, aveugles et sots, car l'un d'eux tua trois agents philippistes qui collaient des pasquins sur les murs. Ils furent réduits en bouillie. Un petit matin, je tombai sur un pinceau collé au mur. Il avait de remarquable qu'il était encore tenu par une main fixée à la moitié du bras, arraché au niveau du coude. Son propriétaire avait été surpris au moment où il collait des pasquins. Eh bien, les brigades du nettoyage prirent leur temps avant de le retirer, pour l'exemple et pour donner une leçon aux traîtres.

Nous ne pûmes faire moins qu'évacuer les Barcelonais sur la plage ou dans la montagne de Montjuïc, les seuls endroits hors de la portée des bombes. La majeure partie des gens aisés s'installa à Montjuïc, d'où ils pouvaient envoyer leurs serviteurs faire les courses dans les épiceries. Ainsi, un monumental campement d'exilés s'organisa sur la plage. Ce furent d'abord des milliers de matelas, immédiatement recouverts de tentes plus stables et accueillantes. On y appréciait les mains féminines, comme toujours. Les toiles qui recouvraient les petites maisons en bâche, celles qui

* *Journal du Siège.*

demeuraient à la vue de tous, étaient toujours les meilleurs tissus, couvre-lits ou rideaux de la maison. Dans une concurrence larvée, les toits montraient des tissus en damas et en cachemire. Autour des maisonnettes de toile on installa des meubles domestiques, certains d'entre eux de style baroque. Il était logique que les propriétaires emportent leurs biens les plus précieux, pour les avoir près d'eux et pouvoir les surveiller. Mais mon Dieu, quel contraste ! D'humbles feux pour la cuisine sur le sable et, autour, des tables en chêne aux pieds en spirale, des miroirs encadrés, des armoires plus hautes qu'un adulte, des chaises en tapisserie et même une coiffeuse toute neuve de demoiselle *toujours à la mode*.

Le bombardement massif a quelque chose d'isocratique : sous les bombes, tous les humains sont pareils, en marge de leur origine et de leur condition. Le regroupement sur les plages, l'impudeur du contact, provoquèrent exactement le contraire de ce que souhaitait Pópuli. Les voisins, sans murs pour les séparer, devinrent une communauté en plein air. Maintenant qu'ils étaient ensemble, ils se sentaient plus unis que jamais. Les enfants couraient sur le sable, les femmes cuisinaient en groupe. Les vieux bavardaient, assis, et fumaient. Il était rare de voir un homme adulte.

Entre la plage et les murailles, s'étendait une ville aux rues désertes et aux bâtiments abandonnés. Et quelle vision inédite s'offrait au passant. Le fracas des bombes ouvrait les portes. Les façades étaient souvent tombées comme un masque, laissant à découvert trois ou quatre étages, des meubles et des lits encore à leur place. Les gens ne pouvaient pas tout transporter, et toutes ces richesses sans maître représentaient une grande tentation. La rigueur était la spécialité des paillassons rouges, qui affectèrent immédiatement aux rues une garde avec un pouvoir de vie et de mort.

L'un des premiers pilleurs à tomber s'appelait Cigalet (surnom que l'on pourrait traduire approximativement par Petit Zizi). Après un jugement sommaire, il fut condamné à la pendaison, sentence qui fut exécutée sur-le-champ pour l'édification du public. Cela n'aurait guère eu d'importance si Cigalet n'avait été très connu : le hasard avait voulu que le premier pilleur pris la main dans le sac exerçât comme premier bourreau de la ville. Ce fut son assistant, qui se trouvait être le fiancé de sa fille, qui dut le pendre : Cigalet affronta l'exécution bien plus calmement que son futur gendre. En gravissant les marches de l'échafaud, accusé et public partageaient un même état d'esprit badin. Les gens l'encourageaient par des plaisanteries légères, à mi-chemin entre la goguenardise et la sympathie. "Rappelle-toi que tu me dois ta promotion", dit Cigalet à son gendre, quand celui-ci lui passa la corde autour du cou. Le gendre pendant son beau-père. Quelle grande scène ! Je me demande comment se passa la nuit de noces.

Pour Cigalet, ils eurent au moins la déférence de le soumettre à un jugement. Avec les suivants, ils ne se soucièrent même pas de les emmener au tribunal. Il y avait trois poteaux répartis dans la ville : le pilleur était fusillé devant celui qui se trouvait le plus proche du lieu du délit. Acceptons-le : toute ville assiégée se soumet à des mesures extraordinaires, mais le régime des paillassons rouges suivait le rythme de la bestialité bourbonienne comme deux roues qui tournent sur le même axe.

Pour intégrer la Garde de la Tranquillité, ils recrutèrent la pire des racailles, la lie de la lie. Il ne pouvait en être autrement, puisque les citoyens honnêtes servaient dans la Colonelle, se battant sur les murailles. Les paillassons rouges enrôlèrent dans la Garde des proxénètes, des escrocs, des piliers de taverne, des voyous sans maître qui maniaient le couteau dans les impasses, et ces ivrognes qui voient des rats ailés. Et ce furent précisément ces fripouilles que l'on chargea de protéger la loi. Avec le blocus naval, le prix des denrées monta en flèche. La majeure partie des pilleurs n'était pas guidée par la convoitise mais par la faim. Ainsi, sur ordre du gouvernement, les criminels acquirent le droit d'exécuter les affamés.

Ma chère et repoussante Waltraud me demande de ne pas m'échauffer. Mais comment pourrais-je m'en empêcher ? Pour constituer ces patrouilles ambulantes, les paillassons rouges en appelèrent à l'ordre et à la sérénité ; la "tranquillité octavienne", dans leur langage alambiqué. La tranquillité octavienne ! Je vais maintenant vous raconter en quoi elle consista.

Le ciel s'écroulait sur nos têtes de la façon la plus littérale, et jusqu'au dernier jour, les patrouilles montèrent la garde devant les riches maisons des botiflers qui avaient déserté à Mataró. Quand un gamin efflanqué ou une pauvre vieille édentée s'infiltraient par une ouverture afin de trouver quelque chose à manger, ils y trouvaient ces durs, armés par le même gouvernement, les attachant à un poteau pour les tuer à coups de fusil. Les bourboniens nous tuaient de l'extérieur, et les paillassons rouges de l'intérieur. Voilà.

Aucune forteresse ne possède de toit. Et il tombait des tempêtes de feu de notre ciel. Quand tout fut terminé, sept maisons sur dix de Barcelone étaient en ruines ou éventrées. Les deux premiers mois, il tomba sur une ville de cinquante mille âmes exactement 27 275 boulets de gros calibre. Chaque Barcelonais reçut donc en cadeau de Philippe V une demi-bombe.

Je me demande encore aujourd'hui quel devait être le rigoureux comptable qui tenait ces comptes. Je l'imagine en haut d'un clocher, avec une table et une craie, aussi impassible qu'ennuyé, notant les impacts avec des barres et des traits horizontaux. De là doit venir le proverbe : "Celui qui n'a pas de travail compte les boulets."

Pendant ce temps, nous parvinrent les nouvelles de l'autre camp. Pópuli serait finalement remplacé comme commandant de l'armée assaillante. Et même si cela semble étrange, c'étaient les pires nouvelles que l'on pût imaginer.

Pour remplacer cet inutile de Pópuli, Felipito avait prié son père de lui envoyer des renforts français et son meilleur général de bataille. Devinez qui ? Ce ne pouvait être personne d'autre que lui, cette épée aussi fidèle qu'invincible, la terreur des ennemis de Louis XIV, le maréchal d'Almansa : Jimmy.

D'après nos espions, il avait déjà traversé les Pyrénées avec le meilleur de l'armée française à sa suite. Il avançait lentement à cause du mauvais état des chemins parce que, oh malheur, un train d'artillerie imposant le lestait.

En l'apprenant, ce fut comme si mes poumons se décollaient. Jimmy. Ses calculs sans âme, sa détermination inexorable. J'aurais mille fois préféré lutter contre Satan en personne. Pourquoi ? Eh bien, parce que Jimmy ne luttait que lorsqu'il avait les atouts dans sa manche.

Don Antonio nous annonça la nouvelle lors d'un conseil militaire avec les principaux commandants. Nos agents devaient être comptables de profession car don Antonio énuméra, un par un, les bataillons français qui suivaient le cheval de Jimmy. Je me rappelle le silence qui s'établit. Tout officier doué d'un minimum de raison comprenait ce que cela signifiait. Personne ne la formula, mais une question flottait dans l'air : "Et maintenant ?"

Don Antonio m'accorda une nuit de repos. Nous avions nous aussi déménagé sur la plage, pour une simple tente faite de bouts de vieux vêtements. Les Barcelonais détestaient l'ennui comme une maladie, et la plage était un campement et une scène car, la nuit venue, deux orchestres de danse soulageaient la foule de son exil intérieur. Pendant le dîner devant la mer avec ma troupe d'enfants, de nains et de vieux, mon humeur s'améliora sensiblement.

Puis je me retirai avec Amelis, mais j'étais si fatigué que je n'eus même pas la force de lui faire l'amour. Notre lit ne pouvait être plus simple : une couverture dessus et une dessous, avec le sable pour matelas. En fait, la tente contenait très peu de choses, mais à côté de l'oreiller, Amelis avait sa boîte à musique. Elle l'ouvrit. Là, dans cette pauvre tente sur la plage, sa mélodie possédait un ton particulièrement réconfortant.

Je lui résumai le conseil de guerre.

— La bonne nouvelle est que le siège prendra bientôt fin, dis-je.

— Nous allons nous rendre ?

J'eus l'impression qu'elle ne comprenait pas.

— Maintenant, ils nous sont supérieurs en tous points, mais quand les renforts français arriveront, la disparité des forces sera aberrante, répondis-je. Nous allons envoyer un clairon pour négocier des termes honorables, certainement en ce qui concerne les vies et les propriétés.

— Et c'est tout ?

— Nous avons maintenu une défense très digne bien au-delà de ce qui pouvait être exigé, alléguai-je avec un certain orgueil.

Son visage exprimait la contrariété, mais elle se taisait.

— Qu'as-tu ? me plaignis-je. Si le siège prend fin maintenant, nous conserverons notre maison. Avec ce bombardement, l'artillerie la détruira tôt ou tard.

Elle se glissa sous la couverture avec des gestes brusques et me tourna le dos.

— Tu parles d'une paix, ronchonna-t-elle. Et c'est pour ça que vous avez passé une année entière à l'intérieur des remparts ? Pour ouvrir docilement les portes aux Français à la place des Espagnols ?

— Va dire ça aux paillassons rouges, me fâchai-je. Ils accaparent les denrées et, profitant de la pénurie, les vendent dix fois plus cher. Les pauvres commencent à tomber de faiblesse. Hier, j'étais avec Castellví, ce capitaine intellectuel des soyeux, et un homme âgé est tombé en pleine rue. Il n'avait rien, juste faim.

Amelis tourna la tête sur l'oreiller et fit :

— Quand le vieux est revenu à lui, tu lui as demandé s'il voulait se rendre ?

— Ce qu'il voulait, c'était manger !

Elle éteignit la bougie en soufflant dessus.

Le lendemain, ce bon Zuviría resta anormalement silencieux. Je me contentais de donner des ordres secs. Ballester s'en aperçut. Je me trouvais à la proue d'un bastion, songeur, lorsqu'il vint vers moi. Avec sa finesse de miquelet, il me demanda :

— Bon Dieu, qu'est-ce qui vous arrive ?

Je n'avais aucune raison de le lui cacher, et je le lui racontai. Il répondit avec une fanfaronnade typique d'un miquelet ; il allait manger le foie de Berwick avec des poires et des navets. J'émis un rire las.

— Vous ne connaissez pas Jimmy. Je rectifiai : le maréchal Berwick.

— Vous si ? fit-il sur un ton moqueur.

— Un peu. Le front était tranquille, et je m'assis sur le bord du bastion. Jimmy est un opportuniste. Il n'aurait pas accepté cette charge s'il ne pouvait pas donner satisfaction à ses maîtres et se couvrir ainsi d'autres lauriers. Il amène le meilleur de l'armée française. Avec des troupes de renfort, et un bon commandement, ils seront impossibles à arrêter. C'est terminé.

Je n'attendais pas de réponse. Mais Ballester se planta devant moi.

— Vous savez ? fit-il sur son ton habituel, traînant et rancunier. Un jour, je vous ai fait confiance. “Voici quelqu'un de différent. Peut-être qu'à Barcelone, ils ne sont pas tous comme les paillassons rouges, et que nous pourrons profiter de la guerre pour changer les choses”, me suis-je dit. C'est pour cela que nous sommes venus, pour qu'on ne dise pas que ce jour-là, nous étions absents. Nous avons accepté votre commandement. Et regardez-vous maintenant, pleurant comme une chienne apeurée. Mais qu'est-ce que vous vous imaginiez ! C'est une guerre ! Il y a de bons et de mauvais moments, et celui qui défaillit tout d'un coup prouve juste qu'il n'aurait jamais dû commencer.

Je l'affrontai.

— Faites vos comptes ! criai-je Quand Berwick arrivera, on ne sera plus devant les ploucs navarrais. Il est suivi de la crème de l'armée de Louis XIV, de tonnes de munitions et de canons. Dragons, grenadiers et l'élite des troupes du Rhin. Les murailles font peine à voir, la ville est à moitié détruite. Elle est défendue par des civils, pour la plupart affamés et malades. Je sais parfaitement comment Jimmy va procéder et, croyez-moi, ou nous envoyons un clairon ou il nous écrase.

Ballester m'écoutait en soufflant.

— Pour l'instant, je ne vois qu'une tête pleine de chiffres, dit-il.

Il m'avait offensé.

— Et ces chiffres tiennent les comptes des vies que nous a coûtées le siège ! m'exclamai-je. Combien d'autres doivent-ils mourir ? Vous avez vous-même perdu trois hommes lors de l'expédition du député. Vous voulez qu'ils se fassent tous tuer !

Il donna un coup de poing sur le bord de la muraille.

— Je veux que leur mort serve à quelque chose !

J'élevai encore le ton.

— On défend une ville pour protéger des enfants, des femmes et des temples ! Persévérer, c'est les perdre ! Nous luttons pour les sauver, non pour les dévorer.

— Et les Constitutions et Libertés ? demanda-t-il. Qui les sauvera ?

— Je ne sais pas ! répondis-je en ouvrant les bras. Parlez à Casanova, parlez aux hommes politiques. Moi, je suis ingénieur.

Jamais on ne m'adressa regard plus emporté et accusateur.

— Moi, je ne parle ni aux hommes politiques ni aux ingénieurs, juste à des hommes, dit-il, et il acheva dans un murmure dont il ignorait sans doute lui-même les profondeurs philosophiques : Mais comme il est difficile d'en trouver dans cette ville.

Il s'éloigna avant que je puisse répliquer.

Les jours suivants, nos relations furent plus tendues que d'habitude. Au lieu de le harceler, je l'ignorais. Quand nous nous croisions, je feignais de ne pas l'avoir vu. J'esquivai un commandant de sa brigade. Ballester le prit comme une insulte. C'était le cas. Qu'il aille se faire voir, me dis-je. Mais l'absence de nos disputes habituelles, de ces polémiques aussi rudes que saines, accrut la tension mutuelle au lieu de la détendre.

Nous reflétions en quelque sorte l'état d'esprit de la ville. On comprendra que le fait d'apprendre que le maréchal Berwick nous tombait dessus ne nous remonta pas précisément le moral. Et de la diplomatie extérieure ne nous parvenaient que de vagues promesses. De petites lettres de Karlangas exaltant notre conscience et notre fidélité. Il les dictait certainement en chevauchant la petite reine, tandis qu'ils s'efforçaient d'assurer "la succession si attendue".

Un jour, j'accompagnai don Antonio à une réunion avec le gouvernement. Il voulait que je l'aide à leur faire voir la précarité de nos défenses. Don Antonio fut accueilli dans une ambiance plus que froide, glaciale.

Impossible de comprendre les paillassons rouges. En règle générale, c'étaient des pleurnicheurs, des défaitistes consommés. Je crus qu'ils allaient se servir de mon rapport pour convaincre les réticents. Bien au contraire. Ils ne voulurent même pas m'écouter. Casanova, en particulier, me transperçait de ses pupilles noires.

J'étais très jeune. La chose publique ne m'intéressait pas, je me consacrais aux travaux de défense. Mais ce jour-là, pour la première fois, il me fut donné de contempler un phénomène propre aux dirigeants politiques.

Casanova ne voulait pas lutter, il n'avait jamais voulu. Si vous avez suivi ce récit, vous devez savoir qu'il fit tout ce qu'il put pour empêcher les murailles de se refermer et nous, de nous armer. Pourquoi défendait-il donc avec tant d'acharnement les positions irrationnelles, ou pliait-il devant elles ?

Pour comprendre, il ne fallait pas regarder en haut, mais en bas. Dans la France du Monstre, les sujets obéissaient aveuglément à leur roi. Mais dans notre vieille ville assiégée, avec un peuple révolté et un gouvernement plus proche d'Athènes que de Sparte, c'était le contraire : les dirigeants faisaient ce que leurs administrés exigeaient d'eux. Casanova savait qu'il ne pouvait défier la volonté de résister du peuple. Quelle était sa conviction intime ? Impossible de le tirer au clair. J'imagine, et ce ne sont que de faibles suppositions, qu'à son avis, il valait mieux conserver le commandement, dans l'attente d'une occasion d'en finir et d'éviter ainsi le pire.

Don Antonio se contenta d'achever mon exposé. Avec Berwick, un pouvoir écrasant allait arriver. Que le consistoire en tirât les conséquences. Ici, je dois préciser une banalité sans importance, mais qui avait tout son poids en privé : don Antonio ne parlait pas le catalan.

Comme tous les Catalans instruits, les paillassons rouges dominaient parfaitement le castillan. Lorsque don Antonio se trouvait devant eux, par déférence, ils s'adressaient à lui dans cette langue. Mais ils possèdent un ressort invincible qui les empêche de parler entre eux une autre langue que la leur. De la sorte, don Antonio perdait des parties du débat. Je fis office de traducteur, lui murmurant à l'oreille ce qu'ils disaient quand ils s'excitaient, ce qui arrivait très souvent. Mais vous connaissez ce bon Zuvi : quand les participants s'échauffaient, je me laissais emporter et, au lieu de traduire les débats, je me lançais dedans. Les conseillers municipaux se mirent d'accord sur un seul point, des mesures foudroyantes s'imposaient. Et la "mesure foudroyante" consista à organiser une grande sortie pour remonter le moral de la ville. Magnifique idée s'il en fut !

L'attaque représentait une folie. Si cela se passait mal, ce qui était indubitable, le moral de la ville s'en ressentirait fatalement. D'autre part, en exécutant les ordres, don Antonio démontrait qu'il ne prétendait pas être autre chose qu'un commandant militaire subordonné au gouvernement. Il obéit, bien qu'il désapprouvât.

De même que dans le corps humain, dans une armée, les nerfs sont invisibles et vont de haut en bas. Si les officiers doutaient de l'attaque, comment les soldats pouvaient-ils avoir confiance ? Tout fut improvisé, j'en subis les conséquences. Les ordres furent vite et mal communiqués. Je crus comprendre qu'on m'envoyait à l'assaut, alors qu'en réalité, don Antonio voulait que je contribue à mettre de l'ordre à l'arrière-garde. Vous savez, toute cette troupe de curés et de chirurgiens qui évacuent les blessés, les officiers qui arrêtent ceux qui s'enfuient subitement et qu'il faut réincorporer à l'hécatombe, tout ça.

La troupe, au moins mille hommes, se rassembla devant trois portes. L'idée était de sortir, de se regrouper et de converger contre le cordon. De le déborder et de nous retirer. De leur faire peur, pour qu'ils sachent que Berwick ne nous intimidait pas. Je l'ai dit, une parfaite imbécillité. Jimmy n'était pas encore là et tout ce qui arriverait avant son arrivée lui importait peu. Les bourboniens nous connaissaient et une attaque aussi limitée ne déboucherait que sur un massacre gratuit. Mon Dieu, qu'il serait laid de mourir sous un si beau soleil printanier.

Il y a peu de sensations plus insidieuses que de participer à une attaque de rangées tremblantes. Et l'important n'était pas ce que les officiers disaient aux hommes, mais ce qu'ils ne disaient pas. Après avoir ordonné les rangs, à grands cris, il n'y avait rien pour témoigner de la foi en l'entreprise. Les curés me faisaient sortir de mes gonds, parcourant les rangs au garde-à-vous, nous éclaboussant de latin de cuisine et d'eau bénite. Parmi les soldats figuraient Ballester et les siens.

— Eh bien ! Vous ici, me salua-t-il avec ironie. Vous êtes content de nous envoyer à l'abattoir ?

— Non, je ne voulais pas me battre sans tête, répliquai-je. C'était vous, qui vouliez nous y envoyer. Vous ne vous souvenez pas ? Attaquer, attaquer, attaquer. Eh bien vous l'avez, votre attaque !

Je le poussai pour le faire rentrer dans le rang. Il se retourna, irrité, et m'obligea à tourner la tête avec quatre doigts tout en mentionnant ma mère. Cela suffit à me rendre fou.

J'ai décrit nos relations au cours de cette période. Et il se trouvait que la nuit précédente, Anfán m'avait caressé cette joue de sa petite main. Cet enfant, plus farouche qu'un hérisson. Après toutes ces années, il s'était mis sur mes genoux, à minuit. Je revenais du service, épuisé et sale. Il m'attendait debout, quoique ensommeillé. Il se jeta sur moi. "Chef, chef. Combien en as-tu tué, aujourd'hui ?" Et maintenant, quelques heures plus tard, mon dernier contact humain sur terre serait cette grosse patte de lourdaud fanatique.

Je fermai le poing et lui envoyai une bonne gauche. Mes jointures sentirent que sa barbe amortissait le coup. Ballester se remit naturellement de la surprise et me frappa à son tour. Merveilleux spectacle juste avant une attaque : deux officiers résolvant leur différend devant la troupe en formation. Nous tombâmes à terre, nous étreignant entre mugissements et coups maladroits. Quand on nous sépara, une voix demanda :

— Je l'arrête, lieutenant-colonel ?

— Pour qu'il échappe à l'attaque ? répondis-je en crachant mon propre sang. Pas question. Il va rentrer dans le rang, comme tout le monde !

Nous attaquâmes. Il y avait là nos lignes, chaque bataillon avec des casaques d'une couleur différente, comme passées au pinceau. Face à la blancheur des bourboniens, nos hommes ressemblaient à une armée joyeuse.

Ce fut un désastre. Les tambours, au lieu de m'encourager, m'inquiétaient. À chaque fois que j'entendais ces "boum, boum, boum", mon foie, mon estomac remontaient dans ma gorge. Les canons du cordon commencèrent à nous tirer dessus. Les hommes tombaient. Nous les laissions derrière nous, eux et leurs hurlements, comme la poupe d'un navire laisse une trace d'écume. Et le souffle des bombes qui vous frôlait l'oreille, sans savoir si la suivante n'allait pas vous écrabouiller la tête comme une tomate écrasée. La discipline militaire et la fraternité civile ne seront jamais semblables. Un soldat entraîné avance, impassible, même sous une pluie de métal. Pour les hommes de la Colonelle, c'était différent. Les individus qui les assistaient des deux côtés étaient leurs parents, leurs enfants, leurs frères. Trois générations avançaient au coude à coude. Lorsque l'un tombait, la jambe arrachée, ou que la cervelle d'un autre se répandait, ceux qui se trouvaient à proximité s'arrêtaient pour les aider. Moi, triste mission, j'encourageais les esprits.

— Continuez, continuez ! Ne vous arrêtez pas, c'est le travail des chirurgiens !

Ils ne pouvaient pas comprendre qu'ils brisaient la formation. Ils se penchaient, consternés, et ce faisant désorganisaient le rang suivant qui tombait sur le blessé et ceux qui l'aidaient. Inutile de crier, ils n'entendaient ni n'écoutaient personne. Les rangs se défirent.

Mon Dieu, quel bonheur quand j'entendis les tambours sonner la retraite. Une seule pensée me dominait : "Nous avons fait notre devoir, allons-nous-en !" Jusqu'à cet instant, j'avais suivi le pas cadencé. En tentant de forcer la marche, de retour à la maison, je m'aperçus que ma jambe gauche ne répondait pas.

Mon mollet tout entier était une tache rouge qui s'étendait sur le pantalon jusqu'à la cheville. Comme cela arrive si souvent, l'excitation du combat m'avait épargné la douleur. Ma cuisse avait été traversée nettement, de part en part. L'orifice d'entrée et celui de sortie étaient visibles malgré le sang. La Colonelle fichait le camp et je restais à la traîne, sautillant comme un canard boiteux et poussant des "eh, eh, eh !", parfaitement ridicules. Ballester, qui se retirait d'un pas léger, put se venger.

— Et maintenant ? fit-il. Vous approuvez que nous nous arrêtions pour ramasser les blessés, ou vous préférez qu'on continue ?

Pour une fois, mes intérêts succombèrent à mes passions, car au lieu de lui demander de l'aide, je lui criai quelque chose sur le trou par lequel il était né. Il tomba encore quelques boulets et chacun partit de son côté. Mon Dieu, quelle retraite calamiteuse. Certains avaient même jeté leur fusil pour fuir plus vite. Leur seule pensée était de se mettre à couvert des canons, là où la cavalerie n'oserait pas les poursuivre. Les cavaliers bourboniens rôdaient déjà et je sus que je n'arriverais pas à m'approcher des portes, ni même de la palissade. Je m'allongeai dans une fissure du terrain et je fis le mort, sur le ventre. Quand la nuit tomberait, je ramperais en silence. Il me fallait juste un peu de chance.

Eh bien, je n'en eus pas. Je vis deux soldats bourboniens, de biais, au-dessus de ma petite tranchée naturelle. Ils allaient me piquer de leurs baïonnettes pour s'assurer que j'étais mort, il ne me resta donc pas d'autre solution que de me retourner et de pousser un hurlement :

— Je suis le lieutenant-colonel de Sa Majesté Carlos III ! Conduisez-moi à votre commandant et vous serez récompensés.

Quand les lourdes portes du cordon bourbonien se refermèrent derrière moi, je ne pouvais pas encore le croire. J'avais déjeuné à la maison et, quelques heures plus tard seulement, je me trouvais en terrain ennemi, blessé, captif sous bonne garde. Très peu de prisonniers entrèrent, ce qui prouve que deux jambes courtes seront toujours plus utiles que deux très longues mais blessées. Je constatai que, depuis le début du siège, ils avaient perfectionné et consolidé le cordon.

Mes deux ravisseurs ne me traitèrent pas avec une courtoisie excessive. Fiers de leur réussite, ils me conduisaient à un de leurs supérieurs quand nous croisâmes un capitaine français, un type très mal embouché. En me voyant, il proféra des insultes contre la ville, et il me dit ce qu'il comptait faire des "mutinés" de Barcelone. Je haussai les épaules et répondis en français :

— Avant ça, nous dînerons à Paris.

C'était juste une allusion à une rumeur qui circulait alors en ville. On disait que les diplomates catalans négociaient une trêve avec les Français. Le capitaine mal embouché interpréta mes paroles de façon très différente. Il crut que ce bon Zuvi voulait envahir la France à lui tout seul, ou quelque chose comme ça. Il arracha son fusil à l'un de mes ravisseurs et m'en donna un coup dans les reins. Je tombai sans défense en poussant un cri. Mais que faisait ce type ? Je le regardai dans les yeux.

C'est à ses pupilles qu'on découvre l'assassin résolu. Il s'agissait peut-être simplement d'un fou, ou d'un officier aigri et abruti par un an de siège, je ne sais pas. Je me traînais sous une pluie de coups dans les côtes, précis et extrêmement douloureux. J'appelai désespérément à l'aide, mais comment la trouver à l'intérieur du campement ennemi ? Davantage que me frapper, il me harponnait. Un coup furieux à la base de la colonne vertébrale me fit voir des points jaunes. Il allait me tuer. Je voulus fuir à quatre pattes, mais un coup de crosse m'ouvrit le crâne.

Vers la fin de la correction, je ne sentais même plus la douleur. Je me mis à genoux, dressant le tronc. Un coup de crosse entre les omoplates. Je tombai de nouveau. Cependant, pendant un très court moment, j'avais vu quelqu'un.

Sur le mur qui constituait le cordon, un homme sur la dernière marche, scrutant avec une longue-vue la ville et le champ de bataille maintenant désert.

Je connaissais cette enveloppe corporelle. Le geste, plus qu'insignifiant, ample, une pose théâtrale pour chaque banalité, une aura au profil invincible. "Martí, cela ne peut pas être lui, cet homme est mort", me dis-je. Je me redressai, encore à genoux. Délire ou non, je ne perdais rien à l'invoquer. Je tendis une main et criai :

— *Monseigneur de Vauban !*

L'homme retourna lentement la tête, sans écarter la longue-vue.

— *C'est moi ! Votre élève bien-aimé de Bazoches !*

D'en haut, il me regarda en fronçant les sourcils.

— *Qui est-ce ?* demanda-t-il.

— *Moi !* crachai-je plutôt que je ne criai : Martín Zuviría !

— *Marten ? C'est toi ?*

Son visage, précis et scrutateur, se pétrifia. Il descendit les marches du cordon et vint vers moi. Il lui suffit d'un regard pour expulser le capitaine mal embouché. Quand il eut posé un genou à terre, à mes côtés, je voyais déjà flou et en noir et blanc.

L'homme hésitait. Avec une douce discrétion, il retourna mon poignet et releva ma manche pour voir mes Points.

Je le saisis par le revers de la casaque avant de lui demander :

— *Maréchal, quel est le Mot ? Dites-moi ? S'il vous plaît, le Mot.*

Il ne s'agissait pas du marquis, bien sûr. C'était son cousin, Dupuy-Vauban, celui que j'avais connu lors d'une de ses visites à Bazoches, si vous vous souvenez. Celui-là même qui avait dit un jour au marquis : “Mon Dieu, j'espère ne jamais avoir à subir Martí de l'autre côté de la tranchée !” Oui, c'est la vie. Et ma confusion n'avait rien d'absurde. La proximité familiale avait doté Dupuy et le marquis des mêmes gestes, postures, du même souffle.

Il m'emmena sous sa tente et me mit un verre de punch chaud dans les mains. Son chirurgien privé soigna ma blessure par balle à la jambe.

— La blessure est nette, dit Vauban. La balle n'a traversé que la chair. Si elle avait perforé l'artère, tu serais déjà mort, vidé de ton sang.

Il remonta ma manche. Il voulait recompter mes Points, car il n'avait pu voir que les plus proches du poignet.

— Quatre, dis-je, anticipant. Le cinquième n'a pas été validé.

Dupuy fut illustre.

— Oui, on m'en a parlé, dit-il. Mais rappelle-toi : validé ou non, il est tatoué. Sois-en digne.

Je préférai changer de sujet. Que se passait-il dans le monde ?

— Le maréchal Berwick tardera encore à venir, m'expliqua-t-il. J'étais à ses côtés, mais nous avancions si lentement à cause du train d'artillerie et des embuscades des miquelets qu'il m'a demandé d'aller de l'avant. Il veut que j'évalue la situation. Et d'après ce que je vois, ce siège a été mal géré, très mal. Ici, tout le monde est nerveux. Ce qu'on t'a fait le prouve.

Je voulus dire quelque chose, mais il me posa un doigt sur les lèvres.

— Écoute-moi : je ne peux malheureusement pas faire pour toi tout ce que je voudrais. Tu sors de mon domaine d'influence, le siège est toujours à la charge des Espagnols. Tu sais comme ils sont susceptibles. Je ne peux pas leur arracher comme ça un lieutenant-colonel ennemi.

J'allais parler, mais Dupuy me posa de nouveau un doigt sur les lèvres.

— Tais-toi et écoute ! Voilà ce qui va se passer : ils vont t'interroger, mais avec douceur. Oui, je le sais, c'est une guerre de sauvages, la torture a supplanté la courtoisie. Ne t'inquiète pas, j'ai rencontré quelqu'un. Il est au service du roi Philippe mais il est des nôtres. L'interrogatoire sera un dîner. Quelques jours à la charge de notre homme et ils te remettront à moi.

— Qui est cet individu ? demandai-je. Français ou espagnol ?

Il sourit, désignant la porte de toile.

— Le premier qui entrera et te parlera en langage des gestes. Ce sera lui. Avant de partir, il me demanda : Martí, je peux savoir ce que tu faisais à l'intérieur d'une ville assiégée par le roi ?

Dans son regard, il y avait quelque chose de l'éclat du Dix Points. Je ne pouvais ni ne voulais lui mentir. Je fus aussi sincère et concis que je pus.

— Mon métier d'ingénieur, monsieur, répondis-je.

Sa réaction fut celle d'un Ponctué supérieur.

— Je comprends.

Et il s'en fut.

J'aurais dû redouter ce qui arriva alors. En si peu de temps, il s'était passé tant de choses que je ne pus même pas remettre mes idées en ordre. Les seuls qui entraient étaient la légion de domestiques de Dupuy, meublant cette grande tente qu'ils venaient de planter, et quelques officiers français venus présenter leurs respects au cousin du grand Vauban, sans le trouver. Et moi, dans un coin, la jambe bandée sur un grabat et incapable de bouger. J'observais attentivement les visiteurs, attendant que quelqu'un s'adresse à ma personne dans le langage des signes des ingénieurs. Rien.

Vers le milieu de l'après-midi, quatre soldats espagnols se présentèrent sous le commandement d'un capitaine. Ils m'emmenèrent, malgré mes protestations. Leur attitude était peu habituelle, c'est-à-dire qu'elle n'était pas du tout débraillée et forcée, comme c'est souvent le cas de la soldatesque qui obéit à contrecœur. Ils regardaient de côté, comme s'ils avaient craint l'apparition d'un pouvoir qui se serait interposé. Ils avaient plutôt l'air d'hommes masqués qui commettent un enlèvement. Cela s'annonçait mal.

Les maisons qui avaient eu la malchance de se trouver là où fut établi le campement bourbonien étaient devenues des dépôts ou des résidences de hauts officiers. On me fit entrer dans l'une de ces dernières. Nous montâmes au premier étage et l'on m'enferma dans une pièce comportant une vieille table et deux humbles chaises. Une fine couche de poussière recouvrait le sol, la table et les chaises. Les vitres de l'unique fenêtre avaient volé en éclats. Le campement bourbonien était un sac, et cette minuscule pièce un petit sac à l'intérieur du sac. Jonas me fait bien rire !

Une demi-heure plus tard arriva “notre homme”, d'après le candide Dupuy-Vauban. Je compris ce qui était arrivé. Vauban venait d'arriver au campement bourbonien, et un Ponctué se présenta, soumis et cordial. Croyant que les fidélités sacrées de Bazoches restaient en vigueur dans le monde, Dupuy se confia à lui sans méfiance.

“Notre homme” réprimanda les soldats qui l'accompagnaient. Comment se faisait-il qu'ils n'aient pas fourni à son hôte, un noble ennemi, boisson et aliments en abondance ? Mais dans le langage des signes, me regardant dans les yeux, ce qu'il me dit avec les mains fut : “Je t'ai pris, porc.”

C'était le boucher d'Anvers, Joris Prosperus Van Verboom.

6

Quand tout fut terminé, après la chute de Barcelone et à la fin de la guerre, Verboom obtint d'importantes prébendes de Philippe V. Et il resta en Catalogne. Vaincue, ravagée et exsangue, Barcelone restait un foyer de malaise pour les bourboniens. Il y a une forme de soumission plus absolue que la mort : un esclavage qui perdure jusqu'à la fin des temps. Felipito délégua la tâche à Verboom.

Je joins ici deux plans très sommaires de la ville (si mon hippopotame poilue ne les égare pas). Le premier, vous l'avez déjà vu, est celui de l'ancienne Barcelone juste avant le siège.

Et sur cet autre, on voit ce que Verboom en fit.

Cette étoile supplémentaire, la Citadelle, fut l'œuvre de Verboom. Oui, la Citadelle. Pour la construire, il détruisit un cinquième de la ville. Une enceinte bastionnée parfaite, destinée non à protéger les gens, mais à les contrôler, à les réprimer et, si nécessaire, à les canonner. Une tumeur urbaine qui transformait les Barcelonais en otages de leur propre ville.

Mais que fais-je à parler de ce qui arriva après le siège ? Enfermé derrière les lignes bourboniennes, aux mains de mon ennemi, j'avais assez de problèmes.

Ma pensée, habituellement rapide, était paralysée par le malheur. La seule échappatoire était de passer par Dupuy-Vauban. Impossible : Verboom s'interposait ; un homme capable d'ourdir mon enlèvement avait également dû être suffisamment prévoyant pour le dissimuler. Le plus probable était que Verboom me liquidât sur place. Puis il alléguerait que j'avais tenté de fuir, et devant Dupuy-Vauban, qu'un imbécile de soldat m'avait tiré dessus par accident, n'importe quelle excuse. Merde.

Il était arrivé de nuit, comme les brumes marines ou les fièvres mortelles. Pour l'affronter seul, j'avais confectionné une arme. C'était un petit couteau en bois dont le manche provenait d'un châssis, avec un morceau de verre de la fenêtre en guise de lame. Dans le pire des cas, et avant qu'ils n'en finissent avec moi, je tenterais de lui faire sauter un œil.

Cependant, je m'aperçus très vite que la situation était différente. Pour seules armes, un plateau, une bouteille et deux verres. Le serviteur posa le tout sur la table avant de nous laisser. Quand Verboom et moi nous retrouvâmes seuls, j'éclatai d'indignation :

— Comment osez-vous m'enfermer ! Je deviens un transfuge pour servir le roi Philippe, et c'est comme ça que vous me récompensez. Vous ne pouvez même pas imaginer ce que j'ai subi, contraint par ces rebelles à collaborer à leur défense hallucinée !

Pour toute réponse à mes simagrées, Verboom s'assit, remplit les deux verres de vin et dit :

— Buvez.

Je ne le fis pas. Peut-être comptait-il me tuer avec une bouteille afin de s'épargner un acte violent devant Dupuy.

— Oh, allons, ne soyez pas ridicule, ajouta-t-il avec une moue de mécontentement. Vous me prêtez une telle bassesse ? Je ne gâcherais pas un porto en l'utilisant comme raticide.

Il prit mon verre et le vida d'un trait. Je n'eus pas plus confiance pour autant. Une nouvelle décharge des canons bourboniens, à l'extérieur, brisa le silence. Le grognement de leurs gueules, suivi du tremblement sommaire de nos murs. De la poudre de chaux tomba sur la table. Verboom regarda au plafond en posant une main sur son verre. Ce réflexe me convainquit : personne ne protège un liquide empoisonné. Je me servis et bus. Le vin me racla la gorge. Que voulait-il ? Il ne tourna pas autour du pot.

Jimmy arriverait d'ici quelques jours. L'auteur de la tranchée d'attaque emporterait une bonne partie du mérite de la conquête de Barcelone. En 1712, quand on le libéra, Verboom avait conçu un plan du futur siège de la ville. Mais Jimmy avait auparavant envoyé Dupuy-Vauban concevoir une autre tranchée. Dupuy était un Sept Points. Berwick opterait très probablement pour la tranchée d'un proche de Vauban, ce qui rendrait inutile tout effort du Charcutier. Adieu gloire et récompenses !

En résumé, Verboom voulait que je corrige, polisse et améliore son plan de tranchée. J'étais un Cinq Points, avec sur Dupuy-Vauban l'avantage que j'avais été à l'intérieur, et donc, que je connaissais mieux l'état des défenses.

Malgré ma situation, je partis d'un éclat de rire spontané. Me croyait-il réellement disposé à l'aider ?

— Je vous dois deux ans de captivité, dit-il alors avant de répéter : Deux longues années.

Là, sa haine se fit, plus que palpable, solide. Dans cet homme, tout était grand : le corps, la tête, les dents, comme de l'ivoire d'hippopotame. J'avalai ma salive, mort de peur. Il fit une pause pour savourer sa force d'intimidation. J'étais en son pouvoir, captif, seul. Et voyez, chacun est comme il est. Sant Jordi tua le dragon comme on écrase un cafard, Roger de Llúria expédia cent mille Turcs en trois petits-déjeuners, et le roi Jaume conquit Majorque et Valence car il s'ennuyait dans ses petits palais de Barcelone. Mais il se trouvait que Zuvi Longues-Jambes n'était ni sant Jordi ni Roger de Llúria ni le roi Jaume. Je me compissai.

— Je ne vous avais rien fait ! Rien ! me cria-t-il. Un jour, j'étais au château de Bazoches, en train de courtiser une dame, et un jardinier crasseux a croisé mon chemin. Qu'ai-je contre les jardiniers ? Rien ! Mais en ce jour de 1706, vous m'avez porté préjudice de façon abjecte, et quatre ans plus tard ce vil jardinier est toujours là, et cette fois, rien ne m'empêchera de me débarrasser de lui. Rien ! Il s'arrêta et secoua le petit doigt devant mes yeux. Et pourtant, il existe une infime possibilité que je vous gracie. Si vous faites ce que je vous dis, je me contenterai de vous exiler à vie sur l'île de Cabrera, ou sur un autre enfer chaud et de petite taille.

Il me laissa seul pour réfléchir. Sur la table s'étalaient les plans de la tranchée conçue par lui et les paperasses comportant les détails techniques. Je ne leur adressai pas un regard. Chez le prisonnier convergent des obligations et des droits, qui se résument à un principe : fuir.

Je regardai par la fenêtre dépourvue de vitres. Tomber du premier étage n'allait pas me tuer. Et l'échange d'une cheville brisée contre ma liberté ressemblait à une bonne affaire. En bas, il y avait des soldats de garde, bien entendu. Mais je n'avais pas besoin de regagner la ville, entreprise du reste impossible, il me suffirait de localiser Dupuy-Vauban.

Avec ce soleil printanier, des papiers et un bout de verre en guise de loupe, j'improviserai de la fumée et des flammes. Confusion. Les gardes sont toujours plus indulgents avec les fugitifs qui échappent à un incendie. Ils hésiteraient, ne fût-ce qu'une seconde, entre m'aider et m'arrêter. J'aurais le temps de crier aux quatre vents. Un campement militaire a plus d'échos que n'importe quelle montagne, et mes étranges nouvelles parviendraient aux oreilles de Dupuy. Et, Dupuy-Vauban prévenu, même Verboom hésiterait à m'assassiner. Ensuite, nous verrions bien.

Je pris une feuille comportant les indications de Verboom et m'appuyai contre le montant de la fenêtre, attendant l'arrivée des rayons matinaux du soleil. L'encre noire brûle avant le blanc du papier. Je dirigeais la lumière avec un éclat de verre concave. Sous mes yeux, un fragment des instructions de Verboom. La mémoire a ses amarres, car je me souviens de chaque mot : “*…Gauche cottés **G**, et si le temps le permet on fera le retour **H** et la redoute **I**, et l'on construira la batterie **K** de 10 pièces de canon pour les moulins **L**, et le pont de la porte neuve cotté **M** et ce qu'on pourra des deffences du bastion de Sainte Claire et de la vieille enceinte qui ferme sa gorgue. Se faudra pour cette manœuvre 1 000 hommes d'armes et après…* ”

Je tournai la tête. La carte était là, sur la table. Je reportai un instant mes projets incendiaires. Un ingénieur sera toujours un ingénieur. Le dessin exerçait une attraction magnétique sur moi. Je l'examinai.

La carte reproduisait Barcelone, le centre de la ville et ses murailles en piteux état. Et sur la campagne, en zigzag, le dessin de la tranchée projetée par Verboom. Chaque numéro et chaque initiale indiqués sur la carte étaient précisés par les notes. Mon regard se voulait bref, mais je finis par m'asseoir et par en étudier tous les détails.

Je scrutai la tranchée de Verboom, ses instructions pour la développer. Je réexaminai le plan. Et encore.

Ce n'était pas une grande tranchée, non. Grâce à l'avalanche humaine dont disposaient les bourboniens, d'une façon ou d'une autre, elle arriverait aux remparts. Avec d'énormes pertes, oui, mais qui s'en soucierait ? Et puis tout cela était égal : le noyau de la question était que Dupuy dessinerait une meilleure tranchée, bien meilleure, que Berwick choisirait.

Alors il se produisit quelque chose. Mon propre raisonnement me porta à un autre : s'il était aussi évident que les choses allaient se dérouler de la sorte, mon devoir ne consistait-il pas à intervenir ?

Quand le boucher hollandais revint, ce bon Zuvi était là, assis et en train de relire ses notes.

— Alors ? demanda-t-il.

— Vous voulez mon avis, ou vous ne le voulez pas ? Je déchirai les papiers par le milieu et les jetai à terre, avec mépris. *Des ordures*. Et avant qu'il ne s'exaltât, j'ajoutai : L'erreur n'est pas tant dans les plans que dans le point de départ.

Nous débattîmes. J'étais meilleur ingénieur. Je m'imposai.

C'était un homme qui transpirait. Mon exposé avait augmenté sa transpiration. Les gouttes cristallisées autour des lèvres, en particulier, me dégoûtaient.

— Écoutez, j'ai réfléchi à ce que vous avez dit, et vous avez peut-être en partie raison, notre inimitié remonte à un malentendu ancien, conclus-je. Modifions le marché. Vous ne m'exilez pas, vous me faites gagner du galon. Vous me donnez une promotion. En échange, je travaillerai loyalement pour vous.

— Loyauté ? se méfia-t-il. Vous ne connaissez pas ce mot.

— Vous devez dessiner une autre Tranchée d'Attaque. Et qui le fera mieux que moi ? Il faut recommencer.

— La dette que vous avez envers moi ne se paie pas en faisant table rase, dit-il.

— Même vous, qui me détestez, vous aurez du mal à m'exécuter quand je mettrai dans vos mains le plan de cette nouvelle Tranchée d'Attaque.

Je lus dans ses pensées comme si son crâne avait été de verre. "Il est entre mes mains. Qu'ai-je à perdre ?"

— Encre, papier. Compas, équerres. Voilà ce qu'il me faut. Et une longue nuit de travail.

Ce ne fut pas une nuit mais deux et trois jours enfermé dans cette pièce misérable. Je ne me rasai pas. Les constants duels d'artillerie faisaient flotter dans l'air un perpétuel nuage de poudre.

Quant au dessin de la Tranchée d'Attaque, il me cassa les reins jusqu'à des limites que mon organisme n'avait pas connues. Croyez-moi : le cerveau est le muscle dont l'usage épuise le plus. Jamais, jamais, ni avant ni après, le talent de ce bon Zuvi ne fut soumis à une épreuve aussi extrême. Je me sentais comme un architecte obstiné à confectionner les plans d'une cabane aux poutres pourries pour que Rome la bénisse comme cathédrale. Ma plume attaquait l'encrier en faisant usage de facultés développées par Bazoches, et chaque trait me disait que j'étais né pour ce travail, que mon existence tout entière, toutes les heures subies sous la tutelle de Vauban, se justifiaient sur ces plans maudits. Vauban m'avait interrogé sur "la défense parfaite d'une place". Peut-être, le temps le dirait, la réponse était-elle là : "La défense parfaite est une Tranchée d'Attaque." Parce que, comme vous pouvez le supposer, toute ma volonté se consacra à causer du tort, et à faire obstacle à l'armée des bourbons. Les emmerder en tous points, depuis les roues de leurs canons aux talons de leurs soldats esclaves. La tranchée devait ressembler à un prodige sur papier, et être une catastrophe dans sa réalisation. Verboom était un porc, mais ce n'était pas un imbécile. Il détecterait la mauvaise foi et les calamités apparentes. Je confectionnai donc un beau, très beau mensonge. Faux mais séduisant, avec des bouts de vérité et un substrat malin. Cela devait être un sabotage, et sembler en même temps supérieur à la tranchée de Dupuy-Vauban, le meilleur ingénieur depuis la mort du marquis. Dépasser Dupuy ! Et y parvenir sous le regard scrutateur de Jimmy ! Rien que d'y penser, j'étais pris de vertige.

La tranchée arriverait de toute façon au pied des murailles, les bourboniens avaient des hommes en quantité, pour leur tyran ils faisaient partie du matériel. Mais une tranchée défectueuse demanderait plus de temps, peut-être une semaine ou deux de plus. Et pendant ce temps, notre petit univers pouvait tourner sur son axe. Qui le savait ? Un roi, une reine mourait peut-être ; un changement d'alliance, quelque chose.

Verboom, dont l'impatience allait croissant, entrait à tout instant dans ma chambre-cellule.

— Vous l'avez, vous l'avez ? Berwick va arriver. Dépêchez-vous !

Je plaçai la table devant la fenêtre. Là, la lumière du soleil entrait dans un angle incliné et très défini. Des milliers de poussières de cendre flottaient dans le halo de la lanterne, telles des méduses entre deux eaux. En cette troisième aube, je crus que mes yeux douloureusement rougis, allaient fondre. Verboom ferma la porte derrière lui avec un regard criminel. Sa patience était à bout. Je devançai ses paroles.

— Voilà qui va peut-être solder notre compte.

— Il faudrait que cela fût un très grand travail pour qu'il valût une vie, dit-il en prenant le plan, et il précisa : Surtout s'il s'agit de la vôtre.

Il observa longuement le plan, sans expression. Il lut les notes. Il revint à la carte. Son examen dura une éternité. Je n'étais pas capable d'interpréter ses petits grognements d'homme concentré. À la fin, je ne pouvais pas résister davantage, et je demandai :

— Vous voyez un espoir à notre fétu de tranchée ?

Il ne répondit pas, comme si je n'avais pas été là. Il avait toujours le nez sur la carte, la parcourant d'un doigt. Et, sans daigner m'adresser un regard :

— Que croyez-vous ? Si ce n'était pas le cas, vous seriez déjà mort, dit-il après avoir enfin levé la tête cherchant mon regard.

Nous passâmes la journée ensemble, à polir les détails. J'étais épuisé, il débordait d'énergie. C'était un homme aux forces grossières, mais illimitées. Je ne dirai pas que mon ennemi a été un emplâtre ou un vulgaire vicieux. Pendant les vingt-quatre heures qui suivirent, son attention ne décolla pas de la table. "Mon Dieu cet homme n'urine pas, ne dort pas, ne mange jamais ?" me demandais-je. Pourvu d'un biscuit et d'une bouteille de porto, je l'imaginais capable de traverser des déserts. Il m'assaillait de questions.

— Trop près, dit-il à un moment donné. Vous commencez les travaux de la première parallèle beaucoup trop près des remparts. Le jour où la tranchée sera ouverte, la troupe risquera d'être découverte et massacrée.

— Vous voulez que Berwick baptise la tranchée ? Donnez-lui ce qu'il veut. Plus tôt nous commencerons, moins il nous faudra de jours pour que les ouvrages atteignent les murailles. Berwick ne pourra pas résister à la tentation.

— Les trois parallèles et leurs embranchements sont trop larges, objecta-t-il. Pourquoi ? Déblayer un tel volume de terre implique un effort plus important, et par conséquent une perte de temps.

— La largeur de la tranchée doit être proportionnelle au volume de la défense, argumentai-je. Pour les attaquer, nous aurons besoin d'une troupe nombreuse. Où voulez-vous loger la troupe de choc ? Et comment soldats et sapeurs vont-ils circuler dans des conduits aussi étroits ? Tout le trafic d'hommes et de matériel s'arrêtera. En voulant gagner du temps, nous le perdrions.

— Vous avez incliné la tranchée beaucoup trop sur la gauche, ce qui la rapproche de la mer.

— Si vous vous souvenez de la topographie, cette zone regorge de canaux d'irrigation, et des ruisseaux y débouchent. En été, ils sont secs. Les sapeurs pourront profiter des lits parallèles aux murailles. Ils n'auront qu'à creuser dans une tranchée que la nature et les cours d'eau nous offrent à demi faite.

Il avait du moins vu juste sur un point : il est plus difficile de tuer un ennemi que l'on connaît. Ces vingt-quatre heures de travail au coude à coude, de fausse solidarité simulée, mais de la solidarité en fin de compte, avaient développé un léger rapprochement humain. Il avait pour habitude de gratter ses joues charnues de son petit doigt. Les gens se servent plutôt de l'index. Verboom cessait d'être Verboom, mon ennemi mortel, pour devenir un homme d'âge moyen, avec quelque chose qui le distinguait de reste des corps qui peuplaient le monde : il se grattait le visage avec l'auriculaire. Je dirai même que le travail commun généra un semblant de camaraderie. On ne peut pas souhaiter la mort de celui qui utilise l'autre rame, du moins pas avant d'être arrivé sur la plage.

Peut-on honorer l'ennemi ? J'étais pris de doutes. Et si, après tout, le mauvais homme n'était pas lui, mais moi ? Je ne pouvais pas nier entièrement sa version de notre hostilité. En fait, que m'avait fait Verboom, quel mal ? Un jour, alors qu'il faisait le joli cœur, un "jardinier" crasseux l'avait attaqué. À sa place, tout homme m'aurait maudit comme lui. Au milieu de mes calculs de brouettes, déviations et approximations, drainages, couronnements pour les cavaliers et angles de contrescarpe, j'en arrivai à la conclusion que ma haine envers Verboom n'était que la manifestation de mon amour pour Jeanne. Je ne le haïssais peut-être que parce qu'il était plus facile d'essayer de le tuer que de reconnaître la vérité : que j'avais perdu Jeanne non par sa faute, mais par la mienne. Cette lumière soudaine m'angoissa.

Comprenez ma situation. Arraché de la maison, captif mais luttant encore contre mon intellect, en secret et contre tous, y compris contre les miens, qui me considéraient peut-être comme un déserteur. Jimmy sur le point d'arriver, présence opposée à celle de don Antonio. Et le Mot flottant quelque part dans cette atmosphère saturée de cendres en suspension à cause de l'artillerie. Le désordre de mon âme pendant cette période fit vaciller ma haine pour Verboom.

Non, ce n'est pas ça. J'ai dit que j'allais être sincère, et je le serai.

Je vais vous dire pourquoi nous nous étions détestés au premier instant, pourquoi je le détestai jusqu'au jour où je le tuai, et pourquoi je déteste encore Joris Prosperus Van Verboom.

Eh bien parce que ! Il y a des choses qui sont comme ça, qu'on ne choisit pas, c'est comme ça, point. Et que Vauban aille se faire foutre !

Fin du chapitre, nom de Dieu.

Ah non ? Mon otarie blonde suggère qu'il faudrait l'arrondir. (Tu vois ce qui arrive ? Tu es devenue l'ingénieur de ce livre, ma langue réduite à celle d'un pauvre sapeur.)

Les travaux terminés, nous étions vaincus par l'épuisement mental. Verboom se fit apporter plusieurs bouteilles. Le porto constituait sa passion et son exutoire. On racontait qu'il dépensait des fortunes pour une bouteille. Depuis le début de la guerre, le commerce portugais se limitait à l'Angleterre, ses réserves diminuaient donc de plus en plus. Malgré tout, il la partagea avec moi. Peut-être, je l'ai dit, parce que après l'effort commun il lui était plus difficile de m'offenser cette nuit-là que de m'assassiner le lendemain.

Comme tous les hommes lorsqu'ils boivent (excepté Jimmy), nous devisâmes sur les femmes. Enfin, Verboom. Moi, je fis taire ma mélancolie d'Amelis. Tant qu'il fut enfermé à Barcelone, façon de parler, les paillassons rouges lui fournissaient même des catins de luxe.

— Oh, juste une, une prostituée payée par vos magistrats, dit-il en minimisant la chose.

— Mon Dieu, une seule compagnie ! fis-je en riant. Ils ont soumis un otage de si haut rang à la torture de la monotonie ? Ils devaient vouloir faire ressembler votre captivité au mariage.

Nous devions être déjà suffisamment éméchés pour qu'il ne saisisse pas l'ironie.

— Elle connaissait son affaire, la chienne. La première chose que je ferai quand nous entrerons dans la ville sera de l'envoyer quérir, avoua-t-il. Une brune, d'une minceur extrême. Je les préfère plus voluptueuses. Elle avait des hanches très sinueuses et faisait des merveilles avec la langue.

— Brune ?

— Très brune. Et il précisa : La chevelure, pas le teint. Il frappa la table avec les jointures, comme s'il s'agissait d'une porte. La chair exceptionnellement ferme. Et la rusée était très pingre, dit-il en riant. Elle portait toujours la même robe violette. Pas de bijoux, jamais la moindre nouveauté dans sa tenue. Toujours ce violet. Où son argent pouvait-il passer ? Ah, mais sais-tu le plus remarquable ? Il parlait en fixant les murs, comme ceux qui font appel à leur mémoire. Distrait par l'ingestion de porto, il ne se rendait pas compte de mon attention animale. Pour une femme, elle avait une cervelle extraordinaire. Au plus noir de ma captivité, ce fut elle, elle ! qui trouva la solution d'une telle pénurie. "Joris, mon chéri, si tu veux t'en sortir, propose qu'on t'échange contre un gros poisson de ta taille. Comme ce général, Villarroel, qui est prisonnier des Bourbons. Cela n'a pas été fait parce que personne n'a eu la clairvoyance de l'imaginer. Il vient à Barcelone et toi, tu pars à Madrid. Tout le monde sera content." Admiratif, il secoua sa grosse tête comme un chien mouillé s'ébroue. Je n'avais simplement pas songé que cela pût être aussi facile. Je le proposai. Et me voici.

Je peux raconter ce qui me fit le plus de mal ? Un détail insignifiant. Ce "Joris, mon chéri" intime, si personnel. Les gobelets étaient en terre cuite. Je ne me rendis pas compte que je serrai le mien de mes cinq doigts. Il éclata dans un bruit noix écrasée.

Cela tira Verboom des brumes de l'alcool. Il me regarda. Et il lut sur mon visage. Le sien s'illumina.

J'ai vécu quatre-vingt-dix-huit ans. Et dussé-je vivre mille neuf cent quatre-vingt-dix-huit ans, cet éclat de rire continuerait à résonner dans mes oreilles comme si c'était hier.

7

Êtes-vous morts un jour ? Moi oui, plusieurs fois. Et c'est un état si doux, si plaisant, que je peux comprendre pourquoi personne n'en est revenu. La mort ne tue que les désirs et les obligations. Et sans désirs ni obligations, pourquoi regagner la circonférence minuscule de notre univers ?

Rappelez-vous : ce bon Zuvi derrière le cordon bourbonien, enfermé dans une pièce qui ne contenait que de la poussière, son plan de la tranchée d'attaque achevé. Dehors, retentissaient des canons lointains, monotones, impersonnels comme des éclats de rire du *Mystère*. Mon travail achevé, l'aube suivante devait être la dernière de ma vie. Verboom me consultait sur les derniers détails, qu'il notait de façon indécente. Fatigué, il se frotta les yeux, rangea ses notes dans un dossier, puis il poussa un petit cri en néerlandais.

Deux vilains oiseaux aux épaules plus larges que mes jambes entrèrent. Le boucher d'Anvers donnait de petits coups aux angles du dossier, y faisant entrer les feuilles. Pendant ce temps, comme si de rien n'était, il inclina la tête vers moi.

Ce geste voulait tout dire. Ils allaient me zigouiller. Ce devaient être des mercenaires wallons au service particulier de Verboom. Quatre grosses pattes me soulevèrent de ma chaise par les aisselles.

— Un instant ! criai-je.

Je n'ai jamais réfléchi aussi vite. Je me débattis à coups de coude et me revissai sur ma chaise, tendis la main sur la carte et implorai misérablement :

— *Monseigneur ! Et les moulins ?*

— Quels moulins ?

— Nous n'avons pas perfectionné l'attaque de la section L. Les séditieux vont transformer ces moulins en bastions.

Verboom tiqua.

— Ah, oui, les moulins de la section L, dit-il. Nous les avons laissés en suspens puis oubliés. Bon, ils ne sont pas très importants non plus. L'assaut les renversera.

Ce fut comme s'il avait dit : "Non, ne reportons pas l'exécution." Les deux mercenaires restaient là, comme des chiens de chasse qui avaient du mal à se retenir, et ils me reprirent par les aisselles. J'inventai alors je ne sais quelle salade sur les moulins. Je leur dis qu'un génie anonyme avait inventé un système de camouflage d'artillerie. Les fenêtres des moulins étaient reconverties en meurtrières. À l'intérieur, discrète, ne dépassant pas, la gueule de canons de taille moyenne. Ce n'étaient pas des moulins à vent, mais on leur incorporerait des ailes. Leur mouvement, coordonné sur le feu des pièces, servirait à disperser la fumée de la poudre. L'ennemi mettrait du temps à repérer la provenance de tirs si mortels.

— Très original ! s'exclama Verboom avec des envies de plagiat. Il prit quelques notes et, pensant à voix haute, demanda : Connaissez-vous le savant fou qui a eu cette idée ? Quand la ville tombera, je lui proposerai peut-être d'éviter l'égorgement en entrant à mon service. Ce n'était pas un homme très intelligent. Soudain, il tourna sa grosse tête, me regardant avec une rancœur renouvelée. Ses propres paroles lui avaient indiqué la voie. Vous, bien sûr, ajouta-t-il.

Cette offense fut définitive. Enfin, personne ne peut vivre éternellement sur le gril. Verboom donna l'ordre de m'emmener, et cette fois les géants wallons me tenaient fermement.

Je ne pouvais pas le savoir, mais mon sort était déjà scellé depuis plusieurs jours. Nous avions pendu sur les remparts quelques espions pris intra-muros, pour l'exemple. Les bourboniens décidèrent alors de procéder à des représailles, c'est-à-dire de pendre certains des nôtres dans le cordon. Verboom avait fait ajouter mon nom sur la liste. Effectivement, quand j'arrivai, il restait un gibet libre, un piquet de plus de cinq mètres de haut, en forme de L inversé, juste derrière le cordon.

Plus qu'à une exécution, cela ressemblait à un règlement de comptes. La vision de pendus sur les murailles avait échauffé les esprits de la troupe, et les officiers avaient du mal à la contenir. Un océan de bras me poussa et me secoua, et sans mon escorte de Wallons, je ne serais même pas arrivé à l'échafaud. Les mains attachées dans le dos, on me fit monter sur le gibet par des marches en bois, un système conçu pour permettre à l'infanterie de sortir de la tranchée.

De cette hauteur, je voyais tout. Tout. Il soufflait un vent du Ponant qui emportait la fumée vers la mer. Mes yeux, libérés du brouillard de la poudre, examinaient le front.

Le cordon, les canons bourboniens. Ce jour-là, leurs artilleurs travaillaient sans esprit, peut-être assoupis par la prompte relève de leur commandant, Pópuli. Par les embranchements qui conduisaient du cordon aux Capucins, circulaient dans les deux sens des groupes de soldats, comme de petites fourmis, fournissant des munitions à l'artillerie. Depuis la ville, les pièces de Costa répliquaient par des projectiles plus réfléchis que torrentiels.

Je pouvais voir les positions des Deux Couronnes, et je connaissais les nôtres par cœur. Je voyais quel bataillon de la Colonelle se trouvait derrière chaque pan de muraille, chaque bastion. Sur chacun des clochers les plus proches, des couples d'observateurs. Des brigades de réparation vidaient le fossé des décombres, protégées par des boucliers faits de diverses portes soudées entre elles.

Le terrain situé entre les deux adversaires, en apparence solitaire, bouillonnait d'armées secrètes. Toutes les maisonnettes en ruines, mille fois disputées, étaient maintenant remplies de patrouilles cachées de l'un des deux camps. Je devinais nos francs-tireurs dans les failles du terrain. Ainsi, je voyais en même temps la proie et le chasseur, les imprudents fourrageurs bourboniens et les tireurs qui les guettaient. Derrière la palissade, les murs effondrés, et encore plus loin, le profil de la ville entière, avec des douzaines de clochers se découpant sur le ciel comme des aiguilles. Et tout au fond, notre Méditerranée, toujours indifférente au calvaire des hommes. La ville me fit penser à un corps moribond qui continue à cicatriser malgré son agonie.

Il y a quelque chose d'irrémédiable dans le contact d'une corde avec notre cou. Mes dernières pensées, même si j'ai du mal à le reconnaître, furent des points techniques vides et dépourvus de sentiment. "Costa devrait corriger le tir de quelques degrés", me dis-je. Un groupe de soldats retira les marches. Mes pieds perdirent leur appui.

Nous ne pouvons comprendre la beauté du monde avant de nous en détacher. Dans ma dernière vision, tout était bon, beau, exact. Même la destruction des murailles faisait partie de l'ordre, des brèches parfaites comme des cocons de soie. Tout instant est une fin, pléthorique en soi. Quelle lourde erreur de croire le contraire ! Ma dernière pensée rationnelle fut : “Comme un siège en marche est beau.” Après, le délire de l'étranglement.

— Réveille-toi. C'est un ordre.

J'ouvris les yeux.

C'était Jimmy. Il me regardait, le visage tout près du mien. Je sentis même le parfum de sa perruque.

C'était le Jimmy que je connaissais : lui et sa satisfaction égoïste, son petit rire de courtisan fier comme un paon. Il était entouré de quelques assistants. Voyant que je m'éveillais, il se tourna vers eux d'un air triomphant et, levant une petite main maniérée, comme pour dire : “Vous voyez ? J'y suis arrivé. Il revit.”

Que l'on excuse mon regard égaré. On m'avait placé sous une tente réservée aux officiers bourboniens blessés. Autour de mon cou, d'épais bandages. La plupart des lits, vides. Mais nous n'étions pas seuls. Tout au fond, un grabat sur lequel agonisait un capitaine espagnol ; ses blessures étaient trop horribles pour être dissimulées par les pansements. Des râles musicaux s'échappaient de sa bouche. Jimmy ne lui accorda pas le moindre intérêt. Il renvoya sa suite.

— Tu en as, de la chance, dit-il quand nous nous retrouvâmes seuls avec le moribond. Dès mon arrivée, je vais inspecter le front, et je te vois, te balançant sur le gibet le zizi tout raide. Une seconde de plus, et même moi, je n'aurais pas réussi à te sauver. Tu peux parler ?

Je fis signe que non de la tête.

— Ça ne m'étonne pas. Un peu plus, et la corde te brisait le cou. C'était une idée de Verboom ?

J'acquiesçai. Pendant qu'il déposait ses gants sur un meuble, Jimmy feignit la surprise.

— Mon Dieu. Alors c'était lui. Vous êtes si amis ?

Je répondis par un bras d'honneur, peu énergique étant donné mon état. Une ombre scrutatrice passa sur le visage de Jimmy. Il s'assit sur le lit. Soupirs. Il me donna deux petites tapes au bas du mollet.

— J'ai beaucoup de travail. Pendant que tu récupères, je déciderai si je t'engage ou si je te renvoie à l'échafaud. Maintenant, dors.

Le troisième jour de ma réclusion dans ce petit hôpital mobile, on vint me chercher. Jimmy avait installé sa résidence et son poste de commandement dans un lieu appelé Mas Guinardó, une grande bâtisse située derrière le cordon bourbonien. Des mercenaires anglais, sans doute au service de Jimmy, m'y emmenèrent avant de me lâcher dans la maison comme un poisson dans un baril.

Jimmy n'était pas là. Pour seule compagnie, deux domestiques. Mon statut était aussi irrégulier qu'ambigu : invité et prisonnier. On ne me donnait pas d'ordres et je ne pouvais pas en donner, je me promenai donc librement. Le bureau regorgeait de papiers encore en désordre. Et sur sa table, une missive de Felipito.

Si vous lâchez votre chat dans la maison, pendant votre absence, il furètera dans les coins. Jimmy le savait, aussi ne doutai-je pas une seconde qu'il ait laissé là cette lettre pour que je la lise. C'étaient les directives qu'il devait suivre lors de l'assaut final.

"Devant me promettre la très prochaine reddition de la place de Barcelone, j'ai jugé bon de vous communiquer mes intentions. Ces rebelles sont engagés dans la plus grande rigueur de la guerre. Toute grâce qu'ils pourront recevoir sera un simple effet de pitié et de commisération ; s'ils y recouraient donc, se repentant de leur erreur avant d'ouvrir la tranchée, demandant miséricorde, vous ne la leur accorderez point promptement, mais vous les écouterez et, leur rappelant leur rébellion, et à quel point ils sont indignes de miséricorde, vous leur en donnerez l'espoir, proposant d'intervenir auprès de moi pour sauver au moins leurs vies, excluant si possible de cette grâce (qui sera tout ce que vous offrirez et rien de plus) les principaux chefs. S'ils faisaient comme si de rien n'était et cessaient de soulever de la terre et d'ouvrir une Brèche, en ce cas vous n'écouterez d'autre capitulation que celle de se rendre à discrétion. Et si même en ce cas ils poursuivaient leur tâche et que l'assaut arrivait, ils ne sont plus dignes de la moindre pitié, comme vous le comprendrez, et ils doivent connaître la dernière rigueur de la guerre à laquelle doivent être exposés tous les officiers espagnols qui s'y trouvent."

Ah, si tel était le sort réservé aux officiers, quels scrupules auraient-ils envers les autres habitants ?

Jimmy se présenta à l'improviste, tellement supérieur qu'il ne chercha même pas à me tancer pour avoir fouiné dans son bureau.

— Bien, je serai bref, dit-il, je suis occupé.

Toujours ces mouvements impatients, même au repos. Il saisit au vol une pomme sur un plateau, s'assit dans un fauteuil capitonné et se mit à la mastiquer. En privé, il se permettait des manières enfantines, une jambe pendant par-dessus un bras du siège et croquant le fruit la tête rejetée en arrière.

— Les séditieux te paient une misère, poursuivit-il. Ainsi donc, tu ne les servais pas pour de l'argent. Ni par ambition, puisqu'il est évident qu'ils sont perdus. Dis-moi : ta fidélité est-elle retenue par quelqu'un de l'intérieur ?

— Oui.

Plus qu'avec la voix, je répondis avec quelque chose qui ressemblait à une griffure sur un mur recouvert de chaux. Au moins pouvais-je parler.

— Homme ou femme ? demanda-t-il.

— Un enfant.

Il jeta la pomme en arrière par-dessus sa tête :

— Mon Dieu, un enfant ! À chaque fois que je te retrouve, c'est avec une nouvelle perversion.

— Et une femme, un vieillard et un nain, ajoutai-je avec un sérieux qui frôlait la férocité.

Il continua à plaisanter. Il rejeta encore la tête en arrière, regardant au plafond avec un soupir.

— Le nain, ça dépasse les limites de mon imagination, dit-il avant d'ajouter sur un autre ton : C'est parce que tu m'as abandonné. Si après Almansa tu étais resté avec moi, tu n'aurais pas ces soucis. Je t'ai d'abord offert honneurs et compagnie, que tu as refusés, et maintenant je te sauve la vie. Puis-je exiger de toi le terme de "gratitude" ?

— Non.

— Tu m'aideras à rouer de coups cette racaille séditieuse ?

— Non.

Je ris.

— Voilà qui me plaît, que tu marques tes positions. Maintenant, je peux t'ouvrir une tranchée. Recommençons. J'ai pris mes informations. À Tortosa, tu sembles avoir été le seul ingénieur à s'être comporté comme tel. Je l'ai su dès que je t'ai vu : “La tête de ce garçon mérite autant d'attention que ses jambes.” Tu m'es utile dans les deux sens. Il rit de sa propre plaisanterie et ajouta : Que demandes-tu pour repasser de mon côté ?

Je ne répondis pas.

— Bien, très bien, on progresse, dit-il. Ceux qui ne connaissent pas leur prix ne me reviennent pas cher. Il se leva et commença à déambuler, les mains dans le dos, tout en méditant. Il lâcha un torrent de paroles : L'enfant, la femme, le vieillard. Je me charge de les faire sortir de cette ville condamnée. Ah, oui, et le nain, ne l'oublions pas. Ces gens possèdent un don rare qui leur permet de sucer sans avoir besoin de s'agenouiller. Plus dix mille livres. Que dis-je ? Cinq mille et basta. Mais annuelles et à vie, naturellement. Et un petit titre nobiliaire. Et une maison de campagne, pourquoi pas ? À ce que j'en ai vu, ce pays est si dévasté qu'il doit y avoir pléthore de demeures et de seigneuries vacantes. Il s'assit sur une chaise qui possédait des bras. Son corps était relâché, pas son attention. Une main lui soutenant la joue. Il m'observait comme si j'avais été un drôle d'insecte. Quoique, tout bien réfléchi, je vais augmenter mon offre. Cette demeure offerte ne sera pas ta résidence principale. Tu y installeras la femme, le nain et toute la bande. Tu iras les voir de temps en temps. Un coup pour les satisfaire, puis retour à ton véritable foyer. Il prit alors un ton vague, comme s'il parlait d'une chose sans importance. (Il l'avait préparée dès le début, bien sûr.) J'ai reçu des nouvelles de Bazoches. On dit que Jeanne Vauban n'est pas très heureuse. Tu la connais ? Je crois que oui. Son mari est retombé dans la démence. Il eut un rire cruel. Maintenant, il croit que la pierre philosophale se cache dans le con de sa femme. Il a tenté de l'agresser avec un vrai bistouri. Tu sais, cet instrument long et crochu que les chirurgiens utilisent pour extirper des tumeurs anales. Grâce à Dieu, les domestiques sont intervenus à temps ! On l'a enfermé. Le mariage est en voie d'annulation. Il claqua la langue. Triste ! Une femme si belle et si seule au monde ! Il devint sérieux. Je crois que tu serais un bon candidat pour reconvertir le château de Bazoches en académie d'ingénieurs. Et je crois aussi que tu y serais bien reçu comme futur directeur.

Je lui adressai un regard dégoûté.

— Tu ne sais pas ce que tu dis.

— C'est toi, qui ne sais rien, abruti ! Par exemple, tu savais que Jeanne était mère ? Son fils a six ans. Et d'après mes calculs, à l'époque de la conception, le mari était toujours à Paris. Il changea de ton à nouveau. Tu connais ces aristocrates françaises. Pendant que leur détestable mari est au loin, elles choisissent n'importe quel garçon d'écurie pour les chevaucher. Oh, oui, parfois elles appellent cela de l'amour. Malheureusement, les nobles n'épousent pas des garçons d'écurie. Maintenant, un noble, même de noblesse récente, serait tout à fait acceptable. Et je suis sûr que tu ferais un bon père pour l'enfant. Qu'en penses-tu ?

Quand Jimmy parlait de l'avenir, il avait le talent rare de le transformer en vérité. Je suppose que cela provenait de sa condition. Rêvasser et fanfaronner dans une taverne et dans un palais sont deux choses différentes. C'était Jimmy, les rênes du monde. Quand ses semblables promettaient une chose, c'était parce qu'ils la possédaient déjà, et ne savaient qu'en faire. Jeanne. En la mentionnant, il la mettait à ma portée. Pour moi, l'inaccessible ; pour lui, une bagatelle.

— Et tout cela en échange de quoi ? poursuivit-il. Presque rien. Premièrement : quand je te l'ordonnerai, tu abandonneras tout, où que tu te trouves, pour me rejoindre, même si je me trouve à un bout de l'Europe et toi à l'autre. Et deuxièmement : demain, je te donnerai un ordre. Un ordre que tu exécuteras avec diligence et application.

J'hésitai.

— Quel ordre ?

Il interpréta mon intérêt comme une preuve de soumission et me parla par conséquent sur un ton implacable.

— Je te ferai connaître mes ordres quand il me plaira, pas quand tu me le demanderas. Tu te soumets, oui ou non ?

Je baissai la tête, en pensant à Jeanne, à Amelis. À Anfán, à un enfant à moi, inconnu mais de mon sang. C'était Jimmy. En mentionnant Jeanne, il la ressuscitait. Comme il m'avait ressuscité, moi. Retourner à Bazoches. Mon Dieu, cette seule pensée me torturait. Personne n'était plus capable que Jimmy de concevoir un supplice aussi douloureux, aussi perfide. Si j'acceptais son chantage, je deviendrais ce que je détestais le plus en ce monde : un aristocrate bourbonien. Si je refusais, ce serait mon fils. Seul Jimmy pouvait vous donner l'impression d'être une *échauguette* bombardée.

— *Merde !* s'impatienta-t-il. Ta réponse ! Je n'ai pas toute la journée.

Jeanne. L'aimais-je ? La question était autre. L'aimais-je suffisamment pour oublier Amelis, notre petite maison à un quatrième étage du quartier de la Ribera, juste derrière le bastion de Santa Clara ? Non, il ne s'agissait pas de ça.

— Si tu t'acquittes de tes obligations, je m'acquitterai des miennes, dis-je.

Il me regarda sans hâte. Il observa mes sourcils, mes yeux larmoyants. Il examina l'angle de mes lèvres comme si c'était celui d'un bastion bombardé.

— Bien… bien…

L'interrogatoire avait dû le satisfaire, car tout son corps se détendit, cette fois.

— Effectivement, tu ne mens pas.

Quand Pópuli eut fichu le camp, Jimmy fit une inspection du cordon de siège. Il était accompagné de ce bon Zuvi, de son habituelle cour de gardes du corps anglais, quatre chiens noirs et même deux écrivaillons dont la mission était de consigner les paroles du grand homme pour la postérité.

Jimmy s'arrêtait dans les bastions les mieux placés, observant les défenses avec sa longue-vue, noire afin que les reflets n'éveillent pas l'attention des tireurs. Il connaissait son métier : toutes les questions qu'il me posa étaient techniques et très pointues.

— Tu ne t'intéresses qu'aux bastions ? m'enquis-je.

— De quoi veux-tu parler ? fit-il en me regardant tandis qu'il abaissait sa longue-vue.

— Tu es un esthète, regarde plus loin.

Il appliqua à nouveau l'œil sur son instrument.

— Mon Dieu, c'est vrai ! s'exclama-t-il. Quelle belle ville !

— Avant le bombardement, elle l'était encore plus.

Il rit.

— Cela ne m'ôte pas la faim. Allons dîner.

Sur le chemin du Guinardó, il fit une réflexion adressée au cortège qui l'accompagnait :

— L'Espagne est véritablement sous le commandement d'un parfait halluciné. Pourquoi veut-il détruire un pays aussi riche et aller ainsi contre ses propres intérêts ? Revenus, port, ateliers, tout cela remplirait les caisses royales. Et ses ministres les plus belliqueux exigent de moi de raser jusqu'à la dernière maison et d'élever un monolithe victorieux au centre.

N'en doutez pas, Jimmy ne se souciait absolument pas de l'avenir de la ville. Il croyait en ce qu'il disait, mais s'il y pensa à voix haute, ce ne fut que pour s'exempter de responsabilités en cas de massacre. Pour lui, les affaires espagnoles constituaient un galimatias d'éternelles rivalités dont mieux valait ne pas se mêler. Ses chiens l'accompagnaient partout. Quatre bestioles noires, hautes comme des poulains, pelées et avec des joues de la taille d'un empan. Ils le suivaient jusque dans sa chambre. Chacun dormait sur un coin du lit. Ces cabots m'avaient toujours dérangé ; plus que des animaux, c'étaient des cerbères noirs.

— Tu étais réellement mort ? me demanda-t-il ensuite.

— Je crois.

— La mort… soupira-t-il. Comment est-ce ?

— Ce n'est rien. Mais ce qui vient après est pourtant au-delà de toute compréhension. Le temps et l'espace s'évanouissent. Une paix indicible.

— Décris-la.

— Ce n'est pas possible. Je peux juste dire que le plus terrifiant n'est pas de mourir, mais de revenir.

Il rit.

— Tu me reproches de t'avoir sauvé la vie ? fit-il.

— C'est comme de boire un million de litres de ton propre pus.

Il n'aimait pas les conversations tristes. Et encore moins ne pas prendre l'initiative.

— Quand tout cela sera fini, je ferai en sorte que tu obtiennes un titre de noblesse. Comte ? Marquis ? Arrêtons-nous à baron.

Il éclata de rire. J'adore la guerre, et tu sais pourquoi ? Parce que, en temps de paix, ma famille est trop proche. Il n'y a pas meilleure excuse pour m'éloigner d'eux qu'une bonne campagne, où je puisse profiter de mes chiens et de mes amants.

Jimmy n'avait pas de Points sur son avant-bras. Il avait eu des maîtres et dirigé suffisamment d'assauts pour compter davantage de Points que moi. Je lui posai la question.

— Ce fut ma première décision politique, expliqua-t-il. Avec le temps, je serais devenu le meilleur ingénieur du monde, bien entendu. Mais un Ponctué ne peut être qu'un Ponctué ; l'ingénierie l'absorbe et l'exclut de toute autre sphère. Les rois ne servent pas les ingénieurs, c'est le contraire. Et moi, je veux être roi. Il tourna la tête pour me regarder. Pourquoi me demandes-tu cela ?

— Parce que si tu étais un Ponctué je devrais mourir pour toi, répondis-je. Comme tu n'en es pas un, je peux te tuer sans faillir ni éprouver de remords.

Il se mit à rire aux éclats.

— Ah, oui, j'avais oublié. Les ingénieurs et leur sacrée morale du *Mystère*. Tu crois vraiment que ce sont de petits points qui t'empêchent de me poignarder dans le dos ? Dis-moi, si je te livrais à Verboom, t'abstiendrais-tu de lui arracher le foie parce qu'il a trois Points tatoués sur l'avant-bras ? Il devint sérieux. Le *Mystère* est un bobard des ingénieurs pour agrémenter la fadeur des pierres et des angles. Avoir un dieu secret, ou un anti-dieu, fait croire aux gens qu'ils sont plus importants qu'ils ne le sont. Le *Mystère* n'existe pas. Il me tourna le dos, appuya une oreille sur l'oreiller et ajouta : Éteins les bougies.

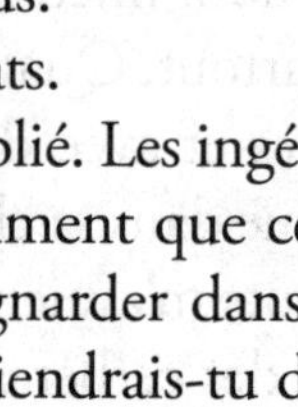

8

Jimmy était plus rapide que le danger. Le lendemain matin à l'aube, il me dit de son ton le plus tyrannique :

— Tu t'es engagé à obéir. L'heure est venue.

Je lui adressai une de ces révérences niaises que font les courtisans avant de lui demander :

— Quels sont tes ordres ?

Il fit un geste majestueux de la main et se détendit :

— Une bagatelle, répondit-il. Regarde ça.

Il étala deux grandes cartes sur son bureau. La première représentait la tranchée créée par Verboom et sabotée par moi ; la seconde, celle conçue par Dupuy-Vauban. Pendant un bon moment, je les examinai toutes les deux. Je vous l'assure, le chagrin entre par les yeux.

Je ne pus retenir mes larmes. Des larmes silencieuses qui roulèrent sur mon menton et tombèrent sur les plans. Jimmy s'en aperçut.

— Pourquoi pleures-tu ?

— Ces deux tranchées sont si belles… dis-je. Que peux-tu comprendre aux émotions d'un ingénieur ?

Que Jimmy optât pour ma tranchée d'attaque, usurpée par Verboom, ou pour celle de Dupuy-Vauban, nos vieux remparts endommagés ne résisteraient pas. Avec de bons plans, assez de matériel et de sapeurs, toute tranchée d'attaque est imparable et atteint les murailles, tôt ou tard. Mais s'il choisissait celle de Dupuy, si parfaite, cela irait très vite : en moins d'une semaine, ils seraient dans la ville. Quoique prisonnier, je devais donc faire tout mon possible pour que Jimmy ne choisisse pas le plan de Dupuy. Mais comment ? Comment ?

— Verboom a-t-il pu étudier le projet de Dupuy-Vauban, et réciproquement ? demandai-je, en prenant l'air naturel.

Jimmy ne remarqua pas la profonde terreur que recélait la question. Ma tranchée avait pu tromper, difficilement, un Trois Points comme Verboom. Mais si Dupuy-Vauban, un Sept Points, l'analysait en détail, adieu l'ami. Il verrait la tricherie, toutes les distorsions que j'y avais introduites.

Heureusement, il s'exclama :

— Non, s'il te plaît ! Un combat de coqs ne m'intéresse pas. Je veux qu'ils défendent leurs projets, pas que chacun détruise celui de l'autre. Maintenons la concorde. La première tâche de l'assiégeant sera toujours de rassembler ses forces.

Si seulement les paillassons rouges avaient été comme Jimmy ! Au lieu d'appuyer don Antonio, ils passaient leur temps à l'empoisonner. À l'intérieur, ils étaient peu nombreux et divisés, à l'extérieur, Jimmy avec une main de fer dans un gant de fer.

— Je les ai convoqués, qu'ils s'expliquent. C'est moi qui aurai le dernier mot, bien sûr. Tu en sais un peu plus que moi sur les tranchées. Conseille-moi.

— Quel compliment ! ironisai-je. Mon humble personne juge de si grands ingénieurs. Dupuy-Vauban appartient à ton état-major, ajoutai-je. Tu l'as fait venir afin de concevoir une tranchée d'attaque pour toi. Pourquoi ne choisis-tu pas la sienne, tout simplement ?

— J'ai incorporé le vieux Dupuy-Vauban à mon état-major parce que c'est le meilleur ingénieur vivant du monde. Mais si j'ai deux propositions, pourquoi acheter le cheval sans écouter la seconde ?

En s'asseyant pour recevoir les "deux paons", comme il les appelait, sa légèreté fébrile changea. C'était comme s'il s'était déguisé en monarque.

— Écoutons-les. Et rappelle-toi : tu seras le critique qui, dans la loge, se cache derrière le roi et lui murmure à l'oreille. Dans le fond, c'est à toi qu'ils parleront, même à leur insu. Quand je les congédierai, je veux ton conseil.

Il me demanda de me rendre dans la pièce contiguë, invisible, mais aux cloisons si minces que je pourrais tout entendre. Je voyais même l'endroit où ils se trouveraient à travers une fissure à hauteur des yeux.

Ils entrèrent. Jimmy les fit s'asseoir l'un en face de l'autre, et il leur demanda d'exposer les qualités de leurs travaux respectifs. D'abord Dupuy-Vauban, puis Verboom. Ils s'exécutèrent. La polémique était inévitable, et le boucher d'Anvers fut interrompu :

— Santa Clara ? s'exclama Dupuy-Vauban, sceptique. Attaquer par le bastion de Santa Clara ? C'est une entorse à la poliorcétique !

— Une entorse ? J'ai travaillé à cette tranchée pendant des années, répliqua Verboom. Vous, vous arrivez, vous improvisez la vôtre, et vous prétendez qu'elle est supérieure.

— Je vous en prie, maréchal, dit Dupuy-Vauban en l'ignorant. Cette ville a subi trois assauts dernièrement. Trois ! Toutes les tranchées ont attaqué au même endroit, et ce n'était pas à Santa Clara ! Devons-nous supposer que tous nos illustres prédécesseurs se trompaient ?

— Quoique originaire d'Anvers, je suis, j'ai été et serai au service du roi Philippe, que Dieu le garde ! s'exalta Verboom sans nécessité. Pour lui, j'ai subi la captivité, et cela n'a pas entamé ma fidélité.

Ici, Verboom avait choisi un argument très faible. Jimmy se souvenait encore des critiques qu'on lui avait faites avant Almansa à cause de son origine. Il lui donna un coup de fouet flegmatique.

— Mon cher Joris, il ne s'agit pas de nos berceaux. Racines, racines, racines… les hommes ne sont pas des légumes. Vous me suggérez de diriger moi-même une armée contre celle de Sa Majesté Philippe V d'Espagne ?

Verboom vit des complots là où il n'y en avait pas :

— Je comprends ! Cette réunion était sans objet depuis le début. Je suis ingénieur, descendant d'une famille d'ingénieurs. Mais il est évident que je ne peux pas espérer comparer ma lignée à celle du grand Vauban. Il se leva, appuyant les poings sur la table. J'informerai le roi d'Espagne de la façon dont on méprise ses sujets en faveur de ceux du roi de France, qui n'hésitent pas à faire jouer leurs influences !

Cela offensa Dupuy-Vauban qui, tout gentilhomme qu'il fût, avait un caractère des plus volcaniques. Trop, en réalité.

— Taisez-vous donc, maudite catin des pierres et des angles ! lui assena-t-il en se levant. Tous les ingénieurs d'Europe connaissent vos ruses. Vous invoquez des préjugés qui n'existent pas afin d'obtenir des privilèges. Vous ne servez aucun roi, vous vous servez d'eux !

Jimmy suivait l'échange d'insultes entre Dupuy-Vauban et Verboom avec un ennui souverain. Il faut dire qu'il ne faisait aucun effort pour le cacher. Je le revois fixer le plafond, agitant une main en guise d'éventail. "Mon Dieu quelle chaleur, et que ces échauffements sont insupportables", semblait-il penser. Alors un messager demanda la permission d'entrer. Le message devait être très important pour interrompre un conseil du maréchal Berwick. Jimmy lut la carte sans se soucier du combat de coqs, qui continuait en sa présence.

— Silence, messieurs ! Je vais vous raconter une histoire, dit-il en levant les yeux du papier. Le mois de juillet doit son nom à Jules César. Le mois d'août est un hommage à Octave Auguste. L'empereur qui succéda à Auguste était un certain Tibère. Les lèche-culs du sénat romain lui proposèrent de rebaptiser septembre "tibère" en son honneur. Tibère, qui était moins tyrannique qu'il n'en avait l'air, se gaussa : "Que ferez-vous quand vous n'aurez plus de mois et qu'il restera des empereurs ?"

Verboom et Dupuy se turent, tentant d'élucider le message contenu dans le récit sur l'empereur. Ils firent tous les deux une révérence, quelque peu désorientés, et sortirent.

— Cette parabole sur les empereurs, Tibère et le mois de septembre, que signifiait-elle exactement ? demandai-je.

Jimmy était plongé dans ses réflexions.

— Ça ? Je n'en ai aucune idée, dit-il. Ils allaient se lancer dans une dispute et pour la prévenir, je les ai fait réfléchir. Lorsque quelqu'un ne veut pas avoir l'air stupide, il se tait. Il agita la lettre qu'il venait de lire. Il était très irrité. Tu ne vas pas croire ce qu'elle contient.

Je vis le sceau de Philippe V.

— Oui, lui, ce dément couronné par un hasard de l'histoire ! s'exclama-t-il. Il m'écrit en m'offrant le poste de commandant en chef de toutes les armées d'Espagne. À moi, maréchal de Louis XIV de France ! Mais quelle est cette offre ? Que j'abandonne Louis ? Pour son armée de va-nu-pieds et de mendiants ? Pourquoi ne me nomme-t-il pas roi des tribus gitanes de Hongrie ? Il roula la lettre en boule, furieux. Pour l'amour de Dieu ! Quand on a Homère, pourquoi se contenterait-on de Virgile ?

Il se promena dans la pièce en méditant, le papier froissé en main. Il avait déjà assez de problèmes et, qu'il le veuille ou non, cela le mettait dans l'embarras : dire non à un roi est toujours dangereux.

— Et ta décision au sujet de la tranchée ? Vauban ou Dupuy ? demandai-je.

Il réfléchit en déambulant, les yeux rivés au sol. Mon cœur battait à tout rompre. Si j'ai prié un jour, Dieu ou le *Mystère*, ce fut celui-ci : "Je vous en prie, je vous en prie, faites qu'il choisisse ma tranchée, ma tranchée, la mienne."

Soudain, Jimmy s'arrêta. Il parla, le regard fixé au sol et en même temps, il leva un doigt au ciel.

— Misons sur la tranchée de Verboom. Je vais refuser l'offre de Philippe, bien sûr, précisa-t-il dans son indulgence royale. Ce sera un affront. Et si ma lettre lui parvient avec la nouvelle que j'ai écarté Verboom, il le prendra encore plus mal. Tu ne connais pas Philippe : un enfant malade dans un corps de roi. Nous commencerons dès que nous aurons réuni le matériel. Au travail, plus tôt nous en aurons fini avec cette foule hallucinée de Barcelone, mieux cela vaudra, conclut-il.

Ma chère et repoussante Waltraud interrompt le récit, demandant des nouvelles d'Anfán et d'Amelis. Pour résumer les inquiétudes de la grosse Waltraud : étais-je réellement disposé à abandonner les miens ? Avais-je menti à Jimmy ? La réponse est non, je ne lui avais pas menti.

Maintenant, je vais vous dire une chose incongrue en apparence : l'amour le plus élevé se démontre en renonçant à lui. Jimmy était Jimmy. Lui mentir, une tâche impossible. Il m'aurait découvert au premier battement de cils. Le seul moyen de lui dissimuler un sentiment était de ne pas l'éprouver.

Si je les aimais vraiment, je devais différer mon amour pour eux, chasser mes sentiments. Être un autre, réinventé, éphémère mais crédible. La seule façon, masquer mon amour par un autre. Et je vous assure que ce fut aussi difficile, voire plus, que de concevoir ma mensongère Tranchée d'Attaque. Et oui, je vais le dire : pendant quarante-huit heures, je me repliai sur moi-même. Le temps nécessaire pour dissiper les soupçons de Jimmy. Le troisième jour, il m'offrit un uniforme de capitaine français.

Vous connaissez le dicton des marins : une seule goutte de brai empoisonne un baril tout entier. Eh bien, dans l'immense campement bourbonien, je me disposai à être cette petite goutte. La quantité de calamités et d'échecs que peut causer un homme, un seul, s'il est mû par la volonté de porter préjudice, est incroyable.

Je paradais fièrement dans mon nouvel uniforme français. Il y a capitaine et capitaine, et je portais un tissu blanc récemment étrenné : Zuvi Longues-Jambes bien de sa personne, imposant le respect à la soldatesque. Devant cette troupe sale et aux pieds crottés, abrutie par une année de siège, apparaît un capitaine qui semble arriver directement des salons de Versailles. Là où je voyais une occasion, je foutais tout en l'air.

Je remarquai une recrue navarraise à l'air idiot. Je commençai à le houspiller, et quand il fut mort de peur, je l'emmenai au parc d'artillerie. Je lui mis une masse et un scalpel dans les mains et lui donnai l'ordre de taper sur la bouche à feu des canons. Cela les abîmerait irrémédiablement, mais que pouvait-il dire, le pauvre ? Dans les armées tyranniques, les soldats sont d'humbles serfs. À la différence de ceux de la Colonelle barcelonaise, ceux-ci ne posaient pas de questions, et répliquaient encore moins. Je fichai le camp. Tôt ou tard, on le prendrait à taper sur les canons. On le pendrait certainement, mais d'ici là, il aurait ruiné quelques pièces.

La poudre est un bien si précieux qu'on la tient normalement sous bonne garde et qu'on ne la déplace pas sans ordre exprès. Mais dans un grand assaut, il y a toujours des répartitions absurdes et mal faites. Que le bon saboteur s'interpose sur le chemin de la distribution, qu'il fasse valoir son grade. J'ordonnai d'apporter les barils des canons à l'infanterie, et la poudre des fusils à l'artillerie. (Ma chère et repoussante Waltraud ne comprend pas. Bien sûr, quand on passe ses journées à faire bouillir du chou, que peut-on connaître à la poudre ?) La granulation est différente pour chaque arme. Quand les canons tireraient, les projectiles tomberaient à un empan de la bouche. Quant aux fusils, les bassinets exploseraient, aveuglant les tireurs. Un demi-grain de poudre suffit à calciner un œil.

Je commençais à bien m'amuser quand je fus surpris par une vieille connaissance : le capitaine Antoine Bardonenche. Il était inévitable que nous nous retrouvions tôt ou tard quelque part sur le campement.

— Mon bon ami, enfin nous nous voyons ! Mais vous avez déchu. On vous a rabaissé au grade de capitaine, alors que vous étiez lieutenant-colonel au service du roi Charles.

— L'archiduc Charles, le corrigeai-je, imbu de mon rôle de déserteur. Roi, c'est le nom que les rebelles donnent à cet usurpateur.

— Oui, bon, quelle importance ? fit Bardonenche, qui ne se souciait pas de politique. Maintenant, nous sommes tous les deux capitaines. Vous devez dîner avec moi.

Je commis encore quelques sottises et, le soir, je n'eus pas d'autre solution que d'aller le rejoindre. Le dîner fut aigre-doux. Nous terminâmes la nuit en buvant devant un feu de camp. Les flammes, bleues et lasses, donnèrent un ton mélancolique à notre réunion. Comme ils étaient loin, ces jours où nous batifolions au bord des lacs de Bazoches, auprès de Jeanne et de sa sœur.

Une réflexion nocturne et sentimentale lui échappa :

— Je peux vous avouer quelque chose ? Je déteste tout cela, je le déteste. Des mois ici, à croupir dans un triste campement de bataille. Avez-vous déjà vu des soldats aussi malpropres ? On dirait une armée de mendiants.

— Bonne ou mauvaise, je croyais que la guerre constituait votre foyer.

Il fit signe que non de la tête.

— Ce n'est plus une guerre. On croirait plutôt une chasse aux loups. Il n'y a ni honneur ni dignité à tuer ces gens.

On l'avait affecté à la sécurité de l'arrière-garde : des mois entiers à escorter les roulottes qui apportaient des provisions aux assiégeants, luttant contre les miquelets qui les harcelaient.

— Il n'y a pas longtemps, près de Mataró, nous avons incendié une forêt entière pour en faire sortir des types traqués, poursuivit-il. Comme les pins brûlent ! Les flammes arrivaient jusqu'au ciel, des milliers de pommes de pin éclataient comme des grenades. Je leur ai crié de se rendre. Je leur ai juré à quatre reprises, sur mon honneur, de les laisser en vie. Ce fut inutile. Il fit une pause avant de poursuivre. Quand ils ne purent plus y tenir, ils sortirent de la forêt en trombe. Et vous savez quoi ? La moitié de ces corps était des torches humaines. Malgré ça, en hurlant, la chair en feu, ils ne songeaient qu'à nous étreindre pour emmener l'un d'entre nous en enfer. J'ai transpercé la poitrine de l'un d'eux de mon sabre. Je crois que c'était leur chef. Regardez ça. Il me tendit une petite bourse de cuir. Il la portait sur lui. Étrange, non ?

Je l'ouvris. Elle était remplie de balles. Sur certaines, on voyait encore le sang séché.

— Vous croyez au destin ? me demanda-t-il.

— Non.

— Moi non plus. Mais il se trouve qu'il y a dix-neuf balles, et aujourd'hui, j'ai tué dix-neuf hommes en duel ou au combat.

— Quelle importance ?

— Je lui ai planté mon sabre dans le corps, jusqu'à la garde. Vous auriez dû voir le regard de cet homme. Avec son dernier râle, il a tenté de me dire quelque chose. Je n'ai pas compris.

— Il vous maudissait sûrement.

Bardonenche reporta le regard sur les flammes.

— Oui, ce devait être ça.

"Fatigue" et "Bardonenche" étaient deux termes qui ne faisaient pas bon ménage. Et pourtant, cette nuit il semblait épuisé, les bras autour des genoux. Je tins la bourse de Busquets dans la paume de ma main. Busquets, le capitaine des miquelets que j'avais connu pendant l'expédition et qui souhaitait de façon si véhémente libérer Mataró. Par superstition, il croyait qu'il ne mourrait pas tant qu'il n'aurait pas rempli ce sac de balles. Eh bien, saint Pierre lui avait enfin ouvert ses portes.

— Pourquoi conserver un souvenir aussi macabre ? fis-je, absorbé par la bourse comme si elle avait été une boule de cristal.

— Je ne sais pas, répondit-il dans un gémissement. Je sens que ce sac est maintenant à moi. J'ai tenté de m'en défaire, mais je ne peux pas.

J'ébauchai un sourire incrédule.

— Vous ne pouvez pas ? Je m'en chargerai, si vous le souhaitez.

Il fit de nouveau un signe de tête négatif, me demandant :

— Dites-moi, quel sens cela a-t-il de transporter une bourse pleine de balles usagées ?

— Je ne sais pas, répondis-je en soupirant. Son porteur voulait peut-être la confier à celui qui le tuerait. Ou quelque chose de plus perfide.

— Plus ? s'intéressa-t-il.

Je tentai de réfléchir selon la mentalité d'un miquelet.

— Quand les miquelets prennent un Français ou un Espagnol avec un fusil à pierre catalan, ou une épée portant le blason catalan sur le manche, ils exécutent le prisonnier avec la même arme que celle qu'il a pillée. Lisez, sur le sac est cousu le nom de son propriétaire : "Jaume Busquets, *capità*". Si les amis du défunt vous capturaient avec, ils vous en feraient avaler le contenu. C'est leur coutume.

Je regrettai aussitôt mes paroles. Dire des choses cruelles devant Bardonenche revenait à offenser un enfant, même si cet homme était le meilleur spadassin d'Europe. Je devais me retirer à la ferme du Guinardó, et je me levai.

— Mon bon ami, dit Bardonenche sans se lever, je suis ravi que vous soyez de notre côté. Vous savez, j'ai pensé plus d'une fois : "Mon Dieu, en dernière extrémité, tu devras peut-être tuer ton bon ami de Bazoches."

Je voulus dire quelque chose, mais je ne savais pas très bien quoi.

– Antoine, les choses sont peut-être plus compliquées que ce que nous ont appris nos parents et nos maîtres, pensai-je à voix haute.

Je fus surpris par la lucidité de sa réponse, lui, toujours si puéril.

— Ce serait très triste, dit-il. Cela signifie que par amour pour nos aînés, nous avons fait le mauvais choix. Mais en bons fils, et en bons élèves, quel choix avions-nous ? Et il ajouta sur un ton funèbre : Je ne veux pas vous tuer.

J'en fus glacé. Il n'était peut-être pas si sot, après tout. Notre amitié lui permettait peut-être de déduire beaucoup de choses. Entre autres qu'un lieutenant-colonel "rebelle" si engagé dans la défense de sa propre ville ne passerait pas comme ça à l'ennemi. Peut-être, cette nuit, Bardonenche fit-il la démonstration de l'amitié la plus généreuse : ne pas trahir le traître.

— Vous croyez aux pressentiments ? me demanda-t-il.

— Non.

— Moi, si. Si ceux de Barcelone ne se rendent pas, et que l'assaut de la ville a lieu, je mourrai. Je le sais.

Et il reporta le regard sur le feu.

9

Ils ouvrirent la tranchée dans la nuit du 11 au 12 juillet 1714. Jimmy ne manquait de rien : la première parallèle fut creusée par trois mille cinq cents hommes, couverts par dix bataillons d'infanterie et dix compagnies de grenadiers. Moi qui avais l'habitude de faire la guerre du pauvre, je ne pouvais qu'envier tout ce luxe de moyens.

Grâce à mon uniforme de capitaine français, il ne me fut pas difficile de m'infiltrer dans la tranchée Dès qu'ils commencèrent à creuser, j'y entrai. Et comme ils travaillaient ! Des milliers de pelles envoyant la terre en avant, sur plus d'un kilomètre de long et à un rythme de galériens.

Le sillon nous arriva aux genoux et très vite à la poitrine. Des milliers de fascines circulaient. Ils les remplissaient de pierres et de sable, les plaçaient à l'avant de la tranchée et renforçaient le parapet par d'autres pelletées. Je me rongeais de l'intérieur, pensant à la ville, aux soldats de la Colonelle barcelonaise : "Mais qu'attendez-vous ? Attaquez, attaquez enfin !", me désespérais-je.

Qu'une tranchée subisse un assaut lors de son premier jour d'existence est une chose si réglée, si commune dans tout siège, que le contraire est étonnant. Les travailleurs, et la troupe qui les couvre, se trouvent dans une situation très exposée. La manœuvre habituelle consiste à bombarder la tranchée depuis les remparts et une troupe fournie sort immédiatement en trombe. Si cette sortie a été bien préparée, et avec un peu de chance, les assiégés déborderont les hommes qui protègent la tranchée, cette première parallèle encore peu creusée, qui offre encore un mauvais refuge. À ce moment, les assiégés tentent de démolir leurs ouvrages, voire de combler ce qui a été creusé, pour se retirer à l'instant. Cela ne semble pas très important, mais dans la guerre, le moral fait tout. La ville envoie un message à l'armée assaillante : "Ce que vous avez fait est défait. Venez !" Et les travaux doivent recommencer.

La position des bourboniens était vulnérable, comme au premier jour d'une tranchée. Mais, de plus, en redessinant celle de Verboom, j'avais souligné la nécessité de la commencer tout près des murailles. Une distance inhabituellement courte, en fait. À portée de fusil, six cents mètres seulement. Mon espoir secret, que je cachai naturellement à Verboom, était qu'un général aussi attentif que don Antonio découvrirait les ouvrages et les attaquerait. Tout jouait en notre faveur. Cette première parallèle étant si proche des murailles, nos jeunes gens pourraient aborder la tranchée en une charge instantanée. En s'élançant à toute vitesse, ils ne subiraient pas de pertes avant d'arriver au corps à corps, et dans ce combat leurs passions dépassaient de beaucoup les mercenaires français du Monstre et les recrues espagnoles de Felipito.

Comme prévu, Jimmy ordonna aux bourboniens de passer la nuit à faire sonner des timbales afin de couvrir le bruit des outils. Une perte de temps. Même en commençant les ouvrages par une nuit noire, il est impossible de dissimuler des milliers de travailleurs creusant le sol. Le moment le plus dur pour les travaux de sape est le lendemain. Après une nuit sans pause ni repos, les hommes sont épuisés, et le soleil se lève. Il ne s'est rien passé jusqu'alors. Détente. Alors les assiégés arrivent, dans une attaque fulgurante.

Mais le jour se levait, et sur les remparts on ne détectait aucun mouvement. Pourquoi les Barcelonais n'attaquaient-ils pas, pourquoi ? Je me décomposais intérieurement. "Vous ne le voyez pas ? Allez-y, merde !" Et pour la première fois, un sentiment atroce que je ne souhaite à personne m'envahit : "Mon Dieu, Martí, tu as peut-être trop bien conçu tout cela."

Don Antonio avait bien entendu des plans pour contrer une attaque fulgurante de la tranchée dès que celle-ci serait commencée. Ce que je ne pouvais pas savoir, bien sûr, était ce qui se passait dans la ville. Et que se passait-il ? Eh bien, les paillassons rouges, pour changer, y mirent leur nez et firent tout capoter. Don Antonio passa toute la nuit du 12 au 13 à orchestrer la sortie.

À la toute première heure du 13 juillet, il envoya une note à la montagne de Montjuïc, où logeait sa femme, la prévenant qu'il monterait à neuf heures du matin pour déjeuner. Il la dicta en public, de sorte que, à huit heures du matin, toute la ville savait que le général Villarroel, au lieu d'attaquer, allait passer la journée à se délecter d'un repas copieux. Mépris homérique de l'ennemi ! "Ils ouvrent une tranchée ? Eh bien moi, je vais me goinfrer. Voyez comme je me soucie de ce qu'ils font ou ne font pas !"

Même ma chère et repoussante Waltraud, qui est aussi bavarde et sotte qu'un perroquet, a compris que ce mot avait pour objet d'égarer les agents bourboniens. Nous savons qu'à Barcelone, il pullulait davantage d'espions que de mouches sur le derrière d'un âne, et à neuf heures précises, effectivement, don Antonio monta à Montjuïc entouré d'une escorte fournie et visible. Mais ses plans étaient de descendre très discrètement à onze heures, bien avant tout déjeuner méditerranéen, pour diriger l'attaque.

Casanova, au gouvernement, était hors de lui depuis qu'il avait appris que les bourboniens avaient ouvert une tranchée. Il s'énerva et, croisant l'un de nos généraux d'infanterie, il lui cria de très mauvaise grâce :

— Puisque vous montez au festin de Montjuïc, dites à Villarroel que les Barcelonais ne digèrent pas bien du tout que l'on permette à l'ennemi de travailler aussi tranquillement !

Le général, bien sûr, en informa don Antonio. Consterné par la réprimande, il exagéra les paroles du *Conseller en Cap**. Don Antonio n'eut donc pas d'autre solution que de reporter l'attaque tandis qu'il discutait avec le gouvernement. Non content de ruiner la tactique de don Antonio, Casanova se calma à peine quand il en connut les raisons. Et pour couronner le tout, il se mit à interférer dans le plan de bataille Je continue à penser que personne, dans la Barcelone assiégée, ne comprit à quel point un grand militaire tel que don Antonio avait mis à l'épreuve sa prudence et sa patience. Casanova commit mille folies qu'il est inutile de rapporter.

Tandis que ce dernier discutait avec don Antonio, j'étais recroquevillé au fond de la première parallèle, me protégeant tant bien

* Conseiller en chef en catalan.

que mal des coups de canon de notre grand artilleur mâcheur de persil, Francesc Costa.

Avant l'aube déjà, Costa, qui avait toujours un peu fait cavalier seul, n'attendit pas les ordres du gouvernement ou du commandement. Il repositionna huit mortiers et quarante-deux canons qui se mirent à vomir des bombes et de la mitraille sur la première parallèle (et sur ma pauvre personne).

Quant au bombardement, je dirai juste que si l'artillerie est un art, ce matin-là mérite un souvenir immortel. Les projectiles des mortiers décrivaient en l'air une parfaite parabole. Le sillage de fumée dans le ciel ponctuait leurs parcours. Certaines de ces pierres pesaient plus de cinquante kilos. Elles écrasaient tout et là où elles tombaient, elles soulevaient d'immenses jets de terre, des fascines détériorées, des tiges en osier projetées comme des couteaux.

Les Majorquins de Costa faisaient alterner les projectiles de pierre et les explosifs à détonateur. Quand ceux-ci arrivaient à deux ou trois mètres de hauteur, ils éclataient dans une détonation blanche et jaune, et éparpillaient des fragments incandescents sur la tête des retranchés. Il faut une grande habileté pour que la mèche se consume au moment exact : juste à la verticale de la tranchée, ni quand la bombe est encore trop haute, car la dispersion de la mitraille lui fait perdre de son effet, ni quand elle a touché terre, car celle-ci l'absorbe. Quand on a en face de soi un type aussi habile que Costa, la seule protection possible est de creuser des tranchées très profondes et peu larges, réduisant ainsi l'aire mortifère. Si vous vous souvenez, j'avais convaincu Verboom d'établir les plans à l'envers, avec une tranchée très large et peu profonde.

Mais, comme vous le savez, en ces instants, je n'étais pas à côté de notre artilleur, mais sur les lignes bourboniennes. Et mon grand problème était que, par un paradoxe du destin, je devais subir le talent artistique de Costa. Les bombes éclataient au-dessus de ma tête dans un bruit de jet d'eau. Je me rappelle l'odeur de terre humide et chaude de la tranchée, dont les parois n'avaient pas encore été éclissées. Autour, au-dessus et au-dessous de mon corps, des douzaines de travailleurs se réfugiaient comme moi, tassés et gémissant de terreur à cause des détonations aériennes. Quant au dérèglement des sens qu'entraîne une Tranchée d'Attaque, les hommes qui s'y enfouissent vivent une expérience extrême. Ils luttent pour leur vie, et en trois dimensions : dans la terre, avec leurs mains, en l'air, avec les bombes et sous terre, avec les mines. Il faudrait en ajouter une quatrième, le temps. La progression d'une tranchée est la vérité la plus strictement calculable du monde. Et pourtant, ce n'est le cas que pour le *Mystère* ou pour un Dix Points. L'ingénieur assiégeant pense qu'elle avance comme un escargot ; l'ingénieur assiégé comme un lièvre. Une tranchée d'attaque est le plus précis des ouvrages humains et, en même temps, celui que l'on exécute dans les conditions les plus féroces

Enfin, passé midi, un millier de types prêts à tout surgirent. Je me penchai au-dessus du parapet et vis les trous de la palissade se remplir d'hommes qui venaient à l'assaut de la tranchée nouvellement étrennée.

Ce fut un véritable pandémonium. Les assiégés attaquaient par le centre de la tranchée, à gauche et à droite. La cavalerie sur les ailes, en appui des uns et des autres. L'artillerie des deux camps tirant en continu, et avec tant de mouvement, de fumée et de poudre qu'on ne savait pas qui tuait qui. Mon intention initiale était de me cacher dans un trou, d'attendre que la vague d'assaillants m'atteigne, de m'identifier et de me retirer avec eux dans la ville. Bon plan, n'est-ce pas ? Malheureusement, ma stratégie n'avait pas tenu compte de ma couardise proverbiale. Des centaines de types fonçaient droit sur moi, ivres et hurlant comme des porcs qu'on égorge. Il me sembla reconnaître en eux une unité récente de grenadiers aux ordres du capitaine Castellarnau.

"Mon Dieu ces gens semblent très fâchés", songeai-je. Une ligne de trois bataillons normands sortit à leur rencontre. Les hommes de Castellarnau étaient mus par une force démoniaque. Ils renversèrent les Normands à coups de baïonnette et poursuivirent leur avancée. Quand ils furent plus près, je pus voir leurs yeux, rougis par le vin. Alors je me dis, terrorisé : "Martí, ils ne sont pas là pour rigoler." Ils chargeaient en poussant des cris rauques d'ivrognes, lançant des vivats à sainte Eulalie et achevant les blessés. Les Normands défaits, rien ne s'opposait entre eux et la première parallèle.

Une troupe d'assaut ne connaît personne. Personne ! Eux, dans leur état de frénésie ; moi, dans mon petit uniforme blanc. Il me vint alors une des pensées les plus ridicules de ma longue vie parmi les militaires : "Mon Dieu, les miens arrivent. Au secours !"

— Fuyez, fuyez ! criai-je aux ouvriers qui m'entouraient. Fichons le camp, ou les séditieux vont nous trancher le cou !

Ceux qui se trouvaient près de moi, tous des ouvriers, hésitèrent en me voyant fuir. Les grenadiers ivres de Castellarnau nous tombaient dessus et, pendant ce temps, Costa et ses Majorquins nous bombardaient avec une précision démoniaque. Et bon, si un officier fuit, pourquoi de simples ouvriers, qui ne sont même pas tenus à la discipline militaire, resteraient-ils ?

La brigade au grand complet me suivit. (Et je dois dire qu'ils firent bien, parce que, comme je l'appris par la suite, les rares à être restés furent massacrés par ces ivrognes lors de l'abordage d'un couloir.) La majeure partie lâcha pelles et pioches, brouettes et fascines à moitié remplies, et courut à une vitesse surprenante. Certains étaient tellement morts de peur qu'ils en vinrent même à me doubler !

L'attaque s'éteignit sans trop de conséquences. Plus qu'un incendie, ce fut un feu de paille, mémorable uniquement en raison des morts. Et qui se souciait des morts ? Les participants à la sortie occupèrent la tranchée, oui, démolirent tout ce qu'ils purent, oui, mais elle fut immédiatement réoccupée par quatre mille soldats, ouvriers et sapeurs bourboniens, qui continuèrent à creuser sans trêve.

Un commandant me fournit un rapport sur les événements de la journée pour que je le remette à Jimmy. Bien que cela fût interdit, je le lus effrontément sur le chemin du Mas Guinardó. La seule première nuit et le premier jour de tranchée avaient occasionné six cent quarante-huit pertes, morts et blessés confondus. Le rapport était de Verboom lui-même, et ce bon Zuvi (quelle ironie !) fut chargé de le faire parvenir à Jimmy.

J'entrai au Mas Guinardó avec le document dans les mains, pensant qu'il y en aurait eu bien plus si les choses s'étaient bien passées. Je trouvai Jimmy dans son bureau. Il était debout, regardant par la fenêtre. Il se fichait comme de l'an quarante de la tuerie à laquelle il venait d'assister. Il se mordait le poing, absorbé. Il tourna la tête, me vit et reporta le regard sur les vitres.

Il se contentait de gémir, répétant jusqu'à l'obsession :

— Elle agonise, elle agonise, elle agonise…

— Mais qui ? criai-je. Qui se meurt, Jimmy ?

— La reine, la reine, la reine…

J'ouvris des yeux ronds comme des soucoupes :

— La reine d'Angleterre ? Morte ? fis-je en donnant un coup de poing en l'air. Mais Jimmy, c'est merveilleux !

Mon Dieu, quelle funeste conjonction d'intérêts. Pour des raisons diamétralement opposées, la nouvelle nous arrangeait tous les deux.

La balance de la politique anglaise évoluait entre deux plateaux très délicats ; *tories* et *whigs* alternaient au pouvoir. La reine Anne morte, principal soutien de la politique de conciliation avec le Monstre, le changement de gouvernement semblait inévitable. Et si Londres se retournait contre Paris, il s'allierait inévitablement à Barcelone.

En Angleterre il existe un pouvoir qui l'honore, inconnu des autocraties, celui de l'opinion publique. Dans les gazettes de Londres, on critiquait et on vilipendait la politique extérieure anglaise. Le "cas catalan" était flagrant. Il y avait des débats au Parlement.

Ne nous leurrons pas. Si la Grèce de Périclès envoya une expédition en Sicile, ce fut simplement parce que ses démagogues publics l'y poussèrent. L'Angleterre ne connaît que ses intérêts, éperonnés par l'opinion publique ou les spéculations privées. Mais s'ils venaient à notre aide, que nous importait la raison ? L'Angleterre n'avait pas de rival sur la mer, ses bateaux briseraient le blocus naval français. Et comme cela s'était déjà produit en 1706, quand la flotte anglaise se présenta au port pour le premier assaut bourbonien, elle injecterait des renforts, des fournitures et du moral à la ville. Le siège d'un port non bloqué n'est, par nature, pas viable, *dixit* Vauban.

Avec la mort de la reine anglaise, tout sursis dans la sentence gagnait du sens. Deux, trois jours, que nous parviendrions à arracher au futur pouvaient tout changer. Et ma tranchée était le sursis.

Et Jimmy ? Cette mort royale était l'occasion qui donnait du sens à toute sa vie. L'Angleterre bouillonnait, la succession était à l'ordre du jour. Il était né pour être roi, et quand la chance de sa vie se présentait, lui se trouvait là. Retenu dans le sud à des milliers de kilomètres pour une cause qui lui indifférait. Personne ne peut diriger un assaut royal au sud et, dans le même temps, une rébellion dynastique au nord. Il devait choisir.

Aussi cosmopolite qu'il prétendait l'être, Jimmy était anglais jusqu'à la moelle. Quand on envoya en exil son père, le dernier roi catholique d'Angleterre, il fut élevé à la cour de France. Les ministres du Monstre l'encouragèrent, son talent put se développer malgré sa bâtardise. Mais comme mercenaire de France, il ne serait toujours que le deuxième. En 1714, il présentait toutes les qualités requises pour présenter ses lettres de créance à Londres. Vainqueur de mille batailles, maréchal du monde. Tolérant en matière religieuse (bien sûr : il ne croyait en rien), conciliateur de partis (il ne croyait en aucun non plus), pliant devant tous les intérêts qu'on lui faisait valoir (il se servirait de tous et les servirait tous). Vauban, aussi candide en politique qu'un Cicéron, était partisan d'une république d'hommes vertueux. Jimmy ne croyait à aucun régime qui n'aurait pas été présidé par lui (ou par quelques hommes vicieux). Et pourtant, il restait au service du Monstre, qui l'avait envoyé en Espagne. Abandonner le siège de Barcelone, juste après la destitution de Pópuli, était impensable. Le Monstre l'écorcherait vif. La mort de la reine l'obligeait à choisir entre les obligations contractées en France depuis son enfance et son destin.

Il avait plus d'une raison de nous détester. La guerre mondiale, qui avait duré quatorze longues années, était terminée. Mais les entêtés de Barcelone refusaient de l'admettre et grevaient son avenir royal. Je restai longtemps à ses côtés, il aurait pu s'intéresser aux raisons de ce fanatisme. Jamais il ne le fit. Jimmy commença et termina le siège sans chercher à savoir qui étaient ses ennemis ni quelle cause ils défendaient. Il ne nous détestait pas, je crois, car il n'aimait ni le bien ni le mal. Plus que nous détester, il nous considérait comme un obstacle.

Ce fut alors qu'il tomba malade. Les médecins ne surent pas voir l'évidence : ce n'était pas tant une maladie du corps qu'une fracture de l'âme. Il pouvait être fidèle au Monstre et conclure l'assaut. Ou le trahir, chercher son destin et rentrer en Angleterre comme aspirant au trône. Régner enfin, lui-même ou à travers un de ses demi-frères idiots. Rester un laquais sans avenir ou jouer le tout pour le tout.

La tension se manifesta par des fièvres virulentes, que son zèle militaire ne fit qu'aggraver. Il passait ses journées à déambuler, supervisant tout, particulièrement l'arrivée du matériel nécessaire à la progression de la tranchée. Quand il rentrait au Mas Guinardó, il n'avait même plus la force d'ôter son armure. Je desserrais ses courroies. La transpiration avait tellement raidi son plastron que j'avais l'impression d'ôter la carapace d'une tortue. Pendant que je le déshabillais, tout en le détestant, il tournait la tête vers moi et me suppliait :

— Tu ne me trahiras jamais, n'est-ce pas ?

Cet égoïsme insondable de Jimmy, insatiable, d'un despotisme élémentaire. La fièvre le mena au bord du délire. *Trench... Go !...* Ses murmures me crispaient.

Un matin, il ne put sortir du lit. Il y passa la journée à tremper ses draps. En fin de journée, l'officier de garde se présenta pour demander le mot de passe du jour. Ce n'était autre que Bardonenche.

Ce jour-là, il me sembla plus dévoué au service que jamais, le regard empreint de bonté, sans préjugés. Il nous trouva au lit et à moitié nus. Je soutenais un corps de maréchal, les mains trempées de la sueur de Jimmy, nos odeurs se mêlant. Mais Bardonenche ne dit rien, ne jugea pas. Il fit deux pas timides, haussant les sourcils, regardant les convulsions de Jimmy, et tout ce qu'il murmura avec compassion fut :

— Pauvre, pauvre monsieur.

Poussé par l'urgence, je giflai Jimmy et lui dis :

— Jimmy, Jimmy, l'armée demande le mot de passe.

Il me regarda sans cesser de se tortiller comme un possédé, les yeux révulsés, et il murmura dans un gargouillis absent :

— *Loyalty*.

— S'il meurt, ce sera un désastre, me dit Bardonenche avec une tristesse complice. Un siège ne peut changer trois fois de commandant en si peu de temps.

Avec un tel témoin, il m'aurait été très facile de tuer Jimmy, personne ne m'aurait accusé d'une mort aussi prévisible.

Non, je ne le tuai pas. Je n'en fus pas capable. Que mes morts me pardonnent.

Les frissons lui provoquaient des tremblements. Il passa cette dernière nuit en me serrant si fort que j'en eus mal aux côtes pendant trois jours.

— Dis-moi que tu ne m'abandonneras jamais, pas toi, murmurait-il, en plein délire. *Trench… Go… King… Kingdom…*

Vers cinq heures du matin, il se calma. Je posai une main sur son front. La fièvre baissait. J'en fus heureux tout en le déplorant. (Je sais que c'est incongru. Mais mets-le !)

Quand il s'endormit, je m'habillai en silence et filai.

Ma fuite du Mas Guinardó se faisait sous couvert d'un avantage : quel naufragé abandonne-t-il le vaisseau pour revenir vers l'épave qui coule ? Personne ne soupçonnerait qu'un tel officier français, si bien de sa personne et avec un uniforme neuf, avait l'intention de franchir les lignes pour s'enfuir en direction de la ville moribonde.

Les toutes premières lueurs du jour pointaient à l'horizon. Je marchai pendant un bon moment à l'intérieur du cordon, cherchant la porte la plus éloignée de la tranchée. À gauche, elle était éclairée par les feux des deux artilleries croisées. Des milliers d'hommes travaillaient dans ses sillons, tout le remue-ménage de la bataille se concentrait là. Ainsi, donc, plus je m'en éloignerais, mieux cela vaudrait.

Traîner à l'intérieur du commandement bourbonien augmentait les risques, de sorte que je finis par m'arrêter devant la première porte ; il y avait une garde nourrie en prévention d'une sortie des Barcelonais.

Enfin, l'un des avantages de s'enfuir d'un quartier général est de connaître le mot de passe :

— Loyauté !

Je fis un geste majestueux de la main sans m'arrêter, exigeant que l'on ouvrît les portes. Ils obéirent. Après tout, ils étaient là pour empêcher les rebelles d'entrer, pas un capitaine français de sortir, avec allez savoir quelle mission secrète.

Une fois dehors, je sus que tous les yeux de la garde se posaient sur mon dos. (Ces blancs uniformes bourboniens, aussi sales et déguenillés fussent-ils, les avaient toujours désavantagés dans les combats nocturnes. Ils redoutaient fort de sortir de leur cordon.) Pendant quelques minutes, je me promenai comme si j'avais examiné les défenses extérieures, la profondeur du fossé du cordon et les tas de bois tous les trente mètres, prêts à brûler et ainsi, à éclairer et aveugler les attaquants. Quand je me trouvai relativement loin, à demi avalé par les ténèbres qui précèdent l'aube, je me mis à courir. Sers-toi de tes jambes, Zuvi !

Ils ne tirèrent pas. Soit ils ne me virent pas, soit ils préférèrent fermer les yeux. Par règle, les soldats savent que se mêler des affaires des officiers ne leur apporte que des désagréments. Cela vaut mieux. Jimmy et les autres mettraient un peu de temps à découvrir ma fuite.

À proximité de la ville, je m'allongeai pour continuer à la force des coudes et des genoux. Ramper sur ce genre de terrain impliquait de monter et descendre constamment, comme sur la houle. J'étais encore loin des murailles quand je tombai sur un type qui comme moi, se traînait dans le no man's land, mais dans la direction contraire. Je ne le vis pas venir parce que le terrain, martyrisé, était plein de trous causés par des explosions mal calculées. Dans notre posture de lombrics, nous nous regardions sans très bien savoir que faire. Avec l'ouverture de la tranchée, les frileux et les mercenaires s'échappaient des remparts en direction du cordon. Cela n'avait rien d'étonnant, car la ville était condamnée.

Voici un cas intéressant à résoudre pour les philosophes du droit militaire : deux déserteurs qui se croisent sur la terre convoitée sont-ils obligés de se tuer ? Nous décidâmes que non. Il fit mine de ne pas me voir, moi aussi. Je m'aperçus que ce type était suivi par d'autres, une douzaine peut-être, qui rampaient comme des vers. Quand ils parvinrent à ma hauteur, ils me regardèrent, sans animosité, mais comme on regarde un fou. Vers la fin du siège, presque tous les soldats professionnels avaient déserté. À ce stade, nous composions donc une armée de voisins.

Devant moi, nos pauvres bastions et remparts se dressaient dans l'obscurité telles d'énormes mâchoires pourries. Il y avait beaucoup de don Antonio dans mon retour insensé. Si l'on réfléchit bien, le siège de Barcelone fut une bataille entre deux leaders antithétiques. Jimmy, subtil, corrompu, habitant des hautes sphères, des égoïsmes versaillais. Et en face, don Antonio, cet adorable cinglé espagnol, dévoué jusqu'à la folie, au large poitrail, aux manières plébéiennes.

Et mon fils, ce fils que je laissais derrière moi, peut-être pour toujours ? Revenant à la ville, je prenais congé de lui, je ne pourrais jamais le prendre dans mes bras. Et pourtant, ma décision était basée sur un principe que les hommes de la Colonelle tenaient pour ordinaire : les liens du sang sont moins importants que les attaches qui nous unissent à ceux avec qui nous versons sang et larmes. Comprend-on ici que, au-delà des Constitutions et des Libertés, des conflits se résolvaient à l'intérieur de chaque combattant ? Le mal a le pouvoir de nous offrir soies, honneurs et plaisirs. Le *Mystère*, le pouvoir de nous arracher à leur chantage, sans rien nous donner en échange. Ou un Mot. Mais par-dessus tout, eux.

Ils allaient me tuer. Non, pire ; coudes et genoux me transportaient vers une noirceur plus malheureuse que la mort. Et tout cela pour un vieux voûté, un nain difforme, un enfant cruel et une catin brune. Puisque les poètes n'osent pas, je vais le dire.

L'amour, c'est de la merde.

10

Dès mon retour à Barcelone, je pus constater à quel point les choses s'étaient dégradées pendant ma longue absence.

Avec l'arrivée de Jimmy, la flotte française avait retrouvé le moral. Il n'y avait maintenant que quelques petits bateaux isolés pour déjouer le blocus. Des embarcations agiles en raison de leur petite taille, de sorte que leur chargement était insignifiant. Et, l'approvisionnement par voie maritime définitivement étranglé, les magasins se vidèrent du jour au lendemain.

Quoique à prix exorbitants, les Barcelonais avaient pu acheter de la nourriture jusqu'alors. Pour comprendre, une livre catalane se divisait en vingt sols, et le salaire quotidien d'un journalier barcelonais était de deux sols. Depuis janvier 1714, un litre de vin coûtait huit sols. Celui d'eau-de-vie, quinze. Deux œufs de poule, que les gens élevaient sur des balcons maintenant détruits, trois. La viande était inaccessible pour les pauvres depuis le début du siège. Deux poules valaient deux livres, cinq cents grammes de viande, une livre. Pour une livre, on obtenait six kilos d'orge ou sept de blé. Le problème était de faire cuire le pain.

Au cours d'un siège, les premiers biens qui disparaissent sont les combustibles : bois et charbon. L'hiver 1713-1714, si froid, avait dilapidé les réserves. Les gens avaient brûlé leurs meubles. Au cas où cela n'aurait pas suffi, les ouvrages de remparts assiégés nécessitent autant de bois que de pierre, nous en fûmes donc réduits à démanteler les ponts qui traversaient les trottoirs ou *recs* de la ville. Les deux cent cinq arbres des Ramblas furent également victimes de l'élagage vorace de l'ingénierie. (Pauvres Ramblas, notre si agréable avenue : après chaque siège, on plantait des arbres pour les couper au début du suivant.) Pendant que j'étais au campement bourbonien, la famine s'était généralisée. Je regagnai la ville au début août, sous un blocus plus fort, et à ce moment, même en payant des prix astronomiques, on ne pouvait pas acheter ce qui n'existait plus. Le peu qui restait fut destiné à des rations pour la troupe. Ainsi donc, que mangeaient les gens ?

L'été 1714, le seul aliment disponible était des sortes de tourtes pétries avec des enveloppes de fèves. Des restes du fond des magasins, si moisis, si malodorants, qu'il est inconcevable que nous ayons pu avaler cette colle épaisse et fétide. Chez Jimmy, je mangeais du bifteck trois fois par jour. Le changement de régime fut si brutal qu'il me fallut trois jours pour m'y résigner. Mais je le fis, bien obligé. Aucune loi n'est supérieure à celle de l'estomac. Francesc Castellví, notre capitaine des soyeux, me raconta une expérience qu'il avait faite avec un quignon de ce pain de fève : il en donna un à l'un des rares chiens qui restaient dans la ville, et l'animal s'enfuit en aboyant.

Une fois dans la ville, je ne pensais qu'à Amelis et à Anfán. Tant que je fus dans le campement bourbonien, ils me paraissaient si loin, et l'idée de les retrouver un jour si improbable, que je fis mon possible pour les chasser de mon esprit. Et maintenant que je les savais si proches, l'impatience de les étreindre me rendait fou. Tels sont les sentiments des retrouvailles : plus proches nous sommes des êtres que nous aimons, plus nous redoutons de les perdre.

Je les trouvai à l'avant-garde, au pied des remparts, occupés à des travaux de défense. Au lieu de courir les étreindre, je restai un moment à les observer dans l'angle. Les miséreux savent que leurs moments de bonheur sont rares et brefs, aussi tendent-ils à se contenter de peu. Nous subissions la guerre la plus destructrice du siècle, enfermés dans une ville condamnée. Mais nous étions toujours vivants. Notre propre existence constituait un défi aux pouvoirs du monde, et le simple fait de revoir Amelis et Anfán m'obligea à retenir mes larmes.

J'étais si occupé à les regarder que je mis un instant à découvrir la nature de leur travail. Les brigades attachaient de grosses chaînes aux poutres de soutènement des bâtiments, et sur un ordre, des rangées d'hommes et de femmes tiraient en même temps. Les maisons s'effondraient entre un fracas de pierre enfouie et des nuages de maçonnerie. Et l'un de ces édifices effondrés était le nôtre ! Je me dirigeai enfin vers eux. Ma récompense fut l'expression d'Amelis quand elle m'aperçut, la plus joyeuse que je lui eusse jamais vue.

Il y a des étreintes qui marquent les étapes d'une vie. J'étais de retour, auprès d'eux, et cette étreinte scellait des liens que même deux rois n'avaient pu distendre. En la serrant dans mes bras, je remarquai également autre chose. Elle était si mince que mes doigts palpèrent ses côtes.

— Mon Dieu, tu transportes les décombres de notre propre maison, dis-je.

— De toute façon, il n'en restait pas grand-chose, intervint Peret, qui se trouvait là lui aussi. Peu après ta capture, deux bombes ont explosé contre la façade.

Il s'agissait des travaux destinés à construire une coupure. J'appris que c'était le gouvernement qui avait imposé cette mesure draconienne.

Quand l'assiégé souffre de brèches irréparables, il y a toujours une solution d'urgence, la coupure. Elle doit son nom à sa finalité, couper la progression des assiégeants une fois que ces derniers se sont emparés du rempart. L'idée est de créer un parapet en zigzag, derrière les murailles et en parallèle. Aussi haut que possible et renforcé par un fossé à ses pieds. Quand l'envahisseur se croit déjà vainqueur, il tombe sur un nouvel obstacle.

À Bazoches, ils n'avaient consacré que quelques leçons dédaigneuses aux coupures. Pourquoi ? Eh bien, parce que les coupures ne servent à rien. De toute ma longue vie, je n'en ai vu aucune qui ait arrêté un assaut massif. Ce que n'obtiennent pas les bastions les plus herculéens, comment une petite barricade pourrait-elle y parvenir ? Avant ma capture, je m'étais déjà opposé radicalement au projet. J'avais des arguments à revendre.

Premièrement : une coupure réduit l'esprit combatif de la troupe qui défend le rempart, car en apprenant qu'il y a un refuge derrière, les hommes ont tendance à se replier au lieu de combattre jusqu'au dernier soupir. Deuxièmement : moins efficace, cette seconde défense a pour conséquence que l'ennemi, encouragé après la conquête de la principale ligne de défense, se jette sur la dernière et la plus faible. Troisièmement : en accord avec la topographie la plus élémentaire de Barcelone, notre coupure se situerait à un niveau inférieur à celui des bastions. Ainsi, les bourboniens victorieux mèneraient une attaque en déferlant d'en haut, avec tous les avantages que cela suppose. Et quatrièmement, le plus important : la coupure se pratiquerait sur un terrain bâti alors qu'il lui faut un champ de tir dégagé, et Barcelone était une agglomération urbaine si dense que les bâtiments étaient presque adjacents aux murailles. Il faudrait jeter à bas des rues entières. Les habitants ne se réjouiraient pas précisément de voir leurs maisons démolies par le gouvernement.

Et pourtant, du moins sur le dernier point, je me trompais. Loin de s'opposer aux démolitions, les voisins les appuyèrent pour soutenir la défense. Ils étaient là, hommes et femmes affamés aidant à renverser les murs mêmes entre lesquels ils habitaient. Je restai perplexe. Afin de défendre leurs maisons, les Barcelonais étaient disposés à les détruire.

Mes yeux de Bazoches virent une chose à moitié enterrée dans les ruines de notre maison. Je m'approchai. C'était le *carillon à musique* d'Amelis. Je le pris dans mes bras comme un bébé, ôtant la poussière et les débris. Il était brisé, comme il fallait s'y attendre. En l'ouvrant, on n'entendait rien. Que pouvait bien faire là cet objet si inséparable d'Amelis ? Plus tard, j'appris que Peret, qui craignait le vol plus que la faim, l'avait rapporté à la maison dans un moment d'inattention d'Amelis, plus confiant en les serrures de notre porte qu'en les murs de toile de la plage. Il ne semblait pas avoir songé que les bombes sont plus pernicieuses qu'un voleur. Je m'approchai d'elle et le lui tendis :

— Ne t'inquiète pas, nous trouverons quelqu'un qui saura le réparer, dis-je.

Je fus envahi par un certain sentiment de culpabilité ; on m'avait élevé pour construire ou réparer des murs monumentaux, mais j'étais incapable d'affronter une petite boîte qui faisait entendre une musique lorsqu'on l'ouvrait. Quand elle parlait du coffret, on ne savait jamais si Amelis était sérieuse, car elle dit :

— Ça n'a pas d'importance.

Qu'est-ce qu'une maison, un foyer ? C'est souvent une mélodie, ou le souvenir d'une mélodie. Tant qu'elle aurait cette boîte avec elle, elle serait à la maison. La seule chose qui s'était effondrée était la carapace, rien de plus.

— Ça n'a pas d'importance, tant que nous aurons la boîte, il sera plus facile de se rappeler la mélodie, insista-t-elle.

J'allai voir don Antonio l'après-midi même. Villarroel devait être au courant des lettres de Felipito relatives à l'extermination générale, à l'agonie de la reine anglaise. Et bien sûr, aux détails de la Tranchée d'Attaque. Grâce à la salle sphérique de Bazoches, tous les détails étaient stockés dans la petite tête de Zuvi.

Lors de ce bref parcours, je pus observer l'allure oppressante et sale de Barcelone, désormais. Des pyramides d'ordures s'accumulaient sur la plage. Les Barcelonais, toujours si souriants, semblaient maintenant comme enfermés en eux-mêmes, la joie habituelle avait été remplacée par une tristesse collective. Sous les tentes familières, il y avait beaucoup plus d'hommes qu'au début, qui avaient perdu un bras ou une jambe au combat, en convalescence auprès de leurs proches. Les femmes préparaient des soupes claires. J'assistai à une dispute. Deux d'entre elles se griffaient, se tiraient les cheveux. Le motif, crus-je comprendre, en était le vol d'un demi-navet. Je m'engageai dans les rues et la couleur même de la ville avait changé. Tout était recouvert d'une couche grise de poussière et de cendres. Les seuls bataillons qui restaient compacts et fidèles étaient ceux de la Colonelle.

Don Antonio était si amaigri, il flottait tellement dans ses vêtements que, sans son uniforme de général, j'aurais eu du mal à le reconnaître. Puis on me dit que depuis le début de la tranchée, il dormait et mangeait à peine. Assis face à face, il m'écouta longuement. Je me rappelai les détails de la tranchée en marche devant une carte étalée. L'âme nous tend parfois des embuscades, car plus les sujets qu'il traitait étaient techniques, plus démesurée et atroce était l'émotion qui me secouait.

À Bazoches, on m'avait entraîné à fixer mon attention et à abolir les sentiments, ces nuages qui masquent la raison. Et cependant, dans la Barcelone de 1714 convergeaient deux pôles ennemis. Une rationalité extrême éveillait des émotions extrêmes. Parce que qui mieux que moi pouvait savoir ce que signifiaient ces lignes d'encre sur un plan, d'apparence si inoffensives ?

J'ai décrit l'avancée que suivrait la tranchée bourbonienne, embranchement par embranchement. Première parallèle, déjà devant nous, là au-dehors et s'étendant heure par heure, tandis que nous parlions. Seconde. Troisième.

J'étouffais, et quand je dis : "… et ils termineront en couronnant le fossé", ma voix se brisa.

— Excusez-moi, mon général, fis-je.

— Je veux que vous supervisiez les travaux de la coupure. Et pour l'amour de Dieu, ne pleurnichez pas ! cria-t-il.

Je voulus feindre une fermeté que je ne possédais pas et, avant de prendre congé, je fis des élucubrations sur la grande question que Vauban m'avait posée un jour.

— Qui sait, si nous persévérons, nous obtiendrons peut-être une défense si parfaite qu'elle fera renoncer l'ennemi.

Mais Villarroel fit un signe de tête négatif.

— Mon petit, pour frôler la perfection, nous devrions aller au-delà de la pauvre dimension humaine. Et si c'est un délit de forcer un soldat de métier à le faire, avec quelle autorité morale pourrions-nous y contraindre toute une ville ?

Nos armes n'avaient pas d'avenir, personne ne pouvait mieux le savoir que Villarroel. Il avait insisté mille fois auprès du gouvernement pour que celui-ci cherchât un arrangement négocié. Personne n'avait été pris dans un piège moral aussi perfide. Persévérer dans une défense insensée allait à l'encontre de la conscience de don Antonio ; et capituler, à l'encontre de son honneur. Effectivement, il fit semblant de démissionner à plusieurs reprises. Mais ce n'était pas son intention, il s'en servait comme d'un atout dans la négociation, sachant que les paillassons n'accepteraient pas sa démission. Il était pris dans un tourbillon paradoxal : les soldats obéissaient aveuglément à don Antonio, celui-ci, aux paillassons rouges, et les paillassons rouges étaient soumis à l'opinion des Barcelonais. Et qu'était la Colonelle sans les citoyens en armes ? Depuis bien avant le début de la tranchée, don Antonio poursuivait un seul but : éviter un massacre absurde. Mais ce noble idéal devenait de plus en plus impossible au fil des jours, surtout parce que ceux qu'il prétendait sauver étaient les mêmes qui préféraient s'immoler plutôt que se rendre.

Et moi ? J'étais devenu à la fois observateur et acteur de notre folie. La première nuit après mon retour, encore enlacé à Amelis sous notre tente, nous parlâmes très peu. À côté de notre couverture-matelas, nous avions déposé la boîte à musique brisée. Je préférai ne pas trop lui parler de mes péripéties à l'arrière-garde bourbonienne. Au matin de nos premières retrouvailles, la vision de ses mains, sanglantes d'avoir transporté de grosses pierres, elle avait éludé mes questions sur Verboom. Et maintenant que nous étions ensemble et nus, je préférai me taire.

— J'ai un service à te demander, me contentai-je de lui dire. Ta robe du dimanche, la violette. Brûle-la, s'il te plaît.

Elle eut un petit rire las.

— Que tu es sot, Martí, dit-elle. Il y a longtemps que je l'ai vendue pour acheter à manger.

Jimmy concentrait à présent toutes les batteries bourboniennes contre les bastions de Portal Nou, de Santa Clara et le pauvre pan de muraille qui les unissait. Ce n'était plus le bombardement erratique et assassin de Pópuli, mais une affaire méthodique, constante et adaptée aux plans de la tranchée. (Et qui les avait conçus ? Cette pensée me consumait.) Les sillons avançaient, nuit et jour, et pendant ce temps ses canons tentaient d'ouvrir des brèches pour l'assaut final.

Naturellement, Costa et ses Majorquins faisaient tout leur possible pour empêcher les artilleurs ennemis de travailler. Ils tiraient sur les canons bourboniens et le plafond de la tranchée, tentant de tuer autant de sapeurs et de soldats que possible. En réplique, les pièces ennemies tentaient de chasser les nôtres. Le résultat en était un vacarme de tous les diables insupportable pour le commun des mortels. Des canons des deux camps se cherchant mutuellement, une partie des nôtres jetant de la mitraille sur leurs parallèles, et une partie des leurs démolissant nos murailles et tuant nos hommes. Costa était toujours là, mâchant du persil et changeant la position de ses pièces afin de gêner le tir ennemi. Des canons qui tiraient, des canons convoyés. Et au milieu, les fusiliers de la Colonelle, maintenant le feu d'armes légères sur la tranchée.

Ces tailleurs, charpentiers et maraîchers savaient qu'ils subiraient des canonnades jour et nuit jusqu'à la relève, enfermés dans ces tombes pentagonales qu'étaient les bastions. Ils scrutaient avec angoisse le ciel à la recherche de nuages, car les averses mouillaient la poudre et ralentissaient les manœuvres de l'artillerie bourbonienne. Par malchance, nous nous trouvions juste au pic de l'été. Barcelone a toujours été une ville où la Méditerranée provoque une chaleur humide. Notre mois d'août est une horrible touffeur. Oh, oui, ce ciel bleu, sans nuages promettant des pluies, bleu, toujours bleu ; jamais le bleu ne fut une couleur aussi intransigeante ; et la chaleur. À celle de l'été, s'ajoutait celle du combat.

Pendant qu'on était en haut, le bombardement était si intense et continu qu'on respirait de la poudre de pierre. De grosses mottes de poussière flottaient dans l'air : on agitait une main devant son visage, et elles dansaient comme du pollen compact. Un petit moment à Santa Clara ou a Portal Nou, et les interstices entre les dents se remplissaient de terre ; non, de quelque chose de pire, car on savait que c'étaient des restes de pierre, pulvérisés par les bombes. Certains ricanaient, d'autres perdaient la raison. Personne ne peut résister indéfiniment à un bombardement, personne. D'aucuns s'effondraient subitement. Ils allaient dans un coin, tassés et étrangers à ce qui les entourait. Leurs paupières battaient plus vite que des ailes de colibri, leurs mains bougeaient comme si elles avaient tordu le cou à une poule. La folie a toujours été une façon de fuir vers l'intérieur.

Ils arrivèrent à la seconde parallèle. Les bourboniens purent installer des batteries qui attaquaient le flanc des murailles, et de beaucoup plus près. Costa ne pouvait pas grand-chose contre tant de gueules. Alors les bourboniens firent usage du "tir à ricochet", inventé par le marquis de Vauban lui-même.

Le tir à ricochet consiste essentiellement à charger les canons avec seulement deux tiers de la poudre nécessaire. Les projectiles, ainsi, ne choquent ni ne s'incrustent, mais rebondissent longuement comme des pierres plates lancées à la surface d'une rivière. Le tir à ricochet est très utile pour dégager les canons installés sur les murailles. Le projectile traverse la cour du bastion, renversant tout sur son passage. On pouvait voir ces boulets sautillants, de la taille d'une grosse pastèque, rebondir sur toute la surface pavée. À chaque rebond, ils produisaient un bruit épouvantable, indifférents aux humains. Le tir à ricochet transforme les hommes en fourmis et les bastions en fourmilières piétinées. De lourdes sphères de pierre ou de métal rebondissant sur le sol. "Croc ! Croc !

Croc !" Les boulets entraient par la droite, par la gauche, par-devant ou partout à la fois, et il y avait toujours quelqu'un pour crier :

— *À terre !*

Si on s'allongeait à temps, il était très rare que le poids du boulet vous tue. Il atterrissait sur les parties molles du corps, et vous brisait tout au plus quelques côtes. Mais leur vitesse était trompeuse, et lors du trajet aérien, ils mutilaient tout. Le projectile arrachait aux moins avisés un membre, et continuait, impassible, sautant sur la cour du bastion. La vue d'hommes coupés en morceaux provoque une peur primitive.

Les bataillons affectés à Portal Nou ou à Santa Clara s'agenouillaient et se signaient avant de gagner leurs positions. Mais ils montaient. Je n'ai jamais eu l'estomac de les y envoyer par la cimaise des bastions, je me défilais par mille prétextes. Cela serait revenu à diriger une exécution d'hommes honnêtes.

Je croyais qu'en écrivant ce livre, je me libérerais du poids de la mémoire. Étaler mes trahisons sur les pages et me racheter par la vérité. Je pensais, ô vanité, qu'en rendant hommage avec de l'encre à ces hommes et ces femmes qui ont lutté pour leur liberté et contre toute espérance, mes misères seraient apaisées. Mais la tâche est impossible, je le comprends aujourd'hui. Et pourquoi ? À cause de notre conception si fugitive, si bâtarde, de l'héroïsme.

Nous glorifions comme allégorie du héros un Achille pourvu d'un panache. Nous le voyons, victorieux, brandir l'épée sur un Hector à terre. Mais de quelle image épique pouvons-nous faire l'éloge à partir de types crasseux parfaitement ordinaires dans leurs métiers et leurs vies quotidiennes ? L'héroïsme n'est pas dans les actes, mais dans la constance ; ce n'est pas un point lumineux, mais une ligne fine, indestructible dans sa modestie ; cette montée vers les remparts attaqués, un jour, et le lendemain, et celui d'après. Aller de sa maison à l'enfer, rentrer chez soi, et au petit matin rejoindre la mort. Et puisque l'héroïsme était monnaie courante, personne n'était un héros devant ses semblables. Mais c'est cela même qui donnait de la hauteur à sa grandeur. Les héros, comme les traîtres, vieillissent. Ceux qui ont été immolés restent, la gloire leur appartient. Il n'existe pas de vivants glorieux, car seule la mort décide de l'image de l'immortel.

Ils commencèrent la troisième parallèle. Ce que voyant, je pleurai, recroquevillé dans le coin le plus empierré du bastion, me couvrant le visage de mes mains, Ballester et sa bande debout à côté de moi. Ils ne comprenaient pas les motifs de ma désolation, tout en pressentant, en sachant que mes pleurs obéissaient à une connaissance supérieure, qui leur échappait. Les miquelets cachaient leurs sentiments, toujours, et c'était peut-être la raison pour laquelle ils admiraient ceux qui étaient capables de les montrer sans fard.

Il y a dans la troisième parallèle quelque chose du début de la fin. Un jour, Goethe m'interrogea sur la philosophie de Vauban. Je lui résumai du mieux que je pus les idées de base de l'encerclement moyennant une tranchée qui évolue en trois grandes parallèles. Il réfléchit et sa conclusion fut : "Aristote l'a dit : tout drame est composé de plusieurs actes." Je ne m'étais jamais arrêté à y songer en ces termes.

Et ils poursuivirent. Quand ils auraient achevé la troisième parallèle, ce serait la fin. Il ne leur resterait qu'à étendre des embranchements pour aborder le sommet de notre fossé. Creuser des parapets (qu'on appelle des "cavaliers" dans le jargon de l'ingénierie), et assaillir sur-le-champ la ville avec cinquante mille assassins disciplinés.

La tranchée d'attaque était déjà un labyrinthe qui s'étendait sur des milliers de mètres, zigzaguait, se brouillait et se contorsionnait en mille angles. Sur notre gauche, au loin, nous apparaissait Montjuïc enveloppée dans la fumée jusqu'au sommet, et ressemblant à une fantastique montagne volante. Je devais faire usage de tout ce que j'avais appris à Bazoches pour voir, deviner, ce qui n'arrivait que quelques mètres plus loin. Pendant l'un des nombreux bombardements, il m'arriva une chose particulièrement douloureuse.

Je me trouvais dans le bastion de Portal Nou, penché. Il était désespérant de voir les brèches s'élargir de jour en jour, à coups de canons, et nous ne pouvions rien faire pour les refermer. À côté de moi, un soldat inconnu de la Colonelle. Comme moi, il se protégeait tant bien que mal de l'artillerie, une main serrant son fusil, l'autre tenant son chapeau sur sa tête. Nos bras et jambes se fondaient dans un tourbillon mutuel. "Boooum boooum !" Ce n'était personne en particulier. Un homme portant de pauvres vêtements effilochés, couvert de la poudre de la bataille. À un moment donné, il pencha la tête par un trou de notre mur déchiqueté et, se référant à l'immense, monumentale Tranchée d'Attaque, il eut cette remarque :

— Mais qui peut être assez salaud pour inventer une chose aussi tordue ?

Ce fut peut-être ce qui me mena aux frontières du martyre. Me sentant l'instrument de notre fin, je m'exposais de façon insensée. Un jour, je vis le signal que j'avais attendu si longtemps : par l'extrémité supérieure des parapets, les bourboniens sortaient des seaux avec lesquels ils évacuaient l'eau qui s'était infiltrée dans la tranchée.

Sur les plans j'avais incliné celle-ci vers la mer afin de provoquer son inondation. En creusant, les sapeurs de Jimmy tombèrent sur des eaux salines. En voyant les seaux, j'éclatai d'une joie maladive. Mon torse s'éleva au-dessus du rempart et je criai :

— Allez vous faire foutre, fils de pute ! Noyez-vous comme des rats !

Ballester m'obligea à me baisser en tirant sur les basques de ma casaque.

— Lieutenant-colonel ! me reprocha-t-il quand je retombai à couvert derrière les murs.

Je me rappelle ce moment comme extraordinaire. Pourquoi ? Parce que je vis dans les yeux de Ballester quelque chose qui me fit me reconnaître en eux.

Il avait jusqu'alors vu en moi un homme fidèle mais timide, craintif et excessivement prudent. Ce jour-là, une transmutation irrationnelle s'opéra entre nous. Ballester était un officier du gouvernement, responsable, et le lieutenant-colonel Zuviría une machine obsédée par une tâche d'assassin. Oui, ce fut un regard mutuel et très long.

Mais si les journées étaient infernales, il n'y a pas de mots pour décrire les nuits. À partir de la troisième parallèle, les sorties nocturnes étaient plus fréquentes et plus violentes. Comment ne pas y participer ? Je connaissais par cœur tous les coins et les recoins de ma tranchée. Ma présence était indispensable pour guider les assaillants à droite ou à gauche d'un couloir. Il n'est rien de plus confus qu'une lutte dans les ténèbres, au milieu des grenades, couteaux et baïonnettes, le tout dans un labyrinthe de fossés et de mille embranchements.

Oui, les combats nocturnes étaient d'une férocité inouïe. Nous sortions à l'abri des premières ombres, ou juste avant l'aube, modifiant notre horaire pour les déconcerter. Je crus tout d'abord que dans cette sorte de combat, Ballester se trouverait dans son élément. À l'aveuglette, pendant la nuit, il pourrait pratiquer cet instinct de la racaille la plus vile, qui consiste à tuer et fuir. Ce fut exactement le contraire. Ces nuits l'anoblirent autant qu'elles m'avilirent.

Les clés d'une sortie sont la vitesse et le gain de temps. La troupe d'assaut n'aspire qu'à entrer le plus loin possible dans l'ouvrage assaillant, s'y retrancher et retenir l'ennemi tandis que le deuxième groupe détruit tout sur son passage. Puis elle se retire avec aussi peu de pertes que possible.

À un signal, nous avançâmes au pas de course dans la tranchée, courbés et en silence, sans que les officiers ne fassent usage des sifflets, pour ne pas mettre l'ennemi sur ses gardes ni lui laisser le temps de décharger. La troisième parallèle était déjà si proche qu'il était relativement facile de s'y introduire. Aussi vigilants fussent-ils, nous leur tomberions dessus en un clin d'œil. Une fois à l'intérieur, un très étrange combat commençait. On égorgeait la garde avancée et l'on sécurisait immédiatement une portion du terrain, ne fût-ce que pour quelques minutes. À cause de la noirceur de la nuit, les profondeurs dans lesquelles nous nous déplacions et l'étroitesse du couloir, on ne voyait presque personne. Mais on entendait de nombreuses voix. Suppliantes ou rugissantes, hurlant toutes. Des coups de sifflet des officiers bourboniens, cinq, dix langues se mêlant dans l'air. L'objet de ces attaques éclair était de détruire la machinerie de sape, provoquer l'effondrement du sol, détruire les canons. Ce bon Zuvi dirigeait les manœuvres de démantèlement. Les canons, avant tout.

Nos hommes grimpaient sur les machines comme des singes. L'un introduisait une baguette de deux empans de long par la bouche de la mèche et un autre en frappait la tête avec une masse. Cela suffisait à rendre un canon inutilisable. Quand l'ennemi récupérerait le terrain, il ne servirait plus à rien. Si possible, nous dérobions leurs outils. Les hommes de la deuxième ligne nous suivaient, chargés de munitions, et quand ils nous avaient réapprovisionnés, ils repartaient immédiatement avec les pelles et les houes saisies.

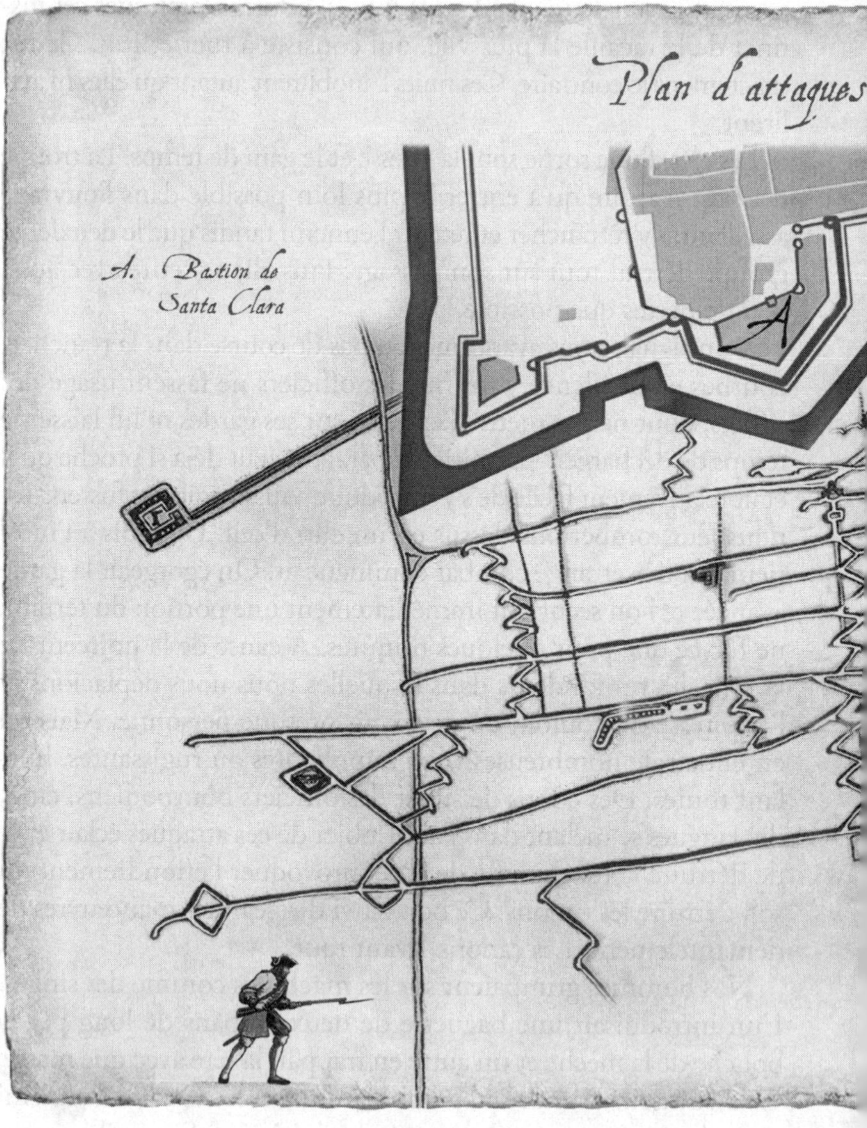
Plan d'attaques
A. Bastion de Santa Clara
A

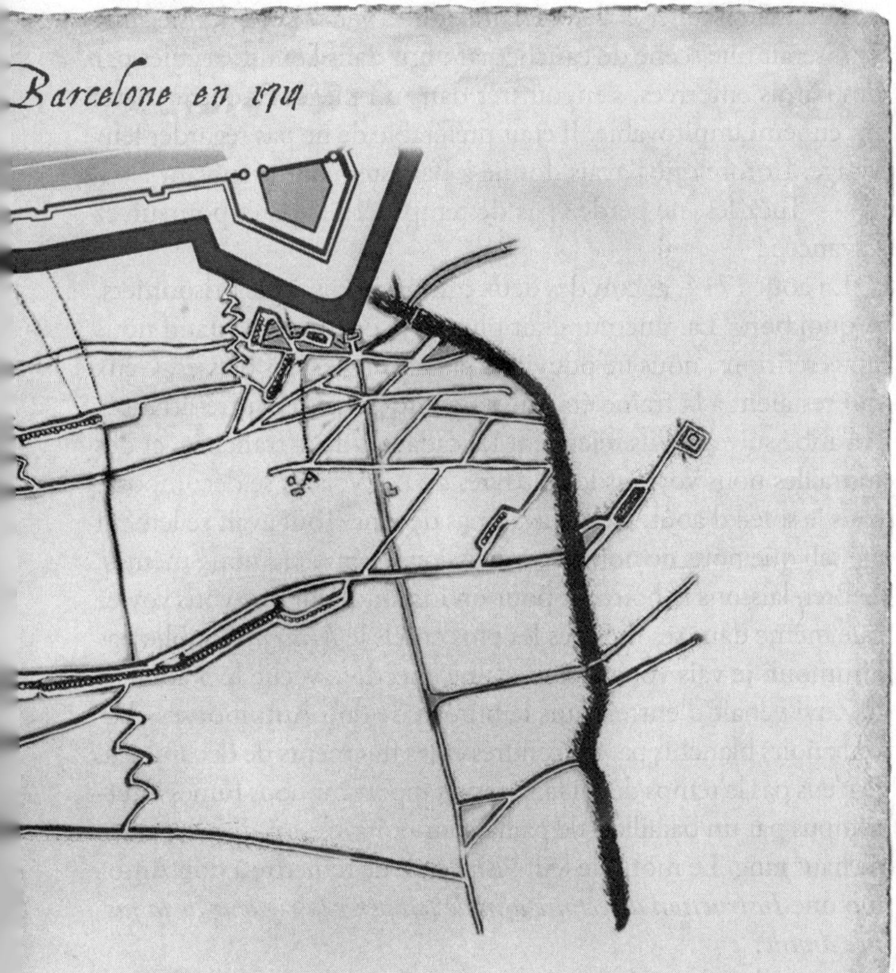
Barcelone en 1714
50 100 200 300 400 500mts.

Parfois, certains sapeurs, surpris dans une ramification aveugle, se rendaient. Ils se pelotonnaient au fond d'une impasse, traqués, à genoux, les mains implorantes ou en l'air, nous suppliant de les épargner. Les fulgurations des tirs, l'éclat instantané des grenades qui éclataient ici et là, leur éclairaient les yeux. Leur dernier instant serait une scène de cauchemar : fuir dans la nuit, acculés par des parois enterrées, s'engouffrer dans un piège. Et derrière eux un ennemi impitoyable. Il était préférable de ne pas regarder leur visage. L'ordre que j'avais donné à Ballester était le suivant :

— Tuez-les, ne perdez pas de temps ! Tuez-les et poursuivez l'avancée !

En août 1714, aucun des deux camps ne faisait de prisonniers. À quoi bon ? La rancœur était plus forte que nous. Quand nous nous retirions, nous ne pouvions pas emmener nos blessés. Ceux qui restaient à la traîne étaient poignardés par la contre-attaque. À l'aube suivante, ils rejetaient les cadavres de la tranchée, et des murailles nous voyions les cadavres de nos voisins se décomposer sous le soleil d'août. Cela n'avait pas de sens. Tout avait tellement été sali que nous ne nous reconnaissions même pas nous-mêmes.

Bref, laissons la noirceur pour un instant. Pour que vous voyiez que même dans ses théâtres les plus cruels le *Mystère* n'oublie pas l'humour, je vais vous raconter une anecdote vécue le 3 août.

Zuvi venait d'entrer dans le bureau de don Antonio, ses cheveux noirs blanchis par les cendres et les fragments de décombres. Je n'eus pas le temps de lui faire mon rapport car nous fûmes interrompus par un bataillon de paillassons noirs, c'est-à-dire des curés de haut rang. Le motif de leur visite était de remettre à don Antonio une *Instruction directoire afin de tempérer la rigueur de la justice divine.*

Les paillassons noirs avaient toujours été la partie le plus sournoise du genre humain, car on ne pouvait voir là qu'une plaisanterie de mauvais goût. Lisez, lisez leurs recettes afin d'obtenir l'intervention divine et la libération de la ville.

"— Abolir définitivement théâtres et comédies publiques.
— Expulser les gitans de la ville.
— Recueillir les enfants abandonnés qui pullulent dans les rues.
— Corriger les coutumes profanes et coûteuses des Barcelonais.

— Rendre aux temples la vénération et le respect qui en ont été chassés.

— Réciter le rosaire sur les places publiques de la ville."

Je me rappelle cette *Instruction directoire* comme un mélange parfait d'hypocrisie et d'incongruité. Les théâtres avaient été détruits par les bombes, personne n'avait plus la force d'assister à des comédies ou de les interpréter. Les pauvres gitans, toujours méprisés, avaient vu dans notre guerre une occasion d'effacer leurs stigmates et de rejoindre la sphère catalane par leurs mérites ; la majorité de nos tambours avaient le visage couleur chocolat. Et si tant d'enfants pullulaient dans les rues en ruines, comme mon Anfán, c'était parce qu'ils cherchaient quelque chose à porter à leur bouche. Quant aux "coutumes profanes et coûteuses", dans quel monde vivaient-ils ? Notre joyeuse ville colorée était depuis longtemps une masse urbaine difforme et grise. De surcroît, quelle étrange relation pouvaient-ils établir entre un siège en marche, la faveur divine et les robes de soie ?

Don Antonio leur donna raison en tout point. Il les renvoya en recourant à un langage extrêmement fleuri qui les rendit très heureux.

Jimmy était un coehoornien de pure souche. En fait, je ne pouvais concevoir qu'il tardât autant à donner l'assaut. La tranchée n'était pas terminée, effectivement, mais qu'importait à un disciple de Coehoorn ? Pour lui, la Tranchée d'Attaque, si vous avez suivi mon séjour au Mas Guinardó, n'était qu'un instrument politique supplémentaire à disposition. Les murailles étaient ouvertes, il avait à son service une armée nombreuse et disciplinée, il méprisait les "séditieux", dans leur immense majorité des coquins qui incluaient très peu d'unités régulières.

Je ne comprenais donc pas qu'il différât autant l'assaut. Une bonne partie des stratégies que j'appliquai à ma tranchée se basaient sur la tendance naturelle de Jimmy. Un assaut prématuré nous favoriserait. Et voilà que, à ma déception, il retenait l'attaque. Étrange duel car, pendant que je subissais les canonnades de Jimmy et que je traînais derrière les créneaux abattus, je demandais : "Allons, Jimmy, allons ! Attaque une bonne fois pour toutes."

La nuit du 11 août, l'une des plus chaudes dont je me souvienne, je me trouvais derrière les murs de Portal Nou. La majorité des miliciens étaient torse nu. Je me rendis à la position la plus avancée, les ruines d'un mur qui s'élevait comme un croc géant et corrodé. De là, j'observai les bourboniens. Avec moi, un homme de la Colonelle, que le commandant du bastion m'avait adjoint pour me protéger.

— Silence ! lui intimai-je. Tu n'entends pas ?

C'étaient des milliers de massues et de marteaux. Mes oreilles entraînées à Bazoches me permirent de les identifier bien qu'ils eussent recouvert la tête des outils avec des chiffons, pour étouffer le bruit.

Je courus à l'arrière-garde pour trouver don Antonio.

— Ma nervosité excessive est plus que justifiée, don Antonio, m'excusai-je. Nous avons entendu la charpenterie dans leur première ligne. Il ne peut s'agir que des travaux destinés à installer les gradins de l'assaut au bas de la tranchée.

Il resta de marbre. Je me rappelle que don Antonio acquiesça comme s'il avait reçu des bonnes nouvelles d'un vieil ami. Il me regarda dans les yeux, exigeant une confirmation.

— Ils arrivent. C'est l'assaut général, dis-je, encore essoufflé.

11

Pour vous faire une idée de la bataille des 12, 13 et 14 août, voici quelques illustrations.

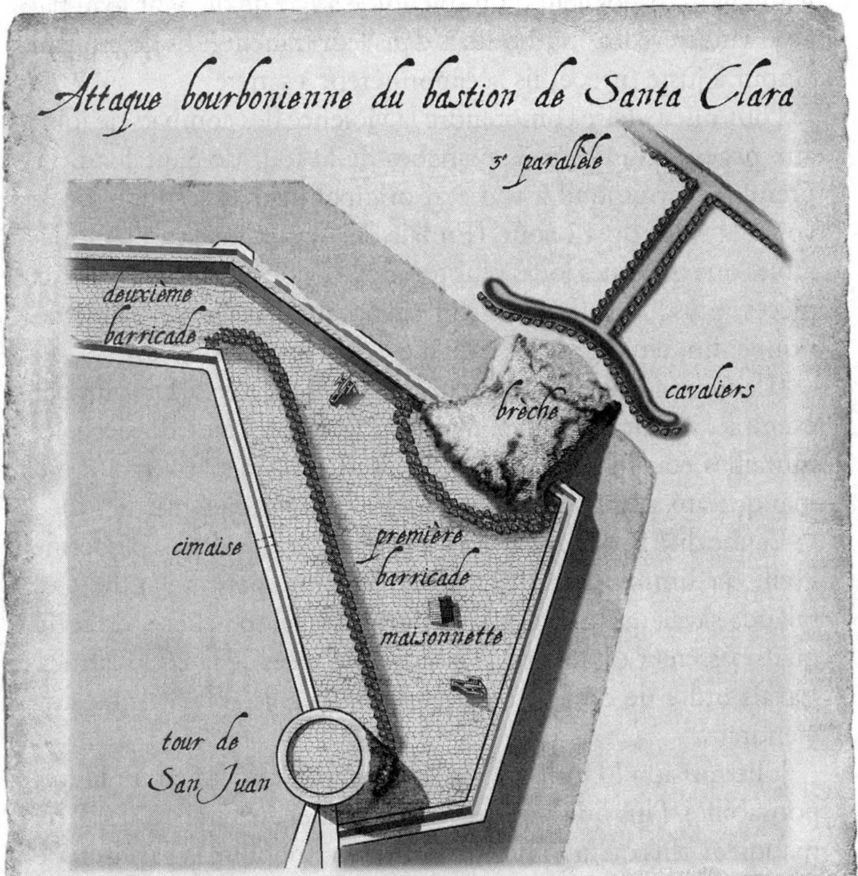

Ce que vous venez de voir est le bastion de Santa Clara et la grande brèche ouverte par les canons de Jimmy. Le fossé, rempli par les décombres produits par les bombardements serait facile à franchir. Ses gardes avancées se trouvaient juste en face, dans les cavaliers.

Tout ce que nous pûmes faire fut de créer des défenses à l'intérieur des bastions eux-mêmes. Protéger cette ligne exposée serait du suicide, nous élevâmes donc à quelques mètres derrière des barricades aussi solides que possible. De la pierre jointe avec du mortier, à hauteur du torse.

L'un des rares avantages de Santa Clara était la tour de Sant Joan, une construction haute et étroite qui s'élevait derrière et à droite du bastion. Pendant tout le siège, elle avait conservé sur sa terrasse deux petits canons, légers mais très précis. Grâce à leur hauteur, ils disposaient d'un splendide angle de tir. Sant Joan flagella sans trêve les bourboniens dans leur tranchée. Ils détestaient la tour à juste titre, et ils la canonnèrent à satiété.

Pour mieux faire comprendre la violence des combats, je joins aux pages suivantes trois planches de la tour de Sant Joan. La première correspond à son état original ; sur la seconde, on la voit à la veille du 12 août. (En fait, les dégâts étaient si considérables que quelques jours plus tôt, nous avions dû retirer les deux pièces, puisque l'effondrement menaçait.) La dernière illustration, enfin, témoigne de ce qu'il en resta à la fin du siège.

(L'auteur a pris de nombreuses libertés créatives. La tour, par exemple, n'était pas carrée, mais ronde, et à ce stade du siège, les murailles étaient beaucoup plus abîmées. Mais la véracité qui manque aux planches est compensée par leur côté instructif.)

L'aube du 12 août me trouva à Santa Clara. Je n'avais pas fermé l'œil, car Jimmy pouvait attaquer d'un moment à l'autre. Ces salauds savaient que nous subodorions quelque chose, de sorte qu'ils passèrent toute cette chaude nuit à créer de fausses alarmes. J'avais ordre de donner l'alerte quand la véritable attaque surviendrait.

Jolie mission ! Donner l'alarme générale était une lourde responsabilité. Plus que harassés, nos hommes étaient épuisés. Il ne manquait plus qu'un officier incontinent mobilise la garnison de toute la ville et les fasse venir sur les remparts sans raison. Songez que nous n'avions pas une armée de soldats, mais de civils en armes. Les alertes les arrachaient de leur maison, de leurs chambres, des bras de leurs femmes. C'était exactement ce que cherchait Jimmy : vriller les nerfs de la défense. Comme je le disais, la nuit fut une succession de leurres : soudain, au milieu de l'obscurité, sonnaient des trompettes et des timbales, et on croyait que toute une armée nous tombait dessus. Mais il ne se passait rien. Rien. Quelques minutes plus tard, on nous tirait dessus une charge inutile. Pourtant, contre toute attente, des bords de la tranchée n'émergeaient pas de bataillons de grenadiers ni d'infanterie avec une baïonnette, personne. Je passai la nuit à guetter le moindre bruit, et à songer à Bazoches : "Tant que vous serez en vie, vous devez être attentif. Et tant que vous serez attentif, vous resterez en vie."

Vers sept heures, il se fit un tel silence, un calme si absolu, que l'absence même de bruits était suspecte. Je courus à la première barricade et la dépassai. Avec la plus grande discrétion, je me mis à plat ventre pour introduire la tête dans la brèche. Et ce que je vis, bien que nous fussions à la mi-août, me glaça.

Des cavaliers émergèrent des centaines d'hommes. Si les grenadiers français étaient choisis pour leur taille, ceux-ci étaient les plus grands. Et au lieu de leurs armes habituelles, vision fantastique, ils étaient protégés par un plastron de métal et tenaient en main des piques de quatre mètres de long. Juste derrière ce hérisson cuirassé, des grenadiers, des centaines de grenadiers. Au moins dix compagnies entières, se dirigeant sur les bastions de Santa Clara et de Portal Nou.

Le fossé se remplit d'un fourmillement d'uniformes blancs, montant sur les décombres en parfaite formation. La pente était si instable que le pas de cette masse d'hommes faisait penser à un troupeau d'éléphants défilant sur du gravier.

"C'est la fin", me dis-je. L'élite de l'élite de l'armée française nous tombait dessus, et pour les arrêter à Santa Clara, il n'y avait que deux compagnies de la Colonelle : les forgerons d'épées et les cotonniers. Au total, moins de deux cents hommes.

Je repartis en courant par où j'étais venu, sautai par-dessus la barricade. Je me dirigeai vers le commandant du bastion de Santa Clara, le lieutenant-colonel Jordi Bastida.

— Il faut prévenir don Antonio ! fis-je, tout excité.

J: Rigaud inv.

The Attack of two Bastion

The Lodgement being secured on ye Covert way, ye Assailants make a Sapt to gain ye Countersca
is ye Descent of ye Ditch, wch if it be a wet one, they fill it up with Fascines loaded with Stones. As ye As
are several curious ways of covering ye Miner & fixing him to ye wall, while He makes ye Sap. The
they recover out of their confusion, & as they gain upon ym, ye Engineers with all dispatch trace out Lodgemen
-dants not only counterwork ye Assailants Mine to render it ineffectual, but make Saps of their own to blow up

4

Parr Sculp

…reaches being made by the Miner.

…inwards towards y^e Ditch, & here sometimes they make another Lodgement: their next attempt …stion is always made upon y^e ruins of a Breach, this is effected by ye springing of a Mine, & there …Mine is ye Signal for ye Assault, ye Troops immediately pass over ye rubbish & push ye besieged before …s to secure themselves behind, taking care to keep a proper communication with their own works. The Defen- …esiegers, when they have penetrated y^e works, one of wh^ch is represented in y^e furthermust Bastion in this Print.

J: Rigaud inv:

The Assault on the

The Bastion being taken, the Assailents push Saps forwards to the Wall which shuts t
in the Battlements, & summons the Besieged to deliver the Place, in case of refus
Assault. They spring their Mines, pass over the ruins of the Breaches, & push the
in several parts at once. As the Forces are cut off or advance forwards they are
the Lodgment on the Covert Way: and when the Grand Retrenchment can't be fo

rdy of the Place

he Bastion, & charge their Mines in readiness: They make breaches with their Cannon
not frequent after such Advances are made, the Besiegers prepare for a general
he Grand Retrenchment, which covers the inside of the place, which they Attack
h fresh ones, so that there are always Battallions which possess the Breaches, the Ditch,
ge themselves on the Rampart, or at least on the Breach

Bastida se désintéressa de ma présence par un dédaigneux :

— Eh bien, prévenez-le vous-même !

Jordi Bastida était l'un de nos héros. En 1709, il avait repoussé l'assaut bourbonien de Benasque, une petite localité des Pyrénées. S'il avait été à ma place, n'en doutez pas, il aurait interprété cet ordre comme "Eh bien, prévenez don Antonio !" comme un ordre de lui envoyer un messager. Bastida n'aurait même pas envisagé de quitter son poste de combat, encore moins quand l'explosion de la mine avait déjà alarmé toute la ville. Je n'étais pas Bastida, bien sûr, je partis donc en courant dès que j'eus entendu ce *"Avisi'l vostè !"*. Pendant que je fichais le camp, je ne doutai absolument pas de ne pas le revoir vivant.

En même temps que Santa Clara, les bourboniens attaquaient Portal Nou, le bastion voisin. Celui-ci disposait d'une garnison aussi étique que celle de Santa Clara, défendue par la compagnie de tailleurs et de potiers. Mais Portal Nou avait dans l'ensemble subi moins de dégâts que Santa Clara. Il pouvait être défendu par des feux d'appui latéral et leurs brèches étaient moins importantes. Quant à la mine souterraine, son tir fut mal ajusté. Elle fit se volatiliser le nez du pentagone, effectivement ; mais si le Charcutier d'Anvers avait appliqué des calculs exacts, en l'avançant d'une douzaine de mètres, la fortification tout entière aurait volé en éclats. (Mon Dieu, quelqu'un avait peut-être saboté les chiffres et les distances sur ses tableaux.)

Le commandant du bastion de Santa Clara était le colonel Gregorio de Saavedra y Portugal (avec de tels patronymes, je suppose qu'il devait être portugais, ou d'origine portugaise). Pendant quelques longues minutes, ses tailleurs et potiers se retrouvèrent aveugles et étourdis, plongés dans un épais nuage de fumée noire. Les mottes de terre et les gravats pleuvaient de toute part. Ils crurent la fin du monde venue. Mais l'erreur de calcul survenue pour faire exploser la mine avait permis à la majeure partie d'entre eux de s'en sortir indemnes. Et Saavedra, qui était un officier vétéran, envoya immédiatement ses hommes sur la brèche.

J'ignore quel officier bourbonien eut l'idée géniale d'armer cette phalange d'hommes solides comme si nous étions retournés à l'époque des lanciers. (Des années plus tard, Jimmy m'assura que ce n'était pas lui, quoique, en considérant le désastre qui survint, et sa tendance au mensonge, il serait logique qu'il ait voulu s'exempter de la responsabilité.)

Les miliciens des deux bastions se regroupèrent sur les brèches, tirant une frénésie de décharges. Ils étaient couverts par les restes de la muraille et camouflés par l'écran de fumée de la mine qui avait explosé. Et la masse des assaillants était si compacte qu'il leur suffisait de tirer dans le tas. Les premiers à tomber, ce qui est logique, furent les types au plastron cuirassé. C'étaient les plus robustes, leurs armures pesaient trop lourd, et en roulant le long de la pente, ils entraînèrent des douzaines de bourboniens.

Dans le premier chapitre, je vous ai raconté l'horreur que l'on éprouve à subir un assaut de grenadiers. Je n'ai pas cru nécessaire de préciser qu'il est inutile d'être grenadier pour utiliser des grenades, et qu'à Barcelone, nous en avions des milliers. Une pluie de boulets noirs tomba sur les attaquants. Ils étaient si tassés que l'effet fut démultiplié. Les défenseurs en arrivèrent à allumer la mèche d'une seule des grenades qui se trouvaient dans la tranchée et à renverser cette dernière. Mais malgré la boucherie, les bourboniens continuèrent à avancer.

Pendant ce temps, notre bon Zuvi courait à la rencontre de don Antonio. Et il n'eut pas besoin d'aller bien loin. Le général était derrière l'aire d'attaque, entouré d'agents de liaison et d'officiers. Je ne pus rien lui apprendre qu'il ne sût déjà, ce qui fut assez humiliant.

L'un des officiers qui l'accompagnaient dans l'attente de ses ordres était Marià Bassons, professeur de droit reconverti en capitaine de la Colonelle. Tout petit, la tête ronde et portant ses bésicles même là, au cœur de la bataille, Bassons était l'un de ces hommes qui se défendaient de la vieillesse avec flegme, observant le monde comme s'ils n'y participaient pas.

— Ah, lieutenant-colonel Zuvi, dit-il en me reconnaissant à travers ses petites lunettes. Racontez-moi, y a-t-il des nouveautés dans vos tribulations avec la loi ? Avez-vous résolu ce procès avec les Italiens ?

J'avais le souffle coupé par la course, il volait au-dessus de nos têtes des projectiles de tous calibres, et Bassons s'intéressait à mon procès en cours. Quelqu'un aurait dû lui dire que la plupart des tribunaux étaient en ruines en raison des bombardements. Je ne saurai jamais si c'était un vieux sénile ou une de ces créatures stoïques qui considèrent que la civilisation restera debout tant que quelqu'un affirmera qu'elle le reste.

Ses jeunes gens de la compagnie d'étudiants en droit attendaient des ordres à l'abri des balles perdues. L'un d'eux s'approcha et, sur un ton impatient et respectueux à la fois, demanda à Bassons :

— Alors, on attaque, docteur ?

Les membres de la compagnie d'étudiants étaient très faciles à reconnaître. En tant qu'universitaires, ils étaient fils de bonne famille. En s'enrôlant, ils avaient tous acheté non un, mais deux voire trois de ces uniformes à casaque bleue. Tandis qu'ils salissaient celui qu'ils portaient, leurs domestiques nettoyaient ceux de rechange. Ils passèrent même un accord avec les gars de la compagnie de tailleurs pour qu'ils les leur recousent. Je dois admettre que je n'eus jamais confiance en eux. En tant qu'unité, ils ne servaient que pour les défilés, parés de leurs uniformes immaculés à larges poignets jaunes. Les voir depuis les balcons remontait le moral des citoyens, qui tendent à confondre une belle armée et une armée aguerrie. Mes réticences se fondaient sur le fait que la guerre et les lettres ne se sont jamais très bien mariées. "Ceux-là décamperont au premier coup de fusil", estimais-je.

Bassons, toujours paternel avec ses étudiants, donna quelques tapes sur l'épaule du jeune soldat.

— *Aviat, fill meu, aviat*, répondit-il, ce qui signifie : "Bientôt, mon fils, bientôt." Et rappelez-vous : *Nihil metuere, nisi turpem famam.* Ne craignez que la mauvaise réputation !

Le vieux Bassons était l'un de ces nombreux Barcelonais qui s'étaient enrôlés avec un naturel inconscient. Pour lui comme pour tant d'autres, la guerre était un exercice supplémentaire du devoir civique, à mi-chemin entre payer des impôts et participer aux carnavals. Après la proclamation de la *Crida*, les étudiants avisèrent le gouvernement qu'ils ne serviraient d'autre officier que leur professeur. Les paillassons rouges, toujours aussi compréhensifs avec ceux de leur classe, concédèrent à Bassons le grade de capitaine. (Redoutant peut-être de recevoir des jets de pierres en cas de refus.) En contrepartie, Bassons se sentait très orgueilleux des gamins qu'il commandait. *Mon Dieu, quel bon esprit de corps !*

Quand le gamin se retira, Bassons ne put éviter un soupir de condescendance.

— Ah, la jeunesse, toujours si impatiente !

Il avait parlé comme si mon grade m'exemptait de mon âge.

Le terme "tempête" appliqué à une bataille est très éculé, je le sais, mais je vous assure qu'il décrit parfaitement notre situation. Les canonnades qui tombaient sur les bastions soulevaient des nuages de cendres et de pierre. Au-dessus de nous, qui nous trouvions juste derrière les murailles et au-dessous, pleuvaient des fragments pulvérisés comme l'écume des vagues. Je ne voulais même pas m'imaginer ce qui arrivait là-bas, dans le bastion de Santa Clara. "Avec un peu de chance, ils m'oublieront", pensai-je. Ah ! Et re-ah ! Un officier de Villarroel vint vers nous avec une hâte désespérée, et ordonna :

— Zuviría ! Vous étiez à Santa Clara, n'est-ce pas ? Guidez-y le capitaine Bassons, que les étudiants renforcent la position de Bastida. Contenez-les jusqu'à l'arrivée de nos renforts !

Il ne me laissa pas le temps d'improviser une excuse, car l'homme cria :

— C'est clair ? Retenez-les ! Retenez-les, ou c'en est fini !

Je voulais répliquer que non, que je ne pouvais pas envoyer à Santa Clara des gamins aux joues comme des pommes de rainette, que les bourboniens allaient pulvériser en un rien de temps et sans que cela ne servît en rien la défense. Mais la situation aurait été offensante pour Bassons et sa centaine de blancs-becs en casaque bleue, qui arrivaient déjà au trot. Et pressés de se faire tuer !

Je les dirigeai jusqu'à Santa Clara, je n'avais pas d'autre solution. Nous traversâmes les couloirs étroits de la cimaise, gravîmes les maudites marches à toute vitesse. Et mon Dieu, quel paysage s'offrit à nous !

Comparé à la cour de Santa Clara, même le Golgotha ressemblerait à un jardin anglais. Tout l'espace, toute la surface de ce pentagone irrégulier était recouvert de morts et de blessés. Nombre d'entre eux se débattaient encore entre la vie et la mort, sans plus de forces que pour lever un bras et demander de l'aide. Ce mouvement de membres humains me détraqua l'estomac. Les pêcheurs stockent dans leurs seaux des douzaines de lombrics, qui se tortillent en attendant d'être transpercés par l'hameçon. C'était ça.

À la pointe extérieure du bastion, les bourboniens étaient parvenus à s'emparer de la première barricade, celle que nous avions dressée pour entourer la brèche et fusiller les intrus dès qu'ils s'y engageraient. (Jetez à nouveau un coup d'œil à la planche.) De là, ils tiraient sur notre seconde barricade, où se postaient les rares survivants des cotonniers et forgerons d'épées du lieutenant-colonel Bastida. Des deux cents hommes que j'avais laissés il n'en restait que vingt ou trente vivants, tirant et rechargeant sans s'occuper de ceux qui étaient tombés entre les deux barricades. Ils avaient repoussé les assauts bourboniens et même contre-attaqué à plusieurs reprises pour récupérer la première barricade. Deux cents contre mille, peut-être deux mille soldats bourboniens abrités, entassés dans cette première barricade !

Tandis que les étudiants se déployaient derrière la seconde barricade, je vis le lieutenant-colonel Bastida étendu par terre, appuyé contre le mur. Son assistant pleurait, il ne pouvait lui offrir d'autre consolation que de lui essuyer les joues avec une éponge. Bastida regardait les nuages, à demi absent, la bouche ouverte. Je m'agenouillai à côté de lui. Il avait le corps percé de six trous.

Je peux être mesquin, mais je vous assure que je me sentis très mal de m'être dérobé un instant auparavant. J'avais connu Bastida lors des travaux du bastion, c'était un homme honnête et fidèle. Et maintenant il était là, allongé avec six sphères de plomb dansant à l'intérieur de sa chair. Je pris ses mains dans les miennes et murmurai :

— Jordi, Jordi, Jordi…

Il voulut me dire quelque chose, j'ignore quoi. Ses gargouillis étaient incompréhensibles, et le fracas de la bataille nous bouchait les oreilles. C'était un miracle qu'il respirât encore. Couvrant le fracas de la bataille, je criai à son assistant :

— Pourquoi ne pas l'avoir emmené à l'hôpital, pourquoi ?

— Il n'a pas voulu, monsieur ! fut la réponse. Il l'a ordonné expressément. Nous sommes si peu nombreux que nous avons besoin de toutes les mains pour tenir des fusils, sans quoi nous serons débordés.

— Les étudiants sont arrivés, répliquai-je. Maintenant, emmenez-le !

Bastida me saisit le poignet gauche. Le souvenir de son regard halluciné et à la fois lucide, de ses yeux exorbités, je l'emporterai dans l'autre monde. J'approchai l'oreille de ses lèvres. S'il voulait me maudire, je le méritais. Sa poitrine se contracta et, au lieu de paroles, il expulsa par la bouche un flot rouge. Je m'écartai en remarquant que le sang chaud me mouillait l'oreille. On l'emmena. Il mourut à l'aube suivante, à l'hôpital de la Sainte-Croix, après une longue et inutile agonie.

Les deux camps se tiraient dessus d'une barricade à l'autre, séparés par cette masse gémissante étendue sur le pavé entre les deux murs. Les bourboniens rassemblaient de plus en plus d'hommes dans la tête conquise du bastion. Lorsqu'ils seraient assez nombreux, ils chargeraient les blancs-becs de la compagnie d'étudiants, le bastion leur appartiendrait et, avec lui, la ville.

Une telle prophétie n'était pas aussi évidente pour des personnes étrangères à l'art de l'ingénierie. Les jeunes gens de la compagnie d'étudiants chargeaient leurs fusils, penchés derrière le parapet, se levaient pour tirer en sortant le canon de leur arme et s'agenouillaient de nouveau, l'écouvillon dans une main et le sac de poudre dans l'autre, pour charger le fusil. D'après leur logique, s'ils étaient diligents, le résultat de la bataille ne faisait aucun doute. Mais le bon Dieu guiderait leurs balles de la même façon que leurs études, et récompenserait la constance, l'effort et le dévouement par un succès à juste titre triomphal. Ils ne pouvaient comprendre que derrière cette petite barricade conquise par l'ennemi, Jimmy pompait un nombre croissant de renforts, de bataillons entiers qui montaient par les canaux de la tranchée. Une énergie accumulée et dévastatrice qui, sur un ordre, balaierait toute opposition.

Que l'on comprenne que, me trouvant au cœur des événements, je ne pouvais savoir avec certitude ce qui était en train de se passer. Les jours suivants, je réussis à m'en faire une idée d'ensemble. Jimmy avait attaqué conjointement les bastions de Portal Nou et de Santa Clara. Comme je l'ai dit, il avait projeté de les conquérir ; puis la ville implorerait la clémence ou serait passée au fil de l'épée. Fin du siège. C'était là la perspective optimiste du plan. En constatant que la résistance était plus dure que prévu, Jimmy s'assit sur son balcon du Mas Guinardó dans l'attente de messagers qui clarifieraient la situation.

Les premiers rapports sur le combat l'affectèrent. Les nouvelles n'étaient pas mauvaises, elles étaient exécrables : cela semblait incroyable, mais l'assaut de Portal Nou avait été repoussé.

J'ai dit que Jimmy était passé par le chagrin et le trouble, pas par le découragement. Il avait longuement médité l'attaque, il disposait d'un second plan et il l'exécuta.

En réalité, il n'avait pas besoin de deux bastions ; pour conquérir la ville selon *les règles*, un seul lui suffisait. Comme les choses ne s'étaient pas bien passées à Portal Nou, il décida de mettre les bouchées doubles pour Santa Clara. C'est-à-dire là où se trouvait ce bon Zuviría, baissé derrière la seconde barricade et mort de peur.

Tandis que Jimmy ordonnait à tous les bataillons de réserve de marcher sur Santa Clara, le docteur Bassons continuait à parcourir le parapet de pierre en haranguant ses étudiants. Indifférent au danger, se promenant les mains dans le dos, comme si au lieu de balles, c'étaient des guirlandes qui volaient, et sortant son latin. Don Antonio avait ordonné de retenir les bourboniens, et ses garçons s'acquittaient magnifiquement de la mission qui leur avait été assignée. Il ne voyait pas plus loin : le désastre sur le point de fondre sur nous de la main intentionnellement assassine de Jimmy. Bassons vint vers moi et, en me voyant à genoux, très en dessous de la ligne de la barricade et collé au mur, il s'arrêta et, sans me juger, il me suggéra plus qu'il ne me reprocha :

— Lieutenant-colonel, un officier devrait donner l'exemple.

— Docteur Bassons, baissez-vous ! criai-je.

Les quelques rudiments militaires de Bassons lui disaient qu'un officier doit rester debout face au feu ennemi. Et je reconnais que ce crétin ne manquait pas de courage. Mais les ingénieurs, à l'honorabilité, préfèrent la sécurité. Nous construisions des forteresses pour protéger les corps, non pour les exposer, et dans les combats entre les murailles, si différents des batailles rangées, celui qui ne se cache pas n'est pas plus courageux, mais plus sot. (Voici l'un des motifs éternels de mépris mutuel entre ingénieurs et militaires.)

Zuvi en personne avait conçu et dirigé la construction des barricades dans la cour de Santa Clara. Assez hautes pour protéger la troupe des balles ennemies, mais lui permettant en même temps de passer le fusil entre les petits créneaux, de tirer et de sauter en cas de contre-attaque. Bassons n'était pas très grand, au contraire, mais sa tête couronnée d'une perruque absurde émergeait au bord. Cette grosse tête ronde était la cible idéale pour n'importe quel tireur, et nous nous trouvions au milieu d'une fusillade aussi chaotique que constante.

— Docteur Bassons, je vous en prie, protégez-vous ! le suppliai-je de nouveau.

Je me trompais, mon avertissement lui donna le courage de se faire valoir devant ses élèves. Ne négligeons pas l'effet théâtral : un lieutenant-colonel à genoux, le capitaine Bassons faisant la leçon aux gamins, démontrant la supériorité de l'esprit d'un intellectuel et de l'esprit civique. Il déclama entre les rafales de balles :

— Les grands-parents de nos grands-parents, leurs grands-parents avant et encore cinq générations, vivaient sur les sommets des Pyrénées. Et ils vivaient comme des bêtes, regroupés en troupeaux humains sans aucun ordre ni sentiment de Dieu.

J'essayai de l'interrompre :

— Mais que dites-vous, bon sang ? Arrêtez vos sermons !

Il ne m'écouta pas. C'était un homme possédé par la culture comme un apôtre par l'Esprit saint.

— Jusqu'au jour où ils virent à leurs pieds un pays riche et prospère pour qui saurait le travailler, des vallées et des plaines utiles à la civilisation humaine, poursuivit-il imperturbablement, malgré le tir nourri. Nos ancêtres ont expulsé les Maures, ces gens fétides. Il leur a fallu cinq générations pour y parvenir, établir les lois, la religion, les coutumes sur une terre nouvelle qu'ils appelèrent Catalogne.

Quelles sottises racontait-il ? Et par-dessus le marché, ses étudiants, éblouis, ralentissaient la cadence de tir pour l'écouter. Je me levai et leur ordonnai brutalement :

— Maintenez le feu ! Tirez, tirez !

Ils ne m'écoutaient pas, mon autorité ne représentait rien à côté de celle de Bassons, leur professeur bien-aimé. Ce crétin de Bassons n'en faisait qu'à sa tête et continuait à déclamer :

— Ils créèrent un ordre nouveau. Ils s'établirent en Catalogne puis libérèrent Valence et Majorque. Ils peuplèrent ces terres de nos gens. Et ils ne les assujettirent pas, comme le veut la coutume en Castille. Ils préférèrent établir des royaumes frères et, comme tels, nos égaux et chéris pour toujours. La même religion, la même langue, la même loi commune, leurs propres parlements. Et quelle fut leur loi commune, suprême, entièrement libre et imperturbable ?

Servir le roi qui sert. Soudain il s'échauffa et agita un poing en l'air. Et maintenant, un prétendant français au trône d'Espagne veut ruiner et supprimer mille ans de liberté catalane avec l'excuse d'un testament castillan ! Allons-nous le permettre ? *Oi que no, nois ?* (Non, n'est-ce pas, jeunes gens ?)

Je me rappelle avoir crié en agitant une main comme si j'avais joué du tambour. Il y avait tant de bruit que je dus vociférer :

— Docteur Bassons, faites-moi le plaisir de vous baisser !

J'ignore si ce crétin m'entendit. Il était si près de moi que je tirai sur les cordons de sa casaque pour l'obliger à se protéger. Trop tard. À cet instant, je vis une ligne blanche traverser le ciel, un sillage de fumée ressemblant à la queue d'une comète. Une lame de métal concave, de la taille d'un plateau, vola vers nous à une vitesse terrifiante et s'incrusta dans la tête de Bassons, la traversant de part en part comme si les os de son crâne étaient du fromage.

D'où venait ce projectile ? Nous ne le saurons jamais. Le plus probable est que ce soient les restes d'un boulet de canon bourbonien qui avait été détruit en touchant la tour de Sant Joan, derrière, à notre droite. Les fragments avaient été éjectés et le plus gros alla se nicher dans la tête de Bassons.

L'homme me tomba dessus, le crâne en bouillie. Il eut des spasmes nerveux et se détendit d'un coup, les mains contractées comme des griffes. Mon visage était tellement couvert de sang qu'on devait penser que j'avais la rougeole. Je me débarrassai de Bassons et, avant que son corps ne tombe à terre, il était déjà entouré de ses étudiants :

— Docteur Bassons, docteur Bassons !

Je nettoyai le sang qui me recouvrait en haletant, encore sous le choc de cette mort subite. Pendant que je soufflais, ils se rassemblèrent autour de leur professeur et de ma personne. Un sanglot collectif surgit de cette centaine de bouches.

— C'est la guerre, voulus-je les consoler. Reprenez vos postes.

Les étudiants aimaient Bassons et ils l'aimaient de cet amour particulier, fanatique, de l'élève pour son mentor. Offensés, ils faillirent se mutiner.

— Regagnez vos positions, couvrez l'étendue de la barricade, et tirez, bon Dieu, tirez ! leur ordonnai-je en les bousculant. Si vous relâchez le tir, ils commenceront à charger !

Vous savez, je n'ai jamais été un chroniqueur de prouesses militaires. Entre autres parce que j'en ai peu, très peu vu. La plupart des prouesses armées ne sont que des gesticulations de rats aux abois. Dans la bataille, les hommes tuent pour ne pas mourir, voilà tout. Puis vient un poète, un historien, un historien poétique, et il transforme de vulgaires coups de couteau désespérés en gloire émanant de hautes valeurs. Et pourtant, ce qui se produisit ce jour-là contredisait toute ma logique.

La douleur des étudiants se transforma en haine. Ils ne cessaient de crier : "Fils de pute, fils de pute !" Pour recharger un fusil, il faut du sang-froid, et le leur bouillait. L'un d'eux, le plus affecté, perdit patience. Ses mains tremblaient de colère, le filet de poudre coulait des deux côtés du canon de son fusil. Il poussa un cri étrange, féminin. Il enfonça soudain la baïonnette et sauta par-dessus le mur.

Je n'eus que le temps de crier :

— Eh ! Où vas-tu ? Reviens !

Il ne m'écouta pas. Fou de rage, il attaquait la barricade aux mains des bourboniens, brandissant son fusil et hurlant comme un possédé.

— Oui, allons-y ! cria alors un imbécile, encouragé par l'exemple du fou. Vengeons Don Marià Bassons !

Et cette petite centaine de gamins grimpa sur le mur à la suite de son compagnon !

Naturellement, je parcourais la barricade en tentant de les retenir.

— Halte, halte, vous allez tous vous faire tuer !

Je n'étais pas guidé que par la compassion. J'allais devoir raconter à don Antonio, notre bon pasteur de soldats, que les brebis à ma charge s'étaient égarées, perdues et suicidées en troupeau. Je les insultai, les menaçai et tentai de les retenir comme je pus. Ce fut inutile. Ces gamins s'en allèrent tous, jusqu'au dernier. Pas moi, bien sûr. Pendant quelques instants, je m'adossai contre le mur, les mains sur la tête. Je me retrouvais seul, avec le cadavre de ce crétin de Bassons. *Mon Dieu, quelle catastrophe !*

Je me retournai pour contempler le massacre à travers une embrasure. Et aujourd'hui encore, je ne parviens pas à croire ce que je vis.

Éperonnés par leur propre colère, les étudiants franchirent comme un éclair la distance entre les deux barricades. Les bourboniens n'eurent même pas le temps de coordonner une charge contre eux. Trois ou quatre étudiants tombèrent, victimes du tir dispersé. Alors qu'ils se trouvaient à mi-chemin, l'un d'eux cria la vieille harangue des étudiants barcelonais : "Jet de pierres, jet de pierres !" Alors ils s'arrêtèrent un instant, allumèrent une centaine de grenades et les jetèrent de l'autre côté de la barricade bourbonienne. (Vous voyez, plus les traditions civiques sont dévoyées, plus elles ont un usage patriotique.)

Un tas de corps secoués par les explosions émergea derrière le mur. L'insensé qui dirigeait l'attaque ne s'était même pas arrêté pour allumer sa grenade. Il courait toujours, la voix rauque d'avoir crié, baïonnette en avant. Les autres le suivirent jusqu'au mur de la première barricade, l'escaladèrent et se mirent à tirer et à plonger les baïonnettes dans les corps situés en bas.

Après cette première barricade, il y avait des centaines de bourboniens dans l'attente d'ordres pour commencer un assaut. Ce à quoi ils s'attendaient le moins était à être attaqués par une petite troupe défensive. Ils étaient si tassés, en fait, que la majeure partie ne put même pas lever les bras pour tirer. Les étudiants escaladèrent leur mur en brandissant la baïonnette, la plongeant dans les têtes, les poitrines et les dos. Ils étaient tellement furieux, et les bourboniens tellement démunis, que malgré leur nombre, ils furent pris de panique. Ils s'enfuirent, se précipitèrent dans le fossé à la débandade, vers leurs lignes, poursuivis par des gamins déments qui ne cessaient de pousser des cris gutturaux. Quand cette victoire impossible devint réalité, j'allai les chercher. Je traversai l'espace entre les barricades, le dos courbé, piétinant morts et blessés ; il y en avait tant que c'était inévitable. Comme je vous le dis : je ne comprends toujours pas comment une poignée d'universitaires avait pu mettre en déroute un bon millier de grenadiers français.

Grâce au ciel, je parvins à éviter qu'ils aillent plus loin, en bas du fossé, et à la conquête du campement bourbonien. Je fus aidé par cet épuisement absolu, l'effondrement physique et moral qui fait suite à une charge cruciale. En entendant des ordres, ce fut comme s'ils retrouvaient un minimum de raison. Ils avaient reconquis la première barricade, maintenant ils devaient la réoccuper, rétablissant la situation précédant l'attaque. Ils obéirent avec une soumission humble et muette. À mon avis peut-être parce que celui qui revient de la folie est le plus étonné de l'aberration de ses actes. J'avais jusqu'à ce jour vécu des événements en contradiction avec Bazoches. Mais la charge de la compagnie d'étudiants alla plus loin : elle défiait tous les raisonnements. Vauban n'aurait jamais toléré une attaque comme celle de la compagnie d'étudiants. À cause du sacrifice de leurs vies qu'il entraînait et parce qu'elle n'avait aucune possibilité d'être couronnée de succès. Toutefois, aussi incompréhensible cela fût-il, je me retrouvais là, sur un sol recouvert de grenadiers français morts et à donner des ordres à des gamins qui les avaient vaincus.

L'un des survivants était le garçon qui avait donné le signal de la charge. Il avait l'air égaré. Le devant de son uniforme était taché de sang, de haut en bas. Il regardait sa baïonnette, également tachée de rouge, sans rien comprendre, comme si tout ce qui l'entourait avait été nouveau, étranger, produit par d'autres. Je le secouai par les épaules et lui demandai :

— *Noi**, *noi*, tu vas bien, tu vas bien ?

Il me regarda sans me reconnaître. Il ouvrait la bouche et la refermait ; les yeux dans un autre monde, et pendant le reste de la journée, égaré, il m'appela "docteur Bassons".

* "Petit" en catalan.

12

Jimmy réduisait bien sûr les tragédies humaines à des chiffres. Et pour les maréchaux, un chiffre, tant qu'il est acceptable, reste un chiffre. Il en déduisit qu'il pouvait tolérer les pertes de son premier échec et revint à la charge le lendemain matin, concentrant toutes les forces sur le malheureux bastion de Santa Clara, déjà en piteux état.

Pour lui, installé dans sa bâtisse du Guinardó, il était plus facile de contempler le déroulement de la bataille depuis son balcon. Pour les pauvres cancrelats des deux camps qui se disputaient le contrôle de Santa Clara, ce fut comme un de ces cauchemars qui n'arrêtent pas de recommencer : il ne s'était pas écoulé douze heures depuis la charge des étudiants, et la situation revenait au point de départ, les bourboniens s'abritant derrière la première barricade, qu'ils avaient reconquise, et nous derrière la seconde.

La journée du 13 vit se succéder attaques et contre-attaques sur la cour du bastion, d'une barricade à l'autre et réciproquement. Appuyés sur la seconde, nous étions au bord de l'abîme. Un pas en arrière, un seul, et Santa Clara appartiendrait à Jimmy. Le bastion en son pouvoir, la ville tomberait inévitablement. En rusé renard qu'il était, Jimmy envoya de fausses attaques sur d'autres points des remparts. Ce n'était de toute évidence que des menaces, mais don Antonio se vit tout de même contraint à disperser ses forces limitées pour ne pas dégarnir la ligne. C'était bien sûr ce que Jimmy espérait. De la sorte, les forces qui protégeaient le point névralgique, Santa Clara, se trouvaient réduites à un mince rideau d'hommes. Toute la ville dépendait d'une poignée de combattants épuisés et asphyxiés par la fumée des salves.

Juste au centre du bastion se trouvait une maisonnette, un dépôt de munitions que j'avais fait construire moi-même. Un bon bastion possède généralement des dépôts souterrains où est stockée et protégée la poudre. Santa Clara était une construction calamiteuse, irrégulière et précaire, sans aucune cave. Dans les affres du combat, de prodigieuses quantités de poudre sont consommées. On comprendra qu'un simple copeau enflammé peut provoquer une catastrophe. Si même un soldat de métier n'est pas précis dans l'opération consistant à amorcer les fusils, une milice de civils armés le sera encore moins. Les avertir des dangers, prôner la prudence au moment de charger les armes, aurait été aussi absurde que de demander à un enfant de jouer avec une cruche sans la briser. Aussi estimai-je plus pertinent de construire ce dépôt de munition, à l'abri des étincelles et des hécatombes. (Si vous vous donnez la peine de revenir en arrière, vous verrez la maisonnette sur la carte de la bataille.)

Donc, tout au long de la journée, les deux camps se disputèrent la propriété de cette maisonnette insignifiante à mi-chemin entre les deux barricades, îlot au centre de la cour pavée. Tantôt la Colonelle, tantôt les bourboniens. À la différence de Jimmy, don Antonio était en première ligne, parcourant les lieux les plus menacés. Là où il passait, les esprits s'enhardissaient. Je le revois encore donner de petites tapes sur l'épaule, parlant aux soldats comme s'il avait plus été un père qu'un militaire :

— Mes enfants, le dernier d'entre vous vaut un général. Imaginez donc ma chance d'être votre commandant.

"Bon, ça suffit", me dis-je à un moment. C'était bien, très bien, que don Antonio donnât un exemple de courage et de sacrifice comme un de ces généraux de l'Antiquité (Casanova, par exemple, ne se montra pas), mais il n'était pas question non plus que notre commandant en chef finît comme le professeur Bassons.

Ce que je ne pouvais comprendre était la stratégie de don Antonio. Jimmy avait un pied dans Santa Clara, l'avantage du bastion ne jouait donc plus en notre faveur. Les heures passaient, et don Antonio faisait très régulièrement relever les détachements de la seconde barricade, épuisés, à demi anéantis et n'entreprenant jamais de contre-attaque. Cela impliquait un choc de béliers où nous avions toutes les chances de perdre. Par l'embranchement qui montait à Santa Clara, Jimmy pouvait injecter des renforts et évacuer les blessés. Processus lent et pénible, effectivement, et au cours duquel il perdait beaucoup d'hommes. Mais nous étions d'une infériorité en nombre si aberrante qu'ils finiraient tôt ou tard par réunir assez de forces pour attaquer et nous déborder.

Tous les officiers savaient que nous nous trouvions à deux doigts de l'abîme et que le temps jouait contre nous. Si nous perdions la seconde barricade, adieu. L'attitude de ces officiers en dit long sur l'ambiance qui régnait en ville : aucun d'eux ne demanda à don Antonio de faire sonner les cloches de la négociation. Loin de là ! Un cercle de capitaines et de colonels rôdait autour du général et le tourmentait, lui demandant la permission d'attaquer et de déloger les bourboniens de la première barricade. On pouvait entendre les *"si us plau, si us plau"* des Catalans, les "s'il vous plaît, s'il vous plaît" des autrichistes espagnols émigrés et même quelques Allemands avec leurs *"bitte, bitte, herr Ánton !"*.

Je me revois encore à quelques mètres du pauvre don Antonio, rejetant toutes les propositions de quelques officiers qui bourdonnaient autour de lui. Ils savaient à quel point notre situation était désespérée Et pourtant, ils demandaient la permission d'attaquer frontalement une position défendue par plusieurs bataillons ennemis. Don Antonio dut faire appel à toute son énergie pour les tenir à distance.

La nuit arriva. Les combats ne faiblissaient pas, bien au contraire. Les cloches de la ville avaient passé la journée à sonner le tocsin, et elles continuaient après le coucher du soleil. La zone d'attaque était tout éclairée par des fusées lumineuses que nous projetions pour détecter les renforts ennemis qui montaient par l'embranchement et les cribler de balles. Maintenant, les éclairs des armes illuminaient l'obscurité comme des milliers de lucioles clignotantes. Vers quatre heures du matin, je quittai Santa Clara pour aller discuter avec Costa des canons qui devraient entrer dans le bastion, car les embrasures avaient déjà été pratiquées. Ce bref dialogue me sauva la vie.

Je vous ai parlé de la petite maison au centre du bastion convoité, que j'avais fait construire comme réserve de munitions et d'explosifs. Au début de l'assaut général, j'avais demandé à un vieux sergent-major de la vider. Je ne doutais pas que les bourboniens allaient progresser malgré nous, et il était impératif qu'ils ne s'approprient pas son contenu. Ce que j'ignorais, c'était que, dans la confusion des combats, le vieux sergent avait été l'un des premiers à tomber. C'est-à-dire qu'il n'avait pas eu le temps de réunir les assistants chargeurs, d'ouvrir les deux portes avec leurs cadenas, séparées par un sillon rempli d'eau en guise de coupe-feu, et de vider le dépôt.

Quand j'y pense, je suis encore ébahi que la catastrophe ait tant tardé. Pendant toute la journée, les deux camps, ignorant le danger, s'étaient disputé une petite construction bourrée de barils de poudre, de grenades, de balles, de réchauds et de marmites remplies de mitraille. Et il ne s'était rien passé ; le *Mystère* avait dû rire à satiété.

Par le récit d'un survivant, je sus qu'à cette heure, quatre heures du matin, dans la nuit noire, quelqu'un avait crié : "En avant, pour sainte Eulalie, en avant !" Les Barcelonais avaient passé la journée à résister sans jamais déclencher la contre-attaque générale. Ils se sentaient si frustrés qu'ils suivirent cette voix écervelée et anonyme. Pour la énième fois, ils arrivèrent à la maisonnette, expulsèrent les bourboniens et s'arrêtèrent avant de poursuivre en direction de la première barricade.

Derrière la première ligne d'assaut circulaient toujours des hommes chargés de couffins, paniers de sparte cylindriques qui servaient à transporter des munitions, principalement des grenades, et à ravitailler la troupe. À ces heures, après un jour et demi de combats ininterrompus, le pavé du bastion était couvert de cadavres et de traînées de poudre. Je pouvais les sentir de toutes parts.

Les porteurs de couffins se réfugièrent juste derrière le mur de la maisonnette remplie d'explosifs. Une étincelle fortuite mit le feu à la poudre répandue sur le sol. La flamme arriva à deux grands couffins remplis de grenades, appuyés contre le mur. Et devinez ce qui survint alors.

Je crois que c'est la seconde plus grosse explosion que j'aie vue de ma vie. Costa et moi, qui discutions hâtivement très loin de Santa Clara, fûmes renversés et entraînés par l'onde de choc. Et nous nous trouvions à plus de deux cents mètres de l'entrée du bastion. Ce fut une éruption rouge, ouverte comme une fleur. Suivie d'un long, très long coup de tonnerre. Des décombres et des flammes s'élevèrent de plus en plus haut, projetés vers le ciel, déclenchant une pluie de plâtras qui baigna la moitié de la ville.

Je me mis à genoux, sonné. Je regardai Costa, l'artilleur. Ses paroles me parvenaient comme s'il avait eu la tête sous l'eau. Je me levai et allai jusqu'à la cimaise d'entrée au bastion en titubant comme un ivrogne.

Disons que le Mystère peut être très impartial dans ses éclats de rire : les deux camps subirent à peu près le même nombre de pertes. Plus de soixante-dix hommes de la Colonelle s'envolèrent avec la maisonnette. Les bourboniens eurent moins de morts mais en éprouvèrent une douleur plus forte car la rumeur courut entre eux qu'il s'agissait d'une mine posée par les rebelles.

Les mines provoquent une horreur incontrôlable. À tout moment, sous nos pieds, un assassin caché peut activer une tonne de poudre, deux, toutes celles que l'imagination peut concevoir. J'ai dit qu'il s'agissait d'un simple accident, de ceux qui abondent en temps de guerre, peut-être d'une ampleur démesurée, mais les bourboniens décampèrent de leurs positions. Quelle ironie : les deux camps avaient lutté sauvagement dans la cour de Santa Clara et ils abandonnaient maintenant leurs postes à l'unisson, comme s'ils s'étaient mis d'accord.

L'entrée des bastions, la cimaise, est précisément très étroite pour éviter les fuites massives. Un capitaine appelé Jaume Timor se plaça devant, empêchant de son sabre tout homme capable de tenir un fusil de s'échapper.

— Si vous désertez Santa Clara, la ville tombera ! bramait-il.

Des familles entières combattaient là, coude à coude. Le grand Hérodote a dit : "Dans la paix, le fils enterre le père ; la guerre altère l'ordre de la nature et le père enterre le fils." Ce qui se produisit à Barcelone dépassa la maxime d'Hérodote ; certains enterrèrent leurs enfants et leurs petits-enfants. Un de mes voisins, Dídac Pallarès, sortit de la cimaise. Timor lui permit de se retirer pour un cas de force majeure. Trois, pour être précis. Pallarès transportait ses trois enfants, brûlés tous les trois. La peau de leurs visages tombait en lambeaux rouges et noirâtres ; je me souviens de l'un d'eux, celui à qui Peret devait toujours quelques sols. C'était le plus mal en point, les deux mâchoires écorchées. Il pleuvait encore des décombres et don Antonio était déjà là, consolant et encourageant les survivants. Plusieurs officiers tentèrent de rétablir un minimum d'ordre. Eh bien cette fois, ils n'y parvinrent pas.

Mes sens restaient perturbés, à tel point qu'il me semblait entendre par les yeux et voir avec les oreilles. De tous côtés, il y avait des lambeaux de chair, des restes très semblables à ces morceaux informes qui jonchent le sol des abattoirs. Je levai la tête. De la partie supérieure du bastion tombaient des hommes de la Colonelle, hurlant, le corps en feu, se jetant dans le vide comme par-dessus le bastingage d'un navire en feu. "Mesdames et messieurs, c'est plus que ce bon Zuvi n'en peut supporter. Que la ville, la patrie et les Constitutions aillent se faire foutre", me dis-je en voyant tout cela. Je fis demi-tour et détalai comme un lapin.

"Ne laissez pas que peur penser à votre place, ou vous cesserez de penser", m'avait-on appris à Bazoches. Comme leçon, c'était très bien. Mais face à un pouvoir capable de faire chanceler un bastion comme un bateau de papier, même Bazoches ne pouvait réprimer cet instinct égoïste de vivre qui habite tout individu. Et je n'étais pas le seul à courir. Des douzaines d'hommes avaient franchi la limite de leur résistance et fuyaient dans toutes les directions. Je traversai la coupure, gagnai les premières rues, alors une immense présence me freina net.

Des femmes, par douzaines. Elles remontaient leurs jupes au-dessus des chevilles pour courir plus vite. Elles allaient en sens contraire du mien, vers les murailles. Parmi elles, se trouvait Amelis. "Que se passe-t-il, Martí ?" demanda-t-elle sans s'arrêter. Elles avaient été attirées par le fracas de cette monumentale explosion, et avec le chaos ambiant, personne ne put éviter qu'elles arrivent jusqu'à la ligne de combat. Ceux d'entre nous qui avaient succombé à la panique, honteux, hésitèrent à poursuivre la débandade.

Je crois que cette nuit, davantage que le sabre de Timor, ce furent les femmes qui sauvèrent Barcelone. Elles traitèrent les fuyards de couards, de misérables et d'eunuques. Ma propre Amelis m'arrêta.

— Vous allez les laisser entrer ?

Permettez-moi un instant de remplacer la mémoire par la réflexion. Quel fut l'idéal qui motiva les Barcelonais pendant toute une année de siège ? Ses Libertés et Constitutions ? Non je ne parle pas de cet empois, céleste ou démoniaque, peu importe, qui empêche un homme d'abandonner son poste de combat. Civils pratiquement sans instruction, jeunes de quatorze ans et vieux de soixante s'accrochèrent comme des moules au bastion. Et pourquoi ? Permettez-moi une réponse : à cause de la force écrasante, inaltérable, du "que va-t-on dire de moi". Quand votre ville tout entière vous regarde, il faut beaucoup de courage pour être lâche.

Ainsi, même les rats minaudiers comme Zuvi Longues-Jambes regagnèrent leur poste. Ils résistèrent toute la nuit à une supériorité ennemie écrasante, ils résistèrent toute la matinée du lendemain, et vers midi, ce bon Zuviría avait les nerfs aussi détraqués que le dernier milicien de la Colonelle.

Le centre de Santa Clara était un cratère, un trou solennel embrassé par ce qu'il restait de ses murailles pentagonales. Dans une folie innommable, les deux camps continuèrent à se battre pour la possession de ce trou. Le feu se maintenait au rythme d'une grêle épaisse, interminable. Et don Antonio ne faisait absolument rien, il ne menait aucune manœuvre offensive. Pendant tout ce temps, Jimmy, très fier, rassembla de plus en plus d'hommes dans la première barricade. Le temps jouait en sa faveur. Il pensa (comme moi à l'époque) que don Antonio avait perdu le jugement, voire le courage, en abandonnant la défense. Lorsque, derrière la première barricade, il y aurait suffisamment de bataillons bourboniens, l'assaut serait imparable. Et nous qui ne faisions rien d'autre que résister dans la seconde et tirer depuis Portal Nou et les murailles adjacentes. Toute cette fusillade faisait vraiment beaucoup de bruit, car les bourboniens se cachaient derrière la première barricade, au fond de leur tranchée, ou ils circulaient par le couloir qui menait à Santa Clara, plus profondément enfoncés et barricadés au fil des heures.

Nous avions eu un mal fou à faire monter trois canons dans le bastion. Et au lieu de tirer, les Majorquins refusaient même de laisser dépasser leur gueule par ses embrasures. Comme toujours, ils semblaient livrer une bataille à part. Ils s'assirent autour des trois pièces, en buvant une abominable eau-de-vie des Baléares qu'ils ne partageaient avec personne, étrangers au vacarme environnant.

— Pour l'amour de Dieu, faites tirer les canons et renversez la barricade derrière laquelle se trouvent les bourboniens ! leur intimai-je. Qu'attendez-vous ?

Leur chef fit un signe de tête négatif, et marmonna pour toute concession avec son accent des îles :

— *Les ordres.*

Entre la tranchée bourbonienne et notre bastion s'interposait une distance considérable, car ce bon Zuvi, modifiant le plan de Verboom, s'était chargé de faire creuser la troisième parallèle le plus loin possible des remparts.

Puis je compris que don Antonio n'avait jamais envisagé de récupérer la première barricade. Là, Jimmy était trop fort, il en aurait résulté une boucherie, de sorte qu'il se contenta de le freiner. Avant de lancer sa contre-attaque, il attendit jusqu'à la limite, anticipant d'un cheveu l'assaut définitif du maréchal. Alors, et alors seulement, il donna un ordre connu de trois officiers seulement dont Costa.

Il écarta la longue-vue de son œil et cria de sa grosse voix castillane :

— Procédez !

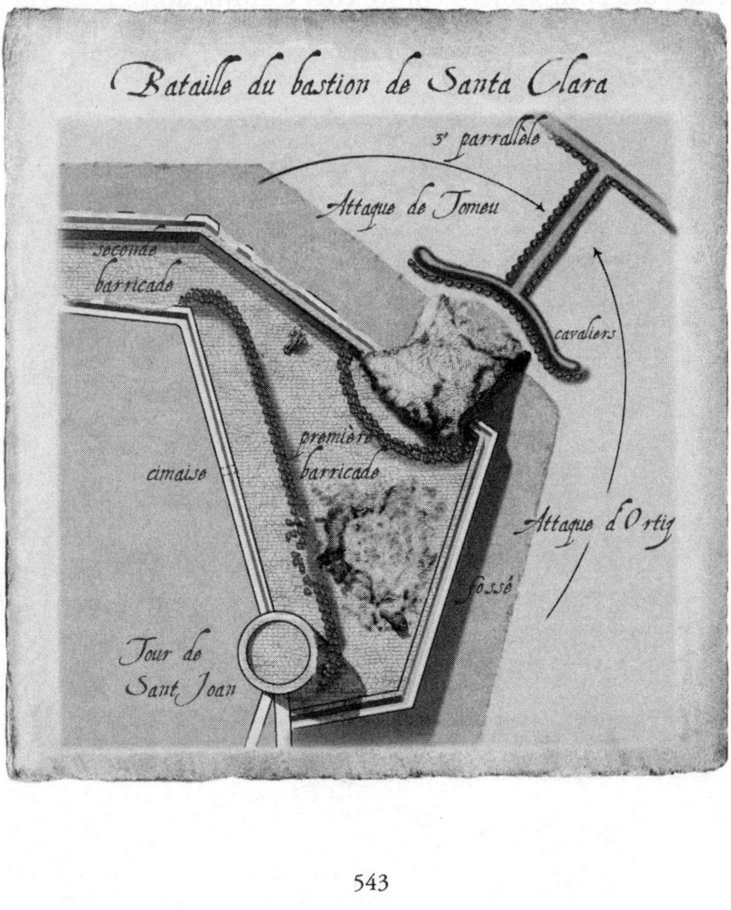

Une fusée de signalisation s'éleva et explosa tout en haut dans un petit nuage rouge. Dès qu'il la vit, Costa baissa un bras. Je me trouvais assez loin, mais je crois me rappeler sa voix, et un instant plus tard, tous les canons et mortiers tirèrent sur la tranchée, créant une barrière de feu.

Nous vîmes les explosions sur la ligne bourbonienne, puis la sortie de deux troupes de la place : à droite et à gauche, et à la charge. Les flèches figurant sur la planche précédente indiquent la direction qu'ils suivirent.

Chaque flanc fut attaqué par deux cents hommes sélectionnés, aux ordres du lieutenant-colonel Tomeu et du colonel Ortiz. Et, mon Dieu, quelle folle course.

Ils chargeaient parallèlement à la troisième parallèle, s'exposant ainsi au feu des bourboniens de la tranchée. Ces quatre cents hommes durent être très rapides, afin de profiter de la barrière d'artillerie de Costa. Ils convergèrent à l'embranchement, chaque groupe d'un côté. Ils sautèrent à l'intérieur et retournèrent les fascines des bourboniens contre eux. Comme suit :

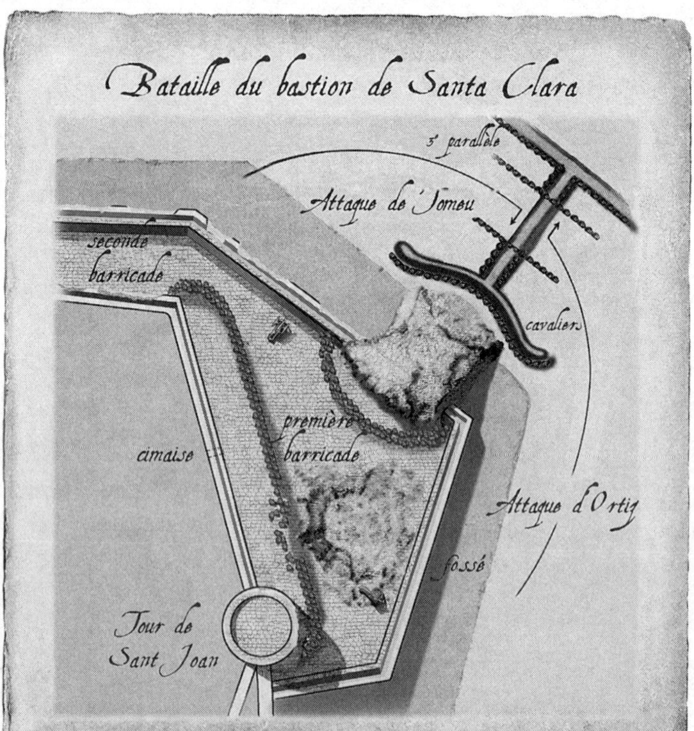

Ortiz se chargea de bloquer l'embranchement vers la partie bourbonienne avec des fascines de l'ennemi. Tomeu en fit de même mais en direction des remparts, de sorte que les bourboniens qui s'agglutinaient derrière la première barricade de Santa Clara se retrouvèrent pris entre Tomeu et ceux qui se trouvaient sur la seconde barricade.

Je crois qu'il s'agit de l'une des manœuvres les plus rapides, exactes et précises que j'aie jamais vu livrer par une troupe d'assaut assiégée. Si Costa n'avait pas été un artilleur de talent, ses décharges auraient mis un terme à la vie de ces quatre cents hommes. Nous pûmes les voir arriver à l'embranchement, tirer à l'intérieur et tuer les bourboniens surpris. (J'ai encore du mal à chasser de ma mémoire ces cris souterrains.)

Quand Jimmy comprit ce qui arrivait, il était trop tard. Il ne pouvait plus envoyer de renforts à travers le couloir, car Ortiz le bloquait.

Les bourboniens encerclés à Santa Clara, Tomeu sur leur dos, comprirent que leur situation était critique. À ce moment, les Majorquins utilisèrent leurs trois canons. Une bonne partie de la première barricade s'effondra, les briques vomies à l'intérieur.

Canonnés par-devant et criblés de balles par-derrière, les bourboniens de Santa Clara se répandirent en bas du fossé, fuyant comme des dératés des deux côtés de la position de Tomeu, tentant de gagner la tranchée. Inutile de dire que les hommes d'Ortiz et Tomeu leur tirèrent cruellement dessus dans leur fuite, à une faible distance et sans pitié. Les fusiliers de la tour de Sant Joan intensifièrent le tir, excités par cette marée d'ennemis en débandade. Sur un ordre, ceux qui étaient postés sur la seconde barricade chargèrent la première que nous récupérâmes enfin, et sans opposition.

Telle est la guerre. En un claquement de doigts, une bataille indécise, perdue, de fait, était devenue une chasse aux lapins blancs. Plus de quatre cents Français ne parvinrent pas à regagner leurs lignes. Il n'y eut pas de prisonniers.

À travers la fumée, je pus voir un courageux officier français, la moitié du torse hors du parapet de la troisième parallèle, tentant d'apercevoir ce qui arrivait à travers sa longue-vue, incrédule devant l'effondrement de l'assaut. J'avais à côté de moi Ballester en personne, qui cherchait une cible avec son fusil.

— Donnez-moi ça !

Je lui arrachai l'arme, maintenant chargée, visai la longue-vue et tirai sur cette figure imprudente.

La balle lui traversa le cou. Le sang sortit violemment expulsé dans un jet rouge. L'homme leva les bras comme un païen devant une idole et s'enfonça dans les profondeurs de la tranchée. Je me rappelle les pirouettes qu'effectua l'instrument dans l'air, libéré des mains qui le tenaient. On comprendra que c'était une balle significative : l'ennemi que j'avais fait tomber était Dupuy-Vauban.

Je frissonne encore de songer qu'en une longue année de siège je ne tirai qu'une seule fois : contre Vauban.

En voyant refluer ses troupes, Jimmy devint livide, baissa la tête et retint sa colère. Puis il éclata, reprochant leur incompétence à tous ceux qui l'entouraient.

Il entra au Mas Guinardó suivi de son cortège d'officiers. Plus affecté que lors des moments critiques d'Almansa.

— Il faut récupérer ce qui a été perdu, fût-ce aux dépens de l'armée ! hurla-t-il, brandissant le poing. Voulez-vous que l'on raconte dans toute l'Europe que les armes de France ont cédé devant la fureur de simples citoyens ?

Ses généraux tentèrent de le calmer, mais Jimmy continua à proférer des imprécations.

— Silence ! Je veux entendre le récit de ce désastre des lèvres mêmes de ceux qui l'ont perpétré. Que les brigadiers Sauvebœuf et Duverger se présentent devant moi ! Et le marquis de Polastron !

On lui répondit que c'était impossible : Sauvebœuf et Duverger étaient tombés au cours de l'assaut. On était sans nouvelles du marquis de Polastron. Enfin, on ne tarda pas à en recevoir. Un exalté de la Colonelle avait décapité le cadavre du pauvre Polastron, placé sa tête dans un canon de gros calibre et bombardé la ferme du Guinardó. Au bruit, tous se baissèrent. Tous sauf Jimmy, qui sortit sur le balcon. Il y trouva le crâne noirci et fumant de Polastron, tournant comme une toupie.

Alors apparurent certains des officiers que Jimmy respectait le plus, au nombre desquels le lieutenant-colonel La Motte. Il boitait, blessé, la tête noircie, l'uniforme en lambeaux.

— Votre Excellence, récupérer un pouce de Santa Clara va nous coûter nos meilleures troupes, des pertes énormes et des sacrifices, argumenta-t-il. Sans nos renforts français, il sera impossible d'avancer au-delà de quelques empans, et à coût exorbitant. En ce moment même, la *canaille* se regroupe dans ses murailles, encouragée par ses généraux et ses magistrats, et elle se moque de nous avec des musiciens et des imprécations.

C'était vrai. Les positions récupérées étaient pleines à craquer d'hommes, de femmes et même de musiciens qui célébraient la victoire. Sans grande pudeur, il faut le reconnaître. Vous savez, toutes ces fesses nues et dirigées vers l'ennemi qui apparaissent sur les murs qui ont repoussé un assaut.

Malgré tout, Jimmy ne changea pas d'avis avant qu'on lui eût rapporté le nombre de pertes. Les chiffres refroidissent les passions les plus amoureuses. Lors de la seule attaque de Santa Clara, il avait perdu plus de mille cinq cents hommes, ce qui faisait environ cinq mille depuis l'ouverture de la tranchée. Ces chiffres n'étaient plus acceptables. Le plus terrible était cependant le décompte des officiers touchés. Parmi eux, Dupuy-Vauban lui-même, qui survécut à ma balle dans le cou. Il y avait encore une autre donnée, que Jimmy sut très bien interpréter.

À la différence des batailles rangées, dans la lutte entre les remparts, les hommes combattent à l'abri des pierres. Malgré les milliers de balles tirées par les fusils, peu atteignirent le corps de l'ennemi. L'artillerie des deux camps agit de son côté, avec prudence afin de ne pas blesser les troupes amies. Ainsi donc, la majeure partie de ceux qui tombèrent furent vaincus par les baïonnettes. Cela en disait plus sur la détermination des "rebelles" que n'importe quel discours. Il n'y avait pas de raison de supposer qu'un nouvel assaut serait moins cruel, un holocauste qui se solderait peut-être par les mêmes résultats : brèches fermées, cette sale *canaille* dans les murs, se gaussant de lui.

Jimmy ne pardonna jamais à don Antonio l'humiliation de Santa Clara. Et puisqu'il n'avait pas pu obtenir la victoire, il chercha le coupable de la défaite. Il convoqua Verboom dans son bureau. Le boucher d'Anvers savait pourquoi, de sorte qu'il se défendit avant d'être attaqué.

— J'ai remarqué que la tranchée n'était pas perfectionnée, et que, en conséquence, l'assaut était prématuré, dit-il.

Mais il se trompait en croyant que Jimmy se ferait son avocat.

— C'est l'excuse des mauvais ingénieurs en cas d'échec.

Ces paroles étaient de Dupuy-Vauban, qui venait d'entrer dans la salle. Très affaibli par la perte de sang, avec d'épais bandages au cou. C'était sa quinzième blessure de guerre. Et si ma balle était entrée un centimètre de plus à gauche, elle aurait été la dernière.

Vauban s'assit lourdement, un rouleau à la main. Il l'ouvrit et dit :

— Sachez que je vais consacrer ma convalescence à examiner ces plans. Qu'un ingénieur de la cour s'approprie le travail d'un autre est une faute qui va au-delà de l'impolitesse.

— Ce sont les plans de ma tranchée ! protesta Verboom.

— La vôtre ? Êtes-vous sûr de ce que vous affirmez ? demanda Dupuy-Vauban. Parce que si tel est le cas, vous devrez assumer toute la responsabilité de sa conception. Malgré sa blessure au cou, il parlait avec cette clarté exacte et précise de Bazoches. En creusant la tranchée, nous avons trouvé de l'eau. Nous avons passé la moitié de la journée à l'ouvrir, et l'autre à évacuer l'humidité qui s'infiltrait. L'artillerie ennemie nous coûte le chiffre intolérable de vingt à trente pertes par jour, correspondant toutes à des sapeurs d'une qualité irremplaçable. Et pourquoi ? Parce que les parallèles sont démesurément larges et peu profondes, les projectiles provenant de la ville explosent donc et se répandent sur nos têtes. L'hémorragie est insupportable.

Verboom voulut parler. Dupuy-Vauban fit la sourde oreille à ses protestations.

— Je pourrais poursuivre jusqu'à l'infini le rapport des distorsions malignes que contiennent ces plans, poursuivit-il. Et ce n'est pas tout. Comble de l'absurdité, les couloirs qui mènent de la troisième parallèle aux cavaliers de Santa Clara, si longs, semblent avoir été conçus expressément pour être coupés dans une sortie par les flancs. Vous avez élaboré une tranchée comme si le bon Dieu, en créant l'homme, l'avait pourvu d'un coup de girafe, si long et mince qu'une légère coupure suffirait à le décapiter. Il jeta les plans à terre. Monsieur ! Si vous êtes réellement l'auteur de la tranchée, il n'y a que deux options extrêmes. Un : vous êtes d'une négligence téméraire qui ne vous laisse pas mériter le nom d'ingénieur, quelqu'un qui par un pittoresque caprice du destin exerce une charge disproportionnée pour son talent.

Deux, et encore plus criminel : si vous êtes l'auteur de ces plans, nous sommes devant un ennemi secret des Deux Couronnes, au service de l'archiduc. Choisissez.

Verboom regarda Jimmy, demanda de l'aide. En pareille situation, Jimmy ouvrait plus que jamais ces yeux impitoyables, immobiles et un abominable petit sourire sur les lèvres. Et je peux dire, par expérience, que ce sourire aurait fait pâlir Gengis Khan. Au lieu de parler, il se taisait, proposant à la victime une justification impossible.

— Peut-être… peut-être que dans la conception est intervenue la ruse d'un imposteur, bégaya un Verboom livide, acculé.

— Ah ! applaudit Jimmy. Il ne manquait plus que ça. Le ravisseur ravi !

Quand cela lui convenait, Jimmy utilisait un ton terrible, les paroles comme des glaçons.

— Hors de ma vue, rustre.

En privé, Jimmy et Dupuy-Vauban ne se souciaient pas de hiérarchie. Quand ils se trouvaient seuls, ils se tutoyaient.

— Tu vas le faire prisonnier ? demanda Dupuy-Vauban.

— Non, répondit Jimmy, contemplant les restes de la bataille par le balcon. Philippe a déjà investi vingt millions dans ce siège. Condamner son ingénieur en chef serait un affront qui me coûterait trop cher. Mais je te donne ma parole que cet homme ne franchira jamais les Pyrénées. Il devra se contenter de servir ce fou qu'ils ont installé à Madrid, qui le fustigera.

Par ces mots, il condamnait Verboom à vie, et Jimmy lui-même ignorait les extrémités de cruauté que comportait sa sentence. Ainsi, le boucher d'Anvers, qui avait toujours voulu être aimé par ceux d'en haut et adoré par ceux d'en bas, passa le reste de sa vie dans le misérable exercice d'implorer la protection d'un roi fou face à la soldatesque, qui traitait ses ingénieurs de "maçons" et de "gringalets". Voilà ce qu'il obtint. (Bon, et puis, après, je me rendis à Madrid et le tuai. Je vous en ai déjà parlé ?)

Dupuy étudiait les plans de Verboom, les miens en secret, sans cesser de sourire et d'agiter la tête.

— D'où vient ce petit sourire ? le réprimanda Jimmy. On nous a administré une correction et tu sembles moins affligé que satisfait.

Sans quitter la feuille des yeux, Dupuy-Vauban répondit :

— C'est mon cousin qui l'a instruit. À quoi t'attendais-tu ?

Jimmy s'irrita :

— Ce que j'attendais, c'était que tu modifies toutes les ruses que contient cette tranchée !

— Et je l'aurais fait, dit Dupuy-Vauban, si tu m'en avais laissé le temps. Sur ce point, Vauban avait raison : tu n'as pas su te contenir. Martí savait que tu ne le ferais pas, que tu chercherais une victoire rapide. C'est pour cela qu'aujourd'hui Vauban a gagné à nouveau sur Coehoorn. Maintenant, il ne nous reste que deux options ; soit nous suspendons la tranchée, en essuyant une nouvelle défaite, soit nous poursuivons en corrigeant ses erreurs dans le sang. Il jeta à nouveau les plans au sol. Ce n'est pas une tranchée, c'est un labyrinthe.

— Non. C'est un nœud, le corrigea Jimmy, réfléchissant à voix haute.

13

Ce nœud gordien, Jimmy décida de le dénouer à la hache. C'était bien lui. Il s'était précipité dans l'attaque, emporté par son esprit coehoornien et ses urgences politiques. Bien, il était disposé à rectifier. Vauban ? Coehoorn ? Ni l'un ni l'autre.

Il disposa plus d'une centaine de canons en ligne afin de pilonner la moindre pierre qui s'opposerait à lui. Son plan, abolissant l'art du siège, consistait à désintégrer le restant des murailles et des bastions, de sorte que l'armée des Deux Couronnes pût avancer en formation de bataille, comme en terrain ouvert. Ce serait plus long que prévu, mais quelle importance ? Il avait tout son temps. Après Santa Clara, il se résigna à renoncer à ses ambitions au trône anglais. Sa place était à Londres, à se battre pour devenir roi, or il était là, son avenir ruiné par la faute d'une ville récalcitrante.

Devant pareille avalanche d'artillerie, il n'y avait rien à faire, l'ingénierie perdait simplement tout son sens. Ce fut la première fois que je vis Costa, notre flegmatique rongeur de persil, désespérer. Quand nous nous retrouvions, baissés entre des explosions dévastatrices, il me prenait par la manche et, sur un ton implorant et récriminatoire, me criait à l'oreille :

— J'ai promis de les retenir jusqu'à ce que leurs canons nous dépassent à cinq contre trois. Pour chacun des nôtres, ils en ont neuf ! Pour l'amour du ciel, que voulez-vous que nous fassions de plus ?

Je me dégageai sans répondre. Les Majorquins continuèrent à faire des merveilles jusqu'à la fin. Ils tiraient au mortier, les changeaient de position avant que l'ennemi ne les repérât, et recommençaient. Ils détruisaient chaque jour des pièces bourboniennes. Les bombes explosaient juste aux pieds des artilleurs français ou espagnols, les déchiquetant et soulevant le canon à des hauteurs inédites.

Quelle grande, majestueuse vision que celle d'un lourd canon projeté en l'air ! Nous vîmes des tubes de trois mètres de long, de fer ou de bronze, virevolter avec leurs artilleurs. Nous vîmes des armons fendre l'air en décrivant des paraboles plus belles que la roue de Jacob. Avec sa longue-vue, depuis son balcon, Jimmy jouissait d'émotions propres à un esthète tel que lui sans se soucier que les pièces volantes montrent sur leur culasse les bandes rouges ou le soleil français.

Or, tant d'adresse ne servait à rien. Les bourboniens possédait une réserve de pièces de rechange inépuisable, aussi bien en machines qu'en hommes. Par contraste, chacun de nos Majorquins tombés représentait une perte irremplaçable. C'étaient des gens particuliers et ils ne parlaient jamais de leurs morts.

La décision de Jimmy de recourir à pareille tempête de feu constitua un pas supplémentaire vers l'absurde. Le siège n'était plus un duel d'esprits intelligents, mais un mouvement perpétuel de dévastation. Don Antonio m'ordonna de me retirer de la première ligne, non sans raison : cette nouvelle stratégie de l'ennemi rendait inutile tout procédé technique. C'était comme si nous étions allés au-delà de la civilisation et du rationnel. “Pour accéder à la perfection, il faut aller au-delà de la dimension humaine”, avait dit don Antonio. Et certes, le comportement de Jimmy, d'une omnipotence inhérente à sa nature, destructeur et insensé, poussait les choses au-delà de toute limite. Voici un point qui mérite d'être signalé : le premier jour loin du périmètre attaqué, je me sentis malade, comme si j'avais regretté la douleur qui me torturait.

Ainsi, face à l'impossibilité d'agir devant des remparts qui se désintégraient, je me retirai pour effectuer des travaux à l'intérieur. Nous connaissions depuis un certain temps les efforts de l'ennemi pour creuser une mine sous nos pieds. J'ai toujours détesté les mines. Vauban ne les aimait pas et, que nous le voulions ou non, nous héritons les goûts et les phobies de nos maîtres. Pour le marquis, les mines représentaient un artifice indigne de gentilshommes. D'après ses principes, on vainc l'adversaire face à face, non par des coups bas. Et un esprit aussi rationaliste que le sien ne pouvait faire confiance à un *moyen si incertain*, d'après ses propres paroles.

Les travaux de la mine ont de fervents partisans. Si l'assiégeant parvient à percer un tunnel sous les murailles et à le remplir d'explosifs, il jettera à bas les défenses par surprise et sans risque. Toutes les vicissitudes d'un siège prennent fin en un instant. De plus, avec une victoire fracassante, apocalyptique, sans appel. J'ai connu des *maganons* dont le rêve était de creuser un tunnel qui contiendrait vingt tonnes d'explosifs. (Ce qui prouve que même la science la plus sensée possède sa part de démesure. Voulaient-ils faire sauter les murailles, ou toute la ville ?)

La ferveur des partisans des mines est compréhensible. La mine est employée dans la certitude qu'elle économise du temps et du sang. Dans la pratique, d'après mon expérience, ce n'est jamais le cas. Creuser un tunnel souterrain exige de gros moyens qui sont infailliblement retirés à la Tranchée d'Attaque. En voulant gagner du temps, on le dilapide. D'autre part, l'assiégé prendra toujours des mesures. Parole de Vauban : aucun raccourci ne mène à la gloire.

Bon, il y avait aussi un autre motif pour que Zuvi Longues-Jambes déteste les mines. C'était que, de toutes les façons conçues par les êtres humains de s'entretuer, la plus sinistre et terrifiante est le combat souterrain.

On reconnaissait nos mineurs à l'odeur. Ils passaient tellement de temps sous terre que leur peau dégageait des relents de chaleur. Les sens de Bazoches n'étaient pas nécessaires pour les détecter, les gens les connaissaient comme les *cucs*, les vers de terre. Comment leur chef de brigade s'appelait-il ? Eh bien, je ne m'en souviens pas.

Les *cucs* n'avaient guère eu de succès. Nous savions qu'une mine avançait profondément, quelque part entre Portal Nou et Santa Clara. Connaissant Jimmy, s'ils parvenaient à la charger, l'explosion nocturne du 15 août ressemblerait à une petite étincelle produite par des silex. Je demandai au chef des *cucs* de me tenir au courant. (Comment s'appelait-il ? La mémoire a de curieux oublis !) Ses hommes étaient éreintés, et leur adjoindre un groupe de relève leur rendrait un grand service.

Pour combattre les mines, les assiégés creusent leurs propres tunnels. L'objectif est de localiser ceux de l'adversaire pour les détruire et les neutraliser. Une guerre de labyrinthes sous terre dans laquelle on brûle, enfume et poignarde plus qu'on ne tire. Notre chef des *cucs* avait commencé plusieurs tunnels sans parvenir à déboucher sur la galerie principale des bourboniens.

— Ne vous embêtez pas à creuser des galeries, vous n'avez qu'à ausculter les murs, dit-il. Si vous découvrez quelque chose, il vous suffira de nous en informer. Nous nous occuperons du reste.

J'ai toujours plus respecté les hommes d'expérience que les érudits. J'acquiesçai et parlai à Ballester et à ses hommes.

— Rampez derrière moi. Que chaque homme emporte une grenade, une dague et deux pistolets chargés, rien d'autre.

L'orifice d'entrée de notre mine se trouvait à l'intérieur d'une maison en ruines, très proche des remparts, afin d'éviter les regards des espions. Le chef des *cucs* (j'ai beau essayer je ne me rappelle pas son nom) nous avait préparé l'équipement. C'était un matériel très précieux, et je devais en prendre soin. Ballester, profane, se mit à rire.

— Vous allez descendre armé de huit longues baguettes et de quatre assiettes avec un trou au centre ? demanda-t-il.

— Ce ne sont pas des baguettes et des assiettes, ce sont des sondes et des couvercles, expliquai-je sans le regarder. Du matériel très onéreux.

Dans l'étroitesse de la mine, il était vital de garder le silence. Avant de descendre par l'escalier du puits, je les réunis autour de moi et tentai de leur montrer quelques mots du langage des signes.

Je n'y parvins pas. La peur faisait tellement trembler mes doigts que je me vis contraint à renoncer. Ce fut très embarrassant. Ce cercle d'hommes m'observait, attendant des instructions qui leur permettraient de revenir de l'enfer dans lequel nous allions plonger. J'étais leur autorité la plus directe, la tête qui devait leur montrer le chemin de retour vers la vie. Je regardai ce puits noir, qui descendait à la verticale avant de glisser vers les lignes ennemies. J'imaginai tout ce qui nous attendait en bas : une autre tranchée, labyrinthique et souterraine celle-ci, avec des recoins de tous côtés. Des bourboniens sans pitié, infiniment plus nombreux et expérimentés que nous dans la lutte sous terre. Ils disposaient peut-être de vingt tonnes de poudre, prêtes à exploser juste quand nous arriverions dans la chambre. Je sentis un frisson irrationnel.

Après, je ne suis plus jamais entré dans une mine ou une contremine. Une fois dans la Barcelone de 1714 m'a suffi. Et cette première fois, devant ces hommes solides, je pleurai comme un enfant. Bon, vous savez ce qui arriva ?

Le monde n'a pas connu d'hommes plus indulgents et affectueux que les miquelets. Certes, ma désolation suscita leur indulgence. Mais ils aimaient la sincérité plus que toute autorité et crurent voir dans ma peur que je ne leur faisais pas confiance. On aurait dit des enfants repentis.

— Le capitaine Ballester et moi, nous irons devant, dis-je en feignant l'optimisme. Vous nous suivrez. C'est compris ?

Nous descendîmes. Une petite échelle comportant moins de barreaux qu'elle n'aurait dû, pour économiser le bois, nous fit plonger dans la galerie.

D'après les manuels, le tunnel principal doit être suffisamment large pour laisser passer deux mineurs de front. L'un avance avec le matériel tandis que son compagnon l'éclaire et le protège, armé d'une lampe dans une main et d'un pistolet dans l'autre. Ah ! *J'emmerde les manuels !* Le tunnel était si étroit que les murs nous écrasaient les épaules. Ballester dut se placer derrière moi, sa tête suivant mes pieds, tandis que je portais tout le matériel et une lampe. Nous nous traînâmes sur dix, vingt, trente mètres. Je m'arrêtai. Je sentis un étouffement pire que celui de la potence.

Nous n'étions qu'à quelques mètres sous terre, mais il en émanait une chaleur de four. Le duel d'artillerie nous atteignait dans une réverbération sourde et opaque. *Boum, boum, boum*. Du plafond, mal assuré, tombait une pluie de terre. Je pensai qu'il allait s'effondrer.

Ce bon Zuvi n'était pas né lombric. La sensation d'étouffement s'accentua, je sentis des tenailles invisibles à la gorge. Sous terre, mes sens de Bazoches ne valaient rien ou presque ; l'obscurité unifie tous les hommes en les réduisant à la catégorie de taupes. Ces tristes lampes que nous transportions, plus que nous donner de la lumière, nous révélaient la noirceur ambiante. Et comme mes yeux, toujours attentifs, valaient habituellement ceux de quatre hommes, cette carence inopinée me privait encore plus de mes moyens.

Tant bien que mal, je tournai la tête : ce cinglé de Ballester s'esclaffait tout bas. Il désigna d'un doigt ce qui nous entourait : ils avaient enfin compris mon insistance à vider les maisons de leurs meubles au début du siège. Ce long intestin était soutenu par les poutres que nous avions extraites des demeures abandonnées. Les encadrements des fenêtres étaient parfaits comme support des tunnels, corsetant le plafond et les côtés. Les pieds de table étayaient les murs.

Je poursuivis, nous nous engageâmes dans un couloir qui n'en finissait pas. Nous tombâmes sur une bifurcation. Je choisis le couloir de droite.

Je m'arrêtai à un point de la galerie et encastrai un couvercle dans le mur. Tandis que j'appliquais l'oreille contre la faïence de la grande assiette, recroquevillé, je fis un signe à Ballester, lui intimant le silence. Ses hommes se pelotonnèrent derrière lui, plus intéressés qu'aguerris.

La quantité de sons que peut répercuter une paroi de terre. La faïence les décuplait comme un microscope de sonorités. J'introduisis la première baguette dans l'orifice qui se trouvait au centre de l'assiette. La terre était molle et je pus l'insérer facilement, perforant davantage la paroi. Quand la baguette arrivait au bout, j'y raccordais la suivante moyennant un système d'anneaux et je continuais à pousser. Une autre sonde, puis une autre. Enfin, grâce à l'ouïe et au toucher, je sentis que notre longue sonde débouchait dans un endroit qui n'opposait pas la résistance de la terre compacte. Alors j'introduisis un fil de fer par le trou du tube. Je dégageais ainsi l'intérieur de la sonde de la terre. Quand j'eus fini, je retirai le long fil de fer, regardant à l'intérieur comme s'il s'était agi d'un périscope.

Mon œil pouvait simplement voir que l'extrémité de la sonde avait débouché sur une galerie ennemie. Lumières clignotantes, mouvements, ombres. Plus que les voir, je les sentais. Ils étaient là.

Des corps sombres passaient devant ma petite lentille. Je pouvais entendre leurs pioches, les paniers chargés de terre que l'on traînait. Leur présence me parvenait nettement, des détails comme les enrouements se faisaient présents.

— Mais qu'est-ce que vous foutez ? murmura Ballester.

Mes étranges mouvements provoquaient son étonnement. J'observais d'un œil la sonde pendant un moment plus bref qu'un soupir, je le retirais avec ces mouvements nerveux de la tête propres aux poules, et je recommençais. Je le fis taire d'un geste abrupt.

Trop tard. Peut-être entendirent-ils Ballester, peut-être virent-ils la pointe de la sonde dépassant dans leur galerie, je ne sais pas.

Mon visage et celui de Ballester n'étaient séparés que de cinquante centimètres. Entre les deux, apparut l'extrémité d'une sonde ennemie. Un vers tubulaire qui s'enfonçait dans notre espace, un cercle de métal d'un diamètre plus important que celui que forment un pouce et un index en s'unissant. Et pourtant, quelle terrible présence. Nous étions découverts.

Ce petit tube de métal, inoffensif en apparence, signifiait la mort. Derrière cette pointe cylindrique, des esprits assassins nous suivaient à la trace. Des sapeurs français vétérans ayant participé à mille batailles, peut-être entraînés par Vauban lui-même. Et quelle efficacité, je dois dire. En nous entendant, ou simplement en devinant notre présence, l'un d'eux avait inséré une sonde dans la paroi. Et il nous avait trouvés à la première tentative. L'horreur paralysa tous mes membres.

Ballester s'en aperçut. Et sa réaction fut prévisible : il engagea le canon d'un fusil dans le tube et appuya sur la détente. Nous entendîmes des cris. La balle de Ballester était sans doute entrée dans l'œil de l'observateur. (Peut-être comprendra-t-on maintenant mes mouvements gallinacés de tête.) Les compagnons de l'homme assassiné s'alarmèrent. Cris. Injures. Je passai sur les subtilités.

— Reculez, reculez ! hurlai-je. Allons-nous-en avant qu'ils ne nous enfument !

Ce qui est sûr, c'est que je ne leur ordonnai pas de fuir pour rien. À ma couardise habituelle s'ajoutaient les leçons de Bazoches.

Quand une brigade de mineurs localise la galerie de l'adversaire, elle perfore un petit *trou*. Par là, on pousse une boule compacte d'aiguilles de pin, de la taille d'un boulet de canon, enduite de brai, à laquelle on a mis le feu. Cela peut sembler être une attaque inoffensive. Ce n'est pas le cas. Dans des couloirs aussi étroits, la fumée s'avère être une arme mortelle. En quelques secondes, l'air respirable s'évapore, les hommes tombent évanouis et meurent d'asphyxie. Et si ce n'est pas le cas, l'ennemi s'en charge, assaillant la galerie quand la fumée s'est dissipée, achevant les blessés au couteau.

Les mineurs étant beaucoup plus experts que les miquelets, ils perforeraient un trou d'enfumage avant nous. Et d'après le manuel de ce bon Zuvi, quand on ne peut pas gagner une course, il vaut mieux la faire en sens contraire. Et vite !

Nous nous traînâmes comme des mille-pattes et remontâmes juste à temps par l'échelle. Dès que nous fûmes sortis, le puits se mit à vomir de la fumée noire comme la bouche d'un gigantesque fumeur.

— Comment saviez-vous que devant une sonde émergente, la règle est d'introduire le canon d'un fusil et de tirer ? me bornai-je à demander à Ballester.

— Je ne le savais pas.

Désolé, je m'assis dans un coin de la maison sans toit, une main sur chaque joue. Les miquelets, qui ne comprenaient pas mon découragement, tentèrent de me consoler. J'eus un rire aigre.

— Vous n'allez pas tarder à comprendre mon manque d'enthousiasme, fis-je.

Le chef des *cucs* vint nous relever, prit les instruments et s'informa.

— Comment ? s'indigna-t-il. Vous leur avez offert la position d'une de nos galeries ? Et ils vous ont enfumé ? Il porta les mains à sa tête. Vous savez ce qu'il nous en a coûté de creuser ce tunnel ? Et vous avez ruiné nos efforts en une demi-heure ! Comment conduirais-je mes hommes dans une galerie que l'ennemi a détectée ? Il faudra la murer et en commencer une autre ! Mais quelle bande d'imbéciles le gouvernement nous envoie-t-il ?

Les derniers jours de la mine furent d'une horreur impossible à raconter. Le pire étant les regards récriminatoires du chef des *cucs* (bon sang, je ne me souviens toujours pas de son nom) quand nous descendions dans un puits.

En haut, des murailles qui pouvaient être assaillies à tout instant ; en bas, un dépôt caché de plusieurs tonnes de poudre, peut-être prêtes à exploser un instant avant que nous les trouvions. Un jour où nous allions descendre par l'échelle, j'arrêtai les hommes de Ballester : du puits montaient des voix, déformées par les profondeurs, oui, mais que je n'identifiai pas comme celles des *cucs*. Les miquelets visèrent vers le bas.

J'auscultai les profondeurs en silence. C'était un étrange mélange de murmures en français et en catalan. Les bourboniens ne manquaient pas de botiflers à leur service, de sorte qu'il serait tout à fait logique de les employer sous terre.

Toutes les gâchettes étaient attentives autour de la gueule du puits. Alors, par l'échelle, apparut une petite tête blonde avec des nattes. Elle leva la tête et demanda joyeusement :

— Bonjour, chef ! Que fais-tu là ?

Derrière Anfán, venait Nan et, derrière eux, quelques *cucs*. J'en restai muet. Leur chef s'expliqua :

— Ah, bon, le gamin et le nain nous évitent beaucoup de travail. Ils sont si petits et agiles que nous pouvons les mettre dans les ramifications très étroites, pour ausculter. Vous les connaissez ? Dites, pourquoi me regardez-vous comme ça ?

Cela fut le détonateur de ma dernière dispute avec Amelis. Je me rendis sur la plage avec les longues enjambées de Martí Zuviría. Je la trouvai faisant la queue devant une marmite militaire.

Le seul aliment gratuit qu'offrait le gouvernement était une sorte de soupe de restes de poisson de roche. La queue était très disciplinée. Pour éviter les abus, les paillassons rouges l'avaient corsetée d'une garde armée. On versait deux louches dans chaque récipient, pas plus. Amelis ne m'écouta même pas. Ses yeux étaient cernés de grands cercles violets, fruits de l'épuisement, et toute son attention était consacrée au dos placé devant elle. Je la pris par un bras et l'entraînai hors de la queue. Elle résista désespérément, criant et se débattant. Elle était plus légère qu'une plume.

Une fois qu'elle fut hors de la queue, la femme qui se trouvait immédiatement derrière Amelis se rapprocha impitoyablement de celle qui était devant. Ce que voyant, les jambes d'Amelis flanchèrent. Elle tomba à genoux sur le sable en pleurant, et ses jupes s'ouvrirent comme une fleur.

— Anfán ! criai-je. Pourquoi ne l'as-tu pas empêché de s'enrôler ?

— *Oh, Déu meu. Oh, Déu meu*, disait-elle entre deux sanglots.

Elle releva le visage, mouillé par les larmes et dit :

— Tu sais depuis combien de temps je fais la queue ? Depuis hier à midi !

— Nous l'avons tiré de la guerre, des tranchées ! répliquai-je. Et tout ça pour qu'il meure écrasé par une explosion ou un tir dans l'œil. Pour les sapeurs français, ce n'est pas un jeu !

Elle me jeta sa gamelle en métal à la tête.

— J'ai passé la nuit ici, et toute la journée d'aujourd'hui. Et toi, tu m'arraches à la queue ! Qu'est-ce qu'on va manger ? Dis-le-moi !

Il était inutile de raisonner, ce n'était pas elle, mais la faim qui parlait à travers sa bouche. Je n'avais même pas la force de discuter. Elle baissa la tête comme un petit animal agonisant.

La moitié de ce bouillon était destinée aux malades et aux blessés des hôpitaux. Ce qui restait était plus clair de jour en jour et on utilisait pour le préparer l'eau douce du dernier canal d'irrigation qui arrivait encore en ville. Les bourboniens les avaient tous coupés sauf un, le torrent délibérément infecté par des cadavres. Mais les Barcelonais les plus pauvres avalaient la soupe comme un festin, surtout comparé au pain d'enveloppes de fèves.

Pendant que nous discutions, les marmites se vidèrent. La femme qui avait remplacé Amelis dans la queue fut la dernière à recevoir une demi-louche. Ceux qui se trouvaient derrière elle protestèrent. Ce fut un tumulte insignifiant ; les gens étaient si épuisés que deux coups de crosse suffirent à les disperser. Les sanglots d'Amelis se transformèrent en un torrent de larmes.

Je n'eus pas d'autre solution que de m'adresser à Anfán. Ici, je dois mentionner un aspect que j'ai omis par négligence : le passage du temps. J'avais connu Nan et Anfán lors du siège de Tortosa. Maintenant, cette année 1708 semblait remonter à des époques lointaines. Anfán était né avec le siècle, à peu près, en 1708 il devait avoir environ huit ans, et en 1714, quatorze.

Le fait est que ce n'était plus un enfant. Après qu'il fut apparu par la gueule de la mine, je priai le chef des *cucs* de le renvoyer. Je ne pus lui reprocher sa réponse. Il me regarda, plus surpris que contrarié, et il répondit :

— Nous sommes si peu nombreux, pourquoi devrais-je priver la troupe d'hommes en âge de se battre ?

L'âge auquel un Catalan devait prendre les armes pour défendre son pays était fixé à quatorze ans. Et il faut dire qu'après avoir vécu tout ce temps avec nous, avec des soins rigoureux et une bonne éducation, Anfán avait tout l'air d'un jeune homme magnifique. Je m'accuse de ne pas l'avoir remarqué avant. Si on contemple fixement l'herbe, jour après jour, sa croissance passera inaperçue.

Et, après tout, les parents verront toujours dans leur fils l'enfant qu'il fut un jour.

L'attaquer de front aurait été contreproductif, je l'abordai donc avec des discussions et de l'affection. Pendant un bon moment, nous parlâmes des opérations minières. Anfán n'hésita pas à me raconter les détails. Les *cucs* creusaient des tunnels minuscules sur les côtés de la galerie principale. Ainsi, ils économisaient du temps et des efforts, car les couloirs étaient si étroits qu'un homme adulte ne pouvait pas s'y introduire, mais Nan et Anfán si. Quand ils repéraient une galerie bourbonienne, Nan et Anfán creusaient les parois dans une diagonale descendante, une cavité étroite et longue de la taille d'une main. Par ces tunnels, ils laissaient tomber deux ou trois grenades à la mèche allumée et ils sortaient très vite à quatre pattes.

Je souriais à ce récit, bien que j'en fusse horrifié intérieurement. Dans la guerre de mines, les combattants finissent par connaître leurs adversaires sans visage à leurs pratiques. J'étais sûr que les bourboniens avaient déjà offert une récompense à celui qui tuerait ces deux rats.

— Tu n'as pas pensé à Nan ? demandai-je avec un sourire froid. En ce moment même, il y a des douzaines de types qui planifient la façon dont ils vont vous tuer.

Il répondit, les poings sur les hanches, comme pour me défier :

— Des douzaines ? Je croyais qu'ils étaient des milliers. Le fils de Casanova a quatorze ans, et il a été recruté comme tambour de son régiment, poursuivit-il.

Je ne pus me retenir.

— Et Casanova en personne l'a renvoyé ! criai-je. Il s'est débrouillé pour qu'on l'envoie hors de la ville, en garnison à Cardona.

C'était vrai. Les paillassons rouges adoraient témoigner de vertus homériques. En pompant des troupes à l'extérieur, c'était comme s'ils avaient dit à Jimmy que les Barcelonais avaient du courage, de la constance et de la fermeté à revendre pour surmonter tout harcèlement. (Déduisez vous-mêmes l'opinion de don Antonio en voyant cette hémorragie de défenseurs exécutée par nos propres dirigeants.) À Cardona, l'une des rares places de l'intérieur encore au pouvoir de la Généralité, le front était tranquille.

Les bourboniens savaient aussi bien que nous que s'ils faisaient tomber Barcelone, le reste du pays s'effondrerait, ils ne consacraient donc pas la moindre attention aux problèmes de l'arrière-garde.

Je le saisis par les bras et lui demandai :

— Je suis le chef ? Dis-le ! Oui ou non ?

Mon Dieu, comme il avait mûri. Il prit un air sérieux et répondit :

— Bien sûr, chef. Tu l'es. D'accord, je ne retournerai pas à la mine. Il embrassa deux doigts en croix. Je le jure.

Il parlait, les jambes fermement ancrées sur le sol, me regardant dans les yeux. Je n'en crus pas un mot.

Le lendemain, une petite troupe de quatre *cucs* seulement trouva enfin la mine bourbonienne, ou mine royale, une galerie où étaient déjà prêts cent barils de poudre recouverts de cuir de bœuf mouillé. Les *cucs* égorgèrent deux bourboniens, volèrent les barils et avant de partir ils firent s'effondrer le toit. Mine découverte, mine ruinée.

Ce fut notre dernière joie. Les cloches de toutes les églises sonnèrent, et le gouvernement offrit cinq cents messes pour cette réussite. Les héros des *cucs* s'appelaient Francisco Diago, l'un de nos Aragonais, Josep Mateu, Barcelonais, et le troisième, qui les commandait, le chef des *cucs*... Comment s'appelait-il ? Quel dommage de ne pas se rappeler le nom d'un guerrier si éminent ! Et avec eux Anfán, bien sûr. Il fut le premier à s'introduire dans un trou minuscule et à découvrir la galerie armée. Qu'auriez-vous fait ? Le disputer ou le féliciter ? Je ne fis ni l'un ni l'autre.

Et pour la millième fois, ma chère et repoussante Waltraud m'interrompt. Ne peux-tu même pas me laisser me réjouir de l'une de nos rares victoires ?

Comment dis-tu ? Qu'il est très étrange que je me souvienne du nom des soldats qui accompagnaient le chef des *cucs* et que j'aie oublié celui-ci ? Qu'il est fort suspect que ma prodigieuse mémoire, cultivée à Bazoches, n'ait pas retenu le nom du héros qui sauva la ville, reportant l'hécatombe de quelques jours ? Que je cache peut-être son nom parce qu'il y a quelque chose dans son identité qui me gêne ou me rebute ?

D'accord ! D'accord.

Tu as raison. J'ai annoncé que j'allais dire la vérité, toute la vérité, et je le ferai. Je me rappelle son nom.

Le grand héros des *cucs* s'appelait Francesc Molina, c'était le fils d'un couple installé à Barcelone. Ils avaient émigré de leur terre natale mais s'étaient tellement identifiés à la ville que leur fils, comme tant d'autres étrangers ou fils d'étrangers, avait lutté même sous terre, saignant des ongles et des poumons, jour après jour, nuit après nuit, jusqu'à trouver cette montagne de poudre assassine.

D'où les Molina avaient-ils émigré ?

Je vois que tu ne m'éviteras pas l'humiliation suprême.

Je me résigne, allons-y.

Les Molina étaient italiens.

De Naples.

14

“Moi, Martí Zuviría, ingénieur (épargnons-nous le baratin des titres), affirme ce qui suit dans l’unique chapitre de reddition :

Que l’origine des nations est une histoire aléatoire et n’entretient aucun lien avec les inclinations de ses natifs.

Que l’infinie majorité d’Italiens que j’ai connus sont des créatures de Dieu bienveillantes, probes, intègres, accomplies, et personne ne peut s’arroger le droit abominable d’attribuer à toute une communauté des défauts ou des affronts individuels.

Et afin que cela soit consigné, je rétracte toutes les affirmations insidieuses que pourrait contenir ce livre contre Napolitains, Italiens et étrangers en général, Français, Allemands, Castillans, Maures, Maoris, Oglalas, Hollandais, Chinois ou Perses. (Comprenez que corriger les pages fautives représenterait un coût d’imprimerie que mes finances négligées ne peuvent supporter.)”

Heureuse ? Satisfaite d’imposer ta volonté à cette chair humaine ravagée et agonisante ? Qui eût dit que nous finirions ainsi ; moi, l’auteur, demandant pardon au rédacteur.

Oui, tu as raison ; poursuivons, finissons-en. Versons la dernière larme.

Le 3 septembre 1714 toutes nos contradictions éclatèrent. Et ce ne fut pas en raison de la faim cannibale, ni d’une victoire ennemie, ni de l’abandon de la défense par une population épuisée mais, paradoxalement, d’un geste magnanime de Jimmy.

Ce jour-là, un tambour du camp ennemi arriva. Dans son message, Jimmy nous sommait de nous rendre afin d’éviter un assaut aux conséquences inimaginables. Le texte, bref et menaçant, ne laissait aucune place à la pitié. Soit nous nous rendions, soit ils égorgeraient jusqu'aux fœtus. Je dois toutefois détailler ici quelque peu les règles du jeu d'un siège.

En dernière instance, l'objet d'une tranchée d'attaque est d'obliger l'assiégé à implorer qu'on parlemente. *Battre la chamade*. Devant les faits consommés, la tranchée couronnant le fossé et les remparts démolis, l'assiégé demande à négocier les conditions de sa reddition dans l'espoir de sauvegarder un minimum de bien. Sa vie, son honneur. Ses propriétés, si possible. Dans le cas contraire, l'assiégeant a un droit légitime d'entrer, de piller, d'incendier, de tuer et de violer. La *chamade* empêche ce dernier point. D'après les règles de bienséance de la guerre (qui étaient scrupuleusement respectées à mon époque par tous excepté cet animal de Pópuli et ses généraux philippistes), un assiégé qui "bat l'appel" voit au moins garantis la vie de la population et l'honneur de la garnison.

Le geste de Jimmy était insolite, car celui qui battait la chamade n'était jamais l'assiégeant, mais l'assiégé. Jimmy s'abritait bien sûr derrière notre situation militaire désespérée. Mais comme c'était lui qui envoyait un tambour et non l'inverse, il nous disait qu'il ouvrait une porte à la négociation. Et une négociation, plus que digne, encourageante ; le courage et la constance offrent toujours des atouts : après la bataille d'août, Jimmy craignait que ses troupes ne fussent massacrées. La victoire pourrait lui coûter une demi-armée, et ni le Monstre ni Felipito ne seraient très heureux de perdre leurs meilleurs officiers. En ce cas, le désir de vengeance et de pillage d'une troupe bourbonienne furieuse serait impossible à contenir. Elle détruirait Barcelone. Et Jimmy, en mécène, ne souhaitait être taxé de barbarie par ces mêmes philosophes qu'il appréciait.

Donc, malgré le langage arrogant et comminatoire de la note, don Antonio en comprit la signification. L'ennemi négocierait ! Très heureux, il réunit les hauts dirigeants en conseil, afin de porter une proposition unanime devant le gouvernement. J'étais présent en qualité d'assistant général.

Don Antonio commença par dire que l'occasion était unique. Il serait insensé de la laisser passer. Nous pouvions sauver au moins la ville et ses habitants. La négociation n'était pas l'affaire des militaires, mais des politiciens. Notre tâche consistait à faire comprendre au gouvernement qu'il ne pouvait laisser passer une telle occasion, la dernière, d'éviter une catastrophe plus propre à l'Ancien Testament qu'aux guerres modernes.

Pour une fois, je vis don Antonio sourire. Toutes nos peines s'étaient avérées utiles, tous nos combats avaient porté leurs fruits : l'ennemi était disposé à parlementer. Si les diplomates que nous avions envoyés se montraient habiles, le cœur des Constitutions et Libertés serait peut-être respecté.

Eh bien, le conseil se passa mal. Je revois cette longue table rectangulaire où se pressait un grand nombre d'officiers. Les uniformes propres mais en lambeaux, les estomacs vides. Le fait est que personne ne seconda son commandant en chef. Tous les yeux fuyaient ceux de don Antonio. Ils ne discréditaient pas son autorité, ils le vénéraient. Simplement, ils ne voulaient pas se rendre.

Mécontent, Villarroel alla demander à Casanova de faire procéder d'urgence à un vote au consistoire. Casanova accéda sans enthousiasme à sa demande. Il connaissait mieux que personne le fonctionnement d'un gouvernement isocratique comme celui de Barcelone.

Le vote fut une sorte d'avalanche ascendante. Sur trente représentants, seuls trois appuyèrent la position négociatrice de Casanova. Au total, vingt-six voix contre quatre. Que seulement trois membres du conseil votent dans le même sens que le chef du gouvernement en disait long sur sa solitude. Dans ces circonstances, comment imposer une politique ?

Le monde à l'envers : les seuls qui étaient disposés à mettre fin à la guerre étaient les généraux.

La nouvelle nous parvint le lendemain : don Antonio avait quitté le commandement. Devant le désastre inévitable, il envoya au gouvernement une note déclarant que son honneur l'empêchait de diriger une hécatombe. Par conséquent, toute voie militaire raisonnable épuisée, il demandait à s'embarquer. Il renonçait à ses charge, salaires et prérogatives.

À mon avis, ce fut un dernier chantage que faisait don Antonio : ou il négociait, ou il démissionnait. Malheureusement, les choses avaient dépassé les bornes de la folie. En guise de réponse, le gouvernement lui dit très bien, si c'est ce qu'il souhaitait, on lui donnerait deux goélettes rapides pour déjouer le blocus. Quand nous voulions évacuer quelqu'un d'important, nous le mettions sur une de ces embarcations, aussi petites qu'agiles. Les bateaux français possédaient un grand tirant d'eau, ils ne s'approchaient jamais de la côte. À l'abri de l'obscurité, les goélettes suivaient le profil de la côte toute la nuit. À l'aube, déjà loin de Barcelone et de la flotte qui assurait le blocus, elles continuaient leur route sur Majorque.

La nouvelle m'anéantit à un point tel que je ne voulus tout d'abord pas y croire. Don Antonio s'en allait ! Stupéfait, je ne demandai même pas le nom de son remplaçant. Je ne pouvais imaginer personne et, effectivement, ils ne nommèrent personne. Ou plutôt, ils proclamèrent la Vierge nouveau commandant en chef.

La Vierge ! Ce devait être une plaisanterie. Et non, je vous assure que ce n'en était pas une. Martí Zuviría, instruit dans toutes les nuances du compas, du télescope et l'expulsion exacte de mètres cubes de terre, maintenant aux ordres de la Vierge.

Le lendemain matin à l'aube, alors que je dormais encore mal couvert derrière un mur, un agent de liaison me réveilla.

— Don Antonio, qui est en train d'embarquer, veut vous voir, me dit-il à l'oreille. La cour de son domicile était remplie de grands coffres et de malles, prêts à être chargés vers le port. À l'intérieur, un remue-ménage d'officiers qui entraient et sortaient. Même en ces instants, don Antonio continuait à s'informer de la situation sur les murailles. Je fus étonné qu'il eût revêtu son plus bel uniforme de général, maintenant qu'il ne l'était plus. Je crois, et je le penserai toujours, qu'il attendit jusqu'au dernier moment que le gouvernement changeât d'avis et lui restituât le commandement.

— Vous ne le savez pas encore ? demanda-t-il en me voyant. Eh bien, je vais vous le dire, je ne suis plus en charge du commandement. Les officiers devront obéir aux ordres qu'ils recevront d'un autre commandant.

— Quel autre commandant ? La Vierge ?

Il fut ému. Pour une fois, il fit l'effort de prononcer le mot "mon petit" dans un catalan à peu près correct.

— Vous devez être content, *fillet*. Maintenant que je suis un citoyen comme les autres, vous pouvez m'appeler don Antonio comme vous aimez à le faire.

Obstiné, et ironique, je répondis :

— Je suis fou de joie, mon général.

Il ajusta son épée à sa ceinture, comme s'il m'ignorait.

— Ne m'avez-vous pas entendu ? Je ne suis plus commandant, pour vous, je suis don Antonio. Après vous être fait tancer pendant des années à chaque fois que vous utilisez cet insolent "don Antonio", vous pouvez enfin me nommer ainsi. Je suis désormais, pour vous et pour tous, un citoyen comme les autres. Don Antonio, si vous voulez bien. Vous m'avez compris ?

— Parfaitement, mon général. Et j'ajoutai : À partir d'aujourd'hui, je dois vous parler comme à un simple concitoyen, mon général.

Pendant une fraction de seconde, une chose ressemblant à de l'émotion l'arrêta. Le grondement de l'artillerie ajoutait une urgence mélancolique à ses réflexions. Parce que tous ceux qui l'aimaient avaient parlé par ma bouche. Tant qu'il avait dirigé des citoyens en armes, ceux-ci l'avaient considéré comme l'un des leurs, un Barcelonais parmi les autres. Et maintenant qu'il s'en allait, le plus turbulent de ces Barcelonais lui reconnaissait son grade exact, pas tant militaire que moral.

Un homme tel que Villarroel n'allait pas se laisser vaincre par les sentiments, bien sûr. Il se mit à déambuler dans la pièce. Ses propres paroles l'enflammaient de plus en plus.

— J'ai argumenté et imploré jusqu'à l'épuisement, j'ai prévenu le gouvernement de tous les maux à venir ! s'exclama-t-il. Cette défense est une folie monstrueuse. Si je restais, ce serait pour emmener mes soldats à l'échafaud. En fuyant, je les abandonne. Qu'ai-je fait pour subir cette ignominie ?

Je tentai de le calmer. Alors il précisa le véritable motif pour lequel il m'avait fait venir :

— Je vous ai sauvé de la captivité un jour, à Illueca. Je ne vois pas pourquoi je ne devrais pas recommencer. Demain, nous serons à Majorque, puis en Italie, et de là à la cour. À Vienne, vous toucherez tous vos salaires en retard ; rappelez-vous que je vous ai inscrit sur la liste royale, non municipale. Par conséquent, vous n'êtes pas un soldat sujet du consistoire, en vous embarquant vous ne manquez pas à vos devoirs ni ne désertez. Et quand j'aurai rejoint l'armée impériale, je veux un ingénieur dans mon état-major.

Avant que j'eusse pu dire quoi que ce fût, il ajouta :

— Comme moi, vous avez une femme et des enfants. Sur les goélettes, il reste quelques places libres. Allez les chercher tout de suite.

Et sa main me renvoya d'un geste qui exigeait de la rapidité.

Je ne bougeai pas. Il s'en aperçut. Il exigea des explications. Je me rappelle ma voix comme si c'était un autre qui avait parlé.

— Je ne peux pas, dis-je.

Il me toisa, puis ses yeux se posèrent sur les miens.

— Je ne vous comprends pas. Votre caractère est à l'opposé de celui de tous ces braves, là-bas. Qu'appréciez-vous dans le sacrifice inutile de toute une ville ? Répondez !

Ne sachant que dire, je me tus.

— Vous avez faim au point de manger votre langue ? insista-t-il à grands cris. Pourquoi optez-vous maintenant pour un massacre que vous avez toujours désapprouvé ? Pourquoi ? Vous, que j'ai toujours dû pousser à faire votre service pendant la Retraite. Pourquoi ? Dites-moi pourquoi !

Je gardai le silence, malgré moi, et Villarroel exigea :

— Un mot ! Au moins un mot, bon sang !

Un mot. Sept ans plus tard, Vauban m'interrogeait à nouveau par la bouche de Villarroel. Je battis des paupières, avalai ma salive. Je cherchai au tréfonds de mon cerveau. Rien.

Je coiffai mon tricorne et, troublé, me disposai à sortir sans attendre sa permission. Il m'arrêta :

— Attendez. Vous étiez avec moi lors de la Retraite de Tolède, et à Brihuega. Et pendant toute la durée de ce siège. Il est juste que vous partagiez maintenant ma pénitence.

C'était effectivement une grande pénitence : avant de partir, il voulait prendre congé des troupes postées sur les murailles. Don Antonio de Villarroel, le guerrier sans tache, allait devoir expliquer à ses hommes qu'il les abandonnait en enfer tandis qu'il partait vers un palais. Malgré tout, aucune force de l'univers ne l'empêcherait de dire au revoir à ses soldats, même si ceux-ci proféraient des imprécations à son encontre, le condamnaient et le maudissaient de les abandonner à la veille du jugement final.

Nous sortîmes de la maison, quelqu'un me céda des rênes. Nous montâmes à cheval en même temps et, tandis qu'il se rejetait en arrière sur sa chaise, don Antonio dit :

— Allons-y.

Dans ce “allons-y”, je remarquai une volonté de martyre. Je continue à croire que cet homme avait toujours cherché une fin extrême, mourir dans une charge héroïque. Au lieu de ça, le destin lui offrait une misérable sortie par la porte arrière. Ma monture chevauchait parallèlement à la sienne. Quand nous étions près des murailles, et contre tous les protocoles, je le saisis par l’avant et lui dis :

— Mon général, cela n’est pas nécessaire.

Don Antonio, offensé, écarta ma main.

— Écartez-vous ! Je n’ai jamais fui devant l’ennemi. Vais-je le faire maintenant devant mes soldats ?

Il éperonna son cheval et je le suivis. Je me consumais d’angoisse ; non pour moi, mais pour lui. Très peu d’entre nous connaissait le bien-fondé de ses raisons, il partait non par peur de ce qui allait arriver, mais justement parce qu’il ne pouvait pas l’éviter.

Nous arrivâmes au pied des remparts. Par miracle, le front de l’attaque connaissait une pause. Dès qu’ils eurent remarqué la présence de don Antonio, les hommes de Santa Clara, le bastion de Portal Nou et le rempart intermédiaire tournèrent la tête en arrière. Ils commencèrent à se rassembler en haut, sur la partie postérieure de ce qui restait des fortifications démolies. Quand tous ces corps furent ensemble et entassés, don Antonio voulut leur parler. Il en fut incapable. Quelque chose se brisa en lui.

Son cheval se cabra, il eut grand-peine à le maîtriser. Il porta deux doigts à la partie supérieure de son nez et serra comme si cela lui avait permis de bloquer l’émotion. Il fit une autre tentative de discours. Il ne put prononcer un seul mot.

Il y a des moments, rares, où le temps se fige. En haut des bastions et des remparts, il y avait ces centaines d’hommes squelettiques, plus minces que leur fusil. Joues creuses comme des entonnoirs, tricornes troués par les balles et la mitraille. Uniformes aux couleurs passées, ensevelis sous la suie et les cendres, manches si décousues qu’elles ne tenaient que par miracle. Et l’odeur. Oui, ces hommes sentaient la vieille charogne. Jusqu’au dernier tambour connaissait la nouvelle : leur commandant s’en allait. Qu’avait-il à leur dire avant de partir ? Des centaines d’yeux restaient fixés sur don Antonio.

Après toutes ces semaines de soleil inclément, sans nuages, de grosses gouttes, compactes et espacées, commencèrent à tomber.

Malgré la foule, le silence était tel que nous pouvions entendre l'impact de chaque goutte. Nos pierres, réchauffées par un an de bombardements, fumaient sous la pluie. Personne ne cillait.

Pour la troisième fois, don Antonio fit un effort pour trouver les mots. Et l'espace d'un instant, je crus que la peau de son visage allait se déchirer. Muet, il se découvrit, levant son tricorne de la main droite, saluant les hommes rassemblés sur les remparts. Son cheval agitait nerveusement les pattes avant. Villarroel garda le bras en l'air, entre les gouttes de pluie solitaires. Il ne dit rien, ce fut tout. Don Antonio n'avait pas d'autre solution que de s'en aller, et les hommes de la Colonelle d'autre choix que de continuer à se battre.

Don Antonio éperonna sa monture et parcourut la partie intérieure des remparts. La main encore en l'air, tenant son tricorne, prenant congé des citoyens en armes qu'il avait commandés pendant si longtemps. Je décidai de me placer à sa hauteur. Je chevauchai à sa droite, entre lui et les remparts. Je pensais sottement qu'avec un corps interposé, les plus perturbés s'abstiendraient de tirer contre le général fugitif. (Mon Dieu, quelle différence avec cette lointaine année 1710, la bataille de Brihuega, quand ce rat de Zuvi tentait de chevaucher en interposant le cheval de don Antonio entre son corps et les balles ennemies.)

Je n'étais pas encore arrivé à sa hauteur pour lui couvrir le flanc droit qu'un rugissement me fit lever la tête.

Les Barcelonais de la Colonelle, les Castillans, Aragonais, Valenciens, Allemands, tous agitaient leurs fusils au-dessus de leurs têtes. Et ils ne le maudissaient pas. Ils l'acclamaient. Une clameur discontinue, informe Ils criaient juste son prénom, "Don Antonio, don Antonio, don Antonio !", et les cris montaient de plus en plus fort. La pluie redoublait, et avec elle les clameurs. Villarroel ne put en supporter davantage, il éperonna son cheval pour fuir l'ovation. Je me mis à sa hauteur et vis quelque chose qui me laissa bouche bée : il pleurait.

Don Antonio pleurait ! J'aurais cru voir danser un chêne avant. Il vit que j'avais remarqué ses larmes et dit, comme pour se justifier :

— Mon seul désir serait de rester avec eux, mais l'honneur m'en empêche. Je ne peux les diriger en tant que commandant quand cette défense relève déjà plus de la témérité que du courage, et je ne peux pas m'imposer le rôle du barbare qui expose tant de vies innocentes.

Nous nous éloignâmes des murailles ; la pluie persistait. Et pendant que je calmais sa monture par des caresses tristes, don Antonio murmura en aparté, étranger à ma présence :

— Si seulement les goélettes n'arrivaient jamais, je pourrais mourir avec eux comme un simple soldat.

Don Antonio dit au revoir à ses hommes le 8, et en ce triste 11 septembre, il plut sans cesse, jour et nuit.

Mon Dieu, quel contraste après la chaleur de ce mois d'août infernal. Au début, la pluie représenta un repos. Elle nous rafraîchissait et nous soulageait, et après toutes ces chaleurs, nous nous sentions revivre. La poudre mouillée, les bourboniens durent suspendre momentanément le bombardement. Le côté lugubre était que sous toute cette pluie, notre entourage de murailles enfouies se transforma en un paysage de pierres humides, sombres, crottées. Pierre et bois mouillés tendent à l'inhospitalité.

Les brèches étaient majestueuses. Il y en avait cinq, la plus petite mesurait quarante mètres de long et la plus grande soixante. En comptant les orifices, jusqu'à six cent quatre-vingt-sept hommes pouvaient avancer de face à l'intérieur (ne vous étonnez pas de l'exactitude de ce "six cent quatre-vingt-sept", calcul propre à Bazoches, c'est-à-dire plus ou moins ce qu'occuperaient deux régiments en ordre de bataille).

Impossible d'obturer les brèches. Nous lançâmes des centaines de grosses planches rectangulaires au pied des orifices. Chacune était hérissée de clous longs de dix centimètres. Nos ouvriers les envoyaient aussi loin que possible, elles tombaient au hasard, afin qu'ils ne s'exposent pas à la fusillade. Ainsi semâmes-nous les ouvertures de piques.

Ruisselant, sous un toit de gros nuages noirs, je continuai à diriger les travaux de nos morts-vivants. Il ne leur restait plus de forces, il fut donc plus pénible de les fustiger pour qu'ils tentent de refermer les énormes trous dans nos défenses. Derrière chaque brèche, nous ouvrîmes un fossé, et un autre parapet, puis un autre. De nombreux parapets, mais tous pareillement fragiles. Dans des positions choisies, nous plaçâmes des “orgues”. Ainsi appelions-nous l’invention d’un Archimède local.

Les orgues étaient des plateformes en bois sur lesquelles s’alignaient dix, quinze fusils chargés. Une fine corde unissait les quinze gâchettes. Il suffisait qu’un vieux comme Peret tirât sur la corde pour décharger les quinze fusils, au jugé, contre la zone d’intrusion. Ils ne seraient jamais très efficaces, mais ces derniers jours, il nous restait beaucoup plus d’armes que de soldats. Il y eut une dernière prouesse.

En l’absence de don Antonio, je me sentais libre de me battre pour mon compte. J’avais appris qu’une défense désespérée utilisait pierre, chair et sang. Pourquoi pas les éléments ?

J’emmenai à part les ouvriers en meilleure forme. Avec les dernières réserves de bois, nous créâmes un long canal, raccordant des jattes en forme de tuile. Grâce à la pluie, nous n’avions plus besoin d’économiser l’eau des dépôts municipaux. Notre aqueduc reliait l’un des plus grands aux murailles. Une nuit, nous ouvrîmes la vanne, et un torrent inonda les positions avancées de la tranchée. Des milliers de litres d’eau tombèrent sur les cavaliers, continuèrent par les couloirs entraînant gens, fascines et armatures. Une inondation nocturne est plus terrible. Les bourboniens ne comprenaient pas ce qui arrivait et puis, à quoi sert de tirer sur une cataracte ?

L’avant-garde de la tranchée se transforma en un cloaque. Sur certains pans, ils avaient de l’eau jusqu’à la taille. Ils durent consacrer toute la journée du lendemain à évacuer les eaux putrides. Un jour, un jour de vie en plus. Une victoire, aussi brève soit-elle, mais nous étions si épuisés que nous n’eûmes même pas la force de nous en réjouir.

Tandis que les bourboniens pataugeaient encore dans la boue, je m’adressai à Costa. Je ne l’avais jamais vu la tête aussi basse. Lui, Francesc Costa, un individu que son brin de persil suffisait à absorber.

— Allons, Costa, tentai-je de l’encourager, sans conviction. Nous ne sommes pas allés aussi loin pour abandonner maintenant. Dispose pièces et munitions.

Mais il était assis sous la pluie, sans chapeau, trempé et se tenant les côtes, comme s’il avait de la fièvre.

— Munitions, munitions, tu dis ? cracha-t-il sur un ton sarcastique. Je n'ai même plus de persil à mâcher. Cette tranchée nous a eus.

La référence à mon ouvrage me fit du mal.

— Les canons ! criai-je soudain, et oubliant le tutoiement, j'ajoutai : Placez-les derrière les brèches et oubliez le reste !

Dans les cas désespérés, les rumeurs supplantent les espérances. Illusions. On disait qu'une flotte anglaise allait arriver, et que Karlangas avait déjà mis en route une légion germanique. Mensonges. Des foules désespérées se pressaient sur la place du Born, le centre de la ville, priant pour le salut de Barcelone. Fatuité. Dans le fond, nous qui étions sur la brèche, nous ne croyions en rien, nous nous contentions de lutter.

Et heureusement que cette pluie incessante éteignait le volcan de l'artillerie de Jimmy. Comme je l'ai dit, la poudre humide les empêchait de nous bombarder. Faute de projectiles, ils nous attaquaient avec des moqueries et des menaces. Leurs positions couronnaient le fossé, on pouvait les entendre crier. Ils n'étaient pas à plus de trente mètres des ruines des remparts.

Les plus hardis passaient la tête par les cavaliers, à l'extrémité la plus avancée de la tranchée, et faisaient d'un doigt le geste de se trancher le cou, ou agitaient les poings d'avant en arrière. Et ils nous disaient sur le ton le plus sinistre : *"Ça va être votre fête !"*

La nuit du 10 au 11 septembre, je ne dormis pas, c'était impossible. Il n'était pas nécessaire de posséder une grande intuition pour deviner que l'assaut final allait se produire d'un moment à l'autre. En prévision, nous avions reculé certaines des positions les plus exposées. Ce serait un suicide d'accumuler des hommes si près des cavaliers bourboniens. Dans les parties les plus soumises au feu, nous préférâmes créer un espace, afin d'offrir une possibilité de retraite à ceux qui recevraient la première vague. Cette nuit, donc, entre nos lignes et celles de Jimmy, s'étendait un vide mort. J'ai vu de nombreux paysages soumis à un bombardement, et le plus surprenant était les profils des ruines. L'artillerie, même la plus lourde, se borne à trouer les toits et à renverser les murs. Elle laisse une silhouette aux angles pointus. Mais un bombardement est si intense et soutenu dans le temps que les bords des murs finissent ondulés et émoussés, comme s'ils avaient souffert mille ans d'érosion. Une très fine bruine continuait à tomber sur un labyrinthe de ruines et de démolitions. La nuit était noire, la lune se cachait entre des nuages pleurnicheurs. Mes pieds glissaient entre armons d'artillerie détruits, fusils brisés, l'osier des fascines enfouies, dont les gueules cylindriques émergeaient du sol de façon sinistre, comme étouffées. Et de toute part des milliers de nos grosses planches hérissées de clous. C'était un lieu tellement silencieux, triste et spectral que même ma science se trouvait dépouillée de ses pouvoirs.

Alors, soudain et sans raison, je fus assailli par un désir impérieux de retourner à notre tente sur la plage.

Amelis dormait nue. Je la réveillai.

— Où est Anfán ?

Elle ne dormait pas vraiment, elle somnolait à cause de la faim et de l'épuisement. Elle ouvrit les yeux, ces immenses yeux noirs. Je me revois là, dans l'obscurité de la nuit, sous cette pauvre tente de la plage. Elle allongée, nue, en sueur, moi à genoux à ses côtés et l'étreignant avec une impatience moins amoureuse que protectrice. Elle, en revanche, était fiévreuse. Elle se réveilla d'un cauchemar. En sentant ma main, mon bras lui entourer les épaules, elle sourit comme dans des retrouvailles longuement attendues. Ses doigts me touchèrent la joue.

— Martí, tu es là, murmura-t-elle.

C'était une joie éteinte et malade.

— Pour l'amour de Dieu, Amelis ! Où est Anfán ?

Si on tuait Anfán, rien n'aurait servi à rien. Cela faisait sept ans qu'ils étaient à la maison, sept. Ce qui m'unissait véritablement à eux n'était pas les actes sublimes, mais l'accumulation de banalités. Il n'y a rien de plus significatif que la somme d'un million d'insignifiances.

Nous fûmes interrompus par une décharge d'artillerie si écrasante que la tente trembla comme si elle allait s'envoler. Cela ne pouvait être que l'annonce de l'assaut général. Je coiffai mon tricorne et voulus sortir. Au moment où je franchissais la porte de toile, elle dit quelque chose, je ne me souviens pas exactement quoi. Elle mentionna Beceite. Un Beceite très lointain, ce petit village aux confins de l'Aragon où nous nous étions rencontrés, entre bourboniens violeurs et miquelets assassins. La faim la faisait délirer. Elle se caressa une joue et supplia, comme égarée :

— Martí, ce n'est que de la framboise écrasée. Ne t'en va pas, je t'en prie. Ce n'est que de la framboise.

Elle me tendit ses bras ouverts. Mes obligations me poussaient à sortir de là. Mais c'était la femme qui n'avait jamais imploré de faveurs, et maintenant elle émettait un *si us plau, si us plau*, comme des miaulements de chaton. Je revins.

Elle était si mince que mon étreinte devait être très légère. Sinon, et je n'exagère pas, je lui briserais les côtes. Son visage était couvert de sueur. Ce qui me désolait le plus était de ne rien pouvoir faire pour apaiser sa douleur. Elle me demanda la boîte à musique cassée. Je la lui approchai, elle l'ouvrit. Naturellement, il n'en sortit aucun son. Mais, en souriant, elle dit :

— Tu entends ? Mon père a inventé cette boîte, il a mis de la musique dans une boîte. Et il a choisi cette chanson. Elle est jolie, n'est-ce pas ?

Je n'ai jamais aimé mentir aux malades, aussi répondis-je :

— Nous l'arrangerons, tu verras.

— Martí ! s'exalta-t-elle. Dis-moi que tu l'entends !

Non, je ne l'entendais pas. Ce n'était qu'une boîte tout abîmée, un minuscule reste parmi des millions d'objets endommagés par le bombardement ennemi. Au lieu de répondre, elle dit :

— Tu veux savoir quelque chose, Martí ? Tu es toi parce que tu n'entends pas cette musique. C'est ta qualité et en même temps ta limite. Si tu voulais entendre notre musique, tu l'entendrais. Mais tu ne peux pas, tu ne crois pas en elle. Tu n'essaies même pas. Et elle poursuivit : Tu as entendu cette musique mille fois. Pourquoi ne l'entends-tu pas maintenant ? La boîte n'est qu'une boîte, elle devait se briser un jour.

Je l'obligeai à me regarder dans les yeux.

— Mon Dieu, Amelis, ne bouge pas de la plage. Quoi qu'il arrive, n'en bouge pas ! Si tes pieds foulent autre chose que le sable, reviens en arrière.

— Je m'occuperai d'elle, chef.

C'était Anfán, derrière moi. Nan et lui venaient d'entrer.

— Où étiez-vous ? rugis-je.

Anfán soupira, insolent et réticent tout à la fois.

— Écoute-moi pour une fois dans ta vie, criai-je. Cette nuit, et demain, personne ne doit quitter la plage. Ni toi, ni Amelis, ni Nan. Et tu vas t'en occuper ! C'est clair ?

Crier après Anfán était une perte de temps. Je changeai de tactique.

— Tu as connu ta mère ? demandai-je.

— Tu sais bien que non.

Je désignai Amelis, endormie, ou plutôt inconsciente, consumée et délirante.

— Et si tu pouvais choisir parmi toutes les mères du monde, tu en préférerais une autre ?

Il baissa le regard vers Amelis. Nous avions pour toute lumière une bougie fatiguée. La flamme timide tremblait. Et si vous me le permettez, je dirai que la flamme d'une triste, faible bougie, est capable d'éprouver des émotions.

Mon Dieu, comme la vision de la créature aimée peut être belle dans sa faiblesse. Sans elle, nous n'aurions jamais été tous les quatre réunis. Notre vie aurait été différente, bien pire.

Anfán remplit ses poumons et j'entendis pour la première fois parler l'homme au lieu de l'enfant.

— D'accord, chef. Je la protégerai. Et quoi qu'il arrive, personne ne quittera cette plage. Je t'en donne ma parole.

Martí Zuviría, toujours joyeux, toujours content ! Toujours ? Non, pas toujours.

15

Ainsi, après plus d'un an de siège, nous arrivâmes enfin au 11 septembre 1714. Tout commença par une terrifiante décharge d'artillerie à quatre heures et demie du matin. Immédiatement, une première vague de dix mille hommes lança une charge contre les brèches. Des douzaines d'étendards, les officiers sabre au clair, les sergents levant leurs hallebardes pour guider la troupe. Je ne crois pas qu'il y eut plus de cinq cents hommes à s'y opposer en première ligne, tout au plus six cents miliciens éreintés.

Il m'est impossible de raconter ce 11 septembre dans l'ordre. Même moi je ne peux le comprendre : de la plus longue journée de ma vie, il ne me reste que des estampes fugaces qui éparpillent l'ensemble des faits en images isolées. Je sortis de notre tente sur la plage, m'engageai dans les rues. Toutes les cloches sonnaient à la volée. C'était le chaos. Comment aurait-il pu en être autrement, avec la Vierge érigée en commandant suprême ? Et pendant ce temps, les bourboniens débordaient des murailles que même un enfant aurait pu écarter du bout du pied. Avec les premières lumières, je montai sur la terrasse de la maison Montserrat, la demeure d'un botifler en fuite, d'où l'on pouvait observer une bonne partie du périmètre attaqué, du bastion de Portal Nou à celui de Santa Clara. Et ce que j'aperçus fut la vision la plus désespérante qu'un ingénieur pût contempler.

Toute l'étendue, qu'il nous en avait tant coûté de protéger pendant treize, treize longs mois, débordée par cette horde d'esclaves abrutis. Une couverture d'uniformes blancs qui entraient par les brèches, en formation et à la charge, *en avant, en avant* ! Ils étaient si nombreux qu'ils pouvaient se permettre d'ignorer ceux qui leur tiraient dessus du haut des murailles. Était-ce mon destin ? Tous mes sens avaient-ils été élevés pour ça ? Pour subir un jour plus intensément la chute de Barcelone, la mort de tout un peuple ? Pour que ce dernier jour de nos libertés mes oreilles entendent plus de hurlements, mes yeux pleurent davantage, mes mains s'accrochent avec un plus grand désespoir à la proue qui s'enfonçait ?

Voici une de ces visions : des restes de murailles s'élevaient comme de grandes tours, séparés les uns des autres par des brèches gigantesques. À travers la longue-vue je vois un pan de muraille très étroit, flanqué d'ouvertures par lesquelles s'engagent des milliers de fusils ennemis. En haut, il ne reste qu'un vieux et un gamin. Le vieux charge des fusils, les passe au gamin, et celui-ci tire en bas, sur la troupe d'uniformes blancs qui inondent tout. Le vieux est trop lent, le gamin finit par lancer des fusils munis de la baïonnette, en guise de lances. Une autre estampe dans le cercle de ma longue-vue : le deuxième échelon bourbonien s'est emparé du pauvre bastion, le vieux et le gamin se sont rendus, grièvement blessés. Les soldats obligent le jeune et le vieux à s'agenouiller face à l'abîme. Puis ils les précipitent en bas de la muraille à coups de crosse.

Des images, des images en tourbillon. Des orgues actionnées à bout portant par des enfants, fauchant des rangées entières de grenadiers. Des soldats de la Colonelle lançant des grenades jusqu'à ce que l'ennemi les déborde ; ils utilisent la dernière pour s'immoler.

Des images, oui, mais, les dépassant toutes, s'imposant à la tragédie même, une apparition qui consacre l'homme dans la mémoire des justes : don Antonio de Villarroel Peláez. Don Antonio ! Mais que faisait-il encore à Barcelone ? À cette heure, il aurait dû se trouver en haute mer et soudain il faisait irruption dans une réunion d'officiers de haut rang. Sa grosse voix.

Il aurait dû partir à Vienne, où il aurait trouvé la sécurité, recueilli des éloges et pu se forger un avenir à la cour impériale de Karlangas. Et il était là. Les faits se déroulèrent comme suit : il attendit jusqu'à la dernière heure que le gouvernement retrouvât son bon sens, que quelqu'un lui rendît le commandement. Ce ne fut pas le cas, et quand il se dirigeait vers la plage salvatrice, il s'arrêta, fit demi-tour et regagna simplement les remparts. Il se condamnait pour toujours sans rien en échange, et il le savait. “Si seulement je pouvais mourir avec eux comme un simple soldat !” Pourquoi existe-t-il de tels hommes ? Je ne sais pas. Je sais juste qu'on ne peut que les aimer quand ils apparaissent.

Pendant un très bref instant, nous restâmes seuls dans ce bureau. Je ne savais que dire ni que faire. Je me sens encore mal de ne pas avoir su trouver les mots pour lui exprimer ce que son geste signifiait pour moi. Je suppose que cela n'a pas d'importance. Don Antonio ne fit pas une allusion de la journée à son sacrifice. Simplement, à cet instant où personne ne nous voyait ni ne nous écoutait, il regarda au loin, lissant son uniforme sur son estomac et dit :

— Que les goélettes aillent se faire foutre.

Ce 11 septembre, notre chef de cabinet, Rafael Casanova, joua également son rôle, mais sans frôler la grandeur de Villarroel. Si je jouissais d'un caractère indulgent, je dirais que Casanova fut un personnage plus tragique que déplorable, pris entre sa raison, la raison d'État et la volonté de lutte de son peuple. Mais je ne suis pas un homme indulgent ; si on veut être aimé de son pays, il faut être disposé à se sacrifier pour lui. Villarroel n'était même pas catalan, et au dernier moment il sut le comprendre mieux que tous les Casanova du monde.

Villarroel ordonna deux attaques concentriques. Il commanderait l'une d'elles en personne et Casanova l'autre, derrière le drapeau de sainte Eulalie. La tradition voulait que ce drapeau ne fût exposé qu'en cas d'extrême danger pour la ville. Pouvait-on imaginer plus grand danger ? Don Antonio le savait parfaitement, l'*élan* des Barcelonais défaillants se raviverait.

Le problème fut que, d'après le protocole, l'attaque avec l'enseigne sacrée devait être menée par le plus grand représentant politique de la ville. C'est-à-dire ce foireux de Casanova. Je n'étais pas au consistoire, bien sûr, mais le plus probable est qu'un énergumène lui ait mis un gros pistolet sur le ventre et l'ait obligé à revêtir l'uniforme de colonel. Les militaires ne devraient pas faire de politique, de la même façon que les politiques ne devraient pas jouer les militaires. Mais puisque Casanova était le dirigeant nominal de la Colonelle, sa charge l'obligeait à porter la casaque à galons dorés, à monter sur un canasson et à prendre la tête de l'attaque. Je vis là un acteur que les circonstances obligent à interpréter un personnage qu'il n'aime pas. Résigné, et à la fois imbu de son nouveau rôle, il agitait l'épée par-dessus le tricorne, simulant des passions qui lui étaient complètement étrangères.

Le cortège sortit du Salon de Sant Jordi. Nous le sûmes au brame qui s'éleva. Là où il passait, les gens crasseux, désespérés, le rejoignaient. Par les fenêtres et les balcons apparaissaient des torses qui envoyaient des baisers à la sainte violette. La même couleur, à propos, que les casaques du sixième bataillon, composé de tailleurs, taverniers et chaudronniers, et qui allaient à l'avant-garde du drapeau.

Je me rappelle également un paillasson rouge, encore vêtu de grenat, sur un côté de l'étendard. Il criait aux femmes sur les balcons de prier moins et de descendre rejoindre le sacrifice. Je me rappelle que les femmes étaient si faibles qu'elles utilisaient les rambardes comme béquilles et qu'elles lui répondaient :

— *Doneu-nos pa i hi anirem !* Donnez-nous du pain, et nous irons.

Il devait être sept heures du matin quand je les vis passer en direction du front, moitié armée et moitié foule armée. L'étendard de sainte Eulalie était revenu à l'origine de tous les drapeaux : le point sous lequel se rassemblent des hommes unis par une cause. Quand il y eut une foule suffisamment nombreuse, une phalange de baïonnettes en tête, ils se dirigèrent vers les bastions perdus pour les récupérer.

Je vous dirai également qu'il y a des moments où jusqu'au cœur le plus insensible fond. Le vent agitait le long étendard rectangulaire par-dessus la foule, et ce fut comme si la figure de sainte Eulalie prenait vie. Cette fille si jeune, si triste. Le drapeau avançait vers son martyre et, en flottant, elle donnait l'impression que ses yeux vous regardaient, vous et seulement vous.

Des estampes, oui : je me rappelle que Costa observait la longue colonne derrière un canon vide, les coudes appuyés sur la culasse et les yeux remplis de larmes.

— Mon Dieu ! criai-je. Ne pleurez pas et appuyez-les avec votre poudre !

Il fit un signe de tête négatif et, ouvrant les paumes, dit :

— Il n'y en a plus.

Cette troupe bigarrée de soldats disciplinés et de civils furieux attaqua donc. Elle avait pour objectif de nettoyer les remparts des ennemis, de Portal Nou à Santa Clara. Il était plus simple d'aller à Gibraltar, d'arracher le rocher et de revenir pour le montrer à Santa María del Mar.

Jimmy avait déjà des milliers de soldats et des centaines de sapeurs qui fortifiaient des positions à cet endroit précis, au cas où un fou se serait avisé de défier ses conquêtes. La tragédie fut qu'il ne s'agissait pas d'un fou, mais de centaines de fous. Ils suivirent le drapeau de sainte Eulalie, se pressant comme des moutons, cherchant plus à protéger l'étendard qu'à tuer des ennemis. Ce fut terrible. Avançant sous le feu, ils tombaient par douzaines, et continuaient.

Ils parvinrent aux remparts, dont la promenade ne mesurait que quelques mètres de large. Les deux avant-gardes se heurtèrent comme des troupeaux. Autre vision de ce jour-là : les uniformes violets de notre sixième bataillon se mêlant aux uniformes blancs de l'ennemi combattant à la baïonnette. Contre toute attente, ils parcoururent un long pan de murailles prises par les bourboniens. La foule autour de la fille violette se dispersait et eux, ils continuaient, proférant des malédictions et poussant l'ennemi en bas des murailles.

Alors quelqu'un m'ordonna de me diriger au centre de l'assaut bourbonien, grâce à Dieu, car on m'évita ainsi d'assister à la fin de ce suicide collectif. Peu après, tandis que la bataille continuait, Casanova fut évacué pour cause de blessure à la jambe. Nous le vîmes passer en direction de l'hôpital, en chaise à porteurs. Bon, je ne suis pas chirurgien, mais cela me sembla bénin. L'homme était plus touché à l'esprit qu'au corps, c'est certain, car lorsqu'il nous dépassa et que les gens s'enquirent de son état, il leva la tête et dit :

— Allez, messieurs, encourager les nôtres, les dangers sont multiples.

Et il se désintéressa de nous.

Ce que nous ne sûmes pas fut que pendant qu'on lui appliquait un garrot, son médecin rédigeait déjà son acte de décès pour lui permettre de s'enfuir. Laissons-le là.

Des images, des images en torrent. Des barricades à chaque carrefour donnant sur les remparts, coupant l'avancée bourbonienne vers le centre de la ville. À sa grande surprise, Jimmy découvrit que, contre toute logique poliorcétique, conquérir les murailles n'avait pas supposé la fin de l'assaut, juste le prologue. Dans un autre siège, ceux qui étaient à l'intérieur auraient envoyé aux assiégeants quelqu'un pour parlementer. À Barcelone, les gens continuèrent à se battre dans les rues et depuis les fenêtres, transformant chaque édifice en un bastion. Là, je redevins ingénieur. Les rues étant si étroites, on pouvait improviser une petite barricade en un clin d'œil. Pendant que les civils élevaient encore des parapets, les soldats se disposaient déjà derrière, tirant contre les avant-gardes bourboniennes.

Je retrouvai Ballester derrière une de ces barricades. Il était venu en renfort de ce que j'aidais à élever. Ballester, oui ; autre estampe de ce 11 septembre. Cette journée allait être la dernière de son existence, il en était conscient, et vous savez quoi ? Il était presque heureux, chargeant son fusil et tirant sans discontinuer. Il éprouvait une sorte de joie festive, celle de qui a juré de ne pas terminer la nuit sobre.

Tant de petits nuages de poudre nous aveuglaient. Mais Ballester vit quelque chose et lâcha l'écouvillon pour me secouer.

— Votre gamin ! Et le nain ! Ils sont entre les lignes ! Regardez, regardez !

Je levai la tête et vis les deux petits monstres courir dans l'espace resté entre les murailles, aux mains des bourboniens, et l'entrée d'une rue. Des milliers de tirs traversaient l'air et je hurlai dans ma tête : "Mais que faites-vous à traîner par là ?" Quelques heures plus tôt ; Anfán et Nan m'avaient fait une promesse sacrée qu'ils avaient déjà brisée. Ils couraient sans guère de sens, ce qui était inhabituel chez eux. Normalement, ils se déplaçaient comme des hyènes, aussi sûrs de ce qu'ils cherchaient que s'ils avaient une boussole sur le museau. Alors ils tombèrent. Je le vis entre des vapeurs de poudre. D'abord Nan. Anfán s'arrêta, fit le geste de revenir vers le nain et tomba lui aussi avec un petit cri, exprimant plus la surprise que la douleur. Le feu bourbonien était si intense, une grêle de plomb telle que je ne pus que pencher la tête par-dessus la barricade. Nan et Anfán avaient disparu. Je tirai Ballester par la manche.

— Ils les ont touchés ? Vous l'avez vu ? Vous l'avez vu ? demandai-je en sanglotant.

Ballester me regarda, et son silence fut la réponse. Alors nous entendîmes des gémissements. Par-dessus la fusillade, des râles qui s'éteignaient : *"Pare, pare, pare"*. Dans son agonie, Anfán redevenait un enfant. Il était tombé dans une tranchée, hors de mon champ visuel. Les paroles de Ballester ne parvinrent qu'à augmenter la torture, car sur un ton triste, prudent, il me dit :

— Il vous appelle.

Là, tout s'arrêta. C'était ça, la fin du monde : quand votre fils vous appelle "père" pour la première fois, et cette fois est l'instant avant sa mort. Alors cette tension sans nom qui nous garde en vie se relâcha. Pendant un bon moment, j'habitai un corps vide. Je ne sais pas, en fait, combien de temps je restai là, à genoux, souffrant. La chose suivante que je me rappelle est le visage de Ballester face au mien.

— Vous devez venir avec moi.

Le fracas de la bataille continuait autour de nous, mais l'hécatombe me sembla être une gêne lointaine et dépourvue de sens. J'étais dominé par un laisser-aller incongru et obscène. Je ris même aux éclats. Pendant que Ballester m'entraînait, je ris de lui, et de tout.

Nous allions vers l'arrière-garde. Je vis Peret. Je ne voulus pas écouter ce que son visage me disait. Je me trouvais dans un état très semblable à celui de ces rêves maladifs dans lequel l'ordre de ce que nous voyons et de ce que nous savons s'inverse. Je dis, ou pensai, je ne sais plus : "J'ai prévenu cette femme de ne pas quitter la plage." Peret et d'autres dirent, comme une assemblée de spectres : "Nous sommes sur la plage, Martí." Je baissai la tête vers mes pieds, tombai à genoux et, effectivement, ceux-ci s'enfoncèrent dans du sable sale. Inopinément, je fus possédé par une question que j'aurais dû me poser bien avant.

De quoi Anfán avait-il voulu me prévenir ? Qu'est-ce qui pouvait être assez important pour le pousser à venir me chercher alors que je le lui avais catégoriquement interdit ? Étendu devant moi, le corps d'Amelis.

— C'était une balle perdue, dit une voix âgée, peut-être celle de Peret.

Je ne cherchai même pas à nier sa mort ; nous avions vu trop de cadavres. La couleur verte sous les ongles disait tout. Même Ballester étouffait sa voix de son poing. Ce 11 septembre 1714, nous souffrîmes tant que la douleur dut faire la queue pour entrer en nous.

Je caressai sa joue avec la mienne. La sienne avait commencé à se refroidir. Oui, la mort est un froid disproportionné. Non, un cadavre froid ne ressuscite pas. Et pourtant, ce fut le cas. Son torse se releva soudain, comme sous l'effet d'une ruade.

Tous reculèrent d'un pas. Je vis les yeux d'Amelis, soudain ouverts, et tout notre univers y tenait, tout entier. Elle s'accrocha à ma poitrine avec la main droite. Elle voulait parler. Je sus qu'elle était morte, qu'elle ne revenait que pour me dire quelque chose avant de s'enfoncer pour toujours. Et elle le fit, ne fût-ce qu'un moment, elle revint.

Dans mes souvenirs en piteux état apparaît une pause dans la bataille. La suspension de tous les bruits, dans l'attente de ce qu'Amelis avait à nous dire. Ce ne fut pas le cas, bien sûr. Je croyais que nous avions vécu toutes les cruautés. Il nous en manquait encore une : les quatre mots terribles qu'un père peut entendre :

— *Martí, tingues cura d'Anfán**, implora-t-elle.

Et elle s'en alla, davantage par un relâchement de l'âme que des muscles.

Comment affronter le fait que sa demande était impossible à exaucer, qu'elle venait trop tard ? Que son vœu m'enchaînait au monde avec une souffrance insupportable ? Amelis ne pouvait savoir qu'Anfán était mort, et qu'il était mort précisément pour avoir tenté de la sauver, pour venir chercher de l'aide auprès de moi. Même Ballester compatit. Ses joues se contractaient sous la barbe, et il tourna même la tête pour ne pas me regarder.

Des estampes. Sur l'image suivante de ce 11 septembre, je me trouve sur le Fossar de les Moreres, la grande fosse commune où l'on enterrait ceux qui étaient tombés dans la ville. Les combats se poursuivent avec la même violence, mais moi, étranger, je transporte le corps d'Amelis recouvert d'une couverture. À mes côtés, Ballester. L'un des fossoyeurs posa la question de rigueur :

— Elle est des nôtres ?

Le gouvernement avait donné pour instructions de ne pas violer le sol sacré avec des cadavres bourboniens. Je ne cherchai même pas à répondre. Ballester leva le poing, ce qui suffit à faire détaler l'homme.

* "Martí, occupe-toi d'Anfán" en catalan.

Je descendis dans la fosse. C'était un énorme cratère où l'on déposait les cadavres.

Les paillassons rouges, très prévoyants, avaient ordonné de creuser une fosse de cinq étages. Mais à ce stade du siège, le cratère rejoignait presque le niveau du sol. J'enterrai Amelis sous la canonnade. Tandis que je m'agenouillais pour déposer son corps, aussi délicatement que possible, Ballester restait attentif aux échos de la bataille.

Une balle perdue. Après avoir survécu à une vie de risques, de viols et de misères, Amelis avait été tuée par une chose aussi ridicule qu'une balle perdue. Je ne pus éviter que l'idée vît le jour : j'étais cette balle perdue.

Je tombai à genoux, et entre des sanglots sans fin, je dis :

— Je les ai tués. Amelis. Anfán. Le nain. Tous.

Ballester entrouvrit les yeux et demanda :

— On peut savoir ce que tu bafouilles ?

Je parlai en gargouillant, le visage baigné de larmes :

— C'est moi qui ai conçu la tranchée bourbonienne. Pendant que j'étais là-bas, de l'autre côté du cordon. Je croyais que ce serait moindre mal pour la ville mais je me suis trompé.

Je souhaitai, je jure que c'est vrai, qu'il sortît son couteau et me tranchât le cou comme il aurait dû le faire à Beceite. Je vis aussi très clairement que les sept ans écoulés depuis lors avaient été un rêve. Mais au lieu de me tuer, il réagit avec un scepticisme emporté.

— De quoi me parlez-vous ? cria-t-il. Qui se soucie de vos foutus calculs, tableaux et compas ? Sortez la tête de l'encrier et battez-vous !

— J'ai donné le meilleur de moi-même. Et je ne l'ai pas fait pour la ville ni pour les miens, mais pour l'ingénierie. Cette tranchée était le rêve de tout *maganon*. En face, une ville obstinée, et à ma portée, tous les moyens de créer la tranchée parfaite. Malgré les distorsions que j'y ai introduites, je n'étais guidé par aucune autre cause que celle de dépasser mes maîtres, dépasser le cousin de Vauban en personne. J'ai succombé à la tentation. Et puis je me le suis caché à moi-même. Je n'avais qu'un moyen d'effacer une telle tache : retourner à la place condamnée, pour être immolé par mon propre ouvrage.

Il voulut m'entraîner sur le front, mais une de mes mains l'en empêcha.

— Et vous savez le pire ? Je regardai les yeux de Ballester en y cherchant ma sentence. Ou plutôt, à ce qu'il l'exécutât. Je conclus donc : Si j'avais vraiment aimé les miens au-dessus de l'ingénierie, si j'avais aimé l'amour plus que la vanité, je n'aurais pas dessiné de tranchée, ni bonne ni mauvaise. Le démon, on ne le sert pas bien ou mal : les gens honnêtes ne servent pas le démon, jamais.

— Mais vous avez causé du tort au démon, dit-il en ma défense. En dévoyant la tranchée, vous avez accordé quelques jours de vie en plus à cette ville.

— Et à quoi cela a-t-il servi ? Regardez autour de vous. Si je survis, je devrai toujours porter le poids d'avoir été l'auteur de sa condamnation.

Ballester nia de la tête, mais j'insistai :

— Où est la vérité authentique ? Dans nos actes, ou dans les sentiments qui les guident ? Je sais que je n'ai pas conçu cette tranchée par amour ni par patriotisme, mais par vanité. Et maintenant, la mort des miens portera ma signature.

Je pleurai tellement que je crus que mes yeux sortaient de leur orbite. Ballester enfonça un genou dans le sol et me serra les joues de ses mains, fixant son horrible regard dans le mien. Le monde s'enfonçait et Ballester, je le sais aujourd'hui, comprenait que c'étaient les derniers mots que nous échangerions.

— Vous savez quel est votre problème ? fit-il. Vous ne luttez que pour les vivants. Entre les Français, les Espagnols et les paillassons rouges, ils ont tué mon père, ma mère, et mes frères et sœurs. J'ai tellement de morts que j'ai compris que je ne pourrais pas les venger tous. Ne luttez pas pour les vivants, ne luttez pas pour les morts. Ceux qui doivent venir maudiront peut-être nos actes. Parce que nous avons commis des erreurs, ou parce que nous avons échoué. Eh bien, qu'ils aient honte de ce que nous avons fait, jamais de ce que nous n'avons pas fait.

Je restais en pleurs, désemparé et à genoux. Il se releva. De cette hauteur, qui dans ma posture me faisait me sentir comme un enfant, il ajouta :

— Vous croyez vraiment que le monde tourne autour de votre foutue tranchée ? Eh bien vous savez ce que je vous dis ? J'espère que vous avez accompli la plus belle œuvre de votre vie parce que, dans le cas contraire, quel mérite aurions-nous eu à affronter une bande de pauvres fantômes vêtus de blanc ?

Ballester eut envers moi l'attitude la plus affectueuse entre deux hommes : il me releva.

— Allez, allez ! m'éperonna-t-il.

Et nous repartîmes à la bataille. Je le suivis, je crois, parce que dans ces moments, je n'avais pas le moindre désir de survivre à Amelis et à Anfán. Et je partis vers ma tranchée.

Dans leur repli, certaines unités de la Colonelle avaient occupé des positions dans l'absurde, l'inachevée coupure, ce fossé derrière nos murailles avec lequel on voulait contenir l'assaut bourbonien. Des douzaines de miliciens se protégeaient dans le fossé, rendu boueux par les pluies, tirant au ras du sol. La vague de bourboniens leur tombait dessus, ils allaient rester prisonniers sous terre. Nous sautâmes dans le fossé de la coupure, de plus d'un mètre cinquante de profondeur, et les incitâmes à sortir.

— Hors d'ici ! Reculez, reculez !

Nous les poussâmes en courant dans les méandres du fossé. Ballester et ses hommes les sortirent de là.

Je criais, désignant la première ligne de rues qui s'étendait derrière nous :

— Aux bâtiments ! Occupez-les et tirez depuis les fenêtres !

Nous restâmes dans la fosse à faire sortir des gens. Quand nous nous en aperçûmes, les bourboniens l'abordaient déjà. Des douzaines, des centaines d'uniformes blancs sautaient à l'intérieur de la coupure, baïonnette en avant. Ils venaient des remparts conquis, il y avait au moins un régiment entier. Barcelonais et Français se poignardaient à l'intérieur et à l'extérieur du fossé. Je voulus sortir, mais au moment où je remontais à la force des coudes, quelqu'un me saisit par le cou et je retombai. Je me rappelle une pensée foudroyante, tandis que je m'enfonçais dans la boue : "Pourquoi ne se sont-ils pas contentés de me poignarder dans le dos ?" La réponse était que le responsable n'était autre que mon bon ami, le capitaine Antoine Bardonenche.

Il était en train de nettoyer le fossé avec une escorte de Français, baïonnette au poing. Le jour était dévastateur même pour lui. Pour une fois, son uniforme si blanc était sale, et son visage taché de noir. Des éclaboussures de sang maculaient son plastron.

Il visa mon nez de la pointe de son épée et dit :

— *Mon ami, mon ennemi. Rendez-vous.*

— *Ah non !* répondis-je sur le ton offensé de quelqu'un à qui l'on réclame le paiement d'une dette qui n'est pas la sienne. *Ça jamais !*

Comme vous le lisez, ce rat de Zuvi Longues-Jambes refusant ce qu'il désirait depuis le début du siège. Je n'avais même pas l'épée de Peret avec moi, ma très noble ruse consista donc à lui jeter une poignée de terre dans les yeux pour l'aveugler momentanément et à partir en courant. Ses hommes se mirent à donner de la baïonnette contre ceux de Ballester, Bardonenche s'essuya le visage et me courut après. Je trébuchai dans une faille du fossé. Je vis un mort, je lui arrachai son fusil et, essoufflé, je brandis la baïonnette devant moi comme une lance. Bardonenche s'arrêta et soupira.

— Ne faites pas ça.

Pauvre Bardonenche, pauvre de moi, de nous tous. Son expression, plus que contrite, était l'image de la commisération. Moi, bien sûr, je me sentais comme un rat traqué par un tigre. Imaginez un zéro de la taille de la lune. C'étaient mes possibilités de vaincre Antoine Bardonenche, la plus fine lame d'Europe.

Je continue à penser que Martí Zuviría aurait dû mourir ce 11 septembre, dans une coupure envahie par la boue. Mais alors Ballester fit un saut de panthère depuis le bord du fossé, tomba sur Bardonenche et ils roulèrent tous deux dans la fange. Je n'étais pas assez sot pour gâcher une si belle occasion, de sorte que je pliai mes longues jambes et sortis d'un bond.

Il y avait des uniformes blancs de toute part, la coupure tout entière était débordée par des centaines de Français. Les *gardes du corps* de Bardonenche tentaient de protéger leur capitaine et les miquelets leur chef. Les hommes de Ballester tiraient et jouaient du poignard comme des fous, mais la cataracte de bourboniens grossissait de plus en plus. Le fracas de la bataille était terrifiant ; à cette heure, plus de quarante mille fusils échangeaient des coups de feu dans toute l'enceinte urbaine, sans ordre, avec une cadence de roulement de tambour. Nous devions reculer le plus tôt possible.

Pour la deuxième fois depuis que je le connaissais, j'appelai Ballester par son nom.

— Esteve ! hurlai-je depuis le bord, à quatre pattes. Sortez, pour l'amour de Dieu, sortez de là ! Vous ne connaissez pas cet homme ! *Surti !*

Ballester avait déjà prévu qu'un capitaine français serait plus instruit que lui dans les arts martiaux. La lutte au corps à corps se tenant dans l'étroitesse du fossé, l'avantage de Bardonenche diminuait. Ses longs bras se heurtaient contre les murs de la tranchée, il ne pouvait donc employer sa technique. Ils se frappaient, mordaient et griffaient comme des bêtes.

Malgré tout, même Ballester ne pouvait résister longtemps à un artiste du fleuret tel que Bardonenche. Celui-ci parvint à s'écarter de Ballester, enfin, et d'une estocade foudroyante, il lui transperça le foie. Le sabre s'enfonça jusqu'au pommeau. Ballester, la moitié de l'épée dépassant de son dos, tourna la tête, regarda en haut, me vit et dit quelque chose que j'emporterai dans la tombe :

— Partez ! Vous êtes plus important que nous !

Ce furent ses dernières paroles ; il s'ensuivit un hurlement si guttural qu'il domina le brouhaha du combat. Ses doigts se crispèrent comme des crochets de métal, et il chercha les yeux de Bardonenche. Celui-ci rejeta la tête en arrière, juste la tête, ce qui fut une erreur. Le plus raisonnable aurait été de lâcher le sabre et d'éloigner le corps de Ballester d'un coup de pied. Je suppose que dans le monde de Bardonenche, il n'était pas très bien vu qu'un gentilhomme se séparât de son arme. L'honneur le tua.

Bardonenche cria, le menton levé, tandis que Ballester le mordait dans le cou avec ses dernières forces. Ils tombèrent sur la terre mouillée. Ils se tordirent. Les mains de Ballester trouvèrent quelque chose sur le corps de Bardonenche. Un petit sac de cuir, rempli de balles usagées : le sac de Busquets, ce vieux miquelet de Mataró. Ballester l'enfonça dans la bouche de son ennemi, poussant avec des doigts sanguinolents. Bardonenche se débattait dans les spasmes.

Le reste des miquelets était déjà tombé, plusieurs Français vinrent à l'aide de leur capitaine en traversant Ballester de leurs baïonnettes. Excités, les deux corps unis par l'étreinte, certaines estocades aidèrent à achever Bardonenche lui-même. Quand ils en eurent fini, ils étaient une même masse informe, enveloppés dans un cocon de boue épaisse. Deux hommes aux trajectoires différentes, si parfaitement éloignés, et dans leur fin rendus semblables dans la mort, comme si leur destin avait été de finir chacun dans les bras de l'autre.

Je fis demi-tour et courus comme jamais. Cours, Zuviría, cours ! Je ne m'arrêtai que lorsque le souffle me manqua. Je me laissai tomber dans un coin, hors d'haleine. Je ne pouvais croire qu'ils soient tous morts. Amelis, Anfán, Nan. Ballester. Et la bataille continuait. Je vis encore des choses. Des braves que je croyais ne jamais voir faiblir fuyaient leurs maisons. Des lâches qui ne s'étaient jamais montrés sur les remparts attaquaient à la hache. Il faudrait une page entière pour mentionner la liste de nobles qui, en juin 1713, avaient voté contre la résistance et qui moururent en ce 11 septembre en défendant la ville.

Nous pouvons nous poser de nombreuses questions, toutes légitimes. Pourquoi tant de sacrifices inutiles ? Cela valut-il la peine de remplir le monde de tragédies et de choses extraordinaires, de destins aussi fulgurants que des météorites ? Maintenant, nous savons ce qui survint par la suite. Fers pour les officiers, emmenés en Castille, et don Antonio le premier. Le drapeau de sainte Eulalie, captive et transportée au sanctuaire madrilène d'Atocha. Le pays entier soumis au régime d'occupation militaire pendant des décennies. Et Barcelone dans les mains de ce sicaire, le boucher d'Anvers, Verboom.

Je pense à l'un de nos chefs des miquelets, Josep Moragues. On le traîna dans tout Barcelone. Puis on le décapita et on lui arracha bras et jambes. Sa tête finit dans une cage. Les bourboniens n'éprouvèrent aucune honte à l'accrocher à une porte de Barcelone. Le crâne décharné resta là, pour humilier les rebelles en guise d'avertissement, pendant douze longues années, douze, malgré les prières de sa veuve.

Peut-il exister une ignominie supérieure à celle que l'on imposa à Moragues ? Oui, peut-être celle que subit Manuel Desvalls. Non qu'il eût subi la torture, mais parce que la tempête qu'il traversa ne le mena pas à la mort. Desvalls était l'un de nos commandants à l'extérieur. Quand il partit en exil, il ne pouvait pas savoir qu'il y passerait le restant de ses jours. Dans son cas, le drame fut qu'il vécut jusqu'à cent ans. Vous imaginez ? Plus de temps à l'extérieur de la maison qu'à l'intérieur, le retour au foyer refusé jusqu'à la fin des temps. Cent ans. Un siècle. Et je prends le même chemin.

Devrais-je parler des femmes, nos femmes, toutes celles qui nous soutenaient et crachaient parce que nous les empêchions de se battre sur les bastions ? Ou peut-être Castellví, Francesc de Castellví, notre naïf capitaine de la compagnie des soyeux ? En exil, il prit le chemin des lettres, ou plutôt, son impasse. Il s'obstina à consacrer sa vie à écrire la grande chronique de notre guerre. Pendant des décennies, il eut des échanges épistolaires avec des participants des deux camps et de douzaines de nationalités. Il écrivit un livre de cinq mille pages, plus, beaucoup plus, témoin impartial de toutes les prouesses. Et vous savez ce qui arriva ? Eh bien, il mourut sans que personne n'eût daigné en publier une seule ligne.

Mais par-dessus tous, je pense à don Antonio, don Antonio de Villarroel Peláez, renonçant à la gloire et à l'honneur, à la famille et à la vie, et tout cela à cause d'une fidélité insensée envers des hommes sans nom. Lui, un fils de Castille, pourvu de toutes les qualités de cette terre âpre, se sacrifiant pour défendre Barcelone. Et avec quoi fut-il payé ? Avec une douleur infinie, un oubli éternel.

Dans mon délire, je pensai à ma tragédie supplémentaire : Anfán mort, il me restait un fils, que je ne connaîtrais jamais et à qui l'on cacherait que son père s'était battu et était mort en défendant la liberté de gens dont personne ne saurait rien. Mais non, me dis-je, ma douleur n'était pas particulière : quand ils nous auraient vaincus, quand nous aurions péri, tous nos enfants seraient, en fait, élevés par les vainqueurs.

Le monde, cette question sans réponse. Et dans sa petite circonférence, les sots qui l'avaient cherchée. Tout cela pour rien.

Cependant, il reste un doute. Parce que tous ces hommes et femmes auraient pu ne jamais monter sur les murailles. Ils auraient pu rester chez eux, ouvrir les portes au tyran. Se résigner, s'agenouiller, implorer pour qu'on leur laissât la vie. Mais ils ne le firent pas. Ils se battirent. Connaissant leurs faibles possibilités, ils résistèrent pendant treize mois à des horreurs implacables. Mourir pour léguer un mot, mourir pour que les enfants puissent dire à travers les temps, ne fût-ce qu'en murmurant : "Mon père a défendu nos bastions." Ainsi pensait Ballester, et tous les Ballester.

Après la mort de Ballester, j'errai, entre la vie et la mort. J'ignore combien de temps ni dans quelles rues. La fusillade était une rumeur inoffensive quelque chose qui ne méritait pas d'attention. Quelqu'un me fit des signes.

— Don Antonio demande la présence de tous, dit-il. Des images, des vides, de la boue dans la mémoire. Mais le mot "don Antonio" ressuscitait des morts.

Soudain, je me retrouve sur la place du Born, le cœur de la ville. Indifférent à la fusillade, don Antonio rassemble une troupe sur le pavé. Et quelle troupe. Ce qu'il en reste. Des restes de la Colonelle, des blessés sortis de force de l'hôpital, des gamins, quelques femmes. Deux curés.

Don Antonio était sur le point de lancer la seconde contre-attaque, qui devait permettre de récupérer les remparts. C'était absurde, car les bourboniens étaient déjà arrivés à l'autre bout de la place du Born. Dans cette partie se rassemblaient des milliers d'uniformes blancs, la première rangée à genoux. Cela dit, à part don Antonio, je ne crois pas qu'il y ait eu plus de quelques douzaines de cavaliers. Le reste formait une sorte d'infanterie, tandis que quelques officiers tentaient de mettre les rangs en ordre.

Don Antonio, à cheval et en première ligne, fit un bref discours. De toute façon, le fracas était tel que nous ne pouvions pas l'entendre. Et peu importait ce qu'il pouvait dire. Des balles sporadiques frôlaient son corps, l'une d'elles rebondit sur le fil de son sabre. Parmi les milliers de tirs du 11 septembre 1714, je me rappelle le son de cette balle, métal contre métal. En guise de réponse, don Antonio leva son sabre encore plus haut. Je le regardai. Et que voulez-vous que je vous dise ? C'était un homme éclairé.

Non, le mot "bonheur" n'allait pas avec son caractère. Don Antonio ne fut jamais heureux, de la même façon que les éponges ne peuvent voir le soleil avant qu'on ne les arrache des fonds marins. Il allait vers autre chose. Il devait franchir sa limite personnelle, et il avait enfin trouvé l'occasion de le faire sans compromettre son honneur. Ce jour-là, enfin, ce ne serait plus lui qui exigerait de ses hommes l'impossible mais l'inverse. Et, heureux, il les dirigea dans leur folle cavalcade.

Et le Mot ? C'est ironique, car j'ai commencé ce livre dans le but de le révéler, mais après tant de pages, ce mot, ce mot unique, ne compte plus. Parce que dans cette dernière charge, nous étions désormais au-delà des mots.

Le Mot, c'était ça. Ces enfants, ces femmes, ces hommes de cent origines différentes. Agglutinés derrière le cheval de don Antonio. Composant des lignes irrégulières, disposés à entreprendre une charge de cavalerie sans chevaux. Plus de mille contre cinquante mille. Et pourtant, il y a peut-être un reflet du Mot dans les dictionnaires. Pâle, très pâle, mais un reflet, enfin.

Nous attaquâmes en braillant comme des sauvages contre Rome. Les bourboniens étaient en parfaite formation à l'autre bout de la place. Leurs files compactes et longues, des milliers de fusils nous visant aux yeux. Ils nous criblaient de balles. Une décharge après l'autre et une autre parfaitement cordonnées. Leurs officiers s'égosillaient. *Feu, feu, feu !* Les gens tombaient à ma gauche, à ma droite. Pleurs, plaintes, regrets. Don Antonio allait devant comme les chefs de l'Antiquité, quelle folie, chevauchant sabre au clair. Ils le rattrapèrent, bien entendu.

Sa monture s'effondra sur le flanc droit. Dans sa chute la carcasse du cheval écrasa don Antonio. Son genou resta pris entre la selle et le pavé de la place du Born, ses os craquèrent comme des noix.

Le cheval se tordait comme s'il se débattait sur un bûcher. Il tournait le cou et déféquait sans arrêt. Je ne sais pas pourquoi, j'ai, figés dans ma mémoire, les hennissements et ces déjections. Je fus le premier à m'agenouiller à côté de don Antonio. Je le pris sous les aisselles et tirai pour le libérer du poids de la pauvre bête. Je ne vis pas tout de suite son regard.

Ce fut comme si Villarroel se désintéressait de sa propre délivrance. Encore à terre, la moitié du corps prisonnière, il me saisit par le plastron de ma casaque avec une de ses grosses mains. Il tira violemment, approchant mon visage du sien, et il dit ce qu'il y avait de plus semblable au Mot qu'il m'ait été donné d'entendre. Il ne fut pas prononcé par un empereur à son heure la plus auguste, mais par un général à terre et vaincu ; je n'entendis pas le Mot de la bouche de mon capitaine, mais d'un homme venu des latitudes ennemies, un homme qui avait tout quitté pour rejoindre les rangs des faibles et des désemparés, des laissés-pour-compte et des maudits, afin de sacrifier sa vie pour eux.

Don Antonio approcha ses lèvres de mon oreille et dit :

— Livrez-vous.

Ma tête était si vide, mon corps si détaché de mon esprit, que, pour être sincère, les souvenirs se confondent. J'ai revu cet instant tant de fois, nous tous chevauchant sous le pendule de la mort, don Antonio sur le pavé du Born, sa monture déféquant encore après sa mort, des milliers de balles vrombissant à nos oreilles, que peut-être, peut-être seulement, la mémoire altère-t-elle les mots qui sortirent des lèvres de don Antonio.

Parce que parfois, en me promenant dans les champs à l'automne, je suis assailli par une explosion de souvenirs adoucis. Alors je vois la grosse main de Villarroel sur mon plastron, un ton incroyablement doux chez lui, qui me dit : "Livrez-vous, *fillet*." D'autres fois, vaincu par le sirop de *schnaps*, je lis sur les lèvres d'un Villarroel plus martial que jamais : "Se livrer, Zuviría ; surtout, toujours se livrer." Et d'autres fois, enfin, abruti par des liqueurs malodorantes, l'esprit détaché des germes de cette histoire, le visage que je vois étendu sur le Born n'est pas celui de Villarroel, mais celui de Vauban. C'est le marquis qui me retient par la poitrine et me dit : "Aspirant, apte." Oui, je ne suis plus sûr de qui a dit quoi ni comment. Des décennies se sont écoulées, tellement de révolutions autour du soleil. Mais dans le fond, quelle importance ? Vauban a dit : "sachez", Villarroel : "livrez-vous" ; Et là, sur cette place, au milieu des décombres, le Mot se réduisait à son paradoxe : "Tu ne le sauras pas avant de te livrer, tu ne te livreras pas avant de le savoir."

Quelques officiers voulurent protéger le commandant blessé. Enfin Villarroel se releva, des esquilles d'os ressortant de ses jambes de pantalon, et écarta tous ceux qui voulaient l'aider avec ses mains.

— Poursuivez la charge ! Poursuivez ! cria-t-il de sa grosse voix castillane. Personne ne se retire devant moi ! Personne, salopards !

Pauvre don Antonio. Comme son destin se rit de lui. Même en ce 11 septembre, il ne trouva pas la mort qu'il souhaitait. Grièvement blessé et au sol, il fut emmené à l'hôpital par ses assistants. Je le revois se débattre contre les bras qui lui portaient secours, comme s'ils avaient été ennemis. Ceux qui restèrent poursuivirent.

Il est incroyable de constater à quel point nos pensées peuvent être paisibles à l'instant tragique. Peut-être justement parce qu'on se trouve sur le dernier sommet, les pentes qu'on ne devra plus descendre ne comptent plus. En chargeant, je me dis juste : "Eh bien, au moins mon Cinquième Point m'appartient désormais."

Des milliers de cafards blancs levèrent leurs fusils en même temps, et nous mirent en joue. Nous courions vers eux à bride abattue. Nous n'étions que cinq cents survivants, les vieux, les veuves, les cavaliers sans monture, mes voisins en uniformes déchirés. Je vis que les bourboniens avaient transporté une batterie de cinq pièces d'artillerie et l'avaient disposée sur des décombres. Surélevées, elles pourraient tirer par-dessus la tête de leur troupe. "Les tubes sont certainement chargés", pensais-je tout en courant. Et : "Les canons tireront juste avant les fusils des cafards blancs." Je vis une de ces gueules de canon ventrues me regarder droit dans les yeux. Je vis un éclair blanc et jaune.

Un souffle me projeta à dix, vingt mètres en arrière. Je sus qu'il m'était arrivé quelque chose au visage. Dans un premier temps, je le reliai curieusement plus à la nudité qu'à la mort. J'étais déjà plus loin. Et je découvris qu'Amelis avait raison, oui : celui qui veut entendre une musique, il l'entend. Détruit, transformé en monstre, j'entendis sa musique par-dessus les plaintes et les détonations : "Livrez-vous, Zuviría, livrez-vous."

J'aurais dû l'entendre bien avant, quand on me pendit sur le gibet du cordon bourbonien, ou même dans la chambre où Vauban agonisait. "Résumez : quelle est la meilleure défense ?" C'était ça, juste ça, voilà. Nous sommes des feuilles mortes qui perdurent. Des étoiles qui explosent, des légendes disséminées. Des vérités sans autre récompense que la lucidité même. L'odeur des excréments chauds parcourant les caleçons au garde-à-vous. Longues-vues aveugles, périscopes vains, et des lamentations. Entonnoirs affectueux, cet enfant qui rit à notre proue, comme les dauphins. L'autre côté du fleuve. Admettre que nos yeux verront toujours le paysage à travers la serrure d'un cachot, savoir que les épis tombent sans se plaindre. L'esprit en lambeaux, mes calculs brisés. Se livrer, Zuviría, se livrer.

Et découvrir, tout au bout de la route, au-delà de l'Euphrate et du Rubicon, sans pleurs, oh, grandeur et consolation des laissés-pour-compte et des pauvres, des faibles et des malheureux, que plus notre crépuscule sera sombre, plus l'aube de ceux qui sont à venir sera heureuse.

ANNEXES

CHRONOLOGIE
DE LA GUERRE DE SUCCESSION D'ESPAGNE

Année	ESPAGNE	EUROPE
1700	Mort de Charles II d'Espagne, l'Envoûté.	
1701	Philippe V se proclame roi d'Espagne.	*Formation de la GRANDE ALLIANCE entre l'Autriche, l'Angleterre, la Hollande et le Danemark.*
1702		*LA GRANDE ALLIANCE déclare la guerre à l'Espagne et à la France.*
1703		*Le Portugal et la Savoie rejoignent la GRANDE ALLIANCE.*
1704	Le prétendant autrichien à la couronne espagnole, Charles III, débarque au Portugal. Campagne du Portugal. Une armée anglo-portugaise attaque l'Espagne depuis	*La France perd 40 000 hommes à la bataille de Blenheim.*

ESPAGNE	EUROPE
le Portugal, mais elle est repoussée par une armée franco-espagnole aux ordres du duc de Berwick. L'amiral Rooke prend Gibraltar au nom de Charles III d'Autriche, mais il hisse le pavillon anglais.	
1705	
Pacte de Gênes, par lequel un groupe de dirigeants catalans négocie avec l'Angleterre l'intervention catalane dans la guerre en faveur de Charles III. Charles III entre à Barcelone, où il établit la capitale provisoire de son royaume.	
1706	
Philippe V assiège Barcelone, mais l'arrivée d'une escouade anglo-hollandaise l'oblige à se retirer. Les alliés occupent Madrid, mais l'impopularité de Charles III se solde par l'évacuation de la ville.	*Défaite française de Ramillies.*
1707	
L'armée des Deux Couronnes bat les alliés à Almansa. Les bourboniens occupent Lleida.	

	ESPAGNE	EUROPE
1708	Les bourboniens assiègent et prennent Tortosa.	
1710	Batailles d'Almenar et de Saragosse. Les alliés entrent à Madrid pour la deuxième fois, mais ils se trouvent forcés à l'évacuer par la contre-offensive bourbonienne. Batailles de Brihuega et Villaviciosa. Gérone est conquise par une armée française.	
1711	Mort de l'empereur Joseph Ier d'Autriche. Son frère Charles est choisi comme successeur et quitte Barcelone pour Vienne.	
1713	Signature du traité d'Évacuation. Les armées alliées s'engagent à évacuer toutes leurs troupes des territoires péninsulaires. Au mois de juin, les bras du parlement catalan proclament la résistance armée. Juillet. Début du siège de Barcelone.	*Paix d'Utrecht, par laquelle les puissances signent la paix générale en Europe. Philippe V s'engage à renoncer à ses droits à la couronne française et Charles III à la couronne espagnole. L'Angleterre enfreint le pacte de Gênes par lequel elle s'engageait à garantir les Constitutions catalanes en cas de défaite militaire.*

ESPAGNE	EUROPE
1714	
11 septembre : Assaut et chute de Barcelone. Abolition des Constitutions et Libertés catalanes.	
1719	
Guerre entre la France et l'Espagne. L'armée française du maréchal Berwick, avec 5 000 Catalans incorporés dans ses rangs, attaque et prend diverses places de la Navarre espagnole. La guérilla catalane continue la lutte contre les forces bourboniennes.	
1725	
	Traité de paix entre l'Empire espagnol et l'Autriche.

GUIDE DES PERSONNAGES

ALEMANY, FRANCESC : Noble catalan qui s'opposa en 1713 à la défense de Barcelone. Il accepta cependant de lutter au vu du scrutin. Il trouva la mort au combat.

AMELIS : Personnage de fiction.

ANFÁN : Personnage de fiction.

ASPERGE : Personnage de fiction.

BALLESTER, ESTEVE : Officier des miquelets. D'après les chroniques, il fut capturé par les bourboniens lors d'une escarmouche dans la localité de Beceite, puis sauvé par ses hommes au cours d'une contre-attaque épique. Bien que Ballester fût un personnage très secondaire sur le plan historique, Zuviría lui consacre plusieurs pages, le considérant peut-être comme une incarnation de la paysannerie catalane en armes.

DE BARDONENCHE, ANTOINE : Capitaine français, fils d'une famille noble. Il participa au siège de Barcelone dans les rangs de l'armée française. D'après les *Crónicas* de Castellví, il vécut un épisode futile et étrange, que Zuviría ne consigne pas, d'après lequel, pendant la première phase du siège, il entra dans la ville comme "visiteur" de sa propre initiative, attiré par la beauté de l'architecture de la ville. Malgré la stupeur initiale, les assiégés exaucèrent son vœu et Zuviría en personne fut chargé de lui faire visiter la ville. Peu après, il fut raccompagné sain et sauf jusqu'aux lignes bourboniennes, où le duc de Pópuli le réprimanda pour son extravagance, mais sans plus. Waltraud Spöring décida probablement de supprimer ces pages, comme tant d'autres, avant de remettre le livre pour impression.

Bassons, Marià : Professeur barcelonais de droit. Il s'engagea dans la milice de la ville et participa à sa défense comme capitaine de ses propres étudiants. Il mourut au combat durant la bataille de Santa Clara, en août 1714.

Bastida, Jordi : Militaire catalan, défenseur de Benasque en 1709. Il se trouvait à Barcelone pendant le siège et mourut vaillamment en défendant le bastion de Santa Clara au mois d'août 1714.

Battle, Baldiri : Noble catalan. Il vota contre la décision de défendre la ville contre les troupes bourboniennes. Il accepta le résultat des votes et mourut en défendant la ville.

Berenguer, Antoni : Député militaire catalan. Il dirigea la désastreuse expédition qui prétendait soulever le pays afin d'attaquer sur-le-champ le cordon bourbonien par-derrière. Son incompétence le fit arrêter et juger à son retour, quoique sans entraîner de graves conséquences.

Berwick, James Fitz-James (Jimmy), duc de : Maréchal de France, fils illégitime du roi Jacques d'Angleterre. Il fut élevé en France, où il gravit l'échelle sociale grâce à ses mérites et malgré sa bâtardise. Vainqueur à la bataille d'Almansa, il prit Barcelone en trois jours après avoir remplacé le duc de Pópuli. Vingt ans plus tard, en 1734, il mourut dans d'étranges circonstances lors de l'assaut de Philipsbourg, en Allemagne.

Busquets, Jaume : Chef des miquelets. Les seules données historiques le concernant proviennent de Castellví, d'après qui il tenta en vain de prendre la localité de Mataró, aux mains des bourboniens.

Casanova, Rafael : Avocat catalan. En 1713, il exerça le pouvoir politique dans la Barcelone assiégée. Il fut blessé le 11 septembre 1714. Il survécut toutefois à la répression bourbonienne et reprit ses fonctions juridiques.

de Castellví, Francesc : Issu de la petite noblesse catalane qui se battit à Barcelone, possédant le grade de capitaine. Après 1714, il dut s'exiler à Vienne, faisant appel à la clémence de l'empereur Charles. Il mena une existence précaire, entièrement consacrée à écrire la grande chronique de la guerre de Succession et le siège de Barcelone, ses monumentaux *Récits historiques*. Il mourut sans parvenir à les faire publier. L'original ne fut retrouvé qu'au XIXe siècle.

Charles III : Prétendant autrichien au trône d'Espagne. Entre 1705 et 1709, luttant pour la couronne espagnole, il installa la cour à Barcelone. En 1711, à la mort de son frère, il se rendit à Vienne afin de s'y faire couronner empereur du Saint Empire romain germanique, abandonnant la Catalogne à son sort.

Cigalet : Bourreau officiel de la ville de Barcelone. Pendant le siège, il fut surpris en train de piller une maison bombardée et condamné à mort sur-le-champ. Les circonstances voulurent que la sentence fût exécutée par son assistant et futur gendre, qui occupa sa charge.

Cochonnet : Personnage de fiction.

Costa, Francesc : Officier d'artillerie catalan dont la maîtrise des armes fut même célébrée par ses adversaires. Costa avait sous ses ordres un groupe important de Majorquins, considérés comme les meilleurs artilleurs de l'époque. Après la chute de Barcelone, le maréchal Berwick offrit à Costa de servir dans l'armée française moyennant une très forte rétribution. Costa s'enfuit.

Dalmau, Sebastià : Membre d'une famille barcelonaise aisée qui se mit au service de la Généralité une fois que les alliés eurent abandonné la Péninsule. La famille Dalmau dilapida sa fortune dans la défense de la ville, payant de sa poche l'entretien de tout un régiment. Sebastià participa à la défense, subit la répression et finit ses jours en Autriche, servant l'empereur Charles sous le grade de lieutenant-colonel.

Desvalls, Manuel : Gouverneur de Cardona. Après le 11 septembre, il s'exila à Vienne, comme tant d'autres autrichistes remarquables. Il vécut jusqu'à cent ans. La lutte à l'intérieur de la Catalogne fut dirigée par son frère Antoni.

Diago, Francisco : Mineur d'origine aragonaise appartenant à la brigade qui découvrit la principale mine bourbonienne sous les murailles de Barcelone.

Ducroix, Armand : Personnage de fiction.

Ducroix, Zenon : Personnage de fiction.

Dupuy-Vauban : Cousin de Sébastien Vauban qui, comme lui, se consacra à l'ingénierie militaire. Dupuy participa à la dernière partie du siège de Barcelone et fut gravement blessé lors de la bataille pour la prise du bastion de Santa Clara. Au long de sa carrière militaire, il fut blessé seize fois au combat.

Duverger : Officier français de haut rang qui trouva la mort lors du siège de Barcelone.

En-un-Clin-d'Œil : Voir Stanhope, James.

Ferrer, Emmanuel : Catalan de petite noblesse qui s'était distingué comme édile dans la gestion de la ville de Barcelone. Lors des débats de 1713, il fut le porte-parole des partisans de la résistance contre les troupes bourboniennes.

Felipito : Voir Philippe V.

de Fivaller, Carles : Vieux député catalan qui incarnait la tradition parlementaire de Catalogne. Pendant les débats de 1713, et contre toute attente, il fut un ardent partisan de la défense, influençant une bonne partie des votes.

Galway, Henry Massue de Ruvigny, comte de : Militaire et noble anglais d'origine française qui fut envoyé au Portugal en 1704 en tant que commandant des armées alliées. En 1707, il fut vaincu par Berwick lors de la bataille décisive d'Almansa.

Jimmy : Voir Berwick.

Joseph Ier : Empereur autrichien, frère du prétendant Charles III d'Espagne. À sa mort, en 1711, Charles quitta l'Espagne pour se proclamer nouvel empereur, provoquant un changement d'alliances qui s'acheva sur l'abandon de la Catalogne par les alliés.

Karlangas : Voir Charles III.

La Motte : Lieutenant-colonel français blessé pendant la bataille de Santa Clara. La Motte fut l'officier qui parvint finalement à convaincre Berwick de mettre un terme à l'assaut, bien que cela représentât une humiliation pour l'armée des Deux Couronnes.

Louis XIV : Roi de France surnommé le Roi-Soleil. Comme roi de France, il commença une politique impérialiste qui mena à la guerre de Succession espagnole. Malgré la création de Versailles et la magnificence de sa cour, vers la fin de son règne, le pays était ruiné. En 1714, la chute de Barcelone fut célébrée par un *Te Deum* à Paris.

Marlborough : Militaire et aristocrate anglais qui, lors de la guerre de Succession, battit successivement les troupes françaises à Blenheim, Schellenberg et Malplaquet. Il fut toutefois accusé de détournement de fonds publics et de prolonger inutilement la guerre pour son profit personnel, et en 1711, il fut destitué de ses charges. Marlborough était un proche de Berwick, avec qui il échangea une correspondance privée bien qu'ils se soient combattus pendant toute la durée du conflit.

Massue de Ruvigny, Henry : Voir Galway.

Mateu, Joseph : Mineur barcelonais appartenant à la brigade qui découvrit la mine bourbonienne sous les murailles de Barcelone sur le point d'exploser.

Merdez : Officier étranger au prénom inconnu, qui participa avec les troupes catalanes à la funeste expédition du député militaire. Castellví indique simplement que c'était un officier répudié par ses anciens supérieurs et que, dans sa fuite, le député laissa les troupes à sa charge.

DAS MINAS : Général portugais qui dirigeait les troupes de son pays qui participèrent à la bataille d'Almansa. Das Minas était un commandant vétéran de plus de soixante ans. Bien que le rôle des bataillons portugais à Almansa fût très critiqué par leurs alliés anglais, ces accusations n'ont pas été avérées.

MOLINA, FRANCESC : Barcelonais d'origine italienne qui dirigea les brigades barcelonaises de mineurs. Pendant le siège, il conduisit les travaux de déminage, trouva la principale mine bourbonienne et la détruisit juste avant qu'elle ne fût activée.

MONSTRE, LE : Voir Louis XIV.

MORAGUES, JOSEP : Chef catalan qui combattit les bourboniens à l'extérieur de Barcelone assiégée. À la fin de la guerre, il fut capturé et exécuté. Son crâne fut exposé pendant plus d'une décennie à l'une des portes d'entrée de la ville, pour l'édification des générations futures. La figure de Moragues fut récupérée par le mouvement romantique du XIXe siècle, qui fit de lui une figure mythique des libertés catalanes.

NAN : Personnage de fiction.

OUBLIÉ, L' : Bien que Zuviría se réfère à l'Oublié comme à "un cousin du duc d'Orléans", les historiens divergent sur la figure historique à laquelle il pourrait correspondre. Certains spécialistes de l'œuvre zuvirienne ont même proposé la thèse selon laquelle l'Oublié n'aurait pas vraiment existé, mais qu'il serait la synthèse de plusieurs personnages. Zuviría mettait ainsi en scène tout le mépris qu'il éprouvait pour les commandants aristocratiques qui faisaient la guerre sans connaissances techniques et par pur profit personnel.

ORLÉANS, DUC D' : Aristocrate et militaire français qui participa à divers épisodes de la guerre de Succession, aussi bien en Italie qu'en Espagne. En 1708, il dirigea le siège de Tortosa, localité stratégique du sud de la Catalogne. À la mort de Louis XIV, il lui succéda comme régent et scandalisa l'Europe par ses fêtes et orgies privées.

ORTIZ : Colonel autrichiste qui joua un rôle éminent lors de la bataille de Santa Clara, quand ses troupes contribuèrent à encercler l'avant-garde de la tranchée bourbonienne.

Pallarès, Dídac : Citoyen barcelonais qui faisait partie de La Colonelle, la milice de Barcelone. Lors du siège, jusqu'à trois de ses enfants, qui combattaient également dans ladite milice, moururent ou furent gravement blessés.

Peret : Personnage de fiction.

Philippe V : Duc d'Anjou, petit-fils de Louis XIV et prétendant Bourbon au trône d'Espagne à la mort de Charles II. Après le retrait des troupes alliées, il considéra la résistance catalane comme une rébellion séditieuse et il décida de traiter les "rebelles" avec un acharnement particulier. Très jeune, Philippe donna des signes manifestes d'un grave déséquilibre mental. Dans la dernière partie de sa vie, les symptômes de démence devinrent plus aigus, au point qu'il se laissait pousser les ongles jusqu'à plus de trente centimètres, portait des haillons ou dormait dans des cercueils ouverts.

Polastron : Officier français de haut rang mort au combat lors du siège de Barcelone.

Pópuli, Restaino Cantelmo Stuart, duc de : Noble italien au service de Philippe V. Pópuli éprouvait une aversion personnelle envers les Barcelonais parce que, d'après ses propres paroles, ceux-ci avaient maltraité sa femme lors des troubles de 1705. En 1713, Philippe V lui confia le commandement des troupes franco-espagnoles qui devaient commencer l'occupation de la Catalogne. Devant la résistance inattendue de Barcelone, Pópuli assiégea la ville. Mais en raison de son incapacité à la prendre d'assaut, il fut relevé neuf mois plus tard et remplacé par Berwick.

Pou, Josep : Médecin originaire de Vic qui offrit aux troupes bourboniennes la reddition de la ville, dans le dos du gouvernement catalan.

Roger, Lluís : Noble catalan qui s'opposa par son vote à ce que Barcelone prît les armes contre Philippe V. Il assuma le résultat du vote final, participant à la défense de la ville. Il mourut au combat.

de Saavedra y Portugal, Gregorio : Militaire autrichiste qui, pendant les combats du siège, apparaît dans les moments les plus critiques, comme la bataille de Santa Clara. Les derniers jours du siège, Zuviría effectuait des tâches de déminage. C'est peut-être la raison pour laquelle il ne mentionne pas que Saavedra fut chargé de répondre à l'ultimatum bourbonien de reddition. Quand le marquis de Tserclaes s'approcha des murailles pour connaître la réponse de la ville, Saavedra lui adressa ces mots : "Les communautés, réunies, ont décidé la chose suivante : n'écouter aucune proposition de l'ennemi. Votre Excellence a-t-elle quelque chose à dire ? – Non. – Eh bien, retirez-vous, car le feu continuera."

Sala, Benet : Évêque de Barcelone qui agit en coulisses, lors des débats de 1713, pour imposer l'abandon de la lutte, sans succès. En dépit de ses efforts, à la fin de la guerre, il subit les représailles du régime bourbonien.

de Sant Joan, Nicolau : Politicien catalan qui, lors des débats de 1713, dirigea le secteur partisan de soumettre la ville aux forces bourboniennes.

Santa Cruz (père et fils) : Militaires qui commandaient le corps d'ingénieurs de la Barcelone assiégée. Ils désertèrent et offrirent leurs services au commandement bourbonien, mais celui-ci refusa et les évacua même vers Alicante, ce qui donne à penser que leurs charges étaient purement nominatives.

Sauvebœuf : Militaire français mort au combat lors du siège de Barcelone.

Stanhope, James : Aristocrate et militaire et anglais qui fut envoyé en 1710 en Espagne comme commandant de la force expéditionnaire anglaise qui devait mettre fin à la guerre. Sa conduite fut très critiquée, tant sur le plan militaire que politique, et, en 1710, il fut fait prisonnier avec la plus grande partie de ses troupes. Stanhope épousa la fille du gouverneur de Madras et il commença une carrière politique si mal engagée que ses fonctions de ministre des Finances coïncidèrent avec la crise que l'on appela la Bulle des Mers du Sud, qui ruina l'économie anglaise.

von Starhemberg, Guido Rudiger : Militaire autrichien affecté en Espagne par l'empereur afin d'aider son fils Karl, le prétendant au trône espagnol. Starhemberg était un militaire extrêmement compétent qui ne remporta toutefois aucune victoire réellement décisive pour les armées autrichiennes. En 1713, il était le vice-roi de Charles III en Catalogne. Après le traité d'Évacuation, qui obligeait à évacuer toutes les troupes alliées qui resteraient sur le sol espagnol, il s'efforça de livrer Barcelone aux forces bourboniennes, mais devant la résolution de l'opposition populaire, il décida de s'embarquer avec ses troupes, abandonnant les Barcelonais à leur sort.

TIMOR, JAUME : Commandant catalan qui, en août 1714, se distingua lors de la bataille de Santa Clara, évitant que les défenseurs n'abandonnent le bastion au moment où la situation était la plus désespérée.

TOMEU : Colonel qui, avec le colonel Ortiz, procéda à l'encerclement de la tête de la tranchée bourbonienne pendant la bataille de Santa Clara.

VALÈNCIA, ANTONI : Noble barcelonais. En 1713, il vota contre la fermeture des portes de Barcelone et la résistance contre l'attaque bourbonienne. Il mourut lors de la défense de la ville.

VAN COEHOORN, MENNO : Ingénieur militaire hollandais qui conçut des théories poliorcétiques totalement opposées au modèle vaubanien. Coehoorn était un contemporain de Vauban, et ils s'affrontèrent même directement lors du siège de Namur. Vauban assiégeait la ville et il reçut la reddition des mains de Coehoorn lui-même.

VAN VERBOOM, JORIS PROSPERUS : Ingénieur militaire d'origine hollandaise qui servit les Bourbons espagnols. En 1710, il fut blessé lors d'une bataille et capturé par les troupes autrichistes. Il resta deux ans prisonnier à Barcelone, où il étudia ses défenses. En 1714, il fut effectivement chargé de tracer la tranchée d'attaque destinée à prendre la ville d'assaut. Plus tard, il fut le constructeur de la Citadelle, un ouvrage à des fins répressives, à l'intérieur de la ville.

VAUBAN, CHARLOTTE : Fille aînée de Sébastien Vauban.

VAUBAN, JEANNE : Fille cadette de Sébastien Vauban. Elle épousa un membre de la noblesse française qui, peu après leur mariage, devint fou en cherchant la pierre philosophale, et retrouva curieusement la raison quelques années plus tard.

VAUBAN, SÉBASTIEN LE PRESTE : Ingénieur et maréchal français qui créa l'art des fortifications et particulièrement la poliorcétique, développant de nouvelles méthodes de siège et d'attaque.

VENDÔME : Maréchal français envoyé en Espagne par Louis XIV pour aider militairement son petit-fils Philippe. En 1710, il participa aux batailles de Brihuega et Villaviciosa, aux résultats indécis. Il mourut en 1712, à Vinaroz, d'une indigestion de langoustines.

DE VILLARROEL, ANTONIO : Militaire espagnol qui servit dans le clan bourbonien lorsque la guerre éclata. En 1708, il se distingua lors de l'assaut de la ville stratégique de Tortosa. En 1710, cependant, il changea de camp et rejoignit l'armée autrichiste avec le grade de général. La cavalerie de Villarroel fut décisive pour éviter que la bataille de Villaviciosa ne se soldât par une défaite. En 1713, il fut nommé commandant de Barcelone par le gouvernement catalan. Quelques jours avant l'assaut de 1714, il démissionna, considérant que la résistance à outrance allait entraîner un massacre. Malgré cela, et au lieu de s'embarquer, il opta en dernier ressort pour rester dans la ville. Lors des combats du 11 septembre, il fut gravement blessé et peu après, comme il n'avait pas respecté les clauses de la capitulation, il fut arrêté et emprisonné. On l'envoya au bagne où il vécut dans des conditions atroces. Il ne fut libéré que peu de temps avant sa mort.

WALTRAUD : Personnage de fiction.

DE ZUÑIGA, DIEGO : Personnage de fiction.

ZUVIRÍA, MARTÍ : Assistant général de Villarroel. Dans ses *Récits historiques*, Castellví le mentionne comme exerçant des charges aussi diverses que traducteur de français, assistant du général Villarroel, ou effectuant des missions à l'extérieur de Barcelone pendant le siège. On sait qu'il parvint à s'échapper pour Vienne, où il figure sur la liste des autrichistes expatriés.

OUVRAGE RÉALISÉ
PAR L'ATELIER GRAPHIQUE ACTES SUD
REPRODUIT ET ACHEVÉ D'IMPRIMER
EN FÉVRIER 2013
PAR L'IMPRIMERIE NORMANDIE ROTO IMPRESSION S.A.S.
À LONRAI
POUR LE COMPTE DES ÉDITIONS
ACTES SUD
LE MÉJAN
PLACE NINA-BERBEROVA
13200 ARLES

DÉPÔT LÉGAL
1re ÉDITION : MARS 2013

N° impr. : 130810
(Imprimé en France)